什么是道德

——以汉字学哲学视域

何铁山　林海春 著

厦门大学出版社　国家一级出版社
XIAMEN UNIVERSITY PRESS　全国百佳图书出版单位

图书在版编目（CIP）数据

什么是道德：以汉字学哲学视域 / 何铁山，林海春
著. -- 厦门：厦门大学出版社，2023.11
ISBN 978-7-5615-9183-3

Ⅰ．①什… Ⅱ．①何… ②林… Ⅲ．①伦理学- 研究
Ⅳ．①B82

中国版本图书馆CIP数据核字(2023)第213336号

出 版 人　郑文礼
责任编辑　章木良
美术编辑　李嘉彬
技术编辑　朱　楷

出版发行　厦门大学出版社
社　　　址　厦门市软件园二期望海路39号
邮政编码　361008
总　　　机　0592-2181111　0592-2181406(传真)
营销中心　0592-2184458　0592-2181365
网　　　址　http://www.xmupress.com
邮　　　箱　xmup@xmupress.com
印　　　刷　厦门市金凯龙包装科技有限公司

开本　787 mm×1 092 mm　1/16
印张　31.5
插页　1
字数　610 千字
版次　2023 年 11 月第 1 版
印次　2023 年 11 月第 1 次印刷
定价　138.00 元

厦门大学出版社
微信二维码　　厦门大学出版社
微博二维码

"道德"略论
——代序

"道德",自古以来,不仅是中国传统社会统治阶层治国理政所要建构的最重要的内容或工具,也是中国社会语言文字中用得最多的词语之一。见到此词,人们往往会产生诸多联想,除了仁义、忠孝、智勇、信用、明礼、立德树人、以德治国、以德服人、报怨以德等之外,可能还会想到中国古代的著名经典——《道德经》。

仁义、忠孝、智勇、信用、明礼等,就单个而言,是德的重要分目,要深刻理解、正确践行它们并不容易。孔子在《论语·宪问》中曾对子路说"由,知德者鲜矣",便充分表达了这样的思想。以此,笔者将以汉字初文构形为抓手,结合古代经典和当代社会实践,对它们逐个进行分析解读,以此来回答什么是"仁",什么是"义",什么是"礼",什么是"智",什么是"信",什么是"忠",什么是"孝",什么是"勇",等等,并尽可能地给大家一个相对完整、客观、深刻而又带有普遍启示意义的认识。

立德树人既是当代各级各类学校对于青少年学生的普遍要求,也是国家社会对于人的要求,它强调的是德对于才的引领作用。欲树人先立德,立德是树人的前提或基础。没有德的人是不能成为国家社会所需要的人才的,会给国家富强、民族振兴的伟大中国梦的实现带来消极影响。立德的前提是要正确认识什么是德。

以德治国是中国自周代以来历代统治阶级治国理政的传统思路,最早应出自周公的治国理想(《尚书·蔡仲之命》"皇天无亲,惟德是辅"),后来为孔子以及历代大多统治者所继承并发扬。但在孔子以及中国传统社会统治者那里,德仅是"御民之具"——统治者用来驾驭人民的两个最为重要的工具(德与法)之一。(《孔子家语·执辔第二十五》:"闵子骞为费宰,问政于孔子。子曰:'以德以法。夫德法者,御民之具,犹御马之有衔勒也。

君者,人也;吏者,辔也;刑者,策也。夫人君之政,执其辔策而已。'")孔子虽然也希望统治者治国理政以德为先(《论语·为政》:"为政以德,譬如北辰,居其所而众星共之。"),但实际上,历代统治阶层(包括最高统治者)从来就是"知德者鲜矣"。

以德服人,在中国传统社会里,主要是国家社会对于强者的道德要求。在今天,因为德仍是服人的东西之一,所以我们还是需要热切地、正大光明地向广大民众推崇有正能量的德,因为仁义德行毕竟是"常安之术也"(《荀子·荣辱》)。

至于报怨以德或以德报怨,一般人则多会做错误理解,即认为:别人对我不好,我反而要对他好,从而获得别人对我的尊重或与人达成和谐。但这种认识明显是经不起追问的。别人对我不好,如果事小或伤害不大,或可忽略,但如果事大或伤害太大,则无法忽略而不计较,因为它可能不符合最基本的社会公正原则。其实,在《论语》中,孔子早就明确回答了这个问题,即"以直报怨,以德报德"——别人对我好,我当然应当对他好,但如果别人对我不好,应对他的办法便只能是公正。(《论语·宪问》:"或曰:'以德报怨,何如?'子曰:'何以报德?以直报怨,以德报德。'")可是,此语境中的公正从何而来?它也是德吗?在这里,笔者的研究显示:它来源于德中之"直"("德"字中"心"字的上面部分)。此"直"不仅是德,而且是德的核心。这种认识既源于"德"字构形本身,也源于古人的经典论述。更重要的是,它还可以为当代政治实践、道德实践做正确的理论指导。后面将详加阐述。

至于老子《道德经》中的"道德"其实并非今天一般所言之"道德"。因为《道德经》所言之"道德"是分论的:道是道,德是德。所以《道德经》有时候又可叫《德道经》(长沙马王堆汉墓出土的《帛书老子》,因为"德经"在前,"道经"在后,所以又叫《德道经》)。当然,老子所言道与德或可"直通"或可"曲通",但大多时候,道一定是德的主宰,德是道的附庸,德是一定要从属于道的。亦如孔子所言:"夫道者,所以明德也;德者,所以尊道也。是以非德道不尊,非道德不明。"(《孔子家语·王言解第三》)但其单个的"德"字大多时候也是可以指向今天所言之"道德"。不过,真正以"道德"一词代"德"一字的,则可能始于《庄子》(《庄子》全篇"道德"一词共16见)。庄子之所以要以"道德"代"德",其根本原因就是要强调德对于道的从属性与不可分性,其次则可能是语言文字不断丰富发展变化的结果。这也告诉我们,不符合道或不尊道的德几乎是不存在的。即或有这样的表达也是非正能量所谓的"恶德",而非一般有正能量的"道德"。

老子《道德经》虽然分论道与德,但对于道德的认识与重构具有十分重大的启示意义。如果把它们与"道、德"二字初文构形及其相互关系的深入认识结合起来便会发现,所谓"道":既是物质的亦是精神的,既属形而上亦通形而下,或通过人的实践活动而奇妙地界于二者之间。于是,它便既是自然、人类社会规律性本身,也是自然、人类社会规律性由人脑加工而形成的各种思想、概念、理论等。因为它必须通过不断的行才能得以实现其目标,所以它又总是虚无性与实在性的统一。孔子认为它是用来指明什么是"德"的一切东西。但如果要深刻地认识它却并不容易。据《中庸》载,如果要有"至道"就非得有"至德"不可。而要有至德,除了主体要有适当的"天命之性"外,最关键的因素还是好学。好学的过程,当然是知行合一的过程。不可否定的是,中华民族从来就是一个自强不息、好学善学的民族,所以"知道"而有至德者众多。而所谓"德",只是道在人间的践履。如果我们"知道",只需要尊道而行就可以了。在孔子看来,践行于人间的德,其最高境界是中庸。(《论语·雍也》:"中庸之为德也,其至矣乎!民鲜久矣。")中庸者,可谓"微妙之言也"。就像一杆秤,为了衡重,它的支点只能位于适当的中点;它的"不偏不倚",只能是适当的平衡。但它所遵循的原则却是亘古不变的,那就是公正。公正就是"直"。"直"是什么?在形而下的天平或秤中它是杠杆的"平直",在"德"字中,它是"直"即"十目"。"十目",即众多的眼睛,即民,即百姓。这是告诉我们,主体的所作所为若能经得起百姓眼睛的审视,就是直,就是公正,就是有德。而最高层次的德却是一般的眼睛看不明白的,它叫"上德不德"。"上德"之所以"不德",简言之,是因为它就是道、天道或规律性。道与德通过行相互贯通,所以"道通为一",德与道一样,同样是虚无性与实在性的统一。正因为它们总是虚无性与实在性的统一,所以人们对于它们的认识便总是历史性的意识形态。实在性总是呈现出其客观而又亘古不变的一面,而虚无性却总能呈现出其变动不居的一面。这些认识不仅可与古今中外诸经典、诸生活实践相互印证,亦可为我们对于道德的更加深入认识和发展开辟道路。

社会主义核心价值观其实就是一种德,既是个人的德,也是一种大德,是国家的德、社会的德。那么社会主义核心价值观为什么是一种德呢？原因就在于它是一种道。其中富强、民主、文明、和谐乃治国平天下之道；自由、平等、公正、法治乃每个人获得有尊严的幸福之道；爱国、敬业、诚信、友善则是每个人的修身养性之道。只要我们尊此道而行，就一定能实现中华民族伟大复兴的中国梦。所以，它不仅是每个中国公民的德，也是国家、民族的大德。

目　录

第一章 什么是"道"

起这么个题目,既让人觉得狂妄,亦预设了一个前提。之所以"狂妄",是因为自古及今似乎从来没有人能把这个问题说清楚,除了老子以外,但他的言说又似乎有些"玄乎"而令人有些"晕乎",其他学者干脆就认定"道不可言"。(如《庄子·知北游》:"道不可言,言而非也。"《王阳明全集》:"道不可言也,强为之言而益晦。")而预设的一个前提是:道不是"不可言",还一定是可以言的。不仅可以言,而且如果我们能"站在老子的肩膀上"或"站在先秦诸子的肩膀上",就能将其说得越来越清楚。

老子虽然已经把道说得比较清楚,但除了孔子之外,却很少有人真正明白他说了些什么,甚或包括宋代极力贬斥他的大儒朱子。原因在于:孔子是老子的学生,是老子思想的主要继承者(可从《论语》《老子》《礼记》《孔子家语》《吕氏春秋》《史记》《庄子》等著作看出),而朱子不是(由于囿于偏见或没有做认真、系统的研究,因此朱子没能深刻而全面地理解《老子》)。事实上,关于道之"可言"性,不仅《老子》给予了肯定的回答,就是周公、《尚书》,抑或孔子、曾子、《易传》、墨子、鬼谷子、列子、孙子、孟子、商鞅、吴子、荀子、韩非子、子思、《吕氏春秋》、韩愈等都直接或间接地给予了肯定的回答:

《老子》第一章"道可道,非常道",《老子》第四十一章"上士闻道,勤而行之",直截了当地强调了道的可言性。如真不可言,"上士"又如何"闻道"而"勤而行之"?

《周礼·地官司徒·师氏/媒氏》:"师氏掌以媺诏王。以三德教国子:一曰至德,以为道本;二曰敏德,以为行本;三曰孝德,以知逆恶。教三行:一曰孝行,以亲父母;二曰友行,以尊贤良;三曰顺行,以事师长。"其所言"德、行"实用周公治道,其主要内容后来为孔子所继承,且以"敏于行""知逆恶""亲父母""尊贤良""事师长"等至德表现出来。

《尚书·虞书·大禹谟》:"人心惟危,道心惟微,惟精惟一,允执厥中。"《尚书·商书·汤诰》:"天道福善祸淫。"此乃《尚书》之治道。前者认为,不管是危险的人心还是微妙的道心,对于统治者而言,应对的策略只要一条——"允执厥中",即持守中庸或公正就可以了。其所谓天道实与人道会通。(《尚书·周书·泰誓》:"天视自我民视,天听自我民听。")"天道福善祸淫"若为真,则必符合民众的期望,且必须通过人的努力才能实现。

《论语·公冶长》:"子谓子产:'有君子之道四焉:其行己也恭,其事上也敬,其养民也惠,其使民也义。'"孔子谓子产有君子之道四,不仅说明道之可道,而且说明道也是可以分有种类的:不仅"行己、事上、养民、使民"有道,而且在"君子之道"之外还可能有"圣人之道""善人之道""仁人之道",抑或"小人之道"等等。曾子认为:"夫子之道,忠恕而已矣。"(《论语·里仁》)其实这可能只是曾子的想当然。由于"夫子之道至大,故天下莫能容"(《史记·孔子世家》),"夫子之道"又岂是一句"忠恕而已矣"可以全部概括的?要知道,忠恕之道,不管何时何地,都不可能是"天下莫能容"的。

《易传·象传上·临》:"临,刚浸而长,说而顺,刚中而应,大亨以正,天之道也。"它说明,不仅一切道皆"可道",而且天道也只能够通过人的认识,然后才能加以言说与传播。《易传·象传上·观》:"大观在上,顺而巽,中正以观天下。观,盥而不荐,有孚颙若,下观而化也。观天之神道,而四时不忒;圣人以神道设教,而天下服矣。"治道源于神道、天道,但均要通过人的"中正以观"才能实现对它的认识与传播。"中正"即公正。《易传·系辞传上》"形而上者谓之道",道都是没有具体形状的。最大的道,"迎之不见其首,随之不见其后",既涵括了人又位于人的"四方上下",既是物质的又是精神的,既寓于物质又超越于物质,是物质与精神、形上与形下的高度统一。

《墨子·修身》:"君子之道也,贫则见廉,富则见义,生则见爱,死则见哀。"君子之道可通过"贫则见廉,富则见义,生则见爱,死则见哀"等"四行"表现出来,不仅可言,而且可传之久远。

《鬼谷子·捭阖》:"圣人之在天下也,自古之今,其道一也。"自古及今,圣人之道均有其共同特征。按老子的说法,便是"为学日益,为道日损""学不学,复众人之所过""以百姓心为心""为天下浑其心"等;按孔子的说法,便是"先行,其言而后从之""学而不厌,诲人不倦""志于道,据于德,依于仁,游于艺"等等。

《列子·天瑞》:"天地之道,非阴则阳;圣人之教,非仁则义;万物之宜,非柔则刚。"上述关于道的言说方式可能让人产生误解,即人们可能认为:阴阳、仁义、刚柔都是可以分离的。但其实,一阴一阳谓之道,一仁一义谓之教,一柔一刚谓之宜,即阴与阳、仁与义、柔与刚等,都是不可分离的,阴阳互长、仁义并施、刚柔相济。

《孙子兵法》:"道者,令民与上同意,可与之死,可与之生,而不畏危。"因为"兵者,国之大事,死生之地,存亡之道",又为"不祥之器,非君子之器,不得已而用之"(《老子》第三十一章),所以人心的向背乃是用兵之道的前提条件。

《孟子·滕文公上》:"孟子道性善,言必称尧舜。""夫道一而已矣。""人之有道也,饱食、暖衣、逸居而无教,则近于禽兽。"不仅认为"道可道",而且认为道必具规律性,所以常能以"必""一""近"称之。教或学是通达道的不二之途。

《商君书·更法第一》:"治世不一道,便国不必古。"显然认为道不仅有治道,而且治道有多种,不仅可以言说、可以实践,而且治道之实现必须依据一定时空条件,必须具体问题具体分析。

《吴子·图国》:"夫道者,所以反本复始。义者,所以行事立功。谋者,所以违害就利。要者,所以保业守成。若行不合道,举不合义,而处大居贵,患必及之。"其认为"道者,所以反本复始",就是承认道的客观性或规律性。凡具客观规律性的事物不仅皆可言说,而且可通过科学实验或研究观测以反复证实。

《荀子·劝学》:"神莫大于化道。""礼恭而后可与言道之方,辞顺而后可与言道之理,色从而后可与言道之致。"前者告诉我们:能够把最神奇、玄妙的道理以最简单的语言教化于民众之中,即可谓之"神"。这种认识,一方面承认"道可道",另一方面又认为能道"道"者寥寥,既肯定了道之可言,又认为并非一般人可以言。后者告诉我们:传道是需要看对象的。如果没有具体主客对象的限制,道便不可道。

《韩非子·难言》:"道法往古,则见以为诵。"《韩非子·主道》:"道者,万物之始,是非之纪也。"前者告诉我们:道必须有对于传统的继承,如老子所说"执古之道,以御今之有"(《老子》第十四章)。后者告诉我们:道首先是物质性的,然后才是精神性或批判性的。

《大学》:"大学之道,在明明德,在亲民,在止于至善。知止而后有定,定而后能静,静而后能安,安而后能虑,虑而后能得。物有本末,事有终始,知所先后,则近道矣。"这不仅言说了大学之道的内涵,而且言说了实现此道的方法或步骤。

《吕氏春秋》:"今有声于此,耳听之必慊(惬),已听之则使人聋,必弗听。有色于此,目视之必慊,已视之则使人盲,必弗视。有味于此,口食之必慊,已食之则使人喑,必弗食。是故圣人之于声色滋味也,利于性则取之,害于性则舍之,此全性之道也。"其所言全性之道既反映了事物的规律性,也反映了人们对于规律的尊重与敬畏。虽然可以言说,但亲历却比听闻更为重要。

《师说》:"师者,所以传道授业解惑也。"既然道可传、惑可解,那么就必然"可言""可道"。在此,韩愈说出了"师"在传道过程中的重要性。但重要归重要,并非绝对,即传道之外还有"悟道",也即人类的前行,必须在传承的基础上有所拓展、发明、创造等等。

而认为"道不可言",或是所持角度不同,或是错会老子之意了。

"道可道,非常道"(或"道可道,非恒道")出自《老子》五千言第一章,是一句几乎人所共知的名言,但却常为人们所误解。老子在此明明是说"道可道",可是由于有"非常道"三字紧随其后,因此许多人都被它"绕"了进去,即把"可道"之道理解成了"不可道"。问题出在哪里?除了道本身的复杂、玄妙外,还可能是因为这个被理解为永恒不变的"常"或"恒"字。一般的解读,或曰:"道,可以说得出的,就不是永恒存在的道。"①或曰:"道,说得出具体形状的,就不是永恒存在的道。"②窃以为如此解读既不通于语言逻辑,亦不通于老子本来的思想体系,更与事理或科学背道而驰。永恒存在的道就说不出?换言之,说得出的道就不是永恒存在?例如,事物总是在不断运动、发展、变化着的。这不正是一种永恒存在的道吗?它说清楚了吗?很显然,它就是道,是事物存在的最基本的规律性,它不仅是永恒的,而且通过此语已经说得清清楚楚、明明白白。可以说它正是老子之"善言"

---

① 卫广来:《老子》,太原:山西古籍出版社,2003 年,第 2 页。

② 刘彦灯、范又琪:《道德经 百喻经俗译》,武汉:华中理工大学出版社,1990年,第 18 页。

而"无瑕谪"。"说得出具体形状的,就不是永恒存在的道",难道说"不是永恒存在的道"就能说出它的具体形状了吗?那么"不是永恒存在的道"的具体形状又是什么样子呢?再者,道有具体形状吗?或者说"不是永恒存在的道"有具体形状,"永恒存在的道"就没有?以此观之,一般学者都没有反思或追问过这个问题。其实《老子》的"道之为物,惟恍惟惚"(第二十一章),"是谓无状之状,无象之象,是谓惚恍"(第十四章)以及《易传·系辞传上》的"形而上者谓之道"早就回答了这个问题。道无论是源于自然还是人类社会,无论是永恒存在的还是非永恒存在的,肯定都是没有什么具体形状的。道之所以没有具体形状,一是因为源于其无限广大性、复杂性,二是因为源于它虽由具体之器中抽象出来但又超拔于具体之器而形成了思想、理论或概念。事实上,就算有形而下的道,比方说道路,它也不可能有完整的具体形状。如果有,那也只是道路的某一极小的一部分,而不可能是全部。又再如,老子所言之道,不正是永恒存在的吗?老子不仅说得出,而且一说就是五千言,且说得头头是道。至于自然科学或新人文主义学说则明确认为,世界是理性构成的,所以也是理性可以认知的。即道一定是可道的、可传的、可用的、可发展的,如果不可,则不是它真的不可,而是我们没有深刻认识它的缘故。直到今天,仍有不少西方学者不能深刻理解中国为何能够迅速崛起,其原因也只是他们未能深刻地理解中国、中国文化与中国的发展之道而已。事实上,只要能深刻理解中国、中国文化与中国发展之道,就一定能讲好中国故事。

形上与形下

形上、形下是形而上与形而下的简称。沿用《易传》的说法便是:"形而上者谓之道,形而下者谓之器。"其实没这么简单。这种理解可能会极大地局限我们的想象力或我们对于它们的真正理解。因为还有"道不离器,器不离道",老子以水喻道,其实不仅是认识到了水具有仁、义、礼、智、信诸形而上特点,而且看到了水之既有形又无形的形而下特性。其有形即形而下,其无形即形而上。另如《老子》第十一章:"三十辐共一毂,当其无,有车之用。埏埴以为器,当其无,有器之用。凿户牖以为室,当其无,有室之用。故有之以为利,无之以为用。"这更加形象地说明了形下与形上的相互关系。此章前三句分别讲"车之用""器之用""室之用",皆属形而下,但到最后一句"有之以为利,无之以为用"却突然而又自然地跃入了形而上。这种跃入,一方面为道赋予了象形性或具象性,另一方面为道展示出了无尽的抽象性、想象性、多义性、哲理性等。"有之以为利"昭示出:人所拥有的一切利,不仅可以有形而下的车、器、室等,同时亦可拥有形而上的思想智慧、理论、概念、信仰等,抑或包括我们自己的身体。形而下的车、器、室等,如果没有"无"所形成的空间便一无所用。但令人惊奇的是,人之所拥有的一切形而上的思想智慧、理论、概念、信仰等,不会因"无之(传播给他人)"而无,而是相反——"无之"的过程或让人更有更富。它给我们的启发是:人所拥有的一切利——房子、车子、票子、思想、智慧、荣誉、名位等,通过"无之"反而让我们拥有更多。所以,老子又说:"既以为人己愈有,既以与人己愈多。"(《老子》第八十一章)"为人""与人"的过程,既是"无之""舍之"的过程,亦是"有之""多之"的过程。

在中国哲学中,形而下既可指有具体形状、看得见摸得着或感觉得到的器或物,亦可指向人所从事的具体的制造器物或改变器物形状的专业技术活动。形而上既可指没有具体形状、看不见摸不着或感觉不到的道或理论、概念、思想、信念、价值、方法、道德等,亦可指人所从事的认识宇宙本体、进行社会治理或进行道德理论研究等非具体的思维实践活动。孔子说:"君子不器。"(《论语·为政》)即认为真正的君子,无须亦不能从事一般的专业技术活动。——这种思想既是中国一直到今天仍然根深蒂固的"官本位"思想的理论根源、中国古人普遍厌恶科学技术发明的思想历史根源,亦与柏拉图在其《理想国》中斥责手工业者:"他们的灵魂已因从事下贱的技艺和职业而变得残废和畸形,正像他们的身体受到他们的技艺和职业损坏一样。"[1]亚里士多德在其《政治学》中说道:"任何职业、工技或学科,凡可影响一个自由人的身体、灵魂或心理,使之降格而不复适合于善德的操修者,都属'卑陋'。所以那些有害于人们身体的工艺或技术,以及一切受人雇用、赚取金钱、劳悴并堕坏意志的活计,我们就称之为'卑鄙'的行当。"[2]二者思想高度一致。这些蔑视技艺的言论除了有鄙视劳动者的阶级因素外,更重要的是企图维护所谓无功利的、静观的理论知识,追求自由与真理

---

[1] 柏拉图著,郭斌和、张竹明译:《理想国》,北京:商务印书馆,1986年,第246页。

[2] 亚里士多德著,吴寿彭译:《政治学》,北京:商务印书馆,1983年,第408页。

的崇高地位。不过这种观点，无论是在孔子那个时代还是在今天，都是经不起追问的。原因除了"器中有道""道不离器"外，更重要的是道与器皆不可致诘，如果致诘就"混而为一"了。老子的"治大国若烹小鲜"，厨师出身的伊尹的政治实践皆可说明。在今天，不仅从事科学技术活动的人转而从事治国理政者比比皆是，就是从器中悟出或成就了大道的而又无须从政者更是比比皆是。事实上，器与道从来就是纠缠在一起的。

不过，需要注意的是，本书叙述中所使用的"形下、形上"，有时还可能指称汉字的构形及其所寓含的思想智慧。换言之，形下既可指向看得见的汉字符号所呈现出的具体形态，形上亦可指向这种形态及其相互关系的背后所隐含的思想智慧。

笔者曾在课堂上与青年学子交流，有人解释"道可道，非常道"时说："万物的道理都是可以说得出来的，但其道理却不是永恒不变的（或总是在不断发展变化的）。"此语乍一听似乎很有道理，但进一步追问后，不仅不通，而且不能贯通整个老子思想体系与当代哲学、自然科学的认知。一是万物的道理，有些可能是不断发展变化的（如人类社会存在发展中的所追求的形上之道德、哲学、艺术、伦理等），但有些却可能是永远不会变化的（如自然界的各种粒子活动的规律性、各种公转自转运动等。当然，从绝对意义上说，除了"变"属永恒之外，其他一切皆非永恒。但仅此一种"变"的永恒性就够了，它已足以推翻所谓"其道理却不是永恒不变的"绝对性论断）。二是，既然万物的道理总是在不断发展变化，那么就不可能被完整地言说。如果能说得出来部分，也正是意味着某些道理总是有其不变性的。三是，它与老子思想体系不合。换言之，上述的解读抹掉了"道可道，非常道"在《老子》全文中的纲领性地位，或它对于"道理"的规范性作用。比如下面要提到的"不出户，知天下；不窥牖，见天道"，如果离开了"道可道，非常道"的规范性做前提，便会成为一个大笑话。

实际上，老子的"道可道，非常道"是想告诉我们：道，一定是可道或可以言说的；但却不是随随便便都可以的，而是必须放到一定环境条件与一定的主客对象之间才行。"非常道"即"不是一般条件下可道"。不是一般条件即指一定要有具体环境条件与主客对象关系的限制。（这里的"常"不是永恒的,而是一般的、没有限制条件的。)①比如牛顿三大定律,如果离开了太阳系这个环境条件,它就不可道或说不清楚。如果主体对它一无所知,那么也就无法道。如果主体连最起码的自然科学知识都不具备,即或能道,也无法与他人道。其他各种道也莫不如此。老子此语背后的真实意思,如用今天的哲学语言表达便是:真理既有相对性也有绝对性;具体问题必须具体分析;人们对于客观现实世界的探索,必须实事求是,以是为是,循是而行。事实上,"道可道,非常道"只有如此解读才可能与《老子》后面的全部内容相融相贯。比如元代吴澄笑话老子说:"不出户而知天下,何以游为哉?""老氏之学,治身心而外天下国家者也。"(吴澄《送何太虚北游序》)实乃老子所云"下士"之谈。其之所以会得出如此结论,一是因为他既没有把"道可道,非常道"的意思弄明白,也没能把它与老子思想联系起来;二是因为他可能根本就没有读过完整的《老子》或系统地研究过它。事实上,如果有一定环境条件,有合适的主体,那么"不出户,知天下;不窥牖,见大道"不是不可以,而是很容易实现的(根据老子思想,"不出户,知天下;不窥牖,见天道"是有条件的:它要求主体一定要是掌握绝对权力的圣人。而要成为圣人也是有条件的:不仅需要聪明的头脑、足够的智慧,而且需要较多的知识与经验积累。而掌握权力则可以让他通过别人的出户、窥牖、行来实现自己的"不行而知,不见而明,不为而成"。这些道理不仅不玄乎,而且十分简单朴素)。再者,老子的"以百姓心为心""为天下浑其心"(《老子》第四十九章)则字字句句都氤氲着对于众生疾苦殷殷关切的圣人情怀,他又怎可能"外天下国家"呢?(另如《老子》第七十四章:"民之饥,以其上食税之多,是以饥。民之难治,以其上之有为,是以难治。民之轻死,以其上求生之厚,是以轻死。夫唯无以生为者,是贤于贵生。"《老子》第六十二章:"道者,万物之奥。善人之宝,不善人之所保。"《老子》第三十一章:"兵者,不祥之器,非君子之器,不得已而用之,恬淡为上。"这些所表达的不都是老子对于众生疾苦的殷殷关切之情吗?)以此可知,世人之不能通《老子》实乃"闭目塞听"不能做全面融会贯通之故。换言之,只有把《老子》思想体系本身的全面贯通,与先秦历史、哲学,以及当代哲学、自然科学、日常生活紧密结合起来,才可能全面而深入地理解它。而贯通它们的最为便捷的途径则

---

① 何铁山、卫兵:《"道可道,非常道"别解》,《北京师范大学学报》2013 年第 6 期,第 73 页。

莫过于从汉字初文构形入手,对"道"字的象形性(具象性)、想象性(抽象性)、哲理性(哲学性)、历史性(时空性)做深入的研究或了解,从而全面而深刻地理解其背后所隐含的思想、意义。进言之,只要全面深入地了解了"道"字的这些特性,也就可以此为切入点,把《老子》思想体系与先秦历史、哲学以及当代哲学、自然科学、日常生活全面勾连起来,从而既能为读懂《老子》等先秦经典大开方便之门,也能为我们的政治实践、现实生活、工作、学习,寻到丰富、深刻而有价值的启示。

可是,既然"道可道",那么庄子、王阳明为什么又说"道不可言,言而非也""道不可言也,强为之言而益晦"呢?这不是与老子、孔子等人相矛盾了吗?难道是庄子、王阳明错了?事实上,他们既不矛盾,也均没有错,只是后者的认识有些片面消极而已。如果要"言道"却不预设一定环境、条件与主客对象,只是泛泛而言,那么就是所谓的"常道"。"常道"不是一般所释之永恒不变的道,而是一般的道——一般的没有条件限制的对于"道"的言说。这种道则无论如何都是说不清楚的,因为它所涵括的内容太多太复杂。简言之,道贯通形上形下,既是物质世界,又是精神世界,或介于它们之间,既内存于它们之中又超越于它们;既是矛盾论,又是认识论、方法论;既是思想、道德、规律、概念、信仰、理念等,又是某种政治局面等。它既源于自然世界、人类社会,也是自然世界、人类社会本身。如此等等。换言之,因为道的无处不在、无所不是,所以如果用简单的几句话就想把道说清楚,则必定是"不可言",而且必定"言而非也"。比如:人是什么东西?放到化学中,它是一堆碳水化合物;放到物理学中,它是一种输入一定物质能量就能做功的高级生物;放到马克思那里,它是一切社会关系的总和;放到当代哲学社会科学视域中,它是一种动物性与社会性或物质性与精神性结合得最好的高级生物;如此等等。如无条件限制,就无法言说;如有条件预设,就能言说得明白。说庄子、王阳明的话有些片面消极只是相对于老子的"道可道,非常道"而言。换言之,唯有老子"道可道,非常道"才是真正的"无瑕谪",即经得起任何语言、逻辑、思想、现实生活实践的追问或反思。因为它既对道之可言性做了充分的肯定,也对道之不可言性做了适当的界定。进言之,对于此语,如果你不理解或把它弄错了,那一定不是老子的问题,而是自己的问题。就像吴澄笑话老子,即为老子所预言的:"下士闻道,大笑之,不笑不足以为道也。"(《老子》第四十一章)笔者前面提到的错会古圣先贤之意,主要就是指没有弄明白老子"道可道,非常道"的本义。

当然,我们肯定老子,还有一个更为重要的原因,那就是他的这种认识背后所秉持的既积极向上又不狂妄自大的理想主义与现实主义结合得最好的人生态度。其积极向上的理想主义主要表现为:"为学日益,为道日损""知人""以百姓心为心""为天下浑其心""得其时则驾""甘其食,美其服,安其居,乐其俗""处无为之事,行不言之教""功成而弗居""夫唯无以生为者,是贤于贵生""去甚、去奢、去泰"等;其不狂妄自大的现实主义则主要表现为:"勤而行之""宠辱若惊""知其荣,守其辱""终不自为大,故能成其大""不争""知止""自知""自胜""不得其时则蓬累而行"等(当然,二者又是互相纠缠不可分割的)。而这种态度的形成,既源于老子对于道的客观而深刻的认识,也源于他对于众生的殷殷关怀之情。其中"天道无亲,常与善人"(《老子》第七十九章)便是这种认识与关怀的集中表现。——天道,即自然之规律性,它没有偏私,只会帮助那些对它有深刻认识又善于顺应、利用它的人。人在客观规律面前,一定可以有所作为,但前提是必须认识它,然后才能利用它。而庄子、王阳明之属的"道不可言"论,则极有可能把人导向消极或虚无(不少人认为老子思想消极虚无,其实是错会老子之意了。据《史记·老庄申韩列传》,老子教育孔子说:"君子得其时则驾,不得其时则蓬累而行。"这并不是简单的消极,而是一种对社会人生、命运等有深刻认识的积极人生态度。"蓬累而行"不是随波逐流,而是一种正视规律与现实的策略。因为"蓬"是有生命的,虽然它无法抗拒强大的风雨,但却可以等到风停雨住,继而生根、发芽、开花、结果,以至灿烂辉煌。有人把"蓬累而行"理解为随波逐流,则是经不起追问的,只有死的东西才随波逐流)。我们既承认道之可道,亦承认道之可道必有一定条件、环境与主客对象的限制,便是一种既积极向上又客观真实的人生态度(过去数十年,我们韬光养晦,世界的话语权一直为西方所垄断,从现在开始,应当是我们建构中国话语体系以向世界传播中国之道的时候了)。

综合上述,可知"道"一定是"可言"或"可道"的。虽然它一般并无具体形状之可言,但不管它是否是永恒存在的,只要把它置于一定条件、环境与主客对象之间便一定可道。所谓"道不可道"或"道不可言",既源于人们对道的复杂性、广大性的茫然无措,也源于主体的认知不够深入以及各主体之间之所持观点立场之不同(从大尺度或绝对意义上说,所谓"永恒",除了

"变"之外,皆无可能,所以一般所言之永恒只是相对的永恒——相对人类能够存续期间的不变性)。

在中国古代各种经典或学说中,不管何门何派,虽然"道不相同",但却没有不言道的,即或是公元前后从印度传入的佛教也不例外。如《佛说四十二章经·经序》的第一句便是"世尊成道已"("世尊",指佛教创始人释迦牟尼;"成道已",指释迦牟尼在菩提树下修成了正果或正觉。"成",是成功;道,是指佛道,即佛教思想或觉悟的最高境界;"已",是已经正式成佛了),即如此。至于先秦经典之中,可能有不讲仁、义、礼、智的,但却没有不讲道的。如《尚书》有"道"36 见,《诗经》32 见,《周礼》72 见,《逸周书》92 见,《易经》8 见,《老子》75 见,《论语》84 见,《左传》175 见,《孙子兵法》24 见,《鬼谷子》102 见,《墨子》154 见,《孟子》151 见,《庄子》361 见,《荀子》392 见,《韩非子》350 见,《吕氏春秋》313 见,《孔子家语》120 见,《大学》10 见,《易传》102 见,《列子》102 见,《管子》506 见,《孝经》14 见,等等。虽然其中各"道"并非皆为一般所谓形上之道,但仍可说明的问题是:唯有道才可能代表觉悟、修行、成功、人生、智慧、语言、思想等的最高境界。所以,佛教要想被中国人民普遍接受,便不得不借鉴或接受中国古圣先贤们所创造的道。

至于日常生活,三教九流、各行各业中,道亦无处不在、无处不讲。就是日常理发的、修脚的、补鞋的、补锅的、磨刀的等等,也莫不如此。鞋有鞋道,脚有脚道,磨有磨道,补有补道,从业者甚或也把老子奉为祖师。至于教师、郎中、戏曲、文艺就更不用说了。因其中不仅有"艺进乎道""技进乎道"之知识论认知,更有"师道尊严"之说。庄子说:"道在瓦砾,道在矢溺。"《中庸》说:"道也者,不可须臾离也,可离非道也。"正是表达了上述思想。道之所以无处不在、无处不讲,其根本就在于它是物质世界与精神世界、形而下与形而上、理论与实践的高度统一。

没有道,就没有德。认识了道,就为德指明了方向。

故道,不仅是先贤大多哲学思想或经典共有的最高哲学范畴,而且就其论述频度而言,一般也比仁、义、礼、智、信诸德目要多。而其他,能与道意略有相似的,诸如心、性、理、禅之类,则因出现时间较晚,或构形不如道之神奇高妙,所以其引申义亦均不如道之丰富多彩。

综观先秦诸子诸典所言之道,涉及形下形上,各有所指,对我们有诸多启发,但除老子所言比较全面而深刻之外,其他则多局于一隅。而汉字学对于道的解读不仅可以把它们全部联系起来,而且能够回答关于道的一切所谓"玄之又玄"的问题。

另据维特根斯坦所说,我们无法言说的东西,如果真有,则或是我们并不真正熟悉的东西或是我们的思想还未到达的地方,也可能是我们的语言太过贫弱以至于无法对它们进行摹写或描绘。当然,也可能是它本身对于主体毫无意义。因为有意义的世界都是语言建构的,或是语言能够建构的。

第一节 "道"的汉字学哲学解读

汉字,是中华民族用来记录语言、传递信息、交流思想、保存文化的一种最为有效的工具。与世界其他文字相较,它无疑是表意与表音结合得最好的文字。

关于汉字的起源,东汉许慎的《说文解字·序》应当是说得比较符合事实的:

> 古者庖牺氏之王天下也,仰则观象于天,俯则观法于地,视鸟兽之文,与地之宜,近取诸身,远取诸物,于是始作《易》八卦,以垂宪象。及神农氏,结绳为治而统其事。庶业其繁,饰伪萌生。黄帝之史仓颉,见鸟兽蹄迒之迹,知分理之可相别异也,初造书契。"百工以乂,万品以察,盖取诸夬。""夬,扬于王庭",言文者,宣教明化于王者朝廷,君子所以施禄及下,居德则忌也。仓颉之初作书,盖依类象形,故谓之文;其后形声相益,即谓之字。文者,物象之本;字者,言孳乳而浸多也。

汉字的创制,一源于伏羲八卦、神农结绳等一整套的符号系统;二源于仓颉在总结前人基础上"依类象形"所创造的"文"。其中源于伏羲(即庖牺氏)八卦、神农结绳等一整套的符号系统,使汉字从一开始就含义丰富;而"符号"与"文"之外的"字"则均由它们所"生"——"孳乳而浸多也",所以就更是意义非凡了。

后世不少人认为汉字最早源于图画或所谓"六书"(指事、会意、象形、形声、转注、假借），实在是不甚恰当的。不可否认，汉字中可能有部分来自图画的不断简化或抽象化，但这一定不是最早的起源。换言之，不仅最初的《易》八卦符号不能算图画，就是汉字中一开始就非常抽象化的象形字也不能说是图画。所谓"六书"，不仅谈不上是汉字的起源，就是说它是汉字造字"六法"，也不甚妥当。真正的造字法应当只有四种：一是对于远古符号的摹写；二是对于自然之物与人类所造之物的具象与抽象高度结合的摹写；三是于前二者或一者中取两个或两个以上符号以组合为会意字；四是于前三者或二者中取两个或两个以上而制作的形声字。符号的摹写除了源于伏羲八卦、神农结绳之外，应当还有其他一些契刻符号、数字符号等，此类符号因极具抽象性，所以往往意义深刻。

对于自然之物与人类所造之物的摹写就是所谓"画成其物，随体诘诎"的象形。象形，许慎称之为"文"（"依类象形，故谓之文""文者，物象之本"）。"文"因为高度抽象，或是高度抽象与具象的统一，所以不能简单地称之为图画。"文"是汉字的最大存在——除了少数符号字之外，它不仅有数百独立的单字，而且参与了几乎全部汉字的创制。事实上，会意与形声也都是象形字与象形字（如原初的道、义、善等）或象形字与符号字（如仁、本、正等）的有机组合。此类会意或形声，许慎又称之为"字"（"形声相益，即谓之字""字者，言孳乳而浸多也"。字皆是由文的不断结合生发而来的。但其实，字并不仅为文生发而来，还有部分符号也参与了这个过程）。关于汉字的创制，许慎《说文解字》的描述给了我们极大的启发，但他的认识却并不足够深刻全面（如上述所提"六书"造字之说，便是很经不起推敲的。六书之中，转注与假借因并未造出新字，所以算不得造字之法。而指事则可完全合并于会意之中。至于没有具体提及符号系统对于造字的贡献则是其一大缺憾）。个中原因既有时代性，也有个人主观认识上的。

所谓汉字学，一般认为它只是书法学、汉语言文学等学科研究中的一个分支学科，其所研究或涉及的内容主要为汉字形体的产生、发展、变化规律以及汉字的音义训诂等。窃以为，汉字学不仅可以说是汉语言学的一个分支，而且可以说是一个综合性学科体系。它理所当然地可以包括汉字字形学、汉字音韵学、汉字发展史学、汉字书法学、汉字语言学、汉字美学（汉字哲学）、汉字造字学、汉字训诂学等学科。毫无疑问，自东汉以来兴起的历代小学都应包括在汉字学之内。许慎、徐锴、郑玄、杨树达、林义光、邵瑛、李孝定、王筠、朱骏声、容庚、段玉裁、王国维、罗振玉、郭沫若、商承祚、桂馥等前贤,都曾对汉字学的奠基或发展做出过重要的贡献。本书所涉汉字学对于上述汉字学有所扬弃。因本书所谓汉字学主要关注的是:汉字初文构形具象中的抽象性哲学意义;其初文构形的多义性、想象性及其相互关系;其初文构形与经典论述的相互关系;等等。它们之间既互相贯通又互为支撑。其核心内容既可融入政治哲学范畴亦可属于道德哲学范畴,所以本书所及的"汉字字"又可称为"汉字学哲学"。比如《吕氏春秋·大乐》所提到的:"平出于公,公出于道。"其中的"平",初文为天平之象形,意为公平秤,其抽象意义则主要为公平或平等。但它有个前提,就是公(即公正)——要经得起众人眼睛的审视。而公正在先秦就是古老的核心价值之一,在今天它不仅是道德的核心、社会主义核心价值观之核心,而且是合规律性与合目的性的高度统一。这种统一,不仅属于政治哲学范畴,而且属于道德哲学范畴。但需要特别注意的是,这种认识,不仅能够从"道、德"二字的初义构形中找到依据,从古代的许多经典论述中找到论据,也能与当代政治生活、社会实践、事理、常理等相融相通。

所谓"汉字学哲学解读",则是指本书以汉字学为切入点,把汉字构形的基本特点及其具象性中的抽象性哲学意义,以及有关经典的论述,特别是先秦经典的论述有机结合起来,从而给予今天我们对于某些现象、概念或字、词的进一步认识和启发,并挖掘出其非同流俗的现实意义。事实上,从古圣先贤的智慧或认识中寻求解决现实生活中难题的方法,不仅过去可行(思想史的发展从来就是如此这般的),而且在工具理性盛行、物欲横流、人的思想高度解放、个性极度张扬的今天,或更为现实有效。因为汉字的原初构造,本来就是古圣先贤对于自然和人类社会发展规律性之深度认知的高度抽象或概括。

一、"道"的初文构形——行、人、首、之或止

现在能见到的"道"字,其初形及其异体主要有三个:,其他皆与之类似。前者既见于甲骨文亦见于金文,后二者多见于金文。它们与今天简化后的楷书之"道",表面上差别很大,其实只是笔画略有简省、合并,或由屈曲盘旋而变得略挺直方正而已。今天的"道"字相对于,

以"首— "代"人— ",简省了右边的两笔——右半个"行— "字,多了下面"走之"的一"捺"或"止";相对于 ,除了简省了右边的两笔、多了下面"走之"的一"捺",其他则完全一致;相对于 ,除了简省了右边的两笔,其他则完全一致。"辶"就是左半个"行"即"彳"字与下部的"止"的结合。小篆之"道— "也一样。以此观之,在汉字数千年的演化发展中,它们的象形、象意特征绝大多数得到了很好的保留或传承,即或笔画有所简省,部件有所合并或形变,其构形要素不仅很少缺失,而且其意反而有所拓展,即不仅几乎所有汉字共同具有的具象性(象形性、科学性)、抽象性(想象性、哲理性、多义性)、历史性、艺术性、开放性等多重特征皆可依此字找到充分的根据,而且其部分笔画的抛弃或变化简省,还可能极大地张扬了人的思想智慧、主观意志欲求摆脱物质世界、传统思维、礼仪制度等的羁绊而呈现出来的些许"狂妄"。

值得一提的是,此"道— "与甲骨文之"德— "相比,差别很小。" "字中间部分为"直",即"十、目",也即众多直视的眼睛,意指公正。而 则比 的下部多了个"之"或"止"字。今天的楷书之"道"直接源于秦小篆 ,间接源于 。(" "字亦可称大篆字体。《说文解字·序》:"秦始皇帝初兼天下,丞相李斯乃奏同之,罢其不与秦文合者。斯作《仓颉篇》。中车府令赵高作《爰历篇》。大史令胡毋敬作《博学篇》。皆取史籀大篆,或颇省改,所谓小篆者也。")

(一)"行"的构形分析及其启示

"行— "是个象形字(亦可称会意字),像个四通八达的十字路口,既是道也是德的最重要部分。因为它既具体又抽象地描摹出了路的最基本特征,所以又可称之为路、径、道或道路等。中国文字与哲学的发展史中,关于道的绝大多数形上形下特征或意义都可以此形生发而出。

路,就经验世界而言,属于看得见、摸得着,实实在在的形下之物。《尔雅·释宫》云:"行,道也。"这里的道便是路或道路。《诗经·豳风·七月》:

"女执懿筐,遵彼微行。""微行,墙下径也。""墙下径"就是墙下的小路。《左传·襄公九年》:"魏绛斩行栗。""行栗"指长在道路上的栗子树。事实上,在想象或思想(形而上)中,人所生活的物质世界,不管从四方上下任何维度来看,都可视为道路。当下,随着科学技术的发展,人类的道路便以各种形式延伸到了遥远的宇宙空间甚或幽深的地下或海洋,并让汉字这种想象性得到实证。因为道路无处不在,所以,𠫓便可视为人的整个物质世界。老子说:"道生一,一生二,二生三,三生万物。"(《老子》第四十二章)"迎之不见其首,随之不见其后。执古之道,以御今之有。能知古始,是谓道纪。"(《老子》第十四章)其所描绘的道不仅佐证了上述,而且有所拓展:道不仅囊括了人之赖以存在的整个物质世界,同时也囊括了人的整个精神世界。即此中的人,无论是"三"中之"一",还是"万物"之一,是且只能是整个物质世界之一部分,其所感知到的物质世界便只能是:"迎之不见其首,随之不见其后。"又因为人对于客观物质世界的认识,只能是在继承前人的基础上进行的,所以也只能是"执古之道,以御今之有"。"能知古始"者是最早对道进行描绘、思考、记录的"圣人",而能"执古之道,以御今之有"者则只能是"今圣、今贤"。

因为是路便一定会相交成"十"并贯通东西南北("十",其形沟通东西南北中,在古汉语中也有众多之意。如《大学》所提曾子所言"十目所视"既为"众目",也指民众、百姓)。既然形下能通,那么形上就必定能通。《吕氏春秋·适音》:"先王之制礼乐也,非特以欢耳目、极口腹之欲也,将以教民平好恶,行理义也。"高诱注:"行,犹通也。"此行之通便已把形下之路引入形上之社会人生。路因行而通,道亦因行而通,亦如荀子言:"道虽迩,不行不至;事虽小,不为不成。"所以庄子便有了所谓"道通为一"。"道"总是与行、与通紧密联系在一起。

因为通,便可流行、流传或成为公众场所。《左传·鲁襄公二十五年》载孔子语:"《志》有之:'言以足志,文以足言。'不言,谁知其志?言之无文,行而不远。"("'语言是用来充分表达主体志趣的,文字是用来充分传达主体语言的。'没有语言,有谁能知道你的志趣呢?如果仅有语言而没有文字,那么主体的思想就不能久远流传。"上述对"文"字的理解,颠覆了"文采"之说。也只有如此理解,才可能更加符合事理与逻辑。换言之,能传之久远的只能是文字,文采只是依附其后。故笛卡儿的"我思故我在"只是一句笑话——没有文字的摹写,所谓"思"与"在"是永远都不可能被证在的。)此行主要指向思想的流行或流传。再者,只要有路的地方,就不可能只是你一人能够行走或到达的。你能到达的地方,或迟或早总还有别人可以到达。众人都能到达的地方,不仅能成为四通八达的通衢,也可成为公众场所,如商行、银行。而道,无论形上形下,皆具上述特征,不仅能流行或流传,而且必定可以为大众所聚集所遵行,并能养育我们,把我们送达远方。"大道之行也,天下为公。"天下为天下人之天下,是为公;公,即大道,是大道,便可天下流行并为天下人遵行,当人人都行走在此大道上,便可到达理想的远方。

行,还可以是行走、行动、实践、用,甚或就是"形上之道"、规律性或自然之理。前述几种理解自古至今仍在普遍使用,后面几种理解在古代则常与道并行。如《易传·复》:"反复其道,七日来复,天行也。"(孔颖达疏:"阳气绝灭之后,不过七日,阳气复生,此乃天之自然之理,故曰天行也。")其中"天行"即天体或自然运动变化的规律性,亦可称之为天道,与《老子》"不出户,见天道"之天道同。另《礼记·缁衣》"《诗》云:人之好我,示我周行"亦为此意。(郑玄注:"行,道也。言示我以忠信之道。")行就是道——既是形下之道,又是形上之道,能给予我们深刻启示。它昭示着人类的一切进步或功绩、自然界的一切变化都需要以行来实现。

行亦通于德。《史记·仲尼弟子列传第七》有孔子言:"天下无行",即天下无德或天下无道。《史记·张仪列传》载"仪贫无行,必此盗相君之璧","仪贫无行"即"仪贫无德"(张仪家境贫困,德行或品行不端)。《史记》中类似用法甚多,如"其母贱,无行""迁(人名)素无行"等,"无行"即"无德"。联系上述几句,可见人之"无行"或多与其经济困境有关。子思、孟子则把仁、义、礼、智、圣或仁、义、礼、智、信诸德目称为五行,所以五行亦可称为五德。实际上,上述诸德如无行即无真实的行动、实践以呈现便不能称之为真正的德或德行。所以无论道还是德,都离不开一个"行"字。俗语所谓"文人无行"也即"文人无德"。其对于常常以文人自称者既有不耻或贬损之意,亦是对他们所常处的生活困境所进行的一种曲折而客观的描绘。其实,"文人无行"之最深刻处,并非在其一般性的"无道德",而在于其不能或很难把思想付诸现实的社会实践以改变世界面貌。如能,他们就必能毁弃"文人无行"之魔咒而成为实践家或革命家。事实上,真正的文人必须有行。即或"小德"(《论语·子张》:"大德不逾闲,小德出入可也。"),略有瑕疵也无关大体。实际上,历史上有行的名士或风流人物往往都是文人。王夫之云:"何以谓之德?行焉而得之谓也。何以谓之善?处焉而宜之谓也。何以谓之至善?皆得咸宜之谓也。"既是对知行关系或理论与实践关系的深刻认知,也是对于前人(诸如《礼记·乐记》:"德者,得也。"《说文解字》:"得,行有所得也。")的继承与发展。它们皆体悟到了行对于道或德的极端重要性。"有德"或"无德"皆得以其"有行"或"无行"作为最后标准。换言之,人若理论上对道德有较深入认识,但却很少能把它付诸行动实践,那就算不得真有德;人虽在理论上对道德没有认识或没有深入认识,但却在行动实践中做得很好,便是真有德。传子思所作帛书《五行》,之所以为荀子所非,就是因为它对于行与德的认识确实晦涩不明且容易产生歧义。

"行"之所以有如此众多的意义,在于它既是"形下之路"可代表整个物质世界,又是"形上之道"可代表整个精神世界,或是物质世界与精神世界的高度统一(原因有三:一是形下之路本来就含有形上之道的所有内容并规约着其所有特征,也即物质决定着精神或意识;二是人也是物质世界的一部分;三是无论是行还是路、道,它们皆由人所造成或所想象所规约)。事实上,当它用于行走、行动、实践时,便是这种统一的具体化,也即主观见之于客观,或主观与客观的统一。比如走社会主义道路,其中的走即行走,社会主义道路便是形下与形下的高度统一。换言之,形下之路既是形上之道赖以存在、发展、变化的物质基础,也可以是形上之道本身。一切形上之道,不管其意义如何曲折幽深,皆可从形下之路中引出。此说之最深刻处在于:不管形上、形下,其道皆可言说,皆可传播,皆可践行。

不过,"行路难,行路难,多歧路"(李白《行路难》)和"行衢道者不至"(《荀子·劝学》)又说明,即或是通达之路,也可能既是"通衢"又是"歧路",让你难以到达理想的目的地。换言之,道之通、流行,或"不至"且皆可以言说、传播、践行的背后,是其必然要置于一定时空、条件、范围与主客对象之间。不然,通与流行、流传便不可能。

综合上述关于 **介** 的分析,可以得出如下启示:

其一,行即路、道。路,不管是形下形上、宽窄远近、曲折易难,皆须通过行才能到达。亦如荀子:"不闻不若闻之,闻之不若见之,见之不若知之,知之不若行之,学至于行之而止矣。行之,明也。明之为圣人。圣人也者,本仁义,当是非,齐言行,不失豪厘,无它道焉,已乎行之矣。故闻之而不见,虽博必谬;见之而不知,虽识必妄;知之而不行,虽敦必困。不闻不见,则虽当,非仁也,其道百举而百陷也。"(《荀子·儒效》)老子:"上士闻道,勤而行之。"(《老子》第四十一章)行,不仅指向具体的劳动实践、社会实践活动,而且指向学、好学。荀子:"吾尝终日而思矣,不如须臾之所学也。"(《荀子·劝学》)唐代孙过庭:"盖有学而不能,未有不学而能者也。"(《书谱》)诸葛亮:"夫君子之行,静以修身,俭以养德。非淡泊无以明志,非宁静无以致远。"皆表达了这种思想。

行即路、道,还提醒我们:"路有他歧,可以南可以北。"(《声律启蒙》)亦如智慧的岔路,既能通向相同的方向,亦能通向完全相反的方向。故"遵道而行"之德,关键不仅在于行,还在于有正确的对于道的识。如没有对于道的深刻认识或领悟,正确的行便不可能。

宁静致远

在喧嚣繁杂、急功近利的当代社会生活中,特别喜欢"宁静致远"这四个字的人很多,也有不少人请我把它写成榜书大字挂于客厅书房以示高雅。但当我问及他们此语究竟是何意时,他们大多茫然。有人说,"宁静"是一种一般人无法企及的生命状态,如果你真正做到了,那么自然就"致远"了;有人说,"宁静"是心境的一种平和恬淡,"致远"即指思想能够到达远方;有人说,"宁静"是能摒弃过多的或不当的欲望,"致远"是指人在这种状态中能想得很远、能为未来做出长远打算;等等。虽然都有一定道理,但却因不能给现实生活中的人特别是青少年以切实可行的指导,所以不仅皆具虚无性而且意义不大。我们要把此语与诸葛亮《诫子书》中后面的文字以及诸葛亮的人生观、世界观、价值观联系起来,当然,如果能明白"静"字初文构形所隐含的意义,就更容易理解了。

诸葛亮《诫子书》的原文如下:

> 夫君子之行,静以修身,俭以养德。非淡泊无以明志,非宁静无以致远。夫学须静也,才须学也;非学无以广才,非志无以成学。淫漫则不能励精,险躁则不能治性。年与时驰,意与日去,遂成枯落,多不接世,悲守穷庐,将复何及?

"宁静"就是能静下心来学。学是为了"广才"。不能或没有"宁静"便不能学或学不好。不能学或学不好,便不能"广才"。学得进去,学得好,能够"广才",便是所谓"宁静"的最佳状态。"广才"是为了实现自己的远大志向。实现了自己的远大志向就是"致远"。"致远"对于诸葛亮或中国古代社会士大夫而言,就是儒家学者一贯倡导的"成人""成身",或"立德、立功、立言",或"齐家、治国、平天下",或"为天地立心,为生民立命,为往圣继绝学,为万世开太平",等等。也即能让自己的思想与名字穿越时空,实现所谓"死而不亡"或"永恒""不朽"。

再延伸思考一下,又会发现,上述达致目标的任何一条路,不仅需要识,而且需要坚持不懈地行。

其二,行即物质世界,运动是绝对的,是物质存在、发展的最基本特征。道亦如之。时间,其实并不存在,只是运动留下的痕迹或轨迹给人的记忆造成的假象。而精神活动或思想运动,一方面必得以一定的物质运动为前提;另一方面,也必得为一定物质形式所表现出来。就像文化既是精神性的,同时又必定会以物质性呈现出来一样。这种认识,不仅反映了物质及其运动的先在性,而且为精神活动或思想运动可以通过指导实践以改变物质世界奠定了理论基础。事实上,人类社会的一切进步,无论是自然科学还是社会科学,无论是生产力还是生产关系,皆是这种精神活动或思想运动改变世界的结果。

物质运动的两种主要形式

总结物质运动的规律性,可分为两种最基本的形式:一种为"生",另一种为"反"。"生",即不断地生成新的物质形式——宇宙从无到有就是这样一个不断地"生"的过程。"反"即"返",即物质运动在"生"的同时,也有循环往复以至无穷的特征。如,从微观到宏观的各种绕行运动,从生到死的各种代谢运动,等等。

其实,关于上述认识,老子早就进行了生动的论述或描绘。

"道生一,一生二,二生三,三生万物"说的就是物质运动的"生"。

"反者道之动,弱者道之用。天下万物生于有,有生于无。"前两句说的是物质运动的"返"。后两句更是精辟绝伦:这种认识与当代自然科学对于宇宙形成(即宇宙之"生")理论的认识高度一致。

其中之"弱"反映的是人的思想与行动实践的伟力对于道的认识与运用的过程。"弱"在此不是"强弱"之"弱",而是通过思想、实践、科学、技术使道的运动或力量实现可控并为人类所运用。现代社会对原子能、电能的控制与使用,便是这种"弱"的实现的光辉典范。("弱"的本义是把直的竹木等物做成可控的以能实现"以近穷远"的弓。它与今天的水力或风能发电机、核反应堆的建造,其理一致。)

人类对自身可控的物质运动主要也分为两种:"生"与"返"。"生"指人类能不断地造出一些新物质、新机器;"返"指对人类可控的物质运动必须能实现不断反复才可能做功或有用。

其三,行即通,没有行便没有通。通,不仅只有通过行才能实现,而且只有通过行才能得到检验与发展。道亦如此。王夫之云:"知所不豫,行且通焉。"豫,通预。人,无论是个体还是共同体,其知总是有限的。知的有限性又规约着预的有限。(《老子》第三十八章:"前识者,道之华而愚之始。")预的有限性又决定了人类社会的每一次前行或行动、实践,都将是一次又一次的冒险。但这种冒险不仅必须,而且值得。因为如果没有这种冒险,我们既无法实现通,更无法证明知与预的正确与否,至于发展与进步就更是无从谈起了。历史与现实昭示着,无论是疾风骤雨、改天换地式推动社会进步的社会革命,还是和风细雨、潜移默化式推动社会生产力以取得巨大进步的科技革命,都是一场又一场的冒险。在中国,不仅毛泽东领导的让中国人民站起来的革命与战争、邓小平领导的让中国人民富起来的改革开放如此,就是那些以创新、创业而获得巨大成功的企业家们的行为同样如此。也正因为有这样的行,才能充分体现出那些非凡人物的非凡胸襟、非凡眼界、非凡勇气与担当。

相 关 链 接

"知所不豫,行且通焉"的玄奘"西游"

《西游记》随着20世纪80年代同名电视剧的播放而名动全球。作为中国四大古典名著之一,其想象力之丰富独特,可谓首屈一指。吴承恩先生的生花妙笔虽然成功地塑造出了一个孙悟空,但是对于唐僧的形象塑造则是失败的。其失败不是因为其艺术性的唐僧形象与历史上的真实唐僧有多么相近或相去甚远,而是他把唐僧描绘得太过"愚蠢""窝囊",以致颠倒了主配角关系,让孙悟空的形象完全遮蔽了真实唐僧玄奘的伟大或光辉。

要了解真实的唐僧玄奘的故事,必须得读玄奘自己写的《大唐西域记》以及他的弟子慧立、彦悰写的《大唐大慈恩寺三藏法师传》,以及《新唐书》的相关传记等。2016年热播的由黄晓明主演的电影《大唐玄奘》虽然有些简略,但其基本情节却是于史有据或是基本真实的。

玄奘西行之前,中国佛教界对于印度佛教经典知之甚少,对于许多问题的探索或研究,僧俗两界都是歧义横出、莫衷一是、一片茫然。于是,有理想的玄奘怀着"我不入地狱,谁入地狱"的豪情,决定携杖西行。

其实,玄奘既非李世民御弟,也没有一个中了状元的父亲。说有三个徒弟随其一起从长安出发,更是子虚乌有。如果说《西游记》的这些描写有点依据,那也只是在其出了玉门关、阳关,穿过莫贺延碛沙漠与高昌国王麹文泰结为兄弟之后。之前,他孤身一人,不仅无人陪伴,而且是违法偷越国境。不仅唐太宗没有帮助他,就是长安洛阳的僧侣集团,甚或他的同是僧人的同胞哥哥也坚决反对。他是随"寻食"(因长安当年霜灾农业歉收)的百姓潜出长安的。西行路漫漫,孤身一人的远行,对于一般人而言,既无法理解,更无疑是送死。但玄奘意志坚定,义无反顾。其间多次被抓,几次欲死,特别是在莫贺延碛沙漠的四天五夜水食无进,如果不是意念坚定以及识途老马相救,取经的故事就真的没有下文了。

玄奘的西行无疑取得了巨大的成功。他不仅在印度学到了他梦寐以求的《瑜伽师地论》,在印度的全国性经论大辩中博得了桂冠,而且带回并保存了那段时期的大量印度佛经(657部之多)。更可贵的是,他后来的著作《大唐西域记》也成了关于那段时期古代印度乃至中亚诸国的信史。于是,现代世界不仅中国人崇敬玄奘,就是印度人、中亚诸民族也不得不感谢玄奘。玄奘西行的成就,随着历史的推演而愈加辉煌。其人,则早已走上了神坛。

玄奘成功的秘密,如果用一个字来概括就是行。在此,行不仅是道的一部分、通于道,而且就是道的本身。

其四,行即规律或自然之理,告诉我们"学不可以已"。终身努力、不断实践,不仅是君子的宿命,也是人之为人的宿命。"学至于行之而止矣"则意味着学不仅是读书、修身,同时也包括各种社会实践活动。道亦如此。

子贡欲息

子贡问于孔子曰:"赐倦于学矣,愿息事君。"孔子曰:"《诗》云:'温恭朝夕,执事有恪。'事君难,事君焉可息哉!""然则赐愿息事亲。"孔子曰:"《诗》云:'孝子不匮,永锡尔类。'事亲难,事亲焉可息哉!""然则赐愿息于妻子。"孔子曰:"《诗》云:'刑于寡妻,至于兄弟,以御于家邦。'妻子难,妻子焉可息哉!""然则赐愿息于朋友。"孔子曰:"《诗》云:'朋友攸摄,摄以威仪。'朋友难,朋友焉可息哉!""然则赐愿息耕。"孔子曰:"《诗》云:'昼尔于茅,宵尔索绹,亟其乘屋,其始播百谷。'耕难,耕焉可息哉!""然则赐无息者乎?"孔子曰:"望其圹,皋如也,巅如也,鬲如也,此则知所息矣。"子贡曰:"大哉,死乎! 君子息焉,小人休焉。"(《荀子·大略》)

子贡之问,从"倦于学"始,以"愿息耕"结束。可见无论是孔子、子贡还是荀子,他们都认为学而不倦对于一般人而言,是为最难。其他如"事君""事亲""事妻子""事朋友""事耕",则相对较易。"事耕"似乎最易。但有一点却是共同的:人,只要不死,事或学便不可止,"息""休"便不可能。小人或有例外,君子则唯有"大哉"之"死"才可能使之得以休息。

行即规律或自然之理还说明,人的任何主观甚或荒谬的行都具客观性之理。这就像狂人之行似不合乎"常",但又有其自身之"常"。

其五,行即流行、公共场所,其告诉我们:不管是君子还是小人,只要有其行,就一定有人效仿或跟随。所以,每一个人都应当学会谨言慎行。老子:"上德不德,是以有德。下德不失德,是以无德。上德无为而无以为。下德为之而有以为。"(《老子》第三十八章)子贡:"一言以为知,一言以为不知,言不可不慎也。"(《论语·子张》)这些皆表达了对于"下德为之而有以为"的深度担忧。伟大的道德往往与"不德"紧密联系,但一般人既无法认识,也无从仿效;卑下的道德往往与显而易见的"有德"紧密联系,所以容易被仿效。伟大的道德的实现不仅需要不断努力、忍受痛苦、经历磨砺,乃至饱受误解、打击,甚至许多时候还不成功。而卑下的道德却恰恰相反,即或主观上不想影响他人,实际也会对他人产生影响(事实是,即或最下层的小人物,其行至少也会对自己的后代产生影响)。

上德不德

19世纪中期,爱尔兰发生连续大灾荒,5年之中有上百万人饿死。其间,许多灾民自愿找到一个叫基尔拉什的船长,希望他能把他们卖到美洲为奴以求活命。船长见这既能顺乎民心又有利可图,便答应了他们。以一船载500人,来回赚5万爱尔兰镑的速度,很快便把成千上万的爱尔兰人卖到了美洲,并赚到了无数的金钱。此事惹恼了当地一名极有名望的教士乔治。他以一封长达68页的控诉信把基尔拉什船长送进了监狱。进了监狱的船长追悔莫及,不久便于狱中自杀。可是问题并未解决。愤怒而又饥肠辘辘的灾民只有涌进乔治的修道院,但修道院的微薄之力没能阻止仍然有人饥饿而死。于是乔治只有雇用水手并亲任船长以把这些难民继续送往美洲。可事实上,来到美洲的灾民仍免不了卖身为奴的命运。不仅如此,满脑子仁慈博爱的教士虽没有卖掉灾民赚钱,但仍要收取每个灾民10镑的费用。受到质疑,只能如实回答:需要付给水手工钱。于是此事便很吊诡:卖人为奴又赚到了钱的船长受人爱戴,不赚钱的教士反受人唾骂。教士临终遗言:"眼中尽是金钱的船长,满脑尽是慈悲的教士,他们所犯的错误都不值得世人原谅。"

其实,教士说错了,不值得世人原谅的只是他自己。上述事例中,船长的行为即为"上德",教士的行为虽"不失德"却是"下德"。之所以如此,是因为船长的行为虽有悖当时的法律,但却符合当时的时势与事物发展的规律性(船长如不赚钱,他的活动便无法继续)。教士的行为虽然迎合了法律且主观愿望仁慈正义,但却有违当时的时势或事物发展的规律性。由此可知,所谓"上德"即为道,所谓"下德"只是一种不知道的"善行"而已。

于是,上述事例不仅道出了"上德不德"的真实,而且证成了老子"贵德"必得以尊道为前提的无比正确性。二战中美国把原子弹丢进日本的广岛、长崎以尽快结束战争,中国历史上"神农伐补遂,黄帝伐涿鹿而禽蚩尤,尧伐**驩**兜,舜伐三苗,禹伐共工,汤伐有夏,文王伐崇,武王伐纣"(《战国策·苏秦始将连横》),等等,都是这样的"不德"却又是"上德"的伟大事件。

当代社会生活中因为所谓"放生"而引发的生态灾难,大多也是这种"下德"。因为它缺乏对于事物发展规律性的最基本认识,结果便只能事与愿违(现实中,正确的或有意义的放生活动,至少要深刻懂得相关的生物学、地理学与社会学常识等)。

其六,行亦径,启示我们:"大道甚夷,而民好径。"(《老子》第五十三章)行既是自然亦是必然,也可能是没有选择的选择。因为对于"民"(人)而言,行是必需的、没有选择的,至于大道、小道却无法或不愿自行分别或选择,故大多数人大多数时候皆会顺道、顺势、顺众而行。换言之,抄近路、走捷径既是"民"(人)的天性,也是其趋达目标的最基本策略。可是,对于个体而言,抄近路、走捷径却很难成就辉煌丰厚的人生。再者,"径"不一定就是捷径,也可能是更为曲折坎坷的羊肠小道。自沉于江者众多,唯有屈原能流芳千古。其根本原因就在于屈原走了长时间曲折坎坷之"径"(《离骚》"好修以为常"),以至于无路可走。司马迁"古者富贵而名摩灭,不可胜记,唯倜傥非常之人称焉",更集中表达了这种思想。"富贵而名摩灭"者大多走的是近路,"倜傥非常之人"不仅无近路可走,而且往往无路可走。(或如司马迁"不得通其道",或如孟子"困于心,衡于虑"。)文王、孔子、屈原、左丘、孔子、吕不韦、韩非如此,司马迁自己更是如此。

相关链接

司马迁的"无路可走"

司马迁年轻时"幸以先人之故,使得奉薄伎,出入周卫之中","故绝宾客之知,忘室家之业,日夜思竭其不肖之才力,务一心营职,以求亲媚于主上"(司马迁《报任安书》)。然而,事却"大谬不然"。后来只是为好友李陵说了几句公道话,自以为可以"广主上之意,塞睚眦之词",但现实是大大地触动了汉武帝敏感的神经,以至以"诬上"之名被关进了监狱。当时他有三个选择:或以钱赎罪,或死,或宫刑。但因为"家贫,财赂不足以自赎,交游莫救,左右亲近不为一言"(同上),所以最后,为了能活下来以完成未竟的"亦欲以究天人之际,通古今之变,成一家之言"的著述大业而不得不选择

"隐忍苟活,函粪土之中而不辞"(同上)的官刑。那么他选择如此屈辱、曲折的"小道"究竟又是为了什么呢?只是为了一个字——名。

"立名者,行之极也。"(同上)人的所有极端的努力或行为,在中国士人看来,都是为了名。孔子说:"君子疾没世而名不称焉。"(《论语·卫灵公》)在孔子那里,君子"知命""不忧""不惧",唯一忧虑担心的就是死了没人能记住自己的名字。屈原:"老冉冉其将至兮,恐修名之不立。"(《离骚》)老子:"死而不亡者寿。"(《老子》第三十三章)韩非子:"名之所彰士死之。"(《韩非子·外储说左上》)等等,皆具同样旨趣。但如此似极浅显又极深刻的道理却"易为智者道,难为俗人言也"(司马迁《报任安书》)。因为名从来就是虚无性与实在性的统一,而其意义从极端上来说或并不存在,只是主体自身或圣人的主观赋予而已。

"人固有一死,或重于泰山,或轻于鸿毛,用之所趋异也。"(司马迁《报任安书》)被司马迁所认定并拼死追求的名一定是重于泰山的,但却可能不会被一般人认可或理解。而人之所以趋名,其根本还在于名的背后,深藏着信、器、礼、义、利。(《左传·成公二年》:"名以出信,信以守器,器以藏礼,礼以行义,义以生利,利以平民,政之大节也。")在司马迁看来,名还可能是利之最大者。

司马迁为了"立名",在狱中所能选择的极端之行,除了官刑,无路可走。不然,他的死就只能是"若九牛亡一毛,与蝼蚁何异"。这种选择,既最羞耻、屈辱、纠结、艰难,亦最悲壮、有利、勇敢、智慧。之所以如此,是因为司马迁此行亦同于道、同于德、同于义。(《老子》第八章:"处众人之所恶,故几于道。"《老子》第二十三章:"同于道者,道亦乐得之。")

其七,"学至于行之而止矣",不管什么样的学习,学得如何,其最后目的都是为了行。此语出自《荀子·儒效》,只有行才能够检验学,也只有行才能发展学,只有行才可能有所得,只有得才可能有德。所谓圣人,都是知行或言行统一的人。

其八,因为行既是道的一部分,也是德的一部分,所以行所拥有的一切特征或意义,道、德皆具有。进言之,人类没有行或只有所谓"形于内"的道、德或仁、义、礼、智、信则是荒谬的。所以,子思的所谓"仁、义、礼、智、圣"之五行,如果没有一个适当合理的解读,便只能是:"甚僻违而无类,幽

隐而无说,闭约而无解。"(《荀子·非十二子》)

相 关 链 接

"五行"之辩

在中国古代文化中,"五行"一般被理解为构成自然世界(包括人类社会)的五种最基本物质:水、火、木、金、土。此处所讲"五行"与上述有所不同,为竹简《五行》提到的"仁、义、礼、智、圣"等五德目。后世又常以"仁、义、礼、智、信"[圣与信的关系,既可能是假借的关系,圣即信,亦可能有善听与善言之别,但它们皆与语言有关则是无可置疑的。前"五行"属于形而下,后"五行(héng)"属于形而上。汉恒帝时因避恒帝讳,"五行"又以"五常"]代之。

竹简帛书《五行》首章云:"仁,形于内谓之德之行,不形于内谓之行;义,形于内谓之德之行,不形于内谓之行;礼,形于内谓之德之行,不形于内谓之行;智,形于内谓之德之行,不形于内谓之行;圣,形于内谓之德之行,不形于内谓之德之行。"

前面四句句式完全一样,只有最后一句不同。一般认为此竹简《五行》为子思所作。但这段话不管是子思还是孟子或其他人所作,如没有一个"非同寻常"的解读,均是不能自圆其说的。其实,荀子在其《非十二子》中早对此有过批评:"略法先王而不知其统,犹然而材剧志大,闻见杂博。案往旧造说,谓之'五行',甚僻违而无类,幽隐而无说,闭约而无解。案饰其辞而祗敬之曰:此真先君子之言也。子思唱之,孟轲和之,世俗之沟犹瞀儒,嚾嚾然不知其所非也,遂受而传之,以为仲尼、子游为兹厚于后世,是则子思、孟轲之罪也。"荀子的上述批评,矛头主要就是指向此"五句话"的。这五句话所呈现出来的乖舛诡异,与荀子所批"甚僻违而无类,幽隐而无说,闭约而无解"(即乖僻矛盾不符合逻辑,隐讳曲折无法诠说明白,语意含糊而无法正确理解)无不吻合。

下面先来看看陈来先生的解读:

什么是形于内?"形"我们简单解释就是"发",发于内,如果人的行为发于内心这叫德之行,如果不是出于内心的自愿,只是服从一种外在的道德义务,这样做出来的行为虽然也是人的行为,但是这叫行,不叫德之行。我们把德之行概括为德行,实际上就是把德与行做了分离,从内心发出来的才是德之行。孟子讲恻隐之心的例子,孺子将入于井,你伸手把他抓回来了。因为这是人的内在本性的要求和表达,不是为结交小孩子的父母。如果仅仅是为了结交小孩子的父母去拉小孩子一把,这就叫行,而不是德行。虽然这也是一个好的行为,但这个行为是不形于内的行,形于内的行叫德行。①

上述解读貌似有理,且通俗易懂,但却既无法前后贯通,也经不起思想的追问。

其一,把"形于内"的叫德行,不行于内的叫行,让德行与行明显有了高下之分——德行似乎要高于行。一个人的德行如果发自内心,固然可喜,但如果不是发自内心却能做得与"发自内心"的一样好或比"发自内心"做得更好,这与是否发自内心的区别在哪里呢?《老子》第二十章"唯之与阿,相去几何?善之与恶,相去若何"也发出了这样的疑问。难道做得更好的还不如只"形于内"而具体做得更差些的吗?首先,就整个社会而言,人们所能看到或关注的只是你的行为,而无法看到你的内心;其次,知与行总是有一段距离的。"形于内"由于多种主客观原因并不一定就比不形于内的做得更好。子顺云:"作之不止,乃成君子。"(《资治通鉴·孝文王》,此"作"即行)所以,只要你的行为符合道德规范或义务,即或不是发于内心,是装出来的,那又有什么关系呢?它既不会影响你的这种行为就是"德之行",更不会影响你成为君子。因为"作之不变,习与体成;习与体成,则自然也"(同上)。事实上,所有的君子都是"装"出来的,或都是从"装"开始的。这与荀子的"人之性恶,其善者伪也"(《荀子·性恶》)高度一致。关键在于,你能一直"装"下去,让这种行为习惯成自然。再者,"形于内"的所谓"德之行",如果没有具体的行,就不可能通向道、德;而行却在没有形于内的情况下就已经直接通向道、德了。这个世界没有通过行就能呈现出来的所谓"道、德"是不存在的。"孺子将入于井",有人将其救起,此人是否以交结其父母为目的,在此事发生之前或过程之中,因为"结交"之事并未发生,所以别人是无从知道的,而其事实与结果只是救了人,与有没有结交目的救了人并无任何区别,所以他们的行为只能皆是"德之行"。而"德之行"必须服从于行,所以如果认为所谓"德之行"比行的境界要高则是荒谬的。

其二,"圣,形于内谓之德之行,不形于内谓之德之行"。"圣"无论形于

---

① 陈来:《竹简〈五行〉篇讲稿》,北京:生活·读书·新知三联书店,2012年,第12～13页。

内还是不形于内皆可称"德之行"。如果认定"德之行"高于行，那么圣就理应高于仁、义、礼、智，因为此四者其"不形于内"的部分皆称行而不是德行。可是，排在最后的圣或信在五行中的地位一定不是最崇高的。如果是，子思就应当把它放在最前面才对。可无论孔子、孟子、荀子、墨子、韩非子都是把仁作为最重要的德目放在第一位的。[老子的排列次序是以道为首，依次是道、德、仁、义、礼。至于智，老子认为"以智治国，国之贼"，"知人者智"，所以智总是要受仁、义制约，是有极大局限性的。至于信，老子认为："信者吾信之，不信者吾亦信之。"所以信不管如何重要，也得服从于仁、义。朱熹甚至说："盖仁义礼智四者，仁足以包之。"（《朱子语类》卷六）]但是，综合他们的具体论述，又会发现，虽然仁、义、礼、智、信（或圣）有次序之别，但又是皆可直通于道的。这就像布满整个物质世界的路，每一条幽僻的小路都能通向大道一样。当然，有些小路可能离大道近些，而有些则可能距离遥远。就像仁、义、礼、智、信（或圣）必须通于"行"（实践）与"道、德"一样。事实上，不能通于行与"道、德"的仁、义、礼、智、信（或圣）是不存在的。"圣"之所以无论是"形于内"还是"不形于内"皆可称之为"德之行"，是因为其与语言交往或表达有关。而语言与行总是有距离的。所以，所谓"德之行"只能是低于行。而行之所以高于"德之行"，就是因为行不仅可直通于道，而且许多时候它就是道。

其三，认为"形于内"就是"发于内"，很值得商榷。（其实，"形"没有"发"的意思，把"形"理解为"发"只是一种想当然。）如果"形于内"并不等于"发于内"，而只是形成或显现于人的内心世界，并未有实际行动表现出来，那么"德之行"就更不可能高于行。《论语·述而》："仁远乎哉？我欲仁，斯仁至矣。"这样一种形成于内心的思想或理念，但因为未见于行动所以不可能比已见于行动的仁更高级。这从另一个方面反映出，仁，既有不同的层次或梯度，也有诸多不同的内容。

其四，可能不是最根本的，但却可能是最有力的，即从汉字构形特别是其初文及引申义分析，行可以通于道、德，而道、德一旦抛弃了行也就不再是道、德了。原因在于抛弃了行的道只是"首"，虽然"首"偶尔也能代指道，但其走向唯心主义或独裁与专制便不可避免。抛弃了行的"德"就是不尊道，其后果只能是"下德"。（《老子》第五十一章："万物莫不尊道而贵德。"《老子》第三十八章："下德不失德，是以无德。"）

综上,本研究的基本结论是:"形于内"的"德之行",只是一种形于人的内心世界的理念或思想,不仅不比行更高级,而且正相反;不"形于内"的行如果符合道那么它就是道或自然,所以行永远比"形于内"的"德之行"更重要。当然,这也从一个侧面证明了荀子"学至于行之而止矣"的无比正确性。至于"圣",因为无论"形于内"还是"不形于内"皆为"德之行",所以它的级别比前面的仁、义、礼、智都低。(圣或信之所以如此,可能是由语言所界乎形而上与形而下之间的性质所决定的。任何语言,不管真假,对于"知言"者而言都是一样的。《老子》第二十一章云:"道之为物,惟恍惟惚。惚兮恍兮,其中有象。恍兮惚兮,其中有物。窈兮冥兮,其中有精。其精甚真,其中有信。"《孟子》:"诐辞知其所蔽,淫辞知其所陷,邪辞知其所离,遁辞知其所穷。"俗语"人言为信"等,皆可说明这一点。不管道如何"恍惚",不管语言如何复杂或虚假,只要认真分析与倾听,就一定能够从中找到其信或真的成分。)

极言之,子思之《五行》把一个极简单的道理——行高于言,行高于思,说得极其"僻违、幽隐、闭约"。《诗经·鄘风·载驰》云"百尔所思,不如我所之",不其然乎。

(二)"人"的构形分析及其启示

甲骨文中的"道"字中间多为人,金文或大篆乃至后世则多为"首",或又在下面加了个"之"或"止"。上述两种会意性或象意性,虽然都是对于形下之路与人的关系的客观描绘,但后来的变化与选择却绝不仅仅是简单追求书写性,而是人们对道的认识不断得到提高的具体表达。从形而上来说,以人为中心虽然强调了没有人便没有"道","人"在这个世界或所谓"道"中的中心地位以及其绝对无法摆脱的物质性,但以"首"为中心,并在下面加上"之"或"止",却使道在保有了原来的所有形下特征之外,又增加了更多的形上内容:形上之道主要是由人的"首"所构建的;人也好,道也罢,就像"之"或"止"(即地上的足迹)一样,皆具有虚无性与实在性相统一的特征;只有"首"(即思想智慧)才是人的主宰甚或道的核心。

"人"字初形多为 ,像人侧身、俯首、垂手、躬身而立。圣人造"人——",首先表达的是恐惧。这种认识首先源于人类对于自然界伟大力量的无知。它迁延至人类社会,逐渐发展成一种深刻的思想:"君子以恐惧修省。"(《易传·象传下·震卦》)"君子有三畏:畏天命,畏大人,畏圣人之言。"(《论语·季氏》)"盖闻君子犹鸟也,骇则举。"(《吕氏春秋·审应览》)这些皆是这种思想的表达。事实上,人类一切道德思想甚或道德行为的产生都源于恐惧本身,或对于恐惧的深刻认知。人因何而恐惧?一为恐惧天命。天命是源于自然、社会的一切不可抗拒的力量。"出生入死。生之徒十有三,死之徒十有三。人之生,动之死地亦十有三。"(《老子》第五十章)人总是向死而生,不管任何年龄段的人都有可能要直面死亡。所以,人最为恐惧的首先应是死亡。二为恐惧事之不成。人生短暂,日月易逝,事功难成。所以"临事而惧"(《论语·述而》),"战战兢兢,如临深渊,如履薄冰"(《诗经·小雅·小旻》)便是君子、圣人对待人生的基本态度。三为恐惧"修名之不立"。在中国传统社会里,与"立名"紧密相连的为"立德、立功、立言"。能有其一者,其名即可以穿越时空、贯通古今。四为恐惧身心之危或不安。一个人只有行走大道、践履仁义道德才可能身心常安而不危;反之,则会常危而不安。

相 关 链 接

> 缯丘之封人见楚相孙叔敖曰:"吾闻之也:'处官久者士妒之,禄厚者民怨之,位尊者君恨之。'今相国有此三者而不得罪楚之士民,何也?"孙叔敖曰:"吾三相楚而心愈卑,每益禄而施愈博,位滋尊而礼愈恭,是以不得罪于楚之士民也。"

据《荀子·尧问》,春秋时楚国缯丘有个管理边界的小官,曾问楚国令尹(相当于丞相)孙叔敖:"我听说一个人如果官当久了,就会被下层的士大夫们嫉妒;取得的俸禄太丰厚了,就会遭到人民的怨恨;所处的地位太高了,就会遭到君主的仇视。如今令尹上述三样东西都得到了,但却没有得罪楚国的君臣上下所有的人,这是为什么呢?"孙叔敖回答说:"虽然我是三次当了令尹,但是我的内心却一次比一次谦卑。俸禄越多,我就施给百姓越多;地位越高,我对上对下的礼节就越加恭敬,所以我才没有得罪楚国君臣上下啊。"可见,孙叔敖之所以能远害全身,是因为他的心中始终存着一个畏字,即总在"以恐惧修省"。

如此之"人——",其次彰显的是礼。墨子云:"礼,敬也。"(《墨子》)礼的核心,即表现为对于自然、人类社会等一切事物虔诚的敬。俯首、垂手、躬身正是这种敬的具体表现。不过,现实世界里,因为对象不同,敬又是有所区分的:对于亲人、君子、长辈,要敬而爱之;对于小人、鬼神,要敬而远之;对于上司、敌人,要敬而重之;对于衣食资源,要敬而惜之。

此外,孔子:"克己复礼为仁。"(《论语·颜渊》)子产:"人之所以贵于禽兽者,智虑。智虑之所将者,礼义。"(《列子·杨朱》)仁、义、礼、智、信诸德目,皆是可以相互贯通的。因为它们皆从属于人,是人所共有的特征。比如"退避三舍"的历史故事。春秋时期晋楚发生城濮之战,晋文公重耳所谓的"退避三舍",表面讲的是礼、仁义,但其背后所隐藏的却是智或诡计、阴谋、策略。所以,古圣先贤把"人"写作,示人以礼,不仅是对于别人的尊敬,也是一种实现人生目标或成就功名大业的智慧或策略。

当写作时,它又可代表孝。它呈现的是人的五体投地之礼。所谓"五体投地",其最初意思只是主体对于父母乃至祖先的孝的具体表达。孝乃"仁之本"(《论语·学而》)、"德之本"。(《孝经》:"夫孝,德之本也,教之所由生也。")、"义之本"(《孔子家语·六本第十五》:"立身有义矣,而孝为本。")它的实际内容比一般所认为的只是孝敬父母要丰富得多。

"人"居道中之给予我们的启示是:

其一,无论是形上还是形下,人不仅是道的一部分,而且是其核心部分。反过来,因为人是物质与精神的统一,所以道也是。

其二,因为人把自己置于道中,所以它既是通道、行道的主体,也是塞道、反道的主体。

其三,道,无论是形下还是形上,都是由人以自己为中心开辟或建构的。没有人便没有道。

(三)"首"的构形分析及其启示

"道——"或"道——"的中间部分或中间的上面部分是"首——"字。它同样是个象形字,像人头的形状。从构形上分析,"首——"的上面两笔是头发,下面的包围结构是人之头脸或面目、眼睛、目。高度简略,既能由模糊性产生多义性,也能更好地实现具象与抽象的高度统一。

秦汉隶变时,头发演变为"ソ",除了书写性的原因之外,应当还受到了"美—𦍋、善—𦎍、义—羛"等字隶变的影响。故"ソ"既能代表羊头装饰之美,也能代表美、善、义或人们对于美、善、义的向往、信仰与追求。所以孔子一贯主张君子一定要:"笃信好学,守死善道。"(《论语·泰伯》)荀子则认为:"志意修则骄富贵矣,道义重则轻王公矣。"(《荀子·修身》)他们第一次把善与道、道与义连缀起来成为"善道""道义",其背后所寓含的深刻意义是,善或义不仅应为为人之道所坚守,而且它们之间无明显界限,可以互相通用,一字代指两字。比如孟子说:"身不行道,不行于妻子。使人不以道,不能行于妻子。"(《孟子·尽心下》)其中之道即为荀子所云之道义。另如老子说:"上善若水。水善利万物而不争,处众人之所恶,故几于道。"(《老子》第八章)则以水为中介明确了善亦能通于德与道。"大学之道,在明明德,在亲民,在止于至善"(《大学》)也表达了同样的旨趣。这与荀子所认为的善经过一定的量变积累即能成为德也是一致的。(《荀子·劝学》:"积善成德,而神明自得,圣心备焉。")

首先,作为人头的"首",与路一样也是看得见、摸得着的形下之物。其物质构成的最基本粒子与路并无不同。(《诗经·邶风·静女》:"爱而不见,搔首踟蹰。"此"首"即头,其用法与今天并无区别。)"首"与下面的"之(足)"或"止(脚印或脚)"叠加在一起又可表征为人。

其次,"首"不仅是人头,还是头脑、首领、第一(元)。头脑,可储存知识、积累经验、建构思想、探究未知、发现规律、形成理论、指导实践。一切能让人引以为傲的形而上的东西都产生于此。故"首"不仅是道的一部分,而且亦通于道。《左传·成公十六年》:"塞井夷灶,陈于军中,而疏行首。"《史记·秦始皇本纪》:"群臣诵功,本原事迹,追首高明。"其"首"皆通于道或道路。"首"通于道给人的启发很多,主要是:唯"知道"者方可为首,为首者则必"知道"。"有人知道,别人才得以闻道,人们才得以行道。"[1]什么是"知道"?"知其所以知之谓知道。"(《吕氏春秋·侈乐》)它主要通过教或"修"以获得(《中庸》"修道之谓教""自明诚谓之教"),又主要通过"知人、自知、知言、知行、知天命"等表现出来。表面上看,人皆有首,有首必能"知

---

[1]　赵汀阳:《一种对存在不惑的形而上学》,《哲学研究》2012 年第 1 期,第 33 页。

道"（这是汉字学哲学对于"首"与"道"之关系的最深刻认知之一）。但现实生活中，因为个体之"首"天资禀赋有别，以及后天环境、教育各不相同，所以人与人之间便既可能是"可与共学，未可与适道；可与适道，未可与立；可与立，未可与权"（《论语·子罕》），即有共同基础的人群之中对于道的认知总是有层次之别，也可能是因为"民可使由之，不可使知之"的愚民政策而使人与人之间对于道的认知相去更远。即人人虽然都可能识得路，但能识得大道者，却只能是少数（通往大道的路，常常曲折、坎坷、狭窄、艰辛、迷惑，不易到达）。所以，对于大多数的"民"或"众萌"（《说文》："民，众萌也。"）或"不善人"（《老子》第二十七章："善人者，不善人之师；不善人者，善人之资。"即善于认知、利用道的人乃不善于认识、利用道的人的导师，不善于认识、利用道的人乃善于认知、利用道的人的支持者、追随者）来说，最好的办法是追随"知道"的圣人或先知才可能"闻道""行道"。这不仅与柏拉图的洞穴隐喻高度一致，也与老子的"道可道，非常道"高度吻合。孔子晚年之所以有"知我者其天乎"（《论语·宪问》）的慨叹，不仅说明"知道"者寥寥，而且说明"知道"的支持者、追随者也不多。据《史记·孔子世家》，颜回曰："夫子之道至大，故天下莫能容。虽然，夫子推而行之，不容何病，不容然后见君子！夫道之不修也，是吾丑也。夫道既已大修而不用，是有国者之丑也。不容何病，不容然后见君子！"如果你认定的这条道是正确的且对天下百姓有益，那么就要坚持走下去，即或不为当权者所用，或没有众多追随者、支持者、欣赏者，也须义无反顾。正如荀子所言："君子能为可贵，不能使人必贵己；能为可信，不能使人必信己；能为可用，不能使人必用己。故君子耻不修，不耻见污；耻不信，不耻不见信；耻不能，不耻不见用。是以不诱于誉，不恐于诽，率道而行，端然正己，不为物倾侧。"（《荀子·非十二子》）

相 关 链 接

新体之"道"对于初文之 衜 的想象性颠覆

秦汉之际，篆字隶变，古文字向今文字转化，"道"字传到今天，有学者据其今形，赋予了道新的想象性含义："首"字上面两点为一阴一阳，两点之下的"一"即道，"一"之下为"自"。"之"仍为"行、到达"。

"一阴一阳之谓道"，"道生一，一生二，二生三，三生万物"，自不必说，关键在于对"自"的认识:道一定是"独立而不改"的自在;人对于道的认识主要在于"自悟";悟道者必定会"勤而行之","勤而行之"者一定能够到达理想的目标。

最后,"首"即头脑、头脸或第一(元),从形而下来说,意味着人之头脸长得越端正、帅气,或越美丽、端庄则越令人怜爱;从形而上来说,意味着人之头脑越智慧越聪明越有思想则越能令人敬服。端正、帅气、美丽、端庄主要为上天所赐,聪明、智慧主要靠后天所修。"修道之谓教"。教主要表现为效仿与学习。效仿圣贤,可以"防邪僻而近中正也";学习,既要勤于读书,亦须勤于实践。由于聪明、智慧为仁义道德所制约,而仁义道德亦有巨大局限性,因此人不仅要修,而且要好修、好学,"学而不厌","好修以为常"(《离骚》)。头脑的主要功能就是用来学的。好学与公正(中庸)构成人之第一美德。因为人不好学,就一定不知道什么是真正的道或公正(中庸)。一个人越有头脑也就越好学,越好学也就越有头脸,越有头脸也就越可能成为首领、第一,或越可能对社会、历史起到更大推动作用。

头脸也即面子。头脸越大,面子也就越大。在现实世界里,自古及今,面子越大,其所拥有的权力就越大,资源就越多,其名气、信义、地位也就越高,其行动也就越自由。

面子,在中国传统社会里主要呈现为义,在当今社会里既呈现为义,也与尊严、自由、人格、平等等词紧密联系。"义,己之威仪也"(《说文解字》),即人所呈现于共同体或历史长河中最为威严光辉的形象。尊严,人所具有的不可转让的免受他人伤害或污辱的人身权利。人皆有威仪,但却有高低之别。一个人如果"身不行道",便毫无威仪可言。人皆有尊严,但却无高低贵贱之分。即或是死因,任何个人或共同体都不应或不能轻易践踏、侵害他们最基本的尊严。威仪能使自由得到扩张,而尊严则需要理性与对自由的限制。

"首"的主干为目,又凸显了眼睛对于首长、脸面、面目的极端重要性。从形而下的维度来看,天生无目者对于事物的认识,其局限性便极为明显。苏东坡《日喻说》:"生而眇者不识日,问之有目者。或告之曰:'日之状如铜盘。'扣盘而得其声。他日闻钟,以为日也。或告之曰:'日之光如烛。'扪烛而得其形。他日揣篇,以为日也。日之与钟、篇亦远矣,而眇者不知其异,以其未尝见而求之人也。"其对于"生而眇者不识日"的局限性描绘,既让人觉得好笑,又让人觉得心酸。从形而上的维度来看,则显示出为首者必比常人站得更高看得更远,有更高的洞察力或智慧。这个更高的洞察力或智慧又是什么呢? 可从"目—""直—""德—""民—"的构形关系中得出答案。"目"是"直"的主干部分,"直"是德的核心部分,民是个倒过来的"直"。"直"又是"十目"。十目所视即众目所视,也即经得起大众或民的眼睛的审视。经得起大众或民的眼睛的审视就是公正。公正即公平、正义。由此可知,所谓更高的洞察力或智慧,其核心只不过是要求领导者时常要把坚守公平、正义作为自己的最高行为准则。换言之,就是要心怀天下,胸怀百姓。因为公平、正义既是民意亦是天意;既是道的核心、德的核心,也是合规律性与合目的性高度统一。(《尚书·周书·泰誓》:"天视自我民视,天听自我民听。""民意"即天意)所以远古的圣王们,没有不知道治理天下的秘密是需要"允执厥中"的。(《尚书·虞书·大禹谟》:"人心惟危,道心惟微,惟精惟一,允执厥中。"《论语·尧曰》:"尧曰:'咨! 尔舜! 天之历数在尔躬,允执其中。四海困穷,天禄永终。'舜亦以命禹。")而所谓"允执厥中",说到底便是中庸。中庸的核心便是公正。当然,话又说回来,要想认识什么是真正的公正并不容易,它不仅需要有"以天下为己任""以百姓心为心"的高尚情怀,更需要有学而不厌、不耻下问的好学精神。

如把"首—"置于之中,便是"道"之初文之一。察形会意,它给予我们更多启示:

其一,行的物质性决定了道与人的物质性。道与人的物质性,决定了人的行或行为实践,或人在思考问题、解决问题过程中,首先想到或关注的必然是物质问题。所以,老子说的"虚其心,实其腹;弱其志,强其骨""圣人为腹不为目""甘其食,美其服,安其居,乐其俗""常有欲,以观其徼"等等,就是在反复强调重视人的物质性需求在社会治理过程中的重要性或作用。

人的存在与发展需要解决的问题,首先是"实其腹",其次才是"甘其食,美其服,安其居,乐其俗"。这其中的底线或边界(徼),只要从人的物质性,即"有欲"的角度来观察,就能够看得很清楚。即人,首先是有欲望的人,只有在解决了这些最基本的欲望之后,然后才可能追求其他。当代中国社会主义核心价值观将富强列作首位,既是基于上述原则,也是基于历史传统中的富国强兵。新人文主义或当代哲学、自然科学皆告诉我们,人的自然属性(即动物性或人的第一性)决定了人的生存问题如得不到解决,就谈不上自由与尊严,至于自我实现就更不用说了。所以,物质生产力的发展水平决定了人的解放状况和发展水平。

其二,思想常常是"通道"或"行道"的唯一或最大障碍。中国自明至清,闭关锁国数百年,本意是想以此术实现长治久安,永享"天朝上国"迷梦,可到头来,大梦未醒,国已不国。可是,真正闭关锁国的东西,不是铜墙铁锁,而是顽固不化的思想。亦如老子"善闭,无关楗而不可开"的反讽。故欲自强,必开放。要开放,首在解放思想。所以邓小平同志始终认为,要想成就复兴中华民族之宏图伟业,首要任务即在解放思想、改革开放。改革开放是决定中国发展的根本动力,必须将改革开放进行到底。而针对历史周期律问题,我们党又给出了新的答案,即自我革命。

其二,人的精神世界总是寓于物质世界之中,思想理论总是形成于行动、实践之中。所以,物质总是第一性的,精神总是第二性的。精神对物质的反作用虽然巨大,但相对于更加巨大的物质世界而言总是有限的。这就如人类在浩渺的宇宙之中,只是一些极细小的尘埃一样。换言之,不管人类的思维能力如何发展、强大,但永远都不可能超出其所处之物质世界或宇宙时空之外。即人类既不可能离开宇宙而看到宇宙之外的事物,也不可能真正以旁观者的姿态反观自身或宇宙(某些观点认为人的玄思可以超越时空之外,实在只不过是天真幻想。中国人以卦象来预卜未来,虽然也寓含了一定客观性,但仍然只是一种想当然的善意而已)。所以,孔子说"知之为知之,不知为不知,是知也",即只有深刻地明了人类有不知道的东西,才是真正的知,才可能是真正的"知道"。故人必得有所畏惧。人类再狂妄,也不可能真正地背道而驰。

其三,"道"之通,不仅在于扫除思想的阻碍,关键还在于行。没有行就没有通。物质世界自不必说,人类社会更是如此。行,不仅表现为一般行动、实践,对于个人而言最多最集中的还表现为"学、好学、修身、好修、修道"。所以,孔子说:"吾尝终日不食,终夜不寝,以思,无益,不如学也。"(《论语·卫灵公》)"好学近乎知,力行近乎仁,知耻近乎勇。知斯三者,则知所以修身;知所以修身,则知所以治人;知所以治人,则知所以治天下国家矣。"(《礼记·中庸》)荀子说:"吾尝终日而思矣,不如须臾之所学也。"

（《荀子·劝学》）屈子说："民生各有所乐兮，余独好修以为常。"（《离骚》）司马迁说："修身者，智之府也。"（《报任安书》）诸葛亮说："夫君子之行，静以修身，俭以养德。非淡泊无以明志，非宁静无以致远。夫学须静也，才须学也；非学无以广才，非志无以成学。"（《诫子书》）其学与修不仅是行之重要部分，而且是"通道"之最有力最实用的工具。换言之，没有"为学日益"，便无"为道日损"；没有"为道日损"，也就不可能通。"荣者常通，辱者常穷。通者常制人，穷者常制于人，是荣辱之大分也。"（《荀子·荣辱》）上述思想亦与老子"上士闻道，勤而行之"，王夫之"知所不豫，行且通焉"，甚或庄子的"道通为一"高度一致。

其四，人之行或"道"之不通，既有可能阻碍其通，亦有可能推动其通或"大通"。司马迁说："古者富贵而名摩，灭不可胜记，唯倜傥非常之人称焉。盖文王拘，而演《周易》；仲尼厄，而作《春秋》；屈原放逐，乃赋《离骚》；左丘失明，厥有《国语》；孙子膑脚，《兵法》修列；不韦迁蜀，世传《吕览》；韩非囚秦，《说难》《孤愤》；《诗》三百篇，大底圣贤发愤之所为作也。此人皆意有郁结，不得通其道，故述往事、思来者。乃如左丘无目，孙子断足，终不可用，退而论书策，以舒其愤，思垂空文以自见。"其中"人皆意有郁结，不得通其道"与"终不可用"皆为"不通"。但暂时的"不通"并非完全是坏事。正因有其"不通"才激励和造就了包括司马迁在内的那些伟大思想家最后的通——或立德，或立功，或立言——"死而不亡""没世而名称"。上述思想亦与孔子"不愤不启，不悱不发"（《论语·述而》）、孟子"人恒过，然后能改；困于心，衡于虑，而后作；征于色，发于声，而后喻"（《孟子·告子下》）等之意相通。

其五，形上之思，或云思想、理论，不管如何伟大还是渺小，如何超越物质又为物质世界所羁绊，对于人类自身而言，永远居于道的核心地位。有它，可能会阻碍其行、妨害其通，但如没有，却会让人之行变得盲目无措，或只能与禽兽为伍。对于个体而言，一个人身上最体面的东西，既不是英俊的面容、漂亮的脸蛋，抑或缤纷的文身、优雅的打扮，也不是高官厚禄、显赫家世，而只能是思想。思想，是自溺者留下的《离骚》，是宦者留下的《史记》，是断足者留下的《兵法》，是盲人留下的《左传》……人只因其是"能够思想的苇草"，所以才成为"万物之灵秀"。

其六，道在中国哲人、士人或知识分子心目中，从来就占据着绝对重要或中心的地位。就如"首一❀"一定居于卝中一样。所以老子说:"人法地,地法天,天法道。""孔德之容,惟道是从。"孔子说:"朝闻道,夕死可矣。""志于道,据于德,依于仁,游于艺。"孟子主张:"天下有道,以道殉身;天下无道,以身殉道。""孔德"即聪明智慧的美德,它既以道为边界或旨归,有时或就是道。"夕死可矣"既是一种一旦"闻道"之后的再生,也是一种实现天下有道后的身心释然。"志于道"是君子实现自我的必然,实现自我的手段或途径必得"据于德""依于仁"且有艺。天下有道时,说明道一定能成就自我;天下无道时,自我则可以殉道的方式照样实现。所以孔子认为君子必定是"世治不轻,世乱不沮"(《孔子家语·儒行解》)。

其七,通道之路绝非一条。这既类于朱熹之"理一分殊",亦通于今之价值多元。但不管其理如何之"殊",皆不可悖道;不管其价值如何多元,总有共识,亦必不悖于道。有些可能平坦畅通,有些可能坎坷曲折,但其过程既要思虑谋划,亦要行动实践,且二者之间的碰撞或矛盾总是不可避免的。虽平坦畅通之路越来越多,但坎坷曲折之道仍是常态。可喜的是,总有一条能让有"志于道"者逐渐认识,并遵循它到达远方。

其八,思想与行动实践可以实现高度统一,但却永远难以实现完全同一。这就像工具理性与价值理性、合规律性与合目的性某些时候可能实现高度统一,但实际上却永远不能实现完全同一一样。故老子之"同于道",永远只能是在不断的变化发展中去有机把握、不断追求。公正即"直",即十目所视,即经得起众人眼睛审视的,但经得起众人眼睛的审视却并非一定就是公正。所以,公正还要经得起思想的追问、实践的检验,甚或历史的陶冶。

其九,思想理论的建构既依赖于物质,亦依赖于精神,既"近取诸身",亦"远取诸物"(《孟子·离娄上》:"道在迩而求诸远,事在易而求之难。"),但最后,不管其如何通达,却总是要为传统文化观念、现有时代精神、当代科学进步所制约。

其十,所谓"由技进乎道",一方面是人之思与行、工具(形下之器)能实现有机融合、高度协调统一("庖丁解牛"当属此列);另一方面则是由技可实现"格物、致知、诚意、正心",可悟"修身、齐家、治国、平天下"之大道("治大国若烹小鲜"当属此列)。事实上,"技"与"道"的关系亦犹"术"与"道"的关系,"术"与"道"的关系亦犹小道与大道的关系。老子说"图难于其易,为大于其细",即如果有"志于道"的理想与情怀,能从"易"出发、从"细"开始,那么每一个人便都能"由技进乎道"或"由术进乎道"而最后走上康庄大道,从而实现生命的灿烂辉煌。

(四)"之"或"止"的构形分析及其启示

"之"字初形为 又 或 屮 。象形字,像人或动物的足迹或痕迹、爪印,又或时间(或太阳)留下的痕迹("时"的初文为 旹,其上亦为"止"或"之",下为"日"。太阳在地面上留下的痕迹,或太阳在天空移动的轨迹,是为"时"。它反映出日影在地面的变化,也反映了太阳在黄道运行的轨迹变化。引申为时间、季节、光阴、岁月、时代、时势、时局、时机、时尚、适时、善等)。它是高度抽象与具象或虚无性与实在性的统一。罗振玉《增订殷虚书契考释》:"之,卜辞从止,从一,人之所至也。""止"即人的脚印。人或动物的一切活动都会留下足迹或痕迹,但又很容易消失。苏轼诗:"人生到处知何似,应似飞鸿踏雪泥。泥上偶然留指爪,鸿飞那复计东西。"屈原《离骚》:"时缤纷以变易兮,又何可以淹留?兰芷变而不芳兮,荃蕙化而为茅。"这些便深刻地反映了这种痕迹的时空性或历史性,或实在性与虚无性的统一。

"之",不仅是足迹、痕迹,还是至或到达。《诗经·鄘风·载驰》:"百尔所思,不如我所之。"《孟子·滕文公上》:"滕文公为世子,将之楚,过宋而见孟子。"其"之"即此意。荀子说:"百发失一,不足谓善射;千里跬步不至,不足谓善御;伦类不通,仁义不一,不足谓善学。"(《荀子·劝学》)没有到达,便不可谓之通,没有通,便不可谓之善。但是痕迹的虚无性与实在性又告诉我们:你自认为到达了,并不意味着别人皆认可你已到达。个别人认可你到达了,也并不意味着众人都认可你已到达。你从理论上到达了,也并不意味着你从实践上就一定能到达。你自认为没有到达,也并不意味着你真没到达。"道"因为有了"之"的介入,也就自然而然地拥有了这样一种特征。例如,孔子从来就不认为自己是圣人:"若圣与仁,则吾岂敢?抑为之不厌,诲人不倦,则可谓云尔已矣。""圣人,吾不得而见之矣!"(《论语·述而》)其现世的努力既没有获得巨大的权力与财富,也没有改变那个时代,而且许多时候还"累累如丧家之狗"(《史记·孔子世家》)。但是他的学生以及后世历代统治者、学者多认为他是圣人,那么他就是。(当然也有人认为他不是，比如李零教授。[1])可见，对于同一事物，不同时空、不同主体往往会得出大相径庭或决然相反的认知。所以，圣人也罢，道也罢，德也罢，凡此等等，人们对于其内涵或概念的认知，均会因为时空的变换而各有不同。事实上，不仅哲学社会科学如此，自然科学也殊难例外。

二、“道”的四重意义

当“行—”“首—”“之—”三个象形字，被天才地组合在一起而成为会意字——，则让道之意变得既直观、生动，亦厚重、深刻。用唐人张怀瓘《书议》的一句话来形容便是：“追虚捕微，鬼神不容其潜匿；而通微应变，言象不测其存亡。”因为它用最精练、最简单的线条高度抽象地描绘出了一幅——自然物质世界、人类思维活动、人类实践活动三者相互关系，既高度统一又矛盾斗争、既前路四通又阻碍重重以及其不断发展变化的过程的美妙图画(另外几个“道”的异体之所以最后被抛弃也就完全可以理解：它们的构形不仅不如丰富多彩，而且不能全面表达关于人与道及其相互关系的全部想象与期望)。

与今之“道”构形虽然略有不同，但细究之下却无本质区别，其意概括起来，大致有四：

(一)人类足迹能够到达的地方

它是的最直观形象的概括：一个人顶着自己的脑袋，行走于大道(路)之上，并留下清晰的足迹。此说应是圣人所造此字的本义——仅指形下之路，即看得见摸得到的物质世界。它既是个体通向远方的通途，也是国家迈向繁荣富强的物质基础。在此，“行—”代表道路，“首—”与“之—”叠加代表人或人类，“之”既代表足迹也代表到达。它既反映出我们祖先最初思维活动的直观性、具象性、想象性，也表征出其思维的伟大创造性与实践活动的局限性。老子“大道甚夷，而民好径”(《老子》第五十三章)之道的本义即可理解为此形下之路。

---

① 李零：《丧家狗——我读〈论语〉》，太原：山西人民出版社，2007年，第342页。

今天,随着生产力的进步、科学技术的发展,形下之路已然有了质的变化或延伸,即不再局限于形下,而是突破形下走到了"形下形上之间"。目前人类足迹能够到达的地方,最远处是月面。再过些年,可能是火星。清晰可见的人类足迹早已印在月亮之上当属形下,宇宙飞船划过的空间轨迹却在形下与形上之间。因为这种轨迹既是客观的实在,又是了无痕迹的虚无。

（二）人类思想能够到达的地方

在此,"首—𩠐"代表思想,"行—𠆎"代表客观物质世界或自然(包括人类自身),"之—𡳿"代表到达。人类思想永远向前,虽不可能遍及所有物质世界、社会人生或精神世界,但却一定要比人的足迹或痕迹能够到达的地方要深远得多。当然,它不仅包括形上、形下,而且既内在又超越于形上、形下,或可界于形上、形下之间,即"无物不是,无处不在"。有看得见摸得着的,也有看得见却摸不着的,更多的是既看不见也摸不着的(即"无"。它是"有"存在的前提或基础,或是"有"存在的另一种普遍又极特殊的方式。在一定条件下又可以向"有"转化,即"无中生有")。许多时候,它的存在只能依靠人的思想与语言进行描绘与重构。如,上文已提及的人类足迹能够到达的地方,即包括一般所言物体运行的轨道。它不仅既看不见也摸不着,而且总是在不断的运动变化之中,于是也就只能通过思想、语言或想象等来加以描绘。如此之道,既反映出人类实践向着更加深广的物质世界迈进的成果,也表征出人类思维的深刻、幽微、玄妙的形上特征。更具体来说,人类思想能够到达的地方,既是宇宙、物质、能量、时空、信息,也是矛盾、规律、伦理、道德、法则、事理、局面,当然也包括本体论、认识论、价值论、世界观、方法论,等等。它既与老子的"迎之不见其首,随之不见其后"(《老子》第十四章)并行不悖;也与庄子的"道在瓦砾,道在矢溺"(《庄子·知北游》)高度统一。

（三）人类思想与实践均能到达的地方

在此,"首"仍然代表思想或理论;"之"仍然代表到达;而"行",不仅代表客观物质世界、人类的一切实践活动,而且代表公众、通达、流行。它亦纠结于形下、形上之间,又是人类认知、探索未知世界的一切实践活动的过程本身。它不仅表征出人与自然、思想与实践、思维与存在等的缠绕纠结、不可分割的关系,也意味着发现、创造、实现与预测等等。具体来说,它既是成功的生产活动、科学实践、技术实践,也是能够成功的未来生产活动、科学实践、技术实践。它全面反映了人类认知、探索未知世界活动的全部过程与成就。对于人类来说,它也是道的最高形式。其要,在通;其高,在达。即不仅要通达于理论,而且要通达于社会;不仅要通达于"己",而且要通达于"众"。如果会通马克思主义唯物史观,便是理论必须联系群众,才可能达到改变世界的目标。而理论若既没有改变世界的雄心,也不能推动世界的改变,那么就很难说它是道或能够达到道的境界。无论自然科学还是社会科学,无有例外。在中国,有不少学者认为已为印度抛弃又为中国不断发展的佛家"般若(澄明的智慧)"最为高妙,但因为其"高妙"的设置既不能被证实,也无从被证伪,且更无改变世界的雄心与实践,所以总是很难令现实世界的绝大多数人信服(于是,它成了出世人的梦想,现实赋予的意义不大)。检验它的标准只有一条,那就是实践——看它是否有强大的化精神为物质的力量,即对改变物质世界是否有巨大推动作用。但从目前情形来看,它的作用除了能许诺一些人所谓"来世""彼岸""极乐世界"的幸福,且有利于社会的稳定,有利于减轻人们对于死亡的极度恐惧之外,其他作用似乎不大。

(四)人类思想与实践均能到达与均不能到达的所有地方

综合上述三者,再联系道的独立性(《老子》第二十五章:"独立而不改,周行而不殆。")、广大性(《老子》第十四章:"迎之不见其首,随之不见其后。")、开放性、先在性、运动性、无穷性等特点,会发现:道,无物不是,无处不在;"是"即"在","在"却非"是"。而人类,虽然认识能永远发展,但这个永远,如与道的先在性、无穷性相较,却是十分有限的。所以道应当还包括人类思想与实践均不能到达的地方。正如孔子的"知之为知之,不知为不知,是知也"说明,人类只有勇敢地承认自己永远有不可能知道的东西,才可能是真正的"知道"。

三、"道"的多重启示

综合上述所有关于道的论述,还可得到如下启示:

(一)一切皆"道",天人本一

一切皆道,让我们可明万物同源、天人同构之理。故天人无须"合一",

而是"本一"(这从圣人所造"天"与"人"之构形及其相互关系亦可得出。

"天"之初文主要有 、、 等,其形或就是"大——"或囊括大。所谓"大",即正面挺立之人或大人、成人。"天人本一"泯灭主客二分的对立。《庄子·大宗师》"其好之也一,其弗好之也一。其一也一,其不一也一",同样表达了这种思想)。进言之,仅从物质性来说,不仅世间众生平等,而且宇宙万物平等。这不仅可从古人所造汉字构形、经典论述中析出,也可从当代哲学、自然科学对于物质世界、人类社会的深入认知中得出。当代物理学前沿理论认为,无论时空、物质、能量、信息,亦如老子所言之"夷""希""微",皆不可"致诘",如要"致诘"则皆"混而为一"。(《老子》第十四章:"视之不见名曰夷,听之不闻名曰希,搏之不得名曰微,此三者不可致诘,故混而为一。")这种认识,亦为人类自身的平等、人与自然之间的平等,寻求到了最为深刻的理论根源。

(二)事物的存在、运动、发展、变化,总有规律性可循

事物,既是事与物,也是人。它们的存在、运动、发展、变化构成无穷无尽的各种关系,并皆寓于道中,或就是道本身。从人来看,世界或宇宙,无论近与远、宏观与微观、物质与精神,只要是人之观察或思之所及,便皆与人构成关系;从自然来看,它们又因皆源于"一"或"道"或"无",所以更是关系紧密。于是,"事物的存在、运动、发展、变化,皆是乱中有序,总有规律性可循"。正因为"总有规律性可循",所以知识、规律、思想、理论不仅可以发现、建构,而且可以言说,可以传授,可以实践。老子所说"道可道,非常道",不是道不可言说,而是道一定可以言说。不仅可以言说,而且可以传播、实践、发展。不过,它又不是随随便便就可以的,而是必须置于一定的时空环境与主客对象之间。

(三)事物因为简单而复杂

一方面,所谓复杂皆由简单构成;所谓简单,只是个相对的存在。庄子的"自其异者视之,肝胆楚越也;自其同者视之,万物皆一也"(《庄子·德充符》)便道出了宇宙万物这种既简单亦复杂的德性。比如男人、女人,直而观之,大异;细而究之,尽同(无论男女,他们皆为男女结合后所生,所以他们不仅皆具男女共有特征,而且最基本物质构成全无二样)。亦如老子所云:"大小多少,报怨以德。图难于其易,为大于其细。天下难事,必作于

易。天下大事,必作于细。是以圣人终不为大,故能成其大。"(《老子》第六十三章)不管何种宏图大业,都必须从一点一滴做起。

不过,老子这里的"报怨以德"并不是一般人所理解的"别人仇恨我,我以德回报"①,或"不记别人的仇,反而给他恩惠",而是孔子早已回答得很清楚的"以直报怨,以德报德"。直即公正,它不是游离于德之外的飞来之物,而是道、德的前提或核心。

(四)道之要在"通","通"之要在用

有人说:道,就是关系。这似也不错。但其要,对于人类社会而言仍在于通与用。比如,若要开辟一条通往火星的道路,首先便要从理论上通。这或并不难,但亦不会太容易。这种通,又首先是你自己(理论创建者)能自圆其说,而后再为别人,乃至众人所理解。但这种通仍不一定能用。当最后真能付诸实践、筑成其道,并能付诸实用之时,此道也便成为主观见之于客观的通衢大道了。这更不容易。其他诸道之通,其理亦莫不类此。《孔子家语·礼运》及《礼记·礼运》引孔子的"大道之行也,天下为公",便是把道与行、通,行与通、公(公众、大众)有机地联系起来了。此处大道,无疑是儒道两家用于治国平天下的一整套价值理想或道德伦理法则。按《左传》的说法便是:"所谓道,忠于民而信于神也。"(《左传·鲁桓公六年》,这里的"神"主要指向自然)只有"忠于民""信于神"才能行。行,即流行,流行即通。要实现通,没有公众的支持与拥护便不可能。"天下为公",就是把天下看作天下人的天下。按老子的说法,便是"以百姓心为心""为天下浑其心"(《老子》第四十九章),按今天的说法,便是全心全意为人民服务。这样,你所掌握的大道就自然可以流行了。但最后的通达,还得付之于行,即实践。只有在现实世界里的行,让你的道亦实现了通达,才是真正的"大道之行"。我们常说马克思主义是中国革命、建设、发展之大道,正是因为它通过毛泽东等伟大思想家、实践家的融合创新,能与中国革命、建设、发展的具体实践结合起来,能通。

(五)"道—德"就是哲学

从汉字学视角看,这种哲学就是一种关系:一种以"形上之思"或以人

---

① 刘彦灯、范又琪:《道德经 百喻经俗译》,武汉:华中理工大学出版社,1990年,第149页。

为中心的关于自然物质世界、人的精神世界以及人的实践活动的既相互纠缠又相互对立的辩证统一关系的理论概括。它不仅囊括了胡适关于哲学的六点〔一、天地万物是怎么来的。（宇宙论）二、知识、思想的范围、作用及方法。（名学及知识论）三、人生在世应该如何行为。（人生哲学，旧称伦理学）四、怎样才可使人有知识，能思想，行善去恶。（教育哲学）五、社会国家应该如何组织，如何管理。（政治哲学）六、人生究竟有何归宿。（宗教哲学）〕①，而且与老子的"道生一，一生二，二生三，三生万物""迎之不见其首，随之不见其后"，《易传》的"形而上者谓之道""一阴一阳谓之道""道不离器，器不离道"等并行不悖。关于物质世界的探索，是要认识自然及其发生、发展、存在、变化之普遍规律，以及其与人的关系，它主要源于 🔶；关于人的精神世界，即要认识人的思维活动及其发生、发展、变化之普遍规律，以及其与人的关系，它主要源于 🔶；关于人的实践活动的探索，即要充分认识人的意志、目的、价值理性、工具理性等与物质及思维等之间的关系，它既源于 🔶 或 🔶，亦源于"行—🔶"与"首—🔶"。中外学者、思想家对于哲学进行了无数的论说：或爱智慧；或关于理性的反思与批判；或爱生活；或关于思想的思想；或关于世界的根本观点；或认识世界的总的方法论；或语言对于思想的重构与反思；等等。但总不如汉字学哲学对于道的认识那样全面而深刻。

（六）"道"是个开放的系统

这种开放既是物质世界本身的存在特征，也是无限的物质世界对于人的逼迫，更源于人的实践活动与物质世界的不断碰撞。由于时间只是人的感觉或记忆的假象，故在道中既可视之为有，亦可视之为无（最初的 🔶 即没有"之"或"止"）。所以道最关切的只是变化：人的变化，人因行而思的变化，宇宙的变化，万物的变化，以及它们关系的变化。后来，也正因为道的开放性而引入了时间或时间的痕迹，所以使人对于道的认知便愈加深刻。"时缤纷以变易兮，又何可以淹留？兰芷变而不芳兮，荃蕙化而为茅。何昔日之芳草兮，今直为此萧艾也！"（《离骚》）既是对于实践的深刻体认，也是对于实

---

① 胡适：《每天学点中国哲学》，北京：新世界出版社，2013年，第2页。

践必得通过变化才能得以体现的形象而客观的描绘。

(七)所谓"自由",只是人在"道"中的自由

即自由对于人而言,永远只能是相对的。无论是精神的还是物质的,无论是从形而上来说还是从形而下来说,无论古今中外、现在未来,无论是谁,莫不如此。至于人之外的其他什么东西,因为没有自我认知,所以也就谈不上自由或不自由。人之自由既受制于物质世界、共同体(或公众或群)、实践活动、技术工具等,亦受制于主体的认知。身体的自由是自由存在的前提或基础。但无论如何,思想自由、意志自由才是最大的自由。在中国传统社会中,孔子的"从心所欲不逾矩"是广大君子士大夫毕生追求的自由的最高境界。康德的意志自由也不能稍逾此"矩"。此"矩"既是道、德,亦是仁、义、礼、智、信。黑格尔认为在中国传统社会里,只有一个人是自由的,那就是皇帝,这只是一个笑话或想当然(这说明黑格尔既不了解中国,也不懂得自由)。不然,隋朝的开国皇帝杨坚便不会有"吾贵为天子,不得自由"的慨叹了。虽然杨坚的话并未触及自由的本质,但是却从另一个侧面反映出,不仅绝对自由从来没有,就是相对自由也颇具历史性、多维性或多元性。

相 关 链 接

独孤后性妒忌,后宫莫敢进御。尉迟迥女孙,有美色,先没宫中。上于仁寿宫见而悦之,因得幸。后伺上听朝,阴杀之。上由是大怒,单骑从苑中出,不由径路,入山谷间二十余里。高颎、杨素等追及上,扣马苦谏。上太息曰:"吾贵为天子,不得自由!"高颎曰:"陛下岂以一妇人而轻天下!"上意少解,驻马良久,中夜方还宫。(《资治通鉴·开皇十九年》)

(八)"大道如水"

此说主要有两种向度的解读,但都是以水为喻,加深我们对于道的认识或理解。

一种与老子"上善若水。水善利万物而不争,处众人之所恶,故几于道"相通,是指道通于水、通于德、通于善、通于万物。一方面易知:"夫道,犹大路然,岂难知哉?"(《孟子·告子下》)另一方面难知:"水无定性,决诸

东而决诸西。"(《声律启蒙》)言知之不易。"道在迩而求诸远,事在易而求之难"(《孟子·离娄上》,即道就在我们身边,但要真正寻求到,却需要追求很长一段过程;事情,本来容易,但要真正寻求到容易做好的方法,却需要一段艰难曲折的历程),更是集中道出了这种既难且易的尴尬。易,在于我们永远身处道中,且时时刻刻都在践道而行;难,在于我们只能无限地接近道,却永远不能完全"知道"。

一种指道之形如水——既有形又无形:既是具象与抽象的结合,也是实在与虚无、物质与精神、形上与形下、是与非、正与反、大与小、柔与刚、强与弱、美与丑、上与下、前与后、善与不善、有与无、难与易等的高度统一。

(九)"道"的核心是公正

"天地不仁,以万物为刍狗;圣人不仁,以百姓为刍狗""善者吾善之,不善者吾亦善之""天道无亲,常与善人"等等,表面上看起来都是对于天道、天地、圣人的客观公正的描绘,但实际上这种所谓"公正"对于人来说却并不一定就是公正。从天道自然来看,地球上本来就阴晴冷热不均、丰饶贫瘠不等、高低险夷不同,而一旦到了"天地相合,以降甘露,民莫之令而自均"(《老子》第三十二章)的境状,民就一定会争,于是圣人必得"始制有名",充分发挥人的主观能动性,才可能让天下百姓实现"知止""不争"。可是"制名"的依据呢?如果不公正,那么争名位争名声争名誉便不可避免。于是,圣人必得建立一整套制度,让民各得其名,各安其位,各得其利,以实现全社会的和。可是,这很不易,它既须思亦须行,且必有所变化与反复。但它们皆从属于道。

(十)"道"在人间的实现即为"德"

道,以形而下喻之,它是一条宽广无比的大路,但同时又涵括无穷多条小路,或与各条小路相通相连。遵道或尊道而行即谓德。德即道在人间的践履,具体来说又以义、善、美、仁、礼、智、忠、信、廉、耻、勇诸德目表现出来。若从上述诸字构形与"道"之构形的关系来分析,其中义、善、美、仁、智、信离道最近,而其他则较远。若从古人的论述来看,则是仁、义、礼、智、信最近。比如说"礼",荀子在《劝学》中曾把它抬到了"道德之极"的位置。("礼者,法之大分,群类之纲纪也,故学至乎礼而止矣,夫是之谓道德之极。")然而,这种礼已然与今天的礼仪之礼不是一个概念了。

"千里之行,始于足下。""积善成德,而神明自得,圣心备焉。""图难于其易,为大于其细。"只要我们能从身边的小事做起,不断充实、扩张、壮大自己"义、善、美、仁、智、信"的形象,就有可能通于大道。说有可能,不说必然,是因为此过程中还牵扯到人对于义、善、美、仁、智、信或道、德的认知问题。换言之,如果一个人不好修,那么就无法深刻认知什么是真正的义、善、美、仁、智、信或道、德;如果对它们有了深刻的认知,就知道要避免一般道德的局限性,必须善于"用中",即永远不能背离最基本的社会公正。

第二节　先秦经典作家"论道"

先秦经典之中,可能有不论仁、义、礼、智、信的,但却没有不论道、德的(如《诗经》《论语》中有仁、义、礼、信却无智,《易经》中有信却无仁、义、礼、智等。虽然孔子、孟子认为"知"可通于"智",但老子、荀子却不这样认为)。孔子说:"志于道,据于德,依于仁,游于艺。"(《论语·述而》)。"朝闻道,夕死可矣。"(《论语·里仁》)"君子忧道不忧贫。"(《论语·卫灵公》)唯有道,才是君子应当向往、追求、修行的最高境界或目标。

"志于道",一方面,是指要不断地"究道"——主要通过老子所谓"为学日益"以实现。"为学日益"用的是加法,在孔子看来就是"学而不厌,诲人不倦",即不断地学习、研究、探索自然、社会、人生等运动、发展、变化的规律性,它是实现"为道日损"的前提。没有"为学日益"便不可能深刻认识道,所以也就谈不上"为道"。另一方面,是指要不断地"行道",即老子所谓"上士闻道,勤而行之"或"为道日损"。"为道日损"用的是减法,它既是"为学日益"的必然结果,也是"为学日益"的理想或目标。此法一方面是指主体通过不断的行让自己的思想、理论、品德得到不断修正以减少缺点、错误、不足而逐渐接近于道,另一方面又指主体以所修之道指引自己或社会的行,特别是政治实践以实现天下有道的政治局面。"究道"与"行道"如用宋代张载的四句话来概括就是:"为天地立心,为生民立命,为往圣继绝学,为万世开太平。"

"据于德",既是"志于道"的前提与手段,也是"志于道"的必然结果。"志于道"先要"明道",因为只有"明道"才能尊道而行。只要尊道而行,就是"据于德"或就是德。

"依于仁"是"志于道,据于德"的必然。因为仁是"道、德"之本或"道德之光"。换成孔子的另一句话便是:"取人以身,修身以道,修道以仁。"(《孔子家语·哀公问政》)仁在《论语》中集中表现为爱人。爱人,具体又以"忠、恕""己所不欲,勿施于人""己欲立而立人,己欲达而达人""恭、宽、信、敏、惠""温、良、恭、俭、让""克己复礼""先事而后获""先难而后得"等表现出来。

"游于艺"是孔子对于艺与道的关系一种极深刻的认知。此处的"游"非一般所谓游戏,而是指不断地反复学习、研究、实践,深刻地了解、全面而熟练地运用与把握。艺一般指向小六艺"礼、乐、射、御、书、数",同时也可能指向《诗》《书》《易》《礼》《乐》《春秋》大六艺。据《孔子家语·弟子行第十二》:"卫将军文子问于子贡曰:'吾闻孔子之施教也,先之以《诗》《书》,而道之以孝悌,说之以仁义,观之以礼乐,然后成之以文德。'"《论语》所及的所谓孔子"四教"——"文、行、忠、信"等教学目标的达成,都是与上述两个"六艺"相通,或是需要以"六艺"来实现的。换言之,如果没有对于上述两个"六艺"的深入探讨或研究,就不可能深刻地知道什么是道,什么是德,什么是仁、义、礼、智、信等,那么所谓"志于道"也就成了一句空话。所以,"游于艺"的过程也正是君子具体的修道过程。此过程既须积累相当的知识、技术、经验或阅历,也须形成最基本的正确的人生观、世界观、价值观等,从而为之后的"穷则独善其身,达则兼济天下"或"志于道"创造条件。

对于"朝闻道,夕死可矣"的认识,主要有三种:第一种认为这只是一种夸张的修辞;第二种认为这个"死"不是指肉身之死,而是指精神上对过往的超越而实现的"洗心革面"、接受新的思想(道)、"重新做人";第三种认为此"闻"应训为"达"。三者各有其理,且都能通。笔者认为第三种似更符合孔子原意。孔子所生活的春秋时期,可谓"天下无道""天下无德""天下无行",所以需要有人来"以身殉道"以实现天下有道。所以在孔子看来,如果能够实现天下有道的政治局面,就是让他"死"即"以身殉道"也是值得的。正因如此,所以颜回认为"夫子之道至大",以至"天下莫能容"。为什么天下"莫能容"?因为"夫子之道"能够实现的前提需要统治者(特别是最高统治者)皆有德。

"君子忧道不忧贫。"联系孔子一生行状,其所忧之道,一方面是忧己之

"道之不修";另一方面是忧"道既已大修而不用"。"夫道之不修也,是吾丑也",所以这个"忧"又是没有道理的。作为君子怎么可能不修道呢?"道既已大修而不用,是有国者之丑也。"(《史记·孔子世家》)既然是有国者之丑,那我又何忧之有?再者,忧又有何用?所以孔子又说:"君子不忧。"(《论语·颜渊》)可见,在理想与现实之间,孔子的表现与一般人并无区别,总是极端矛盾的。但"道既已大修而不用"从而造成的"天下无道""天下无德""天下无行""大道废"的荒唐局面又不得不令人忧虑。"中庸之为德也,其至矣乎!民鲜久矣。"(《论语·雍也》)正是孔子这种"忧道"的具体表现之一。其中的中庸既是德之"至",故亦可谓道之"至",但民在孔子那个时代不能享有它却已是很久了。

上述孔子的几句话皆说明了道的极端重要性。但道的内容过于繁杂,我们不可能面面俱到,只能说说其中对于今天的社会生活仍有巨大启示作用的部分。

一、老子之"道"

老子之道,并不局限于《老子》,也散见于其他先秦经典或秦汉之后的相关典籍之中。如果按胡适关于哲学的六点认识加以概括,它就是哲学。

老子之道与《易传》所谓"形而上者谓之道""一阴一阳之谓道"相较,既高度统一又有所超越。换言之,它更加丰富多彩,或基本等同于汉字学视域下对于道的认知。概而言之,它既是形下,也是形下;既寓于形下,又超越形下;或又在形下形上之间。它既是自然、社会之存在发展之规律性,又是辩证法、矛盾法则、对立统一规律;既是世界观、价值观,又是认识论、方法论;既是为人、为学之道,又是成圣、成人之法;或就是西方所言之上帝,或又是后世所言之太极、太一、无极,即既是宇宙之根、万物之根,亦是人类之根。在《老子》之中,它有时又称玄牝、谷神、天下母、天下根、大象、一、无等。

相 关 链 接

"一阴一阳之谓道"

同样出自《易传·系辞传上》。它是中国古典哲学关于道的另一种颇具"象思维(既具象又抽象)"的概括性描述。按今天的哲学认知来说,它既是矛盾、辩证法则或对立统一规律,又是世界观与方法论或认识论。"阴阳是中国哲学史上最基本的一对概念,表达宇宙间刚柔相济、相反相成的两种力量。"[1]这两种力量,既是矛盾的,也是统一的,此消彼长,此长彼消,你中有我,我中有你,虽然争斗不断,但和谐共处占主流,它们共同推动着事物发生、发展、变化、更新与消亡。老子说:"万物负阴而抱阳。"(《老子》第四十二章)比如个体之人,不管男女,皆具阴阳二性特点:阳中有阴,阴中有阳。人皆为男女阴阳和合而生。"孤阴不生,独阳不长。"这种和合,既是阴阳互动,也是阴阳互补,从而生生不息,没有穷尽。此乃人类阴阳生息繁衍之道。中国传统医学所谓"调和阴阳,辨证论治",即是基于此道。

不过,这种认知世界的方法,也可能会让我们陷入片面的"两点论""循环论""一体两面",从而导致对事物认知的简单化。人类社会、宇宙万物远比我们想象得要复杂得多。换言之,所谓"一阴一阳"之道并不能解释纷繁复杂世界的一切。比如:月球在自转的同时绕地球的公转,又与地球一起绕太阳公转,又与太阳系一起绕银河系中心公转;中国文化在沿着自己的发展规律性向前发展的同时,既受周边国家民族文化影响,又受政治、经济、自然科学以及西方国家文化等的影响;等等,便都不是所谓"一阴一阳"所能够完满解释的。要想让上述众多相类现象得到完美解释,必得在上述基础上构建新的系统思维或混沌思维模式。

(一)老子的"本道"

老子说:"有物混成,先天地生。寂兮寥兮,独立不改,周行而不殆,可以为天下母。吾不知其名,字之曰道。"(《老子》第二十五章)"道生一,一生二,二生三,三生万物。"(《老子》第四十二章)"道者,万物之奥。"(《老子》第六十二章)"视之不见名曰夷,听之不闻名曰希,搏之不得名曰微,此三者不可致诘,故混而为一。其上不皦,其下不昧,绳绳不可名,复归于无物。是谓无状之状,无物之象,是为忽恍。迎之不见其首,随之不见其后。"(《老子》第十四章)这些就是老子的"本道"或"宇宙生成论"、"道本论"之主要出处。他认为道是宇宙之根、万物之根、人类之根,或一切形上、形下生成、存在、发展、变化的根本或奥秘。它是个"混成"之物,先于天地而存在,从来就是不断地运动变化的。它"迎之不见其首,随之不见其后",不仅永远存

---

① 宫哲兵:《唯道论的创立》,《哲学研究》2004 年第 7 期,第 34 页。

在于我们的四方上下，而且包括我们自身。"道也者，不可须臾离也"（《中庸》）反映的也是这样一个客观事实。令人惊讶的是，这种认识或描述不仅与当代哲学、自然科学最前沿关于宇宙起源和发展变化的认知竟然高度一致，也与汉字学哲学关于道的认识高度一致。这个混成之物，既是宇宙的原初状态，也是今之宇宙万物的本相。它是物质（包括暗物质、反物质等）、能量、空间、时间、信息等所有一切的混沌状态。在"道—"的原初构形中，它以"行—"的形式分布于人的四周，但同时亦囊括了人之自身。

一种目前较为流行的宇宙物理学观点认为：宇宙产生于一次大爆炸。爆炸源于一切皆是零的奇点。这类似于老子的所谓"一"。但这个"一"如何形成？之前又是什么？目前谁也说不清。但在笔者的想象中，它应是前宇宙膨胀到极点后又反向坍塌湮没萎缩而成。

先贤所造"道—"字则告诉我们：人因为只是道的一部分，故其所思所想、所行所履，既不能离道，更无法逾道，所以永远只能为道所桎梏或局限，人即或能依靠科学技术离开地球，也永远不能离开宇宙或道。正因这种不能，也就永远无法弄清楚宇宙的前世、今生、后世的全部奥秘。"当局者迷"，"不识庐山真面目，只缘身在此山中"，正是这种道理的浅显说明。哥白尼说："人的认识将永远向前，走向未认识的真理。"这好像是对的，又好像不对。因为人的所谓"永远"只是相对，人的所谓"无限"是"小无限"，又岂能与道的"大无限"相提并论？以此，人类在道面前，只能永远保持谦虚谨慎，尊道、敬道、践道而行，永远也不要侈谈对于道的超越。孔子说的"知之为知之，不知为不知，是知也"，也告诉了我们同样的道理，即只有明白了宇宙总是有不能知的一面，才可能是真正的知。

再把老子的"万物生于有，有生于无"（《老子》第四十章）与其宇宙生成论相联系，可知老子的道既是"无"或"一"，也是宇宙形成前的混沌或奇点；"二"既是天地又是阴阳；"三"既是所谓天、地、人"三才"也是众多或无数；万物既为天地所生，也为人所创造。放到今天，天地中的天大概相当于时空、信息，地大概相当于物质、能量。形而下的万物皆由物质或能量构成。

需要明白的是，老子所创"道本论"，只是为其"治道、人道、学道"服务的。其理念即"道法自然"，重点在于凸显出一个"无"字的重要性或伟大作用。一个"无"字有无限机妙,可给我们的思维实践、社会实践以全方位的指引。

具体言之,"无",源于"元",既是事物之最根本、最广大、最普遍、最玄妙的第一存在,也是一切形上之根。把它应用到社会人生,特别是政治实践中,即能指引我们如何实现无为。

(二)老子的"治道"

基于上述认识,老子的治道简单来说就是无为。老子的无为既不是"不为"或无所事事,也不是庄子追求的身心绝对自由,甚或也不仅是顺其自然或尊道而行。当然,更不是魏晋玄学家所追求的"东床坦腹""放浪形骸""越名教而任自然"了。

老子的无为,其主要内容就是圣人之治道,既是其一以贯之的道法自然思想的具体表现,也是其针对当时天下无道的社会现实,即广大百姓"无以生为"的悲惨境况而开出的一剂以实现"圣人治国"为目标的政治药方。简单来说,治天下当顺天之性,顺人之性,从最广大、最根本上以"为"。具体来说,就是要求当权者以充分认知、顺应、利用自然、人性以及人类社会自身最基本的发展规律为前提,又要有"以百姓心为心""为天下浑其心"的奉献精神与高尚情怀。而其最后的落脚点则是"无不为"。"无不为"所实现的政治局面,据《老子》,理应是"天下有道,却走马以粪"(《老子》第四十六章),老百姓皆能"甘其实,美其服,安其居,乐其俗"(《老子》第八十章)的一片安宁、富足、祥和景象。老子的无为而治,自始至终无不闪耀着关爱人类命运的以人为本的思想光芒。它是最根本、最高境界的"为"或"有为",对今天的政治实践仍有巨大启示作用。

为了更好地理解无为,可从"无"与"为"的初文构形得到启示。

"无"的初文为 ![元]。与它并存混用了数千年的 ![无] 只是它的异体。《说文解字》认为,![元] 乃 ![无] 之奇字(奇字乃新莽时期六体之一。它是当时"鲁恭王坏孔子宅"而得的壁中书所谓古文的异体,即"古文而奇者也"。新莽六体分别为古文、奇字、篆书、隶书、缪篆、鸟虫书),可备一说。但今天大多数人视其为"無—![无]"的简化字,则是无稽之谈。如仅从构形上分析,"无"当"从元",所以它与"从亡"的 ![无] 没有任何构形上的承继关系。"元",即开始、第一、根本、元气、首、头、脑袋。老子对于"无"的论述则基本涵括了"元"之意。老子说："天下万物生于有，有生于无。"(《老子》第四十章)徐锴说："自有而无，无谓万物之始。"皆道出了"无"乃是包括了"元"或就是"元"的这种始源性的存在。以此可知，所谓"无"，一方面是一切事物的始源性存在，是开始，是根本，是元气；另一方面，它与"有"既是一种相对的存在，又能包括"有"在内(比如宇宙空间为"无"，各种星体在其中的运动便是这种有无之间不断的变化或置换)。"无"不是一般的"没有"，而是"有"存在的一种最普遍又最特殊的方式。在一定条件下，它们又可互相转化。于是，"从元"的"无"所表征出的无为既是最根本意义上的"为"，也是最广大意义上的"为"。㼖乃㒢的奇字，说明以㒢为㼖、㒢、㼖混用的情况，至少从孔子之前就开始了。原因是所谓"古文"与史籀大篆曾经并行，其意皆可得而说。以此观之，这种混用的情况持续了几千年，直到 1964 年《简化字总表》颁布，二者合为"无"字为止。

㒢的初文为㐶、㒢等。前者源于甲骨文，后者源于金文。由于许慎没有机会见到它们，其"㒢，从亡"的解释，对于㐶、㒢而言便不足为据。而"从亡"的㒢属秦统一时开始使用的小篆，是汉字发展过程中规范化的必然结果。它是从㒢的基础上加"亡"而成，而㐶、㒢如不加上"亡"便没有㼖之意。(《说文解字》云："亡，无也。")

从地下发掘的实物资料来看，㼖的出现或与㒢的共同存在，至少可以追溯至睡虎地秦简，以及汉代的孔龢碑。从构形上分析，㐶、㒢应为"舞"的本字，或说是从跳舞的"舞"假借过来。由于是假借来的，它总是比不上㼖更能表达其所应该表达的本源性意义。

㐶像一人叉开双手大胆舞动的样子。㒢，则像一人双手各拿着一把劳动果实(或一束花)翩翩起舞的形象。它们皆是会意字或象意字。一般认为，它就是一个舞者形象。其本真状况大概与先民为了庆祝丰收、表达喜悦、打发闲暇时光的一种情感流露有关。在其使用过程中，仅因声与

"无"相同而被借用,且久借不还而逐渐演化为加了"亡"的小篆之。而"舞"只得另造。以此可知,以"舞—"为"无"的无为,或为"为"赋予了一种带有娱乐、愉悦性质的方式或方法。这种方法,不仅可以健康、娱乐身心,有效实现预定目标,而且一定比预期的还要好。因为它不仅是谋生与爱好、兴趣相结合的产物,而且可说是专业技术与爱好兴趣实现完美结合的唯一途径。当然,它也可说是形上与形下之高度统一的实现。今天的"无"字也保留了上述意义。

基于上述认识,再回头看《老子》之中关于"无"的论述,就能更好理解了。

《老子》之中,有"无"101 见,比之"道、德、善"等分别都要多出许多。这是个不可忽视的现象。一方面,它反映出老子对于"无"有深刻的非同常人的认知;另一方面,它也意味着"无"对于宇宙、人生、价值等,都有着非同寻常的意义。

在《老子》第十一章中,"无",不仅是一切事物的始源性存在,而且是空间与各种事物实现价值的唯一形式。老子说:"三十幅共一毂,当其无,有车之用。埏埴以为器,当其无,有器之用。凿户牖以为室,当其无,有室之用。故有之以为利,无之以为用。"首先,常识让我们知道上述诸物皆是从"无"处制造或建造而来;其次,上述诸物之所以有用,关键就在于它有空间。从"无"处制造或建造是指这些东西在出现之前,其是不在这个空间或没有占据此空间的。而一旦建成,它们的空间便形成了一种新的"无"。这种"无"是相对于构成车辆、器皿、房屋的各种物质材料的"有"而存在的。如果没有了这些"有",此"无"之为用也就随之消失。以此可知,"有"不仅从"无"而来,"无"是"有"的根源性存在,而且必须通过"无"的方式以实现其用。"有"随时都可能消失(在一定的时空中),而"无(空间)"及其价值或"有用"则永远不会。于是,"有之以为利,无之以为用"在哲学上便可做无限延伸。对人而言,"有",只是人们对于物质、金钱、财富、利益甚或思想、智慧的拥有或占有,但这种占有只是我们实现幸福生活或人生价值的一个中间环节,其价值的最终实现还得适当地把这些东西给"无"了。这种选择,既是"无之以为用"的实现,也是老子所谓"圣人不积。既以为人己愈有,既以与人己愈多"的人生价值最大化的客观描述。小沈阳在春晚中的一句话"人生最大的悲哀莫过于人死了,钱还在",便既客观深刻又诙谐幽默地道出了财富与人生,或利与人生价值的关系。人对于思想智慧以及财富的拥有,仅仅是拥有而已。若要真正实现其最大价值,则必须"无之"。"无之",不仅不会否定"有"的客观性存在,而且会极大提高其价值。当代社会由于全球化、信息化的高度发展,个人财富或思想智慧的"无之"或"为人、与人",不仅大大增加或提高了个体的思想智慧与财富,而且当然地增加了整个人类的思想智慧与财富。

下面说说"为"。

"为"的初文为 ，典型的会意或象意字。它由两个简单的象形字组成。上部为手,下部为象,整个字即为一只手牵着一头大象的形象。它表征出的意思主要有两层:一是,"为"主要是通过手来实现的,即主体如不能亲力亲为、努力实践便不可能实现"为"或"有为";二是大象不仅参与了"为"的过程,而且是"为"的主干部分。此"象"代表强大或巨大力量。事实上,"为"既是人驯化大象作为自己的劳动工具的过程,也是人已经驯化了大象作为劳动工具的结果。如用另一字来解释,就是"作"。人能够役使大象来为人类劳动、服务,就是"有作为"。人如果"有作为",就能对这个世界产生巨大影响。在这里,"大象"不仅是大象,同时还通于道。

此"为— "字最早出现于甲骨文之中,至少反映出两个事实:一是,在黄河中下游地区,先民至少在四五千年前就已经驯化了大象作为自己的劳动或战争工具,从而大大提高了人们改造自然、征服自然的能力。二是对于这种既有很高的技术性又有极大的风险性的"有作为"的行为,先贤早就有了深刻的认识:驯服大象的过程以及驯服的实现与"为政"一样,总是与暴力紧密联系。象,虽然可以驯服,但却永远不可能被完全驯服。因为象的力大无穷与有不可能被完全驯服的一面,所以利用象的一切活动,不管你如何"朝乾夕惕""终日乾乾""如临深渊""如履薄冰""病病""忧患",危险仍随时存在。这种状况,与人类对于道的认识与运用别无二致。道既可以被认识,也可以为人所用(《老子》第四十章:"弱者道之用。""弱",本为弯木以为弓,以实现"以近穷远",引申为对事物规律性既能认识,也能实现对其可控可用),但却永远不能被完全认识或驯服,所以它随时都有可能给人类带来危害或灾难。不仅自然规律如此,就是人类所不断发现并运用的社会规律,也莫不如此。

事实上,在《老子》之中,大象有时就是用来借指道。"执大象,天下往。往而不害,安平太。"(《老子》第三十五章)此不是指有人牵着大象横行天下,而是指圣人掌握了大道,不仅能横行天下、得到天下人的支持,而且可以"无往而不胜"。换言之,这里的"执大象",就是"为"或"有为"。可是,"大象""大道"能彻底被掌握或控制而实现"往而不害,安平太"吗?有了上面对于 天 与 字 的分析,我们的答案十分吊诡:既可以,又不可以。因为大象也好,大道也罢,它们都有为人所认知或掌控的一面,也有难以为人所认知或掌控的一面。可以认知,是源于事物的存在、发展、变化之有规律性可循;不可认知,则源于事物的特殊性、无穷性与人的生命的有限性。一般情况下,被驯服的大象很温顺,能老老实实为人类所役使,但它又有突然成为杀手的可能。道,或事物发展的规律性更是如此。换言之,人类的每一次前行,不管如何努力规划,或多或少都是一种冒险。例如,水既可以被驯服给人类带来渔、航、农、电之利,但同时这种驯服也可能给我们带来灾难。以此,老子的答案便是——无为。无为不是"不为",而是"为"的一种最根本的方式或策略。它一方面要深刻认知、顺应、利用自然、社会发展之规律性,另一方面又要充分认识到它也有不可控不可认知的一面。深刻认知、顺应、利用规律性既是从最根本、最普遍上"为",也是从根本上"不违"——不违背事物发展运动变化的规律性。充分认识到其不可控的一面,即需要做到事事有预案。也只有这样,才可能真正实现最后的"无不为"。

下面,进一步看看无为或"无不为"的实现。

在《老子》之中,"无为"一词有十一见,即第二章:"圣人处无为之事,行不言之教。"第三章:"为无为,则无不治。"第三十章:"道常无为,而无不为。侯王若能守之,万物将自化。"第三十八章:"上德不德,是以有德。下德不失德,是以无德。上德无为而无以为。下德为之而有以为。"第四十三章:"天下之至柔,驰骋天下之至坚。无有入无间,吾是以知无为之有益。不言之教,无为之益。天下希及之。"第四十八章:"为学日益,为道日损。损之又损,以至于无为。无为而无不为。取天下常以无事,及其有事,不足以取天下。"第五十七章:"我无为,而民自化。"第六十三章:"为无为,事无事,味无味。大小多少,报怨以德。"第六十四章:"是以圣人无为故无败,无执故无失。"可见，"无为"就是圣人治理天下的一种策略或方法。换言之，所谓无为，是掌握邦国或天下绝对权力的圣人或圣王的专利，而其他人则没有无为的机会、资本或资格。"我无为"中的"我"是相对于民而言的，所以是高高在上的"民主（民众的主人）"或"圣王"。在老子、孔子心中，圣人是最高人格、权力、智慧的象征。圣人掌握了绝对权力并居于一个相对核心位置，便可以不亲力亲为而通过别人的"为"来实现自己的"欲为"或目标、理想。简单来说，如此之"无为而治"，主要是通过圣人的"行不言之教"来实现的。具体而言，它一方面要求圣人自己要"为学日益，为道日损"，"去甚、去奢、去泰"，"方而不割，廉而不刿，直而不肆，光而不耀"；另一方面又要求圣人对待百姓要"虚其心，实其腹；弱其志，强其骨"，"以百姓心为心"，"为天下浑其心"，"甘其食，美其服，安其居，乐其俗"。

综合上述"无为"二字的汉字学分析以及老子关于无为的论述，可以得出老子"无为而治"大致有如下内容：

一是尊道而行。因为："道生一，一生二，二生三，三生万物。"（《老子》第四十二章）"万物生于有，有生于无。"（《老子》第四十章）所以，"无"通于道。因为"道常无为"，圣人以道为则，所以圣人之无为便必定是如道之"为"，即尊道而行。圣人之所以能尊道而行，关键又在于他比之一般人更能识得道。而不能识得道的大众、百姓则只能追随圣人才可能获得幸福的保证。所以老子又说："道者……善人之宝，不善人之所保。"道，是善于认知它的圣人用以取得一切胜利的法宝，也是不能认知它的人实现幸福的保证。但这个保证是有前提的，那就是"不善人"——不善于认知道的人必须追随善人——善于认知道的人以前行，并帮助善人以亲力亲为才行。（《老子第二十七章》："善人者，不善人之师；不善人者，善人之资。不贵其师，不爱其资，虽智大迷，是谓要妙。"）

二是从最根本上以"为"。因为"无"之构形从"元"，"元"即第一存在或根本性存在。这与道也是一致的。故治道的根本或前提，就是要解决百姓衣食住行等物质需要。（《毛诗注疏》："民之大命在温与饱。"）这也是最基本的社会公正。（《老子》第十二章："圣人为腹不为目。"《老子》第七十五章："夫唯无以生为者，是贤于贵生。"）圣人以天下为己任，天下无道便"以身殉道"，天下有道则"以道殉身"。圣人即或掌握绝对权力与资源，也绝不能把自己的养生放到百姓最基本的生存需要之上。具体到政治实践当中，在老子看来则主要表现为"我好静,而民自正;我无事,而民自富;我无欲,而民自朴"(《老子》第五十七章)。在新时代,我国对于公正的追求,具体来说则主要表现为扶贫。这也与周公所谓"利而勿利也"(《吕氏春秋·贵公》)的公正思想高度吻合。

三是从最广大处以"为"。此说既源于"无"的始源性、根本性存在,又源于"无"是最广大的空间与实践。就治道的空间而言,民分布于最广大的空间之中,所以此"为"首先要解决的是最广大人民群众的根本利益,然后才能是自身。即如老子所云:"是以圣人后其身而身先,外其身而身存。非以其无私耶?故能成其私。"(《老子》第七章)就治道的实践而言,既需要照顾当代人的利益与发展,也需要兼顾后代人的生存与发展,不然也是不公正。

四是与身心愉悦相伴随或与百姓同乐。此说源于 天 的异体 木 或 𣎴。圣人"以百姓心为心","为天下浑其心",把广大老百姓的身心愉悦与自己的身心愉悦紧密联系在一起。这与孟子的"独乐乐"不如"众乐乐"思想,以及范仲淹的"先天下之忧而忧,后天下之乐而乐"都是高度一致的。要与百姓同乐,或让百姓身心愉悦,其前提同样是要解决最基本的衣食住行等物质问题,然后才谈得上其他。今天,物质的丰富或已解决大多数人最基本的物质需要,但要让他们都身心愉悦,更重要的是要引导他们有更高的精神追求。

五是不仅要有预而且要能预。"预"是孔子的说法。在《老子》之中则以"啬""知不知""学不学""病病""为之于未有,治之于未乱"等表达出来。但不管圣人如何聪明智慧能预,这种预的能力都是相对的。这既源于道的复杂性,也源于"为—𠂤"的过程的不可知性或风险性,当然也源于人的认知的有限性。虽如此,人类仍要前行。这既源于现实的逼迫,也源于人类对于道之"知所不豫,行且通焉"的认识。所以"上士闻道"必须"勤而行之"(《老子》第四十一章)。

六是圣人为天下"以身作则"。圣人之则来自天地,天下人之则来自圣人。"天地无言","天地不仁,以万物为刍狗",所以圣人"行不言之教","以百姓为刍狗"。圣人为政,从正己开始。(《论语·颜渊》:"政者,正也。子帅以正,孰敢不正?"《论语·子路》:"其身正,不令而行;其身不正,虽令不从。"《论语·子路》："上好义,则民莫敢不服;上好信,则民莫敢不用情。")圣人思通天地,如何炼成? 探求一下孔子、孟子、荀子等人的成人、成圣之路即可知。一曰法先王,二曰法天下人。"法先王"主要通过各种文化典籍的探索继承以实现;"法天下人"则主要通过不耻下问以实现。"三人行,必有我师焉。"(《论语·述而》)"礼失而求诸野。"(《汉书·艺文志》)"天视自我民视,天听自我民听。""天聪明自我民聪明,天明畏自我民明威。""民之所欲,天必从之。"(《尚书》)民意就是天意。在孔子看来,仁、义、礼、智、信诸德行都是有极大局限性的,解决这种局限性的办法没有他途,只能是好学。圣人之所以与众不同,其关键在于好学二字。(《论语·公冶长》:"十室之邑,必有忠信如丘者焉,不如丘之好学也。"《吕氏春秋·劝学》:"圣人生于疾学。")好学不仅是读书,同时也是践行与不耻下问。

相 关 链 接

"治人事天莫若啬"

此语出自《老子》第五十九章:

> 治人事天莫若啬。夫唯啬,是谓早服。早服谓之重积德。重积德则无不克。无不克则莫知其极。莫知其极,可以有国。有国之母,可以长久。是谓深根固柢,长生久视之道。

其中的"啬"既是老子治道的核心内容,也是其无为而治的具体化。

"啬",一般被理解为"节省""俭啬""吝啬"等,也有释之为"收割庄稼""重视农业生产",但释为"不耗费精神,不穷尽智力的养生",却有点令人莫名其妙。前面几种理解虽有一定片面性但却有道理,最后的所谓"养生"之类则可能是曲解老子思想了。所谓"养生"之说,从来就不是老子本人的思想,而是后世道家或其他各家对于老子思想的非学术性发挥。事实上,老子思想虽为先秦诸子百家之祖,但其中并无具体养生内容。承继老子思想最多的,不是庄子、韩子,而是孔子。孔子是老子真正的学生。老子所向往或追求的是"死而不亡者寿"(这与孔子的"君子疾没世而名不称焉"是高度一致的)。如仅从老子本人的有关论述来看,其对于生命的长期延续似并不感兴趣。另如,为附会养生,有人把老子的"专气致柔"理解为"专心一意做气功",则更是无稽之谈。"专气致柔"是指极专注的情感与极柔软的身体。老子的本意是说,一个成人,不管其情感如何专注,身体如何柔软,总是无法与初生的婴儿相比。

故在此，对于"啬"的理解，必须跳出一般性理解的窠臼，需要充分认识到此字的象形性、多义性、想象性诸特点。

"啬"的初文为 ⿱，同"啚—⿱"，又通"穑"与"图—⿴"。

⿱，上部是一株禾苗的形象，下部是两座城池。一株禾苗象征的是不太丰富的物质资源，两座城池象征的是较多的人口或较宽广的地域。不丰富的物质资源却要被较多的人口所分配或消费，这一定会出现捉襟见肘或有人挨饿受冻的状况，所以对于聪明智慧的圣人而言，坚决主张"去奢""见素抱朴"，号召大家俭省或厉行节约便顺理成章。所以"啬"的第一层意思就是节省、俭省甚或吝啬。

"啚—⿱"字是"图"的异体写法，其上部既是一个粮仓也是一座城池，下部则是悬挂或堆积于粮仓中的粮食。它象征粮食储存充足，当权者有强烈的"预、病病"意识或"远图"。这种意识的产生又是从上述的不足感所生发的忧患意识而来，所以它要求当权者或圣人必须"图"。

"穑"，既指农业生产本身也指重视农业生产。比之于"啬"，其加个"禾"旁，既是汉字规范化发展的结果，也是对于农业生产重要性的强调。无论是在生产力极不发达的中国古代农业社会，还是生产力已极发达的今天，重视农业生产，解决百姓最基本的生存问题，不仅是最重要的战略问题，而且是实现其他一切富强、民主、文明、和谐、自由、平等、公平、公正、发展的前提。重视农业生产是"图"的必然。"图"的实践中，总要适当的节约。适当的节约既是对于传统的尊重，也是对于自然、对于事物发展的最一般规律性的尊重。

"图—⿴"，不仅对于上述三个字的构形与意义进行了有机的综合，而且赋予了其新的内容。⿴的内部的三个方框互相勾连，象征有众多城池、交通方便，不仅可以互为援助，而且关系十分紧密。外加一个大框既可以把上述几种异体的构形意义或思想意识统一起来，也可把这种思想意识通过形而下的图形形象地表达出来。换言之，真正的"啬"就是"图"，就是一整套战略构想，就是谋划、预想、远图。在这一整套谋划、预想、远图中，重视战略物资储备、重视农业生产、重视交通修建、重视勤俭节约等等，皆是必然之事。把它们综合起来，同时也就是"重积德"。这种"重积德"，因为以尊道为前提,融会了一整套战略思维,所以"无不克""可以有国",并最后能实现"长生久视"。

今天的以德治国,既是老子的"啬"思维、"图"思维的继承,也是传统"重积德"思想的发展。因为此思想具有战略性、策略性、广泛性、间接性、隐秘性、艺术性等特点,所以它就是老子无为思想的集中体现。而这种无为,实际上也就是最深刻、最广大意义上的"为"。

邓小平同志有句名言:"我的工作方法是尽量少做工作。"这充分表现出了这种无为的政治智慧。这里的"少做工作"大致有三层意思:一是能认识和把握事物发展变化的正确方向与主要矛盾,无须事必躬亲;二是善于识人、用人,给下属、给年轻人以充分的发展机会与空间;三是敢于用权、善于放权,能适时地"功遂身退"(《老子》第九章)。当然,这句话也比较贴切地反映出"无为""无为而治""无为而无不为"等并不是一般人可以随意放言的事实,其背后皆指向掌握最高权力者。

有人认为:无为是先秦儒、道、法各家共用的概念。概括而言,先秦儒家所说的无为偏重于"治之德",关注的是君主道德楷模的树立及相互影响,以《论语》《孟子》代表;先秦道家偏重的是"治之道",关注的是"循道而行"的内在合理性,以《老子》《庄子》为代表;先秦法家所重的是"治之术",关注的是切实的治国效率,以《韩非子》为代表。上述把无为理解为"治之德""治之道""治之术"三个方面,虽然有些道理,但却没有深刻把握无为的本质。无论是上述哪家,其无为思想从来就是"道、德、术"等混同于一的综合体,且皆是以道为最高依归的。分而用之便不是无为。换言之,无为的过程既没有无"道、德"之"术",也没有无"术"之"道、德"。不仅现实生活、实践逻辑给予了这样的回答,而且对于汉字之"道、德"以及老子之"道、德"的分析也给予了同样的回答。所谓儒、法之道实皆源于老子之道。秦皇嬴政、李斯们"并天下"确是其"无为之道"的成功,但其治国(或"治天下")之失败不是因其无为之失败,而是因其根本就没有深刻认识到新形势下什么才是正确的"治国之道""牧民之道""治国之术"。老子说:"从事于道者,同于道。"(《老子》第二十三章)如果我们不能深刻认识到新形势下治道之不同,不能及时地改变新形势下"治道之术"(政策、策略、战术),那么失败也就"可立而待也"。

说到底，无为只是过程与手段，"无不为"才是最后目的。为达此目的，老子认为，对于百姓中那些"不畏死"的"奇者"实行"执而杀之"也是必需的。(《老子》第七十四章："民不畏死，奈何以死惧之。若使民常畏死，而为奇者，吾得执而杀之，孰敢。")

以无为实现"无不为"，在今天既是科学发展观的具体化，也是对于社会主义核心价值观的切实践履。科学发展观主要包括两个方面：一是强调以人为本(其核心是以"以民为本")；二是强调全面、协调、可持续发展。社会主义核心价值观"其实就是一种德，既是个人的德，也是一种大德，就是国家的德，社会的德"。

说社会主义核心价值观是一种德，根本原因又在于它首先是一种道。简言之，它既是我国当代社会发展的一条必由之路，也是我国未来相当长时间内的一种发展理论。具体而言，"富强、民主、文明、和谐；自由、平等、公正、法治；爱国、敬业、诚信、友善"所描述的，既是当代中国人为实现中国梦而寻到的一条既美丽又现实的康庄大道，也是中国共产党领导中国人民在总结正反两方面历史经验教训、结合当代世界及中国发展的时代特征而概括出来的一种既合规律性亦合目的性的先进发展理论。换言之，无论从形下还是形上来说，它皆可称之为道。

(三)老子的"认知之道"

老子的"认知之道"既是其"为学之道"、认识论、方法论等，也是其"成圣之道"的核心。其根本点：一在于"制名"、析名，二在于"循名求实"。这与孔子高度一致。(《论语·阳货》："多识于鸟兽草木之名。"《论语·子路》："名不正则言不顺，言不顺则事不成，事不成则礼乐不兴，礼乐不兴则刑罚不中，刑罚不中则民无所措手足。故君子名之必可言也，言之必可行也。君子于其言，无所苟而已矣。"后几句说的既是"正名"也是"循名求实"。)

老子说："无名，天地之始；有名，万物之母。故常无欲以观其妙，常有欲以观其徼。此两者同出而异名，同谓之玄。玄之又玄，众妙之门。"(《老子》第一章)天地之始，当然是无名的，包括天、地、道、名本身在内，因为始时无人。名为人所命或制。自从有了人，万物才逐渐各有其名。人类社会发展过程，其实就是不断地创制各种新名字(词)并给予其以适当的名言的过程。我们认识宇宙万物，皆是从认识其名开始的。这种认识所取得的最初、最根本的成果,既简单又复杂。简单在于只是给予其名字,复杂在于还要给予名字以适当的名言(名言是对于名的解释或规定性,又可称之为概念)。所有的汉字,最初都是一个名,不管现在一般认为它是虚还是实(比如"也"字,一般人可能会认为它只是一个虚词,其实不是)。人类最早给予命名的事物可能是天、地、道,其后才是其他。不过,天、地、道等概念在汉字成熟之前,可能只是一种表达思想的符号,或并不是像今天这样写的。天与道或就是一个"阳爻—▬",地或就是一个"阴爻—▬▬"。一个阳爻既可是一个阳爻与阴爻的重合,可称之为太一、天一或太极,亦可是一个独立的阳爻。正因如此,后来的解读者便有了所谓"伏羲一画开天地"之说。道,在老子的宇宙论中虽然存在于天、地之先,但被人赋予其如此之形——却应在天、地之后。不然老子就不会有"吾不知其名,字之曰道。强为之名曰大"(《老子》第二十五章)之说了。万物有了名,也就有了存在的根本。因为有了名,其道理、名言就可寓于其中或附之于后了。所以认识之道必定要从认识万物之名开始。

　　这里以天、地为例。先贤在还未完全成熟的汉字系统中,把"天"写作、、,这是以意象的形式给予了天以名与名言。它是一个人或一个大男人的形象,不过绝不是一般人,而是一个绝对的"大人"。这种形象所表征出的意义或道、道理,就是先贤对于天的最初认识的成果:天与人本质上并无区别,它也是有情感、有意志、有思想的有机体;"天人本一",天人皆"大"。如果一定要说它有区别,或仅在于其"大"有所不同。老子说"道大,天大,地大,王亦大"(《老子》第二十五章)也是此意:王之大从属于道、天、地之大;王之大都是效法学习道、天、地的结果;大是道、天、地、王共有的本质。《易传》说:"天行健,君子以自强不息。"君子之所以要自强不息,又能自强不息,就在于他既为天之所生、本具天的性格,又在于他既能法天亦能实现其如天之大的梦想。后来,我们把写作"天":上为一下为大,既保存了其原初的意义又赋予了新的内涵。它不仅是大人,而且特指大人头顶上的部分。这部分,既是"一"亦是天与道,有时还包含了人与地。《韩非子·扬权》:"道无双,故曰一。"《列子·天瑞》:"一者,形变之始也。清轻者上为天,浊重者下为地,冲和气者为人。"《淮南子·诠言》:"一也者,万物之本也，无敌之道也。"《说文解字》："惟初太始，道立于一；造分天地，化成万物。"《易传》："一阴一阳谓之道。""形而上者谓之道。"它们共同表达了这种思想。先贤把地写作⧲，左为"土"，右为"也—⧧"。（《说文解字》："也，女阴也。"）⧧，它是一个女性生殖器的形象。所以，地也是人，不过是有土地之特性之人。其最大的特征就是能生养万物。所以《易传》又说："地势坤，君子以厚德载物。"故凡是能生生者，皆有大德。道、天、地、人，有如阳光雨露，皆有生生之大德。

"无欲以观其妙"，是指人只有去除各种贪婪欲望才可能保持公正无私，只有保持公正无私，看问题、观察问题才可能相对客观，只有相对客观才可能看破遮蔽事物真相的表象或迷雾，或曰看得更深更远，即能够看到事物的最深刻的奥妙所在。换言之，它不是说要人去除一切正常欲望才能看到事物最深刻的奥秘，而是指"嗜欲深者天机浅，嗜欲浅者天机深"。事实上，现实世界中的无欲不是没有欲望，而是指没有贪婪欲望，只有最基本的欲望。这种最基本的欲望既是人之为人的最基本的物质需要，也是指人之为人的最基本的生命尊严或精神欲求。人如不保持最基本的欲望便无法生存。圣人亦无例外。

"有欲以观其徼"。此"有欲"是圣人站在百姓角度的换位思考，即"以百姓心为心"。它不是指有强烈的贪婪欲望，而是指在上述无欲的基础上有了更高的精神需求。"有欲以观"既可以看到人性的极端边界，也可以看到人类与自然关系的极端边界。老子在此边界上看到了什么呢？看到了最基本的人性："不失其所者久"（《老子》第三十三章，即不要让百姓流离失所，要让他们有一定的恒产——房屋、田地，他们才可能有坚定持久的道德之心，才可能不为所欲为），"民不畏死，奈何以死惧之"（《老子》第七十四章），以及生命的有限性："物壮则老，是谓不道。不道早已。"（《老子》第三十章，即事物走向极端强大时随即也会很快走向衰亡，这是事物内部存在的最普遍的否定之规律性。这种规律性早就存在于事物内部，并从一开始就在发挥其作用了），也看到了自然的无限：天长地久，等等。所以他希望当权的圣人要"尊道贵德"，对百姓既要"虚其心，实其腹；弱其志，强其骨"，"非以明民，将以愚之"，使其"常无知无欲"，又要"以百姓心为心"，"为天下浑其心"。换言之，圣人只有全心全意为人民服务，把人民当成自己的孩子一样热爱（《老子》第四十九章："百姓皆注其耳目，圣人皆孩之。"），才可能得到全体人民的拥护。亦如《中庸》所言:"民之所好好之,民之所恶恶之,此之谓民之父母。"

"此两者同出而异名,同谓之玄。"此两者是指道与名。道本来是先天、地而存在的,但它同时也是名。道与名既是一个东西,又是两个东西。没有道便没有名。没有名,道便隐去(《老子》第四十一章"道隐无名"),既得不到解释又无法理解。换言之,对于人类社会而言,道只有在得到名或命名之后,才可能得到解释或说明。孔子说:"名以出信,信以守器,器以藏礼,礼以行义,义以生利,利以平民,政之大节也。"(《左传·成公二年》)一切道德仁义、物质利益,以及治国平天下之道,皆得各有其名才可能进行。无名则须制名,有名则须正名。正名即须"循名求实"。"同谓之玄"是指其义理贯通形下形上,皆十分重要而深刻。所以,认识事物首先必须认知其名。比如"人民的名义"一词就是一个有深刻意义的名。"民"最初的构形

为 ᘏ 。它本源于商周时期被刺瞎了左眼的奴隶。上部是一只人的左眼,下部是一根锥子。眼睛即目,锥子同时又是十或众。(古"十"字的写法就是一根竖线或锥子。它源于结绳记事。)所以《说文解字》云:"民,众萌也。"民,就是指那些人数众多,但心智均没有得到正常启蒙或开发的大众、百姓。这种状况,皆是国家以暴力实行愚民政策的结果。不仅如此,"民—

ᘏ"又是倒过来的"直—ᘔ","直"即十目所视,即人之所作所为皆为众人眼睛所审视。其经得起众人眼睛审视的,就是公正或"有德"。(《韩非子·解老》:"所谓直者,义必公正,公心不偏党也。")直不仅是公正或公平、正

义,而且就是道、德的核心。这种认识,不仅从"道、德"的构形 ᘕ 、ᘖ 中心皆为"目"或"直"可以观察到,也可从日常事理逻辑、当代哲学、自然科学的最基本认知中推导出。没有公正的道德是荒谬的。"名义":"名以出信","义者,正也"。义之"正"一般来说是以上正下。但当上不能自正时或当权者已经抛弃公正时,社会便必须以"人民的名义"自下而上以正之。这便是民又是倒过的来的"直"所隐藏的道赋予"人民的名义"的最深刻的含义。

"玄之又玄,众妙之门。""玄之又玄"不是指比玄妙还要玄妙。如果如此理解则容易把对于老子思想的认识导向不可知论,把本来朴素的道理导

向神秘化。它的本意就是对于所有深刻或玄妙问题的认知或解决,要采取分解的办法,即只能从一个到另一个,不能没有先后次序或难易选择。用老子的另外一种说法便是:"图难于其易,为大于其细。天下难事,必作于易。天下大事,必作于细。"(《老子》第六十三章)只有这样,才是认识或解决一切难题的最根本途径。其不仅是正确的认识论,也是正确的实践论、辩证法。任何一项伟大事业、巨大工程,不管如何艰难困苦、浩大纷繁,皆无不由一些具体的"易、细"之事构成。只要善于拆解难题,把每一项"易、细"之事都做好,那么"图难、为大"的成功便会成为必然。

"天下皆知美之为美,斯恶已;皆知善之为善,斯不善已。故有无相生,难易相成,长短相较,高下相倾,音声相和,前后相随。"(《老子》第二章)世界本没有绝对的美丑善恶;即或有也不是一般人随意可以认知的。如果我们认为上述内容都是界线分明的,那么就会导致对于这个立体的、丰富多彩的世界的认识的平面化、简单化。老子又说:"善之与恶,相去若何?"(《老子》第二十章)这进一步明确回答了这个问题。

"上士闻道,勤而行之。"(《老子》第四十一章)如果只有"闻"而没有具体的行或实践,便不可能有真闻真知,便不可能实现知行合一、通或"道通为一"。原因是,人之所闻之道,即或是"上士"也免不了有不足("知所不豫"),故只有通过行才可能得到检验或使之得到进一步的认识与发展("行且通焉")。它既告诉了我们道之可言说,也告诉了我们"闻"的局限性。

"道法自然"(《老子》第四十四章),人的一切知识或认识都是"法自然"的成果。人不管如何伟大神奇,有多大的主观能动性,仍只是自然发展过程中的一个小插曲,是自然的一部分;人不仅永远无法完全认识自然,而且永远要受到自然的制约。所以,尊道而行只能是唯一正确的选择。

"为学日益,为道日损。"(《老子》第四十八章)正因为自然没有穷尽、"知也无涯",所以人为了实现对它的深刻认知,必须终生努力。也只有如此,人类的认识才可能永远向前。"以有涯随无涯"不是庄子自以为是、自鸣得意的"殆矣",而是人之为人的天命。孔子的"发愤忘食,乐以忘忧,不知老之将至"如此,荀子的"学至乎没而后止也"亦如此。"其学无所不窥"的庄子,"博闻强志,明于治乱,娴于辞令"的屈原更是如此。人之学只有"日益",才可能不断地识道、明道。只有识道、明道才可能学会以"损"的方法"为道",从而不断地减少自己的缺点、错误,逐渐臻于至境。

"不出户,知天下;不窥牖,见天道。"(《老子》第四十七章)在过去的许多年里,这种事只有少数的聪明睿智的圣人才可能做到,而在今天,只要你有相当资质且自己愿意就可以。不过,它仍然需要的前提是,要有相当多的曾经"出户"的经验。其古今的共同点是,除了上述资质、经验之外,皆需要媒介与他人的帮助,不然就可能走向神秘化。

"见小曰明。"(《老子》第五十二章)这需要主体有较好的逻辑思维能力。先需要从大中见小——从普遍中找到有代表性的特殊,然后又能以小见大,见微知著,由此及彼,由表及里,以所见知所不见——从特殊中发现事物存在发展变化的普遍规律性。有此之"明",既能让人见识卓著,亦能让人目标高远、心胸阔大、气度恢宏。

"故不可得而亲,不可得而疏,不可得而利,不可得而害,不可得而贵,不可得而贱。故为天下贵。"(《老子》第五十六章)这世界总有某些事是不可预或不能完全被认识的。即或预了也不一定能立,即或"不预"也不一定就"废"。这与孟子"有不虞之誉,有求全之毁"(《孟子·离娄上》)的认识高度一致。但这种认识不是消极怠工、蹉跎岁月的理由,而是不断进取的动力。因为任何事"盖有学而能,未有不学而能者也"(《书谱》)。所以,"明知不可为而为之",必定是君子的天命。

"行无行"(《老子》第六十九章),本指用兵之道,但并不影响我们可以对其做无限的引申。真正的发明创造,无疑都需要从没有路的地方开拓出一条全新的路来。当然它不仅是认识之路,同时也是实践之路、进取之路。

"知者不博,博者不知。"(《老子》第八十一章)无论是知还是博都是相对的,都是有其局限性的。世界上既没有"不博"的知,也没有"不知"的博。就今天人们对于哲学、社会科学,以及自然科学的探索所取得的最伟大成就来看,知与博的关系无疑含有互相间的肯定与和谐。这种相互间的肯定与和谐,其实就是自由的境界。

"天道无亲,常与善人。"(《老子》第七十九章)天道或自然规律性,能够帮助的只有那些善于认知、顺应、利用天道或自然规律性的人。它不仅囊括了西人名言"自助者,天助之"的全部意旨,而且远远高于此认识:如果一个人仅有主观愿望希望自己能拯救自己,但若其对于事物发展规律缺乏认识,那么其所行所为便可能适得其反,他也就无法得到天或上帝的帮助。故老子此语,不仅强调了主体主观努力的重要性,而且强调了主体对于天道认识程度的重要性。换言之,如果主体已很努力了,却仍未能实现其对于道或事物规律性的深入认识,那么其自我救助便只能通过追随善人或圣人来实现。

(四)老子的"成圣之道"

《老子》之中,"圣人"一词有 29 见。综合其中对于圣人的全部描绘,可知老子心目中的圣人不仅拥有人的"全知全能",而且在某些人看来其"不行而知,不见而明,不为而成"的神奇处,还可能具有半人半神特征。但实际上,不仅老子心目中的圣人也是人,而且其"成圣之道"也与其他各家并无区别,即都重在修身。其神奇处,也只不过是其在经过相对漫长的成圣之路后而拥有了绝对权力的结果。这与孔子对圣人的认知也是高度一致的,所以孔子认为自己绝不可能是圣人,原因是他从来就没有掌握过绝对的权力。

老子的修身,集中表现为"为学日益,为道日损"(《老子》第四十八章)。这与《易传》的"天行健,君子以自强不息",孔子的"学而不厌,诲人不倦",荀子的"学至乎没而后止也",屈原的"吾独好修以为常",墨子的"志不强者智不达",诸葛亮的"静以修身,俭以养德"等,皆高度一致。修身的目的在于自强。对于个体之人而言,强的具体表现不仅要有强健的身体,更重要的是有智慧,有理性,有仁义道德。所以司马迁说:"修身者,智之府也。"孔子说:"好学近乎知。"《吕氏春秋》说:"学也者,知之盛者也。"有智慧、有理性(《老子》第五十五章的"心使气则强",《老子》第三十三章的"自胜者强"皆是指主体能用自己的理性或意志控制情感或行动),有仁义道德,就能立德、立功、立言,齐家、治国、平天下。修身的根本点在好学二字。《大学》之"格物致知",说到底,其实就是好学的具体表现。孔子在总结人生经验时说:"十室之邑,必有忠信如丘者焉,不如丘之好学也。"(《论语·公冶长》)正是强调了其之所以"出乎其类,拔乎其萃",根本就在于"好学"二字。这说明虽然世人或皆有成为圣人的天命之性,但却大多因为不能"修道以为教"也就成不了圣人。所以孟子所谓"人皆可以为尧、舜"(《孟子·告子下》),荀子所谓"涂之人可以为禹"(《荀子·性恶》)便只能是一句空话。因为人皆可能有道德,但要做到好学则多不可能,至于"学至乎没而后止也"就更是不可能了。需要注意的是,学,并不仅指向读书,而且是指包括读书在内的所有的行,或研究、探索、实践活动。

老子修身的具体方法在前述"为学日益，为道日损"的基础上，还必须加上"勤而行之"（《老子》第四十一章）。行不仅是"道、德"二字构形的基本形态特征，而且是人成就事业与道德人格的最基本规律性或道。没有行，即没有实际行动或实践，学与道便得不到检验与发展。极言之，没有行便没有道、德。故子思《五行》之"形于内"的"德之行"便只能是低于行。

在古代经典中，对于圣人的基本特征的描述，《老子》最为详尽，《论语》《孟子》次之。其实，这些圣人的基本特征，并不一定为圣人所独有。倘若你能全部拥有，那么毫无疑问你不仅可能成为圣人，而且可能是"神人"了。

1. "欲不欲"，"学不学"

此语出自《老子》第六十四章："欲不欲，不贵难得之货；学不学，复众人之所过。以辅万物之自然而不敢为。"

圣人之欲望就是"不欲"。"不欲"即无欲。无欲不是说没有最基本的人性欲望，而是指对于财货、珍宝、美色等形而下的物质追求不过分贪婪。不过分贪婪，就能于财货做到"碌碌如玉，珞珞如石"，对人能做到最基本的公平公正。

圣人要探究的学问为"不学"。不学不是不学习，而是辩证否定之学、反思之学、逆向思维之学或众人所不愿意学习且无法深刻探究的道。有了对于"不学"的深刻认识，就能修复或挽救众人犯下的过错。这样就能做到顺天之性、顺人之性，既能遵从事物发展最一般规律性，也能满足人性的最一般的欲望。

自古至今，人皆有诸多欲望，"贵难得之货"既是人诸多欲望之一，也是最一般的人性。这在物欲横流的今天，尤其如此。但是圣人必须有更加高远的目标追求，所以他既不能困于现世的名，更不能困于现世的利。孟子说："养心莫善于寡欲。"（《孟子·尽心下》）不仅深得老子此意，而且似乎更加简易、客观、务实。人，首先是一种动物性的存在，"饥而欲食，寒而欲衣"，所以要想完全抛弃欲望，那是不可能的。但"养心"以浩然正气而减少欲望，则是完全可以做到的。老子还说"俭故能广"（《老子》第六十七章，即正因为对于物质需要的追求简单而朴素，所以才可能有广阔的胸襟、高远的目标、深邃的智慧），"去甚、去奢、去泰"（《老子》第二十九章，即避免过度荒淫，抛弃过度奢侈，放弃虚骄自大）等，皆表达了相类的意思。"俭故能广"告诉我们，如果我们不俭、欲望太多，就一定会影响我们对于道的认识，也一定会影响到我们对于高远目标的追求。"去甚、去奢、去泰"与"孔子适周"时老子给予孔子的教诲"去子之骄气与多欲，态色与淫志"(《史记·老子韩非列传》)也高度一致。人不可无欲望，但皆不可以过分或过度。太过，既能让我们脱离群众，也能让我们失去健康的身体、健全的心智。

2.凡事有"豫"

"豫"字是孔子提出来的(《孔子家语·哀公问政》:"子曰:'凡事豫则立，不豫则废。'")，但《易经》《老子》早就对此有深入认识。老子说:"夫唯病病，是以不病;圣人不病，以其病病，是以不病。"(《老子》第七十一章)"其安易持，其未兆易谋。""为之于未有，治之于未乱。"(《老子》第六十四章)"治人事天莫若啬。"(《老子》第五十九章)这些皆表达了这样的思想。

"圣人不病"是指圣人没有耻辱或失败。圣人之所以"不病"，是因为他们总是处于"病病"之中——时时都在忧虑、担心耻辱或失败。历史的经验与活生生的现实皆告诉我们，只有那些时时担心遭受耻辱或失败，遇事"战战兢兢，如临深渊，如履薄冰"(《诗经·小雅·小旻》)的非凡人物，才可能避免或减少耻辱或失败，从而获得成功。此语给我们的最大启示是:圣人行事必有"豫"。圣人之所以有"豫"，是因其皆能深刻地明白"其安易持，其未兆易谋""为之于未有，治之于未乱"的道理。善于发现矛盾，善于解决矛盾，并能把社会矛盾解决于"未兆"状态，应当是圣人皆具有的最基本的素质或能力。

什么是真正有"豫"? 对于治国而言，首先是要有充足的物资储备以应对不时之需;其次是要对百姓行仁义、守信用。亦如贾谊《过秦论》所言:"安民可与行义，而危民易与为非。"若是而已。

3."自知而不自见，自爱而不自贵"

"知人者智，自知者明。"(《老子》第三十三章)这个世界，"我"之外的人很多。我们或可通过一些调查研究或面对面的交流了解某些人的某些特征，但却永远不可能了解所有人或完全了解他们中的任何一个人。以此可知，"知人"一定是十分有限的。既然知人十分有限，那么我们的"智"便是相对的。但也正因如此，我们既无须去了解所有人，也无须去了解某人的全部特征，而只须了解最基本的人性就可以了。了解最基本的人性，最简单、最有效的办法即自知。因为别人是人，我亦是人。换言之，人只要做到最基本的自知就可以了。自知的过程，即不断地好学、自省的过程。孔子的"性相近也,习相远也",荀子的"性恶",孟子的"性善"等认识,说到底皆是从认识自我即自知开始的。即或马克思:"人们所奋斗的一切,都同他们的利益相关。"①这种关于人性最深刻的认识也不例外。

人一旦有了自知就有了最基本的智或明,那么就一定会"不自见""不自贵"(《老子》第七十二章)。人如果真能"不自见""不自贵",也就有了最基本的民主精神。中国人的现代民主精神,既源于文明传统,又融会了西方民主精神,不仅有差额选举,更多的是"讲信修睦","选贤任能","己所不欲,勿施于人","己欲立而立人,己欲达而达人",换位思考,推己及人。

老子相类的论述甚多,如:"不自见故明,不自是故彰,不自伐故有功,不自矜故长。"(《老子》第二十二章)"自见者不明,自是者不彰,自伐者无功,自矜者不长。"(《老子》第二十四章)"为人子者,毋以有己;为人臣者,毋以有己。"(《史记·孔子世家》)"不自为大,故能成其大。"(《老子》第三十四章)但它们的精髓皆可为孔子的"毋意,毋必,毋固,毋我"所谓"四绝"所囊括。人只要不过于主观臆断,不过于自以为是,不过于固执己见,不过于自高自大,不过于自我膨胀,不过于独断专行,那么就一定能成圣成人。

不过,孟子"欲平治天下,当今之世,舍我其谁也"(《孟子·公孙丑下》)的豪言,虽然明显有"迂远而阔于事情"(《史记·孟子荀卿列传》)或"自为大"之嫌,但却并不影响他成为一代思想大家的事实。其给予我们的启示是:"四绝"固然是美德,但适当的"自为大",有时不仅可以,而且必须。其实文人自诩,自古皆然。孔子认为文王之后,天下文脉莫不汇聚于他之一身(《论语·子罕》:"文王既没,文不在兹乎?"),荀子更是认为"孔子弗过","德若尧、禹","宜为帝王"。(《荀子·尧舜》:"今之学者,得孙卿之遗言余教,足以为天下法式表仪。所存者神,所过者化。观其善行,孔子弗过,世不详察,云非圣人,奈何! 天下不治,孙卿不遇时也。德若尧、禹,世少知之;方术不用,为人所疑;其知至明,循道正行,足以为纪纲。呜呼? 贤哉! 宜为帝王。")

4."以百姓心为心","为天下浑其心"

此语出自《老子》第四十九章。放到今天,就是全心全意为人民服务。它既需要我们有"以天下为己任""以仁义为己任""舍我其谁"的勇气与担

① 马克思、恩格斯:《马克思恩格斯全集》第一卷,北京:人民出版社,2002 年,第82 页。

当,"吃得苦、耐得烦、霸得蛮"的恒心毅力、自我牺牲的精神,更需要大智大勇、大仁大义。不知百姓心何能"以百姓心为心"? 要知百姓心,便必得从群众中来,到群众中去。不然,"为天下浑其心"便只能是一句空话。

5."方而不割,廉而不刿,直而不肆,光而不耀"

此语出自《老子》第五十八章。圣人既为人方正、遵守原则,又不伤害别人;既清廉洁直,又不昏庸不暗昧;既公平公正,又不任性放肆;既明亮光彩,又不至于让光彩刺痛别人的眼睛。换言之,圣人必须既有智圆行方、公正廉明之品格,又有"温、良、恭、俭、让"(《论语·学而》)或"温而厉,威而不猛,恭而安"(《论语·述而》)之情性。后来荀子心中的君子在此基础上还有了发扬光大:"君子宽而不僈,廉而不刿,辩而不争,察而不激,寡立而不胜,坚强而不暴,柔从而不流,恭敬谨慎而容,夫是之谓至文。"(《荀子·不苟》)

6."慎终如始"

此语出自《老子》第六十四章。它既与今天的"不忘初心,方得始终"意同,也是老子之成圣成人的素质或条件之一。

7."为而不恃,功成而不处"

此语出自《老子》第七十七章。其与"生而不有,为而不恃,功成而弗居。夫唯弗居,是以不去"(《老子》第二章),"功遂身退,天之道"(《老子》第九章),"功成事遂,百姓皆谓我自然"(《老子》第十七章)等认识皆高度统一。老子一再这样说,是因为不居功,功成而退,皆是道或规律性发展的必然。识此、循此,既是践履道德法则,也是自我保护的策略。换言之,你如功成而不退,不仅会连累自己的一世英名,给社会、家庭带来损害,而且会影响后生的进取之路。

8."执左契,而不责于人"

此语出自《老子》第七十九章。意为既持有控制别人的把柄,又持有控制别人的权力,但却从不以此要挟别人。行光明正道,以道德服人。

9."不积"

此语出自《老子》第八十一章:"圣人不积。既以为人己愈有,既以与人己愈多。"此"不积"是指圣人不积累个人财富。圣人之所以"不积",是因为圣人以天下为己任,"以百姓心为心","为天下浑其心",天下财富皆可为圣人所用,所以无须积。再者,圣人之私不是金玉满堂或肉体生命的"天长地久",而是"后其身而身先,外其身而身存",即"死而不亡"。

10."常善救人"

此语出自《老子》第二十七章。圣人之所以要"救人",是为了让天下没有"弃人"。圣人"救人"的方法关键在教与学。"修道之谓教。"(《中庸》)"修道"之教主要指向学。圣人教人的方法也很简单,主要是"行不言之教",即不仅要让自己的言行成为下属或天下人模仿的对象,而且能引导大家如何学。这种行为,既能成就圣人之义与名,也能成就大众之利与智。但现实中,有时须用法律作为辅助工具。"人之所教,我亦教之。强梁者不得其死。"(《老子》第四十二章)"而为奇者,吾得执而杀之。"(《老子》第七十四章)对于那些不愿效仿圣贤的"为奇者",无论是老子还是孔子,他们均主张"杀之"。

(五)老子的"用兵之道"

老子的"用兵之道"虽然在《老子》之中表述简略,但其主要思想却为《孙子兵法》等有关兵书所宗,并成为其指导思想。

1."兵者,不祥之器"

此语出自《老子》第三十一章:"兵者,不祥之器,物或恶之,故有道者不处。""兵者,不祥之器,非君子之器,不得已而用之,恬淡为上。胜而不美,而美之者,是乐杀人。夫乐杀人者,则不可得志于天下矣。"皆极言用兵之"害"。如换成《吕氏春秋》或司马迁《史记》的说法便是:"兵者,凶器也。"孙子:"兵者,国之大事,死生之地,存亡之道,不可不察也。"由于战争总是与杀戮紧密联系,不仅会造成大量人员伤亡、财产损失,而且会造成深刻的心灵创伤,因此对于战争双方而言,无论胜负,都可能是灾难性的,在冷兵器时代尤其如此。所以对于当权者而言,必须先尽知战争之害。即对待发动战争,无论正义与否,皆必须慎之又慎,能够以非武力解决的,坚决不使用武力。(《孙子兵法》说:"上兵伐谋,其次伐交,其次伐兵,其下攻城,攻城之法,为不得已。")不得已而使用武力的,也要尽可能地控制战争规模与范围,以尽量减少人员伤亡与财产损失。一旦达到政治目标,即行结束战争。

当代世界,由于国家之间军事技术水平相差悬殊,因此战争完全可能成为一方对于另一方的屠杀。正因如此,基于道义上的原因,对于战争的选择更是要慎之又慎。不然,不仅不能解决问题,还可能为极端恐怖活动创造温床。

2."柔弱胜刚强"

此语出自《老子》第三十六章:"将欲歙之,必固张之。将欲弱之,必固强之。将欲废之,必固兴之。将欲夺之,必固与之。是谓微明。柔弱胜刚强。鱼不可脱于渊,国之利器不可以示人。"在信息技术极不发达的冷兵器时代,这既是一种战略思维,也是一种战术思想。但无论是战略还是战术,都带有极强的迷惑性或隐蔽性。它是弱方战胜强敌之道,是实现战争胜利的一条重要法则。其中最重要的特点就是因势利导、顺势而为。但无可否定的是,这一点并非绝对的,而且有巨大的局限性。

3."祸莫大于轻敌"

此语出自《老子》第六十八章。毛泽东提出,"战略上藐视敌人,战术上重视敌人",也是一样的意思。战略上的"藐视",不是不重视,而是在深刻全面了解敌我双方各种情况后所形成的对于己方的必胜信心与决心。战术上的"重视",就是不打无准备无把握之仗。

4."善战者不怒"

此语出自《老子》第六十八章。我们不但不能随意发动战争,反而要尽量避免战争。但一旦应战,就一定要赢得战争胜利。

二、孔子之"道"

关于孔子之道的思想资源,主要集中于《论语》《孔子家语》《礼记》《史记》之中。但各处所论并不完全一致,我们必须把它们联系起来进行综合分析才能得出相对合适的结论。

在《孔子家语·王言解》中,孔子说:"夫道者,所以明德也;德者,所以尊道也。"认为道是用来昭示什么是德的一切东西(思想与事物),德就是尊道而行。这既为我们指出了什么是道、什么是德,也为我们对于道、德关系认识做了明确的指引。

《吕氏春秋》云"知其所以知之谓知道",可知"知其所以知"就是深刻地知。深刻地知不仅"知其然",而且要"知其所以然"。故能够给我们指明什么是德的一切东西,皆是以深刻地知或能寓含深刻的道为前提的。联系先秦诸思想家以及上文对于"道、德"二字初文构形的解读,可以明确地知道,此处孔子所言之道主要指向互相联系的两个方面:一是自然以及人类社会发展的最基本的客观规律性;二则指向中国传统社会所普遍认可的仁、义、礼、智、信、忠、恕、孝、勇、恭、敬、敏、惠、诚、善诸德目。二者互相联系,不可分割。人之生活或实践,不管主观愿望如何平淡无奇或崇高伟大,倘若无视规律、违反规律,或逆道而行,便是无德;尚能在尊道的前提下,正确地践履仁、义、礼、智、信诸德目,便是有德。不过,道或上述德目,虽是自然与社会对于人的规约或命令,且人皆具有,但要真正走上高境却不容易。因为不违背道,就得深刻地认知道,要正确践履仁、义、礼、智、信等,就必须尊道而行。以此,人终生"好学","为学日益,为道日损","学至乎没而后止也"便自然而然。这虽与《老子》的"孔德之容,惟道是从","尊道贵德",以及汉字学关于道与德及其相互关系的认知高度一致,但却与老子之道既是宇宙之根、人类之根、万物之根,又是形下之路、形上之道大为不同。换言之,孔子之道既无明显涉及宇宙论或本体论,也对人性认识所论甚少,其主要关切的是治道与君子之道,即主要指向政治实践与道德实践。

此外,孔子之道又可分为仁义之道、为学之道、为人之道、忠恕之道、孝道、诚信之道等。而孔子的君子之道不仅可以包括上述,而且是其为学之道、为人之道、仁义之道的高度概括。换言之,曾子以"夫子之道,忠恕而已矣"(《论语·里仁》)作结孔子之道并不准确。即对于孔子而言,其忠恕之道一以贯之当没有问题,但"而已矣"则并不恰当。进言之,忠恕之道只是孔子治道、仁道或君子之道的一部分,而且有很强的趋向性,其"己所不欲,勿施于人","己欲立而立人,己欲达而达人"主要指向的是强者道德,或只是为其治道服务的工具而已。

(一)孔子的"治道"

《史记·孔子世家》载颜回语:"夫子之道至大,故天下莫能容。虽然,夫子推而行之,不容何病,不容然后见君子! 夫道之不修也,是吾丑也。夫道既已大修而不用,是有国者之丑也。不容何病,不容然后见君子!"其"天下莫能容"的至大之道只能是治道(如果仅指向其"忠恕"则不可能"天下莫能容")。另据《孔子家语·大婚解》鲁哀公向孔子问政:"人道孰为大?"孔子的回答则直接做了这样的肯定:"人道政为大。"此人道之"政"就是治道。孔子持至大之治道而不能见容的首先是其母国——鲁国,然后是其他诸侯国。其之所以"天下莫能容",原因一在于其治道确实太大——要实现"天下有道,则礼乐征伐自天子出",对当时的"有国者"而言,既"大而无当"又"不合时宜";二在于其所谓:"夫政者,正也。君为正,则百姓从而正矣。君之所为,百姓之所从。君不为正,百姓何所从乎!"(《孔子家语·大婚解》)"政者,正也。子帅以正,孰敢不正?"(《论语·颜渊》)即国君、大夫一定要做百姓的道德表率,这实在是对他们要求太高。于是,十四年的辗转,"累累如丧家之狗"。可喜的是,他仍能坚持,不仅能"明知不可为而为之",而且能不以此为"丑"。于是,透过历史的烟尘,他的形象被时空投放得愈加高大,成为被大多数中国人认可、推崇的圣人。以此可知,真正的君子或圣人,似乎总是不合时宜;老子所谓"大器晚成",似并不一定是成于当世,而完全可能是成于其人没后或数百年或数千年。

孔子的"至大之道"是治道,也说明了孔子为什么对从政一直抱有满腔热情,直到其晚年仍是如此。换言之,即或孔子的教育、言行、研究等,也无不与其收拾世道人心实现天下有道的政治理想紧密相关。

孔子一生"志于道",表现为具体的行为实践或政治实践,就是致力于实现天下有道。毫无疑问,其天下有道的实现,既是其最高理想的实现,也是其治道或仁义之道的最大实现(其"朝闻"而可"夕死"之道,有多种解读,但只有其天下有道的实现才是最佳答案)。孔子"相鲁"如此,创办私学、"有教无类",把学术引入当时社会各个阶层,以及"退而论书策"——编撰"六经",其目标也莫不如此。当然,他也曾不止一次地说过"天下有道则仕,无道则隐"之类的话,但实际上,他好像只是在劝导别人,至于自己,则从来就没有想到要"与鸟兽同群"。不管现实如何黑暗、残酷或无道,他总是混迹于红尘俗世之中,与当时那个无道的世界进行着坚忍不拔的抗争。他既能"明知不可为而为之",又能"无可无不可";既能乐观地坚持,又能有原则地放弃。一生奔波、努力、好学,虽然未能改变那个时代,但却以其不朽的精神、深邃的思想穿越时空,从而对整个中华民族的精神塑造乃至整个世界产生了深远的影响。以此,我们甚或可以认为,成为一个伟大的思想家、教育家,让精神、思想的光芒照耀子孙万代,似乎既是立德又是立功、立言,故比之一般的立功、立德似有更恒久的意义。所以《吕氏春秋》云:"教也者,义之大者也;学也者,知之盛者也。义之大者,莫大于利人,利人莫大于教;知之盛者,莫大于成身,成身莫大于学。"(《吕氏春秋·尊师》)其对于教与学的伟大而恒久意义的认识,就是对于思想智慧的尊崇以及思想家、教育家们的充分肯定。

孔子的治道是一个系统工程,它既须建立"礼乐征伐自天子出"的中央集权,"道之以德,齐之以礼",也须"庶矣哉"然后"富之"再"教之"的为政以德;它既与"正名""自天子以至于庶人,壹是皆以修身为本"紧密联系,也须实行开明的"举直错诸枉"的贤人在位制度。当然,相应的"庆赏刑罚"也不可避免。只要我们尽观《论语》《礼记》《孔子家语》《史记》等有关论述或记载,就必定能得出这些认识。

1.主张建立一个强有力的中央政权

说孔子主张建立一个强有力的中央政权,一定会有人反对。因为当时的周政权属于分封制,各诸侯国权力很大,并未形成一个真正的中央集权制度,最多只能算是一个松散的联盟,其"礼乐征伐自天子出"的政治局面出现的时间也很短。但是,这并不能否定周初时"礼乐征伐自天子出"具有集权政治思想的结论。孔子非常推崇这种思想,并认为这就是天下有道的最重要表现。事实上,这种思想不仅为后世的国家或天下治理提供了深刻启示,且与中国后世法家或儒法并用的历代统治者,以及今天我们党对于国家治理的认识高度一致。后世的中国政治实践只因有了它为前提,才有了实现天下有道的希望。至于是否已经实现,只有跳出历史才可能看得比较清楚。

礼乐在过去,核心内容为礼法制度。礼重秩序,乐和万民。乐从属于礼。《左传》说:"礼,上下之纪,天地之经纬也,民之所以生也。"(《左传·昭公二十五年》)"礼,国之干也。……礼不行则上下昏。"(《左传·僖公十年》)礼为国家政治生活的主体内容,没有它,就没有秩序,人民就会茫然不知所措,就无法生存或生活,社会就会陷于一片混乱。荀子在孔子的基础上,更是把礼加以发展与扩充,奉之为"道德之极"(《荀子·劝学》:"礼者,法之大分,群类之纲纪也,故学至乎礼而止矣,夫是之谓道德之极。")或"治辨之极也,强国之本也,威行之道也,功名之总也。王公由之,所以得天下也;不由,所以陨社稷也。故坚甲利兵不足以为胜,高城深池不足以为固,严令繁刑不足以为威,由其道则行,不由其道则废"(《荀子·议兵》)。不仅认为礼为强国固本之道,而且更进一步认为:"人之命在天,国之命在礼。"(《荀子·强国》)即国家的命运完全在于礼的制定与正常运行。可惜的是,在他们所生活的那个时代,天下早已"无道",礼乐征伐之事也早已从"诸侯出",所以孔、孟、荀诸子也就只能或"尽人事而安天命"或"明知不可为而为之"了。他们之所以如此重视礼乐,是因为他们认为礼乐既是国家主流意识形态的形上基础,亦是国家政策、法律、制度、行为规范的具体化。(而实际上,包括老子在内,当时也有不少人认为礼乐仅是礼仪而已。这说明,人们对于礼的认识从来就是多元的。而在今天,礼乐已失去了过去的地位或内容,而或仅退至礼仪或娱乐之列了。)

征伐,无论是今天还是过去,其所代表的皆是国家暴力。国家暴力的核心力量是军队,然后是警察、监狱、法庭等。它们既是实现天下有道或"治国平天下"的最强有力工具,也是保证广大人民获得幸福与尊严的政治基础,在今天的中国必须由党来领导。这种制度与认识,既是中国人民革命斗争建设实践的结论,也是中国数千来政治文化发展的必然。

2.把为政以德作为基本治国理念

为政以德用今天的话说就是"以德治国"。中国历代统治者似乎没有不标榜"以德治国"或"以孝治国"的("孝治天下"或"以仁孝治国"等皆属"以德治国"。因为孝为"德之本""仁之本")。但在实际操作过程中,就一个个朝代而言,不仅能够"不忘初心""慎终如始"的没有,而且真正地懂得什么是德的统治者也很少。

对于孔子而言,所谓为政以德、尊道而行,内容十分宏富:

(1)"君君,臣臣,父父,子子"

做君主的要做好君主,要像一个君主应该的样子;做臣下要做好臣下,要像一个臣下应该的样子。君主是臣下的榜样,君主如不能做到宽爱仁义、以礼使臣,就无法企求臣下忠信孝勇。(《论语·八佾》:"君使臣以礼,臣事君以忠。")父子之间,道理也一样,父慈,子才可能孝。这既体现了强者道德"行不言之教"的模范性作用,也体现了名实相符关系与礼或秩序的实现。这种思想,在孔子看来,既是自然规律性在人间的实践或重现,也是人类生存发展智慧的结晶。

孔子又说:"其身正,不令而行;其身不正,虽令不从。"(《论语·子路》)"政者,正也。子帅以正,孰敢不正?"(《论语·颜渊》)皆与上述意义相通,重点在于一个"正"字。其"正"不仅在于自身行为的端正,更在于处事的公正。但需要注意的是,这种认识也是有一定局限性的:"上正"与"下正"或"下不正"并无绝对必然性。原因是上与下之间层级相差太远,基数相差巨大,所以一个政治人物的权力或影响力就会像夕阳下的影子一样,即或可以伸展到极遥远的远方,但却不可能不变形不走样。也正因如此,修身就一定不是个别人的事,而是全体国民的事。如德不能及,则必赖之以法。

(2)"富之""教之"

"富之"的前提是要解决百姓最基本的生存问题,即有吃有穿有房子住。"不失其所者久。""若民则无恒产,因无恒心。"百姓如果连最起码的生存需要都得不到满足,就不可能有坚定持久的道德之心。没有坚定持久的道德之心,就什么坏事都干得出来。

"富之"第二步是"甘其食,美其服,安其居,乐其俗"。即在能保证最基本的生存条件下又有提高:不仅有吃有穿有住,而且要吃得好、穿得好、住得好、玩得好。

"富之"第三步是"有备"。"有备"指既有备份又有准备。有备份主要指物质资源的储备足以应对任何灾难性的战争或自然灾害。有准备主要指向思想上的预与行动上事前的临难训练。

它给我们的启发是,如房子,一家要有三四套,并能分布于不同地区。只有这样才可能真正地算"有备",即有能力应对各种灾难性事件。至于其他,当然也应有相应的储备。如此,我们即或处于灾难之中,也有足够的信心与勇气活下去。

"教之"是在"富之"的基础上进行的。对于孔子来说,就是教民以礼或"齐之以礼"。"礼以行义,义以生利。"(《左传·成公二年》)有礼,有义,有利,就有秩序。有秩序,社会才会有和谐。(不过从孔子的"民可使由之,不可使知之"的论述来看,所谓教百姓以礼只是教他们遵守一定的规范或行为标准就可以了,至于为什么要遵守,则不必让他们知道。这种思想既源于《老子》第三章"常使民无知无欲"和第六十五章"古之善为道者,非以明民,将以愚之",也可能与《论语·雍也》"中人以上,可以语上也;中人以下,不可以语上也"的认识有关。这种认识直到今天仍对我们有启示意义。即对于那些没有意愿知道,也无法深入知道的广大百姓来说,最重要的是要告诉他们如何行动,而不是或不需要告诉他们为什么要如此行动。)

(3)以中庸为至德

中庸究竟指什么?一般的解释即"过犹不及""执中""允执厥中""用中""节中""中正",甚或"不偏不倚"等等。似皆不错,但仍可能被误读。其实中庸就是公正。公正,既是经得起大众眼睛的直接审视,也是经得起实践的考验与思想家的追问。它既是道、德的核心,自由、平等、民主、权利的前提,也是合目的性与合规律性的高度统一。

孔子说:"中庸之为德也,其至矣乎! 民鲜久矣。"(《论语·雍也》)说明在孔子那个时代,作为针对老百姓的最基本的社会公正是没有的,或已失去很久了。正因为没有最基本的社会公正,所以孔子说当时社会是一个"天下无道"或"天下无德"的社会。

在中国,直到今天,公正仍然是我们共同不懈追求的伟大目标。(但需要明白的是,公正从来就是一个历史性的概念。它的实现既受各种政治力量的影响,也与主体的认识或意志关系密切。)

(4)"举直错诸枉"

直者,公平、公正、贤良、方正、有德之士也;错者,措置、置放、安置也。枉者,不贤不肖之徒也。"举直错诸枉",简单来说,就是贤人政治,即让有才德者上位。举贤才的具体方法是"举尔所知"(《论语·子路》),即首先推举自己深刻了解的人。这种方法虽有裙带之嫌,但却合乎一般规律性。

为什么一定要"举直错诸枉"? 因为"举直错诸枉,则民服"(《论语·为政》),"举直错诸枉,能使枉者直"(《论语·颜渊》),让公正、贤良、方正、有德之士居上位,不仅符合老百姓的根本利益,能让他们高兴、服气,而且能让那些不肖之徒得到修正或收敛。此思想也是孔子"善人为邦"(《论语·子路》)、"国有道则贤人兴焉,中人用焉,乃百姓归之"(《孔子家语·三恕》)的另说。

不过韩非子对于所谓"贤人政治"却不以为然,因为不仅世之贤良方正之士甚少,而且不管其多么贤良方正,最终还是得臣服于势。如孔子,再怎么忠信仁义,却不得不屈从于鲁君或其他有势诸君主,且不管他们是否贤明智慧方正。不仅如此,即或是贤良方正之士,只要到了一定的高位,往往会因为地位的变化而变得不再贤良方正。所以,韩非子认为,只要最高统治者有效掌握了绝对的赏罚生杀大权,其统治措施就可"一于法"。管你方正贤良、不贤不肖与否,只要你尊法而行就可以了,如果谁逾越了法律,那么就依法严惩。

现实中常须儒法兼用或德法兼用,不可执一端而用其极:在重视公正之士居上位对于社会有良好范导作用的同时,也决不否定"庆赏刑罚"对于社会的规范与震慑作用。

（5）"居之无倦，行之以忠"

"居之无倦"主要针对从政者而言。既指从政者在日常为政理政过程中，自始至终要保持一种良好的精神状态，也可指从政者即或在庸常的生活中也必须保持一种"战战兢兢，如临深渊，如履薄冰"的紧张状态。这种状态的保持，当然先要以良好的身体状态为前提，但更重要的是需要一种积极的以天下为己任、以仁义为己任、以天下苍生幸福为己任，"以百姓心为心"，"为天下浑其心"的理想与豪情。

"行之以忠"就是所作所为，必尽心尽力，上对得起国家社稷，下对得起黎民百姓。此语亦可用孔子的另一句话"不在其位，不谋其政"以反说。孔子以自身的行为实践：做"委吏"能做到"会计当"，做"乘田"能做到"牛羊茁壮长"，便充分表明了这一点。"委吏"与"乘田"皆小官，但小官也必须做好，这就是忠。

"行之以忠"对于一般人而言就是要做到"受人之托，忠人之事"。它又与"己欲立而立人，己欲达而达人"相连相通。

（6）"养民也惠，使民也义"

这两句是孔子对于子产的评价，同时也是一种朴素的治道思想。我们深入贯彻以人民为中心的发展思想，在幼有所育、学有所教、劳有所得、病有所医、老有所养、住有所居、弱有所扶上持续用力，人民生活全方位改善。人民群众获得感、幸福感、安全感更加充实、更有保障、更可持续，共同富裕取得新成效。"养民"即古人所云之"牧民"。"牧民之道，务在安之而已。"（《过秦论》）如何"安之"？即指当政者管理百姓，有点类于牧人放牧牛羊一样，既要让百姓吃饱、穿暖，有个安居之所，又要让他们听话，不能越过一定的范围或边界。这个范围或边界就是礼法制度。

"使民"，过去叫驱使百姓，在今天是让民众能履行其应尽的责任义务。政府既能让百姓高兴地履行自己的责任义务又能让自身形象越来越高大便是义。如何做才能有此功效？孔子也具体给出了方法，那就是"尊五美"。"五美"之中，"惠而不费"——既要给予百姓实惠，又不需要增加政府投入，是最有用也最难的。

相 关 链 接

子张问于孔子曰："何如斯可以从政矣。"子曰："尊五美，屏四恶，斯可以从政矣。"子张曰:"何谓五美?"子曰:"君子惠而不费,劳而不怨,欲而不贪,泰而不骄,威而不猛。"子张曰:"何谓惠而不费?"子曰:"因民之所利而利之,斯不亦惠而不费乎?择可劳而劳之,又谁怨?欲仁而得仁,又焉贪?君子无众寡,无小大,无敢慢,斯不亦泰而不骄乎?君子正其衣冠,尊其瞻视,俨然人望而畏之,斯不亦威而不猛乎?"子张曰:"何谓四恶?"子曰:"不教而杀谓之虐;不戒视成谓之暴;慢令致期谓之贼;犹之与人也,出纳之吝谓之有司。"(《论语·尧曰》)

(7)赏罚得当

孔子说:"名不正则言不顺,言不顺则事不成,事不成则礼乐不兴,礼乐不兴则刑罚不中,刑罚不中则民无所措手足。故君子名之必可言也,言之必可行也。君子于其言,无所苟而已矣。"(《论语·子路》)这可说是其治道的一个高度概括。

所谓"名正",是指通过"正名"以实现:"人各有其名,事各有其名,物各有其名,名各有其实。"名既指名字、名称、名言(概念),亦指名位、名利、名誉、名声等。"实"既指名之后必有"信、器、礼、义、利",亦指名言(概念)要经得起思想的追问。这些东西人人皆有,但须适当,即名实相符。

所谓"言顺",是指在上述"名正"的基础上,言之所指,意能尽明,以至国家政令上下畅通,故事无有不成。

所谓"事成",主是指百姓在此过程中有所收获,而不仅是指个人的成就。百姓只有在有所获得之后,或至少在能吃饱肚子、安居乐业之后,才可能对礼乐文化感兴趣,或对礼乐文化抱有一种敬畏的态度。

所谓"礼乐不兴",主要是指百姓没有得到应有的教化。如果在百姓没有得到应有的教化之前,就"齐之以刑",用冰冷的刑法去规范或惩罚他们,百姓就一定会"无所措手足"。接下来就会怨恨,就会反抗,就会造成天下大乱。这与孔子"听讼,吾犹人也。必也使无讼乎"(《论语·颜渊》)的思想也是高度一致的。要做到天下尽可能"无讼",就得先行教化。教化以"行不言之教"为主,正人须先正己。当权者自身一定要以身作则。

相 关 链 接

什么才是赏罚得当呢?下面的一个小故事或能给予说明。

据《吕氏春秋·义赏》：

> 赵襄子出围，赏有功者五人，高赦为首。张孟谈曰："晋阳之中，赦无大功，赏而为首，何也？"襄子曰："寡人之国危，社稷殆，身在忧约之中，与寡人交而不失君臣之礼者，惟赦。吾是以先之。"仲尼闻之，曰："襄子可谓善赏矣！赏一人，而天下之为人臣莫敢失礼。"

赵襄子在打败智伯，解除晋阳之围后，对臣下进行了犒赏，高赦被定为有功之首。这遭到另一个大夫张孟的质疑，但赵襄子却毫不掩饰地向他亮明了自己的态度："在国家处于极度危难之中，一如既往地尽心尽力帮助我，且自始至终没有逾越君臣之礼的人，只有高赦。"赵襄子的这种态度或认识，因对于臣下言行有很好的范导作用，并符合孔子心中的期望，所以便得到了孔子的高度评价。

上述事例给予我们的启发是：通过一个具体而影响力较大的犒赏活动，给予某个事件以适当解读，不仅可以激励部属、给予那些不遵礼法或不能始终遵行礼法的人以一种警诫或间接性的惩罚，也能对后世或他人起到一定的示范或教化作用。

上述高赦之行为既可称之为忠义或忠信，亦可称之为"礼以行义"。赵襄子的赏罚得当既可称之为"君使臣以礼"，亦可称之为"信以行义"。

3."礼以行义，义以生利"

此语出自《左传·成公二年》："名以出信，信以守器，器以藏礼，礼以行义，义以生利，利以平民，政之大节也。"此乃孔子为"唯器与名，不可以假人"的治道观所发的一段议论。它从根本上道出了名与信、器与礼、义与利、民与政之间的关系——只要是人，便皆为名为利而活，但名与利之间，又必与信、器、礼、义相纠缠。

（1）"名以出信"

有多层含义。一是信乃名之信，无名便无信。信乃道德之一目，它的实现必依附于某名之下。二是凡有名者皆有信，人皆有名，即人皆有信。因名与道"此两者同出而异名"（《老子》第一章），凡名之后都必有一概念或名言跟随，概念或名言必定为真，亦如老子所云："其精甚真，其中有信。"（《老子》第二十一章）三是名有不同，信亦有不同。名与信一般情形下必定相互吻合。综上可知，无论从哪方面来说，名皆十分重要。所以人一出生便得起名、命名，科学家、哲学家研究或发现某一新事物、新概念也必先得命名或起名。而名之后,名言、概论、信义、利、名誉、名位等也必定紧紧相随。

(2)"信以守器"

"形而下者谓之器",所以器一般指向看得见摸得着的形下之物。不仅如此,此器有时也会指向看不见摸不着的物的背后的权利或权力。如老子说的"天下神器"中的器即如此。有名就有信,有信就有了对于器或物的适当所有权。不同的人,由于名、信有别,对于器或物的所有权就会千差万别。元帅与士兵,名有别,信亦有别,所以权利或权力亦有别。但更重要的是,其所拥有的权利或权力对应的责任与义务也会大不相同。

(3)"器以藏礼"

一般来说,人对于器或"权利(或权力)"所拥有的不同可以决定其在社会中所处的地位或其在各种社交场合所理应受到的礼遇的不同。权力越大或财产越多,其受到的礼遇就会越高。权力与财产相较,权力往往具有优势。而从事道统、学统研究与传承的学者,其对于器虽然并不真正拥有或拥有不多,但因其对于谁应当合法拥有或拥有多少具有相应的解释权,所以视其影响力的大小,其能获得的礼遇也会大不相同。国家元首常常受到最高礼遇,其原因主要在于他掌握了"国家神器"。做菜做饭的厨师受到宾主们的礼敬则是因其付出了相应的劳动。

(4)"礼以行义"

中国古人都很重视礼的秩序性意义、价值或作用,即"礼别尊卑"(包括贵贱、轻重、贫富、长幼等)。但孔子认为,礼的最大作用并非在此,而在于"礼以行义"——让每一个人在一场场人际交往或礼仪活动中都能恰如其分地展现出自己最光辉的形象。(《说文解字》:"义,己之威仪也。")原因是其不仅能显现尊卑秩序,还能传达出公正的信息。元首立在元首的位置,部长立在部长的位置,士兵立在士兵的位置,群众立在群众的位置……秩序与公正同在。不同的人在不同的场合,身份往往是不同的(同一个人,有时是父亲,有时是儿子,有时是领导,有时是下属,等等),其重要性或受到的礼遇便不同。每一次的不同,如都能为大家所乐意接受或认可便是公正。

(5)"义以生利"

义,因为不仅可以传达出秩序与公正的意味,而且能让每一个人都能显现出最光辉的形象,所以必定能产生和谐的局面。"和,然后利"(《说文解字》),"利者,义之和也"(《易传》),"义,利也"(《墨子》),"致中和,天地位焉,万物育焉"(《中庸》)等等,无不深刻诠释了义与利的形上、形上关系。再者,在每一个人都能凸显出其最光辉形象的和谐局面中,人的主观能动性或生命激情、创造力便一定会得到热烈的迸发。有了这种迸发,"有利"便是自然之事。

(6)"利以平民,政之大节也"

天下熙熙攘攘,无不与利密切相关。所谓"利",不仅指向物质生活世界,同时也指向名或良好的风俗人伦秩序、社会生活环境等。老子说:"治大国若烹小鲜。"(《老子》第六十章)贾谊说:"安民可与行义,而危民易与为非。"(《过秦论》)社会需要安宁和谐。但安宁和谐的实现,需要有最基本的社会公正,即天下有道。没有安宁和谐、社会稳定,人的一切利便皆会丧失。故唯民有利,社会才会长治久安。所以,在孔子看来,为政的最高目标,就是实现天下有道。这大概也是"朝闻道,夕死可矣"的真谛吧。

(二)孔子的"为学之道"

孔子的为学之道是其治道、君子之道、仁义之道、为人之道的重要基础或前提。因为在孔子看来,仁、义、礼、智、信等一切德目,皆是有局限性的,一个人如果不好学,那么就不可能有智慧("好学近乎智");如果没有智慧,也就不可能深刻理解什么是仁、义、道、德,什么是君子、小人,什么是天下有道,那么他所持守的仁、义、礼、智、信就可能走向反面。

1."学而时习之"

此语出自《论语·学而》。孔子认为学习必须持之以恒,不仅要学以致用,而且要适时反复。因为:"学如不及,犹恐失之。"(《论语·泰伯》)对于所学内容,如不能适时反复,就不能深刻地理解,就可能白学。它不仅是孔子的为学之路,也是一般性的获得人生成功的必由之路。

就今天看来,此语或可以有四种不尽相同的解读。一着重于习,即在书本或理论学习过程中不断地与生活实践相结合。此说主要强调的是实践或行的重要性。二着重于对于旧的或已学过的东西的温习或复习。此说认为经典只有在不断反复温习后才可能得到深入理解与把握。三着重于时,即认为实践或温习要选择适当的时候与适当的内容。此说强调了知识的实用性、需要的针对性,故温习的内容并不一定是全部。四着重于时习,即认为学习的过程中和之后的学习与实践都需要适时地反复。此说不仅强调了经典的永恒性,而且认为新思想、新认识的产生必须依托于旧知识、旧思想的复兴。四种释解都通,但孔子的意思则可能是兼而有之。以此可知,中国传统经典确实是微言大义,既可给予我们现实的指引,也能让探索者不断提高对于语言以及思想、智慧的反思与认知。"六经"既可注我,我亦可注"六经"。

笔者认为,人对于经典的阅读与认识必定是个不断反复的过程。即人们随着知识阅历的增长,道德的进步,对于经典的认识也会跟着一起不断地深入。这种增长与认识,既可互相启发,亦可互相推进。

比如对于"慎独"(《中庸》:"君子慎其独也。")的理解,一般人都可能甚或永远只能接受这样一种观点:君子一个人独处时一定要谨言慎行,一定不能干违背道德或法律之事,因为"莫见乎隐,莫显乎微"。你如果干了,就一定会让人知道。可是这是经不起追问的。经不起追问的不仅是一个人偷偷干了什么,不一定人家会知道,更重要的是,作为君子虽然不会干违背仁义道德之事,但并不等于不能干、不会干违背法律的事。就一般情形之下,不干违背道德或法律之事太容易了,这不是对于君子的特殊要求,而是对于人的最基本要求。只要你还是人,就一定会遵循自己心中所认可的仁义道德。但为了追求社会公平正义,君子有时却不得不干违法或有违当时主流意识形态所认可的道德之事,还不得不偷偷地独自去干。比如孙中山、毛泽东的革命初期等。以此观之,君子所慎之"独",一定不是一般人可以做到的。于是,所谓"莫见乎隐,莫显乎微"之最深刻处在于,你个人独处时究竟在干什么,别人是不可能知道的,但之后你所取得的成就或对后世所造成的影响却是别人或后人可以看得到的。于是,你的独处之行便无法隐藏。得到上述认识,不仅是"学而时习之"的结果,也是人生经验不断积累、道德不断进步的必然。令人惊奇的是,我们的认识是有可能超越原作者的自我认识的。

2.主张"博学"

老子认为:"知者不博,博者不知。"(《老子》第八十一章)庄子则认为:"吾生也有涯,而知也无涯。以有涯随无涯,殆已。"(《庄子·养生主》)所以在老庄看来,"博"因为是相对的,所以既做不到,也没有意义。细推起来,虽然这种说法不无道理,但对一般人而言,却因显得不够积极而可能造成误导。事实上,老庄此语只是一种辩证的说法,就老庄上述的认识,如没有博学做前提,也是得不出来的。据司马迁《史记》,老庄之学本身就是"无所不窥"。但孔子、孟子、荀子、子思等大儒都明确主张要博学。《吕氏春秋》也这样认为。如从为学之规律性来看,没有博大就没有深厚,没有博大深厚,所谓简约浅显则是不可能的。

什么才是博学?儒家既有自己独到的认识,也用自己的生命实践做了说明。

(1)通大小六艺,犹重于礼

所谓"小六艺"即孔子所教礼、乐、射、御、书、数,主要注重的是形而下的技术与知识,但其极境亦可与形上相通。

礼,因为既是人之日常行为规范,亦为最基本的礼法制度,所以在孔子或儒家心中的地位极为崇高、重要。孔子周游列国,在最为落魄时,也不忘记与弟子们"演礼",便是明证。

乐,一般认为它从属于礼,又是国家实现和的重要工具。但孔子所谓"成于乐"之乐似并不简单,它可能既指向音乐,也指向快乐。

射,在孔子那个时代仅指射箭之类的军事技术。但这种技术也并不是什么人都可以学的,而是必须有平民以上的身份才行。因为学习了这种技术就有机会上阵杀敌。子曰:"以不教民战,是谓弃之。"(《论语·子路》)但孔子的"射不主皮"思想又告诉我们,"射"不仅是军事技术,同时也是礼的一部分,既带有极强的表演性质,也是一种身份的象征。

御,即学习驾驶马车或战车的技术,有如今天学考驾照。孔子的学生们为了能有机会为君主或国家效力,也可能是要"考驾照"的。孔子周游列国时常亲自驾车,说明孔子不仅是个学问家、礼仪专家、音乐家、懂射箭,同时也是一个"老驾"。

书,主要指向文字创制的"六书",亦可指向文字的书写或书法学习。《说文解字》载:"著于竹帛谓之书。书者,如也。""周礼,八岁入小学,保氏教国子,先以六书。""孔子书六经,左丘明述春秋传。"此"书"应当是二者的综合:不仅要会写,而且要能把字写漂亮;不仅能把字写好,而且能深刻懂得汉字构形的意义。

数,应指最基本的算术技能,即会计数、会算账、会计量土地面积和仓储容积等。这既是孔子之前的传统儒家的必修技能,也可能与孔子年轻时当过委吏之类的小官有关。

综上可知,有了"小六艺",在当时的社会中也就有了最基本的安身立命之本。

但随着认识的进步与阅历的增加,孔子后来对于自己和学生皆有了更高的要求。这个更高的要求就是所谓"大六艺":《诗》《书》《易》《礼》《乐》《春秋》。其主要注重的是形而上的知识与价值思考。因为《诗》可以让人实现"温柔敦厚而不愚",《书》可以让人实现"疏通知远而不诬",《易》可以让人实现"洁静精微而不贼",《礼》可以让人实现"恭俭庄敬而不烦",《乐》可以让人实现"广博易良而不奢",《春秋》可以让人实现"属辞比事而不乱"。

《诗》即《诗经》。孔子说:"兴于诗","不学诗,无以言","不能诗,于礼谬","诗可以兴,可以观,可以群,可以怨"。可见《诗》不仅是那个时代人们(主要指士大夫之上的社会阶层)用来抒发情怀、抱负,激发豪情斗志的经典,也是人们进行人际交往、语言表达甚或"礼别尊卑"的最有用的工具。后世人们对上述言论可能有不同的解读,但笔者趋向于把它们与言或文联系起来,即《诗》可以在与人进行语言交流(或文字交流)过程中起到打比方、抒发抱负、表达某种观点看法、结交朋友并达成某种一致性认识以及对某些现象进行讽谏的作用。从流传到今天的古代经典来看,《左传》之外,《孟子》《荀子》动不动就"诗曰、诗云",说明此二子似很善此道。

《书》即《尚书》——"上古之书"。《尚书》所记,主要是尧、舜、禹、文、武、周公以及春秋前期各诸侯治理天下、国家的故事或心得。从其主要内容看,一定为周王室史家所编著。它对于后来的天下治理有很好的范导作用,如"天视自我民视,天听自我民听""天聪明自我民聪明,天明畏自我民明威""德惟善政,政在养民""黍稷非馨,明德惟馨""人之有技,若己有之"即如此。但有些却不一定真实可靠。所以孟子说:"尽信《书》,不如无《书》。"孔子要求他的学生研习此书,不仅是要熟悉历史,更重要的要学习如何以德理政、公心为民。

《易》即《易经》,它源于伏羲八卦。人经三圣(伏羲、文王、孔子),事历三古(远古、中古、近古)。在《易传》出现之前,《易》的主要作用是用来预卜吉凶,所以影响非常有限。《易传》出现之后,《易》的发展便有了两条道路:一是仍用于算卦;二是走上了高大上的哲学发展之路。即如孔子所云:"吾与史巫同途而殊归也。"无疑,孔子对于《易》的认识是既深刻又是可信的。其对于《易》研究所起的作用主要在于后者。今天虽然可以肯定"十翼"并非全为孔子所作,但其思想贯穿其中却是没有疑问的。子曰:"南人有言曰:'人而无恒,不可以作巫医。'善夫! 不恒其德,或承之羞。"子曰:"不占而已矣。"(《论语·子路》)其认识皆是对于《易》用于占卜有了十分深刻的研究与了解后的总结。此恒不是一般所谓"恒心",而是与孟子所谓"若民则无恒产,因无恒心"中的恒心一致,是指坚定持久的道德之心。一个巫医或史巫、巫史,如没有坚定持久的道德之心,或多或少、或迟或早总会给别人或自己带来耻辱。不仅巫医、巫史如此,人皆如此。所以孔子主张"不占"。换言之,一个人只要坚持践行道德,就能成事成功成人,所以无须占。那么"占"是否一无所用呢? 当然也不是。它主要的作用就是警示世人:对于任何事情,都要"临危而惧,好谋而成",要有强烈的忧患意识,要常以"病病(担心受到耻辱或失败)"或"战战兢兢,如临深渊,如履薄冰"的心态以应对之。

相关链接

据《史记·孔子世家》:"孔子晚而喜《易》,序《彖》《系》《象》《说卦》《文言》。读《易》,韦编三绝。"曰:"假我数年,若是,我于《易》则彬彬矣。"

据《论语·述而》:"子曰:'加我数年,五十以学《易》,可以无大过矣。'"

据长沙马王堆汉墓出土帛书《要》记载:"夫子老而学易,居则在席,行则在橐。"

《礼》又称《礼经》,为一整套烦琐详尽的礼仪规则文献。其具体内容,今天大多已抛弃,但基本精神却被保存在日常生活实践之中。如《仪礼》:"冠者奠觶于荐东,降筵,北面坐取脯。降自西阶,适东壁,北面见于母。母拜受,子拜送,母又拜。"讲的是男子成年冠礼的一部分,其烦琐与"无理",令今人实在无法想象。它既反映了妇女在过去的卑贱地位,也反映出男子成年后得到社会普遍尊重的事实。

《乐》即《乐经》,今已失传。但据笔者推测,它讲的不仅是音乐之类,还应当包括统治者与民同乐的制度、传统或方式方法。

《春秋》即《春秋经》,为孔子晚年编撰。其是以鲁国国君年号为纪年方式,记述春秋时期各诸侯国历史的编年体史书。孔子编撰此书目的即在于"正名"以让"乱臣贼子惧"。但由于其行文过于简略,如不参照相关传记文本则无法读懂(如左丘明《春秋左氏传》,简称《左传》)。荀子在《劝学》中说的"《春秋》之微也""春秋约而不速"即是指此。

根据《史记》的记载,孔子弟子三千而精通大小六艺者唯七十有二而已。以此可知,博学并不容易。

(2)"多识于鸟兽草木之名"

此语出自《论语·阳货》,是孔子在讲到学《诗》的目的或好处时的一段话。它说明《诗》不仅可以兴、可以观、可以群、可以怨,有益于增强学《诗》者的语言表达,而且是我国最早的一部博物学著作。不仅诗中内容所涉各种动植物有百种以上,而且有不少专以动植物名字为题而创作的诗篇,如《关雎》《葛覃》《卷耳》《樛木》《螽斯》《桃夭》《芣苢》《甘棠》《羔羊》《燕燕》《雄雉》《相鼠》《兔爰》《葛藟》《蒹葭》《硕鼠》《蟋蟀》《黄鸟》《蜉蝣》《鸤鸠》《鸱鸮》《棠棣》《蓼莪》《鸳鸯》《青蝇》《鱼藻》《菀柳》《黍苗》《隰桑》《瓠叶》《苕之华》《玄鸟》等。"多识于鸟兽草木之名"不仅是博学的一个重要内容,而且是实现博学的一个基础或前提性条件。因为名与道,"此两者同出而异名,同谓之玄。玄之又玄,众妙之门"(《老子》第一章),所以皆至关重要。名不仅是一切知识、思想产生的根基,而且没有它,道便无所从出。换言之:如有其道,则必有其名;如有其名,则必有其道。有道有名,就能"知道知名",那么一切问题,不管如何玄妙、深刻,便都有了解决的路径了。可惜,现在对此问题有深刻认识的人已越来越少了。

(3)熟悉经史

在孔子那个时代,如果能够精通上述"大六艺",再加上熟悉一些周王室典章制度之类,就算是基本上熟悉经史了。

时至今天,熟悉经史则当然地有了更加宽广的内容。原因不仅是历史又向前推演了两千多年,我们有了更多的文献资料,更重要的是我们有了更多更好的熟悉经史的条件。我们虽然没有能力读尽所有经史文献,但对于最基本的经史及其关系的认识则不可或缺。事实上,先秦诸子著作大多是可作为"为学"之"经"的。且无论哪家又皆以《老子》为宗,我们不可不深知。至于"史",除了上述《尚书》《春秋》之外,《中国通史》《世界通史》《中国文学通史》《史记》《汉书》《左传》《战国策》《中国近代史》等,皆不可不读。

(4)转益多师,不耻下问

即不局限于个别老师,而是把天下凡能对自己的学问才识的提高有帮助的人都当作自己的老师。孔子所师从过的老师,据《史记》《吕氏春秋》以及韩愈《师说》,至少有子产、老子、苌弘、靖叔、孟苏夔、郯子、师襄等。其中"郯子之徒,其贤不及孔子"(韩愈《师说》)。如据他自己说的"三人行,必有我师焉""礼失而求诸野",那么其师就更是不知其数了。不过,孔子自己提到的老师,有名有姓的却只有老子。(《孔子家语·观周》:"老聃博古知今,通礼乐之原,明道德之归,则吾师也。")

今天的全球化、网络化为"转益多师,不耻下问"提供了更加优越而奇妙的条件。换言之,要让主观上想"知道、博学"的人"不知道、不博学"已是很难做到了。

3."笃行不倦"

此语出自《孔子家语·儒行解》:"儒有博学而不穷,笃行而不倦,幽居而不淫,上通而不困。"其实就是"学而不厌,诲人不倦"或"学以致用"的另说。其意又或可能已为"学而时习之"所囊括。"学而不厌"是笃行,"诲人不倦""学以致用""时习之"同样是笃行。笃行不仅可促进学,而且可以检验所学,实现"上通而不困""下学而上达",从而推进自身对于自然、社会人生的更深入认识。有了上述认识,那么孔子之忧——"德之不修,学之不讲,闻义不能徙,不善不能改,是吾忧也"(《论语·述而》),也就可以迎刃而解了。

4."罕言利,与命与仁"

此语出自《论语·子罕》。此处之言应指正式发表的言论或议论,是说孔子对于利、命、仁等概念很少正式发表自己的言论。可见,利与命、仁皆是不容易言说清楚的。事实上,《论语》之中,孔子谈到利与命的地方虽不多,但谈到仁的却差不多有上百处,不可谓不多。

上文已提及,利既与义紧密联系,也与和关系密切。和,为义之和。义,既是"宜""己之威仪""道德的根基",也是最基本的公平、公正、正义。一个社会,如果有义就一定有和,有和就一定有利。一个社会或一个人如果为了利而抛弃了义,利便成了贪。贪必失其和,失和的结果,最后必失其利。"君子喻于义",是说君子能深刻地明白义——义的背后就是利。"小人喻于利",是说小人只晓得贪。秦统一天下,本是利己、利人、利国、利民、利天下的大好事,但因"秦王怀贪鄙之心,行自奋之智"(《过秦论》),抛弃了义(此指最基本的社会公平正义),所以便不长久。换言之,一个人如果拥有义,那么利则一定随之。极言之,一个人如果为了义而牺牲了自己的生命,那么就一定会既能给自己留下美名,也能给他的家庭或共同体带来利益或荣耀。如果从这个角度言之,名也是利或义的一部分。韩非子"利之所在民归之,名之所彰士死之"(《韩非子·外储说左上》)说的就是这个意思。

命,或又叫天命,它看不见摸不着,不仅力量强大,而且能通过一些让人无法抗拒或无法改变的事实表征出来。(《吕氏春秋·知分》:"命也者,不知所以然而然者也。")它既来自自然,也来自人类社会本身。比如生而为人,或男或女,或在此或在彼,有不同的面孔,有不同的家庭背景等等,便都是命。孔子说:"不知命,无以为君子也。"(《论语·尧曰》)以此可知,孔子一定是知命的。但他不说,或不轻易说,这背后一定有深刻原因:一是因为命即人的天命之性,孔子认为人皆差别不大——"性相近也,习相远也"——只是因为习的原因而渐行渐远。但这却很难让人坚信:因为一般人既不能深刻明白什么是正确的习,也没有恒心习下去。二是因为一般人更不能明白"明知不可为而为之",坚持不懈地习下去,也是人的天命或命之一部分。

仁,孔子可能无数次地提到过它,但却从来就没有给过它一个正式的具体概念或答案。这大概就是所谓"罕言"吧。仁是什么?孟子说:"仁也者,人也。""仁,人心也。"但在《论语》中,孔子针对不同学生的"问仁"给予了多种回答。樊迟问得最多,孔子的回答也各不相同:"仁者先难而后获,可谓仁矣。""爱人。""居处恭,执事敬,与人忠。"对颜渊:"克己复礼为仁。一日克己复礼,天下归仁焉。"对仲弓:"出门如见大宾,使民如承大祭;己所不欲,勿施于人;在邦无怨,在家无怨。"对司马牛:"仁者,其言也讱。"对子张则是能行"恭、宽、信、敏、惠"五者于天下。还有"刚、毅、木、讷近仁"等。综合可见:首先,仁,人人皆有,凡没有仁的人,即如孟子所言便是禽兽。其次,仁的实现不易,且一定是有不同层次之分的。其最低层次大概是:爱人,"己所不欲,勿施于人";其最高层次大概是:"己欲立而立人,己欲达而达人","克己复礼,天下归仁"。前者比较容易做到,后者则极难,因为要做到后者必须有能力或要掌握绝对的权力。再次,人对于仁的认识不仅与好学密切相关,而且是一个不断前进变化的过程。"好仁不好学,其蔽也愚。"最后,仁必须付诸行动实践,如果不能在人与人之间的关系处理中得到具体体现,仅"形于内",就不能称之为仁。以此可知,孟子所谓"仁,人心也",如果仅从字面上看,则是经不起追问的。因为人心看不见、摸不着,必须通过行才能表现出来。故只有行才可能符合道,符合德。

5."不语怪、力、乱、神"

此语出自《论语·述而》,不仅是孔子的为人之道,应当也是其为学之道、为政之道之一部分。孔子以"不语"表明了自己对于它们的态度。因为这些东西与"鬼""死""性与天道"有一定相似性,其中某些可能仅是认识问题,但也有一些是价值问题。换言之,在当时他如果谈这些,不仅谈不清楚,还可能引起人们价值观上的混乱。

怪异的事,从来就有。在过去,由于认识上的局限,人们对许多类似的怪异现象都不能做出令人信服的解释。孔子的不谈论,一是承认自己与别人一样,都存在认识上的局限;二是为了保持一种谨慎的态度。至于勇力、大力,孔子则可能有深刻的认识与体会(他的父亲就是以勇力闻名),他之所以不谈,正是他认识到了人的力量(无论是智力还是体力)再伟大,都是相对的,既无法取得对于众人的胜利,更无法与大自然的强大相较。"以下犯上"谓之乱。但事实并不是所有的"以下犯上"都是乱,如汤武革命。由于这种事一时难下结论,因此孔子认为还是不说为好。"神、鬼"与"怪、力"紧密相连,民间有传说,经典有记载,但就是不能亲见,所以孔子不说。你如说没有,世人就可能完全失去了对于自然、先祖的敬畏;你若说有,则不仅找不到切实的事实根据,还可能因为恐惧或崇拜而带来不必要的麻烦或损失。

相 关 链 接

死亡、性与天道

死亡、性、天道,皆是哲学上的大问题,大哲孔子一定是做过深入思考并已觉得相关答案的。

子路曾请教孔子:"敢问死。"孔子回答:"未知生,焉知死?"(《论语·先进》)好像只言片语,又没有直接谈论死亡,实际上却给了我们对于死亡的探究以极深刻的启示。老子说:"出生入死。生之徒十有三,死之徒十有三。人之生,动之死地亦十有三。夫何故? 以其生生之厚。"人,向死而生。一出生,就时常要面对死亡的威胁,因维持生命的条件实在是太多了。所以,只有认真地"生"了,明白了生的价值或意义,才可能真正地明了"死"。换言之,只要真正地"知生",也就一定能"知死"。生的价值或意义究竟何在?不同的人自然有不同的回答。孔子的"君子疾没世而名不称焉"(《论语·卫灵公》)似乎给了我们明确的启示。简言之,就是要终生努力,让自己的美名千古流传。要做到这一点,唯一的办法只能是"立德、立功、立言"甚或"立艺",以实现不朽。故死的意义,在且仅在于其"生"。

性,这里仅指人性。子贡曾说:"夫子之言性与天道,不可得而闻也。"(《论语·公冶长》)其实,对于人性,孔子不是完全没谈,而是谈得很少。孔子说:"性相近也,习相远也。"(《论语·阳货》)虽然简略,但却为后世学者谈人性,画下了一条明确的红线:人性不管善恶如何,其最基本的特征是相近的。之所以后来有所变化,人各不同,或越来越相距遥远,只是后天习得造成的。后来孟子说人性本善,荀子说人性本恶,虽然观点不同,但也没有超出孔子的规定。其实,除极个例外,人性皆具向上向好之趋势是可以肯定的。这就像一棵草、一棵树,总想长大长高,升花结果,让存在继续存在下去一样。这种向上向好之趋势,就是善。"凡有血气,必有争心。"动植物如此,人性亦如此。但事实是,"争"就势必会与恶相伴随。所以,人只有通过不断地习养成社会性,才可能避免人性中的弱点。

天道,在此主要指向自然发展变化之最基本规律性,有时也指向人类社会的规律性。子产说:"天道远,人道迩,非所及也。"认为天人是相分的或关系并不紧密,且人对于天道的认识总是极为有限的。但其实,在中国古代思想语境中,大多时候天道与人道都是息息相通的。"天视自我民视,天听自我民听"(《尚书·周书·泰誓》)即表达了如此思想。这其中的根由大概是:一方面,天道只有通过人才能认知;另一方面,天人本一,人本来就是自然的一部分。再者,能代表天的神圣地位的只能是最广大的人民大众。孔子之不言天道,既有事实上的原因,也有价值上的原因。事实上,那个年代不管是谁,对于天道即自然及人类社会之最基本规律性的认识总是极为有限的,孔子也不能例外(如《列子·汤问》中所讲的"两小儿辩日",最后"孔子不能决"便说明了这一点);价值上,对于天道不管如何言说,都可能给人们造成价值认知上的某种混乱。故只有不说才可能让人对其既保持一种敬畏之情,也不至于失去好奇的探究之心。

6.主张"好学"终生

"学而不厌,诲人不倦。""发愤忘食,乐以忘忧,不知老之将至云尔。"(《论语·述而》)其意与荀子的"学至乎没而后止也"一样,皆是一种对于好学或人生认识的极深刻态度。知识是无限的,人的生命是有限的,以有限追求无限当然不能完全达到目标,但如不学也就完全无望了。

儒家为什么要好学呢?简单来说,是他们普遍认为这就是君子甚或人的天命。"天命之谓性"——人有眼可观、有耳可闻、有鼻可辨、有口可言、有心可虑,这些都是人的天命之性,而且人人均差别不大。"率性之谓道"——让这些天命之性得到充分的功能发挥就是道,它既合乎自然之规律性,亦合乎个人或人类社会的远大目标。如何实现"率性"?道路只有一条——"修道"或曰修身。"修道"是什么?"修道之谓教"。教是什么?内涵十分丰富:既是教别人如何学,也是自修、自学、反省与效仿圣贤。老子说:"行不言之教。"一个人如既无道德又无学问才识便不可能"行不言之教"。一个人如何才能有学问、道德、才识呢?道路或不止一条,但不断地自修、自学、自省、效仿圣贤、"不耻下问","为学日益,为道日损"却是必需的。正如《吕氏春秋·尊师》所说:"教也者,义之大者也;学也者,知之盛者也。义之大者,莫大于利人,利人莫大于教;知之盛者,莫大于成身,成身莫大于学。"孔子认为即或我们"修道"不遇时而"无用",也决不放弃"修道立德"之本身。"君子博学深谋而不遇时者,众矣,何独丘哉?且芝兰生于深林,不以无人而不芳;君子修道立德,不谓穷困而改节。为之者,人也;生死者,命也。"(《孔子家语·在厄》)正是表达了这种思想。

"好学近乎智"。具体来说,好学就是为了让自己既能博学,也能较充分地实现"自胜""心使气(自己的理性能够战胜情感)",有足够的理智、强毅、力量与智慧,以实现"立德、立功、立言"或"立艺",既能在把深刻的问题解说明白的同时,也能给别人以有用的帮助。(诸葛亮《诫子书》:"非学无以广才,非志无以成学。"《孔子家语·儒行解》:"强毅以与人,博学以知服。"《孟子·离娄下》:"博学而详说之,将以反说约也。")

但是,儒家之博学在韩非子看来有如"蠹",在墨子看来则如"繁饰邪术"。所以还须警惕仅为博学而博学,即博学一定要与一个宏大的目标紧密联系起来,并为这个目标服务。"君子博学而日参省乎己,则知明而行无过矣。"(《荀子·劝学》)"学而不思则罔,思而不学则殆。"(《论语·为政》)

不断地自省、反思,不断地学习并调整自己的航向,这样就一定能不断地接近自己理想中的目标了。

(三)孔子的"为人之道"

孔子的为人之道与为学之道高度统一,既以好学为前提又以好学为核心,既可称之为君子之道、忠恕之道,亦可称之为成事之道。以好学为前提或核心是因为"人不学,不知义",还会"不知仁、不知礼、不知信、不知智",甚或"不知道"。又可称之为君子之道、忠恕之道、成事之道则是因为孔子心中的为人与成事,"做君子"与"行忠恕"皆是高度统一的。"不知义、不知礼、不知道"就不可能真正明白如何为人;但只要为人就应当"做君子""行忠恕"。现实生活中,因为好学者少,所以"知道、知义"又能"行忠恕"的君子就更少。而我们了解孔子的为人之道,目的就是要学做君子。

1."好学"

"好学"以求道,得道以更好地为人、成事。不好学而欲"志于道"则是不可想象的。好学既是行的过程,也是思与知的过程,是形下与形上的高度统一。孔子一生"志于道,据于德,依于仁,游于艺",其中没有哪一样不是以好学为前提或贯穿始终的。

孔子虽然"十有五而志于学","学而时习之","学而不厌","发愤忘食,乐以忘忧,不知老之将至"。但在其晚年,当他在反省整个生命历程时却仍对自己十五岁之前的不曾好学耿耿于怀,并认为这正是自己的奇耻大辱。(《荀子·宥坐》:"孔子曰:'吾有耻也,吾有鄙也,吾有殆也。幼不能强学,老无以教之,吾耻之。去其故乡,事君而达,卒遇故人,曾无旧言,吾鄙之。与小人处者,吾殆之也。'")此外,他也曾高度理性地对人性的最基本特点进行了总结:"性相近也,习相远也。"即认为所谓天命之性或人的第一性、动物性,每一个人都是差不多的。其后来之所以差别越来越大,没有别的什么原因,只是好学不好学而已。孔子认为自己之所以比别人的认识高一些,简单来说就是因为好学。

人之好学,是人的天命之性。"率性之谓道,修道之谓教"(《中庸》)好学是合规律性与合目的性的高度统一。具体来说,是因为人之仁、义、礼、智、忠、孝、信、勇、和、平、中、正、勤、美、善、慈、宽、悌、恕、敏、悌、贞、廉、耻、恭、惠诸德目都是有局限性的,人如不好学就不可能对其有全面而深刻的认知,从而走向其反面。孔子说:"好仁不好学,其蔽也愚;好知不好学,其蔽也荡;好信不好学,其蔽也贼;好直不好学,其蔽也绞;好勇不好学,其蔽也乱;好刚不好学,其蔽也狂。"(《论语·阳货》)老子说:"天下皆知美之为美,斯恶已;皆知善之为善,斯不善已。"(《老子》第二章)"孰知其极,其无正。正复为奇,善复为妖。"(《老子》第五十八章)许慎说:"人用己私,是非无正。"(《说文解字·序》)所以,好学不仅是修身进德、修身、修省、好修的代名词,而且是智慧的象征或治国平天下的前提性条件。人只有好学才可能不断地提升境界:"苟日新,日日新,又日新。"

2."亲仁"

"亲仁"既是学的一种重要策略或方式方法,也是为人之道的主要内容。作为一种学的重要策略或方式方法,具体表现为把圣贤作为自己所效仿的对象。作为为人之道的主要内容,则主要以"忠、恕、孝、勇"等出之。效仿,一在于以"里仁为美"(《论语·里仁》),二在于"方其人之习君子之说"(《荀子·劝学》)。

忠是仁的重要内容,主要表现为:"己欲立而立人,己欲达而达人。能近取譬。"(《论语·雍也》)但此语并不等同于忠。如要避免其因能力不济、观点立场不同、志趣爱好有别等诸多不同而造成的各种局限性,就必得以守中、执中、中庸作为前提。换言之,忠,永远是需要有所选择的。恕亦是仁之重要内容,主要表现为"己所不欲,勿施于人"(《论语·卫灵公》),但实际上许多人把它们等同起来,这是不正确的。此语在《论语》中出现过两次,并且现在已镌刻在联合国大厦的门柱之上,足见其意义之大。但只要细加追问,就会发现它也有局限性。其实许多时候,自己不想要的并不一定就是别人所不需要的。我们虽然不能强加于人,但并不意味着不可以商量着给人。在全球化已得到长足发展,价值多元得到高度认可的今天尤其如此。所以,把它理解为换位思考、将心比心、推己及人等,似更有说服力。孝是仁、德之本:"孝弟也者,其为仁之本与?"(《论语·学而》)"夫孝,德之本也,教之所由生也。"(《孝经》)前句虽为孔子的弟子有子所说,但也代表了孔子的思想:孝是仁的前提与根本,而其他一切对于他人乃至万物的爱,都是孝的扩展:"子曰:《书》云:'孝乎惟孝,友于兄弟,施于有政。'"(《论语·为政》)父子、兄弟以孝修身而可以为天下百姓的榜样,那么就是"欲治其国者,先齐其家"。(《大学》:"其为父子兄弟足法,而后民法之也。此谓治国在齐其家。")既能齐家,就能治国。孝的基础在过去是"有后"——男女结合、创建家庭、养育后代。(因为没有男女就没有夫妇,没有夫妇就没有家庭,没有家庭就没有父子、君臣、兄弟,就没有一切道德伦理。)在今天虽有所变化,但其基本精神却没有变。换言之,人若无后便是不孝。因为无后不仅是无香火奉祀祖先,更重要的是一切道德伦理都将失去根基,所以其他一切仁爱便会皆成虚无。若要让不愿有后者得到抗辩,就只能扩展"后"的范围,或让孝扩展为忠或仁、义、道、德,最后让主体之灵魂有所归依。

相　关　链　接

周恩来无后,但以"忠"做了扩展。他能享有人民的永恒爱戴便是证明。"孝者,所以事君也。"(《大学》)今天没有君,国家便是君。

勇既是仁的具体表现,也是凶德之一。(《论语·宪问》:"仁者必有勇。"《吕氏春秋·论威》:"勇,天下之凶德也。")现实中,为了避免勇之凶戾之气或意气用事,所以人必得以仁义修成良好的社会性人格以规约之。凡亲仁者必有忠、恕、孝、勇等一切德。

3."尚礼"

孔子说:"兴于诗,立于礼,成于乐。"(《论语·泰伯》)其中的"立",不仅是形而下的身之立,也是形而上的心之立。孔子所谓"三十而立"与礼的关系最为密切,同时也当然地包括物质、精神上的独立。三十岁的孔子,不仅已经以"知礼"闻名,能参与国家最高级别的祭祀活动,而且因此而有了较高的社会地位:得到来鲁国访问的大国诸侯齐景公与其大臣晏子的召见,创办了属于自己的私学,已成为既经济独立又有独立思想的"学人"了。此礼亦近于孟子的"居天下之广居,立天下之正位,行天下之大道"(《孟子·滕文公下》),所以它也就当然地把仁义也勾连了起来。于是形下之立与形上之立紧密联系、不可分割:"恭而无礼则劳,慎而无礼则葸,勇而无礼则乱,直而无礼则绞。"(《论语·泰伯》,即只知谦恭而不懂得礼仪,就会烦劳不安;只知谨言慎行而不懂得礼仪,就会畏缩不前;只知胆大敢为而不懂得礼仪,就会犯上作乱;只知心直口快而不懂得礼仪,就会急躁偏激。)于是,深刻而全面地懂得礼,既能安身,更能安心。不过,这很不容易做到。孔子做得不错,不仅因为他自幼习礼(《史记·孔子世家》:"孔子为儿嬉戏,常陈俎豆,设礼容。"),"十有五而志于学,三十而立",既养成了这方面的习惯,也是这方面的专家,更在于他好学。今天,一般人如不能完全做到有礼也没有关系,只要好学上进,并总是把仁义放在心头就可以了。

忠与孝,在儒家看来也是礼的一部分。孝主要表现为三大内容:"有后为大";"生事之以礼";"死葬之以礼"。"有后"是前提,是为了保证实现子孙祭祀不辍。如果没有了"后",后面的"生事""死葬"也就没有了前提。忠是孝由家庭向社会的扩展。为了不给父母、祖宗丢脸,也即为了义,许多时候我们都会把对于父母的孝扩展到对于国家、社会的关系之中。孝具体表现为一个家庭的父子兄弟其所作所为皆符合礼法,即"家齐";忠则具体表现为天下人都愿意以该家庭为榜样进行效法,即"国治"。简言之,"忠孝治国"就是"以礼治国","以礼治国"就能实现"国治"。

由于礼具有虚无性,今天"尚礼"已凸显为"尚法"。而"尚法"则已集中体现为对于公正即公平、正义的不懈追求。

4."见贤思齐"

此语出自《论语·里仁》:"见贤思齐焉,见不贤而内自省也。"《荀子》也有类似的话。今天,一般人多认为所谓"贤"主要指向道德、德行,但实际上孔子所谓"贤"主要指向才能。(《孔子家语·在厄》:"遇不遇者,时也;贤不肖者,才也。")根据孔子的其他论述,贤似不仅包括才,似亦包涵德在内,即德才兼备。但笔者认为,才与德应是一个不可分割的整体,即从极端意义上说:有才必定有德,有德必定有才。亦如"仁、智"关系一样:有仁必定有智,有智必定有仁。如有人当了领导,自以为很聪明,最后却因为贪婪欲望把自己弄进监狱了,这表面上看是德行问题,但实际上也是无才。试问,一个人如果连这样一个是与非都弄不明白,他是足够聪明吗?也许有人又说,他很清楚,但就是不能行。在这里,知行不能合一就是不智,就是不才,所以荀子说:"学至于行之而止矣。"换言之,知不能行,一切都是枉然。

所谓"见贤思齐",仅仅思是没什么用的,最后一定要归结于齐,即主体必须以行动实践表征出来,把自己也变成真正的贤人,才是真正的贤或齐。

5."能好人,能恶人"

此语出自《论语·里仁》:"唯仁者能好人,能恶人。"真正的仁者不仅能表达自己对于善的好、对于恶的恶,而且能够承担"血的义务"——尽力去阻止恶的滋生与横行。因为仁者不仅有好、恶,而且有勇。老子、孔子在世时,都认为自己还未达到仁者的境界(《史记·孔子世家》载老子:"吾不能富贵,窃仁人之号。"《论语·述而》载孔子:"若圣与仁,则吾岂敢?抑为之不厌,诲人不倦,则可谓云尔已矣。"),以此可见仁者之难。

现实中,即或达不到仁者境界,也须见仁思齐。换言之,即或没有能力阻止恶,也不能助纣为虐、抑善扬恶。

6."以直报怨,以德报德"

此语出自《论语·宪问》:"或曰:'以德报怨,何如?'子曰:'何以报德?以直报怨,以德报德。'"其中的"以德报怨"源于《老子》第六十三章的"大小多少,报怨以德"。有人专因此问题向孔子请教,可见在春秋那个年代就有许多人对此问题不解。当年孔子虽然对报怨以德进行了比较正确、有用的、现实的解释,但一般人却没有看到,即或看到了也不能深解其意。简单来说,就是对于怨,不管是怨恨还是冤仇,不管是大还是小,我们都要以德报之。而德,却不是一般人所认为的"人家对我坏,我却要对他好",而是须先付之以直——公平、公正、正义,然后才是好或恩惠。因为直不仅可以通德,而且是道德的核心。

7."讷于言而敏于行"

此语出自《论语·里仁》:"君子欲讷于言而敏于行。"其意既与"敏于事而慎于言"(《论语·学而》)、"耻其言而过其行"(《论语·宪问》)相通,也与老子的"不言""希言""贵言""行不言之教"相通。简言之,它们皆在强调行比之于言有更加重要的地位与作用。因为一切德行或学问才识仅形于人之内心或表达为语言均是没有用的,如果不通过行就不可能得到切实的表现。所以,无论是道还是德皆必得以行通之、养之、育之、长之、覆之、履之、发之。换言之,没有行的道德是虚无的或荒谬的。

8."毋意,毋必,毋固,毋我"

此语出自《论语·子罕》:"子绝四:毋意,毋必,毋固,毋我。"意为:不凭空臆测,不绝对肯定,不固执己见,不唯我独是。其实这也是中庸思想在现实生活中的部分运用。它与老子的"为人子者,毋以有己;为人臣者,毋以有己"(《史记·孔子世家》),"自见者不明,自是者不彰,自伐者无功,自矜者不长"(《老子》第二十四章),"圣人自知而不自见,自爱而不自贵"(《老子》第七十二章)等高度一致。其中"为人子者,毋以有己;为人臣者,毋以有己"是《史记》所载老子给予孔子的教导,既彰显了一种对人对事极为公平公正的理性态度,也是实事求是的另说。

9."过则勿惮改"

此语出自《论语·子罕》："主忠信,毋友不如己者,过则勿惮改。"过有无心、有心之分。君子之过只能是无心之过,所以不惧怕改正。君子之过,一方面能通过改让自己的忠信形象更加高大,另一方面则不会因为掩盖此过而犯下更多更大的过错或罪行。

孔子很是欣赏颜渊的"不二过",这说明"不二过"或"过则勿惮改"是不容易做到的。但我们一定要以颜渊为榜样,如果坚持"二过、三过"甚或死不悔改,那么即或"无惮改"也就没有意义了。

现实生活中,最大的悲剧不是所谓"二过、三过"甚或死不悔改,而是为掩小过而犯大过、大罪,以致万劫不复。

10."泰而不骄"

此语出自《论语·子路》："君子泰而不骄,小人骄而不泰。"君子通达安详而不傲慢,小人傲慢且不通达安详。它与老子教导孔子的"去子骄气与多欲,态色与淫志"(《史记·孔子世家》)以及"去甚、去奢、去泰"(《老子》第二十九章)高度一致。"通达安详",安详的背后是庄重、威严、慈祥、和蔼,不傲慢的背后是好学,是"为学日益,为道日损",是学识广博、见闻丰富、天天进步。

11."不以言举人,不以人废言"

此语出自《论语·卫灵公》。其亦道出了行重于言的关系。现实中如须"举人",就必须既"察其言"又"观其行",且要置行于言之上。"不以人废言"则体现了孔子对于语言的独立性、思想性或真理性的客观认知。换言之,不管是谁,是敌人还是朋友,是长者君子还是黄口小儿,只要他们的语言表达确实具有客观真理性,我们就理应给予适当的承认或尊重。

12."当仁不让于师"

此语出自《论语·卫灵公》。其"当仁"至少意有三层:一指主体对于某事物有极深刻理解或把握已远胜于其师;二是主体对此事的作为,或有"以身殉道"的意思;三是主体通过此事件不仅能彰显自身对于某事物的独特而深刻的认知,而且能让自己的形象通过此事件而变得愈加高大——不仅能显其身,也能荣及其师。换言之,此"当仁"即或不能完全符合礼的原则,但必定合乎仁义。

13. "躬自厚而薄责于人"

此语出自《论语·卫灵公》。用今天的话来说,就是"严于律己,宽以待人",这是典型的君子之风。它不仅体现于君子对于学问才识的追求上,更体现于君子的生活、学习、工作以及与人交往等点点滴滴之中。以此,君子不仅可对一般人"行不言之教"、尽显君子风范,而且可以远害全身。

14. "君子病无能焉,不病人之不己知也"

此语出自《论语·卫灵公》。君子应当对自己的无能或"道之不修"感到耻辱、忧虑、担心,但却不必对自己有才能不为世人所知或不为君主、国家、社会所用感到耻辱、忧虑、担心。所以,君子一定要"好修以为常"(《离骚》),即学好"以天下为己任"的本事,时刻准备着为国家社会贡献出自己的力量。按孟子的说法便是:"得志,泽加于民;不得志,修身见于世。穷则独善其身,达则兼善天下。"(《孟子·尽心上》)"居天下之广居,立天下之正位,行天下之大道;得志,与民由之;不得志,独行其道。"(《孟子·滕文公下》)不过在孔子看来,因为"达于道之谓达,穷于道之谓穷",所以对于君子来说,生活上的困穷根本就不算是什么"穷",唯有"道之不修"才是真正的穷。

15. "不患人之不己知,患不知人也"

此语出自《论语·学而》,与上条相通。一个人努力修行,有能力有本事有道德,当然不需要担心别人不知道自己。换言之,只要自己有本事、有能力、是君子,就一定有如幽兰之芳,即或隐于偏远的山林之中,也终究会为天下人所知。(陈毅《幽兰》:"幽兰在山谷,本自无人识。只为馨香重,求者遍山隅。")所以君子需要担心的只是自己的无能或"道之不修"。这与其"不患无位,患所以立"(《论语·里仁》)高度一致。

那么君子为什么要担心"不知人"呢?因为"不知人"不是不知别人,而主要指君子不自知。换言之,一个人只要有了最基本的自知就一定能知人,或为知别人或天下人创造了条件。老子说:"知人者智,自知者明。"(《老子》第三十三章,即知人的智者或知人的智慧,是因为有了自知才明白这个道理的。)《吕氏春秋》说:"欲胜人者,必先自胜;欲论人者,必先自论;欲知人者,必先自知。"(《吕氏春秋·先己》)为什么自知就能知人呢?因为凡是人,其最基本人性都是一样或相近的。所以我只要深刻地了解了自己,也就深刻地了解了人的最基本特征。"己所不欲,勿施于人",将心比心,推己及人等,说的皆是这个道理。至于深刻地了解自我,道路只有一条:修身以自省。再具体点就是"正心诚意,格物致知"或"为学日益,为道日损"。其核心即好学。通过不断地好学修行,可知所谓人之有"四端"——仁、义、礼、智——恻隐之心、羞恶之心、辞让之心、是非之心等,既是社会发展的必然、应然,也是实现个人幸福的必然、应然。

16."温、良、恭、俭、让"

此语出自《论语·学而》。就当时的"夫子至于是邦也,必闻其政"的背景来看,此五字法的核心应当是礼。孔子在周游列国过程中,大多数时候不可能与他人相处太久,所以他主要是通过礼的形式呈现其超乎常人的魅力。礼的核心为敬。敬则集中表现为恭。换言之,只要有礼就一定能地体现出适当的温、良、恭、俭、让。比如俭,对于初次见面的人来说,主要只能是通过主体所送礼物的大小、多少、贵贱等以及主体自身之衣着打扮表现出来。而这些皆可归结为礼。(《论语·八佾》:"礼,与其奢也,宁俭。")

17."见义不为,无勇也"

此语出自《论语·为政》,用今天的话来表达就是"见义勇为"。这里的关键是要深刻地懂得什么是义。根据《说文解字》《墨子》等的解释,义:"德之基也""宜也""正也""己之威仪也",可见它是道德的根基;它必定适合当时的情境;它一定符合社会最基本的公正原则;它一定能让主体的形象通过此义行在共同体中或国家民族中显得更加高大。换言之,勇者之行在必合乎义之外,同时亦必合乎于仁、智、礼,故匹夫之勇非真勇也。

再据《吕氏春秋·尊师》:"义之大者,莫大于利人,利人莫大于教。"可知人类社会最伟大的义行莫过于做对别人对社会有利的事,而对别人对社会最有利的事则莫过于教育。因为教育不仅能让别人学到有用的东西,而且能让别人在此过程中以你为榜样实现"成人"或"成身"。所以当一个好老师,是最容易获得社会尊敬、彰显主体形象的。

《吕氏春秋·论威》又云:"勇,天下之凶德也。"其之所以有这样的认识,是其认为勇如不符合仁义,其结果不仅是乱(《论语·阳货》:"好勇不好学,其蔽也乱。"),更多更极端的是杀戮。

真正的勇,以天下为己任,以仁义为己任,以教育人为己任,以实现天下有道为己任,无论穷、达,都能成为天下人所效仿的榜样。就像孔子那样,终生坚定信仰、追求心中理想,且明知不可为而为之,既正视现实又不困于现实,从而更能放眼将来。

18."信以成之"

此语出自《论语·卫灵公》:"君子义以为质,礼以行之,孙以出之,信以成之。"它表明信有一个重大特征:能成人成事。如不能"成",则不可谓之信。其意不仅与《说文解字》"信,诚也",《墨子》"信,言合于意也"高度一致,而且与其"人而无信,不知其可也"(《论语·为政》),"言必信,行必果,硁硁然小人哉"(《论语·子路》)以及孟子的"大人者,言不必信,行不必果,惟义所在"(《孟子·离娄下》)亦高度一致。

"诚"由"言"与"成"构成,意为凡主体语言之表达能成人成事者即可谓之诚。

"言合于意",指"言"不仅合于己之意,且必合于别人之意、众人之意。如既合己之意又合众人之意,岂有不能成事、成人之理?

"不知其可",指主体没有了信,便没有了什么可以值得称道的地方了。一个人没有值得称道的地方,一定会一事无成。

对于君子、大人而言,信皆不可"必"。因"必"之信容易把信导向绝对,而绝对之信则可能违背仁义或公正之道。

信,是道德的基础,是成人成事的基本条件。没有信,共同体将无法存在。对于个人而言,一个人越诚信,也就越自由。对于一个社会而言,人与人之间越诚信,办事就会越有效率,社会运转成本就越低,发展速度也就越快。

但是,一个人信守承诺、言而有信、诚信不欺决不是绝对的,因为在信的背后还有仁义或公正之道。换言之,一个人如果其语言表达既能成人、成己、成事,符合仁义道德或公正,又能让自己于社会共同体中的形象愈加高大,那么他的行为不仅是信,而且是最深刻的信。

19."钓而不纲,弋不射宿"

此语出自《论语·述而》。其初意仅是对于圣人孔子的一种日常行为的描述,而其思想所传达的除了一般所谓善意或仁爱之外,还具有朴素的环保意识。因为"纲(以网捕鱼)"有近于竭泽而渔,"射宿(射杀归巢之鸟)"有近于赶尽杀绝。

人类要生存下去,就必须从自然界中获取相应的物质与能量,但这种获取必须是可持续的。如果人类不能对自身所赖以生存的自然资源加以适当的保护,那么发展就不能持续,一定会受到来自自然的不可抗拒的伟大力量的惩罚。

20."和而不同"

有子说："礼之用,和为贵。"(《论语·学而》)其实,不仅是礼,自然或人类社会的一切,应皆以和为贵。因为万事万物没有了和便没有了利,便不能持续发展与繁荣。

庄子在其《德充符》一文中,借孔子之口说:"自其异者视之,肝胆楚越也;自其同者视之,万物皆一也。"世界万物同与不同,永远只是一个相对的概念,关键看你站在什么角度。人与万物,虽然形各异,但其最基本物质构成并无不同。人与人虽然性相近,但却因习而渐行渐远。所以为了实现和,人与人之间的相处信条必须是求同存异。

同,对于人类社会而言,既指向本身物质构成的相似性,也指向人与人之间或共同体与共同体之间对于最基本的物质利益追求上的相似性;而异,则主要指向的是人与人之间或共同体与共同体之间最基本的不逾越其最基本的物质利益的价值观上的且具有明显历史性特点的文化区别性或排他性。求同存异的伟大目标在于既能让所有人或共同体都获得最基本的物质利益,又不至于因为价值观的不同而发生直接的流血冲突。当代中国,对内,坚持践行社会主义核心价值观,是我们的价值共识;对外,坚持践行和平共处五项原则,是我们的睦邻之道,也是我们实现与世界和而不同的伟大策略。

21."求诸己"

此语出自《论语·卫灵公》:"君子求诸己,小人求诸人。"按一般的理解,因为人是一切社会关系的总和,是"类"存在,所以就单个人而言,无论君子、小人,不求诸人根本就不可能。那么孔子此处的"求诸己"究竟是什么意思呢? 应当是指万事必须"反躬自省"或反求之于自己的内心。或如孟子所说:"爱人,不亲,反其仁;治人,不治,反其智;礼人,不答,反其敬。行有不得者,皆反求诸己。其身正,而天下归之。"(《孟子·离娄上》,即对别人仁爱,却得不到别人相应的亲近,自己便应反省自己的仁爱表达是否适当;管理别人,却达不到预期的管理作用,自己便应该反省自己的管理是否明智;对别人有礼,却没有得到相对的回应,自己便应该反省自己的礼数是否妥帖。凡是自己的行为没有达到预期效果的,都要反省自己,并从自身去寻找原因。如果自己做得正确,那么普天之下的人就都会投向自己。)

亦如《诗经》所云："永言配命,自求多福。"(《诗经·大雅·文王》,即常常要讲顺应天道自然,才能为自己求取更多的幸福。)对人对事,无论成功失败,都应从自身寻找原因。而不断地反躬自省,则必定会促进我们好学、上进、毅行、有恒。

当然,此语也可是"求人不如求己"的另说。所以,独立自主、自力更生是永远要坚持的,中华人民共和国的坎坷成长史就充分说明了这一点。

22."先行,其言而后从之"

此语出自《论语·为政》:"子贡问君子。子曰:'先行,其言而后从之。'"

"先行"即先做,先实践。这不仅是对老子"行不言之教"(《老子》第二章),"上士闻道,勤而行之"(《老子》第四十一章)的继承与发展,而且与汉字学对"道、德"二字初形的解读高度一致。

在孔子看来,"先行",简单来说就是为大家做表率。因为唯有行才可能直通于道德。如只是"形之于内"的所谓"德之行",是没有真正价值的。其复杂性则在于:它既是辩证法,也是方法论;既是实践论,也是认识论。行是实践,言是理论。行与言总是有一定距离的。行是言的基础,没有行,言就没有说服力。言从行中产生,并接受行的检验。孔子强调"先行、言后"既说明行的重要性要胜于言,也说明只是一味懵懂地行也是不行的,还须学会总结与反思,即能把行的经验转化为理论,并以指导后续的实践。

23."成人之美,不成人之恶"

此语出自《论语·颜渊》,与"己欲立而立人,己欲达而达人"有相通之处。原句的前面还有"君子"二字。但窃以为,不仅君子应如此,就是一般人也理应如此。

君子要成全别人的好事不易,难在何处?难在成全别人的好事需要持守一定原则(成全别人的坏事,或只须不作为就可以了)。这个原则是什么?就是最基本的社会公正。如果一个领导为了成人之美而把公共资源分配给某些人或某个人而有失最基本的社会公正,那么就不是成人之美,而是"成人之恶"了。老子的"天下皆知美之为美,斯恶已;皆知善之为善,斯不善已"告诉我们:美与善,皆不是一般人能够深入认识的,如果天下人皆知"美之为美""善之为善",那么灾难与罪恶也就由此而生了。小人当然不会成全别人的好事,但要成全别人的坏事却易:见到别人为恶不阻止只要听之任之就可以了。君子则不然,既能"好人"又能"恶人"。对于君主、对于上司、对于朋友，不管是谁，只要见到其有违社会最基本公正之过与恶，就会不顾利害得失，敢于"争之""犯之"；而对于不违最基本社会公正之"小德"，则认为"出入可也"。

24."勿欺也，而犯之"

此语出自《论语·宪问》。子路向孔子请教如何侍奉君主时，孔子做了这样的回答。其实，这种回答不仅是孔子事君的信条，也是其为人之道的一部分，或至少可作为为友之道的信条之一。对人做到"勿欺"或并不难，但要做到"犯之"则难之又难。犯之就是"敢于冒犯直谏"。这既有点类于诤友或"友直"，也可与"不成人之恶"相通。敢于犯之的对象如果是君，那么就反映出此主体既有"以天下为己任""以仁义为己任"的伟大理想抱负，亦有大无畏的为民请命的献身精神。

要做到犯之，特别是"以下犯上"尤难。原因是：凡掌权者，不管能力水平如何，多自视甚高，对于地位略低的百姓或下属，其骨子里的骄傲多是"天然(数千年的官本位思想使然)"具有。小官尤其如此。于是，我们必须讲究策略，以"美言市尊"来保全自身便不可避免。再者，如果选择犯之的对象不是君子而是小人(没有大胸襟之人)，那么主体是选择"犯"还是"不犯"则不仅需要审度自身势位，而且需要预想"犯之"的后果。所以孔子不主张"三思而后行"，而主张"再，斯可矣"。因为"三思"之后，想到的就可能仅是自己的得失与利益了。孔子有个"老而不死"的发小叫原壤，或是小人，或介于君子、小人之间，孔子选择"犯之"，一方面说明孔子处于强势地位，另一方面则说明他们之间有常人不能想象的友谊。而对于君主或顶头上司的"犯之"，不仅需要巨大勇气，有时还可能付出生命。关龙逄谏夏桀，比干谏商纣，伍子胥谏夫差，他们皆不得好死。春秋时期的孔子对于国君常敢于选择"犯之"，既能说明孔子乃真英雄豪杰，也能说明当时各诸侯国的政治环境或并没有我们想象的那么黑暗。

25."邦有道，危言危行；邦无道，危行言孙"

此语出自《论语·宪问》，意为国家政治清明时，我们的言语、行为要端正；国家政治黑暗时，我们不仅行为要端正，言语则更要谦逊谨慎。

在今天，国家政治清明，就是指国家行政统治行之有效，法律健全，能维护社会最基本的社会公正。我们的言语、行为端正，即要符合社会最基本的公正原则。但问题是，我们常常因不能深刻地认识什么是真正的公正而让我们的前行或充满危机或困难重重。怎么办？简言之，一要遵老子"善言、不言、希言、贵言、言善信、言有宗、美言"等；二要好学，要不断地学习。换言之，即或我们生活于一个"有道"之盛世，也须持有"危行言孙"的心态。子贡说："君子一言以为知（智），一言以为不知，言不可不慎也。"（《论语·子张》）讲的也是同样的道理。正如鲁国大夫叔孙武叔自不量力"毁仲尼"，成为后世笑柄。

孔子所谓为人之道实不仅此，但我们只要顺着这个方向努力学习思考，就一定会做得越来越好。

（四）孔子之"道"的局限性

孔子之道相对于老子，其局限性更多。原因是老子思想更注重于形而上的思考，比较玄虚、无用；而孔子思想则更注重于形而下，或更加具体、有用。玄虚、无用即理论性、哲理性更强，所以更能穿越时空而永恒；具体、有用虽然更具实践性，但却更容易受到时代的局限。

孔子之道的时代局限性最严重的可能就是其最为看重的礼，但又不仅于此。礼之外，有些不仅有时代的局限，更有认识上的局限。

1."尚礼"——或有违最基本天理人性

"礼者，理也。"（《礼记》）礼本应顺乎天理人情，可在今天看来，事实可能并非如此。

孔子所尊奉的礼，主要被保存在《周礼》《礼记》之中。《论语》《孔子家语》等其他文献也有所涉及。到今天，其尚礼的精神虽然仍为中华民族所传承，但其具体的规范细则大多已被抛弃。原因不仅在于其某些内容有违当代自由、平等、公正原则，更在于它太过烦琐而不利于人们正常的生产生活。比如"三年之丧"，孔子在世时，他的学生宰我就曾与他做过探讨，最后谁也没有说服谁。而事实上，当时真正践行它的人就很少。到战国时，虽然孟子仍在推行它，但很少有人把它当回事了。到今天，人们若提起此礼，也只是将其当作饭后茶余的谈资。因为此礼不仅不利生产生活，而且有违最基本的人性，即不符合道或天理人性。不符合道即不符合德。若此者甚众，如"男女不杂坐……不亲授""男女非有行媒，不相知名""取妻不取同姓"等，无不已被抛弃。

2.重人文政治而轻科学技艺——"君子不器"

此语出自《论语·为政》，认为真正的君子，无须亦不能从事一般的专业技术活动。这种思想既是中国古人普遍厌恶科学技术发明的思想根源，亦与柏拉图在《理想国》中、亚里士多德在《政治学》中的相关论述高度一致。这些蔑视科学、技艺的言论，除了有鄙视劳动者的阶级因素外，更重要的是企图维护所谓无功利的、静观的理论知识，追求自由与真理的崇高地位。

不过这种观点，无论如何都是经不起追问的。原因是它违背了"器中有道""道不离器"，"道、器"本来一体的客观事实。在古代，老子的"治大国若烹小鲜"，商代治国大师伊尹的厨师出身就是这样的明证。在今天，不仅从事科学技术活动的人转而从事治国理政者比比皆是，就是从器中悟出或成就了大道的而又无须从政者更是比比皆是。器与道从来就是纠缠在一起的。以此可知，孔子对于"君子不器"认识的局限，不仅是时代、历史的问题，更重要的是对于道缺乏深刻的形而上的认知。表面上看"君子不器"似是重视或鼓励士人君子修身进德以齐家、从政、治国、平天下，反对其从事专业性的学习与研究，如反对樊迟学习农业技术，认为子贡从商没有高远追求与境界等，但其实质上却是缺乏深刻的器中藏道、小道可寓大道的形上之思。正如农业科技巨擘袁隆平院士从事农业科技研究数十年，解决了世界人口四分之一乃至三分之一的吃饭问题，难道仅仅是器？不，它不仅是道，而且是最深刻的大道。"民以食为天"，岂非大道哉？

3.重孝道而轻法治——"父之孝子，君之背臣也"

据《韩非子·五蠹》："鲁人从君战，三战三北。仲尼问其故，对曰：'吾有老父，身死莫之养也。'仲尼以为孝，举而上之。以是观之，夫父之孝子，君之背臣也。"如果真这样，那么鲁国的军队总是打败仗便是理所当然的了。我们似乎很难断定韩非子这个故事的真实性，但是如果把上述故事与《论语·子路》中孔子"父子相隐"的观点（叶公语孔子曰："吾党有直躬者，其父攘羊，而子证之。"孔子曰："吾党之直者异于是：父为子隐，子为父隐，直在其中矣。"）联系起来，以及从后来孟子杜撰的舜对于父亲杀人所表现的"窃负而逃，遵海滨而处，终身䜣然，乐而忘天下"（《孟子·尽心上》）的行为态度和后世历代统治者对待至亲违法所采取的措施来看，则又可以认定为真。如此，孔子的重孝尚礼与其忠君思想就必然矛盾了。

顺手牵羊或偷羊，事情不大，似乎也没有什么，父子相隐似也无可厚非。但如果是杀了人的重罪，那么就不同了。你有父子，要践行孝道，难道别人的父子就不是父子？别人就不需要孝道了？你杀了人，人家要求"以直报怨"，难道不正是孔子中庸原则的具体实践吗？

幸好，战国时的大思想家荀子深刻地认识到了这点，并提出了"从道不从君，从义不从父"（《荀子·子道》）的正确观点，终于使这种悖谬得到了相对的纠正。事实上，在战场上，以孝的名义选择逃跑，不仅可耻、可悲，而且一定会受到军法严惩。

再者，人之忠君本是孝亲的扩展。换言之，忠君亦是孝的表现。今天，所忠者就是国家民族的最高利益。如用另一个词来概括，就是义，或大义或国家民族大。这个义既是国家民族形象，也是个人的威仪。当忠孝难以两全或遇到矛盾冲突之时，大多时候就应遵道而行。有时可能会为此付出生命，即或就义也要在所不惜。（《孟子·告子上》："生，亦我所欲也；义，亦我所欲也。二者不可得兼，舍生而取义者也。"）但更重要、更切实的是，就义的生命所留下的孝的责任，则必须由这个国家或民族共同体为之承担。否则，个体的就义就有失最基本的社会公正。

三、韩非之"道"

韩非之道源于《老子》，主要表现为治道。

韩非子说："道者，万物之始，是非之纪也。"（《韩非子·主道》）"道者，万物之所然也，万理之所稽也。"（《韩非子·解老》）就是对于《老子》"道者，万物之奥"的正面解读。道，既是万事万物产生、存在、发展、变化的前提或根据，也是所有道理的最高准则与根源。宇宙万物之所以如此，就是因为道的巧妙安排。道，在此主要指规律性。既然宇宙万物总是依一定规律、法则而产生、变化、运动、发展，那么人类社会当然也就可以按照一定的规律性制法、依法而治。

韩非的治道，依据他对于当时社会发展规律性的认知，主要就是两个字："势"与"法"。他说："今学者之说人主也，不乘必胜之势，而胜务行仁义则可以王，是求人主之必及仲尼，而以势之凡民皆如列徒，此必不得之数也。"就是强调一个"势"字。势，在此就像自然之天一样，高高在上，拥有绝对权威、权力。它是"明主"制法并依法而治的前提性条件。他又说："明主之道，一法而不求智，固术而不慕信，故法不败，而群官无奸诈矣。"（《韩非子·五蠹》）"明主"如果有了势，所谓治道就是"一法"而已。因为势在绝大多数情况下比仁义道德要强大得多,似乎"明主"只要有了势,就可不管圣智贤愚,皆可"一法"而治了。

相　关　链　接

民者,固服于势,寡能怀于义。仲尼,天下圣人也,修行明道以游海内,海内说其仁、美其义而为服役者七十人。盖贵仁者寡,能义者难也。故以天下之大,而为服役者七十人,而仁义者一人。鲁哀公,下主也,南面君国,境内之民莫敢不臣。民者固服于势,诚易以服人,故仲尼反为臣而哀公顾为君。仲尼非怀其义,服其势也。故以义则仲尼不服于哀公,乘势则哀公臣仲尼。(《韩非子·五蠹》)

为此,韩非子还举了个例子,似乎更有说服力:"今有不才之子,父母怒之弗为改,乡人谯之弗为动,师长教之弗为变。夫以父母之爱、乡人之行、师长之智,三美加焉,而终不动,其胫毛不改。州部之吏,操官兵,推公法而求索奸人,然后恐惧,变其节,易其行矣。故父母之爱不足以教子,必待州部之严刑者,民固骄于爱、听于威矣。"它确实表征了势的无比权威与法的巨大价值。

凡能以仁义道德服人的当权者,鲜矣。换言之,当权者之所以能到处受到追捧奉承或为人所服,不是因其有德,而是因为"有势",处于富贵势位,居高而临下,如此而已。

不过,仅凭势与法之治道,仍是经不起历史或实践检验的。秦之速亡,不可不鉴。人,虽从自然而来,但毕竟已对其有所超越——除了动物性,还有社会性。如要实现国家长治久安,仅仅依靠法律还是远远不够的。即或公正的法律,如果没有公正的或有道德的人去执行,那么法律也不过一纸空文而已。故法律永远不能取代仁义道德,它们要互相配合、互相支持才行。如"仁义不施"天下就会人人离心;一旦人人离心,天下也就"攻守之势异也"。一旦天下大乱,则"形不利,势不便也"。于是,原有势者皆可能一夜之间便很快失去其势;而本无势者,因施仁予义,便可能很快得势。势之不存,法将无可凭依,所谓"一法"而不求"仁义智信"、不惧"欺侮奸诈"也就会全面崩溃。以此,欲求长治久安,不仅要法,更要仁义。法律的制定,必须以一定社会的普遍道德实践,即仁、义、礼、智、信等为依据。就一般情况而言,道德实践既不能取代法律,也不能超越法律之上。法律同样如此,它既是道德的保护者,也是道德的实践者,更不能践踏社会最基本之道德。所以自孔子时起,大多数统治者便深刻明白,社会长治久安的真正实现,必得"以德以法",德法兼用。

四、墨子之"道"

墨子之道,亦可称"兼爱之道""智者之道""义正之道"。

墨子说:"得其所欲,而顺天、鬼、百姓之利,则知者之道也。""顺天之意者,兼也。反天之意者,别也。兼之为道也,义正。别之为道也,力正。曰:义正者何若?曰:大不攻小也,强不侮弱也,众不贼寡也,诈不欺愚也,贵不傲贱也,富不骄贫也,壮不夺老也。是以天下之庶国,莫以水火、毒药、兵刃以相害也。若事上利天,中利鬼,下利人,三利而无所不利,是谓天德。故凡从事此者,圣知也,仁义也,忠惠也,慈孝也,是故聚敛天下之善名而加之。是其故何也?则顺天之意也。"(《墨子·非攻》)不难看出,此道的主观愿望不仅能满足自我的欲求,而且能利鬼神、利天下、利百姓。《易》云:"利者,义之和也。"《说文解字》云:"和,然后利。""义之和",就是指各主体在其各自实现完满自足的基础上而实现的全面和谐发展与共存。这种全面和谐发展与共存,不仅是利,而且是实现最大的利或一切利的现实基础与最根本的形上根源。比如当今世界,主题是和平与发展,那么和平就是这种基础与根源。"天",这里既是自然环境,也是自然、社会发展规律性。"鬼"可代表一切尚未认知的神秘力量。"百姓"为重中之重,因为它不仅是民而且就是天。人类的一切社会实践活动不仅最后落脚点是为民,就其实践主体而言也只能是民。"兼"在此就是兼爱。这种没有等级,没有敌我,没有远近亲疏的爱,在墨子看来,正因符合公平正义,所以能顺天意、得人心。故仅从理论上看,墨子之道,既大公无私,亦理通神鬼。不过,把它付诸现实,这种兼爱或和的实现,似只能在小集团中进行,如要普及于世,则极难可能。因为它不仅需要自我牺牲,而且需要不断地斗争。于是,它便成了乌托邦空想,遭到来自儒、法诸子的激烈批评和社会的无情抛弃。不过,其思想中反对不正义战争以及坚持公平正义、自我牺牲的精神,却有永远值得我们汲取的价值。

五、孙子之"道"

孙子之道，即所谓"兵道"，但完全独立的兵道是不存在的。古往今来，绝大多数军事行动或战争都是政治、资本或政道的扩张与延续，即皆是为一定的政治目标服务的。

"兵者，国之大事，死生之地，存亡之道。"（《孙子兵法·始计第一》）这是《孙子兵法》的第一句话。仅从其语气便可见兵道之极端重要性。正因为事关死生存亡，所以历史上凡伟大的政治家、思想家、军事家便无不主张尽量避免战争，特别是要坚决反对非正义的战争。老子说："兵者，不祥之器，物或恶之，故有道者不处。"所以，有国者，为将为帅者，如果不深刻了解敌我实际情况，不了解战争的规律性与残酷性便贸然发动战争就是不仁不义不智。但是，尽量避免战争，坚决反对非正义战争，并不意味着不要军备。恰恰相反，真正和平的获得，必须以军事实力做后盾。换言之，没有强大的军事力量，就不能维持国家的领土安全、人民的安居乐业。楚庄王曾说：止戈为武。其真正的意思是：能够制止战争或维持和平的力量只能是战争本身或不可战胜的强大武装。孔子说："以不教民战，是谓弃之"（《论语·子语》），"有文事者必有武备，有武事者必有文备"（《孔子家语·相鲁》），也反映了同样的思想。

战端一开，对于战争双方的任何一方而言，虽然实际的结果只能是三种：胜、败、和，但以求胜、求存为初心，却是必然的选择。于是，为求胜、求存，在不违背基本人道原则的前提下，以"诡道"应对战争便不可避免。所以，孙子又说："兵者，诡道也。"（《孙子兵法·始计第一》）所谓"诡"，主要有两层意思：一为计谋的奇妙莫测；一为行动的隐秘无常。它与马基雅维利的"为达目的，可以不择手段"高度一致。计谋的奇妙莫测，是军事斗争中的形上思维，表面上它可以不符合逻辑，但却符合战争的最基本规律性，关键是其意图暂时不会被敌对方识破。行动的隐秘无常，是上述形上思维的具体实施。它主要表征为行动的不可预见性、突然性、及时性等的实现。（《孙子兵法·始计第一》："攻其无备，出其不意。"）

不过，随着科技的进步，军事技术、战争思想的发展，总的来说，孙子兵道中除了"知己知彼""攻其无备，出其不意""兵贵胜，不贵久""不战而屈人之兵"等战略战术原则仍有相当价值之外，其大多战术原则多已失去了往日的价值。这既值得我们深入研究,也能给我们以深刻警示。

第三节 "道"的境界

在中国古代士人看来,道的境界就是人生或社会发展的最高境界。而人生最高境界即圣的境界,社会最高境界即天下有道。孔子说:"朝闻道,夕死可矣。""志于道,据于德,依于仁,游于艺。"颜渊说:"夫子之道至大,故天下莫能容。"老子说:"失道而后德,失德而后仁,失仁而后义,失义而后礼。"这些都是把其追求的道放在了最高位置。

关于"圣"的境界,《老子》《论语》《中庸》等经典论述甚多,大致总结起来就是:能"博施于民而能济众","以百姓心为心","为天下浑其心","后其身而身先,外其身而身存","不勉而中,不思而得","不行而知,不见而明,不为而成",等等。这是一般人所做不到的,能做到的人应当就是所谓"圣王",不仅聪明睿智,有诸多社会生活实践经验,而且必须掌握绝对的权力。

但孔子又说:"道也者,不可须臾离也,可离非道也。"(《中庸》)孟子则说:"道不远人。""道在迩而求诸远,事在易而求之难。"(《孟子》)清钱振锽则说:"夫道,犹大路然。"(《名山书论》)每一个人自始至终都生活在道中,一边求索,一过前行。而所谓"道",从来既是多义性的也是历史性的,此道非彼道也。

老子又说:"道常无为,而无不为。""为学日益,为道日损。损之又损,以至于无为。无为而无不为。"前者是一种对自然规律性对于世界影响力的客观描述,后者则是前者在人生或人类社会中的理想展开。可对人而言,"无不为"的境界从来就没真正实现过。孔子一生努力,没有实现"朝闻道"而"夕死";老子虽然迷恋"小国寡民……邻国相望,鸡犬之声相闻,民至老死,不相往来"的理想,但却自始至终既未看到更未实现。以此,老子、孔子等思想家们便都坚持认为自己从来既没有生活在一个天下有道的社会里,也没有达到"道"的境界。

不过,就汉字学哲学对于道的认识,以及自古至今大多历史学、哲学、自然科学、社会实践、政治实践等所得出的结论而言,无论是多么微不足道的道都是可以通向平坦光辉的大道的。个体要想到达一个绝对的光辉顶点似不可能,但要想到达一个相对的顶点却是办得到的。如,书法乃小道,但点画、线条、构形、黑白之间亦寓大道于其中。直,寓力量、坚实、刚强、公平、正义,它是道德的核心、法律的灵魂。曲,寓策略、情感、柔弱、和顺,它是美丽的天使、仁慈的上帝、社会的良心。"曲则直","曲成万物而不遗"。直又必定要通过曲才能实现。曲、直互涵互通、不激不厉、连绵不绝、风规自远,可谓之和。和,"和而不同"——囊括万殊又裁成一相——社会的和谐、文明、进步必须以每一个体的自由发展为前提。"致中和,天地位焉,万物育焉。""刚","刚柔相济"——"遒劲寓飘逸,刚健含婀娜"——法律与道德同行,生活是诗意的栖居。让,既是敬,亦是礼,更是智慧与策略。"礼之用,和为贵。先王之道斯为美,小大由之。""礼以行义,义以生利,利以平民。"墨为黑,纸为白;黑为"有",白为"无"。只有"知其白",才能"守其黑"。必先持之有,才能得其无。"有之以为利,无之以为用。""既以为人己愈有,既以与人己愈多。"于"无"处观"有","有"只是一线半点;于"有"处观"无","无"乃无限江山。一线半点,诗意绵延不绝;无限江山,生机勃发盎然。书法虽小道,但同时既是中国艺术、哲学之代表,也是中国文化之核心、智慧之形状。

就人类社会而言,所谓"道"的境界,应就是和平、和谐、繁荣的政治局面的全面实现,即老子、孔子所谓"天下有道"或"天下有德"。天下有道的核心即社会有最基本的公正,或有如孔子所言中庸的实现。孔子说:"中庸之为德也,其至矣乎!民鲜久矣。"(《论语·雍也》)可见,在他所生活的那个时代,公正似乎从来就没实现过。

在《道德经》中,老子曾对天下有道进行过一个简单的描绘:"天下有道,却走马以粪。天下无道,戎马生于郊。"(《老子》第四十六章)所谓"天下有道"就是天下没有争战,一派和平安宁养无限生机。所谓"天下无道"就是战争频仍,骨肉分离、暗无天日。以此衡之,当今天下,虽和平、发展仍为主题,但最基本的国际社会公正却并未实现。

在《论语》中,孔子也对天下有道进行了自己的描绘:"天下有道则见,无道则隐。邦有道,贫且贱焉,耻也;邦无道,富且贵焉,耻也。"(《论语·泰伯》)"天下有道,则礼乐征伐自天子出;天下无道,则礼乐征伐自诸侯出。""天下有道,则政不在大夫。天下有道,则庶人不议。"(《论语·季氏》)综合起来,孔子的天下有道大概是:天子掌握"礼乐征伐"的最高权力;一般百姓不会参与评议国家政治;有道德有才能的士人会出来做官,并能获得相应地位与财富,亦能以此为荣。

在《礼记》中,儒家的天下有道就是"天下为公"或大同社会的实现。其对于大同社会的具体描绘为:"大道之行也,天下为公。选贤与能,讲信修睦,故人不独亲其亲,不独子其子,使老有所终,壮有所用,幼有所长,矜寡孤独废疾者,皆有所养。男有分,女有归。货恶其弃于地也,不必藏于己;力恶其不出于身也,不必为己。是故谋闭而不兴,盗窃乱贼而不作,故外户而不闭,是谓大同。"

上述老子、孔子关于天下有道的描述,特别是孔子的描述,其时代局限性不言而喻。虽然时代不同,人们对于道的境界的认识与设置会有不同,但让百姓过上安宁平静幸福的生活,让有德有才的君子出来管理国家,则都是一致的。

对于个人而言,老子、孔子所已达到的境界似乎就是道的境界(虽然他们自己并不这样认为)。这种境界主要以其深邃的思想表现出来。至于朱子、孟子等,有人认为也已到达,甚或已超越了老、孔,实乃无稽之谈。至于国外,著名的释迦牟尼、耶稣似也达到。至于苏格拉底、柏拉图、亚里士多德等,甚或离道亦相去不远。

首先看看老子。老子的这种境界又可以从两个主要方面表现出来:一在其思想;二在其自身语言行为给别人留下的影响。

老子思想主要载于《道德经》,但也有其他一些史料或别人的引述以流传,如《史记》《吕氏春秋》《庄子》《列子》《韩非子》等。《道德经》五千言初看玄妙难识,但也极朴素、极简约。其篇幅虽小,但内容却几无不及,既涉治国平天下之大道、个人之修为,亦及宇宙论、本体论、认识论、方法论,等等。尤其重要的是,其大多数认识不仅能穿越时空与当代哲学、自然科学相融相通,而且就其关怀众生疾苦的高远情怀而言,则更是一般思想家所无法望其项背的。比如"道可道,非常道",如果我们没有理解错误,那么它就不仅能与当代哲学、自然科学的最前沿认识高度统一,而且能与马克思、恩格斯对于自然、人类社会的最基本认识达成最深刻的一致。再如"反者道之动,弱者道之用。天下万物生于有,有生于无",其对于规律性与宇宙本体的深刻认知,不仅早就揭开了宇宙运行与生成的真相,而且就是当代宇宙物理学最前沿最深刻的认知。又再,"以百姓心为心""为天下浑其心"所传达的信息,不正是共产党人所坚持的全心全意为人民服务么?

就老子语言和行为而言,如按照孔子、庄子的认识,其所谓"龙"的境界,其实就是道的境界。

相 关 链 接

孔子适周,将问礼于老子。老子曰:"子所言者,其人与骨皆已朽矣,独其言在耳。且君子得其时则驾,不得其时则蓬累而行。吾闻之,良贾深藏若虚,君子盛德容貌若愚。去子之骄气与多欲,态色与淫志,是皆无益于子之身。吾所以告子,若是而已。"孔子去,谓弟子曰:"鸟,吾知其能飞;鱼,吾知其能游;兽,吾知其能走。走者可以为罔,游者可以为纶,飞者可以为矰.至于龙,吾不能知,其乘风云而上天。吾今日见老子,其犹龙邪!"(《史记·老子韩非列传》)

孔子见老聃归,三日不谈。弟子问曰:"夫子见老聃,亦将何规哉?"孔子曰:"吾乃今于是乎见龙! 龙,合而成体,散而成章,乘乎云气而养乎阴阳。予口张而不能嚼,予又何规老聃哉!"(《庄子·天运》)

上述两段描写,都带有一定神话色彩。试想,如果孔子也说"吾不能知",那么对于一般人而言就更是难以想象。出现如此状况,可能的原因大概有二:一是老子的学问才识、道德风采、语言表达,甚或容貌、气质、风度,等等,确非常人所能及;二是孔子、庄子似都有神化老子之嫌。不过话又说回来,如果孔子、庄子不这样表达,似也没有更好的表达方式。孔子一生评价过的人众多,有君主、有大夫、有学生、有朋友,称赞的不少,贬斥的更多,但像对老子这样的却是独一无二。如果老子也没有达致道的境界,那么天下就没有人能够达到了。

其次再看看孔子。孔子的最高境界可从其"可与权""从心所欲不逾矩""无可无不可""毋意,毋必,毋固,毋我"等思想认识中领会出来。

"可与权"出自"可与共学,未可与适道;可与适道,未可与立;可与立,未可与权"(《论语·子罕》)。其"可与权"不仅是知道能以道立身、尊道而行,而且可以把道融会贯通、通达权变、灵活运用于自己日常一切生活实践之中。所以在孔子看来,"可与权"就是道的境界。

　　"从心所欲不逾矩"出自孔子为自己所作的一个小传:"吾十有五而志于学,三十而立,四十而不惑,五十而知天命,六十而耳顺,七十而从心所欲不逾矩。"(《论语·为政》)它不仅是孔子人生的最高境界,而且是道德的境界、自由的境界,抑或是"可与权"的另说。

　　"无可无不可"出自:"逸民:伯夷、叔齐、虞仲、夷逸、朱张、柳下惠、少连。子曰:'不降其志,不辱其身,伯夷、叔齐与?'谓柳下惠、少连,'降志辱身矣,言中伦,行中虑,其斯而已矣。'谓虞仲、夷逸,'隐居放言,身中清,废中权。我则异于是,无可无不可。'"(《论语·微子》)其实就孔子心中的"中道"或"中权"原则,它与"毋意,毋必,毋固,毋我"(《论语·子罕》)以及"可与权""从心所欲不逾矩"皆相通达。

　　此外,在中外历史上还有不少建立了伟大功业的大人物,他们似也达到或接近达到了道的境界。衡量他们的标准很简单,只要他们的行为既能"博施于民而能济众"又能符合老子"功成身退"的天道思想就可以了。

第四节　如何致"道"

　　如何致道,或有三种主要认识:一是如何实现对于道的深刻认知;二是如何让自己的生命达致所谓"道"的状态;三是通过自己与众人的努力在"知道者"的指引下(当然主体自身也可以成为"知道者"),让自己所生存的社会达致道的境界。[上述认识,既是个"仁者见之谓之仁,智者见之谓之智"的问题,也是个"可道"而"非常道"的问题。上述三者虽然各有侧重,但实际上既可能是不可分割的,也可能是同一的。老子说:"从事于道者,同于道","上士闻道,勤而行之"。真正对于道有深刻认知的人一定会让自己的生命达致相应的状态。但孔子说:"可与共学,未可与适道;可与适道,未可与立;可与立,未可与权。"(《论语·子罕》)懂得了某些道的人并不就会拿所懂的这些道用于生命实践,即或会把它用于实践,也不一定会举一反三、融会贯通。换言之,老子认为知与行是完全统一的,孔子则认为知与行总是有一定距离的。从哲学上说,老子的话并不错,但从现实生活来说,孔子的话也可以找到无数例证。]

孟子曰："道在迩而求诸远,事在易而求之难。人人亲其亲,长其长,而天下平。"(《孟子·离娄上》)道就在我们身边,但如果我们要把它真正弄明白,或要达到道的境界,却是需要一个漫长的求索历程的。——它既需要长期的实践,更需要用心学。事情看来简单,但真正做起来或把它做好、做到极致则很难。就像孝顺父母,人人都在做,似乎也不难,但如要把它真正做好,即完全做到"礼恭""辞顺""色从"却不容易。如大家都做好了,那么天下太平也就容易实现了。以此可知,"求道""达道"的过程,既不是不可企及的,也不是唾手可得的。这与书法学习的过程高度一致。既不可视之为难,亦不可视之为易。视之为难,则生退心;视之为易,则生怠心。无论是退还是怠,最后都不能达到目标。

老子说："为学日益,为道日损。损之又损,以至于无为。无为而无不为。"(《老子》第四十八章)这实为我们指明了一条"致道"的现实之途。主要记住两点:一为好学有恒,亦如荀子所云,"学致乎没而后止也",且必须用加法或加减法并用;二为不断地修正自己的缺点、控制自己的欲望、减少自己的错误,即一般所云减法。加法与减法两者相辅相成,缺一不可。只有不断地学习,才可能知道些什么,才可能知道自己不知道些什么,才可能认识到自己的错误与不足;也只有不断地抛弃自己的错误、减少不必要的欲望,才可能不断地攀登新境界。无为既是对自然、社会等规律性有高度认知,从而能很自然地顺应、利用它而不违背它,也是从最根本、最广大范围上以"为"。无为是"无不为"的前提或基础。"无不为"既是无为的结果,也是一种理想或超验的彼岸世界。而所谓"道"的境界,在不同的人看来,既是无为亦是"无不为",或在无为与"无不为"之间。

孔子的"十有五而志于学,三十而立,四十而不惑,五十而知天命,六十而耳顺,七十而从心所欲不逾矩",实质也是一条带有普遍规律性的致道之路,并与老子所谓"为学日益,为道日损"高度统一,或比之老子的"致道之路"更加现实。其中"志于学"贯穿始终。换言之,如果一个人没有一以贯之地"志于学",那么要实现"立""不惑""知天命""耳顺""从心所欲不逾矩"等,则皆无可能。孔子"志于学",一方面向世人宣示了自己的人生目标——探索宇宙真理,追求人生大道,拯救天下苍生;同时也宣示了自己已经实现意志自由——自己的理智不仅能完全控制自己的情感(亦如老子所云"自胜者强""心使气日强"),而且能切实地为了目标的达成而付诸长期的努力(亦如老子所云:"上士闻道,勤而行之。")。"从心所欲不逾矩",既是道的境界,亦是自由的境界(即老子无为的境界),亦类于庄子的"物物而不物于物"(《庄子·山木》)——既承认物质世界、客观规律、仁义道德对于人的制约作用,又能超越它们对于人的羁绊。以此观之,世俗之人不能竟学,或不学而无术,年龄一到四十、五十却以"不惑""知天命"自称,则实为狂妄。如人一到六十、七十便自称"耳顺""从心所欲不逾矩"则更是虚诞了。

此外,孔子说的"聪明睿智,守之以愚;功被天下,守之以让;勇力振世,守之以怯;富有四海,守之以谦。此所谓损之又损之之道也"(《孔子家语·三恕》),也从另一个侧面描绘了人生之道。窃以为,其与老子的"损之又损"之道一样,如要真正做到,仍得以好学贯之。

相 关 链 接

好学不仅是读书,更多的是"见贤思齐焉,见不贤而内自省"的效仿与格物致知的实践。格——研究、探索、行、实践,物——包括主体本身在内一切自然、非自然世界,书是其最重要部分之一。

孔子之愚乃"可及"之智之后的"愚不可及"之愚,它是盛德的容颜;孔子之让乃名满天下、誉满天下、德泽天下后的让,为事业的继续发展而让,为后继者扫清道路以让;孔子之怯为老子"勇于不敢则活"之不敢,亦是他自己"临危而惧,好谋而成"之惧,它既是对敌人的尊重与重视,也是能够看清敌人以战胜敌人的策略;孔子之谦为老子"良贾深藏若虚"之虚,为墨子"礼,敬也"之礼,既是远害全身之法,亦为处世为人之道。

孔子又说:"行义以达其道。"(《论语·季氏》)义与道是相通的,就像天下之路皆可相通一样。义之路窄小,道则极宽大。若要让义达致道,中间的部分唯有行。行义就是照着义这条路朝着道的方向向前走。义是什么?是宜、善、美,是"己之威仪",是公正,是公平、正义,是"天下之正路",是羞恶之端,是取与之绳,是立身之本,是道德的核心。行义的过程,既是捍卫善的过程,也是驱除恶的过程。既需要不断地"装","行之不止",更需要好学、好修、修身。于是,在义的指引下,主体不仅可以让共同体获得名、获得利,同时也能让自己同样获得名、获得利。即或在生与义不可兼得的情况下舍生取义,至少也能让自己获得名,或让"己之威仪"得到彰显,并随着历史的推演而不断高大。据《吕氏春秋·尊师》:"教也者,义之大者也;学也者,知之盛者也。义之大者,莫大于利人,利人莫大于教;知之盛者,莫大于成身,成身莫大于学。"可知以自己的学问才识或高德大道教导别人,并能让别人也能成才成器或立德、立功、立言,就是最大的义。以此观之,老子、孔子、孟子、荀子之类,实乃真义士、大英雄、真豪杰也。

荀子的"积善成德,而神明自得,圣心备焉","始乎为士,终乎为圣人"(《荀子·劝学》),其实也是致道的另说。其中"学至乎没而后止也"则是唯一正确的选择。

佛言:"净心守志,可会至道。"(《佛说四十二章经·问道宿命》)"不为情欲所惑,不为众邪所诳,精进无疑,吾保此人必其得道矣。"(《佛说四十二章经·无著得道》)这些语言表达皆明显受到老子清静无为思想影响。其中所描述的境界,皆凸显出一个"静"字。"静"是什么?简单来说,就是修身。修身即"为学日益,为道日损"。好学是其中最重要的部分。也只有好学,才可能守住自己的心志,才可能"不为情欲所惑,不为众邪所诳,精进无疑",才可能最后得道。

等等。

事实上,致道之法或致道之途众多。有如仁、义、礼、智、信、忠、孝、廉、耻、勇诸德目,与大道相较,虽皆小路,但只要顺此小路奋力,"或安而行之,或利而行之,或勉强而行之",就一定能走上辉煌的康庄大道。位高权重者不一定达之,位卑无权者亦不一定不达,但达之者必得有"冥冥之志、惛惛之事"。

第二章 什么是"德"

　　简单来说,所谓"德"就是尊道而行。从形而下来说就是沿着大路往前走,就像日常生活中人从自家房子出入一定要走门,而不爬窗、不跳窗、不打洞穿墙一样。孔子说:"谁能出不由户?何莫由斯道也?"(《论语·雍也》,即有谁不是从门口出入的呢?没有人不是从这条道路出入的。)每一个人只要是从门口正常出入,便是有德之人。从形而上来说,这就是遵循规律前行。

　　那老子、孔子所处的时代为什么又常有"天下无道""天下无德"之说呢?主要原因是上层社会礼法制度的破坏与统治者的荒淫无能。具体从形而上来看,一方面是"礼乐征伐"早已不从天子出,"陪臣执国命"是常有的事,"上失其道"已经很久,最基本的社会公正早已丧失,战乱频仍,老百姓很久已没有过上好日子;另一方面则是士阶层对于什么是真正的道或德或并不认识。至于形而下的"田畴异亩,车途异轨,律令异法,衣冠异制,言语异声,文字异形"等,虽然在战国后期也可能给当时社会造成混乱或不利影响,但好像并不大。孔子周游列国,商鞅、韩非、李斯等入秦,似既不需要翻译,也不需要换马车。

　　以此可知,绝对的天下无道或无德,自古至今并不存在。至于相对的天下无道或无德,其实也只是存在于上层社会或统治阶层而已,即本来应当出来主持社会公正的人却已没有能力或没有意愿来主持公正了。

　　尊道而行之德的实现,首在于识得道,而根本却在于行。识不得道便难以行,没有行便没有真正的德。

　　形而下的大路、大道,我们只要沿着它向前走就可以了。至于形而下的崎岖偏僻的小路,在过去,如没有引路人,那么就可能迷路。至于形而上的大道,认识的可能只有少数圣贤,而对于一般人,识不识得也关系不大,只要选择跟着走就可以了。至于形而上的小道,伟大的圣人君子则羞于走,因为它总是"致远恐泥"。但有道的君子或可以走,只要有足够的坚持,或也有致远的希望,因为每一条小道总是与大道相通。例如王羲之以书法名播九州,袁隆平以"学稼"誉满环宇等,便皆是这种以小道而通于大道的。

行,一般情况下主要指向行动、实践,但在中国传统文化中同时也能指向客观物质世界本身或人对于客观物质世界的关注。没有行的德是不存在的,即或存在也必常为君子所耻(《礼记·乐记》"君子耻有其德而无其行")。故行不仅可直通道与德,而且是检验并发展它的最有力工具。

因为行,德与道而不可分割,所以从《庄子》始,德又往往以"道德"指称。

之前,老子著有《道德经》五千言,主要讲的就是道与德。但因"道、德"二字并未连缀成一个词,所以它与《庄子》或今之"道德"是所指不同的。之后,《孔子家语·王言解》《荀子》《吕氏春秋》等也曾偶现"道德"一词,其意与《庄子》虽不尽同,但大多是基本一致的。

德之所以又可称为"道德",以至于必须称"道德",是由其本身所关切的内容或自身的性质所决定的。孔子说得很明白:"夫道者,所以明德也。德者,所以尊道也。"(《孔子家语·王言解》)以此可知,道与德不仅不可分离,而且将永远与人类共存,即或在上层社会失去,也会在民众之中找到。老子的"大道废,有仁义"(《老子》第十八章)和"绝仁弃义,民复孝慈"(《老子》第十九章),孔子的"礼失而求诸野"(《汉书·艺文志》),子贡的"文武之道,未坠于地,在人"(《论语·子张》),以及民之初文构形 ⌐ 为一个倒过来的"直—𠃌"等皆表达了这种思想。

德不仅是一切经典所必须涉及的对象,而且是一切重要经典所必须重点论述的对象。《易经》之中,有"道"8见,有"德"5见,但其中却没有对于仁、义、礼、智等德目的关注。《易经》之外,关于"道、德"的论述,常常不分伯仲,而德又往往以仁、义、礼、智、信分说之,所以德的重要性更显。而所谓德目又皆如智慧的岔路,既能从不同出发点通向同一个目标或立场,也能从一个出发点通向不同的目标或立场,甚或完全相反的立场。

具体言之,《易传》之中,有"道"102见,有"德"73见;《尚书》中,有"道"36见,有"德"225见;《老子》中,有"道"75见,有德44见;《论语》中,有"道"84见,有"德"39见;《左传》中,有"道"106见,有"德"334见;《中庸》中,有"道"55见,有"德"22见;《孟子》中,有"道"151见,有"德"38见;《周礼》中,有"道"74 见,有"德"27 见;等等。上述各篇,虽然大多数"德"少于"道",但如把总数相加,"道"为 683 见,"德"为 802 见,即"德"比"道"还要多出119 见。

不过,上述统计也不能说明全部问题。一是因为德与道有时完全相通。比如《左传》有"昭公无道""君无道"等,其实就是"昭公无德""君无德"。二是因为仁、义、礼、智、信、忠、恕、孝、和、友、勇、善、圣等德目,也当然地全从属于德。三是上述各经典对于德的语境、语气的营造,表现了对于德的至高至上的推崇或重视。比如,《左传》说:"鬼神非人实亲,惟德是依。""皇天无亲,惟德是辅。""黍稷非馨,明德惟馨。""民不易物,惟德系物。""德义,利之本也。""务修德音,以亨神人。""德远而后兴。""有德不可敌。"说它比道更重要,不仅在于它是"道在人间的践履"(又可称"道德"),而且在于它贯穿我们一切日常生活,与每个人关系密切,既是工作的指南,也是生命的航标。

现实生活中,正如孔子向子路所发出的慨叹"由,知德者鲜矣"(《论语·卫灵公》)一样,人们对于"什么是德",多是没有深入认知的。原因既在于道的形上特征,也可能源于德之表层意义太过为人们所熟悉。也正因为熟悉,所以便很少有人对它做认真深入的探究、全面细致的反思。再者,"心之所达,不易尽于名言;言之所通,尚难行于纸墨"(《书谱》),即或某人心里真知道,也很难把它说清楚。以此,我们便很有必要对"什么是德"做一个全面的梳理、深入的追问。

第一节 "德"的汉字学哲学解读

"德"字初文(自殷商到秦统一)主要有三种: 、、。其他或略有不同,但也多不出此意象范围。第一个是甲骨文或金文之"德—",两边的四个笔画是个"行—彳"字,中间部分是个"直—"字;第二个是竹简和玉简之"德",省去了行,"直"仍在,增加了"心";第三个为小篆之"德",其形春秋战国时就已存在,秦统一文字时独此得以保留,与今文略同,既有"行"也有

"直""心"。此三种构形的不同则有代表性地反映了自商初到秦统一，我国社会道德意识形态和汉字书写性不断发展变化的过程。

一、"行"的构形分析及其启示

"行—彳"，在道与德的初文中，为二者所共有，今文中虽仍共有，但因不能直见而已少为人知。在第一章"什么是'道'"中已详述，这里略作概述。

首先，它能代表道或能代表德通于道（在今文中以双人旁"彳"表示）。于是，它便以此规定了德必须尊道而行的天命。凡人皆有德，有德者必尊道而行。但尊道而行有个前提，即首先必须识道。识道有多途，但行最重要。

其次，它能代表位于人之四方上下，甚至包括人类自身在内的整个物质世界。它以"迎之不见其首，随之不见其后"（《老子》第十四章）说明看待或处理任何问题，皆要从物质的角度以进行。这既是中国古圣先贤的天下家国情怀，也与马克思唯物主义的基本认识相吻合。以物质角度始，不仅共同体内部的一切活动如此，就是国际间的政治军事斗争亦无不如此。中国与他国的许多矛盾，有不少表面上看似意识形态上的，但究其本质，便会发现其背后彰显的都是物质利益。

再次，行因为是十字路口，所以又可代表公共场合。它是人与人、人与众人最容易发生交流、交往或需要处理相互关系的地方。没有这种关系，道德、公正等意识形态便不会产生。

最后，它宣示出行比起言之于德或更为重要。古今中外，一切伟大思想家的论述也莫不如此。老子的"上士闻道，勤而行之"（《老子》第四十一章）、"不言而善应"（《老子》第七十三章）、"行不言之教"（《老子》第二章），孔子的"君子耻其言而过其行"（《论语·宪问》）、"古者言之不出，耻躬之不逮也"（《论语·里仁》）、"天何言哉？四时行焉，百物生焉，天何言哉"（《论语·阳货》），荀子的"不闻不若闻之，闻之不若见之，见之不若知之，知之不若行之，学至于行之而止矣。行之，明也。明之为圣人。圣人也者，本仁义，当是非，齐言行，不失豪厘，无它道焉，已乎行之矣。故闻之而不见，虽博必谬；见之而不知，虽识必妄；知之而不行，虽敦必困。不闻不见，则虽当，非仁也，其道百举而百陷也"（《荀子·儒效》），等等，皆交相论证了这一点。管仲之所以被孔子一再称赏"人（仁）也"，"如其仁！如其仁"（《论语·

宪问》),关键即在于他既"明之"且"行之"且有大功于家国天下。故其人虽"不知礼""不俭",但在孔子看来仍然可算是近于仁抑或近于圣。换言之,正是因为他的一生确实干了不少"博施于民而能济众"(《论语·雍也》)的大事、好事,而这恰恰又是"尧舜其犹病诸"的事,所以"如其仁"也就顺理成章了。当然,孔子本人对于"以费叛"的公山弗扰与"以中牟叛"的佛肸的征召均能回应以欲往的态度,或更能说明这一点。

行具体就个体成人、成器、成德或成圣而言,内容很丰富。一在于效仿亲、师、友、圣贤;二在于善于格物;三在于努力实践,以立德、立言、立功。效仿亲、师、友、圣贤,给自己树立远大理想或目标;格物在于积极学习探索研究包括自己在内的一切未知的自然、非自然世界。

二、"直"的构形分析及其启示

⬡的中间部分为"直",象意字。作为单个的"直",它的初文常写为⬡。它由两部分组成,上为十下为目。"十目所视"即众目所视,经得起民众眼睛的直接审视,也即"直道"或公正。《论语·卫灵公》:"斯民也,三代之所以直道而行也。"说明公正无论在哪个朝代,即或是天下无道之时,其在广大百姓之中也总是存在的。"叶公语孔子曰:'吾党有直躬者,其父攘羊,而子证之。'孔子曰:'吾党之直者异于是:父为子隐,子为父隐,直在其中矣。'"(《论语·子路》)说明人们关于直或"直道",或关于公正、道德的认识,一定既是历史性的,也有立场或意识形态上的不同。不同群体、不同国家或不同民族等,由于传统习俗、历史文化等多种原因,对于公正或道德的认识皆是不断发展变化的。鲁国之所以"父为子隐,子为父隐",主要反映出的是其受周传统文化、礼仪制度影响极为深刻,而叶公所在的南蛮荆楚则有所不同或完全相反。正如"苏格拉底之死",不仅证明了道德、公正颇具历史性、意识形态特征,而且说明了所谓"直"——民众的认识亦有巨大的局限性。

"直—⬡"字倒过来是个"民—⬡"字。它们皆是十与目相叠,"直"字上十下目,"民"字上目下十,其背后的哲学意义极深刻。公正存于民众之中,它在民众的眼睛里。但"民,众萌也"(《说文解字》),因为统治者的愚民政策与暴力压迫,民众也往往不知道究竟到哪里去寻找公正。因为一旦某个政权建立,社会公正便会为"强者"即"天子、王、公"等统治者牢牢掌握在手中。但随着社会的发展,要不了多久"天下无道、天下无德"局面便会出现,公正便会从"天子、王、公"手中丢失,于是便只得再从民众之中去寻找社会公正。

老子主张"报怨以德",孔子主张"以直报怨,以德报德",但其实他们的意思都是一样的,即只能以公正应对较大的仇怨。究竟什么才是公正?汉字学哲学关于直或"公正"二字的认识给了我们答案:一、既需要经得起民众眼睛的审视,也需要经得起智者思想的追问;二、此物在地球上虽有,但却很少;三、就个体而言,要想得到它,坐等希望渺茫,努力寻求希望很大但也不易;四、就国家社会而言,需要"利而勿利也",即强者需要扶助弱者、智者需要帮助愚者,政策措施要向社会弱势群体倾斜;五、既合乎自然社会可持续发展之规律也合乎人类之目的;六、此物自古以来得到的人很少,它或是人类需要永远追寻的终极目标。

三、"心"的构形分析及其启示

"心"字初文为 ,象形字,像人心脏之形。小篆写法像花心—— 。一般学者认为,中国古人所认识的心,与现代哲学、医学、生理学、心理学所认识的人脑基本一致,即认为"心之官则思",即心的功能就是用来思考的。

他们的依据是互相联系的三个方面:一是"心"最初的写法 像人的心脏;二是对于孟子的"心之官则思"的一般性解读;三是因为心所引申出来的各种意义皆为人脑所具有(如内心、思想、心思、思虑、品行、性情、心性等)。说心像人的心脏当没有问题,但认为"心之官则思",即认为心是用来思考的唯一器官却可能是低估了孟子以及之前的古圣先贤的认识。中国古人不仅早就知道"思"主要源于"首",而且认为心也参与了思的过程。这只要弄清楚"思"的最初写法是 以及它与"首""道"的关系就明白了。 由上下两部分构成,其上部不是"田"而是"囟—",其下为心。"心之官则思"是在告诉我们:位于上部的"囟"居主导地位,位于下面的"心—"居从属地位,即"思"是在"囟"的主导或管理下与心共同完成的。"囟"即囟门或脑门,位于人之前额上方,从生理学或医学上讲,它首先是为保证婴儿出生安全而留下的一道头盖骨裂隙,所以又可称"生命之门"或"安全之门"。其完全闭合一般需要两年左右时间。以汉字学哲学分析,此"囟"不仅可会意为通达、聪明透顶,亦可代表整个的人脑或人首。"孔子"的"孔"字最初的写法 ⾉ 即表达了这种思想。其右上部的弯弧就是囟门。《老子》说:"孔德之容,惟道是从。"(《老子》第二十一章)"孔德"即通达聪明智慧的美德。如仅用大德或美德以解读"孔德"其实是不太全面的。因为"囟"从属于"首",而"首"既通道又从属于道,再加上"形而上者谓之道"以及形而上或"形上之道"又皆是思想本身或思的产物,所以心虽然也可能参与了思的过程,但只是从旁协助。但是,后世对于心的意义做了无穷的扩展,直到西学东渐之前,它几乎完全取代了首或脑的功能。

陆象山说:"若能尽我之心,便与天同。"(《陆九渊集》)孟子说:"尽其心者,知其性也。知其性,则知天矣。存其心,养其性,所以事天也。夭寿不贰,修身以俟之,所以立命也。"(《孟子·尽心上》)其所表达的可用一句话概括之:"天人合一"或"天人本一"。而这个"一"的实现,又皆源于心。

王阳明说:"心即理。""心外无理,心外无物。""心者,天地万物之主也。心即天。言心,则天地万物皆举之矣。"(《王文成公全书》第六卷)认为天地万物,其运动,其存在,皆因心而动,因心而存。

笛卡儿说:"我思故我在。"其实,与王阳明一样,都是心的作用。不过,能证明"我在"的,仅有心、思也是不够的,还得有言——以文字表达的言。"言之无文,行而不远。"中国古圣先贤对于"立言"都有超乎寻常的兴趣与热情。因为"言"不仅隐藏着思想智慧,而且隐含着德与功,事与名。而"言"出于口,口的主宰者还得是心。

四、⾏的构形分析及其启示

把 Φ 置于 ⾏ 中即 ⾏。透过上述分析,大致可以得出德的原初意义:不管什么人,当你在面对公众或者对待公共事务时,因为总是有许多眼睛在直视着你,所以你的行为表现至少要让众人看得到你自身所持的公正。只有这样才算是"有德"或直。这大概与此字最早出现于氏族公社初期的社会性质有关。由于当时生产力极不发达,劳动产品大多数时候没有剩余,因此大家认为平均分配便是最为公平的。可是,怎样的平均才算是公平呢?这又很难有个明确的标准。因为重的并不等于好的,小的也不等于差的。于是,主持分配的人,在众目睽睽之下,拿别人挑剩下的,便被认为是最公平的。这样,被众人认为最公平的分配者,便往往是直而有德者。如此理解德的内涵,既能反映出当时生产力的落后性,也能反映出先民对于德的认知的局限性。在此,行既能理解为公众场合,也能理解为行动、实践;直既能理解为被"众人所正视",也能理解为公正。但实际情形可能更为复杂,因为 ﹗ 不仅与"道—德"共同拥有分布于两侧的"行—彳",也共同拥有"直—屮"。以此,从汉字学哲学意义推之,"德—德"便已为"道—德"所涵括。这也从根本上证明了德对于道的从属性质。之外,有"十、目"的"德"与有"首"的道也从根本上映射出了它们之间的不同:德主要指向的是人与人之间或众人之间的关系处理,而道指向的既是自然世界的各种规律性,也是人脑关于各种规律性的认识与建构。

把"直"置于"行"中的"德—德"还有个明显的重要特征,就是特别强调"直—公正"对于德的重要性。公正是个相对的概念,既有历史性、阶级性,也具多元性或人类认识上的局限性等,但对于德来讲,却永远居于核心位置并为大多数人或当时主流意识形态所认可。当然,这里的德主要指向较大范围的社会公德(超越家庭、宗族之外),而较小范围的私德(家庭、宗族之内)则不在此列。不过,当社会思潮处于剧烈动荡时期,不为社会主流意识形态所认可的德也有可能经过不断的斗争而得到认可。

把"直"置于"行"中亦意味把公正置于道中。人类所认识并建构的道很多,有来自自然世界,有来自人类社会本身,但最为民众所关心的则只能是公正。孔子"祖述尧舜,宪章文武",其所秘传的治国平天下的大道——由尧至舜、舜至禹,而后商汤、文王、武王、周公,然后至孔子,核心就是"允执厥中"。所谓"允执厥中",既是公正也是中庸或至德。

五、德 的构形分析及其启示

把"直"置于"心"之上的"德—德",弃去了行,也即弃去了道。表面上好像是对于行与道的背弃,实际上却是强调了民众以及民众的思想智慧或公正,已经涵括了行与道在内,即民众的眼睛所共同看到的世界一定是客观真实的,民众的共同认识所达到境界一定是符合规律的。也就是说,单个的主体是否形式上需要尊重规律、努力实践已不是那么重要,只要其在公开公众场合,能直接面对众人眼睛的审视,能经得起自己良心的拷问与别人思想智慧的追问就可以了,也就是合规律性与合目的性的统一了。

不过,社会发展现实却告诉大家,这种认识并不一定正确——众人所看到的并一定就是真实客观,众人的认识所达到的境界也并不一定正确。所谓"正复为奇,善复为妖",所谓"以是为非,以非为是,是非无正",所谓"瞒天过海,偷天换日"早已给了人们太多的教训了。于是,直最后被抛弃,代之以"有道"之德也就顺理成章。

不过,直的出现似也给了我们一个意外的启示:德,本来就属意识形态,本来就是"是非无正"的,最后用来检验或匡正它的又只能是道。

六、德的构形分析及其启示

"德—德"为秦统一文字之后泰山石刻上之"德"。它的构形与今天的"德"字,除笔画曲直有所不同外,其他已基本无别。两边的道路"行—行",因为简化,只留下了左边的双人旁。这种简化与"道"字的简化虽不尽同,但其原本具有的象形、象意特征都被全部保留至今,只不过"道"的下面多了个"之"或"止"而已。右边部分,既留下了原来的"直",也留下了下边的"心"。而"心"与"直"之间的"一",则可有可无。从形下来说,这就像画人眼睛,其是否需要画外部眼眶却并不重要一样。从形上来说,此"一"当然亦可代表道,但因为"彳"本来就是道,所以此"一"便可有可无了。秦统一文字,抛弃其他异体,只留此"德—德",实极为精当,不仅造型规范、美观,而且意义宏深。

可见,所谓"德":

其一,必得以尊道(主要指自然、社会之规律性)为前提。无论是德、德还是德,都是"道—道"的一部分,所以其尊道而不逾道的特性都是高度一致的。同时,它也与老子的"孔德之容,惟道是从""尊道贵德"等论述高度契合。

其二,必得把"直—直"即公正(既具有普适性,亦具有超时空性)放在心上或核心位置。这既是孔子把以直报怨放在以德报德的前边的真实意图，也是德能够服众，即孔子所谓"举直错诸枉，则民服；举枉错诸直，则民不服"（《论语·为政》）的根本原因。

其三在通。除了通于道、通于"众"（主体所处之人群、政治共同体）之外，还得通于"心"（除良心外，还包括慧心、恒心）、通于行（实践）。老子的"上德不德，是以有德"便是上述意义高度的形上概括。"上德"之所以"不德"，不仅在于它通于道或就是道，且在于它有智慧、有持久的道德之心、有坚强的恒心毅力，更在于它能为绝大多数人的利益而牺牲少数人的利益。

上述三个"德"字的并存、混用、演化、发展的过程，不仅表征出古代学者对于道德的考察是历史的、动态的，而且能给我们以深刻启示：不管社会如何动荡变化，仁人志士追求公平、正义，追求真、善、美的道德之心却总是热的。又因为在"德"字的演化过程中，"直—𢧕"总是存在着，而"行—彳"与"心—心"则或有或无，以此又可从一个侧面说明古人所追求的德，有时可能放弃了道的到场，有时又可能摒弃了个体良心、智慧的参与，但把直或公正放在最重要、最核心的位置，则是始终如一的。这更深层的原因，不仅在于"直"既通于道、德、天、全、久、公、正、中、平等等，更在于公正本来就是人类社会一切价值追求中合规律性与合目的性的统一。所以，公正成为人类哲学、政治学等意识形态以及人们日常生活伦理实践等一切价值的核心或永恒话题便顺理成章。

第二节 先秦经典作家论"德"

先秦主要经典作家论"德"，如果涉及仁、义、礼、智、信诸德目，则纷繁复杂、难以穷尽；如仅局限于德的直接或间接阐释，则大多只是汉字学哲学关于德的认知的相互论证而已。

一、老子论"德"

《老子》又名《道德经》，今传本中有"德"44 见，比之于"道"之 75 见虽少近半，但其重要性却近于道。长沙马王堆汉墓出土的《老子》，因《德经》在前《道经》在后,所以又有《德道经》之称,以此亦可窥见德在思想家心中无与伦比的重要性。而从汉字学哲学关于"道、德"关系以及古人关于"道、德"的关系论述中,我们亦可得出:道不仅可以涵括德,是德存在的根本,反过来德亦可涵括道在内。不仅是因为"德"中之"直"的"目"能够映射或观察到道,而更在于它们皆有行,而行不仅可代表整个物质世界,也可与道相通。

相 关 链 接

> 子贡问于孔子曰:"敢问君子贵玉而贱珉,何也? 为玉之寡而珉多欤?"孔子曰:"非为玉之寡故贵之,珉之多故贱之。夫昔者君子比德于玉。温润而泽,仁也;缜密以栗,智也;廉而不刿,义也;垂之如坠,礼也;叩之,其声清越而长,其终则诎然,乐矣;瑕不掩瑜,瑜不掩瑕,忠也;孚尹旁达,信也;气如白虹,天也;精神见于山川,地也;珪璋特达,德也;天下莫不贵者,道也。《诗》云:'言念君子,温其如玉。'故君子贵之也。"(《孔子家语·问玉》)

古人以君子比德于玉,认为玉有"仁、义、礼、智、信、乐、忠、天、地、道"等十德,道为其中之一,看似不合逻辑,实则给了我们非同寻常的启示:一方面,德有时比道更重要;另一方面则是道与德从来就是可以互涵的。

(一)"孔德之容,惟道是从"

此语出自《老子》第二十一章。上文提到,"孔"不仅有美、大之意,更重要的是它还可以是聪明、智慧的象征。

聪明智慧的美德,其之所以智慧,就是因为它总有自己的边界或底线或法则。这个边界又是什么? 就是道。换言之,只有不僭越道的德才可能是真正的聪明智慧或美,否则便只能是"下德"。"下德"虽然主观上不失德,但却因客观上与道相悖,所以最后只能是与无德相纠缠而不能自拔。所以,真正聪明智慧的美德,只能是尊道而行。比如,杀生与放生问题,主体做得对不对,唯一的目标只能看是否符合道。符合道者圣贤,不符合道者禽兽。例如有人从市场花不少钱买回一头近百斤的大鲨鱼,又花了不少力气把它放进就近的小池塘,可不到二十四小时鲨鱼就死了。这样的所谓"善行"或"仁慈",因为不知道而不符合道,所以既是愚蠢的也是罪恶的。

（二）"重积德则无不克"

此语出自《老子》第五十九章："治人事天莫若啬。夫唯啬，是谓早服。早服谓之重积德。重积德则无不克。无不克则莫知其极。莫知其极，可以有国。有国之母，可以长久。是谓深根固柢，长生久视之道。"大意是：治理国家、统治人民、侍奉上天，莫过于事先皆有远图。唯有远图才可能事先就能得到人民的信服、支持与顺从。这种远图亦可谓重视积德。重视积德就能克服一切困苦艰难、战胜一切敌人。这种"无不克"力量的继续发展，就让主体拥有了无穷力量。只要拥有了这种伟大而无尽的力量，就有资格建立国家。只有把这种思想当作立国之本，才可能实现国家长治久安。这种认识也可谓之实现国家长治久安的根本法则。

它似乎在告诉我们：一个有远大理想的人必定会重视平时积累德行的作用。因为没有平时德行的积累，高远理想的实现就一定会变成空话。

"重积德"的精髓不仅在于远图、思虑、谋划、预想、重其初，更重要的在于慎终如始。可是慎终如始或如今之"不忘初心"，却是极不容易做到的。（《论语·子张》："有始有卒者，其唯圣人乎？"）它不仅需要有理想、有蓝图、有意志力，更需要把"尊道贵德"贯穿始终。换言之，所谓"啬""早服""重积德"思想仍是尊道而行的具体化而已。

（三）"上德不德"

此语出自《老子》第三十八章或马王堆汉墓帛书《老子》第一章第一句。

初见此语，令人惊诧或有些发蒙。但经过多年研究、思考后，窃以为已大白其真相。事实上，这个世界凡是伟大的道德，总是要以"不德"的形式呈现或与"不德"紧密联系。这犹如太阳照耀大地给万物带来生生不息，却同时亦会带来无穷灾难一样。历史的前行，文明的进步，许多时候皆不得不以野蛮、暴力来推动。而野蛮、暴力必定伤及无辜，伤及无辜无疑就是"不德"。中国历史上，神农伐补、遂，黄帝擒蚩尤，尧伐驩兜，舜伐三苗，禹伐共工，汤伐有夏，文王伐崇，武王伐纣，等等，无不如此。但因为此"不德"总是与天下苍生幸福、公平正义等重大价值紧密相连，所以它同时又是"上德"。极端的例子如二战末美国把原子弹丢到日本广岛、长崎，表面上看似为"不德"，深察之实为"上德"。原因是它不仅符合战争、历史发展规律，而且是实现全人类最高利益——和平、长治久安的最佳选择。如不如此，这世界要付出更多的生命、时间、财富损失，走向更加痛苦的深渊。

于是,所谓"上德不德",既揭示了历史、现实的残酷,也给予了我们无穷启示:文明进步常常以野蛮奠基,大仁大爱往往与罪恶同行。

(四)"报怨以德"

此语出自《老子》第六十三章。有不少学者认为它是"乱简",是"飞来之物",但窃以为或并非如此。此语在春秋时就曾引起某些人的不解,遂以此向孔子请教。"或曰:'以德报怨何如?'子曰:'何以报德? 以直报怨,以德报德。'"(《论语·宪问》)孔子不仅给了十分正确的解释,而且与汉字学关于"德"字初文构形的认识高度吻合。但大多数人或是没有看到此解释,或是看到了却仍然没有明白孔子的意思。人家问的是以德报怨,孔子的回答先是以直报怨,然后是以德报德,当然是直接针对以德报怨的,但一般的理解却会把以直报怨从以德报怨中分离出来,认为直是直,德是德。其实并非如此。以直报怨不仅属于以德报怨的一部分,而且是其核心或前提。换言之,以直报怨就是最大的德。因为直即公正,它不仅可通于德,是德的核心,而且是合规律性与合目的性的统一。社会因为有最基本的公正才可能有最基本的自由、平等、民主、文明、和谐、法治。以此可知,我们在应对别人的仇怨时,首先想到的应是公正——公平、正义。后面的以德报德,则是以善对善、以好对好、以恩惠对恩惠,这当然也是公正的表现。

(五)"不争之德"

此语出自《老子》第六十八章:"善为士者不武。善战者不怒。善胜敌者不与。善用人者为之下。是谓不争之德,是谓用人之力,是谓配天,古之极。"

《老子》五千言中有"不争"8见。其意与"无"相似。无为以实现"无不为",不争以实现"天下莫能与之争"。"不争"只是主体为实现其"善胜""无尤"或"天下莫能与之争"的高明策略,即或圣人也很难做到。它大致有如下表现:

1.善于修身

主要通过"为学日益,为道日损"的途径以实现。"为学日益"强调做学问主要用加法,"为道日损"强调修道主要用减法。由于有"学以致道"之说,因此又可以认为"为学"是为道的前提或基础,比之为道更为重要。换言之,如果没有"为学"就不可能认识什么是道,什么是德,什么是仁、义、礼、智、信等,那么为道也就无从谈起。再加上"修身者,智之府也""好学近乎智"等,可以得出好学乃修身之核心的结论。又由于好学只是提高人的能力、水平、才干、道德的一种方法、手段或策略,并未参与人与人之间的直接竞争,因此它又可谓"不争之德"。在诸葛亮那里,这种不争之德叫宁静致远。

2."善利万物"

老子以水为中介说明这是一种"几于道"又涵括了仁、义、礼、智、信诸德目在内的大德。它纠缠于人群之中。老子之圣人,主要表现为"以百姓心为心""为天下浑其心",即全心全意为人民服务。孔子之圣人,主要表现为"博施于民而能济众""爱人""举直错诸枉,能使枉者直"。"善利万物"者能量巨大,既无处不在、无物不利,又能"物物而不物于物",所以无所争。

3."无尤"

因为好学而不争,"攻己之恶",又"毋攻人之恶","多闻阙疑","多见阙殆"而"无忧无惧"。没有恐惧、烦恼与怨恨,剩下的当然是无边无际的快乐。乐由何来?主要仍源于好学。好学不仅能实现"知命""知言""知人""知道""自知",能认识到一般人不能认识到的诸多曲折与神奇、真理与奥秘,也能使人从"贫而无谄,富而无骄"上升到"贫而乐,富而好礼",所以自然就会有许多一般人不可能有的快乐。"孔颜乐处",说到底其实就是好学之乐,或好学过程中的悟道之乐。

4."天下莫能与之争"

天下暂时没有人有能力与之争,即或有能力也不会或不敢与之争。原因是此主体不仅成了拥有巨大能量的圣人,拥有绝对权力,就是那些想争的"智者""为奇者""逆行之臣"也会因为没有响应之助而只能选择放弃。这对于主体与天下而言都是一个伟大而崇高的结果。

二、孔子论"德"

孔子是老子的学生,其对于德的认识大体不出《老子》论德之范畴,亦与汉字学哲学对于"德"字初文构形的认识高度一致。

(一)"德者,所以尊道也"

此语出自《孔子家语·王言解》,既说明了什么是德,亦是汉字学哲学关于"德、道"两字构形关系及其哲学意义的直接描绘。无论是 𢔌、德还是今天正在使用的"德",它们中的"行"或双人旁"彳",其实都是道。这种阐释,表面上看很是简明,所谓"德"就是尊道而行,但是一追问,如果我们并不深刻地知道什么是道,那么这种解释就会令人迷惑。幸好,孔子在此句的前一句又做了简要的说明:"夫道者,所以明德也。"虽然同样是对于"道—衜""德—惪"之构形关系的一种直接描绘,但说明了它们一方面可以互涵,另一方面又有所侧重。道以形上之思为核心,亦强调行动、实践、践行,但明确认为无论是从形上到形下或从物质到精神,它们皆是实在性与虚无性的统一。德因为以直即公正为核心,所以其主要强调的就是人与人之间的关系的正确处理。它一方面从属于道,另一方面却因侧重于众人的事(多指政事),所以又有相对的独立性。"夫道者,所以明德也。"所谓"道",就是用来指明什么是德的一切东西。这里的一切东西又主要表现为事物发生发展变化的规律性以及仁、义、礼、智、信诸德目。其中的"所以"则要求我们,不仅要能认知事物发展的规律性以及以尊道为前提的诸德目,而且要能知道如何运用它们以指导我们的一切行为实践。而上述思想亦可说是对老子"尊道贵德""孔德之容,惟道是从""上德不德""报怨以德"等名句的深刻诠释。

(二)"中庸之为德也,其至矣乎!民鲜久矣"

此语出自《论语·雍也》。孔子认为,中庸作为一种德,没有比它更高的境界了。可是,对于当时的广大百姓来说,却是没能得到它的恩惠已经很久了。此说亦可认为是对于"德者,所以尊道也"的进一步补充,即中庸一定是尊道而行的最高状态。一般认为中庸就是用中、守中、节中或执中等。可是对于如何用中以及这个"中"究竟是什么,又为何可称至德,却又语焉不详。子思说:"中也者,天下之大本也。"(《中庸》)可见"中"有无与伦比的重要性,但一般人仍不知其具体所指。

"中"的初文为 ⚐,象形,像军中飘荡的旗帜。在古代军中,旗是统帅的象征,故其位置必居于军中的核心位置。其引申义主要有内、里面、方位、中等、半、正、不偏不倚、内心、媒介、中介、身、内脏、得当、恰当、恰好对上、陷害、遭受、间隔、中伤、满、充满、科举及第等。但其中只有不偏不倚、得当、恰当、正所表达的既是中庸之意,也是忠所理应具备的特质。而中庸的核心是正,正即公正——公平、正义,既意味着公私兼顾,也寓含了个体与共同体均要把自己与对方既当工具亦当目的。"人心惟危,道心惟微,惟精惟一，允执厥中。"(《尚书·虞书·大禹谟》)其中的"允执厥中"也表达了这种思想。

此外，"中"既可指天平的支点位置，亦可指天平的不偏不倚，或"权(砝码)"与称物之间实现的一种平衡状态。这种平衡状态在用天平称量小物时实现较易，但在称量重物的过程中却不易实现。原因是既不易找到合适的支点，也不易控制权重和适当的杠杆长度。现实的政治实践中，这个支点主要指向统治集团赖以存在或建立的阶级基础或群众基础，杠杆主要指一系列的权力或暴力机构，权重主要指向统治者或当权者通过杠杆所获得的权力大小。如果上述支点、权重、杠杆长度皆合适，并能实现相对的平衡状态，那么相对的公正也就能够实现。

公正的实现，就是天下有道或天下有德的实现，也就是和的实现。"和也者，天下之达道也。致中和，天地位焉，万物育焉。"(《中庸》)

公正在"德"字的构形中即直。"所谓直者，义必公正，公心不偏党也。"(《韩非子·解老》)

中庸之所以可称至德，简言之，就是因为它是"德"中之直，是公正，且符合义，既能经得起众人眼睛的审视，也能经得起思想家们思想的追问，是合规律性与合目的性的统一。

不过话又说回来，具有主观能动性的人，无论是个体还是共同体，如果没有追求公正的欲望或努力，那么公正便永远也不可能真正实现。如果社会没有最基本的公正，那么和便不可能。和不可能，社会就会混乱无序、停滞倒退。当代中国，我们党带领人民致力于最基本的社会公正追求，和谐与发展是社会主流。具体而言，近年来的脱贫攻坚战实际上就是最令人信服的实现最基本的社会公正的伟大实践。它不仅与老子的"夫唯无以生为者，是贤于贵生"(《老子》第七十五章)，周公的"利而勿利也"等公正思想高度吻合，而且是孔子"不患寡而患不均，不患贫而患不安"等关于公正认识的生动体现。

孔子之德，是其"志于道"的一个伟大而有力的工具。它不仅需要尊道而行，而且需要通过仁、义、礼、智、忠、信、孝、勇诸分目以表现出来。这与老子的思想并无差别。

孔子所"志"之道，主要表现为治道，目标在于实现"礼乐征伐自天子出"，中庸之德能为天下人所共享的"天下有道"。简单来说，就是让天下百姓都能够享受到最基本的社会公正——至少能丰年终身饱,凶年也不至于饿死。孔子不仅这样想,而且一直在这样做,或一直在寻求这样去做的机会。这与老子的"实其腹""以百姓心为心""为天下浑其心"没有太大区别。

孔子一方面自认为"天生德于予",即自认为天生就有一种以天下为己任的情怀或豪情,另一方面又承认:"我非生而知之者,好古,敏以求之者也。"(《论语·述而》)表面上看似很矛盾,或认为"天生之德"与"敏而求之"并非一指,实际上它们不仅不矛盾,而且实为一指、殊途同归。因为"知德者鲜矣",所以只有一辈子努力探求,才可能认识什么是真正的德。而事实上,能够坚持终生"敏以求之者"极少。因此可说终生坚持"敏而求之"的精神不仅是一种德,而且就是一种天生之德。

(三)"据于德"

此语出自《论语·述而》:"志于道,据于德,依于仁,游于艺。"之所以说孔子之德主要是其"志于道"的工具,即源于此。

孔子一生"志于道",其所学所为之一切皆以此为旨归。但却因其"道至大",以至于"天下莫能容""而不用"(《史记·孔子世家》)。正因为"天下莫能容",所以许多时候他只能是"累累如丧家之狗"。

何谓"据于德"? 一在于尊道而行;二在于捍卫最基本的社会公正,即以中庸为核心;三在于所作所为既能经得起自己良心的拷问,亦经得起别人思想智慧的追问;四在于"依于仁"。尊道而行关键在于认识道。而对于孔子而言,关键又在于认识人类社会发展之最基本规律性。可是,对于这一点,孔子的认识并不是全面深刻的,所以没有穿越时空的力量。孔子认识深刻且孜孜矻矻以为之、求之的主要是天下有道,捍卫最基本的社会公正。孔子之不朽亦主要因此。

孔子依何"据于德"?"依于仁"。什么是仁? 仁乃德之光。对于孔子而言,仁以孝为根本,其拓展则为爱人或忠、恕、义、礼、智、信、勇等。它有时表现为"克己复礼","非礼勿视,非礼勿听,非礼勿言,非礼勿动";有时表现为"己所不欲,勿施于人";有时是"己欲立而立人,己欲达而达人";有时是"先难而后获"等。它既是君子为政的理想状态,也是其实现不忧不惧、内省不疚的心理基础。

孔子凭何"依于仁"?"游于艺"是实现前述三者的现实基础与理论基础。"游于艺"不是游戏诸艺或游戏艺术,而是通过"博学、笃志、切问、近思",而潜心遍研诸艺。(《论语·子张》:"博学而笃志,切问而近思,仁在其中矣。")换言之,如不能深刻遍研诸艺,便不仅不能深刻认识什么是仁、什么是道、什么是德,而且更不可能有治国平天下的能力与实践。孔子之艺以小者以礼、乐、射、御、书、数为基,大者以《诗》《书》《易》《礼》《乐》《春秋》为本。在孔子看来,无艺或不通于艺即无治国平天下之道。不学《诗》,无以言;不读《书》,不知政;不学《易》,不知变;不知《礼》,无以立;不知《乐》,无以和成;不知《春秋》,无以鉴惧。无治国平天下之道,即不能有功于天下百姓,故仁便会陷于空谈或流俗。孔子之所以愿意应悖乱之臣佛肸(以中牟叛)、公山弗扰(以费叛)之"召",其根本原因亦在于此。具体而言,就是孔子自己所说:"如有用我者,吾其为东周乎?"(《论语·阳货》)"为东周",即在东部周地复兴西周曾经的辉煌。(《论语·八佾》:"周监于二代,郁郁乎文哉,吾从周。"在孔子看来,最重要的是复兴以周礼为标志的周文化。)

(四)"为政以德"

此语出自《论语·为政》:"子曰:'为政以德,譬如北辰居其所,而众星共之。'"为政以德之所以能得众星拱之,主要表现为两个方面:一在于为政者自己能做到"身正""主忠信,徙义""先之劳之""无倦""为国以礼"等;二在于为政者特别是最高统治者,能做到"举直错诸枉""养民以惠""使民以时""节用而爱人"等。前者主要通过修身即不断地"为学日益,为道日损"以达到;后者则是在前者的基础上以实现最基本的社会公正为旨归。

为政以德最初是孔子治道的最重要内容或目标之一,后来也是中国自古至今治道的重要内容或工具。据《孔子家语·执辔第二十五》:

> 闵子骞为费宰,问政于孔子。子曰:"以德以法。夫德法者,御民之具,犹御马之有衔勒也。君者,人也;吏者,辔也;刑者,策也。夫人君之政,执其辔策而已。"

德与法一样,都是统治者用来御民的可比于辔、策、衔、勒的工具。

孔子以天下为己任的至大之道之所以不能用,其真正原因不在于道真的大而无用,而在于它需要以统治者为政以德,即以自身有德为前提。

(五)"崇德"

所谓"崇德",遍及社会人生诸方面。上述为政以德即为孔子崇德的最核心内容,具体又以崇信仁、义、礼、智、忠、信、孝、勇等表现出来。从政者如无德,对于社会与百姓的伤害当是最大的。

"人而无恒，不可以作巫医。"(《论语·子路》)这是孔子所引"南人"之言。这里之"恒"不仅指向恒心、毅力，更指向坚定持久的道德之心。一个人没有坚定持久的道德之心，就既不会有坚定的信仰，也不会有好学的精神，既不可能有做好巫医的客观、公正、良心，也不会有做好巫医的技术，而最后的结果则必定是"承羞"。(《论语·子路》："'不恒其德，或承之羞。'子曰：'不占而已矣。'")以此推之，孔子主张"不占"便是最好的选择。"不占"的背后所体现的是：君子知命，但仍不会屈从于命而坚定地选择"明知不可为而为之"。

"吾未见好德如好色者也。"(《论语·卫灵公》)据《论语》的其他记载，孔子与他的弟子们应当是主张"贤贤易色"的。但"好色"胜过"好德"无论是在过去还是现在都是一种普遍的社会现象。这说明在男女关系问题上，人的动物性、物质性或第一性的一面总是占据着主导地位，而其社会性、精神性或第二人性的一面总是处于从属地位。但这种事情又不可太过绝对，当在公共场合，需要展现人的社会性一面时，人的"好德"亦会得到充分的呈现。换言之，"好色"是最基本的自然人性，"好德"则是人的最基本的社会性。

"道之以德，齐之以礼，有耻且格。"(《论语·为政》)无论是从历史还是现实来考察，仅靠一般所谓"道之以德，齐之以礼"是不可能获得"有耻且格"的结果的。所以，此礼绝非一般礼仪，而是包括法在内的礼法制度。事实上，孔子非常重视法(刑法)的作用，这可以从孔子为大司寇上台第七天就杀了乱政大夫少正卯的事例中得出。

相 关 链 接

孔子为鲁司寇，摄行相事，有喜色。仲由问曰："由闻君子祸至不惧，福至不喜，今夫子得位而喜，何也？"孔子曰："然，有是言也。不曰'乐以贵下人'乎？"于是朝政七日而诛乱政大夫少正卯，戮之于两观之下，尸于朝三日。(《孔子家语·始诛第二》)

"有德者必有言，有言者不必有德。"(《论语·宪问》)前句说明："有德者"或是深刻懂得什么是真正的道、德、仁、义、礼、智、信等的人，或是在自然、社会、人生等方面有深入探讨或研究的人。因为深刻地懂得，所以必定会有深刻的感悟,于是"有言"便理所当然。当然,这里的"言"在远古时期,既可能是文字,也可能是口耳相传。但无论以何种形式,如果要成为经典,都要通过后人的记录整理以成书面语言。这也是孔子所云"言之无文,行而不远"之意。换言之,没有文字,再好的"言",再好的文采,都不可能流传久远。不过,除此之外,"有德者必有言"还特别强调了立言对于立德的重要性。后句说明:言与行总是有距离的。人之言特别是书面语言,大多会以"雅正"的形式出现,但行却不一定会与之相吻合(历史上这样的例子不胜枚举)。所以孔子认为对人既要"不以言举人"又要"不以言废人",既要察其言,又要观其行。

"德不孤,必有邻。"(《论语·雍也》)这是一种对于德的存在的客观性描绘。它既充分反映了人是一切社会关系的总和的论断的正确性,也反映了德对于道的从属性质。人之有德,源于"道之功"(《韩非子·解老》)。人之有道既源于天命之性,亦源于教或学。(《中庸》:"自诚明谓之性,自明诚谓之教。"《论语·子张》:"学以致其道。")"谁能出不由户?何莫由斯道也?"(《论语·雍也》)德不仅有邻,会影响他人,而且是个绝对性的存在。

三、《左传》论"德"

《左传》之德有建德、令德、懿德、盛德、茂德、大德、孔德、上德、善德、天德、至德、昏德、明德、正德、衰德、凶德、广德、全德、仁德、庸德、达德、小德、厚德、玄德、险德、私德、公德、刑德、威德、薄德、俊德、否德、文德、武德、秽德、嘉德、崇德、敏德、元德、阴德、阳德、乐德、俭德、常德、贤德、合德等多种含义。当它与其他字合为一词后,即不一定再具一般的道德之意,而是变成了一种带有从属性质的德性。比如说"文德",现在一般仅指某人在为文方面所体现出来的独立或独特的价值观或价值理念,而在《左传》《论语》中它却是与"武功"相对的一个概念,即主要指向国家之"文治"。但因为"文"是褒义或中性字,所以这种价值观或价值理念便一定符合当时社会所普遍认可的道德认知。再比如说"秽德",由于"秽"是贬义,故一开始就决定了此德的不堪,即对于正面意义之道德认知的违背。但如不加前缀,《左传》之德便与其他经典并无二致,仍然指向道德,即尊道而行的德。

"恕而行之,德之则也。"(《左传·隐公十一年》)以"恕"指引一切行为实践,是德的根本原则。恕,如心也。如我之心,如你之心,如他人之心,如众人之心,将心比心,推己及人,换位思考(与"德"之"心"一样,此"心"如深加追问,也包括良心、思想、智慧)。在孔子那里主要以仁或忠出之,具体即"己所不欲,勿施于人","己欲立而立人,己欲达而达人"。这种认识不仅寓含中庸之德或公正,而且隐约透显着近代的民主自由思想。

"俭,德之共也;侈,恶之大也。"(《左传·庄公二十四年》)俭是所有德目之中最重要的之一,也是有德之人的共同特点(需要说明的是,这里的俭,不是吝啬,而是指适当的俭朴以及一种恭敬对待一切自然环境、物质财富的态度。"共"也有恭的意思)。侈是俭的反面。这种认识,对于这个世界,特别是对于环境保护与可持续发展来说,永远具有重大现实意义。这里同样寓含着中庸或公正思想,特别是强者与弱者、当代人与后代人之间的公正。

俭德,是中国传统文化中的重要美德之一,但与当下消费主义的冲击下,已经式微。这是个摆在全世界人民面前的一个大问题。

"礼乐,德之则也。"(《左传·僖公二十七年》)礼乐为先代圣王所制,其以和、中和为最高境界,故德自然深藏其中。荀子的"学至乎礼而止矣,夫是之谓道德之极"(《劝学》)似也部分反映了这种思想。但此"道德之极"之礼不是一般的礼仪而是指向礼法制度。因为礼如果仅指礼仪,那么它就可能成了"忠信之薄而乱之首"(《老子》第三十八章)。不过,在今天看来,礼乐作为德之则,无论从哪方面来说,似多已不合时宜。由于时代的发展、生产力的进步与异化的作用,它已颇具盲目性。这就如同信仰一样,如不加反思,有时甚或比谎言与谬论更有害。

"敬,德之聚也。"(《左传·僖公三十三年》)以恭敬之心与行待人接物,是德的核心或有德的集中表现。它要求我们不仅面对君主(国家)、上级或长辈要敬,而且要敬一切人与事物,即"君子无不敬"(《孔子家语·大婚解》)。不过,敬则敬矣,但情感态度却各不相同,或敬而远之,或敬而惜之,或敬而重之,或敬而亲之,等等。它常以礼具体表现出来,但背后所依靠的是仁、义、忠、孝、信、勇等。

"忠,德之正也;信,德之固也;卑让,德之基也。"(《左传·文公元年》)忠恕,是道德的主体或规范性内容("忠、恕"是可以互涵互通的);诚信,是道德之城防要塞;谦让,是道德的根基。

忠恕必须通过人与人之间的关系表现出来。对于主体而言,一表现为忠于职守;二表现为受人之托、忠人之事;三表现为在上述二者基础上以"致其力"。总括起来,它既包括兑现承诺、诚实不欺;也包括推己及人,即自己的所作所为是否站在了对方的角度上思考并做出了最大的以符合双方期望的各种努力。以此可知,忠恕之德几乎无处不在,它的核心是不能有违最基本的社会公正原则。

诚信是人类社会共同体建立并存续的最基本的道德要求。孔子说"民无信不立""人而无信,不知其可也"皆可说明这点。一辆车之所以能行稳致远,是因为有**𫐐**把车轴与车厢栓连在一起。没有这种栓连,车就无法自由前行。这个**𫐐**就是信。可见,无论什么样的自由,都是需要有条件限制的。

谦让主要表现为礼与敬。人之所以要有敬有礼有谦让有道德,根源在于人与生俱来的恐惧。人不能没有恐惧,没有恐惧就会无所不为也。所以《易传》说:"君子以恐惧修省。"与谦虚卑让相对的是骄傲、狂妄或不逊。骄傲、狂妄、不逊本身或不是什么大罪,但在一定条件下却可能造成对于自我以及他人的伤害,有时甚或是不可逆的重大伤害。所以孔子要求我们:"邦有道,危行危言;邦无道,危行言孙。"社会上有公平正义时,我们要正言正行;社会没有公平正义时,我们更要谦虚卑让,尤其是语言表达要谦逊。也唯有如此,才可能远害全身。

"义而行之,谓之德、礼。"(《左传·文公六年》)遵义而行,既是德,也是礼。义之行,既能彰显主体自身正面形象,又能适当得体。其核心既与最基本的社会公正同行,亦与尊信尚忠不悖。对于君子而言,言之必能行之,行之必能通之,通之必能利之,既利于主体自身,又利于天下苍生。

"忠为令德。"(《左传·成公十年》)忠是孝向更广大范围的扩展,当然是美好的德行。正因其美好,所以我们必须崇尚,但崇尚的前提是要认识什么是忠。

"德,国家之基也。"(《左传·襄公二十四年》)德,是国家存续的根基。周初之文王、武王、周公对于它都有特别的认知与重视。周人认为,周之所以能够取代商,根本原因就在于周比商更有德。

四、韩非论"德"

(一)"德者,核理而普至"

此语出自《韩非子·扬权》。德是一切道理的核心,而且普遍地存在于一切人与事物之中。因为道无处不在,所以道理无处不在,并且客观公正、无情无私、没有偏爱。就人类社会而言,这个核心既是以公平、正义为前提的合规律性与合目的性的统一,也是价值与理性的统一。极为普遍的存在,即存在于人的一切社会实践之中。它要求我们为实现上述这种统一,既要不断学习以认识事物发展的规律性,也要不断地把这种规律性认识形成理论智慧以指导一切科学、生产、生活实践,并不断地反复、总结、提高以形成更高的理论智慧以指导新的更高的科学、生产、生活实践。

此认识亦与汉字学哲学关于"道、德"初文构形及其关系之认知高度一致。

(二)"庆赏之谓德"

此语出自《韩非子·二柄》:"何谓刑、德? 曰:杀戮之谓刑,庆赏之谓德。为人臣者畏诛罚而利庆赏,故人主自用其刑、德,则群臣畏其威而归其利矣。"他告诫明主治其国必得把杀戮与庆赏之二权柄牢牢握在自己手中,不然,不仅会有失去权柄之忧,而且会有性命之忧。春秋时期"田常徒用德而简公弑,子罕徒用刑而宋君劫"就是齐、宋二君失却权柄之后的必然结果。

但根据"德者,核理而普至",不仅庆赏能体现君主治国理政之德,而且刑戮甚至过之。虽然前者以恩惠,后者以恐惧,但由于恩惠既能鼓励优秀臣子又能彰显公正,刑戮则对彰显最基本的社会公正作用更大,因此二者皆深蕴大德。原因是,刑不仅能体现君主之德,而且是实现天下有道的最强有力的工具。换言之,如果天下有道,刑所追求与实现的就是最基本的社会公正;如果天下无道,刑之下就一定会有无数的冤魂,当然,公正也就无从谈起。

韩非子主张"以法治国""法不阿贵""一于法",但实际上对于掌握了绝对权力的君主却无法约束。于是问题或矛盾就产生了——谁来监管或控制君主那至高无上的权力?

秦始皇帝一统天下,让君主的权力得到了无限的扩张。但也正因如此,怀贪鄙之心的人性也会不断地助长邪恶——于是仁义不施,攻守之势自异,国家的分崩离析也就不可避免了。

解决的办法,在古人看来,或寄希望于圣主、明君,或寄希望于"自天子以至于庶人,壹是皆以修身为本",这都需要经验教训的积累与思想智慧的传承。但事实是,总需要为此付出代价——既有仁人志士"杀身成仁""以身殉道"以及学者的反思与追问,更要时间的沉淀。

综言之,韩非子"以法治国"思想虽有一定的时代局限,但某种程度上仍能与当代政治实践相通相融。特别是其"一于法"思想,既彰显了尊道而行、忠君爱民的务实精神,亦是有德的体现。

（三）"德者,内也。"

此语出自《韩非子·解老》:"德者,内也。得者,外也。'上德不德',言其神不淫于外也。神不淫于外,则身全。身全之谓德。德者,得身也。凡德者,以无为集,以无欲成,以不思安,以不用固。为之欲之,则德无舍;德无舍,则不全。用之思之,则不固;不固,则无功;无功,则生于德。德则无德,不得则在有德。故曰:'上德不德,是以有德。'"这种认识歪曲了老子的思想,看似玄乎,其实不仅与其自身一贯思想不符,也与"上德不德"原意不符。再者,又因它既背离了"德"字构形的本义,也远离了一般的现实生活逻辑,所以极不可取。

德,简言之就是尊道而行。如若不行,则既不能彰显其道,更不能实现"得"。故其又怎一个"内"字所能概括?

老子"上德"之所以"不德",正是尊道使然。此思想既是道法自然的必然,也是道在人间的践履。"天地不仁,以万物为刍狗;圣人不仁,以百姓为刍狗",即是这种思想的集中表现。圣人之所以"不仁",正是其遵从自然、人类社会之最基本规律而行之故。就像阳光普照大地、水善利万物,有"生生"之大德又不可避免地会给人类带来灾难一样。

（四）"德者,道之功"

此语出自《韩非子·解老》:"道有积,而德有功;德者,道之功。功有实,而实有光;仁者,德之光。光有泽,而泽有事;义者,仁之事也。事有礼,而礼有文;礼者,义之文也。"其"道之功"即道之用。一个人对于这个世界的一切认识成果皆可称之为道。如把这种认识成果运用到自己的一切行动实践之中就是道之用,就是德。故"无道"便"无德","有道"便是"有德"。

歪门邪道即"险德秽德";走光明大道即有"大德孔德"。其"实"即果。有德必定有果。仁为德之果。一个人如果对于道德没有正确认识或认识不够全面深刻,则有可能结出仁之"恶果"。所以老子有"善之与恶,相去若何",佛家有"仁慈即罪恶",孔子有"好仁不好学,其蔽也愚"之说。智慧之仁之果则一定会让人散发出灿烂的人性之光。这种人性之光必定会对这个世界有所润泽,并通过一系列事实等表现出来。对一个人而言这些具体的事件就是义行。但无论什么样的义行,最后都要通过一定的形式表现出来,这种形式便是"义之文"。"义之文"即礼。礼必须符合仁义道德,不符合仁义道德之礼便不是真正的礼。所以,礼是一种虚无性与实在性的统一。在与人交往过程中,它既很重要,又是最不重要的东西。换言之,当一个社会的一切关系全然要以礼来维系的时候,那么它离崩溃也就不远了。以此,老子便很自然地发出了"礼者,忠信之薄而乱之首"(《老子》第三十八章)的感叹。不仅老子,孔子的"人而不仁,如礼何?人而不仁,如乐何"(《论语·八佾》),曾子的"君子所贵乎道者三:动容貌,斯远暴慢矣;正颜色,斯近信矣;出辞气,斯远鄙倍矣。笾豆之事,则有司存"(《论语·泰伯》)也道出了同样的意思。至于子贡以"虎豹之鞟犹犬羊之鞟"比"文"与"质",即把礼与义完全混为一谈的认识则是完全错误的。(《论语·颜渊》:"文犹质也,质犹文也,虎豹之鞟犹犬羊之鞟也。")原因是,虽然去掉了毛的虎豹之皮与去掉了毛的犬羊之皮表面上确无大别,但这只能对于毛皮而言。而对于其他大多数事物,如"文"与"质"的关系而言则皆是极不恰当的。

综言之,对于个体之人而言,是否全面认识或深刻懂得礼仪并不是最重要的,最重要的是能深刻认识道。能深刻认识道并坚持不懈地尊道而行,就是道德仁义。有了道德仁义就是最深刻的礼;反之,便只能是虚伪或虚无的表面文章。

当然,当人们(如荀子、女叔齐、子产、子大叔等)把礼捧到了"道德之极"即与道德同样位置时,那么礼就已不再是"忠信之薄"之礼仪,而是一系列的国家道德法则与礼法制度了。

五、其他诸子论"德"

(一)庄子

"德者,成和之修也。"语出《庄子·德充符》。德,是人或人类社会取得一切利益、成功,实现一切和谐所必需的修为、修养。既能建功立业,又能实现社会和谐,有这种修为、修养之人,必为有德之人。

（二）《吕氏春秋》

"德也者,万民之宰也。"语出《吕氏春秋·精通》。德即广大民众的最高主宰。这个主宰既是道,亦是尊道而行的仁、义、礼、智、信等。就当代中国而言,它的主要内容即社会主义核心价值观。

（三）《礼记·乐记》

"德者,得也。"语出《礼记·乐记》。"有德者"就能"有得"。"得"什么?不同的时空、立场、认识,就会有不同答案。窃以为,主要是得名、位、禄、寿之利,但无论是得什么,都带有强烈的功利主义色彩。这种说法既与"义,利也"（《墨子》）、"德义,利之本也"（《左传·僖公二十七年》）异曲同工,也与汉字学对于"得"的认知高度统一。孔子说:"故大德,必得其位,必得其禄,必得其名,必得其寿。"（《中庸》）更是直截了当地表达了这样一种思想。有些佛教徒认为儒家的这种思想太功利了,其实这只是一种相对现实客观的认识而已。佛家的修行也有所"得",得清静、清闲、清逸、清名而已。圣人所得——"死而不亡"。

"得"字初形有两种:𢔎、𢔰。𢔎,上为贝,下为手,以手得贝,明显指向的是对于金钱或其他物质利益的获得。𢔰,其双人旁既是行、路、道,亦是行动与实践。《说文解字》:"得,行有所得也。"物质利益或金钱,只能是在前行的路上、在大众面前、在不断的行动或实践中,并因遵循了道义原则而获得的。𢔎、𢔰构形大部分相同,意义也相通,但前者只是直接地指向金钱或物质利益,与德的构形相距太大而最后被抛弃。换言之,"得"只能是"行有所得"或"尊道而得"。如"得"不合道则必定如孔子所言:"虽得之,必失之。"（《论语·卫灵公》）

（四）子夏

"大德不逾闲,小德出入可也。"语出《论语·子张》。一个人只要在大德或公德上持守一定规范或底线,在小德或私德上有逾越,许多时候不但不会影响其形象,反而会增添其可爱可亲。但当社会处于大变革时期,所谓"大德不逾闲"就不一定合乎时宜。这就像"其人也孝悌"在不得已的情况下却不得不选择"犯上作乱"一样。不过,这一点,若非大英雄豪杰是认识不到的。

(五)曾子

"慎终追远,民德归厚矣。"语出《论语·学而》。其思想与孔子的一贯主张高度统一。当统治者慎重地对待每一个生命的死亡,能坚持适当地追念先辈的功绩,就能教导百姓慎重对待自己与他人的生命。当每一个人都能慎重地对待自己与他人的生命(即老子所谓"使民常畏死")时,民德才可能归厚,社会治理与稳定繁荣才有可能。如果"民不畏死",那么此社会就一定无道。当天下无道,就必然有人以身殉道,那么社会的不稳定便不可避免。

第三节 "德"的境界

德是有多个层次的。老子不仅认为道、德、仁、义、礼有从属性质——"失道而后德,失德而后仁,失仁而后义,失义而后礼。夫礼者,忠信之薄而乱之首",而且认为德有上德、下德之分。韩非子认为"德者,道之功","仁者,德之光","义者,仁之事","礼者,义之文"等,也含有相同的道理。孔、孟认为仁、义、礼、智、信、忠、恕、孝、廉、勇等皆为德之分目也能说明之。窃以为,上德因为总是与"不德"紧密联系,所以可以肯定它就是道。又由于"德、道"相通以及其非同寻常的互涵关系,因此德的最高境界便只能是道的境界。再者,因为仁、义、礼、智、信、忠、恕、孝、廉、勇诸德目因尊道而行就能通于道(就像每一条小路均有机会通向大道一样),所以它们的最高境界也只能是道的境界。

而下德则相反。由于它们总是以不符合道或仁、义、礼、智、信、忠、恕、孝、廉、勇、行诸德目表现出来,因此总是事与愿违(最后或无路可走或只能走向死路)。比如不符合道的仁而导致的愚,此愚是真正的愚蠢,可不是春秋时卫国宁武子的那种愚不可及的愚。(《论语·公冶长》:"宁武子邦有道则知,邦无道则愚,其知可及也,其愚不可及也。")此外,不符合道的义而导致的"盗",不符合道的智而导致的"荡",不符合道的信而导致的"贼",不符合道的直而导致的"绞",不符合道的刚而导致的"狂",不符合道、义的忠、恕、孝、廉而导致的"愚"(忠、恕、孝、廉皆属于仁的范畴),不符合道、义的勇而导致的"乱"等等,皆可称下德。

综上可知,现实中我们所追求的德或仁、义、礼、智、信、忠、恕、孝、廉、勇诸德目,皆须以尊道为前提。

一、"天下有道"或"天下有德"的实现

德的最高境界,就人类社会来说即天下有道或天下有德之政治局面的实现,也即颜回、子贡所谓孔子"天下莫能容"且可以为之"夕死可矣"的至大之道,也即中庸或最基本之社会公正已为广大民众所拥有。其中孔子所描绘的"其政好生而恶杀,其任授贤而替不肖。德若天地而静虚,化若四时而变物。是以四海承风,畅于异类,凤翔麟至,鸟兽驯德"(《孔子家语·好生第十》),或"为政以德"的实现,皆颇具代表性。

这种认识亦可从"政"字初文构形的汉字学哲学分析中得出。换言之,"政"字从一开始便寄托了圣人治国平天下的善政理想。

"政"由"正"与"攵"共同构成。孔子说:"政者,正也。"(《论语·颜渊》)何为正?正即"是",其核心即公平、正义。它既是孔子"举直错诸枉,能使枉者直"(《论语·颜渊》)、"报怨以直"(《论语·宪问》)中的直,"中庸之为德也,其至矣乎!民鲜久矣"(《论语·雍也》)中的中庸,也是汉字学哲学关于"道、德"初文及其关系认识的核心思想。"子帅以正,孰敢不正?"就是为政以德,就是当权者有最基本的公正之心的表征。公正乃合规律性与合目的性的统一。"正"字初文之"一"代表的既是规律、目的,也是道。止即达到。"攵",俗称反文,即不是文而是武。其原初是一只拿着戟或戈的手,是武力、暴力、强力、战争、武装的象征。后来随着社会的进步,或又赋予了教育、传统、文化、文德的含义。于是这只拿着戈的手同时也可能是一只拿着戒尺、笔或教鞭的手(如有人认为"攵"仅指"文"或仅指"修文德"则是片面的)。可见,所谓"天下有道、天下有德、中庸、公正"的实现,既需要暴力的加持,也是文化的产物。例如老子:"使民常畏死,而为奇者,吾得执而杀之。"(《老子》第七十四章)这里的"杀"主要表征的就是暴力,同时也是传统与文化。没有暴力作为支撑的"政"是不可能的。

当然,文德也是必要的。孔子:"远人不服,则修文德以来之。"(《论语·季氏》)"吾闻孔子之施教也,先之以《诗》《书》,而道之以孝悌,说之以

仁义,观之以礼乐,然后成之以文德。"(《孔子家语·弟子行第十二》)"子路问成人。子曰:'若臧武仲之知,公绰之不欲,卞庄子之勇,冉求之艺,文之以礼乐,亦可以为成人矣。'"(《论语·宪问》)"子曰:'兴于诗,立于礼,成于乐。'"(《论语·泰伯》)文德主要指向礼乐教化,也可能指向文章、文学、历史、制度等的学习、传承与发展。

现实中,如果统治阶层皆能做到"政者,正也""子帅以正",那么"贤而替不肖","好生而恶杀"的实现,在孔子看来就必然无疑。于是"德若天地而静虚,化若四时而变物",天人合一便可实现。这既是老子、孔子的天下有道,也是其无为而无不为,也是为政以德。

可是,"好生而恶杀"与"德若天地而静虚,化若四时而变物"联系在一起,却不是绝对的。因为真实客观的天地并不总是静虚,同时也是运动的;能够变物的四时并不总是和风化雨,亦有万钧雷霆、暴风骤雨。既有肃杀的秋,严寒的冬,也有滔天的水,酷烈的旱,以及极端危害众生的瘟疫、地震、海啸、火山喷发等。它既是自然界的规律,也是人间的法。推言之,"好生而恶杀"的贤能政治,必须以公正无私的法作为工具。即或是老子、孔子的无为而治,舜的重拱而治也是如此。

综上,天下有道、天下有德或为政以德的实现,在古人看来其最重要的前提条件,并不是富强、民主、自由、平等的实现,而是最基本的社会公正的实现。可见,公正作为最古老的核心价值之一,具有永恒性。

二、"全德之人"的实现

就个人来说,德的最高境界可能是"全德之人"的实现。对于全德之人,《吕氏春秋·本生》的具体描绘是:"若此人者,不言而信,不谋而当,不虑而得;精通乎天地,神覆乎宇宙;其于物无不受也,无不裹也,若天地然;上为天子而不骄,卞为匹夫而不惛。此之谓全德之人。"此类人与老子、孔子所云之圣人或善人相近,但孔子认为并未在现实生活中看到,故或只存在于传说之中。

《老子》之中有"圣人"29见,可谓对于圣人的描述最为详尽。其主要有:"圣人不行而知,不见而明,不为而成。"(第四十七章)"圣人处无为之事,行不言之教。"(第二章)"圣人无常心,以百姓心为心。善者吾善之,不善者吾亦善之,德善。信者吾信之,不信者吾亦信之,德信。圣人在天下,歙歙焉,为天下浑其心,百姓皆注其耳目,圣人皆孩之。"(第四十九章)"圣人不病,以其病病,是以不病。"(第七十一章)"圣人被褐怀玉。"(第七十章)等等。如对其所有关于圣人的描述加以概括,并把所有的优长都放在一人身上,他便既是崇高道德的化身,又是睿智聪明的代表;既是领导者、组织者、总设计师,也是智者、学者、老师;既谦虚谨慎,公正、正直,又能以身作则、不居功、不争名位、居安思危、有远见;既不贪婪、不奢侈、不荒淫、不固执、不骄傲、有担当、胸怀宽广,又能爱百姓,重民生,善于救人、救物,既是圣王,又是隐士,还是善于认知宇宙万物的哲学家、思想家或科学家。可是这样的人,绝非人间有。可见,老子心中的圣人一定是有诸多分类或层次的。他们中不仅有圣王,也有其他当权者、学者、贤人或隐士(当然,这些认识亦可从"圣"字的多个初文构形分析中得知,也可从《孟子》《吕氏春秋》以及孔子的学生们对于圣人的认知中得知)。这种认识为老子、孔子被后世称为"圣人"奠定了思想基础。

孔子心中的圣人是君子的最高状态,不仅知命、知人、知言、不忧不惧不惑、有勇有谋,而且能"修己以安百姓"亦能"博施于民而能济众"。这样的人少之又少,在孔子看来就是传说中的如尧、舜之类的圣王也是"其犹病诸",而在他所生存的那个时代则是不存在的。不仅圣人不存在,就是善人也不存在。"子曰:'圣人,吾不得而见之矣!得见君子者,斯可矣。'子曰:'善人,吾不得而见之矣!得见有恒者,斯可矣。亡而为有,虚而为盈,约而为泰,难乎?有恒矣。'"(《论语·述而》)但是,孔子心中的君子与"有恒者"的特点不仅与老子心中的圣人的部分特点高度吻合,而且与汉字学对于"圣"字初文构形 $\mathcal{P}$ 、$\mathcal{P}$ 的认知也高度吻合。这便进一步为孔子的学生们以及孟子等不断追认孔子为圣人奠定了理论前提或思想基础。因为孔子确实就是这样的君子或"有恒者"。

如果按孔子的标准,孔子自己是成不了圣人的。因为在当时,他认为自己既没有掌握绝对的权力,也没有做到"博施于民而能济众"。但是,随着时间的推移,孔子影响的逐渐扩大,不仅圣人的标准的多元化认知被发掘,孔子的权威性或"隐权力"也发生了他自己都不曾预料的变化,使得孔子本身成了圣人的最高典范。据《孟子》所载,宰我、子贡、有若等人便颠覆了老师心中关于圣人的标准:为圣人树立了一个新的典范,就是他们的老师——孔子。在他们看来,如果孔子不是圣人,那么自古以来,谁都不是。

宰我说:"以予观于夫子,贤于尧、舜远矣。"既然孔子"贤于尧、舜远矣",那么贤于其他人自然就不在话下了。作为孔门十哲之一,又曾不止一次地被孔子骂为"不仁""朽木不可雕也,粪土之墙不可圬也"的宰我能如此说,一定是有充分且相对客观的依据的。为什么孔子的学生们一定要推孔子为圣人呢?除了情感因素之外,下面子贡的分析,道出了主要原因:"见其礼而知其政,闻其乐而知其德,由百世之后,等百世之王,莫之能违也。"为和谐社会而建立的森严的礼法制度,以及"己所不欲,勿施于人""己欲立而立人""为政以德"的为人、为政思想,到今天我们不仍是在遵循吗?有若说:"麒麟之于走兽,凤凰之于飞鸟,泰山之于丘垤,河海之于行潦,类也。圣人之于民,亦类也。出乎其类,拔乎其萃,自生民以来,未有盛于孔子也。'"可见,圣人也是人,只不过比一般的"出类拔萃"还"出类拔萃"而已。只要有志,人人可成圣人。孟子说:"自有生民以来,未有孔子也。"更是旗帜鲜明地认为,古往今来,孔子一人独大,无人可比。综合上述认识,说明成为圣人不一定非要掌握绝对权力。只要人能好学有恒、修成最高天爵,即或没有人爵也能成为圣人而为后世所景仰与效仿。

综上可知,虽然"全德之人"现实中或并不存在,但"贤于尧舜远矣"的圣人却是有的,那就是孔子。但又正如他自己所言,"文莫吾犹人也,躬行君子,则吾未之有得"(《论语·述而》),孔子也是有巨大缺憾的。缺憾在哪?没有成功的伟大实践,尤其是没有成功的伟大的政治实践。有巨大缺憾的孔子却成了圣人的最高标准,这不正好能给予我们诸多深刻而现实的启示吗?

孔子说:"有德者必有言。"(《论语·宪问》)他留下的圣言最多,便为我们做了最生动最有力的回答:立德重要,立言更重要,因为唯有言才可能传之久远。

第四节　如何致"德"

按照韩非子"德者,道之功",孔子"德者,所以尊道也"的认识,关于如何致德在本章关于"德"的初文构形分析中已有所论。

德既然是"道之功",那么我们首先必须得学道、修道以致道。"修道之为教。"(《中庸》)教重在学与效。学重在学习经典,效重在效仿圣贤。修道又云修身。"修身者,智之府也。"(司马迁《报任安书》)修身具体来说就是:"为学日益,为道日损。"(《老子》第四十八章)为学从用加法开始,为道以用减法始终,究其实与教高度统一。"好学近乎智。"(《礼记》)"知(智)之盛者,莫大于成身,成身莫大于学。"(《吕氏春秋·尊师》)"夫学须静也,才须学也;非学无以广才,非志无以成学。"(诸葛亮《诫子书》)这些皆直接指向一个方向——好学。智慧、才能、道德、成身、致道等,无一不从好学而来。换言之,一个人如果不好学,那么就无远志、无大智,故其道就无从大。如其道不大,那么作为"道之功"的德也就不可能大。所以有大德者,必是好学之人。故何以"致德"? 当首推"好学"二字。

不过,对好学又不能做片面的理解。它有点类似于《大学》中所言之"格物"。读书是格物,切问近思是格物,效仿贤圣是格物,"以文会友,以友辅仁"是格物,积极参加各种具体的社会生产实验、斗争实践同样是格物。物格后的目标与结果不仅在于能知致、意诚、心正、身修、家齐,更重要的是能治国平天下,能立德、立功、立言。中国历史上神农、伏羲、黄帝、尧、舜、禹、汤、文、武等如此,就是老子、孔子、墨子、孟子、荀子等也莫不如此。

孔子另有"修道以仁"之说,可是如何"以仁""修道"却颇费思量。"仁者,爱人"告诉我们,修道要从爱人开始。如何爱人? 从爱自己开始。如何才是爱自己? 除了爱护好自己的身体,最重要的是成就自己。如何成就自己? 教。教以学为中心。学既是格物也是行。"仁者,人也"即把别人当成自己一样的人对待——自己希望别人如何对待自己,就应当如何对待别人——最好的办法只能是爱。"仁者,己欲立而立人,己欲达而达人。"立人是爱人,达人亦爱人。以此可知,它们皆与"修道之谓教"相通。

《周礼》说:"以三德教国子:一曰至德,以为道本;二曰敏德,以为行本;三曰孝德,以知逆恶。"(《周礼·地官司徒·师氏/媒氏》)其中的"以为道本",既是以道为本的至德,也是以道为本以致道致德。敏德、孝德既是至德的具体化,也是至德的一部分或补充。换言之,所谓"德",首先得尊道而行。尊道而行重在认知什么是道。认知什么是道,首先重在好学或格物。其次要勤于实践,且须把自己的实践与天下百姓即广大人民群众的根本利益诉求深刻联系起来,这样的敏德才可能"敏则有功"(《论语·阳货》)。敏的关键在于:既能"先之劳之"又能"无倦"。最后是要把孝作为德的核心内容加以坚持与扩充。孝既如《尚书》所云可以"施于有政",也可像《大学》所云可以实现齐家——"其为父子兄弟足法,而后民法之也。此谓治国在齐其家"。实现齐家,就能实现"治国平天下"的认识,不仅与中国古代家国天下同构的宗法社会现实有关,而且是成功的天下治理实践经验的总结。

荀子说:"积善成德,而神明自得,圣心备焉。"(《荀子·劝学》)这句话简约而深刻地把老子、孔子关于德的理想与规约的主要内容都涵括进来了。仅从语境来看,似乎善的层次要比德低些。但其实,善不仅有高低层次之分,亦有不同种类之分。而其最高层次"上善"或"至善",不仅通于德、通于道,而且就是德与道。这不仅是"上善若水。水利万物而不争,处众人之所恶,故几于道"(《老子》第八章)、"大学之道,在明明德,在亲民,在止于至善"(《大学》)所揭示的,也是从道、德、善三字初文构形分析中所得出的深刻认知。

说善有高低层次,主要是指其有大小之分。"勿以善小而不为",是说小善可以是大善的缘起,以此可以激起人们的向善之心,但却并不意味着小善的累积就一定能成为大善。这就像某些人今日施人一粥一饭,明日施人一钱一物,虽然可能得善人之名,但却不能成为真正的善人一样。因为真正的善人,只能是那些善于认知、顺应并能充分地利用天道的人。若能把小善与公平正义结合起来,让其得以发展壮大,便能使之趋向"上善""德""道"。人皆有德,但能有此认识的少。能有此认识,而又能深刻认识什么是公正者犹少,就像孔子所说:"可与共学,未可与适道;可与适道,未可与立;可与立,未可与权。"(《论语·子罕》)所以社会之中有"大德"者甚少。这种现实,既与人之难以"好学有恒"有关,也与知行难以合一有关。

说善有不同种类,主要是指善具有形下、形上或物质、意识等不同形态。故积善的过程,最重要的不是在于施人一粥一饭,而在于让天下人都能有饭吃、吃好饭;不仅能让善的实践的结果恰当、适宜,而且高明、智慧。"神明"只能是在不断的实践中自得。《易传》说:"民咸用之谓之神。"荀子还说:"神莫大于化道。"只有把大道化于民众之中,让天下人都能明白你的大道、传播你的大道,并能把它不断运用于自己的生产生活实践,才能真正实现天下人都能有饭吃、吃好饭的宏大目标。而这种"神明自得,圣心备焉"的人,只能是圣人。换言人,圣人必定是那些能改变一个时代,或是对人类思想产生重大影响的人。

《易传》关于如何致德有更加详尽的描述。《象传上·否》说："君子以俭德辟难,不可荣以禄。"在中国传统道德实践中,俭是核心之一。它首先是老子"三宝"之一。(《老子》第六十七章:"一曰慈,二曰俭,三曰不敢为天下先。")"俭故能广",即是说只有拥有俭德的人,才可能摒弃过多的欲望,树立高远的理想,得到广大民众的支持或拥护,从而远害全身。至于国家或别人给了你很好的俸禄或报酬,也不要太过以此为荣耀。能引以为荣的只能是那些因俭而贡献给天下的思想智慧、言论、功德。《象传上·蛊》:"君子以振民育德。""振"就是兴、助、扶。《象传上·大畜》:"君子以多识前言往行,以畜其德。""前言往行"是我们的榜样、标杆或目标。《象传下·晋》:"君子以自昭明德。""自昭"是堂堂正正、光明正大。《象传下·蹇》:"君子以反身修德。""反身"即反省。《象传下·夬》:"君子以施禄及下,居德则忌。"利益或好处,不要独占,分些予人乃天道自然。以上论述皆从某个侧面为我们指明了致德的途径。虽经数千年,仍能给予我们以现实的指引。

而庄子则在其名篇《人间世》中借孔子之口说:"知其不可奈何而安之若命,德之至也。"这样的至德看似有点消极或宿命色彩,但其实它不仅与老子的"君子得其时则驾,不得其时则蓬累而行",孔子的"天下有道则见,无道则隐"高度一致,既是智慧的、健康的,也是积极而安静的,而且与康德的来自上帝的"绝对命令"也是高度一致的。"知其不可奈何"就是知命。君子知命(《论语·尧曰》"不知命无以为君子也")。真正的知即深刻地"知道"(《吕氏春秋·侈乐》"知其所以知之谓知道")。君子所知之命:一为人类只能认知、顺应、利用却无法改变或征服的客观规律性;二是人之为人所必须遵守的法律、道德、行为规范;三为来自自然或人类社会不可抗拒但有时又不得不抗拒的绝对权威或伟大力量。知命之外,则更在"安",不仅深知命的这种规律性与规范,而且深知要以愉快、积极、安静的心态去面对它。老子、孔子的主张都是愉快、积极而安静的。但孔子在此之外又有"无可无不可"与"知其不可为而为之"。"蓬累而行"虽然深刻认知天命,但不是随波逐流,毕竟有一定的机会主义色彩。相较而言,孔子的世界观、人生观、价值观似乎要比老子的更加积极:即或永远不能取得对抗命运的胜利,也要积极向上,乐观向前。这同样是知命。而对于孟子来说,知命就是:

"莫非命也,顺受其正。是故知命者不立乎岩墙之下。尽其道而死者,正命也;桎梏死者,非正命也。"(《孟子·尽心上》)对于所谓"命运",我们无须抱怨,只要用健康、积极、愉快的心态去面对就可以了。所以,对命运有深刻认知的人,不但不会站在危墙之下,反而会尽力去认知天道自然规律。说到底,在以愉快乐观的心态知命、认命、用命等方面,先贤圣哲的认识都是高度一致的。换言之,作为有主观能动性或主体性的人,即或处于"蓬累而行"之中,也要坚信后面还有风和日丽,还有泥土,还有大地。一旦风停雨住,就要抓住机会,生根发芽、开花结果,让生命适时地呈现绚丽灿烂、伟大辉煌。这种境界,既是至德的境界,也是道的境界。

第三章 "德"的主要分目

德的分目主要有仁、义、礼、智、信、忠、孝、廉、耻、勇、善、圣、悌、直、温、良、恭、俭、让、宽、敏、惠、恕、勤、恒、乐、慎、谦、行、敬、亲、慈、利、贞、中、正、平、劳、诚、刚、柔、和、顺等五十余项,此处略论其前十二项。它们犹如智慧的岔路,每一条都能通向宽广的大道。现实中,几乎每一个独立健康的个体或多或少皆有上述分项,但通达智慧的大道却大多没有。原因是,每一条岔路不仅坎坷不平、布满荆棘,而且都有通向邪路或死路的可能性。解决的办法只有一条——就是好学。好学之路千万条,具体而言,包括:"为学日益,为道日损。""上士闻道,勤而行之。""学而时习之。""温故而知新。""学如不及,犹恐失之。""学而不厌,诲人不倦。""格物致知。""先行,其言而后从之。""食无求饱,居无求安,敏于事而慎于言,就有道而正焉。""日知其所亡,月无忘其所能。""发愤忘食,乐以忘忧,不知老之将至云尔。""知所不豫,行且通焉。"等等。

第一节 什么是"仁"

在中国学界,多数学者认为儒家学说就是所谓"仁学"。这种认识的主要依据源于《论语》。因为在仁、义、礼、智、信、忠、恕、孝、勇诸德目中,其对于仁的论述最多。整部《论语》中,仁110见,远高于义(24见)、礼(75见)、智(其实《论语》中无"智"字,"智"皆以"知"代之。"知"有118见,但通"智"者仅24见)、信(38见)、忠(18见)、恕(2见)、孝(19见)、勇(16见)等,甚或道(89见)、德(39见)。仁不仅是"德之光"(《韩非子·解老》),而且几乎可以囊括其他一切德目(朱熹)。即有仁者,则必有礼、义、智、信、勇、忠、孝、恕也。

一、"仁"的例说

在《论语》中樊迟曾三次向孔子"问仁",孔子最有代表性的回答是:爱人(《论语·颜渊》)。樊迟之外,其他直接或间接向孔子"问仁"的弟子至少有颜渊、司马牛、仲弓、原宪、樊迟、子张、子贡、子路等八人,孔子虽然每一次的回答都不相同,但核心意思却是一致的,就是爱人。爱人用孔子另外两个字表达即忠恕,也可表达为"己欲立而立人,己欲达而达人","己所不欲,勿施于人"。

此外,子思、孟子的"仁也者,人也"(《中庸》《孟子·尽心下》),核心意思与爱人也是一致的。不过,对于"爱人"二字的理解,众人又可能会有所不同。"仁"主要意义有三层:一、仁是属人的,只有人才可能有仁,其他东西的仁只是人所想象或赋予的。二、爱人首先要爱自己,而后要把别人当成与你自己一样的人对待,即我们渴望从别人那里得到什么,与别人渴望从我们这里得到什么都是一致的。如果我们想从别人那里得到尊重、爱或帮助,那么别人也是。三、人只有爱自己、爱自己的同类才算是仁。如一个人不爱自己也不爱自己的同类,而把爱畜生或爱其他东西看得比爱人更重要,则不能算是仁。

《吕氏春秋·爱类》说:"仁于他物,不仁于人,不得为仁。不仁于他物,独仁于人,犹若为仁。仁也者,仁乎其类者也。"其表达了与孔子、子思、孟子同样的意思。仁之所谓"爱",首先指向爱人——爱我们的同类(一些过激的"爱狗人士",为了爱狗,既不爱家人,也不爱别人,甚或亦不爱自己,那么他就是不仁。"不仁"就是不忠、不孝、不义。那么他们图什么?图名,一种所谓"有爱心、爱动物"的名。这种名虽然虚无,但却既可自欺又可欺人)。但如反过来,如果某人只爱我们的同类,对其他东西却不甚爱,则仍然可算得是仁。孔子的"仁者,爱人"的论述,以及他在马厩发生火灾时"问人不问马"的行为(《论语·乡党》:"厩焚。子退朝,曰:'伤人乎?'不问马。"),以及老子"夫唯无以生为者,是贤于贵生"(《老子》第七十五章,即那些没有办法活下去的我们同类的生命,要远比我们自己的养生长寿要更重要)的论述,等等,皆表达了这样的思想。

另据《吕氏春秋·爱士》,赵简子有两头十分喜爱的白毛骡。可当他的臣下胥渠生病,医师说必得以白骡之肝治病时,他便毫不犹豫地杀了白骡以救人。赵简子用直接的行动诠释了什么是真正的仁。

相 关 链 接

赵简子有两白骡而甚爱之。阳城胥渠处广门之官,夜款门而谒曰:"主君之臣胥渠有疾,医教之曰:'得白骡之肝,病则止;不得则死。'"谒者入通。董安于御于侧,愠曰:"嘻!胥渠也。期吾君骡,请即刑焉。"简子曰:"夫杀人以活畜,不亦不仁乎?杀畜以活人,不亦仁乎?"于是召庖人杀白骡,取肝以与阳城胥渠。(《吕氏春秋·爱士》)

以此类推:有人于高速路上停车救助受伤动物,有人于高速路上以危险方法逼停运狗车辆,有人于小区自己家中大量养狗、养鸡或其他宠物,有人愿意花无穷金钱与精力照养救治畜生却不愿帮助社会弱势群体等,便皆算不得是仁。换句话讲,所谓"仁"之爱,只有在先爱同类的前提下才可以向其他物类扩展。否则,就算不得是真正的仁。

有人可能会持反对意见,并可能拿出佛教中"众生平等"来做依据。但这是经不起追问的,在任何文化中,所谓平等永远只能是相对的,它的前提必须是"类平等"。如果一个人"认畜作子"或"认狗作父",那么就是"为奇者"。

另据《淮南子·人间训》,鲁国孟孙氏打猎获得一头小鹿,把它交给一个叫秦西巴的下属,要他给烹了。可是由于母鹿尾随其后啼鸣不已,秦西巴不忍,就把小鹿给放了。孟孙氏一回来就问起小鹿之事,秦西巴据实回答。孟孙一怒之下便把秦西巴赶出了家门。不过,一年之后,孟孙氏又把秦西巴请了回来,并给了他一个更加重要的职位:让他当自己儿子的老师。他的左右很疑惑,便对他说,秦西巴之前曾得罪了大人,今天您又把他请回来当您儿子的师傅,这好像不太合适吧。孟孙的回答是:一个人对于一头小鹿都不愿意伤害,何况于人呢?

相 关 链 接

孟孙猎而得麑,使秦西巴持归烹之。麑母随之而啼,秦西巴弗忍,纵而予之。孟孙归,求麑安在,秦西巴对曰:"其母随而啼,臣诚弗忍,窃纵而予之。"孟孙怒,逐秦西巴。居一年,取以为子傅。左右曰:"秦西巴有罪于君,

今以为子傅,何也?"孟孙曰:"夫一麑而不忍,又何况于人乎!"(《淮南子·人间训》)

可见,人类之仁不仅可以向自然世界扩展,而且可感动他人,并能给自身带来好的名声与利益。以此可知,仁就是智。类似的情况不胜枚举。特别是当权者对于下属的仁义的施与,目的往往都是希望他们在自己或国家处于危难之时,能效死尽力。以此观之,对于统治者,特别是对最高统治者而言,所谓"与善仁",其实既是一种策略,也是一种"阳谋"。

另据西汉刘向《新序·杂事》所记载的孙叔敖埋蛇的故事,或能说明仁对于某些人来说,亦与天性有关:

春秋时期,楚庄王的令尹(相当于宰相)孙叔敖年幼的时候,出去玩耍,看见一条两头蛇,便杀死并埋了它。之后,他便哭着回了家。母亲问他为什么哭,他回答说:"我听说人看见两头蛇必定会死,刚才我见了它,现恐怕就要先于母亲而死了。"

母亲问:"蛇现在在哪里?"

孙叔敖说:"我担心别人再看见它,就把它杀死埋了。"

母亲说:"我听说积有阴德的人,上天一定会降福于他,所以你不会死。"

孙叔敖长大成人后,做了楚国的令尹,还没有上任,人们就已经相信他是个仁慈的人了。

相 关 链 接

孙叔敖为婴儿之时,出游,见两头蛇,杀而埋之。归而泣。其母问其故,叔敖对曰:"闻见两头之蛇者死。向者吾见之,恐去母而死也。"

其母曰:"蛇今安在?"曰:"恐他人又见,杀而埋之矣。"其母曰:"吾闻有阴德者,天报以福,汝不死也。"及长,为楚令尹,未治,而国人信其仁也。(《新序·杂事》)

孙叔敖之仁,亦印证了仁主要是属人的。为了保护人,我们有时不得不杀死其他动物、植物或微生物,这与孔子的"问人不问马"高度一致。

二、"仁"字初文构形的汉字学哲学解读

"仁"字初文为，左边为一躬身而立之"人—"，右边是个符号字"二"。

"仁"以"人—"为形，既印证了前述子思、孟子的说法，"仁也者，人也"，也描绘了多种关于人的重要特征与深意。其最深刻处为恐惧。事实上，人的一切道德或处理与他人、自然世界的关系时的方式方法等，均源于恐惧。故在孔子看来，君子必当"以恐惧修省"，既要"畏天命"，亦要畏大人、畏圣人之言。行动起来则必须临危而惧才可能好谋而成。换言之，从表面看起来似仅为恭敬、有礼、谦卑，但其背后却必须依附于仁义道德。

人，从目前的普遍认知而言，应从自然进化而来，既是自然的一部分，又超拔于自然。它有理性（能用自己的意志控制情感或行为），有自我意识，有思想灵魂，所以又有万物之灵之称。人之所以能从自然界中超拔出来，最重要的还在于它有不同于动物的"群"意识，是一切社会关系的总和。以此可知，只要是人就必定具有仁义礼智、忠信廉耻诸道德。

孟子又说"仁，人心也"（《孟子·告子上》），也表达了与"仁也者，人也"同样的意思。它要求我们一定要学会换位思考、将心比心、推己及人。如果换成孔子的话就是忠、恕或爱人。再具体点就是"己所不欲，勿施于人""己欲立而立人，己欲达而达人"。

但是，还必须看到：人，毕竟也是动物的一种，即永远也无法摆脱动物性一面。这种动物性或第一性的存在，总让人在面对他人、社会、自然，或其他"群"时，时不时表现出自私、偏私、贪婪、狭隘、功利甚或愚蠢等局限性的一面。人的局限性，也是仁的局限性。因为仁，只会产生于活生生的人与人之间。

"二"，既是道、阴阳、天地、天，亦是数字之"二"。

说"二"是道、阴阳、天地、天，首先是因为可把它看成一个阳爻与一个阴爻的结合。《易传》云："一阴一阳之谓道。"其次源于它为"一"所生等论述。（《老子》第四十二章："道生一，一生二，二生三，三生万物。"《老子》第

十六章:"容乃公,公乃王,王乃天,天乃道,道乃久,没身不殆。")仁亦可直通形上之道,既是事物发展变化之最一般规律性,也是人们认识世界以及与人相处的目的与工具,是合合规律性与目的性的统一。人如果认识了此"二",也就认识了道。只有认识了道的人才可能实现真正的仁,才可能有无穷智慧。所以《中庸》说:"取人以身,修身以道,修道以仁。仁者,人也。"

说"二"不仅是数字之"二",还在于它可通于大写的"贰"。这个"贰",既是"两样,有区别",也是"不专一、不忠诚"或"副、次"。

于是,"二、人"结合,既是天人合一、人同于道,也是"二人"或"人二"。

"天人合一":首先,人乃自然之一部分;其次,在人的世界里,以仁的态度处理人与人之间的关系,既是合乎人性的,也是合乎自然、社会发展最基本规律的,即是合规律性与合目的性的统一。

"人同于道":人必须认识自然、社会发展最基本之规律,并适当地顺应它、利用它以达到人的目的。

"二人"即两人。两人是这个世界最小的"群"或共同体。这种"群"能够长期存在,最根本原因是因为爱。夫妻是其最集中的代表,所以夫妻之间互有爱人之称。以此可知,所谓"仁者,爱人",除了以自己为核心向周边扩散之外,又是以夫妻之爱为前提组成的共同体为圆心,向周边逐渐扩散。它先及子女、父母、兄弟,再及亲戚、朋友,再及宗族、邻里、乡党,再及邦国,再及异国他邦、天下,再及自然万物。可见,没有夫妻之爱,便没有一切道德伦理赖以存在的根基。此外,"二"所昭示的有区别也同样反映了这种思想。即爱,从来就不是墨子所谓的"无差等",而是必定有所区别的。

事实上,所有共同体的形成必须既有爱又有等次、有区别。所谓平等,就是以公正为前提把人分成不同等级。人与人之间,没有爱便不能"群";没有等次、区别同样不能。刘备、关羽、张飞能长时间地在一起奋斗,不仅因为他们是兄弟,更重要的是因为他们也是上下级。

不过,"二人"同"群",即便是夫妻,也不可能总是从思想到行为,都完全保持一致。这便是主体或个体的多元性:人各不同,思想各异。如果是众人所组成的共同体,情况将会更加复杂,有时会形成敌对性的单位或组织,极端的情形就是对抗或分裂。即或是夫妻,也不例外。仁因为有"二"的存在,所以也具有同样的特性。进言之,不合适的仁爱的施与是愚蠢的,它既可能伤害自己,也可能伤害他人或社会。所以老子说:"与善仁。"(对

于别人的仁爱的施与一定要适当）

"人二"既反映了人性、人格的分裂,即人的动物性与社会性的双重特征,也反映了人因为对于"二"即道没有认识的愚蠢或狂妄。所以孔子说:"好仁不好学,其蔽也愚。"(《论语·阳货》)农夫与蛇的故事中,农夫的仁其实就是这种愚。这种愚形成的原因,就在于他不好学,即对于这个世界运行的最基本的道没有认识或认识不足。

"仁"还有个古文异体写作㣺。上边是一个"人—𠂂",下边是一个"心"字。这个"人—𠂂"一般人并不认识,包括著名文字学家许慎,也认为它是一个"千"字。《说文解字》认为此"㣺—㣺":"古文仁,从千、从心。""从千"的说法明显是错误的。𠂂同样也是人,只不过是一个戴了脚镣的人。它表达的既是人对于法则、规律以及道德的恐惧,也是社会对于人的羁绊或规范、控制。类似的有如"信"的异体——𠊚。这说明人从来就不是个体的独存,人之所以具有仁、义、礼、智、信诸德目,不是孟子所认为的天生具有,而是社会强制所致。

三、"仁"的经典解读

六经之首的《易经》,虽然多处论及道、德,却没有提及仁。可知,仁虽为重要德目,但却发育较晚,且远不如道、德重要。《诗经》虽为孔子编定,但也仅有"仁"字两见,且都以"美且仁"出之,给人的启发是,所谓"仁",有如温润有泽之玉,总是与美紧密相连:非仁不美,既美且仁。而先秦诸子中关于仁的论述却很多,这反映了人的逐渐觉醒,也反映了人性冲突的日益加剧。

《易传》论仁只有十见,但其影响力却很大。其中以"仁者见之谓之仁,知者见之谓之知"(《系辞传上》第五章),"天地之大德曰生,圣人之大宝曰位。何以守位?曰仁"(《系辞传下》第一章)对后世影响尤巨。可见,仁与智总是相连相通的,不仁者即为不智,不智者即为不仁。

综合诸经典对于仁的论述,大致可把它分为直接的解读或间接的论述两个部分。大多时候,仁被直接或间接释为礼、忠、恕、爱、敬、勤、恒、亲、慈、孝、弟、义、乐、智、恭、宽、信、敏、惠、利、善、直等。这与汉字学哲学关于

"仁"字的初文构形分析也是基本一致的。但它们之中无论是哪种都只是局于一隅,故皆有局限性。

(一)直接的解读

直接的解读,就是以直接肯定的语气指明仁是什么。这种情况,《老子》没有,《论语》最多,《孟子》也不少,其他诸子则相对较少。在《论语》之中,孔子针对不同的对象给出了多种答案。在《孟子》之中,也有多种解读。这不仅说明仁的内涵宽泛,而且概念也不易被界定。

《论语》之中,樊迟曾三次向孔子问仁,孔子的回答虽然各有不同:"先难而后获。"(《论语·雍也》)"爱人。"(《论语·颜渊》)"居处恭,执事敬,与人忠。"(《论语·子路》)但核心思想都是爱人。

颜渊向孔子问仁,孔子的回答是:"克己复礼为仁。一日克己复礼,天下归仁焉。为仁由己,而由人乎哉?"颜渊曰:"请问其目。"子曰:"非礼勿视,非礼勿听,非礼勿言,非礼勿动。"(《论语·颜渊》)他告诉颜渊,所谓"仁",具体而言就是以《周礼》来规范或约束自己的一切言行。不难看出,其局限性很大,因为许多时候礼可能会违背爱人的本意。

仲弓向孔子问仁,孔子的回答是:"出门如见大宾,使民如承大祭;己所不欲,勿施于人;在邦无怨,在家无怨。"(《论语·颜渊》)前两句既是礼也是义,中间两句为恕,后两句则暗含了中庸或公正。其背后不仅表达爱人的深意,也道出了爱人的具体方法。

子张向孔子问仁,孔子的回答是:"恭、宽、信、敏、惠。恭则不侮,宽则得众,信则人任焉,敏则有功,惠则足以使人。"(《论语·阳货》)恭源于敬,多见于礼;宽源于爱,多见于对下;信源于义,多见于言;敏源于勤,多见于行;惠源于利,多见于民。其背后主要表征为爱民。

《左传·成公八年》云:"不背本,仁也。"不背本,就是永远不要忘记自己立身为人之根本。此种爱主要源于出身、家庭、亲人、故乡,有时亦指向母校或故国。

此外,《孟子》:"亲亲,仁也。"(《孟子·告子下》)"恻隐之心,仁也。"(《孟子·告子上》)"仁,人心也。"(《孟子·告子上》)"人皆有所不忍,达之于其所忍,仁也。"(《孟子·尽心下》)"教不倦,仁也。"(《孟子·公孙丑上》)其所表达的也都是对于亲人、朋友、学生甚或他人的爱。同情因爱而生,并往往随之付诸爱的行动或实践。

韩非子说:"仁者,德之光。"(《韩非子·解老》)宋朱熹说:"盖仁义礼智四者,仁足以包之。"(《朱子语类》)可见,仁是诸德目中最重要、最光彩、最丰富的部分。一方面,它是道德的一部分、从属于道德,是其他主要德目的基础或根本;另一方面,它又可以把后面的所有德目加以囊括。换言之,人只要有仁,就必定有义、有礼、有智、有信、有忠、有恕、有孝、有勇等。反之,则属虚无或虚伪。

(二)间接的论述

间接论仁大致有两种:一为否定,一为旁敲侧击。

所谓否定,既不是否定仁的存在,也不是否定仁的积极性意义;相反,是从否定中得出对仁的肯定性意义。

老子说:"天地不仁,以万物为刍狗;圣人不仁,以百姓为刍狗。"(《老子》第五章)庄子说"大仁不仁"(《庄子·齐物论》),其实与《史记》言尧"其仁如天"(《史记·五帝本纪》)高度一致。天地运行以道,"道法自然",公正而无私,故曰"不仁";圣人以天地为法,亦曰"不仁"。但这种"不仁"之仁,彻底扬弃了仁的局限性,反而成了最伟大的仁。

老子说:"大道废,有仁义。"(《老子》第十八章)大道即或暂时从上层社会失去,也总有仁人志士出来替天行道。"绝仁弃义,民复孝慈。"(《老子》第十九章)仁义即或暂时被国家社会抛弃,也不可能彻底让孝道、慈爱在家庭伦理中消失。"上仁为之而无以为。"(《老子》第三十八章)此"上仁"既是"大仁""不仁",也是"大德""大道"。

孔子说:"不仁者不可以久处约,不可以长处乐。仁者安仁,知者利仁。"(《论语·里仁》)只有真正的仁者才可能长久地过着俭朴的生活或遵守各种道德法律的约束,同时沉浸于这种快乐之中。

孙子说:"不知敌之情者,不仁之至也。"(《孙子兵法·用间》)以纯军事角度观之,此语不仅从本质上诠释了仁就是智,而且把它上升到了形上的高度。"兵者,不祥之器。"(《老子》第三十一章)"兵者,国之大事,死生之地,存亡之道,不可不察也。"(《孙子兵法·始计》)真正的仁者,不会轻易发动战争,但能深刻地懂得战争的规律性,并赢得战争的胜利。孟子的"夫仁,天之尊爵也,人之安宅也。莫之御而不仁,是不智也"(《孟子·公孙丑上》),则从另一个侧面说明仁不仅就是智,而且永远是值得追求的没有止境、无限高妙的目标。

《左传》说："幸灾不仁。"(《左传·僖公十四年》)对发生在别人身上的不幸要寄予同情,对于人世间一切苦难要有恻隐之心。"因人之力而敝之,不仁。"(《左传·僖公三十年》)因为别人的帮助而成就了事功,最后却因为自己的私心而掩盖或隐瞒别人的恩惠就是不仁。换言之,仁,从来就需要知恩图报、以恩报恩、以德报德。

孟子说:"天子不仁,不保四海;诸侯不仁,不保社稷;卿大夫不仁,不保宗庙;士庶人不仁,不保四体。"(《孟子·离娄上》)直截了当地说出了仁对于人的存在与发展的绝对重要性。换句话讲,人而不仁,不仅事功难成,就是能够正常活着,也属侥幸。

孔子说:"志士仁人,无求生以害仁,有杀身以成仁。"(《论语·卫灵公》)人可以为自己心中的信仰、所认可的名、所追逐的大义大利而从容放弃自己的生命。因为此时的"苟活"或"迫生",即生不如死。荀子在《劝学》中则明确指出,以仁义为本("本仁义")是君子的宿命。而君子的宿命,说到底也就是人的宿命。

所谓旁敲侧击,既不是直接解释,也不以否定而肯定,而是以比喻或说理来说明什么是仁,什么是"不仁"。

孔子说:"刚、毅、木、讷近仁。"(《论语·子路》)实际上是说它们虽然有了仁的某些积极因素,但离真正的仁还有一些距离,或有很大局限性。"仁者必有勇,勇者不必有仁。"(《论语·宪问》)这不仅说出了真正的勇是一定环境条件下的产物,而且说出了勇的局限性。"巧言令色,鲜矣仁。"(《论语·阳货》)这是说透过现象可以观察到本质。但对于人来说,却又不是绝对的。因为对于"巧言令色"的认知,不仅需要阅历,还需要聪明的天资、丰富的知识、深刻的认知。

有子说:"孝弟也者,其为仁之本与?"(《论语·学而》)孟子"未有仁而遗其亲者也"(《孟子·梁惠王上》)可部分地做其注解。这有一定道理,但却经不起追问。《孟子》中杜撰舜父杀人的故事,其中舜之作为,对其父瞽瞍而言,当可称孝,但对于无辜的被害者而言,则不仅是"不仁",而且有违最基本的社会公正。

子路曰:"桓公杀公子纠,召忽死之,管仲不死。"曰:"未仁乎?"子曰:"桓公九合诸侯,不以兵车,管仲之力也。如其仁! 如其仁!"(《论语·宪问》)孔子认为,真正的仁须以"功成业就"或"博施于民而能济众"为目标。

全于礼,相对于仁义,则只是细枝末节罢了。所以孔子又说:"人而不仁,如礼何？ 人而不仁,如乐何？"(《论语·八佾》)

"民之归仁也,犹水之就下、兽之走圹也。"(《孟子·离娄上》)这里以水、兽的本性作比,说明仁一定会被大众认可并仿效。

"仁之实,事亲是也;义之实,从兄是也;智之实,知斯二者弗去是也。"(《孟子·离娄上》)这里以"事亲""从兄"作比,来说明仁既是孝,也是义、悌、智。

"亲亲、故故、庸庸、劳劳,仁之杀也。贵贵、尊尊、贤贤、老老、长长,义之伦也。行之得其节,礼之序也。仁,爱也,故亲。义,理也,故行。礼,节也,故成。仁有里,义有门。仁非其里而虚之,非礼也。义非其门而由之,非义也。推恩而不理,不成仁;遂理而不敢,不成义;审节而不知,不成礼;和而不发,不成乐。故曰:仁、义、礼、乐,其致一也。君子处仁以义,然后仁也;行义以礼,然后义也;制礼反本成末,然后礼也。三者皆通,然后道也。"(《荀子·大略》)仁与义、礼、乐、智皆紧密联系、相互贯通,其顶端即通向绚烂辉煌的"大道""大德"。

"仁、义、礼、善之于人也,辟之若货财粟米之于家也,多有之者富,少有之者贫,至无有者穷。故大者不能,小者不为,是弃国捐身之道也。"《荀子·大略》)这是说仁、义、礼、善诸德目,不仅可以互通,而且都与利紧密联系,如果长期以不仁、不义、不礼、不善为人,就必会失去一切,包括自己的生命。

四、"仁"的多重境界

仁的境界,与德、善、义、礼、智等一样,都是可以分成许多层次的,但它们的最高境界则都是道的境界。老子说"天地不仁""圣人不仁""上善若水。水利万物而不争,处众人之所恶,故几于道",庄子说"大仁不仁",荀子说"积善成德""学至乎礼而止矣,夫是之谓道德之极",《中庸》说"大学之道,在明明德,在亲民,在止于至善"等。把它们联系在一起,再加以比较与思考,便能说明这个问题。

(一)最低境界

"我欲仁,斯仁至矣。"(《论语·述而》)只要你一想到仁,仁就来到了你的心中。可见,仁的最低境界,门槛很低,是人皆可进入。但是,这个最低境界,因为没有与行联系起来,所以只是主体的思想基础,对于他人与社会,或意义不大。也正因如此,孟子认为:"恻隐之心,人皆有之。"如果某人没有此心,也就只能是禽兽了。

(二)初级境界

"仁者不忧。"(《论语·子罕》)"苟志于仁矣,无恶也。"(《论语·里仁》)因为心中有了仁的志向,所以不干坏事,心中快乐,这便开始与行联系起来了。这种联系,虽然还是没有为别人、为社会做什么,但至少成就了自己的身心健康。试想,如果每一个人都不干坏事,那么整个社会不就和谐安宁了吗?所以,孔子又有"君子不忧"(《论语·颜渊》)之说。可见,这个初级境界已然君子之列了。孔子说:"富与贵是人之所欲也,不以其道得之,不处也;贫与贱是人之所恶也,不以其道得之,不去也。君子去仁,恶乎成名?君子无终食之间违仁,造次必于是,颠沛必于是。"(《论语·里仁》)不仅已入此境,而且略已高出。因为只有这样,君子才可不忧。

(三)中级境界

"唯仁者能好人,能恶人。"(《论语·里仁》)这达到了中级境界。孔子说:"我未见好仁者,恶不仁者。"(《论语·里仁》)可见能达到此境界者实属不多。因为既能"好人"又能"恶人"的人,前提是他既拥有强大力量又有相当价值判断力。要成为这样的人,既需要学习、思考,也需要经验与勇气。老子的"与善仁"(《老子》第八章,即施与他人仁爱要适当)、荀子的"贵贤,仁也;贱不肖,亦仁也"(《荀子·非十二子》)也表达了相类的思想。

需要说明的是,无论是个体还是群体,"能好人,能恶人",把它付诸具体行动,就又进入仁的最高境界了。因为行动的实现要求主体自身必须拥有强大力量。

(四)最高境界

仁的最高境界也是道德的境界。它以"不仁"或"如天"为目标,"圣人不仁"(《老子》第五章)、"大仁不仁"(《庄子·齐物论》)、"其仁如天"(《史记·五帝本纪》)即如此。它一方面充分表达了先秦思想家的"法自然"或"则天法地"思想,另一方面则是彻底抛弃了仁的局限性。孟子的"夫国君好仁,天下无敌"(《孟子·离娄上》)之中的仁似也表达了这种思想。否则,国君就会遭遇像韩非子《五蠹》中所提到的徐偃王因为"好仁"而最后却为楚国所灭的同样命运。换言之,这里的仁者无敌,并不是某些学者所认为的仁者没有敌人,而是此仁者尊道贵德、足够强大,不仅不惧怕任何强大敌人,而且能打败任何强大敌人。这种仁的最高境界的达到,其背后必有绝对强大的智力、实力、能力、权力做支撑,故与一般人无缘。能达到这种境界的,只能是圣王。所以,孔子曾不无感慨地对他的学生们说"圣人吾不得而见之矣! 得见君子者,斯可矣"(《论语·述而》),即道出了圣人的稀有性。

五、如何致"仁"

依汉字学哲学对于"仁"字初文构形的认识,结合孔孟的说法,是人就必定有仁,就像果实皆有果仁一样。故致仁的过程,就像浇水育树,最后既能长大成材,亦能开花结果。换言之,人之致仁的过程,既是成人的过程,也是不断积善成德、不断学习的过程。具体如何做,古人留下许多经验,直到今天仍然可做借鉴。

(一)尊人、敬人、爱人

荀子说:"仁者必敬人。凡人非贤则案不肖也。人贤而不敬,则是禽兽也;人不肖而不敬,则是狎虎也。禽兽则乱,狎虎则危,灾及其身矣。《诗》曰:'不敢暴虎,不敢冯河。人知其一,莫知其它。战战兢兢,如临深渊,如履薄冰。'此之谓也。故仁者必敬人。"(《荀子·臣道》)这说出了"仁者敬人"的原因或必然性:一为提高自己形象以为贤者所敬;二为避免不肖者的伤害。荀子又说:"敬人有道:贤者则贵而敬之,不肖者则畏而敬之;贤者则亲而敬之,不肖者则疏而敬之。其敬一也,其情二也。"(《荀子·臣道》)这说出了敬人的方式方法或策略:对于不同层次的人,敬虽同,但情却有贵、畏、亲、疏等之别。

一般情况下:"爱人者,人恒爱之;敬人者,人恒敬之。"(《孟子·离娄下》)但现实中可能并非如此简单,即如何掌握并实践这种情的区别,并非易事。特别是对于自己的上司,尤其如此。其根源在于所谓"贤"与"不肖",很多时候很难区别,正如君子、小人常常共于一体一样。而事实上,人并非只有贤与不肖两种,许多人都是集贤与不肖于一身的。这正如黑白之间,总有一段更大的灰色地带一样。以此,我们就有必要认真体悟老子的

"知白守黑":既要看清楚阳光下万物的模样与位置,又不要轻易暴露出自己的观点与立场。这句话的背后就是中庸。

(二)不断反省自己

孟子说:"爱人,不亲,反其仁。"(《孟子·离娄上》)如果给予了别人足够的仁爱、尊敬,却得不到同样的回应,不要到别人身上寻找原因,而要不断反躬自省。孟子又说:"仁者如射。射者正己而后发,发而不中,不怨胜己者,反求诸己而已矣。"(《孟子·公孙丑上》)这比"反其仁"又更进一步:自己没有强大的实力、能力做后盾,光是在礼节上敬人、畏人、爱人,总是难以得到同样的回敬的。正如希罗多德在《伯罗奔尼撒战争史》中所述及的:"正义,是以同等强力为基础的。强者能做它可以做的一切,弱者只能接受它应当接受的一切。"这对于真正的仁者而言,同样适合。

(三)不断学习

这与"致道""致德"没有什么区别。具体如何做,正如孟子所言:"道在迩而求诸远,事在易而求之难。"仁也一样,就在我们自己身上,但要实现它,并进入一个较高境界,既需要时间、空间,也需要过程。孔子说:"为之不厌,诲人不倦。"(《论语·述而》)荀子说:"今夫仁人也,将何务哉?上则法舜、禹之制,下则法仲尼、子弓之义……"(《荀子·非十二子》)或可给人启示。简言之,就是要以古今圣贤为榜样,不断地向他们学习,"学至乎没而后止也"(《荀子·为学》)。

正如荀子所说:"仁义德行,常安之术也,然而未必不危也;污僈突盗,常危之术也,然而未必不安也。故君子道其常,而小人道其怪。"(《荀子·荣辱》)践履仁义道德的,未必不倒霉;坏事做尽的,未必不安宁。但是否意味着我们就可以去胡作非为呢?当然不是,不管世道如何,君子都要"居天下之广居,立天地之正位,行天下之大道。得志,与民由之;不得志,独行其道"(《孟子·滕文公下》),"天下有道,以道殉身;天下无道,以身殉道"(《孟子·尽心上》)。实际上,君子随时都应做好殉道的准备。因为以仁义为本,正是君子的宿命。

第二节 什么是"义"

"所谓义者,为人臣忠,为人子孝,少长有礼,男女有别;非其义也,饿不苟食,死不苟生。"(《商君书·画策第十八》)个体之人出生入死,持续关注自己的光辉形象,做好别人眼中的自己,即义。

在《周礼》之中,义为六德(知、仁、圣、义、忠、和)之一。在《孟子》及帛书《五行》之中,义为五德(仁、义、礼、智、信)或四德(仁、义、礼、智,或仁、义、忠、信)之一。但不管如何变化,"仁、义"二字始终位列其中。它彰显的是仁、义在诸德目中的核心或基础地位以及其他德目对于仁、义的从属性。

《易经》之中,没有义字。《诗经》有 3 见,《周礼》有 3 见,《尚书》有 22 见,《老子》有 5 见,《论语》有 24 见,《易传》有 39 见,《孙子兵法》有 1 见,《左传》有 112 见,《墨子》有 293 见,《孟子》有 108 见,《庄子》有 111 见,《荀子》有 312 见,《韩非子》有 136 见,《吕氏春秋》有 233 见,《孔子家语》有 49 见,《列子》有 25 见,等等。从上述数据可见,对于义的重视,应当始于《墨子》(一般学者认为始于《孟子》),其次是《孟子》或《庄子》,再其次是《韩非子》(《左传》虽多,但却与"长"相关,且没有仁、义并列现象)。他们不仅频繁提及,而且许多时候,还把它与仁并列而成一词(把仁、义并列以论,意味着社会发展与人性冲突的剧烈以及思想家们对于人性的强烈关注)。至于之前的老、孔,虽然也论仁、义,但都是分而论之(《老子》之中,虽有一处仁、义并列,但细加推究,它们却并非一词。不过也正因如此而启发了后学)。《墨子》有"仁义"28 见,《孟子》有 24 见,《庄子》有 58 见,《荀子》有 32 见,《韩非子》有 46 见,《吕氏春秋》有 8 见,《孔子家语》有 5 见,《列子》有 11 见。至于《孔子家语》亦有孔子将仁、义并列而讲的记载,但却无法肯定。因为《论语》全无仁、义并列现象,《孔子家语》亦非孔子自作,时代也应晚于墨、孟、庄、荀(其中墨子晚于老、孔七八十年,早于孟、庄约一个世纪,而孟、庄生卒年则相差无几)。

墨、孟、庄、荀、韩对仁义的发挥,一可能是源于《老子》"仁义"并提的启发;二应是源于他们对于仁、义内涵及其与其他德目关系的深刻认知:仁是人的基本属性，义是主体之"我"在"群"或历史之中的最美、最适当的呈现。二者合一，既是其自身，也是其他全部德目的概括性彰显。换言之，以"仁义"二字，即可内涵礼、智、信、孝、勇、忠、恕、宽、敬、敏、惠、和等全部德目。其最高境界不仅可直通道、德，也可与道、德重组为仁德、道义、德义或仁义道德等。

在民间，义字当头，所以义名之大甚胜于仁。《韩非子·解老》说："义者，仁之事也。"但这种说法与人们的普遍认知与实际行为趋向多有偏差。《史记》一篇《游侠列传》再加一篇《刺客列传》，后世小说一部《水浒》再加一部《三国演义》更把它推崇到了极致。但当它成为义气即完全为情感所驱使时，就可能有大问题了。当然，它也可以与其他德目结合成仁义、孝义、忠义、信义等。如此，它既会受到其他德目的羁绊，或也会有些飘然，以此便可义薄云天了。

一、"义"的例说

古人对于义的解读有很多种，《说文解字》："义，己之威仪也。"这最具代表性，集中展现了义的本质就是要求主体自树正面光辉形象。换言之，凡是能让主体于共同体中或历史长河中树立起正面光彩威严形象的一切行为皆可称之为义。不仅如此，义的后面，或多或少地还能给主体自身或其所能代表的共同体带来政治、经济、意识形态上的利益或声名。其他的，诸如"义也者，宜也"（《中庸》《孟子·尽心下》），"夫义者，所以限禁人之为恶与奸者也"（《荀子·强国》），"理财正辞、禁民为非曰义"（《易传·系辞传下》）等等，虽然表述不同，但核心意义是高度一致的。"宜也"告诉我们，我们做某事，如果有损自身光辉威严形象，那么就不合适。"所以限禁人之为恶与奸"告诉我们，主体为了维护自身及共同体光辉威严形象，不仅自己不能为奸与恶，而且要有勇气在自身能力范围内制止他人为奸与恶。"理财正辞、禁民为非"告诉我们，义虽然不排除人们对于合理合法正当利益的追求，但它的前提是不仅自身不能为非作歹，还必须在自身能力范围内积极维护最基本的社会公平正义。

但是，现实生活可能比我们想象的要复杂得多。或由于认识上的原因，或由于情感情绪的影响，或由于义总是与名、利、情感、信仰等紧密关系，义行给主体自身带来灾难性后果或给社会带来严重伤害的事例不仅会发生,而且可能成为一种似乎病态的常态。而这种复杂性,不仅历史与现实中的事例能够给予说明,就是从义字初文构形的汉字学哲学分析及其与古代经典的相互联系、相互印证的解读中,也能得到充分的展示。

下面"豫让刺赵"的故事,或能给人以启发。

豫让,春秋时晋国著名刺客,赵,这里代指赵国首任国君赵襄子。

据《史记·刺客列传》与《吕氏春秋》记载,豫让年轻时曾追随晋国的近邻范氏、中行氏,但都没有混出什么名堂。后来,范氏、中行氏为晋所灭,豫让只得改换门庭,跟了晋国最有实力的大夫智伯。智伯不仅与他一见如故,而且对他极为尊宠。但不幸的是,智伯不久便在与晋国其他三家大夫韩、赵、魏的争斗中败北。智伯不仅被杀,而且被极端痛恨他的赵襄子砍下头颅,做了饮酒器。豫让立时沦为丧家之狗,心怀怨愤,觉得自己理应为智伯报仇。他先是变姓改名,冒充犯了罪的奴隶,混进赵襄子府中,假借粉刷厕所,挟带匕首,企图行刺。可赵襄子为人谨慎,还未入厕,见其背影,便心有所动,觉得不对劲,立马派人拿了他。一问,正是豫让。被抓的豫让,对于欲行报仇之事,不仅毫不隐瞒,而且倍感自豪,即或立马赴死,也毫无悔意。赵氏左右皆欲立马把他砍了,一了百了。可赵襄子却说不可,并说这是真正的义士。于是,豫让被放走了。可是,被恩释的豫让虽然心怀感激,但却并未就此罢休。不久,便又重启了他的新的复仇计划。他先把自己身体漆成像鬼一样的黑色,又吞炭把喉咙弄成半哑,然后再找最熟识他的人证实他的改容易音是否成功。当他行乞于市时,他的妻子已然不再认识他,但他的好朋友却仍然认得(这很难令人信服)。朋友劝他说,你何必这样?以你这样的才能,只要委身于赵氏,要报仇不是很容易吗?可是豫让不愿这样做。因为他觉得这样太不仗义,不堪为后世法。以此,由于没有办法再直接接触到赵襄子,他只能躲在一个赵襄子必须经过的桥下,试图再次行刺。可是,远远地,他就被赵襄子的一个叫青荓的随从发现了。真不巧,青荓正是豫让的好朋友。青荓上前查看,豫让佯装死人,等青荓走到近前,便对他说:我要干大事,你不要到这里捣乱。青荓很清楚豫让要干什么,但却难以应对如此局面。可悲的他想的是:告发他,不符朋友之义;不告发,不合君臣之义。没办法,只能选择横剑自杀。以此可知,青荓无论如何做,都是帮不了他的。于是,豫让很快被再次捉拿。赵氏有点不解,对他说,你原来也跟随过范氏、中行氏,为什么不替他们报仇?却偏要为智伯报仇？豫让的回答很直接，因为范氏、中行氏只是以普通人的待遇对我，所以我只能是以普通人的身份对他们，而智伯则不同，他是以国士的身份待我，所以我必须以国士待他。赵氏听了唏嘘不已，既感动又无奈，只能对他说，你老是这样却不行，我今天必须杀了你。不过，临了，他问了豫让还有什么特别的心愿没有。豫让说，把您的衣服借用一下，让我用剑刺三下，就算是我有脸去见智伯了。赵氏满足了他的临终愿望。接下来，豫让选择了横剑自杀。

相 关 链 接

豫让者，晋人也，故尝事范、中行氏，而无所知名。去而事智伯，智伯甚尊宠之。及智伯伐赵襄子，赵襄子与韩、魏合谋灭智伯，灭智伯之后而三分其地。赵襄子最怨智伯，漆其头以为饮器。豫让遁逃山中，曰："嗟乎！士为知己者死，女为说己者容。今智伯知我，我必为报仇而死，以报智伯，则吾魂魄不愧矣。"乃变名姓为刑人，入宫涂厕，中挟匕首，欲以刺襄子。襄子如厕，心动，执问涂厕之刑人，则豫让，内持刀兵，曰："欲为智伯报仇！"左右欲诛之。襄子曰："彼义人也，吾谨避之耳。且智伯亡无后，而其臣欲为报仇，此天下之贤人也。"卒释去之。

居顷之，豫让又漆身为厉，吞炭为哑，使形状不可知，行乞于市，其妻不识也。行见其友，其友识之，曰："汝非豫让邪？"曰："我是也。"其友为泣曰："以子之才，委质而臣事襄子，襄子必近幸子。近幸子，乃为所欲，顾不易邪？何必残身苦形，欲以求报襄子，不亦难乎！"豫让曰："既已委质臣事人，而求杀之，是怀二心以事其君也。且吾所为者极难耳！然所以为此者，将以愧天下后世之为人臣怀二心以事其君者也。"

既去，顷之，襄子当出，豫让伏于所当过之桥下。襄子至桥，马惊，襄子曰："此必是豫让也。"使人问之，果豫让也。于是襄子乃数豫让曰："子不尝事范、中行氏乎？智伯尽灭之，而子不为报仇，而反委质臣于智伯。智伯亦已死矣，而子独何以为之报仇之深也？"豫让曰："臣事范、中行氏，范、中行氏皆众人遇我，我故众人报之。至于智伯，国士遇我，我故国士报之。"襄子喟然叹息而泣曰："嗟乎豫子！子之为智伯，名既成矣，而寡人赦子，亦已足矣。子其自为计，寡人不复释子！"使兵围之。豫让曰："臣闻明主不掩人之美，而忠臣有死名之义。前君已宽赦臣，天下莫不称君之贤。今日之事，臣固伏诛,然愿请君之衣而击之焉,以致报仇之意,则虽死不恨。非所敢望也,敢布腹心!"于是襄子大义之,乃使使持衣与豫让。豫让拔剑三跃而击之,曰:"吾可以下报智伯矣!"遂伏剑自杀。死之日,赵国志士闻之,皆为涕泣。(《史记·刺客列传》)

赵襄子游于囿中,至于梁,马却不肯进。青荓为参乘。襄子曰:"进视梁下,类有人。"青荓进视梁下,豫让却寝,佯为死人,叱青荓曰:"去,长者吾且有事。"青荓曰:"少而与子友,子且为大事,而我言之,是失相与友之道;子将贼吾君,而我不言之,是失为人臣之道。如我者,惟死为可。"乃退而自杀。青荓非乐死也,重失人臣之节,恶废交友之道也。青荓豫让,可谓之友也。(《吕氏春秋·序意》)

豫让之死,受到当时赵国上下的尊重爱戴。据司马迁记载,"死之日,赵国志士闻之,皆为涕泣",即确实做到了留名后世。不过,这种行为如果放到今天却让人难以理解,有人甚至会认为他不但未能做成什么,反而死得分文不值。可是,在当时,豫让的这种行为不仅是义,而且就是忠义。它的存在不仅有强大的社会基础,而且是上层社会所倡导、士阶层所崇拜的崇高德行之一。不过,就今天来看,它却与以维护社会公平、正义为核心的义有相当距离。这种行为似乎只能用韩非子的名言"名之所彰士死之"来解释,最为合适。

豫让之外,还有个青荓,他不仅死得奇怪,而且死得很无辜。但一追问,好像也是为了一个义。不过,他死得真的值吗?不管我们怎么认为,他自己一定认为值,每个人都脱离不了自己所处的时代。

又如,戊戌变法中的谭嗣同,本来是可以逃走的,可他却选择了从容就义。这与豫让之死有所类似,但豫让只为一知己献身,最多只是私义、小义;而谭,为国为民赴死,为的是公义、大义。就今天看来,前者不可学,后者却是人们无不崇敬的大英雄。

不过,自古及今,小义与大义常常相互纠缠,难解难分。为了小义而忘记大义,为了大义而不顾小义,许多时候都会让主体的威仪受损。那么,造成如此两难局面的根本原因又是什么呢?就是因为义字的光环的背后,不仅沾附着利与名,同时也暗藏了主体内心所长期培育的情感、信仰以及成长环境造成的深刻影响。换言之,就是"义之袍"表面看似光鲜亮丽,而其背后不仅藏有金银财宝,而且总是爬满各种虮子。

二、"义"字初文构形的汉字学哲学解读

义字初形为義。上面是个"羊—羊"字,下面是个"我"字。

羊,在古人的眼中是为美、善的象征。所以,在古汉字中,不仅义的上部是羊,美、善的上部也是羊。羊还是善之初文。

以"羊"为"善",并参与"义"与"美"字初文的创制,一在其形象温顺漂亮可爱;二在其"知跪乳之恩",是孝的象征;三在其繁殖力强,能给人类带来丰赡的衣食资源。其中最后一点应当最为重要,因为它是人类得以存在的物质基础,所以也是利。人之善行、义行之所以多体现在提供给别人衣食资源,即源于此。进言之,如果一个国家统治者不能让其百姓得到最基本的生存资源,那么就是不义、不善,其政权也就失去了存在的合法性。当然,这个最基本的生存资源也是他们最根本的利益所在。而能给老百姓带来较好的生存条件的政治就是"善政"。

所以,所谓"善",对于人类,特别是对于一般民众而言,首先要满足的是其最基本的物质需要,其次才是形式美与精神美。而对于当政者而言,则永远要把别人的生命置于自己的养生长寿之上,要把弱者的生命置于自己的奢侈腐化之上,要把解决天下百姓的生存需要当作自己从政的第一目标。这样做既是最基本的道德仁义,也是最深刻的公正或精神美。至于形式美,不是不需要,而是上述理想得到充分实现后的自然呈现。

"我—我",为一人反手持戈之形。

"人—人",前已述及。简言之,人乃仁、义、礼、智、信的象征。义是属人的,凡人皆有义,没有人便没有义。人之有义既源于其趋善好义之本性,亦源于人的社会性压迫。人如无义即无仁、义、礼、智、信,必将寸步难行或为社会所抛弃。

"戈",冷兵器时代最强大武器之一,是暴力、武装、强力、战争、军队的象征。

当一人反手持戈以"我"的面目出现时,即是其独立性、唯一性、主体性,抑或强力、暴力、自我意识、智慧与尊严的最高表现。这一表现既是该主体最美、最帅、最光彩的一面,也有其不可侵犯性。在英文中,当"我"以

"I"的形式出现时,永远用大写,也是这种思想的表达。此外,"我"不仅可作"自谓也",泛指自己的一方(如《左传·庄公十年》:"春,齐师伐我。"这里的"我"即是指自己所在的整个鲁国),同时,亦可代指亲密(《论语·述而》"窃比于我老彭")与"存有私见""过于自我"(《论语·子罕》:"毋意,毋必,毋固,毋我。")等。作为动词,一般人可能并不知道,它通于"杀"与"倾侧"。其局限性十分明显。

当"我"把"羊"顶在头上时,即義。

首先,義应与"我"的美的形象有关。也许,在某个时期内,古人曾把处理过的羊头作为装饰品顶在自己的头上,并认为这就是美("大",就是一个正面挺立的人)或义(现代社会以羊头作为艺术品以收藏、展示的情况,仍然普遍存在)。其次,它也天然地拥有了"羊"与"我"同样的积极性意义与局限性。

事物的发展总是由简单而复杂,由形下而形上。当威严的"我"拿着武器,把羊顶在头上,同时也是把善与利顶在头上时,义便有了特别的价值。《说文解字》云"义,己之威仪也",便深刻而全面地对此价值进行了生动的描绘。"我",以最大的努力以捍卫"我"所认可或信仰的善或美时是义,以捍卫"我"所本来拥有或应当拥有的利时同样是义。

可是,客观上,善有大小,就如利有大小一样。最大的善,莫过于维护公平正义、民族尊严;最小的善,莫过于一粥一饭之施。最大的利,莫过于捍卫国家领土、世界和平;最小的利,也莫过于一粥一饭之得。与之相应,义,自然也有大、小、公、私之别。细察之,义与利,不管大、小,只要与威仪相联系,便会常相纠缠,难舍难分,也会让守善行义之"我"难以抉择。公平正义、民族尊严是义,谁说又不是利?国家领土、世界和平是利,谁说又不是义?

再加延伸,还会发现"己之威仪"之义,又几与尊严、脸面同。人活着,最重要的不是为了活着而活着,而是体面地有尊严地活着。比如分苹果,大家都有,唯"我"没有。如此,众生之"我"的大多数会不平而鸣。其为利乎?其为义乎?云其为义,却因小利而起;云其为利,实为公正鸣不平。说到底,"我"如果连尊严或脸面都不要了,那么还要其他东西意义何在?这个尊严又是原则或权利。利益可以出卖或舍弃,原则却不可。所谓"大人"者,对此不可不察。"人有尊严就意味着人不是工具而是目的。有尊严的生活之所以能提高人的活动积极性,乃基于尊严是人本身追求的生活目标,人是自然性与社会性、物质性与精神性的统一,尊严是人的社会属性和精神属性中的重要部分,它的实现使人处于良好的精神状态,而这种状态最易于促进人的积极性、主动性、能动性的极大发挥。"①这种认识,已经很深刻了。可是,义的形上意义与实践智慧,仍远非如此简单。为了长远而牺牲暂时,为了大而牺牲小,为了群体而牺牲个体,直到今天,仍然是:"义者,百事之始也,万利之本也,中智所不及也。"(《吕氏春秋·慎行》)韩信当年受胯下之辱,可说让"己之威仪"尽失,可也正是有如此之失,才换来了未来的大义、大利。孟子的"有仁义""不言利"又何不是如此?其本质就是言"利之大者"。这也正是一般人所不能清楚认知的。

此外,义又同"仪"(即不排除人为的装扮),也通"宜",即要求主体的行为在不同的场合都要有恰如其分的表现。(它既是"装",也是礼。《左传·僖公二十八年》:"礼以行义。")当然,如果表现出的就是名副其实的正当、公平、正义、美、善等,则"己之威仪"之形象则更显。再者,不仅义的存在是品德的根本,而且它在现实中的实现,也与利益、功用并行不悖。(义与利两字共有利益、善、功用、美好等义项,所以仅从汉字学哲学角度观察,义在许多时候就是利。)

孟子说:"春秋无义战。"(《孟子·尽心下》)如果仅从周礼或当时周王室的威仪、利益出发,此语是对的;反之如果仅从各诸侯国维护"己之威仪"的目标来考察,则又可完全相反,即认为"春秋无不义之战"也无不可。如《吕氏春秋·察微》载:"楚之边邑曰卑梁,其处女与吴之边邑处女桑于境上,戏而伤卑梁之处女。卑梁人操其伤子以让吴人,吴人应之不恭,怒,杀而去之。吴人往报之,尽屠其家。卑梁公怒,曰:'吴人焉敢攻吾邑?'举兵反攻之,老弱尽杀之矣。吴王夷昧闻之,怒,使人举兵侵楚之边邑,克夷而后去之。吴、楚以此大隆。吴公子光又率师与楚人战于鸡父,大败楚人,获其帅潘子臣、小帷子、陈夏啮。又反伐郢,得荆平王之夫人以归。"不正是因小义、小利进而化为大义、大利,再进而发生了一系列由小到大的战争吗?联系历史背景,可知义与利不仅常相纠缠转换,且其大、小、公、私也常难以分解:伍子胥与吴公子光(即吴王阖闾)的推波助澜,即是因其个人私义、私

---

① 易小明、曹小鲜:《正义的效率之维及其限度》,《哲学研究》2011年第12期,第107~108页。

利也裹挟其中。正因为"己之威仪"之故，边民"因小失大"，伍子胥假公济私，吴公子光为利灭亲、浑水摸鱼，便不可避免。再试想：如果我们与他国夺争本属我们的故土，又有谁能说清，它是为义还是为利？它是因大还是因小？以此，问题的最终解决，必得寻求于公正。公正则从来就是以强者的实力来定义与维持的。

二战后的某大国，为了维护其霸权地位干了无数有违公平、正义的缺德事，许多国家只能忍气吞声，就是随声附和甚或大唱赞歌者也不在少数。为什么？因为缺乏强大反抗力量。我们今天之所以敢于反对霸权，举起维护世界公平、正义的大旗，既源于我们的伟大信仰、民族自豪感，更源于我们的坚定意志、强大力量。

三、"义"的经典解读

古代经典之中，对于义的解读，直接的不多，间接的不少。一方面，它与仁一样，最高境界可与道、德相通，另一方面又与其他德目，如仁、礼、智、信、忠、恕、勇、孝等互相纠缠。简言之，凡符合道德的则莫不是义的，凡符合其他德目的，则近于义。这说明，真正的道德是没有局限性的，而其他，包括仁在内，如不达到最高境界与道德相通相融，就皆是有局限性的。

（一）直接的解读

对于义的直接解读，始于《左传》，次为《墨子》《中庸》，再次是《孟子》《荀子》《吕氏春秋》《说文解字》等。

1.《左传》

"义，利之本也。"（《左传·昭公十年》）这既道出了义的价值特征，也说出了利之获得的最深刻的形上根源。义虽然是利的根本，却不是利的全部。从汉字学来分析，也就是说義是羊存在的根本或依托。换言之，没有"我"，即没有主体的存在、创造与守护，无论是羊还是善、利等，既无从产生，也无法存在或获得。"利者，义之和也。"（《易传·乾·文言》）利的实现，即是"我"与羊、善、利、人、戈之间的和谐相处的实现。"我"与羊：我既要学习它的温柔敦厚善良，也要好好保护它。"我"与善：我不仅要为善、从善、与人为善、守护善，而且要不断学习，了解善的最高境界即道、德，其核心即公平、正义。而公平、正义的实现，必得既有实力，也须有智慧。"我"与人：我要敬、要爱、要与人和睦相处。"我"与戈：既要借助它以保护自己、家人、国家,也要避免它的伤害。从文本意义来看,利,不仅是让共同体的每一个体都能得到自我实现与和谐相处,也能让人与自然同样获得这种实现与相处。从书法学的角度来看,它的形而上的深刻内涵,同样可以被揭示。因为书法的最高境界同样是和。这个和的实现,既需要各部件之间,即"我"与羊、"我"与人、"我"与戈之间的因避让而舍弃,因舍弃而亲密;同时,也能让各部件之间或各笔画之间实现最基本的自由、自足。对"羊"字的舍弃,同时亦是对利、善、道、德的部分舍弃,从而突出了"我"。而"我"的突出,却使人退隐于背景之中。故利,即"义之和"的实现过程,既是损害部分利或善、道、德、人的过程,也是"我"得以实现或光大、突出的过程。这个突出,又主要表现为戈的突出,即暴力、死亡或杀戮的展示。以此,所谓"道德"的世界里便有了"上德不德""大仁不仁""大义不义""大义灭亲"之说。

据《吕氏春秋·长利》:

> 戎夷违齐如鲁,天大寒而后门,与弟子一人宿于郭外。寒愈甚,谓其弟子曰:"子与我衣,我活也;我与子衣,子活也。我,国士也,为天下惜死;子,不肖人也,不足爱也。子与我子之衣。"弟子曰:"夫不肖人也,又恶能与国士之衣哉?"戎夷太息叹曰:"嗟乎!道其不济夫!"解衣与弟子,夜半而死。弟子遂活,谓戎夷其能必定一世,则未之识。若夫欲利人之心,不可以加矣。达乎分,仁爱之心识也,故能以必死见其义。

在此,被灭之亲即"我"。可知义的实现,许多时候既残酷又悲壮。当"我"的主体性特征消灭了,留与世人的便只有善与利了。

2.《墨子》

"义,利也。"(《墨子·经上第四十》)这可能是最直接、最深刻、最具冲击力的解读之一。但却易发生歧义:义虽然是利的部分,但利却并不等同于义。就如"我,人也",却不能说"人,我也"。

视义为利,一般情况下,都可得到完美解释:一个人通过不断努力,树立了良好社会形象,以此获得适当的好名声、合适的社会地位、相应的经济待遇等,这样的因义获利便顺理成章。但主体为义献身(舍生取义)的极端情况却让人难以理解:难道还有比生命更为重要的利吗? 有。这个利对于共同体而言即国家民族之大利,对于个人而言即"死而不亡"之嘉名。国家民族之大利事关国家疆域安全、大众安危、国家民族尊严等,弃之国破家亡、国将不国,得之国泰民安、政通人和;"死而不亡"之嘉名事关主体信仰、意志、耻辱感、义利观等,弃之生不如死,得之青史留名、虽死犹生。

"义者,政也。"(《墨子·天志第二十六》)"义者,善政也。"(《墨子·天志第二十七》)"义者,正也。"(《墨子·天志第二十八》)三句话意皆相通。如孔子所说:"政者,正也。子帅以正,孰敢不正?"(《论语·颜渊》)从政者首先自己要有德——胸怀公正,心有百姓,才可以从政,才可能治理好天下、管理好百姓。以另一个维度"君子之仕也,行其义也"(《论语·微子》)考察,只有从政才是君子凸显其光辉形象的最好方法。没有君子对于义的追求,天下就没有正。天下没有正,也就没有道德或公正,于是"政"或"善政"也就无从谈起。所以,唯有道有义君子才可以从政,才可能给天下百姓带来利益与幸福。

综合上述墨子关于义与利、政、正关系的论述,可知墨子的认知不仅极为深刻,而且对于从政者本身也给予了极高的期望。

3.《孟子》

"夫义,路也。"(《孟子·万章下》)"义,人路也。"(《孟子·告子上》)"义,人之正路也。"(《孟子·离娄上》)所谓"义",就是人行之路,就是正路,我们沿着这条路往前走就是义。以此可知,日常行义,遵道而行就可以了。

"羞恶之心,义也。"(《孟子·告子上》)人能知耻明辱就是义。耻源于主体的内心感受,辱源于外力所强加。羞恶主要源内心感觉,亦有源于外力强加。君子"志于道,据于德,依于仁,游于艺",故对外力强加之辱,有自己的独立判断,或有以为耻,或有以为荣。知耻明辱是主体成长进取的最强大动力之一。个人如此,国家民族尤其如此。当下,中国面对国际上的所谓"制裁",因我不如人的或可为耻,我强于人的或可为荣。

"义也者,宜也。"(《孟子·尽心下》)不仅要知道什么该做,什么不该做,而且要知道具体怎样做才最合适。这样的义不仅是利,而且是道、德、仁、礼、智、信。遵此而行,不仅能提高自身光辉形象,而且能利别人、利天下、利自己。

4.《荀子》

"义者,循理。"(《荀子·议兵》)这句话与"礼者,理也"相似。所谓"义",即遵自然、社会发展变化的规律性以及日常事理、逻辑而行。在此,它同于道、同于德。

"夫义者,所以限禁人之为恶与奸者也。"(《荀子·强国》)所谓"义"不仅是主体自身不"为恶与奸",更重要的是有能力有意志阻遏他人"为恶与奸"。为达此目标,为官、为师、为学作用尤显。为官以刑律阻遏他人"为恶与奸",为师、为学以道理传播正能量、教人为善阻遏他人"为恶与奸"。

5.《吕氏春秋》

"义者,百事之始也,万利之本也,中智所不及也。"(《吕氏春秋·慎行》)这与《左传》"义,利之本也"所论几同,但更加强调了义、利之间的互涵性、辩证性、曲折性、延时性、普遍性关系,以及不能为一般人所认知的形上特征。20世纪六七十年代我国在自身极端困难情况下的援非,以及当下中国的"一带一路"倡议,其初都带有强烈的义的特征,但随之而来不仅有义的更加深入全面的拓展,而且必定有无穷无尽的利。

6.《说文解字》

"义,己之威仪也。"它直接道出了义之本质属性。自古至今,无论是个体之人还是共同体,其一切行为实践似均以此为旨归。这种威仪有时又指向尊严或面子。现实世界中的人有时会刻意放弃尊严或面子,大多时候既是策略,也可能是无可奈何的选择。但终极目的却是一样的,即为了之后更大的尊严或面子。极端情况下人们对于死的选择大多也莫不如此。任正非选择不断地向美国学习技术与管理,自认为是不要面子,但后来的发展却给了他更大的面子。我们个人的成长或可因此受到启示。

(二)间接的论述

关于义的间接性论述,经典作家所论甚多,在此只能选择部分略加申述。

1.《左传》

"信以行义。"(《左传·成公七年》)此语近于有子"信近于义"(《论语·学而》)。诚实守信的行为,一般都是义的行为。但为了义有时也可以"不信"。

"义以建利。"(《左传·成公十六年》)以义行事,树立义的形象,就是在创造条件,以期获取后来的各种利益。

"大义灭亲"(《左传·隐公四年》)义有大、小、公、私之别。如果此义牵扯到国家民族利益、社会公平正义,如不灭犯罪之亲(一般情境而言)便不能坚守维持,以致主体也会因此威仪受损、尊严、面子尽失,最终还可能导致与此"亲"共同灭亡的命运,此义便是大义。换言之,大义之义,又是此主体不得不为之义。

"多行不义,必自毙。"(《左传·隐公元年》)此乃名言。不义之事干多了,或迟或早都会自取灭亡。不义之事,即奸恶之事。自取灭亡,是因为主体奸恶之事干多了,结出了不得好死的果。

"名以出信,信以守器,器以藏礼,礼以行义,义以生利,利以平民,政之大节也。"(《左传·成公二年》)"名以制义,义以出礼,礼以体政,政以正民。"(《左传·桓公元年》)人之有义甚或有礼、有信皆源于人之有名。此名主要指向人的名字、名位。人一旦有了名字、名位,就必须为这个名承担责任义务、负责到底。如何负责? 即尽力维护它的声誉、地位、财产、信用等,既须主体不给此名带来耻辱、危险,也须不断发展壮大此名。

"死而不义,非勇也。"(《左传·文公二年》)敢于死并非一定就是勇。将军与战士以英勇杀敌、打败敌人为勇,必须死有所值;以未战先败、未败先死为辱不可为勇。勇之死,以义为准,可以学可以效可以光荣于后世。

"居利思义。"(《左传·昭公二十八年》)主体获得了利益,要常常思考它是否有利于之后的正面形象的提升以及利益的再度扩展。如果不能,就要分些与他人,既能远害全身,又能得到更多义与利。

"《诗》《书》,义之府也。"(《左传·僖公二十七年》)不断地学习文化知识,不仅能积累智慧,也是主体不断提升光辉形象的最重要途径之一。

2.《老子》

《老子》之中有"义"5见,没有对于义的直接解读。其数比"仁"少了3见,与"道"之75见、"德"之44见则不可同日而语。以此可知老子对于义并不重视。

"大道废,有仁义。"(《老子》第十八章)仁义的出现,并不是"好社会"征兆。它昭示着公正已在上层社会完全失去,天下无道局面已经形成。社会的维持只能靠仁人志士代施仁义以践难得的公正。

"绝仁弃义,民复孝慈。"(《老子》第十九章)即或全社会已把仁义抛弃,但家庭之中的伦理道德仍会存在。它昭示着道德即或在上层社会全部丧失,也永远可以到老百姓之中去寻找到。"斯民也,三代之所以直道而行也"(《论语·卫灵公》),"礼失而求诸野"(《汉书·艺文志》)等言论,便体现了其底气与豪情。

"失道而后德,失德而后仁,失仁而后义,失义而后礼。夫礼者,忠信之薄而乱之首。"(《老子》第三十八章)义只能依附于道、德、仁才能存在。不符合道、德、仁的义即是虚无或经不起思想追问的。当然,如果义也不要了,而仅靠礼以维持人与人或共同体与共同体之间的交往,那么社会走向崩溃混乱也就不可避免了。

"上义为之而有以为。"(《老子》第三十八章)义即或是最高级别的"上义"也是有缺憾的。国家也好,个体也罢,为追求"己之威仪",或把情感、信仰蕴其中,或把利益、声誉绑在其后,最后造成冲突乃至灾难性后果便常常不可避免。

综上可知,义总是有着巨大局限性,如果没有道、德、仁做规范,那么就一定会给国家社会以及主体自身带来伤害。

3.《论语》

"君子义以为质,礼以行之,孙以出之,信以成之。君子哉!"(《论语·卫灵公》)一个人如果诚信、谦逊、有礼,那么就能获得受人尊敬的义的形象。不过,美德并不是义的全部。人的一切行为,只要能提升其正面光辉形象的便皆是义。

"义然后取,人不厌其取。"(《论语·宪问》)人们对于金钱、财富、名誉等利益的获得,都不能损害自己已有的正面光辉形象。如果有损,那么就是不义。如果不损反而有增,那么就是义。但是,人当如何取才是符合义呢?按照孟子的说法,在可取不可取之间的,不能取;不是自己应当取的,不能取;因别人灾难性事件留下的利益,不能取。

"不仕无义。"(《论语·微子》)天下有道就出来做官,天下无道就不出来做官;不以卑劣手段获官、做官;不在卑劣小人手下做官;如果自己做了官就要不辞辛劳、持之以恒地为百姓做事,并能得到百姓的认可与赞誉。

"见义不为,无勇也。"(《论语·为政》)勇与义联系极紧密。凡是能够提升正面光辉形象的事,我们都要勇敢去做。苟利国家可以不避祸福,以命相搏;对于亲朋要尽心尽力;对于路人既要尽心尽力也要量力而行,如果力不能逮就要想法求助公权力或他人,千万不要做无谓的牺牲。违背仁义道德,便不是真正的勇。

"行义以达其道。"(《论语·季氏》)理想得以实现的过程,其实就是不断行义的过程。行义之路千万条,在古人看来,为师、为官第一;为学次之;救人急难又次之;疏财助人又次之。

4.《孟子》

"人皆有所不为,达之于其所为,义也。"(《孟子·尽心上》)义必须以行动、实践以呈现。没有付诸行动的道德便不能称之为真道德。"人皆有所不为"的事有很多,有好有坏,但这里仅指一般人不愿或做不成的好事。如一般人或不愿或做不成的好事,你却做成了,那么当然就符合义。因为它不仅会给你带来好名声,而且可能给你带来受人尊崇的财富。

"大人者,言不必信,行不必果,惟义所在。"(《孟子·离娄下》)人的一切语言与行为必须以提升自身的光辉形象为旨归。信或"不信"不是最重要的。如果以"不信"的面目呈现,也能提升这种形象,便是义;反之便是不义。提升主体光辉形象的办法有很多,其中以"好学善教",不断地提高自己的能力水平并帮助别人,为最佳途径。

"士穷不失义,达不离道。"(《孟子·尽心上》)一个人不管是在穷途末路还是高光时刻,永远都不要忘记或放弃自己的初心,以及为这种初心的实现所做的努力。人生即或不能到达光辉的顶点,也要为后来者留下些曾经艰难拼搏过的教训与经验。

5.《荀子》

"志意修则骄富贵矣,道义重则轻王公矣,内省而外物轻矣。"(《荀子·修身》)重道义的君子可以不为外物所累。立身于天下之间,无须阿权谀贵,可以与天地参。既能受尊于当世,也能流芳于万古。

"君子之能以公义胜私欲也。"(《荀子·修身》)"公义"即最基本的社会公平正义。为了维护"公义",君子可以放弃自己的部分欲望、利益。极端情境下,也可以放弃自己的生命。

"君子能以义屈信变应故也。"(《荀子·不苟》)君子的一切行为,以达到自己心中的那个高远目标为旨归,其间受些屈辱在所难免。每当受屈受辱之时,务必要经得起时间的考验:一要善于保护好自己的生命安全;二要发展好自己的能力。"得其时则驾,不得其时则蓬累而行。"等到风停雨住,逮到适当时机,生根、发芽、开花、结果,实现绚烂辉煌。高远目标的实现,就是义的实现。

"先义而后利者荣,先利而后义者辱。荣者常通,辱者常穷。通者常制人,穷者常制于人,是荣辱之大分也。"(《荀子·荣辱》)义与利关系密切。无论何时,都要把义放到利的前面。如此,我们不仅不易为他人所制,而且可能获得更多的利、更大的荣。

"不学问,无正义,以富利为隆,是俗人者也。"(《荀子·儒效》)如果要做到这三点,才是信人,那么做个俗人似也不易。因为一个人如果完全没有正义感,那不就是孟子所说的"禽兽"了吗? 其实,只要是个正常的人,仁义道德或多或少总是有的。以此可知,俗人的境界也是不易达到的。

"礼义者,圣人之所生也,人之所学而能,所事而成者也。"(《荀子·性恶》)礼也好,义也罢,皆属意识形态、圣人所制,并非自古有之,所以正常之人,皆一学而能。故以此处理人与人之间关系时,略有出入实无太大关系,只要"大德不逾闲"就可以了。

"行义以正,事业以成。"(《荀子·赋》)循义而行,是否符合公正一般人或并不清楚,但它一定会有个好的结果,那就是能够成就事业。能够成就事业的,或多或少总是在与义同行。

"义与利者,人之所两有也。虽尧、舜不能去民之欲利,然而能使其欲利不克其好义也。虽桀、纣亦不能去民之好义,然而能使其好义不胜其欲利也。故义胜利者为治世,利克义者为乱世。"(《荀子·大略》)义与利都是人们所追求的,古今皆然。但最后的胜利,却一定是义对于利的胜利,否则主体便不能胜任或捍卫已经获得的利。秦统一天下,却二世而亡,连宗庙祭祀都没了,这最多只能算是胜,而不是所谓"胜利"。

"从道不从君,从义不从父,人之大行也。"(《荀子·子道》)此语大大发展了孔子的思想。人之大行即人之大德、大道、大义、大仁。就君子而言,小行或可有所出入,但大行必须服从于道义即最基本的社会公正。

6.《墨子》

"君子之道也,贫则见廉,富则见义。"(《墨子·修身》)这种认识极深刻。一般来说,因为贫,故易贪婪;因为富,故易骄奢淫逸。所以,极端的贫富之境最易考验人性。所谓"贫而乐,富而好礼",其实是极不易做到的。

"不义不富,不义不贵,不义不亲,不义不近。"(《墨子·尚贤第八》)此语以形上意义言之,确是不错的,但现实世界却常与此相悖。孔子说:"不义而富且贵,于我如浮云。"这也暗示我们,"不义而富且贵"的事,古今中外比比皆是。

"库无备兵,虽有义不能征无义。"(《墨子·七患第五》)维护社会公平正义必须以强大力量做后盾。当"有义"匍匐于"无义"脚下时,"无义"便成了"有义"。以此可知,世界上从来就没有绝对的"无义"或"有义"。"无义"若能打败"有义",说明"无义"也有"有义"的一面。

"天下有义则生,无义则死。有义则富,无义则贫。有义则治,无义则乱。"(《墨子·天志第二十六》)此语从绝对意义来说当是正确的,但从相对意义上讲却不一定。亦如荀子所言:"仁义德行,常安之术也,然而未必不危也;污漫突盗,常危之术也,然而未必不安也。故君子道其常,而小人道其怪。"所以天下无道时,"常安之术"也没有用,君子只能选择以身殉道。

"为义非避毁就誉。"(《墨子·耕柱第四十六》)与林则徐的"苟利国家生死以,岂因祸福避趋之"、庄子的"举世而誉之而不加劝,举世而非之而不加沮"有同工之效。这种义一定与主体内心世界所高度认可的信仰相关。

"予子天下,而杀子之身,子为之乎?必不为。何故?则天下不若身之贵也。争一言以相杀,是贵义于其身也。故曰,万事莫贵于义也。"(《墨子·贵义第四十七》)事实上,为争天下而招杀身者比比皆是。这个"贵于万事"的义,必须是以道、德、仁为依据,而非一时的意气之争。

四、義的实现

基于对"义"字初文義以及"义,己之威仪也"的深入认知,可以肯定:義之意,无论于何种向度考察,都应是需要主体在现实或历史长河中以其最为美好高大的一面展现于人类共同体或国际社会之中。什么才是美好高大?有大德大善、有嘉言懿行、有奇功异勋而能使主体实现美名流芳者均可。義的实现,途径主要有二:其一,以孟子的"性善论"为代表,即认为义与仁、智、礼、信一样,都是人与生俱来的道德性的自然流露,实现它只要不断加以扩充即可;其二,以荀子的"性恶论"为代表,即认为人的道德性都属于"伪"——"人为",都是后天朝着社会所普遍期待的方向不断努力的结果。孔子的"性相近,习相远也"虽然与荀子的认识略有不同,但其成功路径实质上与荀子是一致的。荀子与孔子的认识或更加接近于唯物史观、当代科学认识或事实真相。至于孟子,虽然迎合了一般人的善良愿望,也有一定的形而上的特性与意义,但却是经不起实践与逻辑检验的。其最后的实现,仍得归于孔、荀之一途。

(一)人性或仁、礼、智、信、善、美的自然流露

在孟子看来,人性本善,每个人的天性中皆具仁义礼智"四端":"恻隐

之心,人皆有之;羞恶之心,人皆有之;恭敬之心,人皆有之;是非之心,人皆有之。恻隐之心,仁也;羞恶之心,义也;恭敬之心,礼也;是非之心,智也。仁、义、礼、智,非由外铄我也,我固有之也,弗思耳矣。故曰:'求则得之,舍则失之。'"(《孟子·告子上》)并以"今人乍见孺子将入于井,皆有怵惕、恻隐之心,非所以内交于孺子之父母也,非所以要誉于乡党朋友也,非恶其声而然也"(《孟子·公孙丑上》)为例,来推定"人皆有不忍人之心",进而认为:既然"人皆有不忍人之心",那么"恻隐之心""羞恶之心""辞让之心""是非之心"也就同样具有。可是,事实上,不仅"人皆有不忍人之心",难以推出人皆有仁义礼智"四端",就是见"孺子将入于井"也不一定能产生"怵惕、恻隐之心"。试想,如果见到"孺子将入于井"的人,同样是没有生活经验(即没有学习过)的孺子,情况又将如何?换言之,如果"孺子"亦能让孺子产生"怵惕、恻隐之心",那么"孺子将入于井"则成悖论。以此,可以肯定:孟子的"求则得之,舍则失之"即他的仁、义、礼、智的最后实现,走的只能是与荀子同样的道路。故"非由外铄我也,我固有之也",仅在于凸显了孟子关于人的"性善"的"类本质"在形上的彼岸世界的重要性,而不具备此岸世界的普遍性的实践意义。换言之,此所谓"性善"亦如自然界植物的趋光性一样,对其自身或为有益,但于其自身之外的世界却不一定。

至于孟子又认为义近于仁、近于礼、近于智、近于信等,即只要主体的行为已经具备了上述道德要求,义便已经实现,这是合乎逻辑、值得肯定的。因为我们没有理由否定仁者、智者、信者、礼者同时亦是义者。但是,仁、义、礼、智、信诸德目又都是有局限性的,如偏于一隅,必将失于中庸之道。所以孔子说:"好仁不好学,其蔽也愚;好知不好学,其蔽也荡;好信不好学,其蔽也贼。"(《论语·阳货》)

至于孟子及后世儒家关于上述道德规定的具体实现途径——"大学之道"(或曰"正心、诚意、格物、致知"或曰"明明德、亲民、止于至善"等一整套让主体人格不断得到扩充,并不断大起来的学说),则是十分可取的——因为它确是实现主体的"己之威仪"的最为宽广正确的途径。当然,老子的"为学日益,为道日损",即学道双修,以益为学,以损为道,也同样可取。

(二)不断地"装"

按荀子的说法,不断地"装"的过程,也就是不断地学习,以及"积善成德,而神明自得"的过程。而"德""神明"的实现,则是"己之威仪"实现的更高级形式。

只要是人,不管是君子还是小人(此小人不是坏人,而是指没有大出息、大理想、大胸襟的一般人),为了自尊、自信,或尊严、面子等,一般情形下,特别是在公众场合,都会以"己之威仪"的一面来表现自己。这种"己之威仪"对于君子来说,应该是以真正的、名副其实的正当、公正、正义、美、善、优良等来面对大众;对于小人来说,则也可以"装"来实现其义的功利性。于是,把善顶在头上的"我"的义举,因以表现"己之威仪"为目标,便明显地宣示出其既有一定的偏私性(既为表现自己,亦针对特定的个体或群体),又可能为一定的情势或欲望所左右的特点。换句话讲,主体的义举,许多时候并非完全出于内心的道德要求。不过,我们又绝不可怀疑义在道德缺失情形下的积极作用。一个和谐文明社会的建构,不仅需要道、德,也需要义举。这是因为,义同时也是道德的根本:如果一个人连义都不要了,也就是说连基本的自尊、自信、脸面都不要了,那么社会道德规范对他而言便已完全失去了意义。

《资治通鉴》中的一个历史故事或可给我们以启发。战国时,魏安釐王问他的大臣孔斌:"当今之世,谁可称得上是天下高士?"孔斌回答说:"世上从来就没有完美无缺的人,如果退而求其次的话,鲁仲连勉强能算一个。"魏安釐王听了,却不赞同这种说法,说:"鲁连仲老是强迫自己做一些自己都不愿意做的事,无非是为了做给别人看,此人表里不一,不能称为真正的君子。"于是,孔斌说了句十分经典的话:"作之不止,乃成君子。"即不管他是真心还是假意,就算是演给别人看,只要能坚持不懈地演下去,久而久之就会弄假成真,成为真君子。《读者》杂志在转述上述故事时,给这段文字安了个题目叫《有些好人是装出来的》。窃以为,不是"有些好人"是"装"出来的,而是所有的好人都是"装"出来的,就看你如何理解这个"装"的意义了。孔子说:"人能弘道,非道弘人。"来自绝对的道德命令让主体不得不"装",但这"装"分明又是痛苦并快乐着的。"装":一为伪装、打扮;一为装入,即学习。伪装即人为的打扮,这不仅完全符合荀子的性恶理论:人性本恶,所以主体的一切善行都是人为的打扮,即不断地向圣贤学习,以改变自身的第一天性(即动物性人格),而修成第二天性(即社会性人格)的结果。同时,它也符合孔子"性相近也,习相远也"的人性论原则。人的本性都是差不多的,之所以后来会差别越来越大,原因就是后天不同的个体在不断学习过程中各自朝着不同方向发展的结果。"作之不止,乃成君子"也不是没有条件的:一指鲁仲连强迫自己干的不愿意干的事皆为"弘道"之"君子之事";二是"作之不止"指一直照"君子之行"而作。历史上,正因为鲁仲连不断地"装",以至于"装"出了"义不帝秦"(事见《战国策·鲁仲连义不帝秦》)的惊世壮举,从而名垂青史。于是,其"己之威仪"得以实现,他成了我们应当效仿、学习的真君子。

再行反思,作为"己之威仪"之义,许多时候就是礼。(这与孔子所云"礼以行义"也是一致的)而礼,作为古代祭祀祖先的一道器具或程序,其"虚无""虚伪"性与生俱来。我们面对大众或他者时必须讲礼,但面对自己最为亲密的爱人、家人、朋友时,礼便成了多余。而当礼成为多余之物时,实现"己之威仪"之义的方法,便只能是道、德、仁、善,而不是必须以"装"行义了。孟子"身不行道,不行于妻子。使人不以道,不能行于妻子"(《孟子·尽心下》)便说出了道德才是义实现所必须遵循的底线。此话又牵扯出义之局限性问题。所以,"装"必须一直装下去,时时刻刻,岁岁年年,不能稍露狰狞。同时,我们也不能为了个人义气,而忘了国家、民族大义,道德、法律尊严;否则,所谓"己之威仪"的实现便可能前功尽弃。但当礼走向极端,完全成为主体的行为习惯时,又可成为"道德之极"(《荀子·劝学》)。这是因为君子以义为先,能把义与礼有机结合,"礼以行义",并渗透到自己的一切日常生活实践之中,且形成习惯。比如二战时英国"胡德"号战列巡洋舰被德国"俾斯麦"号击沉的瞬间,一个已不知其姓名的军官在逃生口的一个习惯性礼让举动,其实质就是让出给别人活的机会,而留给自己以死亡。这种情况,在人类历史上历次大大小小的灾难性事件中,似乎屡见不鲜。

(三)以"利"市"义"

此说似乎多与功利性、策略性紧密联系。因为"市"在传统儒学中,常常带有贬义。它以仗义疏财为主要表现形式,以提升主体自我形象、收揽人心为主要目标。国家混乱之际,许多英雄豪杰往往就是这样起家的。但是,以此道实现救国救民于水火可,而实现个人私欲则不可;以此道实现主体的自我保护策略可,而实现销弥罪恶则不可。战国时,冯谖为孟尝君"市义"、营狡兔三窟,确可谓高明策略(事见《战国策·齐策》)。而时下的某些高官巨贾,捐不义之财、结江湖骗子,欲实现移祸消灾,但仍难逃毁灭之途。故以"利"市"义",也是有底线的,它不能背离了道与德。

五、"利"的实现

老子说"有之以为利",即人类社会所拥有的一切都是利。故利,不仅遍及社会生活的各个领域,与人的生命、精神紧密相连,表现为自然资源、资本、金钱、物产、荣誉、声望等多种形式,且其实现的途径更是五花八门:劳动、占有、赢得、贪婪、赖等。但是,不管其存在形式、实现途径如何之多,又皆可分为两类:精神与物质;直接与间接。对于个体而言,则一定是主体自身能够完全独立支配的部分。

（一）"锋利"的实现

它是利、利益之实现的主要条件,又主要通过劳动（既包括体力劳动也包括脑力劳动）表现出来。如果犁不锋利便不能翻土,刀不锋利便不能割禾,而其共同的结果便是:劳动了也可能没有收获。荀子说"金就砺则利"（《荀子·劝学》）,意思是说金属之类的工具,只有经过磨砺才可能实现锋利。孔子说"工欲善其事,必先利其器"（《论语·卫灵公》）,即说明锋利乃是古代多数工具得以提高生产力的前提或基础。把它引入现实的社会人生,我们又会发现:锐利的思想与智慧,同样需要不断地磨砺,否则新的理论构建或创新便不可能。这些又正是利益得以实现的现实基础或基本途径。

（二）"利益"的实现

利益主要表现为富饶、赢利、利息、贪婪、赖（依赖、凭借）等。富饶为"天（自然）"所成就:聪明的头脑,优越的自然条件,得天独厚。它是主体能够获利的重要前提。赢利与利息主要依赖于资本（资本是一个外延很大的概念,有经济学意义上的,又有超越经济学意义上的。人能够赖以获利的一切物质与精神力量都可视为资本）,但相应的社会环境与主体的正确操作也必不可少。贪而得利者,既可能有一定的非法性质,也可能会产生严重后果。而其所贪是否得当、可靠,则与主体所采取的手段是否合法关系密切。"赖"在古代主要表现为依赖、凭借。如《国语·晋语六》云:"夫利君之富,富以聚党,利党以危君。"（其中的利即为"赖"）这说明,依赖别人而获利益者,往往都不是什么好东西。所以,被依赖者不仅要提防,而且要反省。后来,"赖"又生出新意:赖账。以赖账而获利者,古今有之,但此道绝非通途。

（三）"和"的实现

《广雅·释诂三》云:"利,和也。"和就是利,或和是实现利、利益的最大现实基础和最高形上根源。事实上,也只有在和的引领下,所获之利才可能最为坚实、长久。所以,它不仅具有基础性、直接性、明晰性,也具有一定的曲折性、隐蔽性,即形上性特征。一般人或并无认知,或不能全部认知;或能够认知,却因为观点、立场、性格等其他因素,而不一定能尊此道而行。

《易传·系辞传上》云:"二人同心,其利断金。"不仅是对和、利高度统一的具体诠释,也是其基础性、直接性、明晰性的反映。"同心"即和。和的结果很美妙:或能把强有力的金属截断,或能直接获取黄金大利。其实,自然界中,和生万物,和荣万物;无和则万物皆杀。人类社会,和平养无限生机,战争则满目疮痍、哀鸿遍野。而"家和万事兴,人和政通,和气生财"等则告诉我们:和不仅重要,而且通俗易懂,已深入每一个普通公民的心灵深处。可是许多时候,和的实现不仅充满困苦艰难,而且充斥流血冲突。究其因,世人皆于"利者,义之和也"难有深入认知。

"利者,义之和也。"此语出自《易传·乾·文言》。理通神鬼,义光杳冥。它是利之实现的伦理学基础,因而颇具曲折性、隐蔽性,或明显的形上特征。无论是国家还是集团之间,无论是个体还是群体之间,义——"己之威仪"的需要都是客观存在。细察人类社会的各种矛盾冲突,其深层的原因似乎都与"己之威仪"的实现密切相关。于是,协调好这种既与国家尊严、民族大义紧密联系,又与个体自尊、自信息息相关的"神奇之物"的关系,让它们都能实现和或和谐相处,便是摆在我们面前的一个既十分伟大又极为棘手的世界级难题。许多时候,说大道理往往难以让人服膺。这里,以书法中关于多部件单字的布白(结构)原理为例,或可对我们有所启发。例如:**㹴**。写好它的原则只有一条,就是协调、和谐,或"和""中和"。可是,如何做才能达到这种和的境界呢?古人经过千百年的书写实践,给我们留下了许多行之有效的经验:第一,避让。此字由左、中、右三部分组成,其中"禾"为主干,所以它较之两边理应写得略长些,但却不能太宽,特别是上部的横与点,不仅不能太宽,还必须适当缩短、缩小。因为要避让,即腾出空间让两边部分能够紧密地靠在一起。否则,三部分便可能分崩离析而不能协调和谐成为一字。第二,既自足、自由,又相对独立。这似乎是矛盾的,其实不然,因为绝对的自由与独立,从来就不存在。"口"的自足表现为笔画较粗,虽然占有实际面积较小,但看起来不小,且感觉紧凑有力,反之则不美;其自由则表现为上下留空较大,左边面对的是空。"禾"的自足,表现为挺拔且上下长各出一头,与两边形成明显对比;其自由则主要表现于其下部之"撇"有机会伸至口的下面,虽然占了口的空间,但却没有过分之感,反而显得更加亲密而协调一致。"火"的自足与自由在此字的表述中同理而异名,即撇、捺的粗壮有力与优美舒展并行不悖。上部的两点,表现出极大的收敛。收敛,既是为了避让,也是为了突出撇、捺之风致。综上,可知和的实现的玄机:避让是前提,自足、自由、独立的存在与发展是核心;反之,和便无法存在,结果只能是丑陋、无序或分崩离析的。把上述原理引入人类共同体或国际社会,无不适宜。自足:先做好最好的自己;自由:必须有适当的时空选择;独立:既要互相支持又要和而不同。如此,"己之威仪"与和便能同时实现;反之,则只能是争斗或战争。

六、"义""利"的相互关系

(一)"义"的重要性

孟子说:"生,亦我所欲也;义,亦我所欲也。二者不可得兼,舍生而取义者也。"(《孟子·告子上》)俗语云:"死要面子活受罪。""人活一张脸,树活一张皮。"虽然雅俗不一,理路不同,但都说出了𢦏的极端重要性。其重要的程度:不仅活着时需要,比生命更重要,就是死了,也还是需要,仍然重要。孔子的学生子路,临死之际,就要被别人剁成肉酱了,最后关心的不是自己的生命,而是"正衣冠"——让自己死得有尊严。这就是义。

在古人心目中,义有如此极端重要性,很值得人深思。第一,它是道德的根本,是人之为人的重要标志之一。孟子说:"羞恶之心,义之端也。""无羞恶之心,非人也。"(《孟子·公孙丑上》)换言之,如果一个人连脸都不要了,那么他还有什么坏事干不出来?第二,义的本身就是利,而且是最大的利。《墨子》云:"义,利也。"《吕氏春秋·慎行》云:"义者,百事之始也,万利之本也,中智所不及也。"故义不仅是利,而且是利的根本。而"君子动则思礼,行则思义,不为利回,不为义疚"(《左传·昭公三十一年》)则说明,义与利有时是完全可以互换的。(洪亮吉训:"按,义亦利也,古训义利通。")

综上可知,传统社会中的义遍及社会人生方方面面,不仅是人的目的,更是人的存在方式或生活方式;同时,它也是国家的形象、民族的尊严。可是今天,义已经异化,或已为单一的义举所涵括。于是,让义回归传统,回归生活本身,便是当代社会伦理道德重建的重大任务之一。

(二)"利"的重要性

马克思说:"人们所奋斗的一切,都同他们的利益相关。"①"把人与社会联系起来的唯一纽带是天然必然性,是需要和私人利益。"②"每一个社会的经济关系首先是通过利益表现出来的。"③"国家是属于统治阶级的各个个人借以实现其共同利益的形式。"④老子说"有之以为利",即言主体所拥有的一切都是利。

利之所以重要,一在于,它是人类有机体及精神活动存在与发展的物质前提。即不仅人类吃、喝、穿、住、行均须依赖于此,就是人的哲学、科学、艺术等一切精神创造活动,离开了这个前提,也只能是一句空话。二在于,对于利的公平、正义的占有与追逐,既可解放思想、刺激市场经济发展、推动人性的解放和政治民主化,也可满足人们对于高质量美好生活的追求。三在于,它就是和,就是义,也是人的实现与现实。即主体对于利的公平、正义的占有,不仅是其"己之威仪"的实现,而且可以"利"市"义"。

虽然利与义同等重要,但我国古代学者对于它的重视,却似乎又是不够的。其具体表现是:一、"利"不仅通和,同时也可通贪;《广雅·释诂二》云:"利,贪也。"《礼记·坊记》:"先财而后礼,则民利。""民利"即民贪。二、"君子好义,小人好利。"其实这话是需要做具体问题具体分析的。因为不仅利有公私之分,义有大小之别,而且有深刻的认知上的原因。故好利者并非一定是真小人。所谓"君子喻于义,小人喻于利",其实

---

① 马克思、恩格斯:《马克思恩格斯全集》第一卷,北京:人民出版社,2002年,第82页。

② 马克思、恩格斯:《马克思恩格斯全集》第一卷,北京:人民出版社,2002年,第439页。

③ 马克思、恩格斯:《马克思恩格斯全集》第一卷,北京:人民出版社,2002年,第537页。

④ 马克思、恩格斯:《马克思恩格斯全集》第一卷,北京:人民出版社,2002年,第67页。

是指君子十分通晓义的重要性,以及它与利之间的形上(或辩证)关系;而小人则只是对于利的现实意义有所认知,而不能通晓其与义、和的复杂形上关系。

总之,在传统中国,作为主流政治思想的儒学,多数时候主张重义轻利,视科学技术为奇技淫巧、视工商业为舍本逐末等,这是导致我国近现代落后的主要原因之一,故其消极作用也是今天需要重点反思的。

(三)相互关系的体现

1."义"即"利"

一是说义就是利的一个部分,而且是最重要的部分;人们在追逐义的同时,其实也就是在追逐利。张爱玲说:"生命是一袭华美的袍,爬满了蚤子。"用其比喻义、利的相互关系,似乎极为贴切:袍就是义,而利不仅是袍而且包括蚤子。有意志的生命无不主观上在追求生命之袍的光彩绚丽,但光彩照人的背后,"爬满了蚤子"却不可避免。二是义是实现利最重要的现实基础与形上根源。《左传》说"德义,利之本也",《增广贤文》说"钱财如粪土,仁义值千金"等都反映了这种思想。

2."利"即"义"

这并不是上述义即利的同义反复。一是指利的实现同样是义的实现,即一个人公平、正义地拥有了一定的利,也就拥有了相应的社会地位,即部分地实现了"己之威仪"。换言之,如果利的获得损害了主体之威仪,便是不利。其次是"利"可市"义",古今皆同。

3."利,义之和也"

第一,利是和的结果,无论是从自然界获取生存资源,还是人类社会美好生活的实现,没有了和,利也就无从谈起。第二,和的实现,又是充分协调好义的实现的结果。天道运行、生态环境、人类社会,义——"己之威仪"——尊严、自足、自由、发展无不充斥其间。于是,协调好所有这些义的关系,即人与自然、自然界各物种之间、人与人、人与社会、各种利益共同体之间、国家与国家、各民族之间等的关系,便是作为万物之灵的人类最为伟大而崇高的责任与义务。

4."义"与"利"的矛盾冲突

既然义、利关系高度统一,那为什么还会有激烈矛盾冲突呢?这似乎十分吊诡。其实,一点都不。原因是:不仅利有公私之分、义有大小之别,而且人们对于它们的认知,也普遍地存在着或多或少的局限性。如当代人与后代人的利益矛盾,就是客观地存在着的,但如要对它都有深入的认知却并非易事。也正因为它们常相纠缠、难以认知,所以往往又不能一概而论,只能具体问题具体分析。孔子的应对策略是"见利思义""见义勇为"。前句直接来自《论语·宪问》,后句则从《论语·为政》"见义不为,无勇也"化来。前句告诉我们,在面对利与义的激烈矛盾冲突时,必须有所权衡。如果得利既合乎公平、正义原则,取之又不会有害于义,则坦然取之;反之则弃之。用孔子的另一句话来说,就是:"富与贵是人之所欲也,不以其道得之,不处也。"(《论语·里仁》)"见义勇为"有点复杂,如果我们对老子、孔子思想体系没有认真系统的了解,就可能产生误读。简言之,它绝不是不分青红皂白,见义就上,直到"舍生取义"为止。因为老子、孔子的勇必得与智慧、策略紧密相连;反之,则是愚蠢或无谓的牺牲。老子说:"勇于敢,则杀;勇于不敢,则活。"(《老子》第七十三章)孔子说:"暴虎冯河,死而无悔者,吾不与也。必也临事而惧,好谋而成者也!"(《论语·述而》)在现实中,由于对见义勇为与舍生取义的误读,造成的不必要损失与牺牲比比皆是、举不胜举;而对它们所进行的错误宣传与报道则更是不绝于闻。比如:一个父亲,当自己的女儿掉到水中时,不管会不会游泳,想都不想便跳进水中,最后让自己成为女儿的殉葬品。这样的行为虽然十分壮烈,但在老子、孔子看来,既不是真正的勇更不真正的义。因为他的死不能仿效。在中国传统文化看来,人永远不是完全独立的存在。除了女儿,你还有妻子、父母等,他们都需要你尽义务。这是否说你又可以放弃不管呢? 当然不是,其实,只要冷静应对,办法有的是。这是否意味着舍生取义也要抛弃呢? 更加不是。当我们面对民族大义时,就应当毫不犹豫地选择舍生取义,因为"人能弘道,非道弘人"(《论语·卫灵公》),"天下有道,以道殉身;天下无道,以身殉道"(《孟子·尽心上》)。

七、"义""利"的超越

与其他德目一样,这里所说的超越也只是相对的。简单来说,就是抛弃名利、尊道而行,或与苏格拉底"对于高尚之人,名与利均不足以动之"[①]相类。

---

①　柏拉图著,吴献书译:《理想国》,上海:上海三联书店,2009 年,第 25 页。

（一）"义""利"的绝对性

孟子说："义，人之正路也。"（《孟子·离娄上》）只要是人，大多数时候都是要走正路的，因为这世上正路远比邪路要多要宽广要好走得多。事实上，走邪路大多都具有偶然性特点。荀子说："好利恶害，是君子小人之所同也。"（《荀子·荣辱》）程颐说："君子未尝不欲利。"（《河南程氏遗书》卷十七）朱熹说："利者，人情之所欲。"（《论语集注》卷二）苏秦说："贫穷则父母不子，富贵则亲戚畏惧。人生世上，势位富贵，盖可忽乎哉？"（《战国策·秦策一》）其势位即义——"己之威仪"；其富贵即利——"人情之所欲"。上述言论均说明义、利不仅皆具有客观性、普遍性，且互相紧密联系、无法分割：有了义自然也就有利，就像华美的生命之袍必然绚丽多姿，但其背后亦必然长满蚤子一样。因为利不仅是蚤子，也包括袍之本身。马克思说："人们所奋斗的一切，都同他们的利益相关。"故义、利的存在，对于人类，特别是对于个体而言，便具有无处不在、无时不在的绝对性。

鉴于义、利的绝对性，超越便只能是相对的。换言之，就是到了物质文明、精神文明高度发达的共产主义社会，个体的人得到了全面而自由的发展，义、利也同样存在。因为，就算超越了对利物质层面的占有，也不可能超越"己之威仪"的拥有，即人之存在，不可能不与仁、义、礼、智、信同行。即如此，那为何还要侈谈超越呢？这首先是由义、利的局限性所决定的；其次则是形而上学关于超验世界的描绘对于人类现实生活所产生的影响。

（二）"义""利"的局限性

由于义有"己之威仪"之解，故"行于义者，必有其私"。可见，义总是有明显局限性的。它主要表现在三个方面：一为意气用事；二为以义为利；三为重义轻利。意气用事就是为了个人面子或私人交情而感情用事。这种情况多发生于亲戚、朋友之间。其表面上是义字当头，实质上却是主体缺乏对于仁、义、礼、智、信等德目的深入认知，或法律意识淡薄。其结果可能是害人又害己。以义为利就是把"己之威仪"的树立当作从政为人的第一或唯一目的。这种情况多发生于官员之间的争创政绩、以公肥私。其华而不实，为形象而形象的堂皇背后往往就是堕落与腐败。重义轻利就是片面重视道德修养及主体社会形象，轻视个人私利。这本是传统儒家所崇尚的"仁学"思想之一，既有民本意识，又有积极伦理价值，但其局限性仍十分明显：它既可能扭曲人性对于利益的正当合法追求，也可能阻碍生产力的进步、社会经济的发展。

利的局限性也主要表现在三个方面：一为见利忘义；二为唯利是求；三为重利轻义。见利忘义往往表现为为了利益的获得而不择手段。这完全是真小人行径。孔子说"放于利而行，多怨"（《论语·里仁》），无论是官还是民，如果追逐利益不择手段而违反了公平正义原则，其结果只能是怨声载道、众叛亲离。唯利是求就是把自己的一切思想和行动与个人私利联系起来，不思无利之义，不做无利之事。重利轻义就是利字当头，义居其次。上述三种情况，有个共同点，便都是对于义、利的高度辩证统一关系缺乏深入认知，于是便只顾目前，不顾长远；只顾自己，不顾别人；只顾人类自身，不顾自然规律；等等。现实中，无止境的贪婪，既不利于人与自然的和谐相处，也不利于人类个体自身以及个体之间、群体之间、国家民族之间等的和谐相处。故相对的超越是必需的。再者，随着生产力的发展、社会财富的极大丰富，绝大多数人已经没有了吃喝住行等物质上的后顾之忧，于是相对的超越便有了坚实的前提。

（三）相对超越的实现——"义""利"皆忘，尊道贵德

既然绝对的超越不可能，那么相对的超越首先就从"欲利而不为所非"（《荀子·不苟》）开始，即利益的获得，无论如何也不能违背公平、正义原则。这为进一步的超越创造了条件。

其次是"与人同利，无侵于人"（程颐《易经程传》）。按今天的话说，便是以共享的心态面对利益，实现双赢或多赢。不仅要有公平正义之心，而且颇有忧人助人之意，人类命运共同体的构建即是这种思想的实践。

再次是"先义而后利者荣，先利而后义者辱"（《荀子·荣辱》），即义字当先。既符合礼的要求，也是对义与利的关系有深刻认知的表征，同时也具有一定的策略性。

上述对于义、利关系的处理，都比较客观。它又是实现社会和谐与可持续发展的必要前提。在此前提下，进一步的超越便是完全忘记义、利的存在，让主体的一切思想与行为，既以尊道贵德为前提，亦以尊道贵德为归宿。

尊道贵德就是既能充分认识到义、利的局限性，也能充分认识到道德的崇高性与客观性。它表现为对事物的存在、发展、变化规律性有深入认知，并总是能按规律办事。不仅能把公平、正义摆在核心位置，而且能不断

地学习以丰富自己,让自己永远处于一种智慧、通达、清醒的状态。对于"己之威仪"从不放在心上;对于利,处之以"无之以为用"的态度,以实现其价值;对于百姓,是"以百姓心为心""为天下浑其心";对于社会弱势群体,是"夫唯无以生为者,是贤于贵生";对于人与人之间的关系,总是能以忠恕之心处之。按《左传》的说法便是:"忠于民而信于神也。""忠于民",即以百姓利益为最高利益,即"天下为公",把天下当成是天下人的天下;"信于神",即既能认知天道自然规律性,也能顺应并利用它,与之和谐相处。上述境界换上加缪或斯密的表述,大概便是:以爱或仁慈为前提而实现的正义。

第三节 什么是"礼"

中华民族号称礼仪之邦,自古以来对礼都特别重视。《诗经》云:"人而无礼,胡不遄死?"(《相鼠》)《易传》:"君子以非礼弗履。"(《象传下·大壮》)孔子:"不知礼,无以立也。"(《论语·尧曰》)君子的言行,每一步都要遵礼而行。在《论语·颜渊》中,孔子把它具体化为:"非礼勿视,非礼勿听,非礼勿言,非礼勿动。"并进一步肯定,这也是仁或仁的具体表现。《左传》:"礼,经国家,定社稷,序民人,利后嗣者也。"(《左传·隐公十一年》)荀子:"人之命在天,国之命在礼。人君者隆礼尊贤而王,重法爱民而霸,好利多诈而危,权谋、倾覆、幽险而亡。"(《荀子·强国》)列子:"礼义成,则名位至矣。"(《列子·杨朱》)礼被捧到了与道德同样重要的地位。但是,这并不意味着礼真的"与天地并",或自有人类社会以来就有。

事实上,《易经》《大学》《孙子兵法》等经典中没有"礼"字,《尚书》有18见,《诗经》10见,《老子》5见,《论语》75见,《左传》526见,《墨子》24见,《孟子》69见,《荀子》344见,《韩非子》87见,《孔子家语》157见,《易传》7见,等等。那么,我们的祖先为什么一定要讲礼或履礼而行呢?

就像汉字构形有多种理据一样,礼的起源也有诸多途径。但一整套礼仪制度的形成,则一定是生产力发展到一定阶段的产物。

源于生产力的进步。"物畜然后有礼。"(《易传·序卦传·上篇》)管子说:"仓廪实,则知礼节;衣食足,则知荣辱。"(《管子·牧民》)礼,无论是作为形下之器还是形上之道,与其他诸多事物一样,都是社会生产力发展到一定阶段的产物。如果没有相当的劳动产品剩余,礼的发明、制定、使用,或创建与实现都是不可能的。以此,礼的出现应当是父系氏族公社诞生之后的事。具体来说,应是夏王朝建立之前的尧、舜、禹传说时代。

源于人对于自然(神)、祖先(鬼)或死亡的恐惧。这种因恐惧而产生的近似于崇敬、崇拜的情感态度便是礼。《易传》云"礼言恭"(《系辞传上》),墨子云"礼,敬也"都表达了如此思想。至于恐惧的产生,或源于认知上的局限:"自然""鬼"神秘莫测、难以理解;或源于人在强大的自然力面前所表现出的弱小,以及对死亡的无可奈何、不可超越。人的最初造形 ⌐,侧身、躬背、俯首而立,表现出的既是这样的态度或认知,也是礼的本身——恭敬、顺服、谦卑等。当然,恐惧早已有之,而文字、礼器、制礼、礼仪制度则是"物畜"之后的事。

源于自然对于人的启示(即"法自然")。如大地深厚、广大,滋生万物、生生不息,却十分谦卑、顺服;水利万物而不争,谦卑、有容、有信、有勇;成熟的禾苗予人粮食,却低垂着头;等等。可见,示人以礼既是谦虚、恭敬的表现,也是个体或共同体发展成熟或有力量的表现。《易传》云:"谦以制礼。"(《系辞传下》)"知崇礼卑,崇效天,卑法地。"(《系辞传上》)"有天地,然后有万物;有万物,然后有男女;有男女,然后有夫妇;有夫妇,然后有父子;有父子,然后有君臣;有君臣,然后有上下;有上下,然后礼义有所错。"(《序卦传·下篇》)这些认识都是受天地之特点及其相互关系之启示的结果。《左传》中,子大叔述子产言:"夫礼,天之经也,地之义也,民之行也。"(《左传·昭公二十五年》)《管子》云:"天有常象,地有常形,人有常礼。"(《管子·君臣上》)即认为人之遵礼而行,都是天经地义的事。

源于人以自爱为基础的自我保护。人的自爱:爱惜自己的生命、财产,捍卫自己的尊严、利益等,既是一切爱或仁慈的物质基础,也是一切爱的形上根源。换言之,没有这种自爱,其他的一切爱皆是虚无。礼鬼敬神、礼敬同类,既礼敬君子,亦礼敬小人,或敬而爱之,或敬而远之,都是源于这种自爱而产生的自我保护意识。孔子:"敬鬼神而远之。"(《论语·雍也》)子反:"信以守礼,礼以庇身。"(《左传·成公十五年》)荀子云:"礼起于何也?曰:人生而有欲,欲而不得,则不能无求,求而无度量分界,则不能不争。争则乱,乱则穷。先王恶其乱也,故制礼义以分之,以养人之欲,给人之求。使欲必不穷乎物,物必不屈于欲,两者相持而长,是礼之所起也。"(《荀子·礼论》)这些不仅表达了上述思想,也说明礼既是智也是仁,或就是休谟所说的以维护公平、正义的"智慧的自私"。

源于人对于"礼(理)"的深刻认知。"礼之可以为国也久矣。与天地并。君令臣共,父慈子孝,兄爱弟敬,夫和妻柔,姑慈妇听,礼也。"(《左传·昭公二十六年》)"人无礼则不生,事无礼则不成,国家无礼则不宁。"(《荀子·修身》)故礼是治理国家、安定社稷、维持基本社会秩序及父子兄弟人伦道德的主要工具。孔子的一生似乎都在致力于克己复礼。有子则认为:"礼之用,和为贵。先王之道斯为美,小大由之。有所不行。知和而和,不以礼节之,亦不可行也。"(《论语·学而》)礼不仅是和谐社会建立的最为实用的工具或润滑剂,也是形成盛世局面的必要前提。荀子则把对礼的重要性推向了极端,即认为礼的实现亦可谓"道德之极"。这种与《老子》关于礼的似乎完全相反的认知,应是一整套的政治哲学中的礼法制度,而不是《老子》或一般所云之礼的概念了。

一、"礼"的例说

《礼记》云:"礼者,理也。"这种认识既深刻,又令人有些茫然,因为它已把礼抬到道的高度了。荀子说:"礼者,法之大分,群类之纲纪也,故学至于礼而止也。夫是之谓道德之极。"(《荀子·劝学》)更进一步把上述意思做了具体化。故它与老子"夫礼者,忠信之薄而乱之首"(《老子》第三十八章)的论述大不相同。老子所批评的礼主要是指带有一定虚无或虚伪性的一般礼仪、礼貌,或韩非子所谓"好言繁辞""疾趋卑拜"之类,而荀子所言之礼却是法律、典章、政治制度之类。换言之,其分别所述虽皆以礼名之,但实质却是两个很不相同的维度。荀子之礼范畴极大,不仅涵盖了老子所言之礼,而且可直通道德。

《左传》的一段关于礼的故事或论述,或可对上述两位经典作家的不同认知加以更加生动的说明。

有一次,鲁昭公到晋国参加一次带有祭祀意味的庆典活动。一进入晋国境内,从国都郊外的宴会、祭典,再到赠送礼物,每一个细节都没有失礼的地方。于是,晋侯就对他的大夫女叔齐说:"这个鲁侯看来是很懂得礼啊。"女叔齐回答说:"鲁侯这也叫知礼? 怎么可能?"晋侯很疑惑,又说:"为什么? 从国都郊外的宴会,再到赠送礼物,鲁侯自始至终都没有失礼的地方,怎么可能不知礼?"女叔齐回答说:"鲁侯所尊行的所谓'礼',只不过是'仪'罢了,根本就不能算是真正的'礼'。真正的'礼',首先是要能守得住自己国家疆域;其次要能让国家政令上下通达;再次要能够深获民心,即取得百姓的支持。如今的鲁侯,国家政令为大夫们把持,自己根本就没有什么权力;有几个儿子也为大夫们所控制,根本就不能为己所用;对于参加大国的盟约,只是虚与委蛇,而对于小国、弱国则又施以无耻欺凌;善于利用别人的灾难,却不知道自己的自私狭隘;国家权力为大夫四分,百姓只信赖大夫而不信赖国君;日夜思虑的不在于如何治理好国家,对国家与自身的将来没有长远打算。身为一国之君,如此作为,必将祸起萧墙,灾难及于自身,且不能得到天下人的怜悯同情。真正的礼,其根本应当在此啊。若只是把心思专注于礼仪的把玩或学习,说这样便是懂得礼,不是与真正的礼相差太远了吗?"

将上述晋侯与女叔齐关于礼的对话,与老子、荀子关于礼的论述相联系,可以得出如下认识:

1.关于什么是礼,无论是学界还是世俗社会,无论是国君、士大夫还是平民百姓,无论是过去还是现在,人们对于它的认识,皆是多向度的,所以必须具体情况具体分析。

2.高境界的礼总是与仁、义、信、孝、勇、惠等紧密联系,或等同于道,或直通道德。女叔齐说鲁昭公不懂真正的礼,其实就是说他不懂治国之道,既无驭百官之智,更无役使万民之德;既无仁、恕、义、信,又无忠、孝、勇、惠。

3.礼的概念或内涵丰富多彩,且有一个不断发展变化的过程。不同的人对其有不同的认识,在所难免。换言之,礼属意识形态,它会既随意识形态的不断发展而发展,也会随社会实践的变化而不断变化。这种认识,在礼字的构形变化中也得到反映。

相 关 链 接

公如晋,自郊劳至于赠贿,无失礼。晋侯谓女叔齐曰:"鲁侯不亦善于礼乎?"对曰:"鲁侯焉知礼?"公曰:"何为? 自郊劳至于赠贿,礼无违者,何故不知？"对曰："是仪也，不可谓礼。礼所以守其国，行其政令，无失其民者也。今政令在家，不能取也。有子家羁，弗能用也。奸大国之盟，陵虐小国。利人之难，不知其私。公室四分，民食于他。思莫在公，不图其终。为国君，难将及身，不恤其所。礼之本末，将于此乎在，而屑屑焉习仪以亟，言善于礼，不亦远乎？"（《左传·昭公五年》）

二、"礼"字初文构形的汉字学哲学解读

"礼"字初文有多种，其中 最具代表性，为象意或会意字。

其下部为"豆"，象形字。这是一种高脚宽口，既高雅端庄又高大笨重的不太实用的食器或食肉器，主要用于祭祀。它大致出现于新石器时代，盛行于商周。始为陶制，商周时期多用青铜或木制、竹制以涂漆。最初，它主要用作祭祀用的礼器，用来摆放一切事神礼鬼的牺牲、玉帛、粮食等。当然，它也可用作盛装他物的容器。以上描述表明，礼一开始似乎便与吃与孝关系密切，它是人类文明进步的重要表征之一。你说它重要，它当然十分重要：没有它，就不能充分表现孝或礼所要表达的庄严、肃穆、厚重意涵。孝是仁的根本，而仁则不仅可囊括义、礼、智、信诸德目，而且可直通于道德。你说它不重要，它当然也不重要：事实上，任何事情都不是非有它不可。所以，它的存在实际上是一种虚无性与实在性的统一。这种统一，对于不同境况下的不同主体而言，"礼"与"不礼"，其价值和意义必得具体情况做具体分析。如《论语》："子曰：'管仲之器小哉！'或曰：'管仲俭乎？'曰：'管氏有三归，官事不摄，焉得俭？''然则管仲知礼乎？'曰：'邦君树塞门，管氏亦树塞门；邦君为两君之好反坫，管氏亦有反坫。管氏而知礼，孰不知礼？'"（《论语·八佾》）"子路曰：'桓公杀公子纠，召忽死之，管仲不死。'曰：'未仁乎？'子曰：'桓公九合诸侯，不以兵车，管仲之力也。如其仁！如其仁。'"（《论语·宪问》）这些即充分表达了这种虚无性与实在性。换言之，管仲虽然有"不礼"之行为，但却因其对国家建有大功，给百姓带来了实惠，所以他又是符合最基本的仁的要求。而仁，就一般意义而言，它不仅比礼的境界要高，而且可把义、智、信、礼、忠、恕、孝、勇等全部包括在内。之外，商鞅所谓"法者所以爱民也，礼者所以便事也。是以圣人苟可以强国，不法其故；苟可以利民，不循其礼"（《商君书·更法》），更是把这种认识推到了

极致。如果把管仲的所作所为与荀子及女叔齐的论述联系起来,管仲的"不礼"只是不符合或僭越了"仪",实际上却是更高境界的礼。而事实上,管仲之不俭、不礼似还与他从齐桓公那里所获得的非同寻常的尊崇地位有关——他生前一直被齐桓公尊为"仲父"。

孔子说:"器以藏礼。"(《左传·成公二年》)"生事之以礼,死葬之以礼,祭之以礼。"(《论语·为政》)前句说明礼的存在,无论是形上还是形上,多与器物的制作与使用有关;后句则说明礼贯穿于人的一切日常生活之中,或就是孝。"器以藏礼",是说不同的器物,因其大小、形状、质地、作用之不同,可以隐藏着不同的礼。(亦如荀子所认为的,它亦有能"群"能"分"的功能)它首先体现为"序尊卑",其次则可能表现为一种为人处世的正确态度。这种状况一直都存在。如,一些人以贵重的物件,如房子、车子、首饰等来标显自己,且确能在大多情况下得到别人更多的尊敬甚或崇拜;另如,一般人如无特殊荣光,就不可能享受国家礼宾队的送迎之礼;等等。周初,"礼乐征伐自天子出",天子拥有九鼎,住什么样的宫殿,穿什么样的衣服,戴什么样的帽子,坐什么样的车,有什么样的排场,都有明确规定,其他人绝对不能僭越。至于官员,以至于普通百姓,也皆有具体规定。但作为礼的代表性物件"豆",则肯定能为所有人拥有与使用,而其质地、大小、数量则可能各不相同。以此可知,履礼而行,不是个别人的事,而是整个社会的事。对于"生事之以礼",即是正确对待父母之养。养的最基本内容是给予父母衣食,而且须有"豆"的呈奉。说得更具体些就是,给予父母衣食是礼的前提,而没有一个正确的态度,则仍算不得有礼。"死葬之以礼,祭之以礼"则是对于父母之敬或养的扩展。这种敬不必太奢华,但心诚礼恭则是十分必要的。而养与敬又都是孝的具体表现。以此可知,礼的最基本内容便是孝。换言之,孝是礼的最基本的伦理向度。人之无孝,则其他一切礼便皆成虚无;而人之有孝,则可扩展为一切礼。因为孝不仅是仁的根本,而且可以"施于有政"。(《尚书》云:"孝乎惟孝,友于兄弟,施于有政。")而仁不仅包括礼、义、智、信,其最高境界直通道德。荀子说:"孝子之道,礼义之文理也。"(《荀子·性恶》,即孝道是一切礼义之道的根源,礼义则是孝道的扩展)"民之本教曰孝,其行孝曰养。养可能也,敬为难;敬可能也,安为难;安可能也,卒为难。父母既没,敬行其身,无遗父母恶名,可谓能终矣。仁者,仁此者也;礼者,履此者也;义者,宜此者也;信者,信此者也;强者,强此者也。乐自顺此生也,刑自逆此作也。"(《吕氏春秋·孝行》)同样也表达了孝的社会性、文化性、精神性等形而上特点。

"豆"的上面为祭祀、孝或礼仪所奉之物(祭品)。其物或为"朋—𦨶",或为粮食等其他诸物。"朋"即钱币,它的构形或是两到三串玉,或是两到三串贝。它既代表祭品或礼物的圣洁与贵重,也暗示着祭品或礼物可以置换成其他一切东西,只要主体自认为其珍贵纯洁就可以了。而粮食则是生命存在的必须,许多时候它比钱更重要。根据《吕氏春秋》《周礼》《仪礼》《礼记》等记载,天子不仅要定期不定期礼祭祖先、鬼神,也要给诸侯大夫,甚至百姓"送礼"。另据《论语》《孟子》等记载,孔子招收学生时要收拜师礼,出门拜访朋友或当地官吏时要送伴手礼等。事实上,一切形而上的关于礼的等级制度、行为规范等,都可视为从形而下的礼器、礼物引申发展而来。

"事神礼鬼"中的神,一般是指先民所不能深知的自然世界,如日月星辰、山河大地等。鬼,则主要指已经逝去的祖先。一般认为礼、礼物、礼节、礼数等,不能没有,但礼器有没有,礼物、祭品数量质量如何,却不是最重要的。所以《左传》说:"苟有明信,涧溪沼沚之毛,蘋蘩蕴藻之菜,筐筥锜釜之器,潢污行潦之水,可荐于鬼神,可羞于王公。"(《左传·隐公三年》)即对于有信之礼可以既不拘形式也不拘内容做了高度的肯定。上述思想的进一步扩展,就是礼、礼物、礼节、礼数本身也会理所当然地被认为具有极大的虚无性。例如,对于强者、至亲者而言,或因势力,或因无限的亲密,礼便显得可有可无。就如天,以及天与地的关系。天无须对地讲礼,而地却必须顺服于天一样。现实生活中,至爱亲朋、夫妻之间等莫不如此。更为极端的是,老子不仅认为礼颇具虚无性,而且把它视为"乱之首"。因为它虽然离仁义很近,但却离道德很远。比如周时的"三年之丧":春秋时孔子身体力行,且极力提倡与维护,确也有一些人跟着这样做,但到战国时期,虽仍有像孟子这样的思想家加以提倡,但能具体把它付诸实施的已是凤毛麟角了。原因是,这样的礼既有悖于最基本的人性、不利于生产生活,也不利于礼文化的可持续发展。以此可知,周公和孔子对礼的认识是有极大局限性的。这种局限,既有时代的因素,也有个人的因素。换言之,这种认知远不如老子的认知更富哲理,且经得起时空变化的检验。

后来,加了"示"字旁的"礼—禮",则把这种虚无性表现得更加强烈。

"示"字旁,象形或会意字。原初仅为一木制的用于标示被祭祀者名姓、身份的木牌。它宣示了所谓"礼"就是给别人、后人或众人看的。如果仅是看的,那么它就更是可以有,也可以没有;既可能有很大作用,也可能一点用都没有了。即如国家间的战争,既有宣战、宣而不战、挑战的,也有不宣而战、宣而不战、避战的,但无论是礼还是"不礼",都不能改变其本质。

总括上述汉字学哲学关于礼的描述与分析,可以得出如下结论:其一,它是一种用以盛装食物或其他祭品的器;其二,它是某种能盛于器中的物;其三,它是一种把食物或其他物品置于器中以呈献父母或祖先的尽孝行为;其四,它是生产力发展到一定阶段的产物,既可有可无,亦可以其他器代之;其五,它的存在,主要意义是给众人、别人看,以安抚人心;其六,关于礼的其他一切形上之思或分官设职之政治制度、社会意识形态等,都可从上述器物、礼仪行为实践中生发出来。

此外,礼还可以引申为祭神、敬神、礼节、礼貌、礼仪、礼物、敬重、膜拜、宴饮、通理,相应社会的或约定俗成或成文的等级制度、行为准则、道德规范等。有时也可作为儒家经典《周礼》《仪礼》《礼记》"三礼"的代称等。当然,有时它也可能是一个哲学概念。

三、"礼"的经典解读

关于礼的旨趣或认知,各家诸子的认识并不相同,必须具体问题具体分析。比如老子所云"忠信之薄而乱之首"之礼,与荀子"道德之极"之礼,就相去甚远。《老子》此礼主要指向"好言繁辞""疾趋卑拜"等一系列待人处世的行为态度,其虚无性十分明显。而荀子之礼则要复杂得多,主要指向共同体存在所必须拥有的一系列的分官设职的社会政治、经济、法律、道德等伦理性制度,故其实在性远不是老子之礼可比的。此虚无性即言可有可无,此实在性即言必定得有。换言之,没有了实在之礼,人类社会共同体就无法建立。

(一)直接的解读

在先秦经典中,对于礼的解读资料十分繁富。直接的且具代表性的主要是墨子的"礼,敬也"(《墨子·经上第四十》)以及先轸的"定人之谓礼"(《左传·僖公二十八年》)。其他,"礼者,法之大分,群类之纲纪也。"(《荀子·劝学》)"礼,信是也。""礼者,所以正身也。"(《荀子·修身》)"礼者,断长续短,损有余,益不足,达爱敬之文,而滋成行义之美者也。"(《荀子·礼论》)"恭近于礼。"(《论语·学而》)"礼,上下之纪,天地之经纬也,民之所以生也。"(《左传·昭公二十五年》)等等,则均可为敬与"定人"所囊括。

1."礼,敬也"

此语出自《墨子》,看似简单明了,其实内涵十分丰富:礼之引申义,除了"宴饮""理"的某些部分或不完全属于敬之外,其他各项则无一不为敬所囊括。

首先,敬无不敬,即礼敬一切。单一个敬字,好像没有对象,但一推究,实际上是以人所面对的一切为对象的,天地自然、神鬼妖孽、古代圣贤、人文传统、科学技术、文学艺术、今圣今贤、父母兄弟、自身自心、子孙后代、上级下级、师生亲朋、敌人小人、邻里过客,等等。万事万物,无所不包,无所不敬。不过,敬则敬矣,针对不同的对象,其具体的关于敬的行为态度,也是有所不同的。概言之,对于天地自然、神鬼妖孽、古代圣贤等,理应敬而畏之。孔子说:"君子有三畏:畏天命,畏大人,畏圣人之言。"(《论语·季氏》)"敬鬼神而远之。"(《论语·雍也》)这里的畏与敬,也是礼的一种具体表现。而对于人文传统、科学技术、文学艺术、今圣今贤、父母兄弟、自身自心、子孙后代、上级下级、师生亲朋等,则应敬而爱之。而对于小人与敌人,情形似乎比较复杂,必须具体情况具体分析。

下面就针对人的社会实践中所敬的有代表性的对象应采取的礼的态度,分别做些分析,或能对现实生活实践有所启发。

对父母的敬,简言之,就是孝。再具体些,就是"生事之以礼,死葬之以礼,祭之以礼"(《论语·为政》)。老子说:"六亲不和,有孝慈",即认为孝慈对于人类社会来说,它的存在是绝对性的。而儒家认为孝是仁的根本或核心,即进一步认为:孝道不断演绎、扩展,就能够通于治国平天下之大道。中国历代封建帝王常标榜"以孝治国",大概就是这样来的。

对于子孙后代的敬,实际上也是孝的一部分。其关键在:"有后"第一(《孟子·离娄上》:"不孝有三,无后为大。"),养与教随之。在荀子看来,养就是礼,教就是效。养要养好,效即不断地向先王圣贤学习。对于老子来说,教,必得"行不言之教"。孔子继承发扬了老子思想,对于后代的敬则表现为"父父子子""父慈子孝""君子之德风"等。即为人之父,就必得给后代人做出好的榜样。

对于自己的敬，先在于养。荀子说："礼者，养也。刍豢稻粱，五味调香，所以养口也；椒兰芬苾，所以养鼻也；雕琢刻镂，黼黻文章，所以养目也；钟鼓、管磬、琴瑟、竽笙，所以养耳也；疏房、檖貌、越席、床笫、几筵，所以养体也。故礼者，养也。"（《荀子·礼论》）不过，上述所言之养，就是在今天也不是一般人能够随便实现的。它既带有一定的享乐性，也有一定的客观物质条件及主观欲求。当然，对自己的敬，内容并非仅在于此。珍惜生命中的分分秒秒，成就自己，让生命每分钟都过得有意义，则是对自己最根本的敬。因为人生短暂，譬如朝露，所谓有"意义"，就是当自己回想起过去的时日，既不会内疚也不会后悔。

对于敌人的敬，关键在于全面地了解它、重视它。按照毛泽东的说法便是："战略上藐视敌人，战术上重视敌人。""人不犯我，我不犯人；人若犯我，我必犯人。"按周恩来的说法便是："不要向敌人开第一枪"，"来而不往非礼也"。

对于小人的敬，则需要具体情况具体分析。因为"小人"的概念，是不断发展变化的。在《论语》当中，它大多相当于"中人以下（不包括中人）"的所谓"小民"，即今天的一般人。在《老子》之中，它大致相当于"不善人（即不善于认知、顺应、利用天道或自然、社会规律之人）"，或"中士（包括部分中士）"以下部分。在《吕氏春秋》之中，它大致相当于"中智（包括中智在内）"之下的人，也即没有大胸襟、大出息、大见识、大学问，或对于自然、人类社会之发展变化之规律性没有深刻认知之人。对于这样的人，君子应敬而教之，即以自身的言行影响他们，对他们进行引导。而今天一般之小人，则与坏人基本同义：不成人之美，专成人之恶；明里是人，暗里是鬼；没有正义感；心胸狭窄，睚眦必报；等等。对于这种人，也要像对待鬼神一样敬而远之。

对于朋友的敬，理应"信以行礼""义以行礼"。不过，信并不等同于"言必信，行必果"，而是老子的"言善信"，或孟子的"言不必信，行不必果，惟义所在"。而义，既不是意气用事，也不是因私义而损公义，而是要"为义思道"，"行义思法"。

对于贤能之士的敬，对于国家或当权者而言，其根本在用，而用之本则在公。根据《左传》记载："孔丘卒。公诔之曰：'旻天不吊，不慭遗一老。俾屏余一人以在位，茕茕余在疚。呜呼哀哉！尼父。无自律。'子贡曰：'君其不没于鲁乎！夫子之言曰：礼失则昏，名失则愆。失志为昏，失所为愆。生不能用，死而谥之，非礼也。称一人，非名也。君两失之。'"（《左传·哀公十六年》）孔子逝世，鲁哀公作谥悼之，自称"一人"，称孔子为"尼父"，表面上看似十分尊敬。可是却遭到了子贡无情而辛辣的讽刺，说他既不懂礼，更不懂名。不仅因为其称"一人"僭越了天子之名，而且因为其对孔子"生不能用"。换言之，鲁哀公对于孔子的死后之礼，只是在演戏。而"生不能用"的根本原因，则在于其存有私心。他认为，一旦用了孔子，就一定会受之约束，而与之发生矛盾，以至不得自由。古人说："非至公其孰能礼贤？"（《吕氏春秋·下贤》）这样的反诘或质问，直到今天仍让人觉得振聋发聩、意味深长。对于一般人而言，除了尊之外，还须向贤能之士学习。事实上，不断地向圣贤之士学习，继承其衣钵，弘扬其思想，则是对圣贤或贤能之士最崇高、最深刻的敬。

"不违农时，谷不可胜食也；数罟不入洿池，鱼鳖不可胜食也；斧斤以时入山林，材木不可胜用也。谷与鱼鳖不可胜食，材木不可胜用，是使民养生丧死无憾也。养生丧死无憾，王道之始也。"（《孟子·梁惠王上》）这即是对于自身生存与自然生态环境的敬。如果把这些敬加起来，又是当权者对于百姓的敬。另如孔子的"钓而不纲，弋不射宿"也具有同样意义。再换言之，就是"仁而爱物"，即把对人的爱，不断地向人的生存所依赖的周边环境扩展。珍爱一切，礼敬一切。一粥一饭，当思来之不易；一丝一缕，恒念物力唯艰……皆是敬。

其次，敬为一切礼的前提或基础。换言之，没有了这个前提或基础，便成了老子"忠信之薄而乱之首"之礼了。对此，孔子、韩非子的认知也十分深刻。孔子说："礼节者，仁之貌也。"（《孔子家语·儒行解》）韩非子说："礼者，所以情貌也。""礼者，外饰之所以谕内也。""礼者，义之文也。"（《韩非子·解老》）这几句话，不仅是今天"礼貌"一词的由来，也能反映出礼以敬为前提的主要意涵。透过《韩非子》对礼貌的解读，我们对礼可以得出如下认知：它是人的内心对于别人的尊、敬、爱、忠、信、义、仁等道德情感的外在流露；它通过"好言繁辞""疾趋卑拜"等不同的言行以表达出来；它对于不同的人物关系所表达的言行是不一样的，即通过此言行能把"君臣父子""贵贱贤不肖"等区分开来；最后，"君子之为礼，以为其身"，即君子崇礼、尚礼，不是为了别人，其根本是为了自己。也即通过展示自己对于别人的尊、敬、爱、忠、信、义、仁等道德涵养或情感态度,以提升自己在众人、别人心中的形象。这个形象,简言之就是义,所以孔子说"礼以行义"。不过,这种通过自己的"好言繁辞""疾趋卑拜"以展示于人的礼,能有多少关于尊、敬、爱、忠、信、义、仁的"成色"呢?这只有"作礼"者自己心里最清楚。所以,礼也好,礼貌也好,永远只能是虚无性与实在性的统一。古往今来,对礼的认知,从来就是仁者见仁,智者见智。其中《韩非子》《吕氏春秋》就完全信服老子的观念(《韩非子·解老》:"礼为情貌者也,文为质饰者也。夫君子取情而去貌,好质而恶饰。夫恃貌而论情者,其情恶也;须饰而论质者,其质衰也。何以论之?和氏之璧,不饰以五采;隋侯之珠,不饰以银黄。其质至美,物不足以饰之。夫物之待饰而后行者,其质不美也。是以父子之间,其礼而不明,故曰:'礼薄也。'凡物不并盛,阴阳是也;理相夺予,威德是也;实厚者貌薄,父子之礼是也。由是观之,礼繁者,实心衰也。然则为礼者,事通人之朴心者也。众人之为礼也,人应则轻欢,不应则责怨。今为礼者事通人之朴心而资之以相责之分,能毋争乎?有争则乱,故曰:'夫礼者,忠信之薄也,而乱之首乎。'"《吕氏春秋·音初》:"世浊,则礼烦而乐淫。"),而在今天的现实生活之中,礼或仅仅是礼,或有所异化。

另如:"樊迟问仁。子曰:'居处恭,执事敬,与人忠。虽之夷狄,不可弃也。'"(《论语·子路》)此处所言之恭、敬、忠,莫不是礼,莫不是敬,莫不是仁。孔子又说:"人而不仁,如礼何?人而不仁,如乐何?"即暗指没有敬的礼乐,一定会走向乱局。鲁国季氏"八佾舞于庭",孔子、鲁昭公认为这"是可忍,孰不可忍",结果鲁国大乱,昭公被迫出走齐国,就是"礼者,忠信之薄而乱之首"的最佳诠释。

2."定人之谓礼"

"定人之谓礼",或为"以礼制心"(《尚书·商书·仲虺之诰》)的另说。换言之,"定人"即定人之心。此语出自《左传》载春秋初期晋楚城濮之战过程中,晋国大夫先轸与子犯之间讨论对楚战略的一次对话:

宋人使门尹般如晋师告急。公曰:"宋人告急,舍之则绝,告楚不许。我欲战矣,齐、秦未可,若之何?"先轸曰:"使宋舍我而赂齐、秦,借之告楚。我执曹君而分曹、卫之田以赐宋人。楚爱曹、卫,必不许也。喜赂怒顽,能无战乎?"公说,执曹伯,分曹、卫之田以畀宋人。

楚子入居于申,使申叔去谷,使子玉去宋,曰:"无从晋师。晋侯在外十九年矣,而果得晋国。险阻艰难,备尝之矣;民之情伪,尽知之矣。天假之年,而除其害。天之所置,其可废乎?《军志》曰:'允当则归。'又曰:'知难而退。'又曰:'有德不可敌。'此三志者,晋之谓矣。"子玉使伯棼请战,曰:"非敢必有功也,愿以间执谗慝之口。"王怒,少与之师,唯西广、东宫与若敖之六卒实从之。

子玉使宛春告于晋师曰:"请复卫侯而封曹,臣亦释宋之围。"子犯曰:"子玉无礼哉!君取一,臣取二,不可失矣。"先轸曰:"子与之。定人之谓礼,楚一言而定三国,我一言而亡之。我则无礼,何以战乎? 不许楚言,是弃宋也。救而弃之,谓诸侯何? 楚有三施,我有三怨,怨仇已多,将何以战? 不如私许复曹、卫以携之,执宛春以怒楚,既战而后图之。"公说,乃拘宛春于卫,且私许复曹、卫。曹、卫告绝于楚。

当时的历史背景是南方楚国逐渐强大,并向北扩张,使北方诸侯受到威胁。首霸齐桓公虽然做了诸侯领袖,也只能通过召陵之盟使其参加盟约,却并未使其屈服。稍后,北方晋国逐渐强大,特别是晋文公重耳掌权之后,励精图治,国势更加强盛,于是便不可避免地与南方楚国为争夺对于各诸侯国的领导权而发生战争。此战发生之前,晋国已经击破在重耳出亡期间曾无礼于他的曹、卫两国。曹君被俘,卫君为国人逐出都城至襄牛并准备出逃。为了激起楚国的愤怒,直接把楚国拉入战争、击败它,并迫使它屈服,重耳采取了分曹、卫之地与宋,以引楚围宋,又唆使宋行贿于齐、秦两大国,以赢得其对战争的支持的政治、军事斗争策略。其实,楚王对于当时晋国的强大与野心,洞若观火,即并不想直接搅入战争。但楚大将子玉却坚决请战,并主观认为战之必胜。以此,楚王(北方各诸侯称之楚子,其于楚境内则自称为王)便"少与之师"(一卒为百人,六卒即六百人)。即一开始,战争以楚落败的结局便已定了。子玉围宋,并向晋、宋提出:复曹、卫国,即自行从宋撤兵。听到此消息,晋大夫子犯(即狐偃,重耳之舅)非常气愤,认为子玉无礼。原因是子玉是臣,重耳是君,臣没有资格向君提出如此要求。但晋国主将先轸却认为子玉以一言而欲解曹、卫、宋三国之困才是真正的有礼,即"定人之谓礼"。以此可知,子玉此礼实为一智,不仅具有实在性与虚无性相统一的特征,而且是一种高妙的政治、军事斗争策略。一方面,符合"存亡国,继绝世,起诸孤"之"为国之大礼"(《管子·中匡》);另一方面,也符合当时楚国的最高利益。此外,它还引申出一系列的道德、政治、军事、法律等伦理性制度安排,且与荀子所谓"礼者,法之大分,群类之纲纪也"高度契合。所以,它不仅内涵了敬,也更全面、更准确地反映礼的现实价值与意义。针对子玉的策略,先轸则采取在政治上私许曹、卫复国,在军事上采取"退避三舍"以骄敌的策略以应之,最后终于达到了在战场上直接击败楚国,以实现晋之夺取霸主地位的目标。透过此次战争的烟尘,子玉、先轸所谓的"定人之谓礼"在当时或只是一种智慧或策略,但在今天看来,它却可以做无限的引申。此语意涵深远、理通神鬼,能够囊括关于礼的或积极或消极、或实在或虚无、或形上或形下等一切义项。人之一切深思妙想、嘉言懿行,一切道德实践、法律制度等,以及礼的所有义项,无论是真心还是假意,只要其愿望是积极的,有什么不是为了"定人"而作的呢?

"定人"之礼,大致可分为"定"与"人"两个大的方面。

定,既是行为主体实践过程中欲实现的现实目标,也是其为实现此目标而采取的方法或策略。具体来说,它既可是金银玉帛、稻麦黍稷、宫殿庙宇、台榭楼阁等形下之物,也可是介于形上形下之间的"好言繁辞""疾趋卑拜"等言行;既可是仁、义、忠、孝、智、勇、节、义等伦理道德,也可是政治、经济、外交、军事、科学技术等伦理性制度安排。

人,既是定的主体,也是定的对象或目标;既是原子式的个体,也是一切社会关系的总和,或"群"或共同体,或国家民族。

以上述言说推之,礼在人间,或近于道,无处不在,或就是伦理秩序,或就是仁义,或就是忠、恕、孝、智、勇、信等。也正因如此,荀子才有礼为"道德之极"(《荀子·劝学》),或"礼者,治辨之极也,强国之本也,威行之道也,功名之总也。王公由之,所以得天下也;不由,所以陨社稷也。故坚甲利兵不足以为胜,高城深池不足以为固,严令繁刑不足以为威,由其道则行,不由其道则废"(《荀子·议兵》),"人之命在天,国之命在礼"(《荀子·强国》)之说。另如《左传》载季梁言:"所谓道,忠于民而信于神也。"(《左传·桓公六年》)《左传》的君子谓:"礼,经国家,定社稷,序民人,利后嗣者也。"(《左传·隐公十一年》)道也好,礼也罢,它们的主旨皆在于"忠于民、信于神"。而"忠于民、信于神"既是"定人",也是礼。可是,在现实社会中,实现"定人"的目标却并不容易。有些行为,有时从表面看似既符合仁义道德,也符合礼,且旨亦在"定人",但却会因实际上并不符合礼而走向愿望的反面。如鲁大夫"季孙(肥)相鲁,子路为郈令",子路以"私秩粟",即用自己的个人收入请挖掘沟渠的民工吃饭,却遭到孔子的训斥与坚决反对的故事,便超出了今天一般人关于礼的想象或认知。

故事梗概如下:

> 季孙相鲁,子路为郈令。鲁以五月起众为长沟,当此之为,子路以其私秩粟为浆饭,要作沟者于五父之衢而餐之。孔子闻之,使子贡往覆其饭,击毁其器,曰:"鲁君有民,子奚为乃餐之?"子路怫然怒,攘肱而入,请曰:"夫子疾由之为仁义乎?所学于夫子者,仁义也;仁义者,与天下共其所有而同其利者也。今以由之秩粟而餐民,不可何也?"孔子曰:"由之野也!吾以女知之,女徒未及也。女故如是之不知礼也!女之餐之,为爱之也。夫礼,天子爱天下,诸侯爱境内,大夫爱官职,士爱其家,过其所爱曰侵。今鲁君有民而子擅爱之,是子侵也,不亦诬乎!"言未卒,而季孙使者至,让曰:"肥也起民而使之,先生使弟子令徒役而餐之,将夺肥之民耶?"孔子驾而去鲁。以孔子之贤,而季孙非鲁君也,以人臣之资,假人主之术,蚤禁于未形,而子路不得行其私惠,而害不得生,况人主乎!以景公之势而禁田常之侵也,则必无劫弑之患矣。(《韩非子·外储说右上》)

它究竟告诉了我们些什么呢?第一,礼与善、美,或与道德、仁义等一样,都不是一般人能深刻全面了解或认知的。它既可行仁义,也可为仁义所行,但却需要不断地学习。子路为郈令,为国家修沟渠却以私资请百姓吃饭,自认为既仁且义,却因不能深知仁义的局限性而悖礼违德。故不仅遭到孔子的训斥,也遭到了当时鲁相季孙肥的及时制止。这是由那个时代"设官分职"的礼所决定的:无论是民还是官,皆有一定的专属或私有性,越职爱之,就是"行其私惠","擅爱"或僭越。而僭越的结果就可能天下大乱,君臣易位。所以不仅孔子对此十分留意,季孙肥对此更是十分警惕。事实上,商、周之得天下,就是以行仁义笼络人心开始,以诸侯反叛战争而结束的。前车之覆,后车之鉴。这也正是周礼产生的重要根源之一。后来的田氏代齐,就是以行仁义笼络民心始,以弑君夺国终。以此,足见孔子之远见。第二,礼的概念可以穿越时空,但其内容却是不断发展变化的。子路之所行仁义,如放在今天则或可或不可,必须具体情况具体分析。就一般情况而言,政府官员以私资请公干的民工吃饭,一定会得到社会舆论认可,不会有行"私惠"欲图篡夺之嫌。至于一般百姓,或请人吃饭,或助人为乐,通常也不会有不良后果,但如其所作所为远超出自己的承受能力,则实不可取:一方面,它可能颠覆公平正义,模糊政府职能;另一方面也可能助长不正之风或社会邪恶。如一以捡垃圾为生的老人,自己没有固定住所,省吃俭用,把几乎所有挣到的钱都用来支助困难学生、失学儿童,数年之中竟达十余万元,便是一个极端的例子。它所彰显的,除了高尚的道德风尚,还有社会的不公、正义的缺失。由此可见,"定人"实现之不易。子路的仁义之举,百姓安然,但孔子、季孙氏却被搅得寝食不安;拾荒者的仁义道德,众人安然,却让伦理学者的灵魂无所寄托。真正的"定人"之礼,既要符合仁义道德,又不能局限于它,其根本在于它是一个既符合仁义道德,又符合公平、正义的伦理性制度安排。

综合上述,大致可以明了:

敬,是一种积极而又朴素的为人处世的态度,也是礼的初级阶段与最基本特点。它主要以"好言繁辞""疾趋卑拜"等行为表现出来,但却并不完全局限于此。老了之"乱之首"之礼,即为此礼之极端消极性一面的表现。

"定人",是一整套包括了敬在内的"制心""安人"的系统工程。它近于老子之道,或就是荀子的"道德之极",且包括仁、义、智、信、忠、恕、孝、勇诸德目。以常理推之,它应以解决人民的基本温饱为前提,然后再设官分职,建立一系列政治、法律、道德等伦理性制度,以实现社会和谐发展与长治久安。与之相应,对外,则应是以"存亡国,继绝世,起诸孤"以及和谐万邦为目标而实行的一整套既灵活又实用的政治、军事、外交政策。

(二)间接的论述

关于礼的间接的论述,资料繁富,难以尽列。下面仅阐释一些有代表性的和一定借鉴意义的条目。

1."每事问"

此语出自《论语·八佾》:"子入太庙,每事问。或曰:'孰谓鄹人之子知礼乎?入太庙,每事问。'子闻之,曰:'是礼也。'"为什么说"每事问"就是礼呢?主要从两个方面表现出来:一为敬,二为谦。太庙是用来举行国家祭祀大典的地方。孔子入太庙不是去游玩,而是帮助主持国家祭祀大典。"祀,国之大事也。"(《左传·文公二年》)"国之大事,在祀与戎。"(《左传·成公十三年》)所以,对于国家祭祀,孔子不能不极端重视。而所谓"重视",具体于行动,便必得"每事问",即关于祭祀之礼的每一个细节之问:什么时候说什么,什么时候用什么,什么时候如何走,什么时候如何拜,穿什么衣服,戴什么帽子,佩什么服饰,拿什么仪杖,摆什么祭品,如此等等。也只有这样,才不会出错,才可能万无一失,才可能既庄重威严,又能安抚天、地、鬼、神、人。而其"问"的表象背后,既不是无知、无聊,更不是无耻,而是一种极端的敬。这种敬并不是一般人能够做到的。此外,"每事问"也是谦或好学。《易传·系辞传下》云:"谦以制礼。"孔子还说"好学近乎智",可见谦不仅是好学,同时也是礼与智。

今天,我们无须"每事问",但不懂就问,不耻下问,处处留心,时时留意却是能够做到的。如此,不仅可以做到敬而有礼,而且可让学问道德不断地潜滋暗长。

"每事问"作为礼的初级阶段,与"好言繁辞""疾趋卑拜"同类,既是个体之礼的重要内容,也是一种好学向上、谦虚谨慎、低调为人的人生态度。

2."礼,国之干也。敬,礼之舆也。不敬则礼不行,礼不行则上下昏"

此语出自《左传·僖公十年》,"国之干"是指礼是国家存在的主要内容或象征。换言之,没有了礼,也就没有了国家之成为国家的一切。正如荀子所说,"礼者,法之大分,群类之纲纪也",即礼是国家一切成文不成文的道德律令、政策法规、文化制度等的伦理性原则或界限。"敬,礼之舆也"是说礼必得以敬为载体才能体现得出。而敬又必得以一定的看得见的形式来实现或表现出。看得见,是礼的主要特征。它首为各种形而下的礼物或器。这些不仅看得见,而且摸得着。次指各种能通过一定形式或仪式表现出来的伦理制度。它具有形而上性质,或为形下与形上的统一,或云形上寓于形下之中。比如天安门升国旗仪式,它是看得见的,通过一定的形式、仪式(队列、步履、口令等)或器(军人、枪、服装、旗等)表现出来的,但本质上却并非器或形式本身,而是礼与敬,甚或名或义。同时,它又可是国家政权、国家形象、国家威严的重要象征之一。

"国之干"之礼可称之为礼之最高级别。它不属于"好言繁辞""疾趋卑拜"之类,而主要以各种伦理性制度、法律、法规等表现出来。

3."礼,敬为大;敬之至矣,大婚为大"

此语出自《孔子家语·大婚解》:"古之政,爱人为大,所以治。爱人,礼为大,所以治。礼,敬为大;敬之至矣,大婚为大;大婚至矣,冕而亲迎。亲迎者,敬之也。是故君子兴敬为亲,舍敬则是遗亲也。弗亲弗敬,弗尊也。

爱与敬,其政之本与?"大意是:为政之本即爱与敬;爱之本即礼;礼之本则为敬;敬之本则为大婚。为什么敬之本就是大婚呢?因为大婚是孝的最重要一环。孝是一切敬、一切礼、一切政的前提或基础。没有大婚,就没有家庭,就没有后代的繁衍,就没有一切道德人伦。也即一切爱、敬、仁、政等,便都无从谈起。这也是孔子编修《诗经》把《关雎》定为首篇的根本原因。

在古人看来,大婚不仅是一切礼的前提或基础,而且是国家存在与发展的基础。

4."礼节者,仁之貌也"

此语出自《孔子家语·儒行解》,把礼节视为"仁之貌"必须以敬为前提。没有足够的敬意,就无法表达真正的仁爱。那么"仁之貌"究竟是什么样子呢?依《论语》对于孔子的描绘,或"望之俨然,即之也温,听其言也厉",或"温、良、恭、俭、让",或"泰而不骄,威而不猛",即或"发愤忘食,乐以忘忧,不知老之将至"的样子也是"仁之貌"。

5."下不倍上,臣不杀君,贱不逾贵,少不陵长,远不闲亲,新不闲旧,小不加大,淫不破义,凡此八者,礼之经也"

此语出自《管子·五辅》。上述八种行为之所以可谓之"礼之经",是因其既可视之为礼的重要基础,也可谓带有普遍意义的人之为人的道德底线。

四、"礼"的局限性

事物之有局限性当是绝对的。礼,无论是作为形下之物——一种食器,还是作为形上之道——道德的一目,概莫能外。

(一)不易认知

礼之不易认知,是多向度的。

一是歧义纷纭。礼既是祭神、敬神、礼节、礼貌、礼仪、礼物、敬重、膜拜、宴饮、通理,相应社会的或约定俗成或成文的等级制度、行为准则、道德规范等,又是儒家经典《周礼》《仪礼》《礼记》"三礼"的简称,亦为一哲学概念等。现实中关于礼的事件,是很复杂的。比如近年来山东曲阜年复一年祭祀孔子的活动,首先,很难具体区分它究竟是祭神还是礼仪,是膜拜还是礼貌,是宴饮还是一种制度。其次,如果参加祭祀活动的又多不是孔子的后代,则更是违背孔子意愿的。孔子曾说:"非其鬼而祭之,谄也。"(《论语·为政》)如果变成了谄媚,那它还是礼吗?可是,又怎能说它不是礼呢?因为它确是有一定的"定人"之功的。

二是意旨幽微。比如"好言繁辞",虽为礼之初级阶段,却也不易认知与把握。荀子说:"未可与言而言谓之傲,可与言而不言谓之隐,不观气色而言谓之瞽。"君子应当:"不傲、不隐、不瞽,谨顺其身。""礼恭而后可与言道之方,辞顺而后可与言道之理,色从而后可与言道之致。"(《荀子·劝学》)人如果"傲、隐、瞽",就是不礼。即我们如果连合适的出口言说的时机也不能把握,那么"好言"还未出口,就已经是悖礼了。再者,什么样的言词才能算得上真正的"好言繁辞"呢?既没有一个具体的标准,也无一个统一的认识。所以孟子要求我们一定要学会"知言":"诐辞知其所蔽,淫辞知其所陷,邪辞知其所离,遁辞知其所穷。"(《孟子·公孙丑上》),即对于偏颇的言辞,要知道它遮蔽的真实;对于迷惑的言辞,要知道它所设下的陷阱;对于邪恶的言辞,要知道它背离了正义有多远;对于欺骗的言辞,要知道它的缺陷在哪里)既要把握好不同情境之下语言表达的时机,又要能深刻准确地认知语言的奥秘,实在不易。这里有个故事,或可说明一二:清康熙皇帝带领众皇子于热河秋猎。奖品很重要,是一柄邻国赠送的,本要送予太子却被康熙皇帝代收又欲另送别的皇子的玉如意。事前言明,谁猎获最多,奖品即为谁所得。结果十三子猎获最多;八子猎获居中,但却不是射杀而是生擒;四子胤禛(即后来的雍正皇帝)虽称病不直接参与,但却带来了儿子弘历;其他众皇子各有猎获,大小、多少不等。如按事先约定:玉如意只能赐予十三子。可是,康熙皇帝并不想要如此结果,于是发话:大家说说,这玉如意究竟应当给谁合适?话音未落,即有一老王公应声:应当给八阿哥。康熙皇帝问:为什么?王公解释说:皇八子不忍杀生,是位仁者,有慈悲心怀。此话一出,却遭到了年仅八岁的小皇孙弘历的大声抗议:王公说得不对。皇爷爷数十年猎杀各种动物无数,难道就没有慈悲心怀吗?当春天动物发育繁殖,不杀或者少杀,倒还说得过去。但到秋天,气候肃杀,万物已停止生长,本来就是收获的季节,为什么不可以杀呢?再说,天生万物本来就是要让我们取用的,不杀它们,我们又吃什么?更何况,我们满人祖祖辈辈打猎与汉人种地一样,只是一种谋生之道而已。康熙皇帝听了,大为高兴,又问:你知道皇爷爷一生猎杀了多少只动物吗?弘历侃侃而答:老虎 153 只,熊 12 只,豹 25 只,狼 96 只,猞猁狲 20 支,麋鹿 14 只,野猪 133

只,还有一天用箭射杀了兔318只,而其他各种动物更是无法计数。听到此,康熙皇帝不仅是高兴,而且是大为惊异了。又问:皇爷爷现在贵为天子,富有四海,并不需要以打猎为生,那为什么还要举行秋猎呢?弘历不慌不忙,接着说:皇爷爷这是不忘本。皇爷爷如果没有这样的本事,就不能平三藩、灭噶尔丹、败俄罗斯。皇爷爷是天下第一"巴图鲁"(满语:勇士或英雄)。一席话,说得众阿哥、王公大臣们哑口无言,康熙皇帝龙颜大悦。最后,各怀心事、辛苦打猎的皇子们什么都没得到,玉如意反为年仅八岁、仅凭口舌之能的小皇孙弘历所得。细细寻绎,其中实大有文章。八皇子所为实为西施效颦(学少年曹丕,不杀春天怀孕之母鹿),老王公之谄更是弄巧成拙,自不必说。关键是弘历所言,究竟寓含了什么?康熙皇帝怎会如此高兴?首先,它呈现了礼。在此,它先表现为"好言繁辞",更重要的还表现出了敬。而敬的最高境界则不在于"疾趋卑拜",而在于"定人"。弘历大声打断老王公之言,本属非礼,但当他不仅说出了"道理"之"理",而且能服众人之心,特别是能赢得皇帝之心时,那也就是最高境界的礼了。其次,它还表现了孝。《中庸》说:"夫孝者,善继人之志,善述人之事者也。"弘历把康熙皇帝狩猎之战果记得滚瓜烂熟,就是如此。而这不仅是孝是敬,而且比一般的"生事之以礼,死葬之以礼,祭之以礼"之孝之敬境界更为高远。最后,弘历所言,并非真为自己所思所想,而只是其父与家师传教而已。于是,"好言繁辞"背后的礼,不仅蕴含着智慧、策略,甚或也浸润了阴谋诡计。

三是变化无常。一因时代的不同而不同。古代有古代的礼,当代有当代的礼。朝代之间,虽然有所继承,但也有所损益。孔子说:"殷因于夏礼,所损益可知也;周因于殷礼,所损益可知也。其或继周者,虽百世可知也。"(《论语·为政》)每一个时代都必须重新构造一整套符合时代气息、特征的礼法制度,以适应新的生产力与生产关系的发展要求。比如"面君之礼",从春秋战国到汉唐明清,各个时代均有不同。二因地域的变化而变化。中国有中国的礼,外国有外国的礼。各民族之间自不必说,就是县县之间、乡乡之间都会有所不同。就拿湖南来说,衡阳与祁东两地相邻,年三十祭神吃年饭,衡阳为中午,祁东为晚上。至于所摆何种祭品,如何祭拜,需要说些什么言词,等等,更是千差万别。正如商鞅所说:"当时而立法,因事而制礼。""三代不同道而王,五霸不同法而霸。故知者作法,而愚者制焉;贤者更礼,而不肖者拘焉。拘礼之人不足与言事,制法之人不足与论变。"(《商君书·更法第一》）"去来赍送之礼无通于百县。"（《商君书·垦令第二》）所以，民间便有"神仙下凡问土地"之说。《西游记》中的孙悟空，每到一处都得先找来土地爷问问当地风土人情、有何奇妖异怪等。这种行为，不仅是礼的要求，也是智慧与策略的需要。

四是主体意识各别。此说既可为"仁智"之说，亦有观点、立场、视角、方法、条件、性别、认知、经验等之不同。比如跪拜之大礼，虽经数千年发展变化，但在现在的中国仍普遍地存在着。对于它的认知，便会因主体不同而大相径庭。一般地，用在祭祖之礼中，似并未过时，也不会令人大惊小怪。但如用在师生之间，上下级之间，便显得有点出格或不合时宜。可是，又不尽然。有时感谢恩人给予生命之重生，行此大礼，似也说得过去。但如为了"讨说法"而如此这般，则又可能异化为控诉、谴责、愤怒、讽刺或作秀了。2014 年 7 月发生的某地家长为学生高考事，跪于教育局局长家门前，便是这样的事件。它还是礼吗？相类的教师跪街、民工跪法院等，又怎是一个礼字了得。

（二）"礼烦则乱"

此语出自《尚书·商书·说命中》："礼烦则乱，事神则难。"相类的句子还有："繁礼之君，不足于文；繁战之君，不足于诈。"（《吕氏春秋·孝行》）"礼烦则不庄，业烦则无功，令苛则不听，禁多则不行。"（《吕氏春秋·适威》）"《礼》之失烦。"（《孔子家语·问玉第三十六》）等，它们都与俗语"礼多人不怪"相反。其实，"礼烦""礼多"，无论是形下之物还是形上之思，无论是好言繁辞还是"疾趋卑拜"，无论是设官分职还是内政外交，无论是分贵贱还是序尊卑，等等，皆无法做到人之不怪。既然其"事神"都难，又可能有"不足于文""不庄"的缺憾，那么用以"事人"就更不用说了。所以，即或以真诚仁义为其貌之礼，亦必得简朴、适宜。

首先，"礼烦"多出于乱世、浊世，或礼乐已遭到毁灭性破坏的年代。它既是乱之因，也是乱之果。春秋战国时期，老子、庄子极端蔑视礼，孔子、孟子、荀子极端重礼，皆与礼崩乐坏的时代背景相关。《吕氏春秋》云"世浊，则礼烦而乐淫"（《吕氏春秋·音初》）就是这种情况的简明而深刻的揭示。

其次，"礼烦"多是主体仁义道德空虚无实，或被完全抛弃，或灵魂遭到扭曲的产物。这种情况在任何一个时代都不缺乏。如在 2011 年的湄公河大案中指挥杀了十三名中国公民的犯罪团伙首领缅甸人糯康，不仅信佛、每天祈祷,而且极讲礼仪、诚信,恩怨分明。他要杀害中国船员的理由很简单,就是中国的这两艘船曾经载了泰国军警来攻打他们。他贩毒得到的钱至少要拿出百分之三十捐予佛寺或赠送孤寡。他相信既然"救人一命,胜造七级浮屠",那么只要能多造"浮屠"就能多多杀人。所以,他在被抓后,在登机离开母国之前,还会平静而坦然地双膝跪下,面朝西南方,向他心中的佛祖祈求平安。于是,他在交代了所有罪行,并拿出大部分财产以赔偿死者之后,根本不相信中国政府还会判他死刑。他迷信礼,却终为礼而乱、为礼而亡。相类的情况,且最具讽刺意义的,则是众多贪官污吏。他们中的绝大多数见神就拜,遇鬼就跪,见人就"好言繁辞",见上司则"疾趋卑拜",可是其内心深处早已抛却信仰与仁义道德,其结果又如何能好?

最后,"设官分职"太多,制度建构烦乱重复:床上叠床,屋上架屋,既浪费人力,亦浪费资源,且易形成矛盾冲突。至于"分贵贱""序尊卑",虽说有时亦有必要,但如若与公平、正义等诸多现代人本原则相抵触,就应慎而行之。子产在乡里尊长,在学馆尊师,在朝中尊君,应对我们有所启发。

五、"礼"的超越

从理论上来说,一般所言之礼,不仅可以超越,而且可以抛弃。比如礼貌、礼节、礼仪等,就是如此。因为它们或已被异化,或已成虚无,或完全可以仁义道德代之。但实际上,却不可能。一因其实在性与虚无性并存,二因其多义性不易为人所认知。故所谓"超越",也只能是相对的。

(一)"礼法相持"

此语出自《列子·周穆王》。但把"礼法"并列而论,除《列子》有此一处之外,《荀子》更有四处之多。虽未将礼、法并列,但对其关系论述最多、最全面、最深刻的却是《管子》。概括起来,此语大致意有三层:一是"礼出于法"(《管子·任法》:"所谓仁义礼乐者,皆出于法。");二是"法出于礼"(《管子·枢言》:"法出于礼,礼出于治,治礼道也,万物待治礼而后定。");三是礼、法在现实中,无论是日常生活还是政治实践,必须互为前提、互相支持、相辅相成。如《礼记·乐记》"礼乐刑政,其极一也",即礼不仅是事物发展的规律性,而且就是法律、法规、伦理道德,或政治管理制度本身。故说"礼法相持"是礼的超越,虽然有些勉强,但却能说明纯粹的礼既不存在,也不可能实现对国家的有效治理。

"礼出于法"之法,一指法则,或自然、人类社会之存在发展规律性,或道或理。礼的创建与践履必得以这些规律性为前提。即对于这些规律性,我们只能在敬畏的基础上以认知、顺应、利用,不能违背、践踏或超越,也即"为礼遵道""为礼循理"。二指原则。它主要指一定历史环境、条件下的社会道德伦理底线。人为了高远目标,有时可以暂时出卖或牺牲尊严与幸福,但却绝不可出卖原则。原则是主体自身成其为自身的本质规定性。出卖原则将使主体异化或不再存在。三指法律。即礼的制定与实践,必须以法律为参照。一般情况下,礼必"遵法""护法",必"为礼思法"。但特殊时期,特别是社会处于大动荡、大变革时期,情形可能会有所不同,比如春秋战国时期、清朝末年等对于礼的变革或扬弃。

"法出于礼"(《荀子·劝学》"礼者,法之大分,群类之纲纪也"也表达了相类意思),首指法的目标或精神与礼高度一致。礼的目标或精神集中于敬与"定人",法同样如此。次指法就是礼的具体化、条文化,礼是法的纲领或原则。如礼主张敬畏自然与生命,法就应当以具体条文禁止破坏、危害自然与生命。再指法是礼的最后边界。人的行为有时或可悖礼,但却不可违法。违法即要受到法律的严惩。

综言之,"礼法相持"思想大致与当代之德法治国理念相吻合。没有法作为底线的德或礼是虚幻的;没有德或礼的法则是荒谬的。故现实生活中,我们在"为礼思法""为礼思义""为礼思德"的同时,还要反过来"为法思德""为法思义""为法思礼",即不要为礼法的表象所迷惑,以至于违背了最基本的社会公平、正义或人伦、道德。《孔子家语·始诛第二》中关于孔子做大司寇处理"父子讼"的故事,有助于理解"礼法相持":

> 孔子为鲁大司寇,有父子讼者,夫子同狴执之,三月不别。其父请止,夫子赦之焉。季孙闻之不悦,曰:"司寇欺余,曩告余曰:'国家必先以孝。'余今戮一不孝以教民孝,不亦可乎? 而又赦,何哉?"冉有以告孔子,子喟然叹曰:"呜呼! 上失其道而杀其下,非理也。不教以孝而听其狱,是杀不辜。……"

大司寇,主管刑罚等事务。"父子讼",从前后文联系来看,应是父告子。季孙即季孙氏、季氏,鲁掌握实权的三大夫之首。

这里主要有三个问题:一是孔子为何要,且又能把此父子关进同一个监狱之中而"三月不别"? 二是孔子"赦之"是否与其"国家必先以孝"的治国理念相矛盾？三是孔子在此案中的作为说明了什么？对于今天有何启示？

第一个问题实际上又可分为两个问题。先看看为什么"要"。其一，是孔子认为此案之中，父亲负有不可推卸的责任。即其子不孝与其父不慈、不教或不善教有关。孔子的道德观，从来就强者道德观。即在相对的道德关系中，强者应居主导地位，做好表率作用。如"君子之德风，小人之德草""君君，臣臣，父父，子子"，皆是以前者作为道德垂范的。换言之，如果做君主的没有个君主的样子，那么做臣下的当然就可以不服从君主。孟子后来对此观点进行了具体说明："君之视臣如手足，则臣视君如腹心；君之视臣如犬马，则臣视君如国人；君之视臣如土芥，则臣视君如寇仇。"（《孟子·离娄下》）虽然父子比君臣要亲近，君子、小人之境界相差很远，但道理同样如此。"父慈子孝"，即子孝是以父慈为前提的。孔子把此父子关进同一个监狱，就是要让他们在三个月的朝夕相处中去反省自己，从而实现"以法为教"（《韩非子·五蠹》）的目的。此教既是教其父慈，亦是教其子孝。当然也是教他们有礼。其二，是孔子对人性有深刻的认知。即相信孝在亲人之中，特别是父子嫡亲之中，不仅是可教的，而且是天然存在的："六亲不和，有孝慈。"此父子当然也不例外。其三，是源于孔子的仁爱治国理念。"仁者，爱人"具体到实践之中，最重要的就是珍爱人的生命。而让父亲反省、撤诉就能达此目的。下面再看看为什么"能"。一是当时的鲁国法律应属于伦理法或礼法，即礼与法都是搅在一起的，既没有详尽的法律条文，也没有具体的实施细则，与今天的法律是有很大区别的。换言之，孔子作为大司寇，在案件的审理中，是可以有极大的主观随意性或裁量权的。而这种随意性或裁量权，在当时则既合法也合"礼（理）"。就此案而言，既可如季孙氏所云"戮一不孝以教民孝"，亦可如孔子"赦之"。二是，此"父子讼"所讼之事，必为生活中之鸡毛蒜皮之类。不然，孔子是不会把他们关到一起的。

第二个问题，孔子的行为实践回答了不仅不矛盾，而且"赦之"是对"国家必先以孝"的深刻诠释。它可从下面三个方面表现出来：一是为父保有其子即孝。父之有子即"有后"。只有"有后"才可能有教、有养、有祀、有礼。换言之，如果连后代都没有了，孝从何来？不仅做父亲的对不起祖宗，就是自己又怎能老有所养？二是"以法为教"，既可挽救此"父子讼"一家，亦可为天下人提供借鉴,这是以孝治国的扩展;父子之间不仅要互敬、互爱、互让、互容,而且长辈要做好表率。三是"上失其道而杀其下","不教以孝而听其狱",不仅是"非理",是"杀不辜",而且是"不孝""不礼"。因为"非理"就是"非礼","杀不辜"就是不忠,不忠就是不孝。换言之,作为当权者,如果没有尽心尽力做好本职工作,没有尽到教的职责,没有做好下属、天下百姓的表率,那么就是不忠、不孝、非礼。季氏的想法不仅缺乏仁爱之心,而且是推卸责任、不明事理或没有深刻思想的表现。

第三个问题,孔子在此案中的作为深刻诠释了"礼法相持"思想。礼、法互为基础或源泉。礼,既是法的源泉,又是法的目标或归宿,而法则是礼之实现的重要保证。

(二)"至礼不让"

此语出自《孔子家语·王言解》:"至礼不让,而天下治;至赏不费,而天下士悦;至乐无声,而天下民和。"与之相类的句子有"上德不德""大仁不仁""至仁不仁""大义不义""大义灭亲""大智若愚""大巧若拙"等。

"至礼"的出现至少有两个前提:一是每一个人都知礼,都能在现实中找到自己正确的位置。按照孟子的说法便是:"居天下之广居,立天地之正位,行天下之大道。"(《孟子·滕文公下》)它即是礼,也是仁与义。二是全社会有了一整套合乎公平、正义的伦理性制度安排,即天下有道。人们只要按此规范或遵此道而行便可利己、利他、利公,畅通无阻。

"不让"是过程,意有两层意义:一为无须让;二为当仁不让。无须让,是因为有爱、有亲、有序。比如母子、父子、夫妻之间,常会因为亲密而无须礼,或不必讲礼,甚或不讲理。再如众人排队,既无须争,也不必让,只要遵序而行可以了。这里的序不仅是至礼或至理,甚或就是道德。特别是灾难发生时,遵序而行可以争取宝贵时间挽救更多的生命。当仁不让,很是通俗,但却容易产生误解或歧义。此处的仁既是爱,也是智与勇,还有实力。换言之,光有爱是不行的,光有勇而没有智慧、没有实力同样不行。特别是面对危难、面对生死存亡之大事之时,当仁不让的选择尤其如此。1935年遵义会议纠正了"左"倾思想在军事指挥上的错误,建立了以毛泽东为代表的新的党中央的正确领导。在当时的历史背景下,唯有如此才可能为我党摆脱困境,从失败走向胜利。这便是最伟大的仁。在日常生活实践中,当仁不让必得既是爱与责任、强大实力的展示,也应是众望所归。

最后,它还有个不容置疑的结果就是"天下治"。"天下治"是一个历时性的概念。在孟子的心中,只要"仰足以事父母,俯足以畜妻子,乐岁终身饱,凶年免于死亡"(《孟子·梁惠王下》)就可以了。而在今天,没有一个统一的标准,但稳定、和谐的实现则是最重要的条件之一。

第四节 什么是"智"

智,是人区别或高于其他动物的重要特征之一。在中国古典哲学中,它不仅与仁、义、礼、信、忠、恕、孝、勇诸德目一起从属于道德,且与它们皆紧密联系或受其规约,或为仁所包括,或就是仁。此外,也可从"仁""智"二字初文构形的汉字学哲学解读中得出。

《易经》《诗经》《论语》《易传》《左传》《中庸》《大学》《庄子》《周礼》之中,均没有"智"字,不是真没有,而是以"知"通之(《大学》例外,既无"知"也无"智")。《易经》"临卦"之中有"知临"二字。《诗经》之中有"兄弟不知,咥其笑矣"。《易传》之中有"仁者见之谓之仁,知者见之谓之知""聪明睿知"等。《论语》之中,以"知"通"智"的约有 25 见,如"里仁为美,择不处仁,焉得知""知者乐水,仁者乐山。知者动,仁者静。知者乐,仁者寿"等。《左传》之中以"知"通"智"约 12 见,如"因人之力而敝之,不仁。失其所与,不知。以乱易整,不武""损怨益仇,非知也"等。《中庸》有 8 见,如孔子"道之不行也,我知之矣:知者过之,愚者不及也"等。《周礼》之中,只有六德目"知、仁、圣、义、忠、和"之"知"通"智"。其中,以"知"通"智"的,或多与孔子有关。而《孔子家语》的"孔子曰"后的"知""智"分用,也可说明其作者并非孔子,其出现的时间应是战国秦汉之际或之后。直接以"智"呈现的,先秦经典中,《老子》有 8 见,《孟子》33 见,《荀子》8 见,《吕氏春秋》137 见,《墨子》115 见,《孙子兵法》7 见,《列子》51 见,《韩非子》241 见,《孔子家语》21 见,《尚书》2 见。事实上,凡智者必知;而知只是智的基础部分,且从属于智。

一、"智"的例说

下面秦穆公千里袭郑的故事,或可令我们对于智有个比较深入的认识。

由于深信两个掌握了郑国都城城门钥匙的守门人（原秦国人）有能力做内应，并认为有利可图，秦穆公决定劳师远征两千多里之外的郑国。当时的秦国都城以今天的咸阳地区为中心，郑国都城位于今天河南中部新郑一带。两国中间还隔着好几个大小诸侯国。出师之前，秦国大臣百里奚、蹇叔不仅都表达了对于此次战争的反对意见，而且进行了“哭师”——名为自己的儿子们因为此行将或不归而哭，实为继续劝谏秦穆公回心转意。可是，秦穆公一意孤行，不仅听不进蹇叔、百里奚意见，仍然决定继续远征，而且派人把“哭师”的百里奚、蹇叔臭骂了一顿。

蹇叔、百里奚为秦穆公时知名的“深虑知化之士”，见微知著、智慧高远。当时蹇叔、百里奚反对的原因：一是长途奔袭千余里，不可能实现突然袭击；二是劳师远征，以劳袭逸，力不能达；三是远离后方，补给困难，如不能速胜，则不能持久作战；四是，也是最重要的，中间隔着好几个诸侯国，即或偷袭成功，也不能对占领地区实现有效统治。可见，聪明一世、理想高远的秦穆公显然是一时昏了头。

这个故事中还有三个很有意思的小事：一是东周大夫王孙满观师；二是郑国商人弦高犒劳秦师；三是秦灭滑怒晋（灭了小国滑国，激怒了有宿怨的大国晋国）。结果是秦军在崤地被晋军完败，全军覆没。

王孙满观师暴露了秦军的骄傲、狂妄、自大。在那个时代的王孙满看来，秦本来是在宗主周天子的一手扶持下才慢慢成长为西方大国的，如果来到东都洛邑，对于周天子都不按周礼行事，不收兵束甲、牵马步行，那就是忘恩负义、大不敬。这样的军队就是把打仗当儿戏，所以不可能打胜仗。

弦高劳师，既暴露了秦军的意图、用兵的非正义性，也凸显了郑国的民心归附、不可侵犯。当秦军行至洛邑之东，郑国商人弦高、奚施与秦军相遇，弦高一方面派奚施回郑，报告消息、清理叛徒、加固城防；一方面亲劳秦师，意在阻滞其行军速度，乱其军心、灭其信心。秦军不能辨别事情真假，只能无功而返。

灭滑怒晋是为错上加错。滑国位于今天河南洛阳偃师一带，与晋国关系密切。灭滑既不能实现有效统治，也改变不了行动失败的命运，其结果只是为晋国发动战争寻得了口实。

战争结果是秦军在崤全军覆没，这是蹇叔早已预料到的。不过有一点他没有预料到，就是被俘的儿子不但没有死，反而活蹦乱跳地回来了。这多亏了晋文公夫人的机智相救。晋文公夫人,即晋国国君襄公的母亲,原本是秦国公主。

战争失败,不幸中的大幸是,秦穆公既没有迁怒于失败的将军,也没有责怪蹇叔、百里奚的"哭师",而是诚心做了悔过,并仍然重用他们。后来,不仅报了仇,而且使秦国更加强大。

相 关 链 接

昔秦缪公兴师以袭郑,蹇叔谏曰:"不可。臣闻之,袭国邑,以车不过百里,以人不过三十里,皆以其气之趫与力之盛至,是以犯敌能灭,去之能速。今行数千里,又绝诸侯之地以袭国,臣不知其可也。君其重图之。"缪公不听也。蹇叔送师于门外而哭曰:"师乎!见其出而不见其入也。"蹇叔有子曰申与视,与师偕行。蹇叔谓其子曰:"晋若遏师必于崤。女死,不于南方之岸,必于北方之岸,为吾尸女之易。"缪公闻之,使人让蹇叔曰:"寡人兴师,未知何如。今哭而送之,是哭吾师也。"蹇叔对曰:"臣不敢哭师也。臣老矣,有子二人,皆与师行。比其反也,非彼死,则臣必死矣,是故哭。"师行过周,王孙满要门而窥之,曰:"呜呼!是师必有疵。若无疵,吾不复言道矣。夫秦非他,周室之建国也。过天子之城,宜橐甲束兵,左右皆下,以为天子礼。今袀服回建,左不轼,而右之超乘者五百乘,力则多矣,然而寡礼,安得无疵?"师过周而东。郑贾人弦高、奚施将西市于周,道遇秦师,曰:"嘻!师所从来者远矣。此必袭郑。"遽使奚施归告,乃矫郑伯之命以劳之,曰:"寡君固闻大国之将至久矣。大国不至,寡君与士卒窃为大国忧,日无所与焉,惟恐士卒罢弊与糗粮匮乏。何其久也!使人臣犒劳以璧,膳以十二牛。"秦三帅对曰:"寡君之无使也,使其三臣丙也、术也、视也于东边候晋之道,过是,以迷惑陷入大国之地。"不敢固辞,再拜稽首受之。三帅乃惧而谋曰:"我行数千里,数绝诸侯之地以袭人,未至而人已先知之矣,此其备必已盛矣。"还师去之。当是时也,晋文公适薨,未葬。先轸言于襄公曰:"秦师不可不击也,臣请击之。"襄公曰:"先君薨,尸在堂,见秦师利而因击之,无乃非为人子之道欤!"先轸曰:"不吊吾丧,不忧吾哀,是死吾君而弱其孤也。若是而击,可大强。臣请击之。"襄公不得已而许之。先轸遏秦师于崤而击之,大败之,获其三帅以归。缪公闻之,素服庙临,以说于众曰:"天不为秦国,使寡人不用蹇叔之谏,以至于此患。"此缪公非欲败于崤也,智不至

也。智不至则不信。言之不信,师之不反也从此生。故不至之为害大矣。(《吕氏春秋·悔过》)

郑人有卖郑于秦曰:"我主其城门,郑可袭也。"缪公问蹇叔、百里傒,对曰:"径数国千里而袭人,希有得利者。且人卖郑,庸知我国人不有以我情告郑者乎? 不可。"缪公曰:"子不知也,吾已决矣。"遂发兵,使百里傒子孟明视、蹇叔子西乞术及白乙丙将兵。行日,百里傒、蹇叔二人哭之。缪公闻,怒曰:"孤发兵而子沮哭吾军,何也?"二老曰:"臣非敢沮君军。军行,臣子与往;臣老,迟还恐不相见,故哭耳。"二老退,谓其子曰:"汝军即败,必于崤阨矣。"三十三年春,秦兵遂东,更晋地,过周北门。周王孙满曰:"秦师无礼,不败何待!"兵至滑,郑贩卖贾人弦高,持十二牛将卖之周,见秦兵,恐死虏,因献其牛,曰:"闻大国将诛郑,郑君谨修守御备,使臣以牛十二劳军士。"秦三将军相谓曰:"将袭郑,郑今已觉之,往无及已。"灭滑。滑,晋之边邑也。当是时,晋文公丧尚未葬。太子襄公怒曰:"秦侮我孤,因丧破我滑。"遂墨衰绖,发兵遮秦兵于崤,击之,大破秦军,无一人得脱者。虏秦三将以归。文公夫人,秦女也,为秦三囚将请曰:"缪公之怨此三人入于骨髓,愿令此三人归,令我君得自快烹之。"晋君许之,归秦三将。三将至,缪公素服郊迎,乡三人哭曰:"孤以不用百里傒、蹇叔言以辱三子,三子何罪乎? 子其悉心雪耻,毋怠。"遂复三人官秩如故,愈益厚之。(《史记·秦本纪第五》)

可见秦穆公之"智"似远不及蹇叔、百里奚,而蹇叔、百里奚确是那个时代最有代表性的了不起的军事家、政治家、谋略家。而秦穆公之智"知无所合":一、对于战争的规律性缺乏整体性的认知;二、既不自知,亦不知人。当然,其事后能幡然醒悟、知错能改,又不愧为一代明君。

二、"智"字初文构形的汉字学哲学解读

"智"字初文为 𣅀,也是"知"之初文。"智也者,知也。"(《孟子·尽心下》)其实,春秋战国时期,下部加了"曰"或"口"的"智—智"早已出现,但两字的混用现象仍很普遍。这种情况既有认知上的原因,也有习惯或地域上的原因。郭店楚简《老子》甲本中,凡"知""智"皆为 𣅀。今本《老子》"知""智"分用的情况应早于战国末年,因为《荀子》已是明确地把它分而论之

了:"知之在人者谓之知。知有所合谓之智。"(《荀子·正名》)。"知—㭷"主要凸显的是"知人、知大人、知言、知道、知行";"智—智",主要凸显的是"合"——上部之"㭷"与下部之"口"或"曰"的"合"——人的认知或道德实践与各种规律性之间的统一。荀子的认知很深刻,并以此论断拉开了知与智的距离。"知人""知己""知道"虽是智的基础,但却既不是其全部,有时甚至也不是智,故"合"与"不合"既有必然性,也有偶然性。

㭷由三部分构成,左为木,中为口,右丁为"行"字省去一半。

木,首先是人。人为万物之灵,既是动物性(第一性、物质性)的存在,也是社会性("类""群"或第二人性、精神性)的存在,故不仅有知,而且有智,只是个体之间有强弱之别而已。其次是大。大即正面而立之人。它主要可含两层意思:一为堂堂正正之大人——"大写之人"。此大人因学"大学(君子之学)"或"为学日益,为道日损"而成,所以又可称君子。君子不仅有知,而且大知。不仅大知,而且"以仁存心""以礼存心""不忧""不惑""知命"等。二为与婴孩相对之大人,即成人。人之有智是一个不断学习进步的过程,故婴孩之"智"极为有限,总是无法与成人、大人相比。不过,只要是人,无论是大人、小人,还是成人、婴孩,总有人所具有的局限性。

口,是人之口,是知、智的核心,是语言、思想智慧的象征。既通于人,亦通于言。

丁为"行"之半,既可视为行、行动、实践,亦可视之为路、公众场合或道、规律。

把木、口、丁组合于一起就是"智—㭷(知)"。

"智"首先是要"知人"、知"大人"。

据《论语》,樊迟曾向孔子请教什么是"知(智)",孔子的回答是"知人"。在《孔子家语》中,子贡说:"智莫难于知人。"(《孔子家语·弟子行第十二》)即认为"知人"至难。"知人"之所以难,主要原因在于人难以自知。人之所以难以自知,是因为好学极艰难。老子:"知人者智,自知者明。"知人的实现,主要途径为自知。自知之所以能知人,是因为自古至今人性都是差不多的。人只要了解了自己,也就基本了解了别人。人的发展之所以后来各有不同,主要原因是其学习与实践的不同。

在现实生活中,小人虽然对于人性弱点的认知或远胜大人,但却很难成器,原因是他们缺乏对于道德及仁、义、礼、智、信诸德目以及自身的深入认识,所以其知只是私智。而私智因为常为个人私欲所遮蔽,所以很容易与愚蠢同行。

知"大人"一为知成人,即知什么是成人,如何成人;二为知君子,即知什么是君子,如何成为君子。在中国传统中,成人与成为君子、大人往往是高度一致的。按照荀子的说法便是:"权利不能倾也,群众不能移也,天下不能荡也。生乎由是,死乎由是,夫是之谓德操。德操然后能定,能定然后能应,能定能应,夫是之谓成人。"换言之,只有那些有坚定信仰与道德情操之人才可算得上是真正的君子。对于一般人而言,知人或知大人的作用并不大。最需要知人或知大人的主要是当权者,因为当权者需要选拔人才,特别是贤能之士以参与国家管理、维护其统治。

次为"知言"。"不知言,无以知人也。"(《论语·尧曰》)主要是指主体要学会思考、弄清楚语言的意义及运用(也包括知信、知善、知名在内)。学会思考贵在联系,能"察己以知人","察今以知古","以益近而知远","以所见知所不见","审堂下之阴,而知日月之行,阴阳之变;见瓶水之冰,而知天下之寒,鱼鳖之藏也;尝一脔肉,而知一镬之味,一鼎之调"(《吕氏春秋·察今》),能"诐辞知其所蔽,淫辞知其所陷,邪辞知其所离,遁辞知其所穷"(《孟子·公孙丑上》)。语言的运用,贵在慎用语言。即或言也须"善言,无瑕谪"(《老子》第二十七章)或"希言""贵言""不言",或"言有宗"(《老子》第七十章)等。韩非子:"所谓智者,微妙之言也。"(《韩非子·五蠹》)智者不仅要知言而且要知微妙之言。知微妙之言即能知经典之微言大义。君子只有在知言的基础上才可能知人。知言的主要方法是读书与"就有道而正焉"。不断读书的过程,既是自知得以实现的过程,也是智慧得以成长的过程。人一旦有了自知,"知人"的目标也就基本得以实现。

再次是"知道"。它包括了上述所有之知在内。《释名·释言语》:"智,知也,无所不知也。"《老子》:"知不知,上,不知知,病。夫唯病病,是以不病。圣人不病,以其病病,是以不病。"这些都表达了如此思想。它与《易经》之中的忧患意识高度一致,也与圣人紧密联系。它遍及天、地、人,不仅能知天地自然、人类社会发展的一般规律性,并能对之加以顺应与利用。具体来说,它就是老子、孔子所认为的位列君子之上的善人、圣人或上士。

如孔子说："名以出信,信以守器,器以藏礼,礼以行义,义以生利,利以平民,政之大节也。"(《左传·成公二年》)即明白名与信、礼、器、义、利、政之间错综、曲折、互涵的辩证逻辑关系,便是"知道"的具体表现之一。"知道"的最高境界,是不仅能充分清楚明白道与德,以及道德与仁、义、礼、智、信、忠、恕、孝、勇、宽、敏、惠诸德目间的互涵性辩证统一关系,而且能把这些认知运用到自己的行为实践。

综合上述有关智的论述,可以得出如下结论:"智"与"知"初文曾为一字,之后也大部分相通,再后逐渐有了区别;"知人、知言、知道"是智的前提或基础,也是其重点内容,虽难,但却非智的全部;真正的"智—智"不仅可通于道、德,而且要受仁、义、礼、信、忠、孝等其他德目的规约;其最高境界是在"知道"(不仅是"知知",且能"知不知"或"无所不知")前提下的"知有所合"。"知有所合",就是指理论或预测必须经得起实践的检验。如果一个军事家从来就没有参加过战争,或从来就没有打赢过战争,或很少打赢过战争,就不能算是一个真正的军事家。所以,他的所谓"智"只能算是知而不能算是真正的智。又如一个人读了很多书,既能文思泉涌也能侃侃而谈,但就是没有任何实践成就,也就算不得真正的大智之人一样。孔子被称为圣人,除了其"祖述尧舜、宪章文武、删诗序书、定礼理乐、制作春秋、赞明易道"的文化成就外,更在于他参与了一系列的社会政治实践活动并能为后世的他人实践所反复证明或认可。

三、"智"的实现

在《周礼》之中,智于六德目"知、仁、圣、义、忠、和"中赫然列于第一(这与《老子》《孟子》《五行》等经典有所不同。《老子》重道、德,对仁、义、礼、智、信诸德目的局限性有深刻认知,所以从根本上就不看重它们。《孟子》对于诸德目排序是仁、义、礼、智、信,智被列于第四,不仅从属于道德,而且从属于仁、义、礼。竹书《五行》的排序是仁、义、礼、智、圣)。可见,在周初,智曾经被推为所有德目之首,亦即它与后来的仁一样,也可把其他德目都包括在内。故智的实现,既道、德的实现,也是其他德目的共同实现。这或许也是"仁""智"相通,"仁者见之谓之仁,智者见之谓之智"的最初思想来源。

（一）“知之在人”——“好学”

此语出自《荀子·正名》：“知之在人者谓之知。知有所合谓之智。”至少有两意。一为：只要人有知之欲望就能知，故凡人皆能知，皆有智。圣人有，匹夫匹妇亦有。二为：知的主要目标就是知人，即知人是智的主要内容。这与《老子》的“知人者智，自知者明”既高度一致又有所不同。如综合考虑，荀子对此问题的认识似更加精当或合乎理性些。（自知也属知人。从“知—𣄣”的构形来看，知人则主要表现为既要知人之思想，亦要知人之行为实践。在荀子看来，知人是智之基础或主要内容，却并不等于智或是智的最高境界。事实上，知人之外还有无尽的格物之知，故真正的大智不仅仅是知人。不然，历史上像公之鱼、王莽、和珅之类，便都是大智之人了。此外，当代哲学、自然科学认为，只有把格物与知人结合起来，才有可能实现真正的知人或知。以此可知，老子的“知人者智”还是有局限性的。）

孔子说：“好学则智”（《孔子家语·弟子行第十二》），“好学近乎智”（《礼记·中庸》），“好仁不好学，其蔽也愚；好知不好学，其蔽也荡；好信不好学，其蔽也贼；好直不好学，其蔽也绞；好勇不好学，其蔽也乱；好刚不好学，其蔽也狂”（《论语·阳货》）。可见，智的实现，与仁、义、礼、信、勇等德目一样，总是与好学分不开的。孔子的“好学则智”不仅比老子的“知人者智，自知者明”还要直接，而且更具价值理性与意义。事实上，无论“知”“知人”“知仁”“知义”“知礼”“知信”“知德”“知道”等，皆与好学紧密联系。但“好学”二字并不是一般人所能做得到的。孔子说“十室之邑，必有忠信如丘者焉，不如丘之好学也”（《论语·公冶长》），便尖锐而深刻地说明了这个问题。

在古人看来，所谓“好学”，必须有如下四个特质：

1.坚持不懈的恒心毅力

按孔子的说法便是：“学而不厌，诲人不倦。”这一方面是说学而不厌是诲人不倦的前提或基础。没有学而不厌，就不可能有“学为人师，行为世范”，即诲人的资格随时可能丧失。所以老子、子贡、孟子都认为，好学而有恒，就是圣人的最大特点之一。而孔子虽不承认自己已达到圣人或善人的境界，但“有恒”却是已达到了的。所以，子贡以此便推定孔子就是圣人。他说：“学不厌，智也；教不倦，仁也。仁且智，夫子既圣矣。”（《孟子·公孙丑上》）在子贡看来，恒，不仅是有坚持不懈的恒心毅力，而且就是智与仁。

另一方面是说诲人不倦是学而不厌的动力所在。君子为什么会学而不厌？除了荀子所说的"为己""以美其身"，即为了提高自身修养，以塑造自己的美好身心之外，还有孟子所认为的好为人师（《孟子·离娄上》："人之患，在好为人师。"即人生最大的担心或忧虑，在于喜欢当别人的老师。一般把患理解为祸害或灾祸是经不起追问的）。因为好为人师，所以总是忧虑或担心自己当不好别人的老师，真正伟大的老师，最大的荣耀莫过于"得天下英才而教育之"（《孟子·尽心上》）。试想，如果没有"学而不厌，诲人不倦"的精神，又岂有能力当好天下英才的老师呢？所以，要当好天下英才的老师，就必须学而不厌。

按墨子的说法便是："志不强者智不达。"志，对于先秦大多思想家或士人而言，就是要有成为圣人、善人或君子的坚强信心与意志。而要成为这样的人，现实的途径只有一条，就是好学上进、坚持不懈、持之以恒。智只有在这不断的持续修炼中得到升华才有可能达到"知有所合"的光辉顶点。但是，这绝不是一般人能够做到的。因为这个过程总是与贫穷、失意、不为人理解等紧密联系。试想，孟子说的"志士不忘在沟壑，勇士不忘丧其元"（《孟子·万章下》），即有志之士即或沦落沟壑之中，也不会忘记自己作为志士所应当坚守的理想、道德、信念；真正的勇士即或丢掉脑袋，也不会忘记自己作为勇士所应当坚守的理想、道德、信念），一般人能做得到吗？

按荀子的说法则是："学不可以已。""学至乎没而后止也。"（《荀子·为学》）好学是不可以停止的。如果停止了，那就说明人已死去。可是，只要是人，就可能有倦怠于学的时候。《荀子·大略》中记载了一段关于"子贡欲息"的对话，可见君子必学而不息、生而不息。这既是君子之德，亦是君子之命或天命。对于天命，君子只有畏，只有"顺受其正"、不可逆行，除非你已经死了。不过，如果说这是智，那么它同时也是愚、拙或朴。以此，我们对于大智若愚、大巧若拙、大诚若朴等，似乎也就有了更加深刻的了解。

2. 正确的求学态度、强烈的求知欲望

"知之为知之，不知为不知，是知也。"（《论语·为政》）"君子食无求饱，居无求安，敏于事而慎于言，就有道而正焉，可谓好学也已。"（《论语·学而》）前者既是为学之态度也是为人之态度，而后者则不仅是态度，而且是方法或途径。

对于"知之为知之"一般并无异议，但对于"不知为不知"也属于"是知也”,则可能产生认知上的分歧。“不知为不知”不仅是一种自我评价的客观态度,更重要的是强调了对于人的本质或认知局限性要有充分的认识:道或宇宙的无限性永远要大于人的认知的无限性。这是确凿无疑的。人只有认识到了这一点,才可能算得上真正的知或智,从而避免不必要的狂妄、愚蠢、偏私与狭隘。

“食无求饱”意有多层:首先,从生理学上讲,如果吃得太饱不仅会影响身体健康,而且会让人身心怠惰,即对人的肢体与思维的敏感性产生负面作用。老子说“余食赘形,物或恶之,故有道者不处”,便是这种思想的部分诠释。后世道家的养生之法亦明显受此影响。极端的做法便是辟谷。其次,从精神上讲,是说基本的生存需要在得到满足之后,寻求精神上的愉悦就变得更加重要了。人既是物质的存在,更是精神的存在。精神上的存在往往比物质上的存在更重要、更长久,或更令人向往。老子说“死而不亡者寿”,孔子说“君子疾没世而名不称焉”,便是这种理想存在的极端形式。最后,从社会共同体上讲,人,特别是要成为君子、善人、圣人的人,还必须“行不言之教”“以百姓心为心”“为天下浑其心”。换言之,也只有食无求饱者才可能思高志远、持之长久。

“居无求安”,是说居所不必追求太过安逸、奢华、稳定,但其前提是有居所。(老子说“不失其所者久”,便表达了如此思想。试想,如果君子连居所都没有,即或有信仰,又如何坚定持久? 因为这已是天下无道了。)君子、善人、圣人等,以四海为家,以天下为家,故所谓“安”便几不可能。再者,“安”不仅可能有损其德,亦可能桎梏其行。故“无求安”便是最大的安。孔子、孟子、墨子、荀子等一生的实践,便是这种思想的真实写照。

“敏于事而慎于言”主要是强调实践比理论、做比说更加重要。勤于实践、重视实践的过程,既是学习的过程,也是检验和提高已有认识、理论的过程。只有敏于事,才能做好事,才能建功立业。“慎于言”,既有利于知言,也有利于“言之成理”“言能中的”。当然,它更是一种言的策略。按照荀子的说法便是:“问楛者,勿告也;告楛者,勿问也;说楛者,勿听也。有争气者,勿与辩也。故必由其道至,然后接之,非其道则避之。故礼恭而后可与言道之方,辞顺而后可与言道之理,色从而后可与言道之致。故未可与言而言谓之傲,可与言而不言谓之隐,不观气色而言谓之瞽。故君子不傲、不隐、不瞽,谨顺其身。《诗》曰:‘匪交匪舒,天子所予。’此之谓也。”君子言与不言,如何言,都必依具体环境条件、不同时空以及不同主客对象以具体分析,切不可偏执一端、意气用事。简言之,其言至少要符合礼义的要求。

"就有道而正焉"突出了部分为学的重要特点。学,其本意是从模仿开始,其过程则必有所师。师不仅可以传道授业解惑,而且可以匡正学者的言行。人要成为真正的君子、善人、圣人,只能一步步地见贤思齐,即不断地向有道者学习,以兼收并蓄,博采众长。需要说明的是,这里的有道者,不仅是道德高尚、卓有成就的人,亦可能只是某些方面比自己强的人。

3.确实可行的途径或方法

"不耻下问","每事问","三人行必有我师","君子居必择乡,游必就士,所以防邪僻而近中正也",这些不仅是途径、方法,也是好学所必须表现出来的态度。

"不耻下问","每事问","三人行必有我师",在过去,既是谦虚、有容、襟怀坦白的表现,也是对人的认知局限性有深刻认知的表现。从现代性或更深刻意义上说,此思想还蕴含着人的平等与自由。在全球化、信息网络、科学知识迅猛发展的今天,师与生,上级与下级,男人与女人,长辈与晚辈的相互关系中,不仅需要这种思想,更需要这种行动实践。也只有这样,社会生产力、生产关系、人际交往才可能得到迅速而和谐的发展。最明显地,关于网络、智能手机、电脑、电脑软件,以及各种电子设备等的生产、销售、使用等,年老的往往需要向年轻的学习、请教,实已成必然之势。

"居必择乡,游必就士",以"防邪僻而近中正",与前述"就有道而正焉"相类。就现代社会而言,君子所交不必全是君子,但自己所学习、效仿的主要目标则理应是君子、善人、圣人才行。

4.目标高远

没有高远的目标,就没有坚强的意志与动力源泉。君子可以为了高远目相的实现,积极努力、不死不休。

"百发失一,不足谓善射;千里跬步不至,不足谓善御;伦类不通,仁义不一,不足谓善学。""君子之学也,入乎耳,箸乎心,布乎四体,形乎动静,端而言,蠕而动,一可以为法则。"(《荀子·劝学》)即要把自己的选择尽可能做到尽善尽美,以成为天下人学习的楷模。孔子的一生就是这样一直努力着的。虽然他从来就不承认自己已达到"仁"与"圣"的境界,在当时也不被别人普遍地承认,但在后世,特别是他的学生、后学者,却正因为他而为

"圣"重新确定了一个新标准：以孔子为标准。如果孔子不是圣人，那么历史上谁都不是，包括尧、舜、禹。今天，不仅可以孔子的精神作为人生的指导，而且要有勇气成为他那样的人。即或不能取得他那样的成就、形成他那样的影响，也没有关系，至少"法乎上"未成也能"得其中"。于是乎，智皆寓其中。

（二）"知有所合"

"知有所合谓之智"说明，就算我们已做主观努力，也知了，甚至不仅知人且还"知道"了，但只要不合，即不能实现主观见之于客观，或说不能达到主体所要求达到的目标，或说不能通于具体的社会实践，就不能算是真正实现了智。真正的智，必得虑之长远。真正的智的实现，既有一定的必然性，也有一定的偶然性。所谓"智者千虑，必有一失"，"愚者千虑，必有一得"说的也是这个道理。事实上，愚有时不仅是智，而且可能是智的最高体现。所以老子认为"大智若愚""大巧若拙"，孔子认为"其智可及也，其愚不可及也"。而"乘势""顺时""有力"则进一步说明，借助外力、顺应时势、强大主体实力，都在智之范畴之内，特别是主体实力强大，则更是智实现的关键。

比如，有人认为周公命自己的兄弟管叔去监督商人，结果却导致管叔联合殷商旧贵族反叛，便是不仁、不智。（《孟子·公孙丑下》："周公使管叔监殷，管叔以殷畔。知而使之，是不仁也；不知而使之，是不智也。"）这种认识并不深刻，一因此事对于周公言，其主观愿望、方法与手段始终都是符合仁义的；二是其最后结果不仅在周公实力与能力之所控范围，而且"挤出脓包"，实更有利于周天下的长治久安。以此，周公不仅不是不仁不智，而且就是"圣"。而"圣"，不仅是聪明睿智，更重要的是实力、能力、执行力等的表现。所以孟子进一步认为："始条理者，智之事也；终条理者，圣之事也。智，譬则巧也；圣，譬则力也。由射于百步之外也，其至，尔力也；其中，非尔力也。"（《孟子·万章下》）"莫之御而不仁，是不智也。"（《孟子·公孙丑上》）能够分清事情的大小、轻重、缓急，有条有理是智，但最后能把事情做成则不仅是智，而且是"圣"。没有智，当然不能成"圣"。而"圣"，则总是包括智在内的。再者，真正的智，又总是与仁相联系，即或是践行仁不能带来直接的好处，我们也要继续坚持践行。换言之，背离了仁的智，就已不再是智，最多只能算是计、谋、术、数。《三国演义》中曹操攻荆州，眼看曹军就要追上来了,诸葛亮希望军队能放弃百姓,轻装前进,躲过曹军的追击以保存实力。可刘备全然不听诸葛亮的高见,偏要部队带着百姓上路。从表面看,这似乎完全是无智。可一推究,这不仅是智,而且是智的更高级体现形式——仁、义、德、道。

正面的例子还有管仲。管仲的某些作为既可曰不仁、不义、不礼,但亦可称大仁、大义、大智。

> 初,(齐)襄公之醉杀鲁桓公,通其夫人(齐襄公妹),杀诛数不当,淫于妇人,数欺大臣,群弟恐祸及,故次弟纠奔鲁。其母,鲁女也。管仲、召忽傅之。次弟小白奔莒,鲍叔傅之。小白母,卫女也,有宠于釐公。小白自少好善大夫高傒。及雍林人杀无知(公孙无知,齐釐公子,齐襄公弟。襄公无道,齐人管至父、连称与无知谋而杀襄公以无知代立之。又雍林人与无知有怨,遂杀无知),议立君,高、国先阴召小白于莒。鲁闻无知死,亦发兵送公子纠,而使管仲别将兵遮莒道,射中小白带钩。小白佯死,管仲使人驰报鲁。鲁送纠者行益迟,六日至齐,则小白已入,高傒立之,是为桓公。
>
> 桓公之中钩,佯死以误管仲,已而载温车中驰行,亦有高、国内应,故得先入立,发兵距鲁。秋,与鲁战于乾时,鲁兵败走,齐兵掩绝鲁归道。齐遗鲁书曰:"子纠兄弟,弗忍诛,请鲁自杀之。召忽、管仲仇也,请得而甘心醢之。不然,将围鲁。"鲁人患之,遂杀子纠于笙渎。召忽自杀,管仲请囚。桓公之立,发兵攻鲁,心欲杀管仲。鲍叔牙曰:"臣幸得从君,君竟以立。君之尊,臣无以增君。君将治齐,即高傒与叔牙足也。君且欲霸王,非管夷吾不可。夷吾所居国国重,不可失也。"于是桓公从之。乃详为召管仲欲甘心,实欲用之。管仲知之,故请往。鲍叔牙迎受管仲,及堂阜而脱桎梏,斋祓而见桓公。桓公厚礼以为大夫,任政。(《史记·齐太公世家》)

齐桓公当政前为公子小白,曾与兄弟公子纠争夺君位,你死我活。为阻止公子小白继位,追随公子纠的管仲曾一箭射中公子小白带钩(以玉制作,挂在胸前),公子小白临机装死才逃过一劫。后公子小白立为齐桓公,听鲍叔言知管仲贤能,故不计前嫌,在要求鲁君杀死兄弟公子纠的同时要求以囚车押回管仲。鲁君因军事斗争失败,被迫听之。于是公子纠被杀,召忽自杀,管仲回到齐国。经过与管仲的交谈后,齐桓公即以管为相,尊为仲父,仰之信之赖之四十余年,遂成霸业。

此事看似简单,其实背后还有故事:

> 鲍叔、管仲、召忽,三人相善,欲相与定齐国,以公子纠为必立。召忽曰:"吾三人者于齐国也,譬之若鼎之有足,去一焉则不成。且小白则必不立矣,不若三人佐公子纠也。"管仲曰:"不可。夫国人恶公子纠之母以及公子纠,公子小白无母,而国人怜之。事未可知,不若令一人事公子小白。夫有齐国,必此二公子也。"故令鲍叔傅公子小白,管子、召忽居公子纠所。公子纠外物则固难必。虽然,管子之虑近之矣。若是而犹不全也,其天邪!人事则尽之矣。(《吕氏春秋·不广》)

鲍叔侍公子小白(齐桓公),管仲、召忽侍公子纠,都是管仲事先设置好的。

这两个故事综合起来看,不仅反映了管仲智虑之长远,而且充分展现了其智之合——"知有所合谓之智"——"乘势""顺时""有力"——主观与客观,风云际会,偶然与必然共同作用以形成合力,最后酿成一段历史佳话。

与上述周公有点相类但结果完全相反的例子是春秋时陈国的敦洽雠麇使楚:

> 陈有恶人(面目丑陋者)焉,曰敦洽雠麇,椎颡广颜,色如漆赭,垂眼临鼻,长肘而盭(音戾,意曲)。陈侯见而甚说之,外使治其国,内使制其身。楚合诸侯,陈侯病,不能往,使敦洽雠麇往谢焉。楚王怪其名而先见之,客有进状有恶其名,言有恶状。楚王怒,合大夫而告之,曰:"陈侯不知其不可使,是不知也;知而使之,是侮也。侮且不智,不可不攻也。"兴师伐陈,三月然后丧。(《吕氏春秋·遇合》)

一比较,周公是大智,陈侯是愚蠢,因陈侯自始至终、所作所为既不合仁、义、道、德,更不合智。所以,其结果是身死国灭。当然,还有更深层的原因,即陈侯既不明势,亦不顺时,更是无力。

能预会预,预之能合的所谓智者,史料所记甚多。如虞人百里奚"知虞公之不可谏而去"(《孟子·万章上》),"知穆公之可与有行而相之"(《左传·僖公五年》);姜子牙预将来必齐强鲁弱;周公旦则预齐将为他姓所取代;吴起预魏国西河之外土地将落入秦手,秦将渐强魏将渐弱;魏国公叔座预商鞅有富国强兵之才,便都是这种"知之能合"的长见。

相 关 链 接

吕太公望封于齐,周公旦封于鲁,二君者甚相善也。相谓曰:"何以治国?"太公望曰:"尊贤上功。"周公旦曰:"亲亲上恩。"太公望曰:"鲁自此削矣。"周公旦曰:"鲁虽削,有齐者亦必非吕氏也。"其后,齐日以大,至于霸,二十四世而田成子有齐国。鲁公以削,至于觐存,三十四世而亡。

吴起治西河之外,王错谮之于魏武侯,武侯使人召之。吴起至于岸门,止车而望西河,泣数行而下。其仆谓吴起曰:"窃观公之意,视释天下若释躧,今去西河而泣,何也?"吴起抿泣而应之曰:"子不识。君知我而使我毕能,西河可以王。今君听谗人之议而不知我,西河之为秦取不久矣,魏从此削矣。"吴起果去魏入楚。有间,西河毕入秦,秦日益大。此吴起之所先见而泣也。

魏公叔座疾,惠王往问之,曰:"公叔之病甚矣!将奈社稷何?"公叔对曰:"臣之御庶子鞅,愿王以国听之也。为不能听,勿使出境。"王不应,出而谓左右曰:"岂不悲哉?以公叔之贤,而今谓寡人必以国听鞅,悖也夫!"公叔死,公孙鞅西游秦,秦孝公听之。秦果用强,魏果用弱。非公叔座之悖也,魏王则悖也。夫悖者之患,固以不悖为悖。(《吕氏春秋·长见》)

四、"智"的局限性

智,有局限性吗?当然有。智,总是人之智;而人,总是有局限性的。即人无论是"知""知人""知己""知道"等都是相对的,而"知有所合"则更是既有必然,亦有偶然。

就拿上述管仲与鲍叔、召忽年轻时共谋佐齐、相齐之事来说,其深谋远虑,特别是管仲之预,不可不谓"智之极也"。后来管仲背主求荣,佐仇为相,又可谓不仁不礼不义。再者,管仲相齐三十八年,号称仲父,而当自己渐入老境之时,没能够及时荐举、提拔有利国家长治久安的栋梁之材,最后酿成了以易牙、开方、竖刀等为首的奸臣作乱所引发的一系列内忧外患。这首先源于其认知上的局限;其次则是人之为人所无法摆脱的本质属性:自我、偏私与狭隘。

(一)"知"的局限

庄子说:"吾生也有涯,而知也无涯。以有涯随无涯,殆已;已而为知者,殆而已矣!"(《庄子·养生主》)其实此语并未说出人之知的局限性的全部真相。就算你"生也无涯",且以你的无涯去随知的无涯,仍然是不可能得到对于宇宙或道的全部的知。因为你生的无涯只是你生之后的时间和极微小的空间,而知或道的无涯除了你生之前的时间之外,则更有你生之前后的无限空间以及之前的混沌。人,太过渺小,其自由也极为有限。只有真正地明白人类的狭隘、渺小、无知,才是真正的知。

（二）"知人"的局限

自古至今的哲学、自然科学、社会科学对于人、人性、人心、人的身体、人的精神等属人的一切进行了普遍而深入的研究,并得出了不少带有共性的认识成果或结论。但我们在得到了更多新的认识成果的同时,也发现了更多或暂时不能理解,或永远无法弄明白的东西。比如传统中医学理论与现代医学之间的许多认知随着自然科学的进步,有些似乎取得了共识,有些却距离越来越远了。具体如中医学的经络系统,原来的研究者对此看不见摸不着的东西争论不休,如今新一代的电子设备虽然能够证明它的客观存在,但对它的运行机理却仍然茫然无绪。至于人的精神,人要想得到其全部认知,可能性更似不大。具体如腐败现象,其展现出来的人的多面性、矛盾性或诡异性常让人觉得既不能以常理度之,亦无法以逻辑推之。于是,只能把它看成是一种现象或规律性,犹如茂盛的大树必有寄生的虫、鸟、菌,必有腐枝败叶一样。古人云:"察己则可以知人,察今则可以知古。古今一也,人与我同耳。有道之士,贵以近知远,以今知古,以益所见知所不见。"(《吕氏春秋·察今》)其实这也只是认识到事物发展变化的简单规律性一面,而没有认识到其复杂紊乱性一面。

> 孔子穷乎陈、蔡之间,藜羹不斟,七日不尝粒。昼寝。颜回索米,得而爨之,几熟,孔子望见颜回攫其甑中而食之。选间,食熟,谒孔子而进食。孔子佯为不见之。孔子起曰:"今者梦见先君,食洁而后馈。"颜回对曰:"不可。向者煤炱入甑中,弃食不祥,回攫而饭之。"孔子叹曰:"所信者目也,而目犹不可信;所恃者心也,而心犹不足恃。弟子记之:知人固不易矣。"故知非难也,孔子之所以知人难也。(《吕氏春秋·任数》)

此故事不仅反映出知人不易,也反映了孔子的知人之智——既要察其言、观其行,亦须验之心、度之情。

(三)"知己"的局限

老子说:"知人者智,自知者明。"其所强调的就是知人、知己之不易。换言之,这世界真正的既能知人又能知己的聪明智慧之人不多。因为它既不容易做到,也没有多少人真愿意去做。一是不愿深刻反省面对自己的内心或另一个自己;二是没有高远理想,缺乏谦虚好学的精神;三是知无论是从主观还是客观来说本来都难。《左传》说:"损怨益仇,非知也。"(《左传·文公六年》)可"损怨益仇"之事,无论是在历史中还是现实中都屡见不鲜。比如《三国演义》之中,刘备倾举国之兵以报东吴杀关云长夺荆州之仇,其结果既伤害了盟友,也伤害了自己(可说是自掘坟墓),而让自己最大的敌人曹魏占了大便宜,便是明显的"非知"。另如现代和平、庸常生活之中的我们,最大的仇莫过于衰老与死亡。可是,我们在重重压力之下,日复一日、年复一年不计身心健康的所作所为,不是"损怨益仇"又是什么?叔向认为:"'优哉游哉,聊以卒岁。'知也。"(《左传·襄公二十一年》)也许能给处于高压状态下的现代人一些启示吧。

(四)"知"不能"合"

知与智之间,合总是相对的,而不合却是绝对的。这既犹如它们之间的构形("知"总是比"智"少一个口或曰),也犹如"智—智"之上下之间的 知 与"曰"不能吻合一样。这一方面反映的是人之知的局限性:"穴深寻,则人之臂必不能极矣。是何也?不至故也。智亦有所不至。所不至,说者虽辩,为道虽精,不能见矣。故箕子穷于商,范蠡流乎江。"(《吕氏春秋·悔过》)另一方面反映的是自然、人类社会的发展客观存在的所必然具有的复杂性、多样性和非规律性。比如自然科学的诸多发现,到目前为止,还没有任何一种规律能在所有时空、环境条件下普遍适用。这亦如《吕氏春秋·别类》所言:"小方,大方之类也;小马,大马之类也;小智,非大智之类也。"

诸葛亮追随刘备,"费尽移山心力"创建西蜀、实现天下三分,不可谓不智。但其不顾形势,总想"一统天下""恢复汉室"的雄心,最后却不可避免地导致了蜀之迅速灭亡,而且给自己带来了穷兵黩武之嫌。于是乎,其智则最多只能算是"不遇""不合"之智。《吕氏春秋·首时》云:"人虽智而不遇时,无功。"非此而何?而在荀子看来,知不能合,亦为不智。

五、"智"的超越

智的超越,与前述仁、义、礼等的超越一样,只是相对的。

(一)"绝圣弃智","尊道贵德"

这两句都出自《老子》。对于前句,人们多有误读,即认为这是老子在反对或否定"圣""智"。一般人既没有把它与老子整个思想体系联系起来,也没有认识到所谓"圣""知"的局限性一面。老子的真正意思,是要我们放弃纯粹的对"圣""智"的追求,只要"尊道贵德"就可以了。一方面,是因为所谓"圣""智"并不是一般人能深刻认知的;另一方面,道、德至高至上,所谓"圣""智"之内容已全然为道、德所包括了。如毛泽东把马克思主义的基本原理与中国革命具体实践结合起来,找到了一条取得中国革命胜利的大道,不仅圣在其中,智亦在其中。《吕氏春秋·任数》"至智弃智,至仁忘仁,至德不德"也反映了与老子相同的意思:最高的智慧,即放弃对于智的一意寻觅,只潜心尊道循道而行、实事求是而行就可以了。

(二)"大智若愚","愚不可及"

前句大概是从《老子》的"大巧若拙"与《史记·老子韩非列传》:"君子盛德,容貌若愚"两语中化来。后句则出自《论语·公冶长》中孔子所说:"宁武子邦有道则知,邦无道则愚,其知可及也,其愚不可及也。"它们都表达出了一个共同的意思:这个愚,绝不是生而即愚,而是大巧之后的拙,盛德之后的愚,或知后的愚。换言之,这个愚不仅遵循仁、义、道、德,而且是以智为前提的,它不仅是智的更高境界,而且是道或道德的境界。

俗语"难得糊涂"与"愚不可及"同。此糊涂是功成事遂之后的退;是富有四海之后的"无之";是大红大紫后的洗尽铅华;是享尽温柔富贵后的一袭禅衫……故不是一般人所谓"鼓努为力,标置成体"就能做得到的。当然,这种境界也就是对于智的超越。

第五节　什么是"信"

当代社会,人与人之间所经常谈论的德目,鲜有仁、智、礼、勇,最多的可能是信、义。因为当代社会的各种人际交往、合作交流,绝大多数时候都是经济交往,所以必须以信为前提。故信,不仅是共同体建立与存续的基础,而且与自由紧密联系。一个社会越诚信,经济就会越繁荣,人就越自由;反之,社会发展将不可持续,人们将寸步难行。古人认为"信近于义",故对于信的重视程度自然高。《左传》称之为"国之宝""德之固",孔子把它比作"大车之輗""小车之軏",其重要性虽然比不上仁义礼智,但如没了它,人类社会就会像没有輗、軏的马车一样,即或能够偶尔走几步,但却绝无远行的可能。

一、"信"的例说

墨子云:"信,言合于意也。"(《墨子·经上第四十》)所谓"信",即主体的语言表达既要合乎自己的意愿,也要合乎客体甚或共同体、大众的期望。此说与"人言为信"相比有一定差别,即并非一般所认为的信,但此说当更令人信服。

大家可能都知道"曾子杀猪取信"的故事。

曾子即曾参,孔子的一个著名学生。有一次他的妻子要去市场买东西,他的一个五六岁大的儿子也要跟着去,可妻子觉得麻烦或不安全,就不愿带他去,于是随口对儿子说:"你先乖乖在家玩,等我买了东西回来,就给你杀猪烤肉吃。"儿子听了,觉得可以期待,很高兴,自然也就没有跟去了。可后来,曾子之妻回到家,很自然地就把杀猪烤肉的事儿给忘了,直到儿子吵着要杀猪,才想起来。曾子知道后,为了教育孩子从小守信,也为了教育妻子不信口开河,便不顾妻子反对,坚决把猪给杀了。

故事虽简单,但千百年来,人们认为其中所寓含的诚信之理,似乎颠扑不破、四海皆准、绝对为真。可是,它却是经不起追问的。

首先,它不符合墨子"信,言合于意也"的论断。曾子杀猪,只是合了儿子的意,却既不合妻子之意,也不一定合曾子之意。之外,此事也不符合孔子的盟约精神,即如果盟约有一方并非出于本意,或是被迫,则鬼神不证。如,孔子周游列国,将适陈,过匡,曾被匡人当作阳虎拘于匡地五日。匡人要求孔子只要答应不去陈国就放了他。孔子答应了。可一离开匡地,孔子却告诉大家说:我们去陈国。子路不解,认为孔子毁约。孔子却对他说,被迫答应的盟约,鬼神不证。

其次,它不是关于信的最好实践。倘或此猪对于家庭来说十分重要,以至于一旦失去,便会陷入困境,那么继续坚持履约,便会陷自己于不仁不义。这种情形不仅过去有,就是在当代中国某些落后地区仍可能存在。一猪,既可能是全家一年花销,也可能是孩子们一年全部学费的来源,还可能要用它去还一笔必须还的欠款,如此等等。换言之,一旦履此小信,就完全可能失去大信。即对于某些身陷困境的家庭而言,是绝不可能因为随口对小孩子许下承诺,而让这个家庭雪上加霜的。不仅如此,旁观者、大众既不能也不该对此家庭进行道德谴责。进言之,信就是再重要,也敌不过仁义。类似的情形,在人与人,人与共同体,共同体与共同体,国与国之间,比比皆是。

最后,它更不符合孔子、孟子关于信的论述。对于一个经济情况较好的家庭而言,如果杀猪既能教育好孩子,又不会让家庭陷入经济危机,那么此猪当然可杀。但其实杀猪并非最好解决办法,恰当的应对方式是:一方面向孩子承认贸然许诺的错误,并采取其他积极补救措施。另一方面则要向孩子说明其中道理。大人若能向孩子承认错误,不仅不会损害大人威信,而且可以提高孩子改正错误的信心与勇气。讲道理,既要讲清楚为什么不能杀猪,更要讲清楚不杀猪可能带来的诸多好处。最重要的是通过此事教育孩子:现实世界远比我们想象的要复杂,解决问题的办法并非只有一途。换言之,许多时候以仁义为根本标准的"不信",往往比信更具说服力。当然,这种思想与孔子的"可与权(《论语·子罕》)","言必信,行必果,硁硁然小人哉"(《论语·子路》),孟子的"大人者,言不必信,行不必果,惟义所在"(《孟子·离娄下》),也是并行不悖的。

可见,老子的"言善信"似远比"言必信"更具客观性或哲理性。我们的语言表达,不管在什么情形下都要有适当的信度。

二、"信"字初文构形的汉字学哲学解读

"信"字初文主要有两种：⟨图⟩、⟨图⟩，稍后些的异体主要有三种：⟨图⟩、⟨图⟩、⟨图⟩。今天的"信"字源于秦小篆，把上述所有信字的构形之意都囊括进来了。前两个⟨图⟩与⟨图⟩，虽构形有"口""言"之别，但本义并无不同。第三个⟨图⟩，《说文解字》认为是"千—⟨图⟩"与"言"。但其实不是，仍是人与言，只不过是为人加了个制约的脚镣而已。第四个为"言"与戴着脚镣手铐的人。第五个为两心相交之形。它们皆是春秋战国时期人们对于信的认知在汉字创造过程中的深刻反映。

⟨图⟩，由⟨图⟩与⟨图⟩两部分构成。⟨图⟩上文已述。"口"首先是人之口。它是生命的讲路，语言的出路。其次它又是各种动物之口。之外还有诸多引申义，也可指向像口或想象中像口之类的一切东西。人皆有口，人皆信其口。故口既可通于人，亦能通于言。

⟨图⟩左为人，右为"言"。与秦小篆写法同。

下面主要说说"言"。

"言"之初文为⟨图⟩，会意字。下部为人之"口—⟨图⟩"；从⟨图⟩中往外伸出的⟨图⟩是舌。故"言"是舌与口共同完成的。但细看，它与舌之形状又相去甚远。⟨图⟩仍可分为两部分：下部的直线似更像舌，或语言或声音发出的路径；上部的三角形则是舌或口发出的语言或声音的象征。直线如戈戟矛枪，三角形如利斧快刀。⟨图⟩之如此形状：一当为书写方便；二则意旨宏深——强调舌与语言所具有的特殊而重要的作用：一为舌尖口利，言可杀人，"一言丧邦，一言兴邦"；二为"人言可信"；三为"人言不可信"。所以孔子说"君子以行言，小人以舌言"（《孔子家语·颜回》），对于人的认识不能仅"听其言而信其行"，还须"听其言而观其行"。

相 关 链 接

言的引申

1.说、讲、说话、讲话

《尚书·无逸》:"三年不言。"《老子》:"行不言之教。"《荀子·非相》:"不好言,不乐言,则必非诚士。"《红楼梦》第一回:"兄何不早言,弟久有此意。"其言皆为说、讲、说话、讲话之意。"说、讲、说话、讲话"皆依言而字,故其意理应为言所囊括。但言与不言,何时能言,其共同反映的实质即是言之信与不信的统一。换言之,君子出言必慎,既要看言之对象,又要注意言之时空条件,即要具体情况具体分析。

2.谈论、议论

《论语·学而》:"赐也,始可与言《诗》矣。"《韩非子·五蠹》:"今境内之民皆言治。"梁启超《少年中国说》:"欲言国之老少,请先言人之老少。"其言皆为谈论、议论之意。以言代议论、谈论本是极言"言"之群众性特征:凡人皆言,言皆欲有听者、和者、议论者,极少有自言自语者。但具体而言,所谓谈论、议论,或有一定共同认知基础,或有一定共同目标。孔子之所以认为可以与子贡谈论《诗经》,正是因为他认为子贡对于《诗经》的"微言大义"已经有了一定的认知基础。这个基础便是信任。而韩非之"皆言治",梁启超之"欲言国"则不同,虽没有一定认知基础,但却有一定共同目标,反映出的是俗人的主体意识与公民意识。这种意识叫自信。

3.记载

《左传·隐公元年》:"段不弟,故不言弟。"《梦溪笔谈·杂志一》:"温州雁荡山,天下奇秀,然自古图牒,未尝有言者。"其言皆可视为记载之意。以言为记载,说明言总是与文字、书写、书法等紧密联系。文字是语言的书面表达,故"字"亦可通"言"。凡付诸文字的记载,信在其中矣。

上述之外,它还可以是问、告知、告诉、陈述、意料、料想、话、言语、口语、言论、见解、意见、言辞、辞令、辞章、政令、号令、誓言、盟辞、约言、建议、主意、计策、学说、主张、句子、字、著作、呈文、我、诉讼、愬、唁、信等。

上述诸词,首先从构形上看,大多依言"口""心"而造。少数没有的,也意从此出,因为言出于"口"亦出于"心"。只有两个有点例外,一个是"字",一个是"我"。但细加琢磨,"字"中有"子","我"即为人,故它们皆有心有口、有言有信。

〔信〕字出现的时间是春秋战国时期,与〔信〕有微小的差别,即在〔亻〕的下方加了一小横〔ㄔ〕。可正是这微小的差别,造成了它们之间意义上的巨大差异。这种差异,正是当时的社会现实与意识形态或道德伦理在汉字创造过程中得到强烈反映的一个缩影:所谓"人言",往往是最不可信的。

〔ㄔ〕有两种解读:一为"千",即众多;一为戴着脚镣的人或受道德、法律制约的社会化的人。

基于对〔信〕即"人言为信"的高度怀疑,〔信〕一般会意为:只有众人皆言如此如此才是可信的。可是,它却仍然经不起追问:一方面,真理确实掌握在少数人手中,即俗人对于认知世界、寻求真理总是不太擅长,他们只能追随圣人的脚步,才可能成为"善人之资"。另一方面,只要是所谓"众人",不管其个体如何聪明智慧,最后都一定会形成集体无意识。于是认为〔ㄔ〕为戴脚镣的人或受制约的人就具有了无可置疑的说服力。换言之,人只有在受到某种强制力量控制或某种规约的情况下,才可能更有信。那么这个规约是什么呢?在〔信〕字中,就是〔亻〕下的一小横,即控制人的脚镣等。引申到社会现实中,它既可能是"质""盟誓",也可能是抵押或担保,但根本应是道德、伦理、法律等一整套的礼法制度。不过无论是什么,到了关键时刻,即遇到核心利益或生死攸关时,它们往往都可能被抛弃。在当代社会生活中,特别是经济生活中,若要人有信,需要对人有所规约则在所难免。一般情况下,有"质"有"誓"或有抵押、担保,或有道德、伦理、法律等总是比什么皆没有来得更加可信。可是,这又是一个悖论。这种可信,正是对于人言或人之不可信的莫大嘲讽。

〔許〕字出自春秋时的南方楚鼎,其构形中表现出的对于人的控制或规约似乎更为明显:人不仅下戴脚镣而且上有手桔。作此字者似乎认为,要让人之有信,关键是要看对人的控制程度如何。可即使法律、道德伦理秩序井然,失信者仍然不少。

〔心〕字出自《说文解字》古文。两心相交之形,会意字。两心相交,即两个人心心相通,此种"信"似无可置疑。可是仔细想想,我们自己可以完全相信自己吗?我们自己对内心说的话,自己给自己的承诺,自己给自己设定的目标,都实现了吗?事实是,大多没有。于是——𢆉——两心相交,同样只是圣人、智者寄予人的一种理想、希望、期待或想象而已。

秦灭六国,统一文字,抛弃其他异体,只留下了信。这既是人们对于人的认识更加深刻全面的表现,也给"人""人言""信"所寄予了无穷无尽的希望:"人言"就应当是可信的。故《说文解字》云:"信,诚也。"《字汇》云:"信,悫实。"其所表达的意义就是诚信不欺。引申义既有诚信、不欺、确实、的确、相信、信任、信仰、信奉、佛教信徒、符契、凭证、证实、应验、使者、信息、消息、书简、信件、明、审、保、用、连宿两夜、知晓、依靠、按期、准时、引信、任凭、随意、信石(砒霜)等,又通申、伸、身等,无一不在诉说着这种希望或理想。如果人、人言均不可信,那我们还能信什么? 没有了信,共同体何以能存?社会还怎么可能发展与繁荣?人岂还有自由?不过,为保证这种信的确实存在,自秦始皇起便制定了严酷的法律制度以应对"不信"。直到今天,也有法律在维系着信的权威。信的引申义中有符契、凭证、证实、应验等词,便是法律在其中的具体表现。如介绍信便既是信的凭证或不信的凭证,也是法律凭证。消息、信息既可信,亦不可信。任凭、随意,表达的既是最大的信,也是最大的不信。信手拈来是最大的信,信口开河是最大的不信。通伸是因语言有无限的伸缩性。通身是因为身是实现信最好的"质"。

此外,以信代"信石(砒霜)",其所彰显的特别意义可能是一般人所想象不到的:信,就像砒霜一样,可以造成人与人之间难以挽回的伤害;人与人之间的一切伤害多是以信为基础的。比如,父母溺爱自己的孩子,却在不经意间把孩子送进了监狱,原因是他们不仅相互信任,而且坚信这就是最好的爱;骗子之所以能得逞,原因是他总能赢得别人的信任。所以孔子说:"好信不好学,其蔽也贼。"(《论语·阳货》)"贼"就是伤害,而这个伤害则不仅能伤害别人,也能伤害自己。

三、"信"的经典解读

按照《说文解字》,信就是诚信不欺。可是,诚信不欺既不意味对人一定要说真话,也不意味一定要践诺。因为信并不是最高道德范畴,在它的背后还有更重要的东西——仁义道德。所以,老子说"言善信";孔子说:"言必信,行必果,硁硁然小人哉!"(《论语·子路》)孟子说:"大人者,言不必信,行不必果,惟义所在。"他们不是反对信而是反对"必"。以此,我们一方面要坚持关于信的诚信不欺的基本原则;另一方面,又要善于权,即在诚信不欺的基础上,善于通达权变。换言之,我们既可为了仁义而践信,也可为了仁义而背信。

(一)"信,言合于意也"

此语出自《墨子》,前文已经提及。这大概是古人关于信的最具科学性或辩证思维的解读了。因为它不仅通于人情事理,而且与老子、孔子、孟子思想并行不悖。信为人言,可人言并不一定可信。但我们不需要为此纠结,只要其"合于意"就可以了。合谁之意?当然是合人之意。人为你、我、他,既是人人也是别人或大家。故合于人意就是宜,宜就是义。而义则又通于善与道德。老子说"言善信"与之同,即人言皆须有适当的信度,不必句句是真话,但须诚信不欺。即或是谎言,也应以既不会伤害别人,也不会伤害自己,更不会伤害真理为准则。之后,它还应当让主体在别人心中,在众人心中,在共同体中,或在历史的长河中,形象愈加高大。

毛泽东在1949年新政协会议上庄严宣告"中国人从此站立起来了"。可是,当时大部分外国人将信将疑。1949年的中国,仍处在西方国家的封锁包围之中。不仅如此,当时国内的生产力水平很低,很大部分人吃不饱饭。可是,我们国家自上到下却没有人认为此话不合适。因为从此之后,谁也不敢再欺负我们了,帝国主义国家随意架上几尊大炮,就能让中国人屈服,以至割地赔款的时代一去不复返了。所以,这话就是真,为真就是信。它合适、合意,合于历史的发展趋势,合于中国人民的美好期望。

(二)"信,德之固也"

此语出自《左传·文公元年》,与"信,国之宝也,民之所庇也"(《左传·僖公二十五年》)以及孔子以"民无信不立"回答"子贡问政"的议论是相一致的。

"固",本指物质的,或称形而下的坚固的要塞或国家坚固的边塞。这里以固比信,则是认为信在守卫德的过程中,也能起到类似的作用。换言之,信是守卫道德的第一道也是最坚固的防线,一旦此防线崩溃,德即会全线崩溃。

"宝",即是法宝。此以信比为国家的法宝,是极言信在国家管理中的重大作用:国失此宝,国将不国;百姓无此宝,将进退失据;个人失此宝,将"不知其可也",即没有任何可称道的了。

近年来,我们国家受到了不公的所谓"制裁"。许多时候,这种"制裁"是以失信于世界人民为代价的。西方国家的画皮被慢慢撕开——其一直标榜的所谓"民主、自由、人权、正义"形象不再,故其遭到反噬便不可避免。

相 关 链 接

《论语·颜渊》载:"子贡问政。子曰:'足食,足兵,民信之矣。'子贡曰:'必不得已而去,于斯三者何先?'曰:'去兵。'子贡曰:'必不得已而去,于斯二者何先?'曰:'去食。自古皆有死,民无信不立。'"孔子认为:信,对于一个国家而言,可称立国之本。它比军队以及维持生命的粮食更重要。因为没有信,既不能捍卫公正、道德,更不能维护法律的尊严。公正,即公平、正义,不仅是道德的根本,也是共同体得以存续的根本。没有这个根本,仁义礼智皆会如多米诺骨牌一样全面倒塌。需要注意的是,此所谓"民无信",并非指百姓自身没有了信用,而是指百姓没有了可以依靠的国家信用。

(三)"名以出信,信以守器,器以藏礼,礼以行义,义以生利,利以平民,政之大节也"

先秦经典中,关于信或诚信的论述很多。这其中的原因,不仅是因为它的价值高,在国家、社会、人际交往中有重大作用,更因为人们对它早就有十分深入的认识。其中以《左传》中一段孔子的论述最为全面深刻:"名以出信,信以守器,器以藏礼,礼以行义,义以生利,利以平民,政之大节也。"(《左传·成公二年》)它不仅告诉了我们信源于何处,而且揭示了信与器、礼、义、利、政等之间的相互关系。

信因于名,或从名中生发出来。进言之,如果没有名即无须信。这种认识既极简单,又极深刻。简单,是因为一切人或事物,或一切知识(包括哲学、自然科学),都是从名开始的。没有名,一切无从谈起。所以老子说"名可名,非常名。无名天地之始。有名万物之母"(即名虽然是可以言说明白的,但却不是随随便便可以的,而是必须放到一定环境条件与一定主客对象之间才行。而所谓"道"在"造分天地，化成万物"之初是没有名的，因为没有人。当有了人，才有了名，天地万物也才有了存在的根本或意义），不仅是因为名有命名、名称、名誉、名分、名望、名言、概念等多重含义，更重要的是，名的背后还与仁、义、礼、智等其他各种德目紧密联系。孔子说："君子名之必可言也，言之必可行也；君子于其言，无所苟而已矣。"（《论语·子路》）其实，君子之"于其言，无所苟"，其实只是"于其名，无所苟"而已。因为如名之不能言，言之不能行，最后损害的都是君子之名。进言之，就是那个常常纠结于众生心头的终极问题：人为什么活着？也可从此处得到合适的回答：人不是为了特别神秘高远得无法理解的东西活着，直白说就是为了名。而淡泊名利，是说做人一定要理想高远、意志坚定，不要为眼前的名利所蒙蔽，要把生前与身后名联系起来，以图穿越时空而永垂不朽。孔子说："君子疾没世而名不称焉。"老子说："死而不亡者寿。"屈原说："老冉冉其将至兮，恐修名之不立。"韩非子说："名之所彰士死之。"司马迁说："立名者，行之极也。"这些都表达了相同的旨趣。

在世俗社会中，人有了名（名字、名誉、名声等）也就有了信。于是，个人的所有权利或信用都会围绕着这个名以展开。

有了名就有了信，就像印章又叫印信一样。信用来干什么？守器。守什么器？主体能拥有与应拥有的一切形而下的东西（各种能代表主体身份地位的器物或财产）。没有名便什么也无法拥有。因为法律、共同体、邻里、亲朋好友等便皆无法认可。"器以藏礼"，主体所拥有的各种器物，特别是印信之类，既能标示出其在这个社会或共同体中的权势、地位，同时也决定了其所能得到的一切礼遇。荀子说："礼者，法之大分，群类之纲纪也。"礼除了是礼仪、礼貌之类外，还包括法律、政治制度等。"礼以行义"，即主体无论是在礼仪实践过程中还是礼法制度中皆能最大限度地展现出其威严、光辉的正面形象。"义以生利"，主体的社会形象越高大，其得到的利益就会越多。所以名与利总是联系在一起，正如墨子说："义，利也。"孔子说："利，义之和也。"老子说"有之以为利"，名也是利的一部分。人愿意为了义而牺牲自己的生命，就是因为名与义。由于名、义、利常相纠缠，许多时候便令人"义无反顾"。"利以平民"，即利益的分配，如果能把名、礼、义有机结合起来，就能实现最基本的社会公平、正义，和谐社会的建立便自然而然。"政之大节也"，即为政、行政的根本所在。以此，孔子认为"为政"应从正名开始。正名的内涵很丰富,需要搞清楚的东西很多,如命名、名义、名分、名实、名器、名誉、名望、名言或概念等。"名亦既有,夫亦将知止,知止可以不殆。"(《老子》第三十二章)当大家都有了各自的名分,也就知道了在此名分下应做些什么、应得到什么、应放弃什么,等等。以此,大家也就能够和谐共生了,而这些又都是在信义的指引下完成的。

(四)"用兵之道,一曰信,二曰忠,三曰敢"

此语出自《孙膑兵法·篡卒》,说明古人在用兵过程中,认为信最重要。此信主要表现为国家、将帅对于下级士卒的"以赏为本、赏罚分明"。"信者,兵之明赏也"(《孙膑兵法·篡卒》)也是表达了这种意思。进言之,只有在赏罚分明的前提下,士卒才可能忠诚、勇敢,不惧牺牲、为国效命。于是,战争的胜利便以此为基础而有了保证。故孙膑又说:"其利在于信。"国家仅以赏罚分明之信,既提高了国家、将帅的形象,又可得士卒忠诚、勇敢乃至战争胜利之利,实为一种高远智慧的策略。放在今天,此策略对于军队建设仍然可资借鉴。具体言之,就是对于部队的人才以及培养干部的提拔、任用,一定要以实战思维度之,以让我们的军队真正实现"招之即来,来之能战,战之必胜"的伟大目标。

(五)"信不由中,质无益也"

此语出自《左传·隐公三年》,信的实现必须建立在公正即各方都衷心认可的基础上。如果没有公正为基础,即或其间有人质或有物质做抵押,信也不可能实现。春秋战国时期,各诸侯间为了和平、订立盟约,常以王子做人质。可是随着各国力量对比的变化,人质的作用便会减弱。秦始皇帝的父亲嬴异人就曾在赵国做过多年人质。换言之,所谓"质无益",许多时候并非仅为"信不由中",而且是因为力量对比的变化而让人对公正的认识发生了变化。

不过,公正可能从来就是有的,但真正得到过它的人却很少。因为它不是总躺在那儿不动,而是捉摸不定、变幻难测的。事实上,只有那些强大的最后的胜利者才有可能得到公正,其他人得到的只是胜利者给予的恩赐而已。

(六)"自信者,不可以诽誉迁也"

此语出自《淮南子·诠言训》。这种认识谈不上有多高妙,但仍然可以给予我们力量。它类于庄子的"举世而誉之而不加劝,举世而非之而不加沮"(《庄子·逍遥游》),人的自信建立在主体自身对于某种事物的坚定信仰与高度理解上。而坚定信仰与高度理解又必以主体对此事物有相当的实践基础为前提,不然,外人的毁誉就会轻易让主体迁其信仰、毁其目标。

近年来,中国越来越自信,几十年的发展、交流、合作、碰撞,让我们发现:西方的所谓"民主制度"既不是好制度,也不是真正的民主制度,更不适合中国国情;中国通过向西方学习、总结自身革命、建设正反两面经验所独创的道路、制度、理论,不仅更适合自身国情,而且比西方所谓"民主制度"要好很多。此外,我们也从辉煌的历史中找到了历史自信,从汉字与经典中找到了文化自信,中国文化自强不息、兼容并蓄、以和为贵、美美与共等精神在当代尤其值得弘扬。

(七)"信近于义,言可复也"

此语出自《论语·学而》,信与义关系极密切。主体守信、践信而行,往往就是义。人之所以要守信、践信,不是为了别人,主要是为了自己的正面光辉形象,既能获得他人信任,也能获得更多自由。最后是让自己能获得成功。

有的国家以霸权不断摧毁自己的信用,要想永远愚弄世界人民,那是不可能的,最后受到反噬便是必然。

(八)"天不可信"

此语出自《尚书·周书·君奭》,反映的是中国传统文化中历史悠久的朴素的唯物主义思想,也是中国古人对于自然世界的一种建立在充分认知基础上的坚定信仰。它与荀子"天行有常,不为尧存,不为桀亡"思想相类。所谓"天不可信"当然只是相对的,主要指向的是其不可知、不可测、变化无常的一面。其背后所要表达的,则是要求每个人坚定地信自己。信自己,也就是信道或就是道。对于中国人而言,这种思想不仅滋养了中华民族独立自主、自强不息、自尊自爱、不怕外族侵略压迫、不怕困苦艰难的伟大民族性格,而且为中国后来的现实主义哲学思潮的形成与发展奠定了形而上的基础。

老子说"天道无亲,常与善人"(《老子》第七十九章),天道没有偏私,它能帮助的只有那些善于认识天道运用天道的人。亦如"自助者,上帝(天)助之",它们皆是"天不可信"思想的最深刻表达。

（九）"信，则臣不敢为邪"

此语出自《商君书·垦令第二》，与孔子说的"政者，正也。子帅以正，孰敢不正""君君，臣臣，父父，子子"（《论语·颜渊》），老子说的"行不言之教"（《老子》第二章）等思想旨趣皆高度吻合。这说明中国传统伦理道德中，无论是道家还是儒家、法家，都是崇尚强者道德的。源清不一定就流清，但源浊则必定流浊。如果当权者无道无德，那么亡国只是时间问题，所以当权者做好表率对于国家治理很重要。

由于价值多元、认识有别、立场观点不同，即或综合上述所有关于信的分析，人们仍免不了有些茫然。诚信社会的建立，是个系统工程。就中国当代社会而言，既需要倡导建立良好的道德风俗，更需要健全的法律制度、契约精神。

最后，社会的发展也需要我们对于信的超越。这种超越，要求每个人凡事以义为先，坚守法律、道德底线，认真践行社会主义核心价值观。

第六节　什么是"忠"

在一般的认知里，忠总是带有一定的从属性质。忠于国家，忠于人民，忠于上级，忠于君王，忠于理想，忠于信仰，忠于爱情，等等。它与诚、义、孝、信、勇、恕等德目关系紧密，且可组成忠诚、忠义、忠孝、忠信、忠勇、忠恕等词。可又因其从属性，它与"愚"字亦关系密切，所以愚忠之说亦常常史不绝书。可如果没有愚忠，那么忠也就很难践行，故"识时务者为俊杰"又总是与不忠或叛逆紧密相连。

老子对于"忠"的兴趣不大，《道德经》中"忠"字仅有 2 见。孔子对它略重视些，《论语》中有"忠"字 18 见。总结起来，孔子认为忠乃仁之一部分，主要表现为"臣侍君"，核心内容即"己欲立而立人，己欲达而达人"。它既与爱紧密联系，也与利相互纠缠。荀子认为"逆命而利君谓之忠"（《荀子·臣道》），也脱不开个利字。从孔子与荀子关于忠的论述中，既能得到启示，也能看出其局限性。

墨子认为"忠，以为利而强低也"（《墨子·经上第四十》），似乎比荀子的认识还要深刻得多,如不是思想大家,绝难深入至此。换言之,也只有如此认识才可能与汉字学哲学对于"忠"字初文构形的解读高度吻合。可是,由于时代久远、古今悬隔,今天对于此语的认识或多有偏差:或在一个利字,或在于"强低"。此利绝非仅指个人之利,而涉公家之利、国家之利、民族之利。"强低"是十分"勉强"自己。这种"勉强"大多不是出于人的动物性本能,而是出于人的社会性存在而不得已,即不仅是低下头颅、放低姿态,更重要的是出于对诚、义、信、孝、勇、直(公正)、敬(礼)、无私、名誉、尊严等的敬服。所以,忠的实现,极端时需要主体付出最宝贵的生命。

一、"忠"的例说

下面给大家讲几个小故事,并尝试稍作辨析,或可给予我们以现实的启发。

(一)希望的种子①

1941 年 9 月 9 日至 1944 年 1 月 27 日,德军围困苏联列宁格勒(今圣彼得堡)800 多天,狂轰滥炸,并扬言绝不接受它的投降,要把这个城市从地图上抹掉。其间,市民、军人共有 65 万人饿死。极端恶劣的环境,让这种情形的出现不足为奇。但城中有个种子研究所——守着 10 多吨小麦良种的 50 多名专家学者,包括他们的所长普罗列夫在内,也饿死了一半多,这就不得不格外令人震惊了。从接到命令"任何时候、任何人都不得动用一粒种子",到无数次自己的将军、士兵、平民涌进研究所想打种子的主意,每个人都备受煎熬,可是最后,他们以自我牺牲为表率硬是把种子守住了。他们坚信自己所守护的不仅是 10 多吨种子,更多的是信念、希望与国家的未来。

什么是忠?普罗列夫们的行为就是忠。他们所保卫的种子首先是利——国家之利、民族之利,但又不仅仅是利,最为引人自豪的是义。于是,他们坚决执行上级命令,从不动摇。即为了这个最高之利与义,一再勉强自己做那些自己的本能欲望皆不愿意做的事。试想,谁愿意饿死呢?

如从"立人""达人"的视角度之,其所欲立的、欲达的人皆是国家的未来,而对于自己或只是舍生取义而已。当然,其义的实现,既是生命的绚烂

---

① 魏清潮:《读者》2015 年第 18 期,第 16 页。

辉煌,也是"达己"的最高境界的实现。

(二)子培之死(参见《吕氏春秋·至忠》)

春秋时期,楚国有个庄哀王,有次他带领一大队人马到云梦泽一带打猎。在一阵激烈的追逐后,他射中了一只名叫随兕的奇怪小动物。没想到,他的一位名叫申公子培的臣下见此,二话不说便把猎物抢走了。庄哀王大惑不解,大怒道:"何等粗暴无礼的家伙!"并立即命随行卫兵追而杀之。但这时,他的左右大夫却冷静地向他进言:"子培是有名的贤人,又是大王您一直万分信赖的人,这其中必有缘故,请大王在详加考察之后再做决定。"没有想到的是,调查还没有开始子培就死了。接着,楚国与晋国在两棠地区发生了一场大战,楚国一方获得全胜,于是赏赐有功之人。这时,子培的弟弟站了出来,向主持赏赐的官吏说:"这些人有功是因为战场杀敌,我的兄长也有功,却是因为拯救了大王的性命。"庄哀王知道后,询问是怎么回事。子培弟弟回答说:"我的兄长冒着粗暴无礼的恶名、不惧死亡的决心,在大王的身边抢走大王的猎物,其实没有别的企图,只是以其拳拳愚忠想保护大王不受伤害、能得千岁之寿啊。我的兄长曾在古书中读到这样一句话:'杀死随兕的人,不出三月必死。'所以,他在惊恐之中抢走了大王的猎物。兄长之死,其实是在以自身替代大王啊。"庄哀王有点不信,立即令人寻找此书,果然有此记载,于是厚赏了子培一家。

最后,《吕氏春秋》作者认为:子培的行为就是"至忠",即忠的最高境界,因为它是一种不可多得的穆行。所谓"穆行",就是对于自己要做的事,自认定是正确的事:别人知道不会对我有所鼓励,别人不知道也不会令我沮丧或阻挠我的行动。所以,没有比这个更高境界的忠了。

但是,子培的行为,真的如《吕氏春秋》所说是一种"至忠"吗?窃以为,不是,或不全是。就当时历史背景来看,它只是古代士人"名之所彰士死之"(《韩非子·外储说左上》)的体现而已。其中"强低"当没有问题,但其所获或有或无之利却似与公家无关。就今天看来,因为我们尊崇人的生命所与生俱来的最高价值与意义,所以它最多只能算是愚忠的一种。

其一,子培抢走猎物没有也不可能改变猎物已为楚王所杀的事实。在那个"信于神"的年代里,子培的"作弊"行为既不可能骗过神灵,也不可能骗过自己、楚王以及在场者。楚王的愤怒表明猎物就是为楚王所杀。以此,如果一定要有人为杀死随兕这个后果承担责任,则只能是楚王。后来楚王没死,只能说明杀死随咒与死没有直接因果关系。其二,如果真有这么一本书,也真记载有这么个"杀死随咒的人,不出三个月必死"的传说,且子培事先确已读过,并深信其预言后果,那么他就理应在打猎开始之前慎重告知楚王,可是他没有。没有,就是不忠,不仅对楚王不忠,而且对国家或大家都不忠。当然,子培没有告知,更可能的原因是他根本就不相信这样的事会是真的。其三,就算子培的行为属于穆行,且具有意志自由的品格,但也并不一定就是"至忠"。这种行为带有强烈的主观随意性,或因为认识、客观条件的局限等,所以并不具备绝对正确的充分条件。其四,也是最简单的甄别方式,就是上述所有子培的行为,既不符合汉字学对于忠的深刻认知,也与日常事理逻辑及当代哲学社会科学的基本认知相悖。真正的忠,需要恰当地尽心竭力。这个恰当,一定是有条件的、充满了思想智慧的。因此,最后的结论令人惊讶:子培之死,唯一可通的解释,只能是一场"名之所彰士死之"的表演。

或有人不同意上述观点,或有人觉得这个结论太过残酷或不可思议,但窃以为这就是那个时代的人,特别是士阶层对于忠、义、名,及其与生、死之关系的一种最为深刻的认知与践履。人谁不死?生命的长度总是有限的,如果把这个有限的长度放到历史长河中皆可忽略。所以,士君子们最为珍爱、向往的是生命的灿烂辉煌,即让自己的名能够千古流传。但可惜的是,很少有人认真追问,或从人类历史,或从更大尺度上来认识此类问题。人们大多关注的只是当下,而不能把当下与遥远的未来联系起来。

(三)弘演剖腹捐躯(参见《吕氏春秋·至廉》)

春秋时有个卫懿公,十分荒唐无道:一方面,他极端宠信宦官,把许多高官厚禄给了他们;另一方面,他还给他喜欢的一些小动物——白鹤们封了官爵。这些做法理所当然地会在民众之中,特别是在他的军队之中激起公愤。

有一次,北方翟人为了报仇,向卫国发起了进攻。两军刚一接触,卫军就溃散了。溃散的军士们说:还是让你喜欢与信任的宦官、白鹤们来帮你打仗吧,我们没有它们有能力。于是,失去军队保护的卫懿公很快便在卫国的边地荣泽被杀。为了解恨,翟人不仅杀死了他,还吃尽了他身上所有的肉,而唯独留下了肝。此事发生时,卫懿公有个叫弘演的大臣正出使在外,等他赶回来时,事情刚过去。弘演没有办法,只有跪在卫懿公的肝前复命。复命完毕,又呼天抢地哭了一顿之后,拿起宝剑便剖开自己的肚子,先拿出自己的肝,再把卫懿公的肝装了进去(上述行为,笔者认为应当需要别人帮助才能完成,但原著却说是自己完成)。意思是要把自己的身体捐给君主,让他的肝有所归属。

弘演的行为不仅比起一般的主动殉葬更加壮烈,而且极为震撼人心。于是,这种行为不仅对当时社会产生了极大的反响,而且起到了极大的作用——不仅他的名字很快传遍天下,而且已经为翟人灭亡的卫国也在大国国君齐桓公的帮助下得以复国。仅仅就是因为齐桓公在了解到弘演的"表演"后,内心受到强烈震撼,并以此认为卫国:"有臣若此,不可不存。"

但无道的卫懿公,真值得忠吗?很显然,不值。如果说弘演只是忠于卫懿公,那么就只能说其行是名副其实的愚忠。不过,弘演的行为确实又是忠,而且就是"至忠",因为他的行为实现了卫国的复国而有大功。他所忠的对象不再是卫懿公,而是整个卫国了。再者,弘演的惨烈表演,就算其本人没有深刻思想,或就算是愚忠,但仍是符合荀子"知有所合谓之智"的深刻论断的。换言之,弘演的做法表面上看似极为愚蠢,但就其所达成的目标来看,又是极为智慧的。故弘演之行又可称之为"大智"之行,不仅成就了自己的忠义之名,而且可算是名副其实的"至忠"。

相 关 链 接

荆庄哀王猎于云梦,射随兕,中之。申公子培劫王而夺之。王曰:"何其暴而不敬也?"命吏诛之。左右大夫皆进谏曰:"子培,贤者也,又为王百倍之臣,此必有故,愿察之也。"不出三月,子培疾而死。荆兴师,战于两棠,大胜晋,归而赏有功者。申公子培之弟进请赏于吏曰:"人之有功也于军旅,臣兄之有功也于车下。"王曰:"何谓也?"对曰:"臣之兄犯暴不敬之名,触死亡之罪于王之侧,其愚心将以忠于君王之身,而持千岁之寿也。臣之兄尝读故记曰:'杀随兕者,不出三月。'是以臣之兄惊惧而争之,故伏其罪而死。"王令人发平府而视之,于故记果有,乃厚赏之。申公子培,其忠也可谓穆行矣。穆行之意,人知之不为劝,人不知不为沮,行无高乎此矣。(《吕氏春秋·至忠》)

卫懿公有臣曰弘演,有所于使。翟人攻卫,其民曰:"君之所予位禄者,鹤也;所贵富者,宫人也。君使宫人与鹤战,余焉能战?"遂溃而去。翟人至,及懿公于荣泽,杀之,尽食其肉,独舍其肝。弘演至,报使于肝,毕,呼天而啼,尽哀而止,曰:"臣请为襮。"因自杀,先出其腹实,内懿公之肝。桓公闻之曰:"卫之亡也,以为无道也。今有臣若此,不可不存。"于是复立卫于楚丘。弘演可谓忠矣,杀身出生以徇其君。非徒徇其君也,又令卫之宗庙复立,祭祀不绝,可谓有功矣。(《吕氏春秋·至廉》)

二、"忠"字初文构形的汉字学哲学解读

"忠"的初文为忠,上中下心,既可会意,亦是形声。

"中"的初文为￼,象形,像军中飘荡的旗帜。在古代军中,旗是统帅的象征,故其位置必居于军中适当的核心位置。这个位置并非一定是绝对的地理上的中心,往往是权力或思想灵魂上的核心。以此,"中"的引申义便主要有内、里面、方位、中等、半、正、不偏不倚、内心、媒介、中介、身、内脏、得当、恰当、恰好对上、陷害、遭受、间隔、中伤、满、充满、科举及第等。其中"不偏不倚""得当""恰当""正"所表达的既是中庸之意,也是忠所理应具备的特质。"极聪明者道中庸。"中庸的核心思想是公正。公正寓含公平、正义,既意味着公私兼顾,也表征出个体与共同体均要把自己与对方既当工具亦当目的。它是道德的核心,是合规律性与合目的性的统一。《尚书》"允执厥中",老子的"守中",屈子的"节中",墨子的"中正",韩非子的"直"等,皆表达了相近或相同的意思。

"心"的初文为￼,象形,像人心脏之形。一般认为,古人所认识的心就是现代哲学、医学、生理、心理学所认识的人脑。它是语言、思想智慧所出的地方。

把"中—￼"与"心—￼"相叠加,就是"忠—忠"。于是,忠既可是"正心""不偏不倚的心""恰当的尽心、用心",亦可是"尽心竭力、忠诚无私、厚、恕、正直"等。但是,亦可能是伤人害己的愚忠。国家需要忠诚的军队,企业需要忠诚的员工,家庭需要忠诚的伴侣,但说起来容易,做起来却难。如何做才是忠,从来就是个需要不断反思的问题。"不偏不倚""恰当""正"皆意味着智慧与选择。对于国家而言,我们的忠是忠于国家的最高利益。对

于企业、家庭而言,员工、伴侣的忠,在一般情况下,则不能抛弃经过公正反思过的法律与道德。

故忠,通于"直(公正)",近于义,近于礼,近于信,涵括孝、恕、利。

部分先秦经典对于忠的阐释或描述,总括起来,与汉字学哲学对于忠的认知高度一致。但就单句话或某个思想家来说,甚或略有抵牾。

三、"忠"的经典解读

(一)"忠,敬也。尽心曰忠"

此语出自《说文解字·心部》,即把忠释为敬与尽心。什么是敬?墨子说:"礼,敬也。"(《墨子·经上第四十》)说明敬主要是通过礼的形式表达出来。而礼,许多时候仅被人理解为仪,具有强烈的虚无性,所以它是不能完全表达忠的本质的。于是,还得尽心。换言之,只有把礼与尽心有机结合起来,才可能是真正的忠。尽心,即竭尽全力,忠诚无私,竭尽全力之力既包括体力,也包括脑力。换言之,忠所奉献的理应是主体的全部思想智慧与行为实践。《论语·学而》子夏"事君能致其身",说的就是忠——一种愿意牺牲自己生命的忠。这种忠不仅是忠,又是孝或孝的扩展。

(二)"忠,无私也"

此语出自《广韵·东韵》,与"无私,忠也"(《左传·成公九年》)一致,是一种极为高远的境界,其极端,亦是要求主体奉献出自己的生命。上述例说中的普罗列夫们便是这样做的。但绝对的无私是不存在的。老子:"是以圣人后其身而身先,外其身而身存。非以其无私耶?故能成其私。"(《老子》第七章)说的就是这个道理,只是圣人之私与俗人之私大不同而已。如果名也可称为私的一种,那么无私更多地就应当理解为"公家之利,知无不为"(《左传·僖公九年》:"公家之利,知无不为,忠也。")或直。公家之利已把私家之利包括在内;直,主要表现为公平、正义。(《五行》云:"中心辨然而正行之,直也。"在此,直同时也是知是智。)普罗列夫们虽身死,但光辉形象在,伟大英名存。这其中光辉形象即义;英名既是利亦是私,但却是一般人所不能理解的。

(三)"忠,直也。"

此语出自《玉篇·心部》,与"忠,德之正也"(《孔子家语·弟子行第十二》)意同。"德之正"亦直。直即公平、正义。以直表达的忠,则要求君子恪守忠恕之道:"施诸己而不愿,亦勿施于人。"(《礼记·中庸第三》)"不尽人之欢,不竭人之忠。"(《礼记·曲礼上》)前句与孔子的"己所不欲,勿施于人"意同。后句则告诉我们,"竭尽全力,忠诚无私"的忠似乎有些过了。换言之,忠要符合公正的原则,如果不符合就是过了。

(四)"忠,以为利而强低也"

此语出自《墨子·经上第四十》。所谓"忠",就是人们为了利而勉强自己放低身段所做的一切努力。在墨子看来,首先,利不仅是一般利益(既包括公家之利又包括私家之利),而且隐藏着义与名。墨子又说"义,利也"(《墨子·经上第四十》),义不仅是利的一部分,而且是获得一切利的最高形上根源与现实基础。其次,"勉强自己"说明主体之忠行必非完全出于自愿,而是为情势所迫。"放低身段"表达的是被忠对象对于主体而言,或具有崇高地位,或具有应当被忠的品质。上述思想既是对"忠,无私也"的匡正与圆融,又能解释其他一切关于忠的论述或能与之相通相融。比如:"事上竭诚"(《尚书孔传》),"公家之利,知无不为"(《左传·僖公九年》),"君子不尽人之欢,不竭人之忠"(《礼记·曲礼上》),"忠,所以爱其下也"(《韩非子·难一第二十六》)等。它们皆与利紧密联系。

比如"事上竭诚",首先就是为了利。这个利,既包括"上之利"亦包括"下之利";既包括经济利益也应包括政治、意识形态、道德伦理、名声荣誉之利等。因上、下处于共同体中,故必因各种利而休戚与共。其次,竭诚就是勉强自己放低身段所做的一切努力。竭诚如何表现出来?或献出生命,或献出财产,或献出辛劳,或献出"疾趋卑拜"之敬,或上述数者共献之。其无不要勉强自己放低身段、不懈努力。在过去,"事上"之上多指君王,故不竭诚就会有不忠之嫌。在当下,窃以为"事上"有适当的诚就可以了,即在上要不竭人之忠,在下要量力而行。

(五)"君使臣以礼,臣事君以忠"

此语出自《论语·八佾》。"居上克明,为下克忠"(《尚书·商书·伊训》)忠不是单方面的事。君、上之礼与明,臣、下的忠,皆与利紧密联系。它与"君君,臣臣,父父,子子"一样,说明中国传统伦理道德应为强者道德,如果强者不能起到示范或表率作用,一味地为非作歹,那么弱者也就没有了忠的义务。不过,如果君有时代表的不是个人,而是整个共同体或国家利益之时,臣的忠则又必得无条件地抛弃个人恩怨。反之,如果君抛弃了共同体或国家利益,那么臣就可不忠。如汤、武对于桀、纣的革命,虽是以下犯上,但却不能视为不忠。"忠,所以爱其下也"也与"君使臣以礼"高度一致,其结果就是换来"臣事君以忠"。

(六)"教人以善谓之忠"

此语出自《孟子·滕文公上》。善主要通过行表现出来。"教人以善"即教人行善,也即舜的"与人为善"。与人为善,即带领大家一起为善。大家皆行善,即可实现和。"和,然后利。"故善,利己、利国、利民、利天下。教人以善的忠,既是忠于上亦是忠于自己,故也可称之为义。

(七)"瑕不掩瑜、瑜不掩瑕,忠也"

此语出自《礼记·聘义第四十八》。与"金无足赤,人无完人"一样,它说明只要是人,就会有局限性或瑕疵,圣人也不例外。但是,瑕疵决不会掩盖其灿烂光辉,其光辉也无须把瑕疵掩蔽。孔子是所谓圣人,其思想有许多能穿越时空成为不朽,但其中也有巨大的时代或认知上的局限。如"君子不器",不仅为官本位思想提供了思想根据,对中国科学技术发展有阻碍作用,而且掩蔽了一切形上之道皆寓于或源于形下之器的真理。此乃孔子之"瑕"之一。另如其所谓"三年之孝",于今之所以被抛弃,是因其既不符合人性,也不符合规律。但孔子仍然是伟大的,其形象亦仍可成为忠信的代表或象征。

(八)"远图者,忠也"

此语出自《左传·襄公二十八年》。远图亦是智。"行小忠,则大忠之贼也。"(《韩非子·十过》)小忠即是"无智"。无智"小忠"决非"远图"。"临患不忘国,忠也"(《左传·昭公元年》),"危身奉上曰忠"(《逸周书·谥法解第五十四》)说明忠在国家民族有祸乱之时更能得到凸显。(亦如老子所言:"国家昏乱,有忠臣。")

(九)"先王之教,莫荣于孝,莫显于忠"

此语出自《吕氏春秋·劝学》,有极大局限性,如对"忠、孝"二字没有深刻认知,则可能误入歧途,于是愚孝、愚忠横行天下。故此忠、孝必得与仁、义相通。

（十）"事君不忠，非孝也"

此语出自《礼记·祭义第二十四》，意味着只有"事君忠"才可能孝，忠或已涵括孝在内。这是有道理的。因为在古代，君不仅是君，许多时候也是国家的象征。于是忠君的过程与结果，既可能给自己与家人带来利益与荣耀，也可能带来伤害与耻辱。再者，在中国传统主流意识形态中，孝不仅是仁之根本，而且关于仁、义、礼、智、信、忠、恕、勇、慈等一切德目均可由它推演而出。换言之，如果一个人不孝，那么他就一定一无是处。但是，当我们把忠、孝放在一起来考察，或当忠、孝出现激烈矛盾冲突时，如不仔细甄别，则可能陷入迷惑。

> 楚之有直躬，其父窃羊，而谒之吏。令尹曰："杀之！"以为直于君而曲于父，报而罪之。以是观之，夫君之直臣，父之暴子也。鲁人从君战，三战三北。仲尼问其故，对曰："吾有老父，身死莫之养也。"仲尼以为孝，举而上之。以是观之，夫父之孝子，君之背臣也。故令尹诛而楚奸不上闻，仲尼赏而鲁民易降北。（《韩非子·五蠹》）

其中楚国的"君之直臣，父之暴子"，鲁国"三战三北"的士兵，他们忠吗？按照"事君不忠，非孝也"的观点，前者似乎是"既忠且孝"，可实际上他可能不忠不孝；后者应是不忠不孝，可实际上他可能孝。针对这一现象（不仅是忠、孝之间，忠、信之间也一样），必须具体问题具体分析。或依汉字学哲学对于忠、孝的认识以践行之即可：忠要适当，要有思想智慧；孝同样要适当，要以不违背道义为前提。在现实生活中，父亲窃羊，无论古今，皆算不得大罪，对于有忠孝之心的子女而言，比较妥当的做法是：一、力谏父之过却不必呈报官府，以保父与己之尊严；二、积极赔偿，尽快与人和解此事；三、如官府已介入，子既可坦陈实情，也可主动承担责任。在上述韩非子所举案例中，楚令尹下令杀了所谓"直躬"者，就今天看来，当然量刑过重，但在当时却是既有深刻道理也有积极意义的。因为此"直躬"者如果不是愚蠢，就是极奸诈之徒，其目的既非为忠君，亦非为孝父，而只是为邀忠孝之名而已。至于"三战三北"的士兵，孔子却予以提拔，则是经不起追问的。因为这样的士兵，不仅不忠，而且不孝：在战场上主动逃跑或投降，不仅会影响整个战场形势或士气，造成战役或战争失败，给国家带来不可估量的损失，而且会给自己、家人乃至乡邻蒙羞。孔子不可能连这个道理都不懂。那么，针对"三战三北"者提出的"有老父，身死莫之养"的情况，国家又该如何应对呢？国家应负起其养的责任。不然,忠与孝的矛盾永远都会无法通达圆融。

（十一）"君子有大道,必忠信以得之,骄泰以失之"

此语出自《大学》,唯有君子才可能有忠信以成大道,小人则不能。换言之,真正的忠信与大道一样,都不是一般人可以随意认知的,即或可以,也不一定能坚持践行它。孔子说"十室之邑,必有有忠信如丘者焉,不如丘之好学也","好仁不好学,其蔽也愚;好知不好学,其蔽也荡;好信不好学,其蔽也贼;好直不好学,其蔽也绞;好勇不好学,其蔽也乱;好刚不好学,其蔽也狂",道出了忠信之不能为人所随便认知的原因。进言之,就算人皆有忠信之心,也可能无忠信之能。因为大多数人皆不好学,故皆不能认识到仁、义、礼、智、信诸德目的局限性。现实中,只有好学之人才可能打破其局限,从而通向大道。

（十二）"忠信,礼之本也"

此语出自《礼记·礼器第十》,其中的忠信即"尽心竭力,诚信不欺"。忠常以恭敬的礼来呈现。而敬又主要有两种形式:或"疾趋卑拜",或尽心竭力。前者极具虚无性,后者颇具实在性,故能成为礼之本的只能是"尽心竭力,诚信不欺"。忠、信同为礼之本,却并不意味忠、信之间没有矛盾,不然就没有"忠未必信,故伍员流于江,苌弘死于蜀"之说了。不过,不管忠、信之间会有何矛盾,都不能阻止它们皆可增进人之道德。"忠信,所以进德也。"(《易传·文言传·乾文言》)有忠信的人,也多是有仁义的人,但却未必懂得礼仪。所以曾子认为"笾豆之事"只要"有司"懂得就可以了,即如子路那样"敬而不中礼"也无妨。(《孔子家语·论礼第二十七》:"敬而不中礼谓之野。")

（十三）"忠未必信"

此语出自《庄子·外物》,可以从两个角度理解:一个是你为别人或上级尽忠竭力了,却未必能得到相应的信任或重用,甚或还可能为此丢了性命。历史上的"比干剖心,子胥抉眼"(《庄子·盗跖》)即如此。一方面是因为忠本质意义不易为人所认知,另一方面则说明忠的实现不仅需要一定环境条件,而且需要策略或智慧。另一个是说忠的实现未必能或需要以信的形式。这既是上述所言之策略与智慧,也是孔子所认可的权,明显的例子便是"信陵君窃符"。为娇君之过、救国之难、洗君之辱,许多时候,作为君之近臣、权臣,不仅需要临机处置,而且要以"不信"或"诡计"为策略。

(十四)"孝慈,则忠"

此说出自《论语·为政》,虽有道理,但却没有因果必然性。问题不仅出在对于忠的认知上,亦可能出在忠孝的极端矛盾中。如"为父绝君"的孝,又怎么能断定是忠呢?再者,当孝慈出现极端矛盾时,问题可能更为复杂。郭巨埋儿的故事,就常理度之,若孝则不慈,不慈则不忠,不忠则不孝,于是就成了悖论。其原因,实际上是郭巨的行为既不忠亦不孝,而只是为了邀名而已。

(十五)"九德:忠、信、敬、刚、柔、和、固、贞、顺"

此语出自《逸周书·常训解第三》。忠曾居九德之首,这说明忠既是中庸也是仁义,或就是公平、正义。忠又在"六德"知、仁、圣、义、忠、和(《周礼·地官司徒·大司徒》)中居五,说明忠既从属于智、仁、圣、义,亦是和得以实现的基础。至于仁、义就更不用说了。有仁义就一定有忠,有忠就一定有仁义。而"圣",据孔子,则是仁的更高境界,也是孔子自认为从来没有达到过的境界。据韩非"不知而言,不智;知而不言,不忠。为人臣不忠,当死;言而不当,亦当死"(《韩非子·初见秦第一》),可见智与忠总是紧密联系。

(十六)"介子推至忠也,自割其股以食文公"

此语出自《庄子·盗跖》。此事如有,也应发生在晋文公重耳出逃之十九年期间。介子推的行为是否算得上忠,必得具体情况具体分析:如果是在极端困境之中,即非如此便不能使重耳活下去,这种做法便是可取的;如仅为了让他能吃上肉,则不仅不是忠,而且是可耻的。可取的原因是:当时晋国大乱,为争夺王位已有很多人死于非命,就当时情况分析,如没有重耳的返国便不可能实现晋国的安定,更谈不上晋国霸业的实现。换言之,如果以介子推的一块腿肉,便能换来晋国乃至天下的一段和平安定的好时光,则是值得的,故以"至忠"称之亦未尝不可。如果是后者,那么他的行为就有点类于齐桓公末年的易牙(杀烹自己的儿子为羹以献桓公,只是为了取得桓公的信任),则应是大大的奸臣。而其目的或只是搏"至忠"之名,或只是取得信任以弄权。从史实看,介子推之忠应属前者。介子推在帮助晋文公实现复国之后,很快使隐退了,即实现了老子所期许的"功成而弗居"。而这样的人与事,无论中外,则总是会被后人一再推崇的。

(十七)文挚"至忠"

最后,再看看《吕氏春秋》中一个"至忠"的故事:

> 齐王疾痏,使人之宋迎文挚。文挚至,视王之疾,谓太子曰:"王之疾必可已也。虽然,王之疾已,则必杀挚也。"太子曰:"何故?"文挚对曰:"非怒王则疾不可治,怒王则挚必死。"太子顿首强请曰:"苟已王之疾,臣与臣之母以死争之于王。王必幸臣与臣之母,愿先生之勿患也。"文挚曰:"诺。请以死为王。"与太子期,而将往不当者三,齐王固已怒矣。文挚至,不解屦登床,履王衣,问王之疾,王怒而不与言。文挚因出辞以重怒王,王叱而起,疾乃遂已。王大怒不说,将生烹文挚。太子与王后急争之,而不能得,果以鼎生烹文挚。爨之三日三夜,颜色不变。文挚曰:"诚欲杀我,则胡不覆之,以绝阴阳之气?"王使覆之,文挚乃死。夫忠于治世易,忠于浊世难。文挚非不知活王之疾而身获死也,为太子行难,以成其义也。(《吕氏春秋·至忠》)

此故事也是经不起追问的:首先,如果文挚通过一再"怒王"的方式已经治好了齐王的疾痏,那么事后把事情原委解释清楚就可以了。文中"太子与王后急争之,而不能得",如果是解释了而王不听,则有两种情况:或王"疾痏"未好,或王只是暴君一个。未好则与"疾乃遂已"矛盾,而暴君则不仅没有忠的必要,就是忠了也不合"君使臣以礼,臣事君以忠"(《论语·八佾》),"居上克明,为下克忠"(《尚书·商书·伊训》)之大意。其次,"以鼎生烹文挚"不仅极残酷,而且"爨之三日三夜,颜色不变"带有神话色彩,已超出理性与逻辑范围。最后,本来就极刑而不死的文挚,却要再次一心赴死,表面上是要成全太子之义,但实际上更成全了齐王的暴君之名,此行为实乃"行小忠,则大忠之贼也"(《韩非子·十过第十》)。综合上述几个故事,可见《吕氏春秋》的故事为了震撼人心,大多是过于夸张或渲染了。而古代士人为忠义之名所做出的举动,也不是今天以常理或逻辑能够度之的。

总括起来,忠不仅是德之正、德的核心,与敬、孝、直、利、礼、智、信、尽心竭力、恕、行等紧密联系,而且与汉字学哲学关于忠的构形意的描述也高度一致,既合中庸、中和、公平、正义,也通于情感、性情、心理或良心、尽心、思想、智慧。

第七节　什么是"孝"

中华民族,忠孝传家。孝文化源远流长。

根据"孝"字在周代姬鼎等钟鼎铭文中的成熟构形,可以推定它在商周时期就已出现。《易经》之中只有道、德,没有孝,但亦没有仁、义、礼、智,这不能说明孝的不重要,而是说明了孝与仁、义、礼、智一样,对于道、德的从属性地位。《易传》之中,有"孝"字 1 见:"王假有庙,致孝享也。"(《彖传下·萃》)可知孝与祭祀活动紧密联系。《老子》之中,虽然只有"孝"字 2 见:"六亲不和,有孝慈。""绝仁弃义,民复孝慈。"但其关于人类社会孝的绝对性存在的认知却是无人能及。《尚书》有"孝"9 见,《论语》19 见,《孟子》29 见,《诗经》18 见,《左传》50 见,《荀了》48 见,《吕氏春秋》51 见,《中庸》4 见,《大学》3 见,《墨子》49 见,《列子》2 见,《庄子》18 见,《韩非子》25 见,《孔子家语》31 见,《周礼》6 见,《仪礼》50 见,等等。大多时候,它比之仁、义、礼、智(知)、信诸德目要少,根本原因在于它常常可为仁、义、礼诸德目所涵括。换言之,凡有仁、义、礼者则必有孝。而孝不仅是仁之本、义之本、礼之本,而且是德之本。

人之有孝,首先是源于人之为人的一种自然属性,或曰天性、动物性、物质性。《吕氏春秋·节丧》说:"孝子之重其亲也,慈亲之爱其子也,痛于肌骨,性也。"《庄子·人间世》载孔子语:"子之爱亲,命也,不可解于心。"《老子》:"六亲不和,有孝慈。""绝仁弃义,民复孝慈。"这些都表达了同样的思想。上述的性就是命,即人的天性或自然属性,它不会因为"六亲不和""绝仁弃义"的社会性原因而全面为人所抛弃。它既有生物科学方面的依据,也有现代心理学等方面的依据。这种天性,表面上看来,又是一种可称之为爱的无条件的天然情感,但究其实,它与人的自爱密切联系。其次是源于人的社会属性,或曰人的第二性、精神性。对于中国人来说,这种社会属性又与传统文化、生活习俗、历史经验紧密联系。在传统社会中,人之有孝,往往可直通道、德,或仁、义、礼、智、信、忠、恕诸德目;人之不孝,则与上述相反。换言之,人之不孝,务必影响主体在社会中的生存与发展。《诗经·大雅·下武》说"永言孝思,孝思维则",《左传·文公十八年》说"孝、敬、忠、信为吉德,盗、贼、藏、奸为凶德",《荀子·礼论》说"是先王之道,忠臣孝子之极也",《荀子·性恶》说"孝子之道,礼义之文理也"等,便充分表达了孝的这种特点。

"百善孝为先"(《围炉夜话》),"孝弟也者,其为仁之本与"(《论语·学而》),"夫孝,德之本也,教之所由生也"(《孝经》),"立身有义矣,而孝为本"(《孔子家语》),"孝,礼之始也"(《左传·文公二年》),皆突显了孝的重要性。不要说过去,就是现在,也有人把孝字刻在石头上、挂在堂上,甚或文在身上。以此可知,孝在中国传统社会是如何影响深远、深入人心的。可是,人们对于它的理解与实践又多是片面的或不深刻的。换言之,孝并非只是孝敬父母那么简单,而是内容繁多,以至贯穿于社会生活的方方面面。

一、"孝"的例说

《说文解字》云:"孝,善事父母者。从老省,从子,子承老也。"孟子说:"不孝有三,无后为大。"(《孟子·离娄上》)前者告诉我们,孝主要目标是事父母。后者告诉我们,不孝的行为主要有三种,其中没有比没有后代继承香火更为严重的了;反过来,人的最大的孝就是要保持后代的香火延续。其他的两种孝行,据《论语》孔子的话,应当是对父母要:"生事之以礼,死祭之以礼,葬之以礼。"孟子的话曾被认为是中华文化的糟粕,其实不然。其中所隐含的道理深刻而伟大,特别是其深及骨髓的历史意识、忧患意识、类意识,对于今天仍具重大启发意义。以此可知,《说文解字》对于孝的解读则是十分片面的。

据东晋干宝《搜神记》:

> 汉郭巨,家贫。有子三岁,母尝减食与之。巨谓妻曰:"贫乏不能供母,子又分母之食,盖埋此子。儿可再有,母不可复得。"妻不敢违。巨遂掘坑三尺余,忽见黄金一釜,上云:"天赐孝子郭巨,官不得取,民不得夺。"

另,宋代《太平广记》、元代郭居敬《二十四孝》、明代嘉靖年间的《彰德府志》等书,对此故事亦有大同小异的转载或改写。有些资料认为郭巨不是汉代人,而是晋代隆虑(今河南省林州市)人。

据《太平广记》,郭巨父死时家不仅不贫,而且巨富。他曾把家财两千万贯全分与两弟,且不要其弟奉养母亲,而是自己独自尽孝,以至家贫而欲埋儿。

千百年来儒林之中质疑此事者颇多。比如鲁迅先生很小就知道"二十四孝"的故事,对于"埋儿尽孝"更是感受殊异,以至十分害怕自己某日突然成为正在急剧走向衰败的家庭之尽孝的牺牲品。于是,不敢与祖母分食,亦不敢与祖母过于亲近,总觉得与她不能共存。其中的乖异与尴尬,难以言表。但先生后来的论述对其中的诸多乖舛之处却并未深究。近人虽有质疑者,然亦恨未能深入。

巨额家财,只分两弟,自己尽弃;奉养母亲,自己全担,不分其弟。如此作为,看似道德仁义,其实用心极为险恶,毫无道德仁义可言。家庭财产的分割,父母亲的孝养,虽是私德,但亦属公德,所以它必须符合最基本的社会公平、正义原则。公平、正义,既是社会的良心、道德的核心、伦理的规范或准则,也是合规律性与合目的性的统一。只有如此,其行为才可复制与效仿。郭巨所为,极不公平,更无正义可言。就其家庭来说,直接后果就是欲陷其母于不孝,陷两弟于不仁、不义。

所谓"埋儿孝母",更是大不孝。其行不仅与孟子之说完全相悖,而且更有悖于最基本之人性。试想:如果人类没有了后,那么他们的所有奋斗意义何在? 所以,孔子编《诗经》,一定要以《关雎》为首。男欢女爱,是建立家庭的前提。所谓伦理道德,没有家庭,也就没有了其存在的根基。换言之,孔子这样做,主要不是因此诗优美,亦不是为爱情唱颂歌,而是着重强调:一切的伦理道德皆是以家庭为前提的。如没有家庭、没有后代,其他一切便为虚无。孝,更不例外。生孩子、爱孩子、育孩子、教孩子、保护好孩子,不仅是人类的天性,而且就是规律。即或各种生物也莫不如此。也许有人相信:"孩子可以再生,母亲只有一个。"但此语尽彰荒诞。难道对于此孩子而言,他或她就不是唯一? 郭巨此举,更是陷母亲于不仁、不义、不孝。又再,退一万步讲,即或不愿求助于兄弟、乡邻,那么求助于社会,抑或自行乞讨养母又何妨? 以此可知,自汉魏以来,中国的孝文化已完全为陋儒所歪曲或玷污了。

"掘坑三尺余,忽见黄金一釜,上云:'天赐孝子郭巨,官不得取,民不得夺。'"此内容无须深究,便知只有两种可能:一为实无此事,乃作此文者的想象性杜撰。二为实有其事——实乃郭巨自己所设诡计阴谋。此举亦表明,所谓家财尽分与弟亦全是虚言或骗局。

郭巨此举究竟为何?为名为利。透过历史的烟尘,联系当时的社会实际,原因则十分清楚了。魏晋时期,名教盛行,官员的选拔任用多以"举孝廉"来完成。换言之,社会上有孝廉之名者,地方官吏必得举荐,且必能得到举荐,从而踏入仕途,以至飞黄腾达。于是,社会争名逐利之徒为了出名,完全可以不择手段。其背后所彰显的则是人性的丑陋、私欲的炽烈。正如郭巨被郡守举荐当了官,既享受到了富贵荣华,也获得了百代隆誉。悲哉!哀哉!如此之孝,今天受到极力推崇,可知,不做反思的所谓"传统文化",必将误人子弟、贻害无穷。

下面通过汉字学哲学关于孝的构形的解读,或可给予大家更加深入全面的回答。

二、"孝"字初文构形的汉字学哲学解读

"孝"的初文为 ,会意字,上为"老",下为"子"。

"老"字初文为 ,象意或会意字:一个头戴礼帽或高帽,躬身,手里挂着拐棍的老人形象,既有几分庄重、威严,又有几分衰弱、颓唐。本义同"考"。考,在中国古代,一般是长寿之意,也有功德圆满之意。"人生七十古来稀",古人认为七十岁不仅可称考,而且是功德圆满了。如墓碑上的"显考"或"先考"两字,就是对已经逝世的父亲的美称。此处之考,主要不是指长寿,而是指功德圆满。另外,"显妣"或"先妣",则是指已逝的母亲。妣,是指母亲的功德也可与父亲相提并论。此外,"老"又是经岁月磨砺、不断学习,有经验、有知识、有学问、有智慧的象征。唐朝孙过庭《书谱序》说"思则老而愈妙,学乃少而可勉"便表达了这种意思。所以在中国传统社会中,老者受到普遍的尊敬、尊重,是为必然。换言之,老者受到社会普遍的尊敬,不仅是中国传统礼制的要求、中华民族的传统美德,也是中华民族尊重知识、尊重经验、尊重智慧、尊重人才的客观反映。

基于以上认识,"老"字本义,以表达尊重、尊敬为多。过去把当官的称"老爷",现在把父母、兄长称为老爸、老妈、老哥,把"传道授业解惑"者称为老师,便都是以"老"来表达对地位高者、长者、智者的尊重、尊敬。"老子"之"老",似乎理应属于此列。

此外，"老"还有历时长久（比如"古老"）、死亡（比如"老了"亦为死了）等意。但"老"还有小的意思，这很耐人寻味。比如，我国部分地区说"老儿子"就是指小儿子，"老幺"就是指最小的女儿或儿子。汉字的这种"不倍者交协，相反者互成"（即一个字有多种义项，它们之间有些相通而不违背，有些则完全相反）的哲学化的致思特点，不仅是客观事物之理和人的精神心理固有的辩证性质的反映，也犹如智慧的岔路，既汇聚于一个交点，亦通向不同甚或相反的立场。换言之，汉字的这种有许多互相联系又有一定区别的义项，还有某些意思完全相反的义项的情况，在汉字中比比皆是。如敢寓含不敢，多寓含少，爽也是不爽，等等。（《老子》第七十三章："勇于敢，则杀；勇于不敢，则活。"如果把其中的敢换成不敢，不敢换成敢，意思也完全一样。《中庸》："今夫水，一勺之多，及其不测，鼋鼍蛟龙鱼鳖生焉，货财殖焉。"其中之多，即为少之意。）

"子"字初文为 ，象形字，像襁褓中的婴儿。上部为头，中部像似举起的一双小手，下部为合并于襁褓中的一双腿脚。本义即婴孩、小孩子。在古代，"子"既可单称儿子、女儿、后嗣，也可是子女的合称。这都是由襁褓中的婴孩乍看不能分出男女引申而来。如《孟子·尽心下》："身不行道，不行于妻子。使人不以道，不能行于妻子。"其中的"子"便是儿女之意。另如《战国策·赵策三》有："鬼侯有子而好。"其子是女儿之意。此外，"子"也有爱的意思。《战国策·秦策·苏秦始将连横》中有"制海内，子元元，臣诸侯"句，"子元元"就是爱百姓，或者说像爱自己的子女一样地爱百姓。另外，唐代柳宗元《封建论》一文中有"封建者，必私其土，子其人"，《中庸》中有"子庶民"等，也都表达了相同的意思。又，"子"亦可称男子、女子、臣民、百姓、士大夫等。

在当代，"子"主要指称儿子。但在古代，它也是对有学问、德高望重、名气大的男性老师、智者、贤者的尊称、爱称、昵称，如孔子、墨子、荀子、孟子、庄子、韩非子、屈子、曾子、韩子、朱子等。只是后来，可能由于同姓之人太多之故，用此尊称似很难专指，才逐渐废而不用。其实，春秋时也有以"子"称极有名、极美丽之女子的，如西子、南子等。

"老"与"子"相叠是为"孝"。故所谓"老子天下第一"，似乎也可理解为"孝天下第一"。"老子"一词以名词、代词用可有三解：一指"我"；二指父亲或父母；三指先秦著名思想家老子。以偏正词组用亦有三解：一指忠君；一指敬后；一指尊师重教。其"老"分别指向尊敬或热爱。其"子"分别可指天子,子女、子嗣、子孙后代,或老师。

（一）"老子天下第一",即我天下第一

此说最易为人们所理解,也最为现实与重要。因为没有"我",其他的一切也均无意义,更遑论孝了。"我"是一切存在的基础与核心。人的一切思想与行为皆是以"我"为圆心的,孝亦不例外。关于如何做到做好这一点,孔子在《孝经》中有精彩论述："身体发肤,受之父母,不敢毁伤,孝之始也。立身行道,扬名于后世,以显父母,孝之终也。"具体言之,对于"我"来说,实现孝,首先要爱惜自己的身体。其次要尽一切努力成就自己。爱惜自己的身体：一是要保护好自己的生命安全,四肢以及各种器官健全；二是要保护好自己身体以及精神的健康。尽一切努力成就自己：一在于不断地学；二在于不断地行。不断地学,不断地行,是人的一生最大的功课,既不容易做好,也不容易坚持。荀子说"学至于行之而止矣"即是深刻地表达了学与行对于"我"、对于孝的重要性。

（二）"老子天下第一",即父母天下第一

主要有两层意思：一指"我"的存在总是位于父母之后；二指孝总以孝敬父母最为重要。具体言之,就是孔子"生事之以礼,死葬之以礼,祭之以礼"（《论语·为政》）,"生事之以礼"主要指为人子者,在养好父母之外,要注意父母身体健康,要记住父母生日,与父母说话要面色温和、声音柔顺,对于父母的愿望要尽可能地去为之实现。"死葬之以礼,祭之以礼"主要目标为慎终追远,即谨慎地对待父母的死亡,记住父母生时所立下的功德。对于父母的孝,如果用另一个字表达,就是从内到外的敬。

（三）"老子天下第一",即先秦思想家老子是中国古代文化中最伟大的思想家

老子在先秦诸子中,不仅成名最早、年龄最大,而且思想成就最高、影响力最为深远。老子思想主要集中在其所著《道德经》一书中。此书是《易》文化的哲学化,是先秦其他诸子思想渊源所在。孔子是老子的学生,是老子思想最大继承者。其他诸子虽也源于老子,但却更加偏于一隅。

（四）"老子天下第一",即热爱祖国天下第一

此语中,"老"意为尊敬、热爱,"子"最初主要指向天子、君主,今天则主

要指向国家。《大学》:"孝者,所以事君也。""事君"本是忠,但同时也是孝或孝的升华与扩展。在国家面临危难,或忠孝难以两全之时,我们大多数时候要选择忠,即或为自己的祖国贡献出生命,也在所不惜。不过需要指出的是,当个人为了国家而牺牲生命时,国家就理应承担起相应的责任,只有这样才合乎最基本的社会公平正义。

(五)"老子天下第一",即敬育后代天下第一

人的存在,首先是动物性的存在。动物性的存在,第一目标即是为了存在的继续存在或永远存在。可正因为这种动物性,又决定了人的个体不可能永生。替代的方式只有一种,就是不断地繁育后代。故"有后",不仅是最大的孝,也是人对于规律或自然法则或道的最大的敬畏与尊重。

在中国的传统伦理道德中,孝的有后不仅是自己有后,而且要保护他人的生命或后代的延续。孔子说的"兴灭国,继绝世"(《论语·尧曰》),《左传》说的"灭宗废祀,非孝也"(《左传·定公四年》,即灭绝他人宗族,断绝别人祭祀,是不孝的),皆及于此。此思想亦可称中华传统美德之一,不仅是私德,也是社会公德。所以,自春秋战国时起,除秦被项羽"灭宗废祀"之外,各诸侯即或"身死国灭",其后代香火亦大多能得到延续。《诗经·大雅·卷阿》云:"有冯有翼,有孝有德。"就是说让全社会的人都要有后代可依靠,这才叫作有孝有德。这当然也是诗作者对于天下有道的愿景。此外,孔子"昔三代明王,必敬妻子也,盖有道焉。妻也者,亲之主也。子也者,亲之后也。敢不敬与?是故,君子无不敬"(《孔子家语·大婚解》,其中三代指夏、商、周三代;明王指那些英明的君主;妻子指妻子和儿女)所说的"必敬妻子"也表达了同样的思想。由于深刻认识到有夫妇才可能有家庭后嗣,有家庭后嗣才可能有一切道德人伦的核心与基础,孟子在与他的学生万章讨论舜的"不告而娶(不先告知父母,就私自娶妻)"的反常行为时,却给予了完全肯定的态度。换言之,舜的"不告而娶"本来是忤逆不孝的行为,但如因其"告"而导致不能"娶",那么在孟子看来,就是最大的不孝。

如有了后代,那么接下来的养育便变得十分重要。养育可分为养与育两个环节。对孩子的养似乎问题不大,但育上却问题重重。育的问题不仅是孝问题的核心,也是今天许多不孝现象产生的根源。解决的办法虽然要随着时代的发展而发展,但就孝文化本身而言,"行不言之教"并充分地尊重孩子,则是最佳选择。要想让自己的孩子对自己孝,那么就先孝顺自己

的父母长辈;要想让自己的孩子尊重自己,那么就先学会尊重孩子,并给孩子做出好榜样。换言之,"父慈子孝",只有父慈做前提,才可能有子孝。其实,这种孝既是仁也是恕。(《孔子家语·三恕第九》:"有亲不能孝,有子而求其报,非恕也。")

在今天,有后之孝的意义或远非如此。随着人口老龄化的发展,以及人们生育愿望的不断降低,鼓励有后与生育,不仅是个人的孝行,也是国家、民族得以兴盛,社会生活得以继续的重要战略。

(六)"老子天下第一",即尊师重教天下第一

此语中的"子"即夫子、老师、师父或智者。《论语》中的"子曰"就是老师说。"师者,所以传道授业解惑也。"(韩愈《师说》)人类的前行,人类文明的传播与保存,不能没有老师。当一个国家、民族走向盛世之时,尊师重教尤其显得重要。在《论语·为政》中,子夏向孔子问孝,孔子的回答是:"色难。有事,弟子服其劳;有酒食,先生馔,曾是以为孝乎?"对于老师的敬爱与帮助,也是孝的重要内容。当然,时代不同了,尊师重教的方式也有所不同,但其基本理念或精神是应当永远传承下去的。

三、"孝"的经典解读

(一)"孝,礼之始也"

此语出自《左传·文公二年》。此种对于孝的解读,至少给了我们四个方面的信息:第一,孝是礼的一部分,礼是一个比孝更大范畴的概念。孔子在应对樊迟问孝时说"生事之以礼,死葬之以礼,祭之以礼"(《论语·为政》),荀子说"孝子之道,礼义之文理也"(《荀子·性恶》),便是这样的说明。第二,孝为一切礼的本源性存在,即其他一切礼甚或礼法制度等,都是孝的引申或扩展。如《尚书》云"孝乎惟孝,友于兄弟,施于有政",孟子曰:"人人亲其亲,长其长,而天下平"(《孟子·离娄上》),还有我们平常所说的"忠君爱国"等,也都是这种孝思想的引申或扩展。第三,最初的孝就是祭祖之礼。因为礼的初文𧵩就是一种祭器。《易传》之中,仅有孝字一见"王假有庙,致孝享也"(《象传下·萃》),也是一个明证。第四,孝与礼一样,也是虚无性与实在性的统一,所以又有"大孝不孝"之说。因为孝有巨大的局限性,必得服从于道德及仁、义、礼、智诸德目。如舜的"不告而娶",既是不

孝也是大孝;革命者或仁人志士的为国捐躯亦如是。

(二)"孝,利亲也"

此语出自《墨子·经上》。孝,就是做对自己父母及亲人有利的事。但什么叫有利?什么叫不利?具体如何做才能实现有利,避免不利?要在实践中做好,则可能并不是想象中那么容易。原因就在于这个"利"字本身。它既是我们生存的物质基础,是善,是好处,是利益等,但同时也是私,是贪,等等。有私有贪,势必就会引来"分"与"争"。所以,对于利一定要有深入的认知。荀子说:"欲利而不为所非","先义而后利者荣,先利而后义者辱"。孔子说:"富与贵,是人之所欲也,不以其道得之,不处也。"《说文解字》:"和,然后利。"即为我们如何获利、如何利父母利亲人指明了现实的途径。

(三)"以敬孝易,以爱孝难"

此语出自《庄子·天运》。敬属于礼,以汉字初文构形分析,它主要是人的社会性逼迫的结果。以礼的方式或要求来实现对于父母、长辈、祖先的孝,虽然也合乎孝的基本要求,但似乎缺乏点温度。

爱之孝,以其初文构形分析,既需要主体真心实意,也需要主体自身身体力行。古人的"子元元""子万民"说明,所谓爱之孝,正确的做法应是:要求子女对父母的孝要像爱自己的子女一样爱自己的父母。这一般人绝做不到,故难。

(四)"刑三百,罪莫重于不孝"

此语出自《吕氏春秋·训解》引《商书》。古之"不孝之罪"甚重。究其因,既有认知上的原因,也有长者在家庭中伦理地位发生巨大变化的原因。其中后者更重要。农耕社会中的生产生活、人际交往,经验积累最重要,所以长者因为见识与经验而备受家庭乃至社会尊敬便成必然。至于认知上的原因,既源于人们对于天地自然各种相互关系的认识的局限性,也源于统治者治国理政的需要。

"以乡八刑纠万民,一曰不孝之刑"(《周礼·地官司徒·大司徒》),与上述《商书》意同。

在新时代,孝文化仍须传承,但须以社会主义核心价值观为导向,在自由、平等的基础上,以爱为孝或可成为未来孝文化的发展趋势。

（五）"孝乎惟孝，友于兄弟，施于有政"

此语出自《尚书·周书·君陈》，如果一个家庭因为孝的实现，而能成为天下人学习效仿的榜样，那么"以孝治国"也便得以实现。正如《礼记·大学》："其为父子兄弟足法，而后民法之也。此谓治国在齐其家。"这说明在中国传统文化中，家国同构。孝的实现，即家庭伦理、秩序的实现。如果每一个家庭都有了夫唱妇随、父慈子孝、兄友弟恭的良好伦理、秩序，那么统治者就可以"垂拱而天下治"了。

四、"孝"的四重境界

关于孝的认识大多指向主体对于父母的敬、爱、养等。但它是有前提的，那就是先爱好自己、成就好自己，不然孝敬父母便无从谈起。

对于父母的孝，大致可分四重境界。第一重为基础境界，第二重为常人境界，第三重为君子境界，第四重为圣人境界。各个境界之间并无明显界线，大多时候它们都会相互纠结而难分难解。

（一）基础境界

此境界也可称之为初级境界。它一方面是人之为人的本能，但同时又无条件地与圣人境界直相贯通。《关雎》"窈窕淑女，君子好逑"对于追求异性的歌颂，舜的"不告而娶"，孟子的"不孝有三，无后为大"以及今天的《民法典》中关于婚姻生活新规定等，都充分地表达了这种思想。圣人也是人，也有七情六欲，也有人所具有的局限性，所以他也必须与俗人一样先达此境界，才可以谈其他。

（二）常人境界

此"常人"其实就是《孟子》中的"世俗"，也是《论语》中不断提到的大部分"小人"，即没有大胸襟、大理想、大境界的普通人。在这个世界里，他们是绝大多数的。比如，《论语》中提到樊迟曾向孔子请教如何种庄稼、如何种菜，孔子不耐烦，要他直接去找老农、老圃。待樊迟走后，他却说："小人哉！樊须也！"其实，樊迟也是孔子一个不错的学生。此外，孔子说的"言必信，行必果，硁硁然小人哉"（《论语·子路》）中的小人，竟然是孔子心中"士"的第三个等级。以此可知，《论语》中的"小人"绝非今天所指的小人。

荀子说"能以事亲谓之孝"（《荀子·王制》），便是这样一种孝的常人境界。此语至少有三层意思:一是行孝、事亲必得有一定的能力。二是在有能力的前提下,又能踏实践行自己的孝道之责,便可谓之孝。三是此中之事,关键在养。而养是否完全合乎礼,则在其次。具体有如孟子所言:"世俗所谓不孝者五:惰其四支,不顾父母之养,一不孝也;博弈好饮酒,不顾父母之养,二不孝也;好货财,私妻子,不顾父母之养,三不孝也;从耳目之欲,以为父母戮,四不孝也;好勇斗狠,以危父母,五不孝也。"(《孟子·离娄下》)他要求常人:一要勤劳,以养父母;二不赌博酗酒,以养父母;三不偏爱妻子、财物,以养父母;四不追求耳目嗜欲,以羞辱父母;五不好勇斗狠,以给父母带来危险。上述情况,常人大概都能做到,但要完全做好却并不容易。《荀子·子道》则对上述情况从反面进行了说明:作为普通人、常人或世俗之人,对于父母之养,要完全做到身敬、辞逊、色顺似不可能。更何况笃行之外,还需要好友给予"抬轿"加以传诵。所以,普通人的孝就只能是普通的。这也是最为真实的社会人生。

相 关 链 接

子路问于孔子曰:"有人于此,夙兴夜寐,耕耘树艺,手足胼胝,以养其亲,然而无孝之名,何也?"孔子曰:"意者身不敬与! 辞不逊与! 色不顺与! 古之人有言曰:'衣(有衣食)与,缪(通穆,恭敬)与,不女聊(即不聊女)。'(即有吃有穿吗? 言辞脸色恭顺吗? 仅有这些,我仍无须依赖你)今夙兴夜寐,耕耘树艺,手足胼胝,以养其亲,无此三者,则何以为有孝之名也?"

孔子曰:"由志之,吾语女,虽有国士之力不能自举其身,非无力也,势不可也。故入而行不修,身之罪也;出而名不章(通彰),友之过也。故君子入则笃行,出则友贤,何为而无孝之名也?"(《荀子·子道》)

孔子说"生事之以礼,死葬之以礼,祭之以礼"(《论语·为政》),也是这种境界之一。这种境界超越了纯粹的养。它需要孝者"事生"做到身敬、辞逊、色顺,"事死"则需要俭朴、真诚。(《论语·八佾》:"礼,与其奢也,宁俭;丧,与其易也,宁戚。")即不仅要符合礼的要求,而且要以践履仁为前提。荀子就把这种情况的孝抬到了圣人之道的高度:"事生,饰始也;送死,饰终也。终始具而孝子之事毕,圣人之道备矣。"(《荀子·礼论》)不过,在今天看来,这种圣人之道的实现似乎也太容易了。

"生事之以礼",还可以在生活之其他方方面面体现出来。如建筑审美,中国人认为"四合院"最美,根本原因不在于建筑模式本身,而是在于它最适合儿孙为长辈尽孝。

(三)君子境界

孝的君子境界,虽是常人难以企及的,但却是经典之中最为推崇、论述最多的。因为思想家们都希望社会上人人成为君子。

《中庸》说"夫孝者,善继人之志,善述人之事者也",便是这种境界之一。这种境界不再局限于养与辞顺、色从,而是具有了更加深刻幽远的形而上意义。这里的人是父母、长辈,而有志可继且有事可述的人绝非一般的小人。更为重要的是其中的"善"字,它既需要孝者对于"人之志""人之事"有深刻认知,也需要孝者对于人,即父母、长辈有深切的热爱。不然,善便成空谈。

《左传·隐公元年》:"颍考叔,纯孝也,爱其母,施及庄公。"颍考叔把自己对于母亲的孝加以扩展,并影响到国君(郑庄公)的孝行,进而名垂史册,既是仁义,亦为智慧,故亦属君子之孝。

相 关 链 接

初,郑武公娶于申,曰武姜,生庄公及共叔段。庄公寤生,惊姜氏,故名曰"寤生",遂恶之。爱共叔段,欲立之。亟请于武公,公弗许。

及庄公即位,为之请制。公曰:"制,岩邑也,虢叔死焉。佗邑唯命。"请京,使居之,谓之京城大叔。

祭仲曰:"都,城过百雉(城墙高一丈、长三丈为一雉),国之害也。先王之制:大都,不过参国之一;中,五之一;小,九之一。今京不度,非制也,君将不堪。"公曰:"姜氏欲之,焉辟害?"对曰:"姜氏何厌之有? 不如早为之所,无使滋蔓! 蔓,难图也。蔓草犹不可除,况君之宠弟乎?"公曰:"多行不义,必自毙,子姑待之。"既而大叔命西鄙、北鄙贰于己。公子吕曰:"国不堪贰,君将若之何? 欲与大叔,臣请事之;若弗与,则请除之,无生民心。"公曰:"无庸,将自及。"大叔又收贰以为己邑,至于廪延。子封曰:"可矣,厚将得众。"公曰:"不义不昵,厚将崩。"大叔完聚,缮甲兵,具卒乘,将袭郑,夫人将启之。公闻其期,曰:"可矣!"命子封帅车二百乘以伐京。京叛大叔段,段入于鄢,公伐诸鄢。五月辛丑,大叔出奔共。

书曰:"郑伯克段于鄢。"段不弟,故不言弟;如二君,故曰克;称郑伯,讥失教也;谓之郑志。不言出奔,难之也。

遂置姜氏于城颍,而誓之曰:"不及黄泉,无相见也。"既而悔之。

颍考叔为颍谷封人,闻之,有献于公。公赐之食,食舍肉。公问之,对曰:"小人有母,皆尝小人之食矣,未尝君之羹,请以遗之。"公曰:"尔有母遗,繄我独无!"颍考叔曰:"敢问何谓也?"公语之故,且告之悔。对曰:"君何患焉?若阙地及泉,隧而相见,其谁曰不然?"公从之。公入而赋:"大隧之中,其乐也融融!"姜出而赋:"大隧之外,其乐也泄泄!"遂为母子如初。

君子曰:"颍考叔,纯孝也,爱其母,施及庄公。《诗》曰'孝子不匮,永锡尔类。'其是之谓乎!"(《左传·隐公元年》)

曾子曰:"孝子言为可闻,行为可见。言为可闻,所以说远也;行为可见,所以说近也。近者说则亲,远者说则附。亲近而附远,孝子之道也。"(《荀子·大略》)其可闻之言、可见之行,能使"近者亲""远者附",岂止是君子,亦近于王近于圣矣。

概括上述,其主要思想又可用《三字经》中"幼而学,壮而行。上致君,下泽民。扬名声,显父母。光于前,裕于后"以代之。其每一个环节不仅都是孝,而且都能用于今天的实践。

(四)圣人境界

圣人之孝,又可谓大孝。这种境界,绝不是俗人能够达到的,因为它的实现机会很少。实现它不仅需要智慧,而且需要权力或历史的积淀。

孟子曰:"天下大悦而将归己,视天下悦而归己犹草芥也,惟舜为然。不得乎亲,不可以为人。不顺乎亲,不可以为子。舜尽事亲之道,而瞽瞍厎豫。瞽瞍厎豫,而天下化。瞽瞍厎豫,而天下之为父子者定。此之谓大孝。"(《孟子·离娄上》)舜对于父亲的孝,能使天下"父子定"。而俗人即或孝名满天下,也是不能以己之孝而使天下"父子定"的。

"大孝终身慕父母。"(《孟子·万章上》)能做到终生思念、依恋父母的,似乎并非只有圣人,君子、小人或也大有人在。可是,如果它发生于圣人身上,便是圣人之孝。以此可知,俗人也理所当然地具备圣人的某些特征。

"孝子之志,莫大乎尊亲;尊亲之至,莫大乎以天下养。为天子父,尊之至也;以天下养,养之至也。"(《孟子·万章上》)能以天下养父母的,必得拥有绝对的权力。

五、"孝"的超越

由于孝对于人的绝对性地位,其超越只是相对的:一是要充分认识孝的局限性——扶公义而谨私亲;二是孝应尊仁、义、道、德而行,避免愚孝、愚忠。

(一)充分认识"孝"的局限性——扶公义而谨私亲

《吕氏春秋》云:"不私其亲,不可谓孝子;事君枉法,不可谓忠臣。"(《吕氏春秋·高义》)不仅道出了孝的局限性,也点出了孝与忠之间所存在的尖锐矛盾:一方面,凡孝必"私其亲",而"私其亲"则很难不枉法;另一方面,凡忠则很难不弃其孝,故忠孝常难两全。此外,"孝者,所以事君也"(《大学》),"臣子之不孝君父,所谓乱也"(《墨子·兼爱十四》),则更直白地道出了这样的思想。而今天,在国家民族大义与个人私亲之间,究竟如何选择呢? 就一般情况而言,当然应选择民族大义。

(二)遵循仁、义、道、德——避免愚孝、愚忠

孟子认为:"亲之过大而不怨,是愈疏也;亲之过小而怨,是不可矶也。愈疏,不孝也;不可矶,亦不孝也。"(《孟子·告子下》)如果父母有重大过错而不坚决反对,是谓不孝;如果父母有点小过错就激烈地反对,也是不孝。坚决反对,是要让父母在错误的道路上不要越走越远,最后完全葬送亲情孝道;包容小过,则是要坚决维护父母的尊严与权威。这种情况对于父母,是避免愚孝,对于上级则是避免愚忠。但其关键点却并不在于反对与包容本身,而在于对大过、小过的清醒认识。换言之,如果一个人没有相应学识、能力、胸襟是不可能得出正确认识的。另如《荀子·子道》:

> 入孝出弟,人之小行也。上顺下笃,人之中行也。从道不从君,从义不从父,人之大行也。……孝子所以不从命有三:从命则亲危,不从命则亲安,孝子不从命乃衷;从命则亲辱,不从命则亲荣,孝子不从命乃义;从命则禽兽,不从命则修饰,孝子不从命乃敬。故可以从而不从,是不子也;未可以从而从,是不衷也;明于从不从之义,而能致恭敬、忠信、端悫以慎行之,则可谓大孝矣。传曰:"从道不从君,从义不从父。"此之谓也。故劳苦雕萃而能无失其敬,灾祸患难而能无失其

义，则不幸不顺见恶而能无失其爱，非仁人莫能行。《诗》曰："孝子不匮。"此之谓也。鲁哀公问于孔子曰："子从父命，孝乎？臣从君命，贞乎？"三问，孔子不对。孔子趋出，以语子贡曰："乡者，君问丘也，曰：'子从父命，孝乎；臣从君命，贞乎。'三问而丘不对，赐以为何如？"子贡曰："子从父命，孝矣；臣从君命，贞矣；夫子有奚对焉。"孔子曰："小人哉，赐不识也！昔万乘之国有争臣四人，则封疆不削；千乘之国有争臣三人，则社稷不危；百乘之家有争臣二人，则宗庙不毁。父有争子，不行无礼；士有争友，不为不义。故子从父，奚子孝？臣从君，奚臣贞？审其所以从之之谓孝、之谓贞也。"

此外，庄子的"孝子不谀其亲，忠臣不谄其君"（《庄子·天地》）也表达了相类的思想：对于父母之命，从与不从，要从可以预见的结果来考察。如能给父母带来安宁、光荣、威仪则是孝；反之，则不是。事实上，主体只要抛弃了孝的局限性，以仁义道德为准绳来处理思考问题，就一定能在更大的范围、更高的高度实现孝的目标。臣之于君忠，即如子之于父孝，道理亦然。

综合来讲，可知孝分两头：一为有后，二为孝亲。有后为孝之基础，不可超越。孝亲即儿女对父母的养与敬，也即一般所言之孝，可以超越。

人之有孝，主要源于自爱，同时也是社会人的基本道德规范。己所不欲，勿施于人。将心比心，推己及人。人总是要老的，自己孝顺父母、长辈，就是给后人做出榜样，以让自己老时能得到同样的爱。孔子的学生冉有说："君子务本，本立而道生。孝弟也者，其为仁之本与？"（《论语·学而》）可见，儒家认为其他一切仁义道德，都是孝的扩展。换言之，没有孝，要想实现修身、齐家、治国、平天下，都是不可能的。

第八节　什么是"廉"

先秦经典关于"廉"的论述甚少。《周易》《易传》皆无，《老子》有 1 见，《庄子》12 见，《论语》1 见，《孟子》7 见，《左传》3 见，《荀子》17 见，《墨子》11 见，《韩非子》56 见，《孔子家语》10 见，《吕氏春秋》16 见，等等。以此大致可知,春秋之前人们对于廉德既没有深入的认知,也没有足够的重视,而战国后期渐盛。原因是:之前,大家深信只要有了仁义礼智信,廉德也就深蕴其中了;而且物质资源极度缺乏,贪腐现象或很少,所以并未引起特别的注意。之后,对于廉的认识的不断深入,既是生产力的发展进步、社会财富不断增多的结果,也是意识形态、学术思想不断发展进步的必然。

当下,人们看到"廉"字,最可能想到它的反面——贪腐,有时还可能会想到反腐倡廉。可是,究竟什么是廉,如何做才能符合廉的标准,是需要深入学习的。孟子说:"可以取,可以无取,取伤廉。"(《孟子·离娄下》)虽未说什么是廉,但却既具体又抽象地为廉划了界。说它具体,是因其为廉设置了一个明确的标准——"可以取,可以无取"则不可取;说它抽象,是它既没有告知我们什么是可以取的,也没告知什么是不可取的。根据孔子、孟子的其他论述,这个抽象的标准应是义。

就经验世界而言,主体廉否,主要是通过其对于金钱、财富等物质利益所采取的具体行为态度表现出来。对于"可以取,可以无取"的金钱、财富等具体物质利益,正确的做法是要坚决不取;如果取了,就会损害、破坏廉。对于荣誉亦如此,因为取了会有损主体之义,即主体本来就应具有的公平、正义、俭朴、谦虚之形象。司马迁说:"取予者,义之符也。"把"取予"与义紧密联系,即表达了如此思想。换言之,主体对于具体物质利益的行为态度,如果符合了义就是廉,反之就不是。进言之,主体如果取了此物质利益或荣誉,能提高自己的正面光辉形象便是廉,反之便是不廉。

一、"廉"的例说

关于廉的认识,只要把经典论述与现实生活中的实例结合起来,便能得到相对正确而深刻的启示。

(一)"人犯其难,我享其利,非廉也"

此语出自《庄子·让王》。有这样一个故事:张某与李某一起于孤儿院长大,一起读书,一起参加工作,由于性格相近,自然而然地就成了好朋友。之后,一次突发的灾难性事件夺去了张某全家人性命,于是根据张某生前遗嘱,李某便有了一次得到张某所有财产的机会。对于李某而言,此意外之财便成了"可以取,可以无取"之物。是取还是不取,李某开始很是纠结。在经过几个不眠之夜后,李某最后终于做了一个泰然、安心的选择:既全数继承,同时又全数捐出。不久,他读到《吕氏春秋》"人犯其难,我享其利,非廉也"后,豁然开悟:原来自己的一个泰然安心的决定竟然与圣贤同。

现实生活中,类似的机会于一般百姓而言或很少,但于掌握了一定权力的领导者却很多:不仅有"人犯其难,我享其利"之机,而且有更多的"共享其利"之实。但是,当面对"可以取,可以无取"的巨大利益时,若毫不犹豫地选择取时,便不仅会伤廉而且接下来就势必有"可以无取"者也会取之,从而走上一条不归路。

(二)要离伏剑

春秋后期,吴王阖闾为了巩固王权,很想把逃到卫国的王子庆忌杀了,但一直没有成功,于是总是惦记着这件事。一个叫要离的臣下见吴王为此事常食不甘味、夜不成寐,便对他说:"我可以替大王完成心愿。"吴王当即回他:"你? 怎么可能? 当年,我曾派出六名骠骑勇士,一直追到长江边,都没有追上;接着又用弓箭射他,箭矢飞过他的左右,伸手就能抓一大把,但还是没能射中。而你,拔出宝剑不能举过头顶,登车连车上的扶栏都抓不到,凭什么说你能完成我的心愿?"要离回答:"真正的士人,所担心的只是他不够勇敢,又何须担心他有没有能力? 只要大王能真诚地帮助我,我就一定能做到。"吴王听他如此说,觉得也有道理,于是就说:"好吧,我信你。"于是,两人当即密谋,并定下计策。第二天,吴王便加罪于要离,杀了其妻子儿女,焚其尸、扬其灰,并制造机会让他逃走。要离走后,直往卫国投靠王子庆忌。王子庆忌听了要离的故事后,喜形于色,说:"吴王无道,你算是真正见识了,其他诸侯也应是看清楚了。如今你能侥幸逃脱,也算是不幸中之大幸了。"要离在与王子庆忌相处了一段时间之后,即对他说:"现在的吴王,已经越发胡作非为、逆天违道了,我想请王子与我一起回到吴国,杀了吴王把国家夺回来。"王子庆忌很高兴,说:"非常好。"于是便与要离一同乘船过江欲回吴国。船至江中,要离乘王子庆忌不备,拔剑便刺。或由于他太过无能、慌乱,或由于王子庆忌太过强大敏捷,不但刺杀未成,反为王子庆忌抓住头发按到了江中,按下又拉起,拉起又按下,如此多次反复。最后还是把他拉了出来,不但没有杀他,反而对他说:"你,有如此勇气,也算称得国士了。如今,我成全你,让你成名。"要离虽然任务没有完成,但也因王子的成全而没有死,于是,他只好回吴复命。吴王听了要离的报告,不仅没怪罪,而且大悦,并要与他平分江山。要离听后,说:"不行,我回来不是为了分江山,而只是复命请死的。"吴王劝阻他。要离说:"我杀妻灭子,焚其尸、扬其灰,以便于行事,但这就是不仁;我为报答旧主人而杀新主人,这就是不义;我被王子捉住按入江中,三进三出,这就是耻辱。试想,一个受到奇耻大辱且又不仁不义之人,怎么还有脸活在这个世上呢?"吴王无法阻止,要离当即伏剑而死。

《吕氏春秋》作者最后评价说:要离的行为"临大利而不易其义","不以贵富而忘其辱",可见他确是个忠义之士、至廉之人啊。

可是,要离的行为:一方面,正如他自己所说不仁不义且辱;另一方面,以其主观动机与客观结果而言,既不是"至忠",也不是"至廉",而只为名而已。试想,一个"拔剑则不能举臂,上车则不能登轼"的人能完成如此重大的任务吗? 他自己很清楚绝不可能。此事件中,不仅是要离为名,就是王子庆忌与吴王对于要离"博名"行为的一再成全,也是为了自己的名。王子庆忌对要离辱而不杀,得胸怀博大、成人之美之名;吴王对要离的行动不计成败,且欲与之分国,得胸怀博大、大气、大义之名。以此可知,名之所用大矣哉。

此故事还有个"意外"启示:没有真本事,什么也干不成。

在今天看来,要离的一切行为,或只是一个不合逻辑且有点黑色幽默的笑话,但在春秋战国时期,这就是韩非"名之所彰士死之"的真实写照。

相关链接

吴王欲杀王子庆忌而莫之能杀,吴王患之。要离曰:"臣能之。"吴王曰:"汝恶能乎? 吾尝以六马逐之江上矣,而不能及;射之矢,左右满把,而不能中。今汝拔剑则不能举臂,上车则不能登轼,汝恶能?"要离曰:"士患不勇耳,奚患于不能? 王诚能助,臣请必能。"吴王曰:"诺。"明旦加要离罪焉,挚执妻子,焚之而扬其灰。要离走,往见王子庆忌于卫。王子庆忌喜曰:"吴王之无道也,子之所见也,诸侯之所知也。今子得免而去之,亦善矣。"要离与王子庆忌居有间,谓王子庆忌曰:"吴之无道也愈甚,请与王子往夺之国。"王子庆忌曰:"善。"乃与要离俱涉于江。中江,拔剑以刺王子庆忌。王子庆忌捽(捉住并揪住头发)之,投之于江,浮则又取而投之,如此者三。其卒曰:"汝天下之国士也,幸汝以成而名。"要离得不死,归于吴。吴王大说,请与分国。要离曰:"不可。臣请必死!"吴王止之,要离曰:"夫杀妻子,焚之而扬其灰,以便事也,臣以为不仁。夫为故主杀新主,臣以为不义。夫掉而浮乎江,三入三出,特王子庆忌为之赐而不杀耳,臣已为辱矣。夫不仁不义,又且已辱,不可以生。"吴王不能止,果伏剑而死。要离可谓不为赏动矣,故临大利而不易其义;可谓廉矣,廉,故不以贵富而忘其辱。(《吕氏春秋·至忠》)

(三)"申子不自理,廉之害也"

此语出自《庄子·盗跖》。关于申子的故事,最早可见于《左传·僖公四年》。

晋献公想立骊姬为君夫人。因为君夫人位崇权高,立之乃国家大事,所以依惯例,一开始便有专门的主持占卜的史官对此事进行龟卜、筮占。卜筮的结果是:龟卜不吉,筮占吉。晋献公一心想立骊姬,所以坚持说:"遵从筮占的结果。"但帮他占卜的史官却说:"筮占不如龟卜优长,不如遵从龟卜的好。况且其与之相配的繇(同由,即理由)辞解释说:'专宠的随意改变,一定会毁损掉国君最美好的东西。这就像把一把香草与一把臭草放在一起,十年之后都不可避免地留下余臭一样。'"可是,晋献公根本听不进去,仍一意孤行立了骊姬。不久,骊姬生了儿子奚齐,骊姬陪嫁过来的妹妹生了儿子卓子。骊姬一心要废除已成人的太子以立自己的儿子奚齐为太子。在与朝中部分中等职位的大夫阴谋勾结成功之后,她便哄骗太子说:"你的父王夜梦你的母亲齐姜氏,你应立即前去她的陵寝祭祀她。"太子不知有诈,立即到曲沃祭祀。祭祀完毕,按礼制或惯例,便把用于祭祀的祭肉献给父王。晋献公当时正好在外打猎,于是骊姬便把祭肉放在宫中,直到献公六天之后打猎归来。没想到的是,骊姬却让人在肉中渗入毒药献给献公。献公以此肉置于地上,此地竟然因毒药的作用而像坟包一样拱了起来;又给狗吃,狗即刻倒毙;又给一个小宦官吃,小宦官亦即刻死亡。骊姬见此,立马向献公哭诉:"这一切祸患都是太子带来的。"太子申生知道后,心生惶恐,立即逃到了新城。晋献公没有抓到太子,就杀了他的老师杜原款。有人对太子说:"你好好地与你父王辩解,你父王必定能明辨其中是非曲直。"没想到,太子却说:"父王没有骊姬,吃不好,睡不好。我如果辩解,骊姬必定有罪当死。现在父王已然年老,而我又没有其他办法让他快乐。"于是,那人又说:"那么你就逃吧!"太子又说:"如果父王确实不能明辨是非,让我顶此罪名出逃,可又有谁愿意接纳我呢?"到了当年十二月戊申日,太子在抑郁、彷徨无计之中,自缢于新城。太子死后,其弟公子重耳、夷吾又成了骊姬欲立奚齐为太子的障碍,于是她又对献公诬蔑说:"两个公子也知道此事。"重耳闻此消息,只得逃往蒲城,而夷吾逃往屈城。

重耳出逃十九年,晋国因骊姬也就乱了十九年,直到重耳归来,重拾河山。

相 关 链 接

初,晋献公欲以骊姬为夫人,卜之,不吉;筮之,吉。公曰:"从筮。"卜人曰:"筮短龟长,不如从长。且其繇曰:'专之渝,攘公之羭。一薰一莸,十年尚犹有臭。'必不可。"弗听,立之。生奚齐,其娣生卓子。及将立奚齐,既与中大夫成谋,姬谓大子曰:"君梦齐姜,必速祭之。"大子祭于曲沃,归胙于公。公田,姬置诸宫六日。公至,毒而献之。公祭之地,地坟。与犬,犬毙。与小臣,小臣亦毙。姬泣曰:"贼由大子。"大子奔新城。公杀其傅杜原款。或谓大子:"子辞,君必辩焉。"大子曰:"君非姬氏,居不安,食不饱。我辞,姬必有罪。君老矣,吾又不乐。"曰:"子其行乎!"大子曰:"君实不察其罪,被此名也以出,人谁纳我?"十二月戊申,缢于新城。姬遂谮二公子曰:"皆知之。"重耳奔蒲,夷吾奔屈。(《左传·僖公四年》)

申子即申生,也即晋献公世子,或称大子、太子。庄子认为申生不愿为自己辩护,其实就是心中的廉德害了他。但此说实不能深入追问。

庄子的这种认识不仅片面,而且大大贬损了廉的价值。因为廉总是与义紧密联系,所以申生的自辩不仅必须,而且就是廉的最直接表达。庄子的另一说"众人重利,廉士重名"(《庄子·刻意》)即是对自己上述思想的自我反驳:申生不为自己申辩清白,就是自毁其名,就是不义,也即丢掉了廉的核心——直,即公平、正义。此外,"忠臣廉士,内之则谏其君之过也,外之则死人臣之义也"(《吕氏春秋·恃君》),"廉守以名"(《逸周书·文政解》)等论述皆表达了这样的观点。老子说得更为深刻:君子必须"廉而不刿"(《老子》第五十八章,即既要清廉、正直奉公,又要不昏庸、不暗昧)。以此可知,申生自杀,不是"廉之害也",而是"刿之害也",亦如荀子所言:"廉而不见贵者,刿也。"(《荀子·荣辱》)

换言之,主体如果正直、廉洁,却得不到别人的尊重、重视、信任,不是因为正直、廉洁本身害了他,而是因为自身昏庸、暗昧、愚蠢或缺乏智慧、策略所造成。

(四)廉不改节

仁人廉士即或穷困潦倒、穷途末路也不会改变自己对于心中理想的不懈追求。换孟子语即"富贵不能淫,贫贱不能移,威武不能屈",换荀子语即:"权利不能倾也,群众不能移也,天下不能荡也。生乎由是,死乎由是,夫是之谓德操。"

下述故事中的颜回既是廉不改节的具体实践者,也是儒家文化中仁人廉士的代表性人物。

> 孔子厄于陈蔡,从者七日不食。子贡以所赍货,窃犯围而出,告籴于野人,得米一石焉。颜回、仲由炊之于坏屋之下,有埃墨堕饭中,颜回取而食之。子贡自井望见之,不悦,以为窃食也。入问孔子曰:"仁人廉士,穷改节乎?"孔子曰:"改节即何称于仁义哉?"子贡曰:"若回也,其不改节乎?"子曰:"然。"子贡以所饭告孔子。子曰:"吾信回之为仁久矣,虽汝有云,弗以疑也,其或者必有故乎?汝止,吾将问之。"召颜回曰:"畴昔予梦见先人,岂或启佑我哉?子炊而进饭,吾将进焉。"对曰:"向有埃墨堕饭中,欲置之,则不洁;欲弃之,则可惜。回即食之,不可祭也。"孔子曰:"然乎,吾亦食之。"颜回出,孔子顾谓二三子曰:"吾之信回也,非待今日也。"二三子由此乃服之。(《孔子家语·在厄第二十》)

颜回把沾有黑色尘埃的饭粒偷偷吃掉,既可谓之仁,亦可谓之俭;之后,能把实情对孔子和盘托出,既可谓之诚,亦可谓之直、谓之信;能得到"二三子由此乃服之",则可谓之义。既义且俭、诚、信、直,故可谓之有德。

现实生活中,"廉不改节""富不改节"均好理解,但要做到却难。因为贫穷常令人沮丧气短、丧失信心,而物欲的追逐与满足又易迷惑人性,故它们都有可能让主体逐渐丧失对于高远精神境界的不懈追求。

二、"廉"字初文构形的汉字学哲学解读

"廉"字初文为𪊽,形声字,亦可会意。《说文解字》云:"廉,仄也。从

广,兼声。"这种解读,不能说错,但很不全面。

（一）从广

"廉"之左上部为 ,即广。"从广"是说,廉的所有意义均源于"广"而与"兼"无关,"厃"自然也不例外。而"兼",只是表声。 是个象形字,像依崖所建之屋。"因崖成屋谓之广"（宋李诫《营造法式·总释上·宫》）,音眼;又读安,同庵,意为草屋。庵是"广"字隶变的结果。隶写"广"时,书写者因嫌其右下空旷而增加部件"奄"而成。如以繁体"廣"之初文为 分析,"广"又与"宀"同,也即房子。以此可知,廉之"从广"至少意有三层:

其一,廉的实现,对于主体而言,首先应当有最基本的住房条件。依山崖而建的小屋或草屋,寓示墙壁不全,或很寒酸,但毕竟可为安身之所。

其二,廉,同时也意味着国家公职人员不能公费拥有宽大豪华的住房。廉,本来就有相对狭小、逼仄之意。（如《齐民要术·耕田》:"凡秋耕欲深,春夏欲浅;犁欲廉,劳欲再。"其廉即狭窄、逼仄之意）当然,这里的狭小只是相对于宽大、豪华、奢侈而言。

其三,廉之住房还意味着:对于国家而言,它造价便宜;对于公职人员而言,则价格便宜。

（二）兼声

一般认为此字的"兼声"没有意义,但其亦可会意。

"兼"之初文为 ,即一手秉两禾。

禾,既是水稻、粟,或一切粮食作物的总称,也是和之初文。"禾"之所以同于和,是因为在中国,由于大陆性季风气候的强烈影响,一切粮食的丰收,甚至最基本的收获,都是各种自然因素风云际会、人类辛苦劳动与抗争等高度和合的结果。粮食能给人以最基本的衣食资源,故它既是最基本的善,也是最基本的利。以此可知,禾、和、利、义、善,其本义是内在地联系在一起的。

手,既是人之手、主体之手,亦通"又"。一手持两禾,意味着兼既须顾及利与义,又须实现和与善。

（三）"广""兼"合一

弄清了"广""兼"之本义后,"廉"的深意便十分清楚:

廉的实现是一个系统工程:既需要国家、社会的积极主导、倡导、引导,也需要个人的积极认识、参与、支持。主导,主要表现为有国家社会资金、资源的投入(《老子》第八十章:"甘其食,美其服,安其居,乐其俗。"即是这种主导工程之一)。倡导,主要表现为有当权者不断宣传(《韩非子·用人》:"明主厉廉耻,招仁义。"即是这种倡导工程之一)。引导,则主要表现为奖掖率先垂范者(《韩非子·十过》:"坚中,则足以为表;廉外,则可以大任。"即是这种引导工程之一)。

廉之内容丰富,以不贪暴、节俭、节省、简略、谦卑为基础,以公正为核心。自古及今,贪婪乃一切罪恶之源;暴虐既是性格使然,更为权力造就。节俭、节省、简略、谦卑既是尊重自然、社会客观规律,亦是修身养性、远害全身的策略。所以老子主张"去甚、去奢、去泰"(《老子》第二十九章),实为实现廉德之最有效途径。公正,乃道德之核心,合规律性与合目的性的统一。没有公正的道德或廉是荒谬的。

廉之内涵深刻玄远,唯既有高远精神追求又能不断学习、探索者才有可能窥见廉意之一二。《广韵·盐韵》"廉,俭也",《释名·释言语》"廉,敛也",《广雅·释言》"廉,棱也",韦昭"廉,直也",《玉篇·广部》"廉,清也",皆从某个侧面呈示了廉的内涵与价值,但事实远非仅此。

三、"廉"的经典解读

(一)"安则智廉生,危则争鄙起"

此语出自《韩非子·安危》。在古人的论述中,以"廉"为核心的联合词组很多,如廉善、廉能、廉敬、廉正、廉法、廉辨、廉明、廉守、廉勇、廉洁、廉直、廉耻、清廉、贞廉、诚廉、简廉、智廉等,现在常用的主要有廉明、廉耻、清廉、廉洁等。不过在韩非子的心中,廉的存在或实现是有一定的客观条件的,那就是安。如果天下无道、政局混乱,那么廉的实现往往就无从谈起。所以,廉似只是一种为盛世所青睐与强烈欲求的道德。这种思想不仅与贾谊所言"是以牧民之道,务在安之而已""安民可与为义,而危民易与为非"高度一致,也与汉字学哲学关于"廉"字初文构形的认知高度吻合。

综合上述,"智廉生""牧民之道""可与为义"等,似乎都建立在一个"安"字上。"安"的构形:首先是有房子,然后是有女人。房子即恒产的象征,女人即家的象征。孟子说:"民无恒产,便无恒心。"恒心者,坚定不移之道德之心也。有此心且有家者,当然尚义而难为非或不为非,即自然盼安、愿安、易安、更安。或偶有逆行者,则必无响应之助,且必遭严惩。于是,在"安"的背景下,廉不仅是社会共敬之德,而且就是智的具体表现。

可是,以上所论似仅局限于民——一般百姓。而当民不再是民而成了官之后(官既与民相对,也是民的一部分),此语便成悖论。原因除了人的动物性的自私,文化造就的贪婪,法律、制度的不健全,舆论监督的无力,社会对道德的认知混乱,主体缺乏精神境界,等等,似乎还有鲜为人知一面,即为官之危。没有当过官,自然很难深刻明了这一点。"不入其门,讵窥其奥者也。"(《书谱》)但从当事人的叙述、新闻的流播,不难看出其中有"危"字在作怪——惧怕拥有的诸多好处随时随地会失去。即或不会在任上失去,也会因为退休失去。这种危机感潜伏于为官者的心灵深处。其实,要解决这种危机感本来是有很好的办法的,那就是——好学。可是,有的人却转向对金钱、物质的贪婪。成百套房子,几辈子享用不尽的巨款,似乎可以应对失去权力时的危机了。可是,他们难道不会想到这样又可能带来更大的危险吗?当然曾想到。不过,自以为的聪明加上对金钱巨大力量的迷信,再加上拥有时的巨大快感,自然使人迷惑,于是导致完全的非理性。

(二)廉于行己

此语出自《孔子家语·弟子行第十二》。廉,主要是相对主体自身而言,既具强烈主体性、主观性、自律性,又总与义和行为、实践紧密联系。换言之,廉与不廉,关键在于主体根据义或耻辱之自我认知而做出的选择。如果认知、选择、行动正确则廉,反之则不廉。

据《左传·襄公十五年》:

> 宋人或得玉,献诸子罕。子罕弗受。献玉者曰:"以示玉人,玉人以为宝也,故敢献之。"子罕曰:"我以不贪为宝,尔以玉为宝,若以与我,皆丧宝也。不若人有其宝。"

子罕以"不贪为宝",实"廉于行己"之谓也。

(三)"廉则锉"

此语出自《庄子·山木》:"成则毁,廉则锉,尊则议,有为则亏,贤则谋,不肖则欺,胡可得而必?"此廉重在突出棱角锐利不易保持、绝对的公平正义难以实现的思想。其意与老子"挫其锐"(《老子》第四章)相类。

岁月的大河滚滚向前,年轻气盛、有棱有角的我们投入其间,要不了几个春秋,大多就会棱角尽失,变得浑圆。偶尔有质地坚硬者,留下几个或隐或现的"钝角"也就很不错了。人如此,物更加如此。所以,锋芒总是不能或难以毕露。一旦毕露,必遭挫折。因为太过锐利的锋芒总是容易使人受伤:不是伤到别人,就是伤到自己或家人。于是,受伤的过程,同时也是变成浑圆的过程。把此意引入对于廉或公平、正义、清廉、简朴、谦虚的认知与实践,可知"可以取,可以无取"之利益,如果很少,取之不仅不会有损于义,且有利于义的实现,那么就可取之。毛泽东也曾收受同事、朋友、战友、湖南故乡本家、百姓,陕北根据地干部群众的礼物,坦而受之,诚而谢之,不仅没有损害其威仪,反而提高了其亲和力。所以,不要把廉等同于不讲正常的人情世故、基本礼仪,从而抛弃了其本来兼具的和、善之意。老子说"正善治"(《老子》第八章),即如果你所奉行的公平、正义、清廉、简朴、谦虚太过极端而无益于治,那么就说明它是不适当、不合宜的。亦如"墨翟贵廉"(《吕氏春秋·不二》),廉则廉矣,却在实践中因太过极端而不能得到可持续性发展一样。正确的办法只有一个,那就是依老子的"方而不割,廉而不刿,直而不肆,光而不耀"(《老子》第五十八章)而行。以立得住的方正立身,在尖锐的拐角处又有点圆,为的是既不伤害自己也不伤害别人,更不会伤害真理或公平、正义。

(四)"清廉中绳,愈穷愈荣"

此语出自《吕氏春秋·离俗》:"世之所不足者,理义也;所有余者,妄苟也。民之情,贵所不足,贱所有余,故布衣、人臣之行,洁白清廉中绳,愈穷愈荣,虽死,天下愈高之,所不足也。"其所述时代背景为乱世:理义稀缺,妄苟盛行,清廉中绳者少。正因清廉中绳少,所以受到社会普遍推崇。这与孔子"邦有道,贫且贱焉,耻也;邦无道,富且贵焉,耻也"高度一致。可是,需要特别强调的是,清廉中绳无论盛世乱世均可循之,但愈穷愈荣则不能。换言之,廉虽有不贪暴、节俭、节省、简略、谦卑之意,但却不等同于愈穷愈荣。因为愈穷愈荣不仅不合人性、人情、社会发展规律性,亦未兼顾到廉本应有的义、利、和、善诸价值。当然,与孔子的"富之"治国理念更是背道而驰。

综合上述,廉德主要是盛世道德,常与仁、义、礼、智、和、利、善、不贪暴、节俭、节省、简略、谦卑等紧密联系,既带有强烈主体性、主观性、自律性,又与当权者、国家、社会对于廉的主导、引导、倡导、建设紧密相关。它既不是愈穷愈荣,也不是"可以取,可以无取"而取之。换言之,只要我们深刻地了解并践行仁、义、礼、智等,就实现了对于廉的超越。

第九节　什么是"耻"

有人认为中国传统文化中没有耻感文化,只有乐感文化。这是一种无知。中国人不仅早有耻感文化,而且深刻地知道耻与辱之间既有共同之处亦有巨大差别。耻源于主体自身对于外界事物的主观认知,辱则源于外界对于主体的强加。主体深以为耻的事物常常是推动主体战胜自我的强大动力,至于外界强加于主体的辱,有能让主体引以为耻的,也有可能让主体反以为荣的。

先秦经典关于"耻"的论述,其中《周易》中无,《老子》中无,《尚书》2 见,《庄子》11 见,《论语》17 见,《左传》38 见,《孟子》19 见,《荀子》20 见,《吕氏春秋》有 11 见,《孔子家语》20 见,《诗经》2 见,《墨子》无,《管子》20 见,《商君书》15 见,等等。大致可知其相对于仁、义、礼、智、信诸德目而言相对较少,但有真知灼见的却不少。适当地了解中国传统文化中的耻感文化,不仅可以增加对于耻的认识,更重要的是能从耻、辱中寻到不断前行的强大内驱动力。

一、"耻"的例说

《说文解字》云:"耻,辱也。""辱,耻也。"可见,耻、辱相通,耻源于辱,辱亦源于耻。但事实是,辱只是耻的小部分来源,并非全部。人类引以为耻的情感主要源于自己内心对于外界事物的感受或认知。

但在此,先讲一个以辱为耻,以耻为辱,耻辱混同于一的故事。

吴王阖闾在位的第十九年夏天,吴国发起了一场对越国的战争。战争的直接原因是此前不久,越国趁吴国全力进攻楚国都城郢而后方兵力空虚之机,发动了一场对吴的偷袭。吴损失惨重,深以为耻,意欲报仇。但这种耻很明显,是由越先与吴以辱而产生的。

接下来,针对吴国的报复,越王勾践很重视,亲率大军在槜李一带迎击。阖闾见越军锋芒正锐，故安营扎寨屯兵以挫其锐。为了彻底击败吴军，越王勾践耍了个小计谋：派出一小队敢死队一而再、再而三地对吴军进行袭扰、挑战。前两次均没有成功，最后一次则改变策略，一至吴军营寨下，便大呼小叫、高声谩骂。见吴军不出迎战，便挥剑自砍自杀。吴军部分士兵看见此举，大为惊异，以至奔走相告，争相向前欲一睹为快，遂至军营内秩序大乱。于是勾践抓住时机大举进攻，吴军招架不住，一再退却，越军直追到吴境姑苏大败吴军，又迫其再后撤七里乃止。吴王阖闾在败退之际不幸为越军伤及手指，本无大碍，但却感染发炎，不久病发而死。临终之际，立夫差为太子，并对他说："你会忘记是勾践杀了你的父亲吗？"夫差回答："绝不敢忘！"三年之后，夫差通过努力终于报了父仇。

相 关 链 接

十九年夏，吴伐越，越王句践迎击之檇李。越使死士挑战，三行造吴师，呼，自刭。吴师观之，越因伐吴，败之姑苏，伤吴王阖庐指，军却七里。吴王病伤而死。阖庐使立太子夫差，谓曰："尔而忘句践杀汝父乎？"对曰："不敢！"三年，乃报越。（《史记·吴太伯世家第一》）

吴王阖闾本想报越偷袭之仇，未曾料出师不捷身先死。旧恨新仇，羞愧愤怒，既耻且辱，只有寄希望于儿子夫差了。

夫差当政元年，用大夫伯嚭为宰相，励精图治：一方面大力发展经济，增加粮食生产；另一方面秘密严格训练士卒，教其格斗、射箭，强大军队。又过两年，吴国元气恢复，夫差即秉父志再次倾全国之兵发动了伐越战争。战斗在越境夫椒一带展开，由于越军比之过去有所懈怠轻敌，结果大败。越王见大势不妙，只得带领剩下的五千士卒屈辱退回到会稽，并派大夫文种以行贿于宰相伯嚭的办法获得吴王通融：以附庸国的方式让越国苟存下来。当时吴国大将伍子胥（即伍员）是主张乘胜追击，一举灭亡越国以绝后患的，并告诫夫差："吴不灭越，越必灭吴。"夫差不听。而越作为附庸国，则不仅要向宗主国交钱交粮送美女，越王勾践本人也要亲赴吴都为夫差牵马坠镫受辱，以示驯服。夫差很享受这个过程，他坚定地认为，只有这样做才是为父报仇雪耻。

相 关 链 接

王夫差元年,以大夫伯嚭为太宰。习战射,常以报越为志。二年,吴王悉精兵以伐越,败之夫椒,报姑苏也。越王句践乃以甲兵五千人栖于会稽,使大夫种因吴太宰嚭而行成,请委国为臣妾。(《史记·吴太伯世家第一》)

阖闾之耻辱转而成为夫差奋发向上的强大动力。不到三年,夫差不仅报了父仇,而且以更加极端的方式羞辱了对手。勾践战败,为存国续种,不得不"请委国为臣妾"。这对越而言,既是奇耻大辱,但同时也可算一条不得已或又隐讳曲折的计谋。如果夫差听从伍子胥,不图虚名,灭掉越国,历史也就没有了后续的精彩故事了。夫差辱越,虽满足了自己雪耻报仇的欲望,却也为之后的身死国灭埋下了伏笔。

后面勾践卧薪尝胆的故事,在中国已妇孺皆知。勾践吃尽苦头,受尽侮辱,用尽心力。"十年生聚,而十年教训",最后终于灭了吴国。

相 关 链 接

越王苦会稽之耻,欲深得民心,以致必死于吴。身不安枕席,口不甘厚味,目不视靡曼,耳不听钟鼓。三年苦身劳力,焦唇干肺,内亲群臣,下养百姓,以来其心。有甘脆不足分,弗敢食;有酒流之江,与民同之。身亲耕而食,妻亲织而衣。味禁珍,衣禁袭,色禁二。时出行路,从车载食,以视孤寡老弱之溃病、困穷、颜色愁悴、不赡者,必身自食之。于是属诸大夫而告之曰:"愿一与吴徼天下之衷。今吴、越之国相与俱残,士大夫履肝肺,同日而死,孤与吴王接颈交臂而偾,此孤之大愿也。若此而不可得也,内量吾国不足以伤吴,外事之诸侯不能害之,则孤将弃国家,释群臣,服剑臂刃,变容貌,易姓名,执箕帚而臣事之,以与吴王争一旦之死。孤虽知要领不属,首足异处,四枝布裂,为天下戮,孤之志必将出焉!"于是异日果与吴战于五湖,吴师大败,遂大围王宫,城门不守,擒夫差,戮吴相,残吴二年而霸。此先顺民心也。(《吕氏春秋·顺民》)

上述吴越争霸故事中,无论阖闾之败夫差承之,还是勾践之败且自"请委国为臣妾",皆各自以为既耻且辱。其中之耻皆由辱生,故耻辱一体,不可分割。为雪耻洗辱，无论是夫差还是勾践皆忍受住了常人不能忍受的痛苦，焕发出了无穷的能量。以此观之，对于具有强烈自尊意识的人而言，耻辱皆能转化为实现目标、成就事业的强大动力。不仅夫差、勾践如此，古今中外，众多仁人志士，其成功成仁也多与其正确的荣辱观密切相关。周文王羑里之拘，屈原洞庭流放，孙子膑脚，韩非囚秦，司马迁宫刑，韩信胯下受辱，中华民族近代以来的失地丧权辱国，等等，无不既耻且辱。其背后的深刻原因，既能给予我们积极正面的启示，亦能让我们感受到人生的无常与世事的悲凉。

可是，这种把耻与辱完全混同于一的解释，虽说出了耻的部分真相，但忽略了耻、辱之间的巨大差别，所以这种解读又是很有问题的：其一，此两字构形大异，故其意必有不同；其二，在各种经典中，其能够混用的虽还有一些，如："齐王欲战，使人赴触子，耻而訾之曰：'不战，必划若类，掘若垄！'"（《吕氏春秋·权勋》，即齐王想要尽快与燕进行决战，便派使者以羞辱的口气与言辞对他的军队统帅触子传达命令说："你如果不立即与燕国进行决战，我必定要杀了你们！不仅要杀了你们，还要掘了你们祖宗的坟墓！"）此语之耻亦可以辱代之。对于触子而言，可谓既耻且辱，因此触子"欲齐军之败"，"战合，击金而却之"，终使齐国大败。齐王几乎身死国灭，被迫走莒；触子不知所终。以此观之，齐王身为一国之君，在重大战事进行之际，任性恣意，不明君臣礼义，尽显心胸狭隘、言行乖舛，以辱人始，以辱己终，岂不悲哉。但多数经典用法，却直接凸显了二者之间的不同。无论如何，关于耻的各种认识，皆可从汉字学哲学中找到依据。

二、"耻"字初文构形的汉字学哲学解读

"耻"字初文为![耻字金文]，左为耳，右为心。《说文解字》认为它为形声字："从心，耳声。"也即耻之意源于心，与耳没什么关系。可是后来，心又变成了止，是否说明耻又可改释为"从止，耳声"呢？一般认为不能，因为"止"只是心在书写过程中的一种书写性演变。可事实或并非完全如此，即心变为止既有书写性原因，也有意识形态上的原因。

（一）从心

唯人有心，唯心知耻。人皆有心，人皆有耻，人皆知耻。所以孟子说

"人不可以无耻",人若无耻,则连做人的资格都没有了。不仅如此,人又各有其心(性、身),故人各有其耻。即由于立场、观点、性别、年龄等原因,无论主体对于耻的认知,还是社会共同体对于耻(辱)的规范皆会有不同。如某人深研某学,对于其中某问题有不能深入认知者,则深以为耻,然他人则不会有如此心理或情感。

（二）从耳

《说文解字》认为耻为"耳声",即认为耳对于耻而言只是一个示声附件,没有什么实际意义,但实际上可能并非如此。换言之,耳对于"耻"与心对于"耻"一样,可能亦有重大意义。

老子姓李,名耳,字聃。其命名取字皆与其生而耳大且长且厚有关。古人认为,人若耳大则善听,善听则"圣"。故"圣"之初文即为人顶着一只

大耳朵——。后世造字,凡有耳者,莫不与聪明、智慧有关。上面所述人皆有耻,心知之。可心如何能知? 主要以耳为媒介。"兼听则明""圣人不病",既能让圣人、君子聪明睿智,亦能让圣人、君子避免耻辱,其首先必须实现的便是耳与心对于语言的听取、选择与辨析。

（三）从止

一般认为,由"耻"而耻,或只是汉字书写过程中的一种简化或自然变化,并无意义。但深究之,或亦有他意。老子说"知止可以不殆"(《老子》第三十二章),一个人如能用自己的思想控制行动——达致理性的自知——适可而止,能做好自己名分内的事,不随意僭越,便能让自己避免伤害或危险,亦即避免耻辱。以此可知,"从止"于耻而言,亦有深意。事实上,世人"生年不满百,常怀千岁忧"者为多,有几人能真正知止? 不能知止者,难免有耻。孔子说:"及其老也,血气既衰,戒之在得。"(《论语·季氏》)既是说要知止,同时也是在说要知耻。

（四）"耻""辱"之异同

从两字构形上看,其本义则很不相同。耻,主要是指主体在耳与心受到某种事物刺激后而产生的心理活动。它主要表现为主体的各种情感或情绪:羞愧、耻辱、丢脸、没面子等。它常常与义,即"己之威仪"紧密联系。辱,则是源于主体之外且通过不同形式强加于主体的各种羞辱、惩罚、玷污、辜负、委

屈或挫折、埋没等。它不仅涉及义,亦可能涉及道德、法律或其他社会行为规范。辱之初形为⚬,与今之"辱"同构,上为"辰—⚬",下为"寸—⚬"。《说文解字》云:"辰,震也。"震源于雷,不可抗拒。但从辰之初形来看,却是人以手凿击岩壁之形,故辰常常与劳动相关,如耨、蓐、農等字皆有"辰";从时间上看,辰是早晨七至九时,这在中国大部分地区,天已大明,即意味着公开公众场合;从属相上看,辰属龙,是权力、权威的象征,亦不可抗拒。寸,为一只持有某物的手。其物或为兵器,或为官印,或为把柄,或任意某物,皆意为有所把持。以此观之,人之辱源于方方面面,或为共同体规章制度,或为权威,或为强势,等等,故要想完全避免,似不可能。关键看主体如何设法避免与应对。子贡曾对孔子说:"我不欲人之加诸我也,吾亦欲无加诸人。"孔子却对他说:"赐也,非尔所及也。"孔子是在明确告诉子贡:我们如果不想欺凌侮辱别人是可以做得到的,但要完全避免被他人欺凌侮辱却是做不到的。原因就是,我们对于外界的许多强大势力往往都是无能为力的。

由于环境、教育、文化、传统等影响,对于同样事件,不同主体既会有相似的感觉或反应,也会有完全不同的感觉或反应。换言之,对于同样性质的事件,某些人可能会认为既耻且辱,某些人可能会认为非耻仅辱,某些人则可能会不以为耻、反以为荣。其中认为"既耻且辱"者,实际上是从情感上把耻与辱紧密联系在一起了,也即认为耻就是辱。如《左传·襄公十八年》"子殿国师,齐之辱也",《国语·越语上》"昔者夫差耻吾君于诸侯之国"等,其中耻、辱皆可互换。

三、"耻"的经典解读

(一)"耻"非"辱"

古代经典的论述,大多认为耻、辱有分。

1."有耻且格"

此语出自《论语·为政》:"道之以政,齐之以刑,民免而无耻;道之以德,齐之以礼,有耻且格。"(即用苛政与刑罚来治理天下,百姓即使能免于犯罪,也不会有廉耻之心;用道德与礼义来治理天下,百姓不仅会产生廉耻之心,而且会人心正直)此语中耻与辱大不同,不能互代。因为"道之以政,齐之以刑",让百姓能感受的只是辱,并不一定能知耻、明耻;唯有"道之以德,齐之以礼",才可能让他们从内心深处知道什么是耻。而道德、礼的实现,能让人明耻,是因其比一般的"一于法"或"刑政"要困难很多。即如不长时间地把教育与修身结合起来,则绝难实现。至于教育,中国古人无不认为"身教重于言教"——"行不言之教";至于修身,则认为"自天子以至于庶人,壹是皆以修身为本",没有人可以例外。"修身者,智之府也。"智能明是非,而明是非则是明耻的前提。"好学近乎智",故明耻就必须好学,但好学又是俗人所做不到的。所以能真正深刻地知道什么耻的人不多。孟子举例子说,有人有个手指头伸不直,既不疼也不碍事,但他却会深以为耻。如果能治,那么不远千里都会去把它治好。如若心智不如人,且以好学就能解决,但却很少有人会这样去做,更不会以此为耻。这个世界绝大多数人都不知道这两者关系孰大孰小,就是知道也不会或很难去践行。因为好学是这个世界上最难做到的事。

相 关 链 接

孟子曰:"今有无名之指,屈而不信,非疾痛害事也,如有能信之者,则不远秦、楚之路,为指之不若人也。指不若人,则知恶之;心不若人,则不知恶,此之谓不知类也。"(《孟子·告子上》)

2."臣窃为君耻之"

关于耻非辱的解读,晋平公铸钟的故事,或可给我们更加直观而深刻的启示:

晋平公铸为大钟,使工听之,皆以为调矣。师旷曰:"不调,请更铸之。"平公曰:"工皆以为调矣。"师旷曰:"后世有知音者,将知钟之不调也,臣窃为君耻之。"至于师涓而果知钟之不调也。是师旷欲善调钟,以为后世之知音者也。(《吕氏春秋·长见》)

师旷能知钟之不调,是因为长期学习音乐,不仅对音乐有深入认知,而且不能深知音乐为耻。更重要的是,他还能"窃为君耻之"。这种心理活动,是一种高尚的道德心理活动。其涵括的道德内容既有仁义,更有忠恕。仁主要表现为对晋平公的敬爱;义表现为既维护了自己的形象,也维护了平公的威仪;忠既表现了其对音乐的热爱,也表达了其对平公的忠诚;恕表现为志向高远、思虑长久,并能由此及彼、推己及人。换言之,既然师旷能知钟之不调,那么当世或后世就一定同样有人知道。即或此外没人知道而只要自己心中明白,那么也会深以为耻。

这个故事的最深层意思是:耻与辱有时根本就没有什么联系。换言之,师旷以不深知音乐为耻,且能"为君耻之",皆是一种产生于内心深处自发的羞愧情绪,既源于道德意识,亦源于好学深识,实与辱无关。

再后来,"至于师涓而果知钟之不调也",终于证明了师旷的好学明耻的正确性。

另如"古者言之不出,耻躬之不逮也"(《论语·里仁》,即古时候人们不轻易把话说出来,因为他们会以自己的行为赶不上言语为可耻),"不耻下问"(《论语·公冶长》,即不以向比自己地位低权势小的人请教感到羞耻),"巧言令色足恭,左丘明耻之,丘亦耻之。匿怨而友其人,左丘明耻之,丘亦耻之"(《论语·公冶长》,即满嘴花言巧语,满脸伪善神色、过于毕恭毕敬,这种态度,左丘明认为可耻,我也认为可耻。心中藏着怨恨,表面却与人要好,这种行为,左丘明认为可耻,我也认为可耻),"君子耻其言而过其行"(《论语·宪问》,即君子常以巧言令色超过自己的行动实践为羞耻),"行己有耻,使于四方,不辱君命,可谓士矣"(《论语·子路》,即对自己的行为知道何为羞耻,出使外国能完成君主的使命,这样就可以称作士了),"小人不耻不仁,不畏不义,不见利不劝,不威不惩"(《易传·系辞传下》,即小人不会以自己的不仁为耻,也不会畏惧行不义之事,如果没有利益可图就不会受到鼓励,如果没有足够的威势就不会害怕惩罚),"其心愧耻,若挞于市"(《尚书·商书·说命下》,即内心感到羞愧可耻,就像被人在大庭广众之下棒打鞭笞一样),"一人衡行于天下,武王耻之"(《孟子·梁惠王下》,即一个人如果凭借一己之力就想横行天下,这在武王看来,会深以为耻)等,其耻虽部分含有辱之意,但却皆不能以辱代之。

(二)知"耻"远"辱"

1."君子耻服其服而无其容,耻有其容而无其辞,耻有其辞而无其德,耻有其德而无其行"

此语出自《礼记·表记》。人之服饰与仪容,仪容与言辞,言辞与品德,品德与行为,如不能表里如一、协调一致便应自以为耻。此耻皆为君子自发的感觉,与辱无关。

"君子有五耻:居其位,无其言,君子耻之;有其言,无其行,君子耻之;既得之而又失之,君子耻之;地有余而民不足,君子耻之;众寡均而倍焉,君子耻之"(《礼记·杂记下》),"子孙之守宗庙社稷者,其先祖无美而称之,是诬也;有善而弗知,不明也;知而弗传,不仁也。此三者,君子之所耻也"(《礼记·祭统》)等,其耻皆为君子自发的感觉,亦与辱无关。其意则为明耻示教。其中"得之而又失之"者,是言智虽能得之,仁却不能守也;"众寡均而倍焉"者,言君子取之不义也;"先祖无美而称"者,言子孙"窃义"也;"有善而弗知",言子孙非智也;"知而弗传"者,言子孙非孝非礼也。故三者皆为君子所耻的。

2."无启宠纳侮,无耻过作非"

此语出自《尚书·商书·说命中》,文约理赡、言简意深。

"启宠纳侮",即为了邀宠,自取其辱。"宠为下",故宠从来就不具平等性。它常常与侮、辱紧密联系,所以老子一再强调:"宠辱若惊,贵大患若身。何谓宠辱若惊?宠为下。得之若惊,失之若惊,是谓宠辱若惊。"(《老子》第十三章)人如为了邀本来就"为下"的宠而出卖自我尊严甚或灵魂,认贼作父、甘受凌辱,皆是为人所不齿的。

"耻过作非",因为小过而感到羞耻,却用谎言掩盖谎言,用犯罪掩盖过失,一步错、步步错,更是罪大恶极。其原因主要有两方面:一是没有正确的世界观、人生观、价值观、是非观;二是心存侥幸,总认为自己比别人聪明,为非作歹亦可神不知鬼不觉。2010年西安音乐学院学生药家鑫,因车祸伤人,为掩盖过失进而杀人,便是这种"耻过作非"的极端案例之一。

3."世之爵禄不足以为劝,戮耻不足以为辱"

此语出自《庄子·秋水》,意为俗世的爵禄不足以让其得到鼓励,俗世的极刑不足以让其感到耻辱。这种行为对于君子而言又可称作穆行,其人又可称为穆士。因为他们具有坚定道德信念,所以有些时候又会被人称为圣人、英雄,或是志士仁人。此语境中耻与辱亦可互换。因"戮耻"为外界所强加,故亦可为辱,但却不一定是主体所认可的耻辱,故又"不足以为辱"。它与"举世而誉之而不加劝,举世而非之而不加沮"(《庄子·逍遥游》,即全天下人都称赞我,也不可能给予我鼓励;全天下人都诽谤我,也不能令我感到沮丧),"志士不忘在沟壑,勇士不忘丧其元"(《孟子·万章下》,即有志之士即或沦落沟壑之中,也不会忘记自己作为志士所应当坚守的理想、信念;真正的勇士即或丢掉脑袋,也不会忘记自己作为勇士所应当坚守的理想、信念),"人知之不为劝,人不知不为沮"(《吕氏春秋·至忠》)等句皆异曲同工。因其意皆言人有坚定的道德之心。有坚定的道德之心者，必有自己独立之道德理想或荣辱观。这种人在天下有道时，或与天下主流道德意识相同；在天下无道时，则可能不顾个人荣辱而以身殉道。

4."知耻近乎勇"

此语出自《礼记·中庸》："好学近乎知，力行近乎仁，知耻近乎勇。知斯三者，则知所以修身；知所以修身，则知所以治人；知所以治人，则知所以治天下国家矣。"司马迁在《报任安书》中亦有类似的论述："耻辱者，勇之决也。"面对耻辱，勇主要表现为有用的力行。即如果其行的选择符合义，能提高主体"己之威仪"便是勇。以此可知，勇与仁、义、智等紧密联系。换言之，如果主体之行违背了上述诸德目，即非勇。"知耻近乎勇"，知耻虽然离勇很近，但并不等于勇，即离勇还有一定距离。这说明的问题是，知与行总有一定距离。就一般情况而言，如果主体真正实现了知，其行就一定会与之一致。但事实是，不仅知之深刻实现不容易，就是行的选择也同样存在知的问题。孔子曾对子路说"知德者鲜矣"，亦表达了同样的思想。司马迁的选择，无论是从历史还是今天看来，都是最伟大的智或勇。因为他的行为所表现出来的不仅是义——持久光辉的形象，更重要的是有用，即大大有功于国家、民族、人民。

5."恭近于礼，远耻辱也"

此语出自《论语·学而》，与"君子慎以辟祸，笃以不掩，恭以远耻"（《礼记·表记》，即君子谨言慎行可以避免祸患，诚信厚道可以避免受人欺凌，恭敬有礼可以避免耻辱）相比，不仅其耻可以辱代之，其意亦相通。实际上，人之恭、敬、礼、笃、慎等均有远辱之效。但只是相对的，即人之耻或辱决不能因知恭、敬、礼、笃、慎就可全免。原因是：耻闻于耳生于心，有心有耳即有耻。如"耻不若人"，即以某些方面比不上别人就以为耻，这种情况是普遍存在于人群之中的。再如，"独贵独富，君子耻之"（《大戴礼记·卫将军文子》），君子见世上只有自己或少数人富贵，而不能让天下人皆富贵，是以为耻。又如孔子晚年对于自我之耻的认识："吾有耻也，吾有鄙也，吾有殆也。幼不能强学，老无以教之，吾耻之。去其故乡，事君而达，卒遇故人，曾无旧言，吾鄙之。与小人处者，吾殆之也。"（《荀子·宥坐》，即我是有羞耻的，我是有鄙陋的，我是有怠慢的。年轻时，我没有好好努力学习，老了便没有什么东西可教与年轻人，我时常感到羞耻；我曾离开故乡当了官，事奉国君,可谓显达了,可一旦遇到故旧,却不敢与他谈及过去的事,我感到了自己的卑俗、鄙陋;我与不少地位低下的人相处,便往往对他们有所怠慢,我也感到羞愧)这为每个人对于耻的认知做出了典范。孔子"十有五而志于学",自认为十五岁之前的宝贵青春大多荒废了,所以深以为耻。可见,临了孔子对于自己的人生仍然是不满意的。不仅如此,"吾鄙之""吾殆之"也含有耻的意思。自己发达了,"遇故人"却不能与之叙叙旧,与"小人处"便从心底里瞧不起他,以至于懒得理他,这都是有违孔子心中的仁、义、礼、智、信诸信念的。纠结在所难免,如孔子都如此多耻,那么我们呢?

6."不耻不若人,何若人有?"

此语出自《孟子·尽心上》》:"耻之于人大矣;为机变之巧者,无所用耻焉。不耻不若人,何若人有?"(即羞耻之心对人来说意义重大;那些善于机巧权变之道的人,是没有什么地方用得着羞耻之心的。不要因自己某些方面不如人而感到羞耻,为什么不像别人一样地拥有其特长或才德呢?)关键在于对"何若人有"的理解。一般释为"如果不如别人也不感到羞耻,那么还有什么能让人感到羞耻的呢",从字面上看,亦通,但却不能通于老子、孔子、孟子的一贯思想与日常事理逻辑。孔子说"可与共学,未可与适道;可与适道,未可与立;可与立,未可与权"(《论语·子罕》),是把"可与权"者放到最高境界的,亦可见"未可与适道"者总在多数。而在《孟子·告子下》中,"今日举百钧,则为有力人矣。然则举乌获之任,是亦为乌获而已矣。夫人岂以不胜为患哉"更是明确告诉我们:人无须因为自己的力量或某些方面的能力、水平不如别人而感到羞耻。据《吕氏春秋·慎大》:"孔子之劲,举国门之关,而不肯以力闻。"可知孔子力大,亦可知孔子不会以力大为荣。"金无足赤,人无完人。"因为,个体在体力、认知、能力诸方面有差异是客观存在的,如果因自己某些方面不如别人就以为耻,那是耻不过来的。孟子说"不及人不为忧矣"(《孟子·尽心上》),也表达了相类的意思。那么,人应当以什么为耻呢?应当以在日常生活中可以践行仁、义、礼、智、信、忠、恕、孝、悌、廉却不去践行为耻,以可以通过努力就能成就自己却不去努力为耻。只有小人才"不耻不仁,不畏不义,不见利不劝"(《易传·系辞传下》)。

我们之所以没有必要因为有点不如人就感到羞耻,还因为"闻道有先后,术业有专攻"。我们自身或也有别人不如的地方。

7."耻"过其实

雪耻的行为或方法,或太过偏离原耻范畴,或风马牛不相及,或违背了基本的道义要求。如:

> 齐桓公饮酒醉,遗其冠,耻之,三日不朝。管仲曰:"此非有国之耻也,公胡其不雪之以政?"公曰:"胡其善!"因发仓囷赐贫穷,论囹圄出薄罪。处三日而民歌之曰:"公胡不复遗冠乎!"

> 或曰:"管仲雪桓公之耻于小人,而生桓公之耻于君子矣。使桓公发仓囷而赐贫穷,论囹圄而出薄罪,非义也,不可以雪耻;使之而义也,桓公宿义,须遗冠而后行之,则是桓公行义非为遗冠也?是虽雪遗冠之耻于小人,而亦遗义之耻于君子矣。且夫发囷仓而赐贫穷者,是赏无功也;论囹圄而出薄罪者,是不诛过也。夫赏无功,则民偷幸而望于上;不诛过,则民不惩而易为非。此乱之本也,安可以雪耻哉?"(《韩非子·难二》)

上述关于桓公遗冠管仲为其雪耻的故事,以及韩非的议论,皆有问题:桓公作为一国之君,即或遗冠觉耻,既不可三日不朝,亦不可能三日不朝。再者,管仲献"赐穷""薄罪"之计以雪"遗冠之耻",实令人啼笑皆非。试想,如此,凡能偷盗桓公衣冠者,则或皆可成为"义盗"了。韩非认为"不诛过""赐贫穷"皆有违社会公正,非但没有雪耻之效,反成君子之耻,亦有失偏颇。事实上,"不诛过"自然有问题,但"赐贫穷"却是有补社会公正的。当然,实际操作过程中,必得具体问题具体分析。如在扶贫过程中,对于那些只想着等、靠、要的人而言,政府如只一味地给予则难以实现目标。

8."毁莫如恶,使民耻之"

损毁罪犯肢体、肌肤的刑罚,以损毁越严重越残酷越难看越好,从而让百姓深以为耻。此语出自《韩非子·八经》:"赏莫如厚,使民利之;誉莫如美,使民荣之;诛莫如重,使民畏之;毁莫如恶,使民耻之。"这种认识与孔子"道之以政,齐之以刑,民免而无耻;道之以德,齐之以礼,有耻且格"的仁政思想相悖甚远。事实上,仅仅"毁莫如恶"而"使民耻"是很难做得到的。换言之,如不重视教化的作用,而只是一味地想通过严刑峻法来实现"使民耻",既难做到,亦不能持久。故韩非思想为秦始皇采纳,即或为秦的统一起到了暂时的积极作用,但也为秦的速亡埋下了伏笔。缺乏德治的片面的严酷刑罚,不利于国家的长治久安。

9."耻言之过"

以自己对别人说了不该说的过头话而深感羞耻。此语出自《孔子家语·七十二弟子解》："原宪衣敝衣冠,并日蔬食,衎然有自得之志。子贡曰:'甚矣,子之病也。'原宪曰:'吾闻无财者谓之贫,学道不能行者谓之病。吾贫也,非病也。'子贡惭,终身耻其言之过。"(即原宪穿着破旧衣服,戴着破旧帽子,常常吃的是粗茶淡饭,但却显露出身心愉快、怡然自得的样子。子贡看不惯,对他说:"你似乎装得太过了,你真的好失败啊。"原宪回答:"我只是听说没有钱财的人可谓贫穷,所学之道却不能用于实践的人可谓失败。我只是贫穷,不是失败。"子贡听了,终身以其对原宪说了不该说的过头话而深感羞愧)不要轻易质疑别人的进步,不要太过自以为是。对于自己没有深入研究过的东西,不要轻易发表评论。对于学生或后学的态度尤应如此。

10.以"好色不好德"为耻

孔子说:"吾未见好德如好色者也。"(《论语·子罕》,即我从来就没见到过喜好善德有若喜好美色的人)一般皆认为孔子此语应是以"好色不如好德"为耻,可备一说。但因为好德与好色并不一定矛盾,所以必须具体情况具体分析。既然"好德如好色者"从未见到,那么此种人就只属于远古或超验世界,而主体自身亦应属好德不如好色之列。

此外,此语亦见自《孔子家语》:

> 孔子适卫,子骄为仆。卫灵公与夫人南子同车出,而令宦者雍渠参乘,使孔子为次乘。游过市,孔子耻之。颜刻曰:"夫子何耻之?"孔子曰:《诗》云:'觏尔新婚,以慰我心。'"乃叹曰:"吾未见好德如好色者也。"(《孔子家语·七十二弟子解》)

《史记·孔子世家》也有相类记载:

> 居卫月余,灵公与夫人同车,宦者雍渠参乘,出,使孔子为次乘,招摇市过之。孔子曰:"吾未见好德如好色者也。"于是丑之,去卫,过曹。

一般的解读皆会得出孔子以"未见好德如好色者也"为耻的结论,但颜刻之问与孔子的回答却是有矛盾的。孔子的回答没有直面颜刻的问题,而是故意东拉西扯隐瞒了自己的观点。即孔子本来是以"次乘"为耻的,但颜刻一问,他又觉得有些不好意思,于是便有下句:"吾未见好德如好色者也。"不过,司马迁在《报任安书》中却直接道出孔子的心中之耻:"昔卫灵公与雍渠同载,孔子适陈;商鞅因景监见,赵良寒心;同子参乘,爰丝变色,自古而耻之。夫中材之人,事关于宦竖,莫不伤气,况慷慨之士乎!"即孔子不是因卫灵公好女色而耻,而是因为"卫灵公与雍渠同载",自己"次乘"而耻。

11.士君子"乐分施而耻积臧"

此语出自《荀子·大略》。真正的士君子或圣人,总是乐意与大家一起分享财富,并以囤积财富为耻。此语大体上是对的,与老子"圣人不积。既以为人己愈有,既以与人己愈多"(《老子》第八十一章)的思想也高度一致。但亦有相当局限性,即圣人、君子不可为一己而积,但却不可不为天下积。天下无积,不仅不能实现富也无法实现备。如果无备,就不能帮助百姓应对灾难、度过危机。

此外,还有"君子耻不修,不耻见污;耻不信,不耻不见信;耻不能,不耻不见用。是以不诱于誉,不恐于诽,率道而行,端然正己,不为物倾侧,夫是之谓诚君子。《诗》云:'温温恭人,维德之基。'此之谓也"(《荀子·非十二子》)。荀子此语很经典,既为应当以何为耻,以何为不耻指明了方向,也对前面的各家所述做了个总结。

"君子耻不修,不耻见污",君子应以"不修"为耻,却不应以被别人污蔑、侮辱为耻。此处之污即辱。以此可知,荀子心中的耻与辱明显不是一回事,即与汉字学哲学对于耻、辱的认知高度一致。修即修身、修道。司马迁说:"修身者,智之府也。"而在老子看来,修身即"为学日益,为道日损"。为学与为道互为表里、互为前提,缺一不可。如果再联系孔子的"好学近乎智",无论是为学、为道还是修身等,皆与好学紧密联系。换言之,仁、义、礼、智、忠、孝、信、勇诸德目皆有巨大局限性,唯有好学才是解决问题的正途。"修道之谓教。""修身以道,修道以仁。""成己,仁也。"(《中庸》)细味之,它们的共通处皆是好学。

"耻不信,不耻不见信",君子应以自己"不信"为耻,却不应以不为别人相信为耻。有子说:"信近于义。"(《论语·学而》)孟子说:"大人者,言不必信,行不必果,惟义所在。"(《孟子·离娄下》)一个人如果其言行能让自己的形象在共同体或历史长河中,随着时间的推演而愈加高大,即或暂时不能为人相信也不必为耻。

"耻不能,不耻不见用",君子要以自己无能为耻,却不必为自己不被别人任用为耻。这种思想与颜回、孔子同。据《史记·孔子世家》:

子贡出,颜回入见。孔子曰:"回,诗云'匪兕匪虎,率彼旷野',吾道非耶?吾何为于此?"颜回曰:"夫子之道至大,故天下莫能容。虽然,夫子推而行之,不容何病,不容然后见君子!夫道之不修也,是吾丑也。夫道既已大修而不用,是有国者之丑也。不容何病,不容然后见君子!"孔子欣然而笑曰:"有是哉颜氏之子!使尔多财,吾为尔宰。"上述的"丑"即耻。

最后,谨记荀子所说的:"不诱于誉,不恐于诽,率道而行,端然正己,不为物倾侧,夫是之谓诚君子。"人只要"率道而行(遵循道德或公平正义而行)",就一定能实现既不为荣誉所诱惑,也不为诽谤所威胁;既能"端然正己(让自己实现直正方义)",也能"不为物倾侧(不为外在的物质利益所左右)"。这也正是对于耻的超越。

第十节 什么是"勇"

俗世中,人们对于勇的认识出入很大。一般认为,不怕死就是勇,这可能是对于勇的最大误解。在中国传统文化中,勇与信、智、礼、忠、孝等一样,都是以仁义为基础或前提的。如果离开了仁义,勇便常与杀、乱等相联系,或可能成为"凶德"之一。

在先秦经典论述中,《易传》无,《老子》4 见,《论语》16 见,《庄子》16 见,《孟子》13 见,《孙子兵法》7 见,《墨子》28 见,《孔子家语》16 见,《韩非子》70见,《吕氏春秋》43 见,《荀子》31 见,等等。以此可知,春秋时期人们对它并不是很重视,但到了战国,情况却有了巨大变化。其原因既可能是战争的重要性与残酷性的增加,也可能是人们对于战争胜利的现实崇拜与意识形态对于它的认识所发生的正面影响。

一、"勇"的例说

《左传·文公二年》借晋国狼瞫之口说"死而不义,非勇也",以否定的语气为勇做了简单的界说。一个人的行为是否勇,关键在于是否符合义;如果不义,即或死也不能算是勇。义,此事件就能提升主体正面或积极之形象,且能为共同体或大众或社会效仿、学习;不义则相反。司马迁说"耻辱者,勇之决也",则从另一个侧面说明了此问题。它意味着勇不仅与义而且常与耻辱紧密联系。换言之,一般情况下,如果某人受到羞辱或耻辱却没有勇气奋起抗争,那么就是不勇亦是不义;但如果为了某个高远目标而暂时有策略地放弃无谓的抗争,则又另作别论。不义即主体正面形象受损,会遭到社会、大众谴责或唾弃,且不可效仿、学习。进言之,真正的勇,与其他诸德目一样,也是不易为俗人所认知的。

《说文解字》云:"勇,气也。"以肯定的语气对勇做了正面的解释,但却没有揭示出勇所蕴含的全部真相。气,主要与情感,特别是激情紧密联系。可是,孔子的"仁者必有勇"之勇,却主要不是气,而是对仁、义、智、信、礼等的践履。唯"勇者不必有仁"之勇才可能只是气。以此观之,什么是真正的勇,必须具体问题具体分析。同样的一种行为,有时它仅是一种气、敢或勇气,而真正的勇不仅有气,还必须与仁、义、礼、智、信等同行。这些认识,最关键的区分在于用。有用方可谓勇,无用则不可谓勇。而有用的标准非有其他,即既符合道德或仁、义、礼、智、信诸德目,也可以为社会或后世所学习、效仿。

下面的一个小故事,或可让我们对于勇有新的认识。

《吕氏春秋》记载,春秋时期,齐国有两个特别喜欢好勇斗狠的人。其中一人居住于某城的东郊,一人居住于该城的西郊。有一天他们在路上偶然相遇,一个说:"英雄遇英雄,我们何不在一起畅饮一番?"另一个立即附和:"很好!"酒过数巡,一个说:"我们何不弄些肉来下酒?"另一个则回答:"你身上有肉,我身上也有肉,又何必非得到他处寻肉? 你吃你的肉,我吃我的肉,只不过身上流点血少点肉而已。"于是,两人分别拔出刀来,各自自割其肉而食,到死方止。

相 关 链 接

齐之好勇者,其一人居东郭,其一人居西郭。卒然相遇于涂,曰:"姑相饮乎?"觞数行,曰:"姑求肉乎?"一人曰:"子,肉也;我,肉也。尚胡革求肉而为? 于是具染而已。"因抽刀而相啖,至死而止。勇若此不若无勇。(《吕氏春秋·当务》)

《吕氏春秋》作者原则分明地对于上述之勇做了明确否定:"勇若此不若无勇。"就是因为其勇不仅无用——不符合仁、义、礼、智、信诸原则,而且既没有正面社会意义,也不值得社会、大众学习、效仿。

二、"勇"字初文构形的汉字学哲学解读

"勇"字初文为 𦥑,形声字,亦可会意。上"口—ㅂ"为形,下"用—用"既可为声,亦可有形有意。

"口—ㅂ",象形字,像人之口。其意既可为人口(如《孟子·梁惠王上》:"百亩之田,勿夺其时,数口之家,可以无饥矣。"),亦可为言(如《诗经·小雅·十月之交》:"黾勉从事,不敢告劳。无罪无辜,谗口嚣嚣。"梁启超《近世文明初祖二大家之学说》:"则虽日日手西书,口西语,其奴性自若也。"《国语·召公谏厉王弭谤》:"防民之口,甚于防川;川壅而溃,伤人必多。")或口才(《史记·郦生陆贾列传》:"平原君为人辩,有口。")。人、言、口才皆可通于思想、智慧。

"用—用",象形字,像木桶之形。木桶之用,主要是装水。水之用,大矣哉。它不仅可利万物,而且具仁、义、礼、智、忠、信、勇诸德。《说文解字》云:"用,可施行也。"即用可为人效仿、学习、传播。水有用,人有用,言有用,万物皆有用。但中国古人又主张"潜龙勿用",即用要得其时、得其当、得其宜。因"勇—𦥑"之口是为人之口,故其用首先是人之用,其勇为人之勇,如说人之外的其他东西也有勇,那只是一种拟人的说法;其次,又因口之用在维系生命之余又主要以言或口才呈现,故𦥑的本义必与人的语言或思想、智慧的勇敢表达并能起到重大作用有关。如《史记·廉颇蔺相如列传》中的蔺相如,在与强秦的争斗中,纯以口舌之能使完璧归赵,在秦赵渑池之会上,为赵王当场洗去为秦王鼓瑟之辱,即是以言为勇。细味之,蔺相如之言不仅通于智、通于行、通于义、通于礼,"有用",而且亦有巨大风险。没有不怕死的精神,是没有如此之言、如此之勇的。《说文解字》古文中有"勇—恿"字,既是对于勇必得通于思想、智慧的进一步肯定与强调,也是勇必得通于思想、智慧的明证。(恿之下部心即心。"心之官之思",心也是思想、智慧的象征。)

不过，也有人认为真正的勇只能是敢于战场杀敌的勇猛行为。所以《说文解字》古文中有异体“勇—”，便反映了学者乃至政治家、军事家对于勇的别样认知。（的戈代表武力。有用且可效仿的武力主要用于战场。）廉颇起初认为蔺相如的口舌之能不是勇，只有自己的攻城野战才是勇，故对蔺之大功，且“位居其右”心不悦、诚不服。但最后，经过蔺的避让以及旁敲侧击的点拨，终于明白真正的勇不只是攻城野战一途，也有大勇如蔺相如之口舌之能者。于是，便有了后来廉颇负荆请罪与蔺相如结为刎颈之交的佳话。

今天所用之“勇”字其实在春秋战国时便已出现，并与上述各“勇”混用。秦统一文字，选择此字，当有深刻原因：“甬”下加“力”为，不仅改变了原来字形，而且会通了上述数意。因力不仅是体力、武力，而且是心力、智力、脑力。故勇不仅是气、有胆量、果敢、凶猛，而且与仁、慈、义、礼、智、信、忠、恕、孝、悌诸德目紧密联系。

曹刿说：“夫战，勇气也。一鼓作气，再而衰，三而竭。彼竭我盈，故克之。夫大国难测也，惧有伏焉。吾视其辙乱，望其旗靡，故逐之。”（《左传·庄公十年》）其中的勇气是以惧与“视其辙乱，望其旗靡”为前提的。人因为惧所以有谋，谋后而生智。（《论语·述而》：“临事而惧，好谋而成。”）“智也者，知也。”（《孟子·尽心下》）而“视其辙乱，望其旗靡”即知，知而生智，智而生勇，勇而克敌制胜。胜，即提高了曹刿的智勇形象以及鲁国在诸侯中的地位，即义。而战前，曹刿对敌我双方实际情况的详细了解，又可谓之仁。（《孙子兵法》：“不知敌之情者，不仁之至也。”）

三、“勇”的经典解读

对于勇，先秦经典作家多有自己独到的看法或描述，但就单个句子而言，则大多有失片面或偏颇，堪称全面、精当、完美者少。不过，如果把这些论述都归拢联系起来，便皆是汉字学哲学对于勇的认知的进一步说明。

（一）“率义之谓勇”

此语出自《左传·哀公十六年》。“率”，在此语中主要为带领、率先，同时亦有勉励、遵循之意。“义者，己之威仪也。”于是，此处之勇的主体面对的一定是公众场合，主要是其所在共同体成员，有时亦有敌对方；其行为不仅在时间上有一定的优先性,而且其意义既可彰显主体之正面形象——威仪,亦可对其所在共同体有巨大激励作用。直接后果是其行为很快会得到众人的跟从或效仿。故此勇特别适合且有利于在军队中传播。如《三国演义》中关羽、张飞、吕布之类的英雄人物,就常以此勇闻名。不过,能得此"率义"之勇名者,多为武力高强之人,如无此前提,则其中定有智,否则或有鲁莽、不智之虞。而鲁莽、不智将会使主体威仪扫地,不可仿效。另,"客众而勇"(《墨子·杂守第七十一》)与"率义之谓勇"亦相通:无论是个体还是团体,每当置于一大众背景之下时,为情势所迫,其为了义——"己之威仪",大多时候皆会表现出一种非同一般的勇气。

(二)"勇,志之所以敢也"

此语出自《墨子·经上第四十》。《说文解字》云:"志,意也。"故志,即主体心中最想达成的那个伟大目标。一般情况下,伟大目标的达成需要恒心毅力与勇气。故此处之"敢",既是不怕死、知死不惧,也是更深层的不敢死或隐忍苟活。故此语可以理解为:勇,就是为达到心中那个伟大而崇高的目标或志向而做出的不怕死或不敢死的选择。"人各有志"。司马迁徒以"口语"罹祸,"财赂不足以自赎,交游莫救,左右亲近不为一言",却"不敢死"。其之所以选择"隐忍苟活,函粪土之中而不辞",就是因其有"鄙没世而文采不表于后"的大志、强志。墨子云:"志不强者智不达。"司马迁为达己志,其委曲求全之行,既是志的表现,亦是智的表现。不过,主体之志的最后实现,必须使其形象更加高大、光彩,如不然,当不可谓之勇。当我们读司马迁《报任安书》,见其为完成巨著《史记》不得已而选择宫刑时,无不为之动容,并以汉武帝的刚愎、暴戾为耻。换言之,司马迁的被辱,不但没有损毁其伟大、智慧之形象,反而因此把他衬得更高大了。

此外,《孟子》中的"志士不忘在沟壑,勇士不忘丧其元",其志士、勇士所不忘的皆是其志,所以此志士又是勇士,此勇士亦是志士。此外,"胜敌壮志曰勇"(《逸周书·谥法解第五十四》),"谋有不足者三:仁废,则文谋不足;勇废,武谋不足;备废,则事谋不足"(《逸周书·武纪解第六十八》),有"胜敌壮志"者,必有谋,有谋即有智,如不然,皆不可称之为勇。"燕有田光先生者,其智深,其勇沉,可与之谋也"(《战国策·燕太子丹质于秦》),即说明智与勇二者总是有机地融为一体的。

（三）"可以死，可以无死，死伤勇"

此语出自《孟子·离娄下》，与"死而不义，非勇也"（《左传·文公二年》）意同。可死可不死之勇，死便是非勇。只有以义为先才可为勇。《论语·阳货》："子路曰：'君子尚勇乎？'子曰：'君子义以为上，君子有勇而无义为乱，小人有勇而无义为盗。'"孔子的话也表达了上述的思想。

"勇者不必死节。怯夫慕义，何处不勉焉？"（即真正的勇敢，不是不害怕，而是内心的坚韧、坚强不屈，亦非一定要选择死。一个胆小如鼠的人，只要心中有道义，任何时候都可能因情势所迫而敢于慷慨赴死。）"人固有一死，或重于泰山，或轻于鸿毛，用之所趋异也。"（司马迁《报任安书》）人主动地选择死，必当有对自己所在共同体，或对历史、人民大众有意义，并能光大自己之形象，如不能则不可谓之勇。司马迁受宫刑之前，也曾觉得"智穷罪极"想要"伏法受诛"，但当他进一步想到如此之死"若九牛亡一毛，与蝼蚁何异"，"世又不与能死节者比"时，于是便凛然决然选择了"就极刑而无愠色"。于是，留下皇皇巨著一部，其形象亦随着历史的推演而愈加高大。这就是真正的大智、大仁、大义、大勇。

（四）"知、仁、勇三者，天下之达德也，所以行之者一也"

此语出自《礼记·中庸》，与"死而不义，非勇也"，"夫兵有本干：必义，必智，必勇"（《吕氏春秋·决胜》），"勇于敢，则杀；勇于不敢，则活"（《老子》第七十三章），"有勇而不以怒"（《韩非子·主道》）联系起来，可见仁、义、智、勇，皆是紧密联系、互相通达的。实际上，因为仁可以涵括其他德目，所以真正的勇者必定既是仁者，亦是智者、义者、信者、忠者、孝者等。因为："孝，仁之本也。"（《论语》）"忠，敬也。"（《说文解字》）"礼，敬也。""忠信，礼之本也。"（《礼记·礼器》）"勇而不中礼谓之逆。"（《孔子家语·论理第二十七》）"仁者必有勇，勇者不必有仁。"（《论语·宪问》）这种意义上的互涵或重叠，已深刻而又曲折地把它们联系在一起了。还是以司马迁为例：选择宫刑必定辱先，辱先为不孝。所以，司马迁心中的耻辱，便有一种"肠一日而九回，居，则忽忽若有所亡；出，则不知所如往。每念斯耻，汗未尝不发背沾衣也"之痛，"亦何面目复上父母之丘墓乎。虽累百世，垢弥甚耳"。可又因为没有其他更好的选择，唯有如此才能让他实现"扬名声，显父母"，为祖宗增添光彩，故从另一个维度来看，他仍然是孝的。

"众人之所难，而君子行之，故谓之有行；有行之谓有义，有义之谓勇敢。"(《礼记·聘义》),即众人认为该事难以践行,很难成功,便皆放弃,而君子却知难而上以践行之,所以这样的人便可谓知行合一的有才德者。这种能知行合一的有才德者,便是有义,有义自然可谓勇敢)其行为有才德或有德行,其人即尊道、德或仁、义、礼、智、信诸德目而行的君子。上述所论与"见义不为,无勇也"的思想是高度一致的。

(五)"临事而屡断,勇也"

此语出自《左传·文公六年》。屡,迅速、急速、快速之意。临事能迅速做出决断就是勇。如仅有此语,而不与其他具体情境、语境相联系,是经不起追问的。换言之,此决断如有用,并能提高主体形象便是勇,否则便是鲁莽。

"介人之宠,非勇也。"(《左传·文公六年》)介,此作凭借、依仗。这种行为又可称狗仗人势,因不可效仿,故亦可称无用。无用即不义,不义即不勇。

"人所以立,信、知、勇也。信不叛君,知不害民,勇不作乱。"(《左传·成公十七年》)前句没有问题,后句虽具普遍性,但却不具绝对性。为了"不害民",有时候便不得不"叛君""作乱"。

(六)"知死不辟,勇也"

此语出自《左传·昭公二十年》,与"勇者不惧"(《论语·子罕》)一样,皆为勇的共同特征之一,但不是勇的全部。因仅此,不仅勇可能被歧解为鲁莽无知,亦可被视为不知"不敢死""不能死"而隐忍苟活之勇的更高境界。此语还可能与"死而不义"矛盾。换言之,知死不避如不能与义结合起来,仍不能称勇。

"违强陵弱,非勇也。"(《左传·定公四年》),即见到强敌或强大对手就逃跑,见到弱敌或弱者就欺负,这不是勇)此语不可一概而论,必须具体情况具体分析,关键仍在义与不义。因为"大威将至,不可以为勇"(《逸周书·周祝解第六十七》),"勇力振世"要"守之以怯"(《孔子家语·三恕第九》),"民无常勇,亦无常怯。有气则实,实则勇;无气则虚,虚则怯"(《吕氏春秋·决胜》),"乱生于治,怯生于勇,弱生于强。治乱,数也;勇怯,势也;强弱,形也"(《孙子兵法·兵势》)。其中"民无常勇,亦无常怯""怯生于勇""勇怯,势也",怯与勇从来就是相对的概念。人当勇时须勇,当怯时须怯。对于不可抗拒的强大,非要拿鸡蛋碰石头,便是无用、不义、不智,便不是勇。

（七）"大勇不斗,大兵不寇"

此语出自《吕氏春秋·孟春纪·贵公》。

"大勇","卒然临之不惊,无故加之不恕",所以不会介入日常小事的争斗。

"兵,天下之凶器也;勇,天下之凶德也。举凶器,行凶德,犹不得已也。"（《吕氏春秋·论威》）这是说勇的出现,大多时候总是与武力、暴力、杀戮紧密联系的。故和平、宁静的庸常生活中,最好不要有勇的出现,即或仁者之勇、慈者之勇亦如此。换言之,当这个世界再不需要勇的时候,人类也就没有灾难、不平,从而实现了自由、平等、公正、和平、和谐了。

四、"勇"的分类

通过汉字学哲学对于勇的分析解读,以及先贤经典作家的论述,大致可把勇分作"匹夫之勇（勇夫之勇、无用之勇）""战士之勇（勇士之勇、小勇）""仁者之勇（慈者之勇、大勇）"三个类型。

（一）匹夫之勇

匹夫之勇既是孟子"一人衡行于天下"且只能"敌一人"之勇,亦是韩非子"轻法不避刑戮死亡之罪"之勇夫之勇（《韩非子·诡使》）。因其无用,或乏义或无义而不能学或不可学、不可效,故不能算是真正的勇。其唯一与勇沾边且稍能撼动人心者在其不怕死。如前文所言齐之东郭、西郭者,以及现实中见事见人不管为公为私,心略有不平便"拔剑而起,挺身而斗"的不顾后果者。他们的共同特征是:好冲动,不能忍,没有远大志向,不好学,没有深刻思想,等等。

颇具匹夫之勇的人,既是性情使然,亦为环境造就,而更多的则源于无知。孔子说"好勇不好学,其蔽也乱",即此之谓。故解决的办法只有一条:好学以修身,修身以明智,明智以强志。

（二）战士之勇

战士之勇与匹夫之勇有联系,但性质大别。匹夫之勇不可效、无用,战士之勇则相反。

战士之勇的产生,主要源于"勇怯,势也;强弱,形也"的战场环境。（当然,这种环境并不只存在于战场。）战场环境主要由战场纪律、同伴之间的互相激励、上级鼓励、战争的无情、敌人的残暴、战友的伤亡、各种恐怖的声音、艰苦的生活环境等共同构成。在这种情境之中,不管天性如何胆小的人都会一时忘记恐惧。俄罗斯电影《塞瓦斯托波尔战役》中的女狙击手柳德米拉,一个刚考上大学二十出头的姑娘,在战场上与敌人斗智斗勇,一人杀敌309名。可在生活中,她完全是另外一个人:厨房里一个汤锅掉落地上发出的响声,也能让她吓一跳。

(三)仁者之勇

仁者之勇亦称智者之勇、大智大勇。它具体表现为孔子所说的"临事而惧,好谋而成",老子所说的"勇于不敢,则活",韩信年轻时愿受胯下之辱,司马迁选择"就极刑而无愠色",曹刿参与鲁齐之战的指挥若定,等等,皆为此勇。

孟子曾对匹夫之勇与仁者之勇做了区分:"夫抚剑疾视,曰:'彼恶敢当我哉!'此匹夫之勇,敌一人者也。王请大之。《诗》云:'王赫斯怒,爰整其旅。以遏徂莒,以笃周祜,以对于天下。'此文王之勇也,文王一怒而安天下之民。《书》曰:'天降下民,作之君,作之师。惟曰其助上帝,宠之四方。有罪无罪,惟在我。天下曷敢有越厥志?一人衡行于天下,武王耻之。此武王之勇也,而武王亦一怒而安天下之民。今王亦一怒而安天下之民。民惟恐王之不好勇也。'"(《孟子·梁惠王下》)其中"一人衡行于天下"却只能"敌一人者"即匹夫之勇,而"一怒而安天下之民"者,即仁者之勇。

仁者之勇总是与仁、义、礼、智、信等密切联系,既涵括性格沉稳、谦虚好学、足智多谋,亦具远大理想、坚强意志、侠义情怀。

五、"大勇"的达成——好学

"好仁不好学,其蔽也愚;好知不好学,其蔽也荡;好信不好学,其蔽也贼;好直不好学,其蔽也绞;好勇不好学,其蔽也乱;好刚不好学,其蔽也狂。"(《论语·阳货》)"好学近乎智,力行近乎仁,知耻近乎勇。知斯三者,则知所以修身。"(《孔子家语·哀公问政》)"修身者,智之府也。"(司马迁《报任安书》)上述名论,皆指向一个中心点——好学。力行是行动、实践中的学,知耻是好学的结果。故修身即好学。事实上,仁、义、礼、智、信、勇、直诸德目皆有局限性,而解决办法只有一条:好学。只有好学,才可能明是非,了人性,知荣辱。

相 关 链 接

　　夏，公会齐侯于祝其，实夹谷。孔丘相。犁弥言于齐侯曰："孔丘知礼而无勇，若使莱人以兵劫鲁侯，必得志焉。"齐侯从之。孔丘以公退，曰："士，兵之！两君合好，而裔夷之俘以兵乱之，非齐君所以命诸侯也。裔不谋夏，夷不乱华，俘不干盟，兵不逼好。于神为不祥，于德为愆义，于人为失礼，君必不然。"齐侯闻之，遽辟之。

　　将盟，齐人加于载书曰："齐师出竟，而不以甲车三百乘从我者，有如此盟。"孔丘使兹无还揖对曰："而不反我汶阳之田，吾以共命者，亦如之。"齐侯将享公，孔丘谓梁丘据曰："齐、鲁之故，吾子何不闻焉？事既成矣，而又享之，是勤执事也。且牺象不出门，嘉乐不野合。飨而既具，是弃礼也。若其不具，用秕稗也。用秕稗，君辱，弃礼，名恶，子盍图之？夫享，所以昭德也。不昭，不如其已也。"乃不果享。(《左传·定公十年》)

　　在《左传》的记述中，辅佐鲁定公与齐侯周旋的孔子，仁、智、礼、义、忠、信、勇诸德无不得以彰显。而这种形象的获得，按照孔子自己的说法，只能是通过好学。只有好学，才可能让人在人群之中"出乎其类，拔乎其萃"。

　　最后，我们似乎可拿韩非子的"愚、怯、勇、慧相连，而以虚道属俗而容乎世"(《韩非子·制分》)一语作结。愚、怯相连——庸夫、懦夫；愚、勇相连——匹夫、勇夫；怯、勇相连——战士、勇士；怯、慧相连——智士、谋士；勇、慧相连——仁勇、大勇；愚、慧——道者、圣者。它们不仅都顺乎于道，又以对道的不同层次的理解运用而同存于世，而且在一定环境条件下可向另一个方面转化。

　　主体在勇、怯、智、愚等方面依情境需要能不断地自由而适当地转换，即是对于勇的超越。

第十一节　什么是"善人"

　　谬误比无知更有害。如果只是无知，那么基于尚未对其进行研究的事实,问题就一直停留在中立状态。但在谬误的情况下,问题却被掩盖了,表现为已经解决的问题或不存在疑问的问题。关于先秦经典的解释就较多地存在这样的问题。如《老子》:"天道无亲,常与善人","道可道,非常道;名可名,非常名","报怨以德","上德不德","夫唯病病,是以不病","生生之厚","无死地","物壮则老,是谓不道,不道早已","为学日益,为道日损",等等;《论语》:"善人教民七年,亦可以即戎矣","善人为邦百年,亦可以胜残去杀矣",等等;《五行》:"仁,形于内谓之德之行,不行于内谓之行……圣,形于内谓之德之行,不行于内谓之德之行",等等。它们把问题掩盖起来,以讹传讹,不仅遮蔽了先贤思想的真实,还可能构成了人们对于其思想认知的重重阻碍。不少学者在解释或引论先贤词句时,其实并不知道或并不深刻地知道它们的意思。如有学者解释《老子》"为学日益,为道日损"为"学得越多,离道也就越远了",这显然是经不起追问的。如果真这样,那么老子自己以及后世的孔子、孟子、荀子等大概就是古代中国离道最远的人了。造成如此状况,原因在于没有把对于单句的理解与整个思想体系联系起来,或对汉文字的多义性、想象性、哲理性等缺乏足够的认知,或与当代哲学、自然科学、日常事理逻辑等没有进行很好的联系等。

限于篇幅,本节从汉字学哲学入手,仅对有代表性的《老子》《论语》中的善人进行辨析。

一、问题的提出

善人一词,古今共用,其意似乎不言自明,一般认为它就是好人、善良之人、有德之人或让人感觉可亲可爱的人等。这些解读皆是经不起追问的。

《老子》之中,有"善人"四见,"不善人"三见。第二十七章:"善人者,不善人之师;不善人者,善人之资。"第六十二章:"道者,万物之奥。善人之宝,不善人之所保。"第七十九章:"天道无亲,常与善人。"常见的解读是:"善人是不善人的老师,不善人是善人的学生。""道,是万物的主宰。它是善良人的法宝,不善良的人也必须保存。""自然规律是没有私亲的,经常帮助善良的人。"乍一看,什么问题都没有;一追问,皆不能自圆其说。第一句:"不善人"是什么人?既然被认为不释自明,那么与后面部分相联系,当然就是不善良的人或坏人、恶人。可是,既然是不善良的人或坏人、恶人,那么他为什么还要以善良的人为师呢？他如果愿意以善良的人为师，那么他还是不善良的人或坏人、恶人吗？当然，如果从"弟子不必不如于师，师不必贤于弟子；闻道有先后，术业有专攻"，即从更广大意义来说，坏人在某些方面也可以成为好人的老师，可是这还是老子的本意吗？有人把"不善人者，善人之资"理解为"所谓恶人，就是我们的镜子"，乍一听，于本句似乎也通，但仔细推敲却不能通于老子关于善人的其他句子——不善良的人或恶人既然也保有道，且必须保有道，那么他还是不善人或恶人吗？他与善人的区别又在哪里？第三句问题尤其明显：自然规律是没有私亲的，但又经常帮助善良的人，那么这不是私亲又是什么？这不仅与老子"天地不仁，以万物为刍狗"（第五章），"善者吾善之，不善者吾亦善之"（第四十九章）的思想背道而驰，而且与自然规律本身的客观性全然相左：难道阳光只会给善良的人以温暖，地震、火山、海啸等自然灾害只会伤害不善良的人吗？

《论语》之中，善人也有多处出现，不仅孔子的善人与老子的高度一致，而且孔子对于善人的境界做了明确的规约："子曰：'圣人，吾不得而见之矣！得见君子者，斯可矣。'子曰：'善人，吾不得而见之矣！得见有恒者，斯可矣。'"（《论语·述而》）圣人、善人，在孔子那个时代肯定是没有的，至于仁者、有恒者也不多。孔子认为自己不仅算不上是圣人、善人，就是仁者也算不上，最多可算个"有恒者"。这就是说，善人虽然是一个古今共用的词，但在老、孔的论述中，并不是或不仅是一般所想的那个意思——好人、善良的人、有德之人或让人感觉可亲可爱之人等，至少在老子、孔子心中，善人境界极高：明显在君子之上，圣人之下，或就是圣人。（这可从《老子》第二十七章"善行，无辙迹。善言，无瑕谪。善数，不用筹策。善闭，无关楗而不可开。善结，无绳约而不可解。是以圣人常善救人，故无弃人。常善救物，故无弃物。是谓袭明。故善人者，不善人之师。不善人者，善人之资。不贵其师，不爱其资，虽智大迷，是谓要妙"中圣人与善人的前后置换推出）在历史上，善人至少是像周公旦、伊尹那样的人物。他们与圣人最大的区别或只是在名义上没有占有最高统治地位而已。

一般性解读之所以难以自圆其说，原因大概有二：一是对于"善"的汉字学意义缺乏深入、全面的了解。善不仅是吉祥、善良、美好、正确、高明，还是善于与适当、合适、恰当。二是对于老子之善及善人的哲学意义缺乏全面联系与了解。老子之善，除了美好、善于、适当等之外，还通于美，通于义，通于德，通于道。

为了说明问题，我们先从汉字学哲学视角对“善”的构形、初文义、引申义加以探讨，然后再看看老、孔关于“善、善人”的哲学规定，最后再对其启示意义略作申说。

二、“善”字初文构形的汉字学哲学解读

“善”的初文为。在古代经典文献与出土资料中，其异体主要有四种：、、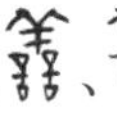、。其他略有变化的，也不出上面五种意象范围。各自的意义略有不同，但皆为今体所囊括。今体（最初为隶书体）的写法最早见于帛书《老子》，最迟在战国或秦统一六国时便已出现。

，象形字。上部为羊的两角，中部短横为两眼睛，下部为粘连在一起的鼻与嘴。它同时也是“羊”字的初文。古人以羊为善，似既与羊的温顺可爱形象有关，也与我们的祖先较早地驯化了羊，并以羊发展畜牧业，提供给人们丰富的生存资源有关，还可能与羊有跪乳之恩有关，这是孝的表现。羊，繁殖力强，肉质鲜美，皮毛可做御寒衣料，不仅能给人较多、较好的生活条件与保障，就其不能食用的头骨与角，也能成为人们喜爱的艺术装饰。羊的这种特点昭示出，善首先必得有一定的物质保障，即如果最基本的生存需要都不能得到满足，那么善也就无从谈起；其次，善也需要有一定的形式美。

，象形字。有点类似于图画，是羊的头部形状的高度抽象与具象的统一。但由于其写实性太强，不便于书写，在产生后不久便在实际运用中被抛弃。

，已不是简单的象形字，而是由两个象形字组合成的会意字。它的上部仍是羊，而下部则是一只眼睛。当这只眼睛与上面部分连在一起时，便成了“羊”与“直—”的结合体。在“羊”的下边加个“直”，主要强调的是善既能通于道、通于德，也能通于公正。这种认识，既可从其与道、德、直等字的构形关系中得出，也可从古人的经典论述中得出。“德”的构形主要有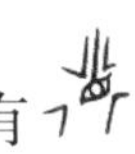、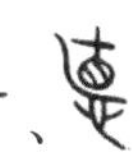、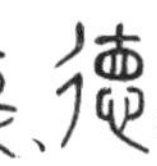等，“道”的构形主要有、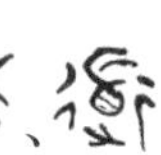、等，因为皆有“目”，

故皆可通。但 ![字] 字的实际使用时间似乎也很短,原因主要是书写性的,同时也有意义取向上的。此字虽在一般文献中早已不见,但其意义却一直被保留在今文之"善"的最深刻处。进言之,汉字虽简化,但简单的构形却囊括了许多原本由其他异体所承载的复杂意义。善与道、德一样,其最深刻处皆须以最基本的社会公正为核心或准则。

![字]、![字],两字构形基本相同,只是下面部分有所不同:前者是两个"言",后者是一个"言"。二者的出现,比起上述之 ![字] 又是一个巨大的进步。因为语言不仅是文化、传统、思想、智慧的表征,而且是实现传道不可或缺的工具。按维特根斯坦的说法便是:有意义的世界,只能是语言所构造的;语言虽然不是思想本身,但却是让思想成为可能的最重要的工具。事实上,一切思想甚或理性都无法逃离语言的再次辨析、追问或反思,更无法摆脱语言对它的重新书写。以此,善不仅需要物质的丰盛、形态的优美可爱,大多时候还需要以语言或思想、智慧表征出来。所以,老子主张"不言""希言""贵言""言有宗""言善信""善言,无瑕谪",荀子则认为,"辞顺而后可与言道之理",更要求对人要"观气色而言","有争气者,勿与辩也"。他们不仅道出了言在个人修身进德过程中的重要性,而且凸显了通过言或信达致善的状态之不易。所以,此言必得以恰当、适当的形式呈现,才可能实现善的目标。以此可知,言除作为传播或交流工具之外,也明显有了深刻的形上特征。

![字],"羊"与"言"的最紧密结合,与今体之 写法无差别。此字"羊"之形俱在,而"言"则已退隐于背景之中,从而突出了口。"口者,心之门户也。心者,神之主也。"(《鬼谷子·捭阖》)这更是一个伟大的进步。这种进步不仅是使此字的书写更趋简易,更重要的是在保存了原有意义的同时,又生发出了更加丰富的内涵。一在于它寓含了言。因为言出于口、从属于口,是口的功能之一;二在于它强调、突出了口,因为口不仅是心之门户、通于人,而且既凸显了生命的可贵又闪耀出深刻的人本主义思想的绚烂光芒。换言之,口不仅能言,而且是生命的进路。

可见,善,对于一般人而言,首先要满足人最基本的物质需要,其次才是追求形式美与精神美。而对于当政者言,则永远要把别人的生命置于自己的养生长寿之上,要把弱者的生命置于自己的奢侈腐化之上,要把解决

天下百姓的生存需要当作自己从政的第一目标。这样做既是最基本的道德仁义,也是最深刻的公正或精神美。至于形式美,不是不需要,而是上述理想得到充分实现后的自然呈现。

三、老、孔之"善"与"善人"

老子、孔子关于善、善人的认识都是高度一致的。孔子是老子的学生,在先秦诸子中,他最多地继承了老子思想。他们关于善人的认识则完全可以相通。最大的不同是孔子的"明知不可为而为之"比之老子的"得其时则驾,不得其时则蓬累而行"(《史记·老子韩非列传》),或更为积极些。

(一)孔子思想主要脉承老子

由于现有文献资料没有关于老子确切生卒年的记载,因此时至今日,仍有不少学者对于孔子是否为老子的学生持怀疑态度。但笔者认为,老子理应比孔子大二三十岁(在《庄子》的讲述中,老子常以"小子"称孔子,这虽不能排除庄子对于儒家的轻视,但至少可以说明老子比孔子大),即或老子与孔子年龄相差不大,也无法改变孔子是老子的学生这一基本的历史事实。因为,关于孔子师从于老子或问礼于老子或求学于老子的事,从先秦到汉唐,有多种文献记载,完全可以互相印证。从《史记》中可以看到,"孔子问礼于老子"只是其名,实际上老子给孔子讲的是道与德。可见,老子对于孔子,既有全面深入的了解,也能因材施教。老子发现,当时只有三十多岁的孔子,对于礼虽然已有比较全面深入的认识,但对于道、德却相对缺乏。其他关于孔子向老子问道、问礼、问仁义的记载,则有二十余处。《吕氏春秋》不仅有孔子就学于老子的记载(《吕氏春秋·当染》:"孔子学于老聃、孟苏、夔靖叔。"),而且附带记载了孔子的其他两位老师,这虽然与唐韩愈《师说》中关于孔子有四位老师,"孔子师郯子、苌弘、师襄、老聃"的记载有所不同,但老聃之名却总是赫然其中。再者,孔子自己提到过的有名有姓的老师只有一个,就是老子。(《孔子家语·观周》:"老聃博古知今,通礼乐之原,明道德之归,则吾师也。")而怀疑者只是大胆怀疑(或曰"疑古过勇"),却不能举出任何有力证据,故孔子是老子的学生,当毋庸置疑。

孔子作为老子的学生,其思想也大多来源于老子。许多人可能并不相信,但如果完整地、认真地读完《老子》《论语》以及相关史料,并对它们进行全面比较、研究,那么就会得出同样的结论。

孔子奉为至德的中庸思想(《论语·雍也》),说到底,就是老子的"天下有道"或"守中"(《老子》第五章),核心思想皆为公正。其"可与共学,未可与适道;可与适道,未可与立;可与立,未可与权"(《论语·子罕》),如认真体悟,不仅是老子"上士闻道,勤而行之;中士闻道,或存或亡;下士闻道,大笑之"(《老子》第四十一章)的另说,而且是"道可道,非常道"的某种诠释:道的言说或传播,不仅要有一定的环境条件,而且须有一定的主客对象。其"毋意,毋必,毋固,毋我"(《论语·子罕》),"过犹不及"(《论语·先进》)皆可与老子"为人子者,毋以有己;为人臣者,毋以有己"(《史记·孔子世家》),"自知而不自见,自爱而不自贵"(《老子》第七十二章),"自见者不明,自是者不彰"(《老子》第二十四章)相融相通。其"天下有道则见,无道则隐"(《论语·泰伯》),"邦有道,则仕;邦无道,则可卷而怀之"(《论语·卫灵公》),"用之则行,舍之则藏"(《论语·述而》)等,其实就是老子"君子得其时则驾,不得其时则蓬累而行"(《史记·老子韩非列传》)的另说。其"宁武子邦有道,则知;邦无道,则愚。其知可及也,其愚不可及也"(《论语·公冶长》),"聪明睿智,守之以愚"(《孔子家语·三恕》)则是从老子"良贾深藏若虚,君子盛德,容貌若愚"以及"大巧若拙"(《老子》第四十五章)化来。其"暴虎冯河,死而无悔者,吾不与也。必也临事而惧,好谋而成者也"(《论语·述而》),"勇力振世,守之以怯"(《孔子家语·三恕》)说到底最多算是老子"勇于敢,则杀;勇于不敢,则活"(《老子》第七十三章)的发展。其"何以报德?以直报怨,以德报德"(《论语·宪问》)则既是对老子尊道贵德思想的深刻认知,也是对老子"大小多少,报怨以德"(《老子》第六十三章)的准确诠释。

事实上,老、孔思想,均以探求宇宙人生大道为最高旨归;行为均以成为圣人为最高目标;都讲仁、义、礼、智、信;都主张和谐共荣、天人合一;都重视主体生命的体验与反省;都主张远鬼神、重人事、尚质朴、讲诚信;都主张反对苛税与刑罚;都主张反对贪婪腐败、骄奢淫逸;都深切怀念人类历史的原初时光;都主张继承古代优秀文化遗产。如果一定要说老子、孔子思想有何不同,那么只在于其各自关注的侧重点略不同:孔子的着重点是现实政治、人生的应对与实践(即道、德之外,对于从属于道、德的仁、义、礼、智、信有更具体的发挥),老子则着重于政治理论与道、德的形而上学建构。换个角度言之,孔子讲得更加生动、具体、形象,更有针对性;而老子讲得则相对虚无,略难理解。但也正因如此,孔子的言论往往具有局限性,而老子的则相对没有。没有局限性的,就意味着更具哲理,更能穿越时空,成为永恒、不朽。其最大的区别则是孔子思想更为积极,有"明知不可为而为之"之说:即或身处横逆困穷,也永远不与鸟兽为伍;即或是死,也要在红尘之中与世道人心纠缠,永远不放弃心中意欲实现天下有道的梦想。

(二)老、孔之"善"

1.一般的认识无法企及

老子说:"天下皆知美之为美,斯恶已;皆知善之为善,斯不善已。"(《老子》第二章)首先,所谓善,如果能为天下人所共知,不但不是什么好事,反而会成为坏事。比如现在时兴的"放生",本来是善行,但是出于不纯粹、不健康的声名欲求或悔罪心理,或缺乏相应的科学、法律、法规常识,反而带来了许多生态环境问题、道德问题,这就可能让善完全走向反面。所以,如此之善行必须有专家引导,让它能够通于正确与高明。其次,美、善,与道、德、仁、义、礼、智、信、忠、恕、孝、悌、廉、勇、和等一样,其真正的形上与实践意义,皆不是一般人所能深刻认知的。因为它不仅是个深刻的认识问题,还是一个重大的实践问题。现实中,真正的善或最伟大深刻的善即"上善",大多数时候看起来并不像善,它既如老子的"上德不德"(《老子》第三十八章),尧的"其仁如天"(《史记·五帝本纪》),亦似庄子的"大仁不仁,大义不义"(《庄子·齐物论》)。因为它们皆可或直或曲以通于道,或就是大道,或就是公正。(《老子》第十六章:"公乃王,王乃天,天乃道。")而道又近于水,虽有"利万物""善者吾善之,不善者吾亦善之"的一面,但同时也有客观无情"以万物为刍狗"的一面。能够对此有深刻认知者,往往对于事物之存在、发展、变化的一般规律性不仅有细致入微的体察,而且应有极为深刻的形上思考与完美实践。

如春秋战国时期的鲁国有条很人性化的法律:只要有人在鲁国之外见到有鲁国人为奴而把他赎回,便可从国库中领取相应的费用。孔子的一位很聪明、很有钱的学生子贡在做了这样的一件事情之后,因不去国库领钱而遭到了孔子的严厉指责。因为子贡的做法表面上看是善而且高尚,但实际上则说明他根本就没有真正明白什么是善或善的最高境界是什么。他的所谓高尚,不仅很容易造成别人道德情感上的困惑,而且会影响到善的全面而可持续地发扬光大。(事见《吕氏春秋·察微》:"鲁国之法,鲁人为人臣妾于诸侯,有能赎之者,取其金于府。子贡赎鲁人于诸侯,来而让,不取其金。孔子曰:'赐失之矣。自今以往,鲁人不赎人矣。'取其金,则无损于行;不取其金,则不复赎人矣。子路拯溺者,其人拜之以牛,子路受之。孔子曰:'鲁人必拯溺者矣。'孔子见之以细,观化远也。")事实上,你有钱并不等于人家都有钱,你愿意做善事并不等于人家就愿意做善事,你愿意经济上受损失并不等于人家都能接受这个损失。所以这里的善,仅有善良或义气皆是不够的,还要有高度智慧的适当。相似地,子路于水中救了人的性命,之后很高兴地收了别人送的一头牛,则得到了孔子的高度赞扬。这说明,许多时候,"直道"或朴厚不仅比聪明更符合善的要求,而且就是大智。察微见著,见小知大,以近识远,以所见知别人之所不见,以此可见孔子的非凡。进一步追问,还会发现子贡的行为之所以不适当,主要是因其违背了最基本的社会公正,而子路的行为之所以适当,则是因其与最基本的社会公正相吻合。进言之,善的最高境界不是任情使性或给人难堪,而是与人为善,既能带领大家一起为善,也能维护最基本的社会公正。

可见,一般人只要跟随圣人或善人的步伐而行就可以了。孔子说:"知德者鲜矣。"(《论语·卫灵公》)"可与共学,未可与适道;可与适道,未可与立;可与立,未可与权。"(《论语·子罕》)"中人以上,可以语上也;中人以下,不可以语上也。"(《论语·雍也》)等等,似亦从另一个侧面说明了这个问题。

2.行动实践重在合适或善于

善人之善贯穿于社会生产、生活各个方面,但不管是什么方面,最重要的是要体现为合适或善于。

(1)首在合适

合适有时亦可用恰当、适当、妥当、妥善等代之。《老子》第八章"居善地,心善渊,与善仁,言善信,正善治,事善能,动善时",其中七个"善"字,以及《论语》中的"举善而教不能,则劝"(《论语·为政》),"善为我辞焉"(《论语·雍也》),"择其善者而从之,其不善者而改之"(《论语·述而》),"求善贾而沽诸"(《论语·子罕》)等,皆以此意或相近意训之为佳。

"居善地",首先指向人的居所要选择一个合适的地方,也可指向人在生产、生活、人际交往等实践中的所立所行要选择一个合适的位置。具体言之,在远古,主要是要远离猛兽刀兵的侵害。而在今天,则是远离那些有可能发生自然灾害或有极度环境污染的地方。其次是要选择一个宜居的人文环境,在孔子那里主要表现为"里仁为美",所以荀子说:"君子居,必择乡。"孟母三迁的故事也可算是一个较好的注脚。在今天则主要倾向于良好的学校教育、方便安全的交通等。至于"心善渊",既指人的心胸要有适当的深邃宽广,也指向主体能让自己的心胸随物事的变化而有适当的深邃宽广。"与善仁",既指施与别人的仁爱要适当,也指向对别人的仁爱的施与需要有适当的方法或策略。"言善信",既指语言表达要有适当的信度,也指向语言表达没有瑕疵。"正善治",既指正人要先正己,也指向公正廉明、正直正义的政治一定要适合于国家的治理或长治久安。"事善能",既指做事有适当的能力水平,也指向做事能适当提高主体的能力。"动善时",既指主体行动选择时机要适当,也指向在行动中要善于创造机会、抓住机会。

"举善而教不能,则劝。"举,即推举贤才,但如果推举的贤才仅是善良的好人,而没有真才实学则是远不够的。所以,他必须合适:既有教导百姓的才能,也能让百姓因为有此榜样而受到鼓励,变得更加勤勉、努力向上。"善为我辞焉",是以适当的言辞或方式方法为我推辞。何为适当?既不能失礼或有悖仁义,更不能为自己或他人留下后患。(比如,闵子骞因为没能找到合适的理由,所以并没有辞掉当费宰的机会。事见《孔子家语·执辔》)"择其善者而从之,其不善者而改之。"好的东西,对于不同的主体而言,并不一定都适合,所以必须有所选择。故此善还是以适合为佳。"求善贾而沽诸",此"善贾"者必定是合适的贾者。什么才是合适?能够让孔子发挥自己的才能以实现天下有道的理想就是合适。"公山弗扰以费畔,召,子欲往。""佛肸召,子欲往。"(《论语·阳货》)两个叛臣之召,孔子皆欲往的事例说明,孔子要实现心中天下有道或"为东周"的理想,并不像子路他们所想的一定要完全合乎礼的要求。当然,孔子多次提到的既不俭亦不知礼的管仲却被他誉为"人(仁)也""如其仁!如其仁"(《论语·宪问》),则更加清楚地说明了这一切。

(2)次在善于

有了合适为前提,"善于"才可大行其道。在《老子》《论语》之中,善可训为善于者比比皆是。

"善行,无辙迹。善言,无瑕谪。善数,不用筹策。善闭,无关楗而不可开。善结,无绳约而不可解。"(《老子》第二十七章)"夫子循循然善诱人"(《论语·子罕》),"晏平仲善与人交,久而敬之"(《论语·公冶长》)等"善"字,既是善于也是合适。"善行,无辙迹":善于行走,就不会留下脚印或车迹。这种"善于"既最合适亦与"动善时"相通。怎样才能让行走不留下痕迹呢?即主体的行动要善假于时,有时亦指善假于物。风狂雨怒,大雪无痕,时间漫过,时空无限交错重叠,自然就可以"无辙迹"。"善言,无瑕谪":善于言说,就不会留下语言逻辑上的瑕疵。因为这种语言表达极具哲学性,不会因时空的变换而失去价值,所以往往能穿越时空成为不朽。比如老子"道可道,非常道;名可名,非常名"(《老子》第一章)便是这样的语言。道一定是可以言说的,但却不是随随便便可以,而是必须放到一定的环境条件与主客对象之间,名亦如是。它与"言善信"亦可相融相通。老子的"天道无亲,常与善人""大小多少,报怨以德"等,也皆是这样的善言。"善数,不用筹策":此为"运筹帷幄,决胜千里"之"数(术)",所以无须"筹策"。善人因具雄才大略,自然深谙此术。"善闭,无关楗而不可开":现实中的关楗无论多么坚固,总能打开,"无关楗"又不可开的只能是存在人的灵魂深处的思想枷锁。善人自身亦能善闭,主要指向因有自知、知人、知天命、不惑等而有坚定信仰或价值观而不易受到外力的左右或干扰。"善结,无绳约而不可解":这种"绳约"与上述关楗相类。它既可是口头或心灵誓约、书面文书的结盟,亦可是屠杀或战争的结怨。但善人的"善结"亦可指向一种一般人所不具有的凝聚人心、合并众力的能力。

上述各种能力,善人无不兼具,所以他的行为实践总能表现出适当。

(三)老、孔之"善人"

基于上述分析,善人一定是目光高远与仁慈智慧的象征,而在老子、孔子心中则一定位居君子、大丈夫、有恒者之上,或近于仁、近于圣,或就是仁者、圣人,或就是"博施于民而能济众"之人。以具体语境言之,他们有时可能表现为善于认知天道自然规律性的人,有时则可能表现为善于治国平天下的人等。总之,"出乎其类,拔乎其萃",成为人类社会得以前行的坚定推动者或引领者,则必定是他们的天命。所以,在任何情况下他们必定都是能针对实际情况采取适当措施或策略以获得最好现实结果的人。

1.善于认知天道自然规律性的人

《老子》第七十九章:"天道无亲,常与善人。"第六十二章:"道者,万物之奥。善人之宝,不善人之所保。"这里的善人主要即指善于认知天道自然规律性的人。

前句中的"天道无亲"与《老子》第五章中的"天地不仁,以万物为刍狗"一样,描述的皆是天道自然规律的客观性或无情性。即没有主观意志的天道自然规律性不可能对善人或不善人有所区别,就像阳光普照大地,不可能只给予善良之人以温暖而拒绝给予不善良之人一样。所以,这里的善人只能是:善于认知、顺应、利用天道自然规律性的人。故"天道无亲,常与善人"只能释为"天道没有偏私,经常帮助的只能是那些善于认知、顺应、利用天道的人"。这与西方的一句名言——"自助者,天助之"(God only helps those who help themselves)几无二致。

汶川大地震虽然无情地埋葬了众多的生命(没有善良、不善良之分),但也有不少人在不慌不忙中逃离了这次灾难。其中桑枣中学的师生,在他们校长叶志平的带领下全部脱险,就是这样的例子。这位校长正是这样一位善人,对于地震的规律性有充分认知并为此做出了正确抉择与切实行动。他之前就带领全校师生进行了一系列的针对性训练。其过程与结果折射出来的不仅是人性善良的光辉,更重要的是"善于"的智慧与力量。与之类似的古今中外的事例比比皆是。如诸葛亮于隆冬季节在七星台借东风火烧曹营八百里的故事,实际上只不过是其上通天文、下知地理,比较深刻地认识了我国大陆性季风气候在冬季特殊情况下的规律性而已。

不过,上述一类善人除了本性善良、有过人才识及行动力、能在此类事件中起到决定性主导作用外,如果他得不到广大的不善人(处于从属地位或对事物规律性没有深入认知的人群)的支持,事情还是不能成功。这反映了此类善人必居于一定权位,且所为之事必有一定公平、正义性,不仅符合广大的不善人的利益,而且能符合天道自然、人类社会发展之一般规律。

后句告诉我们:"道,是宇宙万物得以存在、发展、变化的奥秘或根源所在,是善于认识与利用它的人所持有的法宝,也是不善于认识与利用它的人生存、发展的保证。"这里的善人也只能是那些善于认识并利用天道自然规律(甚或也包括人类社会发展规律)的人。进言之,道也只有对于那些善于认识与利用它的人才可能是法宝,而对于那些不善于认识与利用它的人则不可能直接作为法宝。但不能认识并利用天道自然规律的人,同样需要存在、发展与幸福,所以他们必须以实际行动追随、支持善人。若相反,那么就会成为"为奇者",其不仅得不到能以道为"宝"的善人的保护,还可能为掌握权力的善人或圣人所杀。(《老子》第七十四章:"若使民常畏死,而为奇者,吾得执而杀之。")

2.善于治国平天下的人

《老子》第二十七章:"善人者,不善人之师。不善人者,善人之资。不贵其师,不爱其资,虽智大迷,是谓要妙。"《论语·子路》:"善人教民七年,亦可以即戎矣。""善人为邦百年,亦可以胜残去杀矣。"《论语·尧曰》:"周有大赉,善人是富。"这里的善人不仅是对天道自然规律有一定认识的人,而且是对人类社会发展规律亦有深刻认识的人。他们不仅可以成为"不善人"的老师,而且都是善于治国平天下的人。

第一句告诉我们:群体如果没有个体的主导作用,便是一盘散沙;而个体如果没有群体的支持,也会一事无成。所以不善人者必须"贵其师",善人者必须"爱其资"。《周书》"天佑下民,作之君,作之师"(《尚书·周书·泰誓》)似乎对此语做了进一步说明。圣人、善人、贤者,其职责就是上天派来或代表天来到人间,并以"作之君,作之师"的形式来保佑下民。这个天就是天道,就是自然、社会发展的一般规律性。今天的学习、工作等各种社会实践无不深受这种思想的影响。

第一句前段今多训为:善人是恶人的老师,恶人是善人的镜子(或借鉴)。就本句而言,也通。但却经不起进一步追问:既然是恶人,就一定会给社会带来怨恨与敌视,那么善人仅能以爱解决所有问题吗?答案是不能。进言之,如果我们都能爱恶人,或都能以爱的方式把他们变成好人,那么老子的"而为奇者,吾得执而杀之"(《老子》第七十四章)以及孔子的"以直报怨"(《论语·宪问》)、"朝政七日而诛乱政大夫少正卯,戮之于两观之下,尸于朝三日"(《孔子家语·始诛》),就不能得到令人信服的解释了。再者,现实生活中恶人当然可以成为我们的借镜,但却不可能得到我们的爱。即便是最高境界的圣人,也认为必须对待他们以直,即以公正对待才是最佳选择。

第二句一般的理解多为善良的人因为教民以仁义,所以民便皆能成为仁者;因为仁者爱人,所以定能无敌;义者忠诚,不会叛变投敌,所以定能死战以胜敌。如此解读,似无法自圆其说。现实中的战争,远非我们想得那么简单,即光有仁爱、忠诚与勇气是远远不够的。换言之,一个毫无军事才能与技术的人,不论他多么善良、正义、勇敢,都不可能教导民众去赢得战争。所以,所谓"仁者无敌"只是一厢情愿或天真的想当然而已。据《韩非子·五蠹》:"徐偃王处汉东,地方五百里,行仁义,割地而朝者三十有六国。荆文王恐其害己也,举兵伐徐,遂灭之。"可见仁者并非皆能无敌。另如秦始皇统一六国,仁义不施,只靠奖励军功,更可说明一切。因此,基于日常事理逻辑、事物发展的一般规律性,以及前面关于"善、善人"的解释,此句应释为:"善于带兵打仗的人教导普通民众七年,也就可以让他们上阵打仗了。"这种人当然也是善良的。如此解释才更符合孔子本意。这既可以在孔子的为政实践(如《孔子家语·相鲁》夹谷之会之"有文事必有武备")中找到证据,也可以从《论语·子路》"子曰:以不教民战,是谓弃之"中找到证据。

第三句与第二句相似。仅仅依靠善良或善良的人治国,只是一种天真的愿望。如此,不仅百年不可以"胜残去杀",就是一万年也不可能。在一般的认识看来,历史上某些为邦者或可能基本上实现了胜残去杀,那也只是他们具有雄才大略且善于治国平天下的结果。故此善人只能是善于治国平天下的雄才大略者。

最后一句,如果只是善良之人就能得周天子的大量赏赐而成为富人,那么普天之下便都是富人了。谁愿意做不善人而受穷呢?可是一般的善良之人是不可能得到"大赍"而成为富人的。也有学者认为,周代是以善来作为富的尺度的:谁是善人就是富人,所以周时天下善人众多。再者,也有老子"知足者富"(《老子》第三十三章)以佐证。但这总是经不起与客观现实的联系或思想的追问。因为这种认识使富的物质性存在完全失去一个客观性标准(再者这种认识不仅完全颠覆了"富"字构形的原初意义,而且与《说文解字》对于"富"的解读背道而驰)。真如此,那么孔子便不会有"富而可求也,虽执鞭之士,吾亦为之"(《论语·述而》)的慨叹了。事实上,周初所有的"大赍"不是给了一般的善良之人,而是给了那些有功的本家或外姓大臣。姜太公功高封齐,不在于他有善良本性,而在于他善于审时度势、对商末周初社会的发展规律性有深刻认知,并能亲身投入现实的治国平天下的实践中,帮助周王室最终获得胜利。

3."出乎其类,拔乎其萃"

"子张问善人之道,子曰:'不践迹,亦不入于室。'"(《论语·先进》)一般的理解完全是庸俗化的,即子张问做善人的方法,孔子说:"如果不沿着前人的脚印走,其学问和修养就不到家。"它不仅与孔子对于善人的其他论述相矛盾,而且经不起思想逻辑上的进一步追问。试想:沿着前人的脚印走,其学问修养就能到家吗? 再者,孔子的"吾少也贱,故多能鄙事"(《论语·子罕》)、"三人行必有我师"(《论语·述而》)、"何常师之有"(《论语·子张》)是沿着前人的足迹走的吗?

此处子张所问"善人之道",是谓人之欲成为善人的途径、方法或规律性。但此善人却绝非一般善良之人。一般成为善人的方法确实只要效仿或追随贤良方正就可以了,但如果把此语与孔子的其他有关善人的论述结合起来考察,所得出的结论就会更加全面深刻:子张向孔子请教关于成为"善人(主要指向善于认知事物发展规律性的人)"的途径,孔子回答说:"既不要循着前人的老路走,也不要为前人已经达到的最高境界的思想智慧所困。"进言之,对于孔子心中的思想智慧、社会地位均居于君子、有恒者之上的善人而言,主要不是"践迹""入室"与否的问题,而是坚决不要为践迹或入室所困。另就孔子一生对于周公的迷恋、管仲的称许,以及两次应叛臣之召,以及"我则异于是,无可无不可"之与周之"逸民"——伯夷、叔齐、虞仲、夷逸、朱张、柳下惠、少连等所做的批评与比较,可以肯定,孔子心中的善人至少是周公、伊尹之类的人物。

可见,《老子》《论语》中的善人绝非今天一般所谓好人、善良之人、有德之人或让人感觉可亲可爱的人等。他们地位极高,不仅在君子、有恒者之上,而且有时就是仁者或圣人。具体而言,"常善救人""常善救物",善于认知自然和社会发展规律性并能将之适当地运用到现实生活实践中,是他们的共同特征。他们或是人类灵魂的导师,或是现实生活的启蒙者。他们的成功一定与天下和谐、苍生幸福的善良愿望有关,却不一定与不善的(刑罚、战争)方法或手段无关。

今天一般所谓善人——好人、善良之人、有德之人或让人感觉可亲可爱的人等,当源于《孟子·尽心下》:"善人也,信人也。何谓善? 何谓信? 曰:'可欲之谓善,有诸己之谓信,充实之谓美,充实而有光辉之谓大,大而化之之谓圣。圣而不可知之之谓神。'"其意已然与老子、孔子的善人相去甚远。作为当代"有志于道"的中国学人,则理应以老子、孔子之善人为目标,孜孜矻矻,敏而求之。

第十二节 什么是"圣人"

子贡曰:"如有博施于民而能济众,何如? 可谓仁乎?"子曰:"何事于仁? 必也圣乎! 尧舜其犹病诸。夫仁者,己欲立而立人,己欲达而达人。能近取譬,可谓仁之方也已。"(《论语·雍也》)

以此可知圣乃是比仁更高的一种道德境界。孔子以尧、舜作比,可知此"圣"亦可代指圣人。据孔子对自己的评价,他一生努力都未能达此境界。但实际上中国历史上盛产圣人,不仅尧、舜、禹、汤、文王、武王是,就是孔子、孟子,再到历代帝王(皆称"圣上"),还有少数专家学者、诗人、艺术家等等似乎都是(如诗圣杜甫、书圣王羲之、草圣张旭、武圣关羽、茶圣陆羽、商圣范蠡等)。更有甚者,孟子认为"人皆可以为尧、舜",毛泽东亦有诗"六亿神州尽舜尧"及高论"鲁迅在中国的价值,据我看要算是中国的第一等的圣人。孔子是封建社会的圣人,鲁迅则是现代中国的圣人"[①],更是见解非凡。近读《丧家狗——我读〈论语〉》一书,则论孔子非圣人,言之凿凿、理由充分,乍看无可置疑,深思似是而非。窃以为,圣人乃"常道"(此"常道"与"非常道"相对,不是指永恒存在的道,而是指不能具体界定其具体时空环境条件与主客对象之道[②]),实乃无客观是非结论之可言。换言之,谁是圣人,谁不是圣人,孔子是不是圣人,什么是圣人等等问题,既是历史的,也是多元的,只有透过历史的烟尘,且从圣人所造"圣"字之构形认知始,才可能对这些问题有个全面的认知。

一、"圣"字初文构形的汉字学哲学解读

"圣"之初文为🖎。在今文(隶书体)出现之前,"圣"还有三种主要异体:🖎、🖎、🖎。不同的构形既反映了造字理据之不同以及书写性在汉字发

---

① 田刚:《毛泽东与鲁迅:"文艺与政治的歧途"》,《文史哲》2012年第2期,第120页。

② 何铁山、卫兵:《"道可道,非常道"别解》,《北京师范大学学报》2013年第6期,第78页。

展中的作用,也反映了意识形态对于圣人之认知的多元与历史性变化。

(一)圣的解读

"圣—圣"上为一只大耳朵,下为一人。大耳朵主要彰显的是多闻或兼听在成圣或为圣过程中的重要性与作用,但同时也强调了圣人必须知言。人,既强调了圣人也是人,同时又宣示出圣人必须知人的重要特征。

1.圣曰"多闻"

"闻而知之"是圣人的最重要特征之一。按孟子的说法,历史上的商汤、周文王就是"闻而知之"者,孔子亦属此列。"多闻,择其善者而从之。"(《论语·述而》)孔子从来就不认为自己是"生而知之",而是"学而知之",而"学而知之"则是多闻的最重要路径之一。但对于孔子而言,却是以"多能鄙事"为前提,然后再参之"下学而上达""学而不厌""无常师"等以成。以此可知,孔子之学可谓于天、地、人无所不通、无所不及。而"择其善者而从之",不仅说明主体听得懂,且能从纷繁复杂中分辨出善恶是非。以此,一个大耳朵,不仅是多闻的象征,比之一般人更能听、善听,听得更多、更远,亦能说明该主体既是聪明、睿智、善于学习之人,又是与道关系最为紧密的"同于道者"。于是,其"出乎其类,拔乎其萃",能从一般人中凸显或超拔出来。但此类圣人虽然博学多闻,却不一定是掌握了绝对权力或巨大权力的最高统治者或其他实权人物。

2.圣曰"知言"

一只大耳朵,如果只能听不能知,那就是聋子的耳朵。所以这只大耳朵的背后还必须以能知言做支撑。只有知言之人,才可能"择其善者而从之",才可能"勤而行之"。

什么叫知言?按孟子的说法便是:"诐辞知其所蔽,淫辞知其所陷,邪辞知其所离,遁辞知其所穷。"(《孟子·公孙丑上》)即对于知言者而言,不管如何偏激、迷惑、邪恶、虚伪的言辞,都能通过分析以达到知其背后之全部真实的目标。就像二战时英国以图灵为首的数学家团队能够全部破译德国纳粹的英格码一样。所以韩非子说:"所谓智者,微妙之言也。"(《韩非子·五蠹》)真正的智者或智慧,最重要的特点不仅是能知言,且能知"微妙之言"。因为知言又是知人的最重要内容或策略之一,所以孔子又说:"不知言,无以知人也。"(《论语·尧曰》)故圣人必是知言的大师。知言既可以读书获得，亦可从圣贤师友那儿获得。

3. 𧰨曰"知人"

老子说："知人者智，自知者明。"(《老子》第三十三章)只有知人之人，才可能是智者。人要达到知人之目标，方法主要有三：一在自知；二在知言；三在听其言而观其行。自知最为重要：一个人只要能深刻地了解自己，就一定能深刻了解别人。因为只要是人就性相近也。其次为知言，此点上面已述。最后为听其言而观其行。听其言要能"不因人废言"，观其行则要"视其所以，观其所由，察其所安"(《论语·为政》)，从而实现对于人的全面而深刻的了解。

知人是为圣人之"知(智)"之最重要部分，也是圣人为圣人之最伟大特征之一。而对于掌握绝对权力的圣人而言，知人之目的主要在于用人，即能实现"举直错诸枉，能使枉者直"(《论语·颜渊》)。让公平正直之士居上位，不仅能实现"不令而行"，树立良好的社会风气赢得民心归附，而且是"尊道贵德"的具体表现。

(二) 𧮪 的解读

𧮪 在 𧰨 的基础上加了一口，既囊括了 𧰨 的全部意义，又新增并强调了善言或言对于圣人的重要性。善言或言的背后所呈现的是圣人之智与圣人之德。

善言对于老子来说就是："善言，无瑕谪。""无瑕谪"，是指言论极富哲理性，让人挑不出毛病。实现"无瑕谪"的方法：一曰"不言"；二曰"正言"；三曰"美言"；四曰"言有宗"；五曰"言善信"。"不言"与"贵言"、"希言"基本一致，换成孔子的话便是："言未及之而言谓之躁，言及之而不言谓之隐，未见颜色而言谓之瞽。"(《论语·季氏》)换成荀子的话则是："未可与言而言谓之傲，可与言而不言谓之隐，不观气色而言谓之瞽。"(《荀子·劝学》)。总之，当不说就不说，当说就一定要说，说了就要起到好的作用。"正言"即要说公正的话。对于孔子来说，就是"邦有道，危言危行；邦无道，危行言孙。"(《论语·宪问》)"名之必可言也，言之必可行也。君子于其言，无所苟而已矣。"(《论语·子路》)"美言"主要是为了激励别人，"言有宗"指说话一定要有所本，"言善信"是指语言表达一定要有合适的信度，并经得起实践的检验与思想的追问。

圣人"为政以德""行不言之教",所以既要尽可能"不言、希言、贵言",又要尽可能以"正言""美言""言有宗""言善信"示人。

孔子又说:"有德者必有言,有言者不必有德。"(《论语·宪问》)圣人不仅应有言,而且必有能穿越时空的圣言流传。就今天来看,孔子所传圣言最多,所以其圣人之地位也就难以动摇。

(三)圣、圣的解读

此两字在囊括了上述所有构形及其意义的前提下,又在最下方加了一横或两横。一横居底部,代表土地或地平线;两横与 下部相重,底横代表土地或地平线,上横代表脚镣。

1.圣、圣曰绝对性权力

拥有土地,是拥有绝对权力或巨大权力的象征。汉字隶化后,其下部的"人"与"土"合写为"王",整个"圣"字写成了繁体的"聖",既是书写性所造成的,也是意识形态发展的新结果:非王者即非圣者也。于是,这种构形告诉我们,没有掌握绝对权力或巨大权力者就不能算是圣人。这种观点在春秋战国时期很流行。孔子、韩非子等都是这种观点的忠实拥趸。孔子之所以认为自己不能称"仁、圣",根本原因就在于他从来就没掌握过绝对权力或巨大权力。正因如此,他做不到"博施于民而能济众"。换言之,既然做不到"博施于民而能济众""修己以安人""修己以安百姓",也就达不到"老者安之,朋友信之,少者怀之"的圣人目标,故"圣"与"仁"也就无从谈起。

2.圣、圣曰权变

真正的权力又可称掌控实现社会公平正义之能力。其最初源于衡物轻重之秤之权(秤锤)。孔子说:"可与共学,未可与适道;可与适道,未可与立;可与立,未可与权。"(《论语·子罕》)足可见能知权者鲜矣。换言之,知权乃人之认知与实践活动之最高境界。无此境界者即或掌握了绝对权力或巨大权力亦不能称为圣人。即或自称之,亦不能得世人之认可。

知权之最高境界者为何?中庸也。"中庸之为德也,其至矣乎!民鲜久矣。"(《论语·雍也》)可"知德者鲜矣"(《论语·卫灵公》),那么知至德之中庸当至难。中庸之德的核心究竟又是什么呢?直也。它既是孔子"报怨以直""举直错诸枉"的直,也是韩非子"所谓直者,义必公正,公心不偏党也”之直。用《尚书》中尧告于舜，舜又告于禹的话来说便是“允执厥中”。用子思的话说是“中和”(《中庸》)，用屈原的话说是“节中”或“绳墨”(《离骚》)，用今天的话说则是公正。从汉字构形来说，它正是“德—”之核心。

综合上述认知，似乎仅从“圣”字构形的发展变化上，也能窥测出古人对于圣、圣人的认知的发展过程：圣，从来就不是一个固定不变的概念。“圣”字的发展变化过程，既有造字理据选择上的不同，也有书写性发展的必然；既能反映出我国古代伦理道德等意识形态的发展变化，也能反映出古代学者对于当时社会政治、国家治理的哲学思考。

二、老子心中的“圣人”

有人给圣人下了个定义：“圣人也叫圣者，其实是圣王，先秦古书都这么讲。翻成现代话，就是英明领袖。”[①]窃以为，先给圣人下这样一个定义便有英雄欺世之嫌。先秦古书上真都是这样讲的吗？不仅未必，而且仔细分析起来，不管其论述如何，皆可视为与上述诸“圣”字构形的互释。

在《老子》中有“圣人”29见，可见，老子对于圣人是进行了比较全面而深刻的描述的。虽然老子心中的圣人确实包括圣王，但却绝非仅指圣王，而是有不同种类或层次的。不仅如此，有时还可能不是指个体之人，而是指某个阶层或群类。

（一）无为类圣人

此类圣人大概有如下特点：一是必曾掌握绝对权力；二是必有丰富的成圣经历、经验；三是必善用人。至于聪明睿智、好学善听，“以百姓心为心”，“为天下浑其心”，应为所有圣人共有之家国天下情怀。老子“圣人处无为之事，行不言之教”(《老子》第二章)，“不行而知，不见而明，不为而成”(《老子》第四十七章)，以及孔子对于舜的“无为而治”的描述(《论语·卫灵公》：“无为而治者，其舜也与？夫何为哉？恭己正南面而已矣。”)，皆可指向上述结论。

圣人之治或所行之事，之所以能以无为处之并可“行不言之教”，一在其能深刻认识并顺应、利用事物的客观规律性；二在其成圣过程之所为之

① 李零：《丧家狗——我读〈论语〉》，太原：山西人民出版社，2007年，第342页。

事既积累了大量经验又能为众人所效仿;三在其善用人。这点与邓小平的一句名言"我的工作方法是尽量少做工作"相类。尽量少做,其实就是无为而治。其具体表现则是既能抓住主要矛盾,又能因他人之行而知,因他人之见而明,因他人之为而成。或曰:"运筹帷幄,决胜千里。"

此类圣人确为圣王,以尧、舜为代表。

(二)善治类圣人

此类圣人与上述无为类圣人相较,主要差别:一在于其虽曾掌握绝对权力或巨大权力但却并不一定是圣王;二在于他们为政方式不同,即都不曾做到"无为而治"。老子:"圣人之治,虚其心,实其腹;弱其志,强其骨。"(《老子》第三章)"圣人为腹不为目。"(《老子》第十二章)"圣人不仁,以百姓为刍狗。"(《老子》第五章)"是以圣人,处上而民不重,处前而民不害。"(《老子》第六十六章)"圣人不病,以其病病,是以不病。"(《老子》第七十一章)"圣人为而不恃,功成而不处。"(《老子》第七十七章)这些皆可指向这一点。

此类圣人因为洞悉最基本之人性,所以善于国家治理。"实其腹""为腹"是指治道首先必须满足好百姓之最基本的物质需要。"以百姓为刍狗",是指为人行事必须公正而不偏私。"处上而民不重,处前而民不害"是指当权者必须惠民、爱民。"圣人不病,以其病病,是以不病"是指凡事有远见,皆能预。"功成而不处"是指境界高远,从不追逐世俗之名利而仅以"死而不亡"为目标。

此类圣人亦类于老子、孔子所说之善人。"是以圣人常善救人,故无弃人。常善救物,故无弃物。是谓袭明。故善人者,不善人之师。不善人者,善人之资。"(《老子》第二十七章)"道者,万物之奥。善人之宝,不善人之所保。"(《老子》第六十二章)"善人为邦百年,亦可以胜残去杀矣。"(《论语·子路》)"善人教民七年,亦可以即戎矣。"(《论语·子路》)他们善于"救人""救物",善于认知道,善于治国平天下。他们的作为或成功当然也可指向圣王,如禹、稷之类;但却不一定仅指圣王,也可以是掌握了巨大权力的其他重要人物,如周公、伊尹、皋陶之类。

(三)高洁类圣人

此类圣人既无圣王之位,亦不一定曾立功、立言,但却因其行为或德行符合当时社会思想家关于圣人的认识而得名。老子:"不自见故明,不自是故彰,不自伐故有功,不自矜故长。夫唯不争,故天下莫能与之争。"(《老子》第二十二章）"去甚、去奢、去泰。"（《老子》第二十九章）"自知而不自见，自爱而不自贵。"（《老子》第七十二章）"方而不割，廉而不刿，直而不肆，光而不耀。"（《老子》第五十八章）"被褐怀玉。"（《老子》第七十章）"圣人不积。既以为人己愈有，既以与人己愈多。"（《老子》第八十一章）以上皆可指向高洁之类。泰伯、伯夷、叔齐、柳下惠、孔子甚或颜渊等皆可纳入。但他们的这些德行可能为前两类圣人部分兼具，只是非全兼。比如"被褐怀玉"，从《论语》的有关记载来看，孔子虽然欣赏禹、稷"被褐"，但并不主张居上流的圣人皆"被褐"。而他自己则以"无可无不可"处之：富贵如可求，则愿为执鞭之士；如不可求，则从吾所好。还需要指出的是，此类圣人有的因无言或言已湮没而不一定能为后世认可。

如果综合老子关于圣人的全部描述并将其集于一身，则会发现，他们是理想中的完人或神。但完人或神在现实中并不存在，或已不属于圣人的范畴。以此反推，可知老子之有关圣人之所有论述并非仅指向圣王。

三、孔子心中的"圣人"

关于什么样的人才算得上圣人，孔子的标准与汉字学哲学对于🗿、🗿的认知基本一致。

（一）"博施于民而能济众"

《论语·述而》，在本节开头引用。在此，孔子很明确地界定了圣与仁之间的关系：圣高于仁；"博施于民而能济众"者为圣，能"立人""达人"且"能近取譬"者为仁。以此为标准，孔子明确地认识到自己既不能"博施于民"又"济众"有限，所以离圣的境界还有相当距离。不仅离圣有距离，就是与仁也有距离。所以孔子又说："若圣与仁，则吾岂敢？"（《论语·述而》）之所以如此，皆因孔子认为自己既没有掌握至高至上的权力，也没有建立至伟至大之功勋。孔子的另一句"文莫吾犹人也。躬行君子，则吾未之有得"（《论语·述而》）也能说明这一点。

（二）人间少见

"子曰：'圣人，吾不得而见之矣！得见君子者，斯可矣。'子曰：'善人，吾不得而见之矣！得见有恒者，斯可矣。亡而为有，虚而为盈，约而为泰，难乎？有恒矣。'"（《论语·述而》）在孔子看来，圣人只存在于远古时代或传说之中,而在他所生存的那个时代,圣人是不存在的,不仅圣人不存在,就是善人也不存在。君子是有的,但不多,孔子认为除自己外,他的学生中也有一些,如子贱、南宫适、冉雍等;有恒者则更少,似只有颜渊。孔子认为自己可算有恒者:"若圣与仁,则吾岂敢?抑为之不厌,诲人不倦,则可谓云尔已矣。"(《论语·述而》)在孔子的学生们看来,即或是有恒者,也不是一般人所能做得到、学得来的。如公孙赤所言:"正唯弟子不能学也。"这种认识与孟子所谓"人皆可以为尧、舜"则大不同。

(三)善于以中庸施治

据《论语·尧曰》:"尧曰:'咨!尔舜!天之历数在尔躬,允执其中。四海困穷,天禄永终。'舜亦以命禹。"可知尧、舜、禹等圣王施治的秘诀主要集中于"允执厥中"。允执厥中,就是中庸、节中、守中、中正、持中或直、中、正、平等,用今天的话来说就是能持守公正或公正、正义。它与老子"圣人不仁,以百姓为刍狗"的认识高度一致。孔子的"中庸之为德也,其至矣乎!民鲜久矣"(《论语·雍也》),"知德者鲜矣"(《论语·卫灵公》)则告诉我们,作为民众最需要的公正既不是容易认知的,更不是容易实现的。但作为最高统治者,其最根本的目标却又毫无疑问是通过为政以德而最大限度地给予社会以公正。

(四)"必有言"

据《中庸》"仲尼祖述尧舜,宪章文武"以及孔子"有德者必有言"(《论语·宪问》)、"君子有三畏:畏天命,畏大人,畏圣人之言"可知,圣人不仅有言,而且其言必具真理性;不仅可为圣者传,而且可为天下法。圣人既然有言就必定知言。既然知言,就一定知人。既然知人就一定智慧、自知且善听。

综合上述孔子关于圣人之言说,可知孔子心中的圣人只能是圣王或如周公、伊尹之类的人物。他们不仅握有权力,能做到"博施于民而能济众",而且有圣言流传。如按孔子的标准,他自己确实离圣人还有相当距离。但圣人的概念或标准,从来就不是固定不变或唯一的,它不仅具有历史性,而且具有多元性。

四、老、孔之后关于"圣人"认知的变化

因为孔子信徒众多,老子、孔子之后的社会舆论主要由他们主导,所

以孔子不仅自然地成了圣人而且成了圣人的最高典范。在后世儒家眼中,如果孔子不是圣人,那么中国也就没圣人了。至于这种认知变化的原因,既有历史性的根源,也有意识形态上的选择。对于孔子的弟子或崇拜者而言,还有相当的情感因素。当然,儒家之外,其他人对于圣人的认知仍然是多元的。

(一)孔子成为圣人的最高典范

孔子在世时,无论是他的学生还是当时社会舆论皆有人认为孔子就是圣人,但由于孔子自己否定,因此这种认识也就未能得到普遍认可(甚至有不少人认为孔子不及他的弟子子贡)。但孔子死后,事情却有了巨大变化。最早是他的学生们,之后是以孟子为首的崇拜者们,再之后是秦亡后的大多数历代帝王、文人、学者,由于他们的不懈努力、大加推崇,孔子的成圣之路随着历史的推演而愈加顺畅,其形象也随着儒学的广泛传播而愈加高大。这可能是孔子自己都不曾预料到的。

1.宰我的圣人观

据《孟子·公孙丑上》所载宰我对于孔子的一句感叹:"以予观于夫子,贤于尧、舜远矣。"可知孔子死后他的学生们对于他认知上的变化。宰我虽位列孔门十哲之一,但在孔子生前,他不仅不是孔子所喜欢的学生,而且孔子可能对他有一种特别的"厌恶"。孔子不仅因其大白天睡觉而骂过他"朽木不可雕也,粪土之墙不可圬也"(《论语·公冶长》),而且因为他高度怀疑孔子所精心维护的"三年之丧"而被孔子骂过"不仁"。以此,可以认为宰我对于孔子的这种认识上的变化应当是比较客观的。换言之,宰我认为孔子"贤于尧、舜远矣"一定是有充分的认知或依据的。成为圣人不一定需要掌握绝对权力,掌握了绝对权力的也可能成不了圣人;即或成了圣人,其思想、智慧及影响力也可能还不如没有掌握过绝对权力的圣人。在宰我看来,孔子虽未掌握过绝对权力,但其思想、智慧及影响力却远超尧、舜。

2.子贡的圣人观

子贡对于孔子的信服是一以贯之的,不仅在孔子生前就认定他是圣人(《论语·子罕》:"太宰问于子贡曰:'夫子圣者与? 何其多能也?'子贡曰:'固天纵之将圣,又多能也。'子闻之曰:'太宰知我乎! 吾少也贱,故多能鄙事。君子多乎哉? 不多也。'"),在他死后更是不遗余力地加以维护、推崇、宣扬:"仲尼,日月也,无得而逾焉。""夫子之不可及也,犹天之不可阶而升也。"(《论语·子张》)加上孟子记载的有关子贡的论述:"见其礼而知其政,闻其乐而知其德,由百世之后,等百世之王,莫之能违也。"(《孟子·公孙丑上》)更可见子贡对孔子充满了无尽的崇拜之情。子贡心中的圣人孔子:聪明天纵、博学多能,理想高远、行为通达、言论智慧,不仅可以启导众人,而且可以穿越时空、百世不朽。

3.有若的圣人观

有若的观点与子贡近同:"麒麟之于走兽,凤凰之于飞鸟,泰山之于丘垤,河海之于行潦,类也。圣人之于民,亦类也。出乎其类,拔乎其萃,自生民以来,未有盛于孔子也。"(《孟子·公孙丑上》)但更加具体:孔子虽然"出乎其类,拔乎其萃",但仍然属于人类。是人就一定有局限性,但也正因有局限性,所以他才可亲、可爱、可敬、可学。最重要的是可学,唯可学才能尽显其价值与光辉。

4.孟子的圣人观

孟子的话旗帜鲜明:"自有生民以来,未有孔子也。"(《孟子·公孙丑上》)既是对于上述孔子诸弟子所言的总结,也明确表达了自己的心声:古往今来,孔子一人独大,无人可比。其大于何处?主要在于其给后世以巨大影响力的各种为学、为道、为政、为人的言论及其自身实践给予世人的具体路径指引。孟子的一生就是沿着孔子所指引的路在走。因为孔子的路以"志于道"为人生目标,以"学而不厌,诲人不倦"为前进动力,以仁、义、礼、智、信、忠、恕、孝、勇为行为规范,辽远而坚实,所以孟子认为,无论是谁,只要具备一般的人的素质,只要努力前行就一定可以成为圣人。

综合宰我、子贡、有若、孟子等人的圣人观,相对于孔子的圣人观而言,有些方面他们降低了——不再要求一定掌握过绝对权力,但有些方面却可能抬高了——终生努力、博学多能、有诸多圣言流传、"知其不可为而为之"、"无可无不可"的精神等。一言以蔽之,如果需要一个圣人的标准,那么孔子不仅是标准,而且是最高标准。

(二)其他各种圣人观继续存在

自古以来人们对于圣人的认识,从来既是历史性的,又是多元或多维度、多层次的。

1."听于无声,视于无形"类

据《吕氏春秋·重言》：

> 齐桓公与管仲谋伐莒,谋未发而闻于国,桓公怪之,曰："与仲父谋伐莒,谋未发而闻于国,其故何也?"管仲曰："国必有圣人也。"桓公曰："嘻! 日之役者,有执蹠癌而上视者,意者其是邪!"乃令复役,无得相代。少顷,东郭牙至。管仲曰："此必是已。"乃令宾者延之而上,分级而立。管子曰："子邪言伐莒者?"对曰："然。"管仲曰："我不言伐莒,子何故言伐莒?"对曰："臣闻君子善谋,小人善意。臣窃意之也。"管仲曰："我不言伐莒,子何以意之?"对曰："臣闻君子有三色:显然喜乐者,钟鼓之色也;湫然清静者,衰绖之色也;艴然充盈、手足矜者,此兵革之色也。日者臣望君之在台上也,艴然充盈、手足矜者,此兵革之色也。君呿而不唫,所言者'莒'也;君举臂而指,所当者莒也。臣窃以虑诸侯之不服者,其惟莒乎! 臣故言之。"凡耳之闻,以声也。今不闻其声,而以其容与臂,是东郭牙不以耳听而闻也。桓公、管仲虽善匿,弗能隐矣。故圣人听于无声,视于无形。詹何、田子方、老聃是也。

此类圣人亦是善听、善察、善意的小人而已。可惜的是,老子竟亦赫然列于其中,实在有点令人大跌眼镜。

不仅老子,孔子亦属此类:"孔子见温伯雪子,不言而出。子贡曰:'夫子之欲见温伯雪子好矣,今也见之而不言,其故何也?'孔子曰:'若夫人者,目击而道存矣,不可以容声矣。'故未见其人而知其志,见其人而心与志皆见,天符同也。圣人之相知,岂待言哉?"(《吕氏春秋·精谕》)

上述认识,主观上虽对老、孔有神化之意,但客观上却有所贬损。

2.品洁才高,且掌握过最高权力

此类圣人:"深虑天下,莫贵于生。"(《吕氏春秋·贵生》)"察阴阳之宜,辨万物之利。"(《吕氏春秋·尽数》)"必察其所以之与其所以为。""帝王之功,圣人之余事也。"(《吕氏春秋·贵生》)"修节以止欲。"(《吕氏春秋·情欲》)"修其身而成文于天下。"(《吕氏春秋·先己》)"学者师达而有材。""未有不尊师者。"(《吕氏春秋·劝学》)他们不仅"有成功也",而且"焕乎有文章",又几乎集老、孔关于圣人之论之一切美德。如《吕氏春秋·尊师》所举神农、黄帝、颛顼、帝喾、尧、舜、禹、汤、文王、武王等皆此类也。不过,自孔子之后,这种认识已不再是儒家甚或整个社会主流意识形态关于圣人认识的最高典范。

3.品不一定洁、才不一定高,但必掌握过绝对权力

此类圣人既为法家所发明,亦是袭老、孔之认识而来。"今有美尧、舜、汤、武、禹之道于当今之世者,必为新圣笑矣。是以圣人不期修古,不法常可,论世之事,因为之备。"(《韩非子·五蠹》)其所言之"新圣"即为此类。它与商鞅所言"法者所以爱民也,礼者所以便事也。是以圣人苟可以强国,不法其故;苟可以利民,不循其礼"(《商君书·更法》)之圣人全无二致。他们的共同点是:既能"不法其故"或曰"不法常可",用今天的话说即与时俱进,又曾掌握绝对权力。

不过,法家在认定当时国家最高当权者——新圣就是圣人的同时,也不否认孔子属于圣人之一种。其区别在于:孔子类圣人无势,于是对于不一定有才德但却有势的"新圣"只能是听命或服从。

五、老、孔之后关于"圣人"认知变化的原因分析

老子、孔子之前,人们对于圣人的认知,皆是多元的或是有多个维度、多个层次的。孔子思想相对保守,他坚定地认为:圣人不仅需要品行高洁、能力超绝,而且只能是掌握过绝对权力的最高统治者。孔子死后,关于圣人认知的变化,其实也解释了孔子逐渐成为圣人之最高标准。此处关于老子、孔子之后圣人认知变化的原因分析,其实也解释了孔子为什么能成为圣人之最高标准。

(一)孔子继承并光大了尧、舜及夏、商、周三代圣人思想

《中庸》:"仲尼祖述尧舜,宪章文武。"《论语·子罕》:"子畏于匡,曰:'文王既没,文不在兹乎?'"《论语·八佾》:"子曰:'周监于二代,郁郁乎文哉,吾从周。'"《论语·述而》:"子曰:'文吾莫犹人也,躬行君子,则吾未之有得。'"可见,至少孔子自认为,自尧、舜以至于夏、商、周三代,所有的优秀传统文化、礼仪制度等,唯有他进行了全面系统的学习研究并取得了当时的最高成就。孔子在继承的基础上有所损益,扬弃的过程中有所创新,后来他也成了中华民族文化及精神的最杰出代表。

孔子的思想成就大多保存于他编撰的诸经典或其后继者所编撰的诸经典中。其中以《春秋》《诗》《书》《易》《礼》《论语》等为最。再者,孔子所传

学生"六艺"以及"文、行、忠、信"四教等,应也是一个重要通道。

孔子之所以能取得巨大成就,根源在于他既有"志于道"的高远政治目标与实践精神,亦有"据于德,依于仁"的崇高人生理想与坚强意志以及"游于艺"的正确认知路径。

孔子所志之道是为治道。其终极目标即实现天下有道。此道之重心不在于"礼乐征伐自天子出"或"政不在大夫",而在于让天下百姓都能过上较好的安宁、平静、富足的生活,即实现最基本的社会公正。但却正因其"至大",所以"天下莫能容"。这个"至大之道"亦可称中庸之德或中庸之道。孔子所据之德即在于尊此道而行。尊道而行必为政以德。为政以德对于当权者言又必以仁、义、礼、智、信、忠、恕、孝、勇等出之。孔子所依之仁,以孝或爱人为核心。对于当权者自身而言,需要"修身进德""克己复礼";而对待百姓则需要"敬事而信,节用而爱人","养民以惠""使民以时","己所不欲,勿施于人","己欲立而立人,己欲达而达人"等等。孔子所游之艺,不是"游戏于艺术",而是遍研大小"六艺"(小"六艺"为礼、乐、射、御、书、数,大"六艺"为《诗》《书》《易》《礼》《乐》《春秋》)。前者为士人入门为仕之基,后者为为政修身之府。(司马迁《报任安书》:"修身者,智之府也。")具体言之:不学《诗》,无以言;不学《书》,不知政;不学《易》,不知变;不知《礼》,无以立;不知《乐》,无以和成;不知《春秋》,则不知鉴惧。

概括起来,孔子继承并光大了的尧、舜及夏、商、周三代圣人思想的重点是中庸。换言之,先代所传"允执厥中"或守中等皆比较简略,常让人有些难以捉摸之感,但经过孔子的阐释,我们不仅知道了如何执中、守中、用中,而且知道了为什么要执中、守中、用中。执中、守中、用中的方法主要在"修道以为教"或"修己"的基础上学会用权,其目标是达成社会诸种利益平衡以实现最基本的社会公正。公正的达成,必是和的实现。

(二)孔子的"成圣之路"是士人最理想的"成人之路"

这点,孟子的认识最为现实而深刻。

孟子说:"智,譬则巧也;圣,譬则力也。由射于百步之外也,其至,尔力也;其中,非尔力也。"(《孟子·万章下》)对成圣做了前所未有的颠覆性的阐释。比喻虽不一定很恰当("中"不可能与力无关),但这里所述"智""巧"与"圣""力"的关系,即天资、禀赋与恒心、毅力的关系却能给予人们以鼓舞人心、深切人性的启发:决定一个人是否能成人成圣,主要不是天赋异禀,而是超乎常人的意志力。这与墨子的"志不强者智不达"(《墨子·修身》)、荀子的"无冥冥之志者,无昭昭之明"(《荀子·劝学》)高度一致。孔子有多方面的天赋,且比一般人要好,这是没有疑问的。比如音乐学习,如果这方面的天赋一点都没有,那是不可能把音乐学好的。但孟子强调的是,天赋固然重要,"好学、有恒"却更重要。事实上,人群之中"中人以上"者众多,但能与之"语上"或做到"好学、有恒"却实在少。

此外,孟子关于天爵、人爵的论述也从另一个维度对上述认识做了进一步说明。"有天爵者,有人爵者。仁、义、忠、信,乐善不倦,此天爵也;公卿大夫,此人爵也。古之人修其天爵,而人爵从之。今之人修其天爵,以要人爵;既得人爵,而弃其天爵,则惑之甚者也,终亦必亡而已矣。"(《孟子·告子上》)广大士人通过自身努力,可能得不到人爵,但却可修成天爵。没有人爵的天爵,其境界当然高过没有天爵或抛弃了相应的天爵的人爵。所以,没有人爵而有道德、学问、才识、能力者也就理所当然可以成为圣人。孔子一生修道进德,"学而不厌,诲人不倦",其天爵之高当无以复加,所以给予他一个圣人的光环也是理所当然。

但孟子的意思远非仅此。既然没有人爵而有道德、学问、才识、能力者皆可成为圣人,那么孔子的成圣之路就是最为现实的成人之路,所以"人皆可以为尧、舜"(《孟子·告子下》)不是一句空话,而是一条现实之路。这种认识,表面上看并无神奇,却在精神上宣告了道统的独立、道统高于政统以及知识的独立,从而为中国知识分子的精神独立,或自信、自尊、自强等精神的获得开辟了一条现实之途。

(三)历史的需要与必然选择

一般来说,历史的需要与选择,既有必然性,也有偶然性。孔子思想成为后来中国社会的普遍需要充分地显示了这种必然性。

1."五百年必有王者兴"

"由尧舜至于汤","由汤至于文王",莫不如此。这曾经既是古人所认定的历史规律性,也是民众的愿望。可是,自周代文、武、周公(前 11 世纪)而后,到春秋战国(前 3 世纪),早已超出五百年,只见天下混乱不堪,就是不见王者(即圣者、圣人、圣王)出现。于是,圣人只能"被褐怀玉",从民间走出。孔子说:"圣人,吾不得而见之矣! 得见君子者,斯可矣。""善人,吾不得而见之矣! 得见有恒者,斯可矣。"(《论语·述而》)既然圣人、善人都没有,"君子修己"又可与圣人相通,孔子又是公认的君子、有恒者,那么孔子非圣人而谁?

2.儒学独尊

儒学独尊地位的确立源于汉武帝接受了董仲舒的"罢黜百家,独尊儒术"的建议。汉武帝当然出于维持其统治的需要,但董仲舒在抬高了孔子的地位的同时,既发展了孔子的思想,也歪曲了孔子的思想。从此,孔子的圣人地位不仅逐渐巩固,而且帮助后世所有的皇帝成了圣人或圣上。到了宋代,甚或与皇帝关系亲密的公主、皇后等也与"圣"扯上了关系。

上好之,下必甚焉。由于历代大多数帝王的勠力推崇,孔子在中国精神领域的权力与地位,从上层社会到民间都变得尊荣而无以复加。于是,孔子在世时所没能获得的至上权力,在其死后得到了补偿。个中原因,当然不仅是统治者的推崇,其"志于道"之出世精神,好学有恒、知行合一之认知路径,知其不可而为之、无可无不可之策略等当更为根本与重要。

3.情感因素

孔子的学生们与其后世的再传弟子或崇拜者们,把孔子奉为圣人,不仅因为孔子的伟大以及现实的需要,当然还有情感的因素。自己的老师当了圣人,沐浴在老师的光环之下,沾一点光,再自然不过。于是,孟子成了亚圣,颜回成了复圣,就是子夏、子游、子张等也都有了"圣人之一体"。(《孟子·公孙丑上》:"子夏、子游、子张,皆有圣人之一体;冉牛、闵子、颜渊,则具体而微。")

4.孔子有圣人仪质

"子温而厉,威而不猛,恭而安。"(《论语·述而》)这种记述就是古人所谓圣人之仪质。

说孔子的仪容像圣人,可以有三方面的意思。

一是说孔子有圣人之形。《史记·孔子世家》载:"孔子适郑,与弟子相失,孔子独立郭东门。郑人或谓子贡曰:'东门有人,其颡似尧,其项类皋陶,其肩类子产,然自要以下,不及禹三寸。累累若丧家之狗。'"既有嘲讽之嫌,亦有追捧之实。事实上,圣人有时像丧家狗不但不丢人,反而正是圣人之所以为圣人的重大特质之一。

二是说孔子有圣人之质。孟子曰:"由尧舜至于汤,五百有余岁;若禹、皋陶,则见而知之;若汤,则闻而知之。由汤至于文王,五百有余岁;若伊尹、莱朱,则见而知之;若文王,则闻而知之。由文王至于孔子,五百有余岁;若大公望、散宜生,则见而知之;若孔子,则闻而知之。"(《孟子·尽心下》)孔子能"闻而知之"的特质与商汤、周文王同,此正是孟子所认为的圣人之质,也是孔子所一再推崇的认知路径。

三是说孔子有圣人之修。这点最为重要。孟子曰:"形色,天性也;惟圣人然后可以践形。"(《孟子·尽心上》)人的形体容貌都是秉自然之理生成的,这就是所谓天性;只有圣人才能尽这种自然之理,使天生的形体容貌更加充实完美,无愧于天性。换言之,孔子之所以能呈"温而厉,威而不猛,恭而安"之仪质,主要不是天生的,而是后天通过不断地修得来的。

综上,论者认为孔子不是圣人的根据是:孔子不承认自己是圣人;孔子完全不符合成为圣人的两个条件:"一是聪明,天生聪明;二是有权,能安民济民。"①乍一看,似乎很有说服力,但仔细推敲,同样的论据则可得出完全相反的结论:

首先,孔子不承认自己是圣人,这正是其成为圣人的伟大品格或证据之一。尧、舜、文、武、周公、伊尹,有谁说过或承认自己是圣人的?孔子为什么就不能被别人尊称或追认?不仅孔子可以,老子、孟子可以,甚至伯夷、柳下惠都可以。更何况追认孔子为圣人的,不仅是他的学生们、孟子,更有历朝历代的统治者、学者与百姓。

其次,关于孔子是否聪明或是否天生聪明。孔子自己确实说过:"我非生而知之者"(《论语·述而》),"盖有不知而作之者,我无是也。多闻,择其善者而从之,多见而识之,知之次也"(《论语·述而》)。即孔子不仅不承认自己特别聪明而且认定自己只是"知之次也"。但正是这种自知促使孔子好学而"有恒",从而造就了孔子的聪明。它反映的正是孔子的过人之处。而这种过人之处,不仅是聪明,更是远超聪明的睿智。

最后,关于孔子不曾拥有至高权力,不能"博施于民而能济众"。这个问题只能历史地、辩证地看。孔子在生时,既没有成为圣王,也从没有掌握过至高无上的权力,同时也没有成为圣人,但死后被逐渐尊为圣人、素王,情况就大不同了。他的思想、言论的影响力,不再局于一隅,而是俘获了历代统治者,从而也就赋予了他在生时所不可想象的权力。

---

① 李零:《丧家狗——我读〈论语〉》,太原:山西人民出版社,2007年,第342页。

第四章　当代中国社会之大德
——社会主义核心价值观的汉字学哲学解读

2014 年 5 月 4 日，习近平总书记在北京大学师生座谈会上的讲话中称："核心价值观，其实就是一种德，既是个人的德，也是一种大德，就是国家的德、社会的德。"(《青年要自觉践行社会主义核心价值观——习近平在北京大学师生座谈会上的讲话》)这一论断如高屋建瓴，既充分彰显了习近平总书记对于中国传统文化的博大深厚的认识，也为伟大中国梦的目标建设指明了方向。

习近平总书记之所以把社会主义核心价值观称为一种德，其根本原因是，它本来就是一种道——一种强国之道——既是我国未来相当长时间内的发展理论，也是实现伟大民族复兴的必由之路。具体而言，富强、民主、文明、和谐乃治国平天下之道；自由、平等、公正、法治乃广大人民实现有尊严的幸福生活之道；爱国、敬业、诚信、友善乃每个中国人的修身养性之道。三者紧密联系、相互渗透、相互补充、不可分割。只要每个中国人都循此理论而进、顺此道而行，就一定能实现复兴中华民族的伟大中国梦。

中国社会主义核心价值观，因为总体是从现实的个人出发，凝练和概括了国家的价值目标、社会的价值取向和公民的价值准则，所以内容被分成国家、社会、个人三个层面，而事实上每一项内容，不仅都能贯通三个层面、难解难分，而且都是每一个现实的个人追求的目标。

第一节　治国平天下之道

──富强、民主、文明、和谐

富强、民主、文明、和谐，作为国家层面的价值目标，是国家的德、民族的德；作为治国平天下之道，又是国家领导人的德；作为每一个现实的个人所欲求的目标，当然也是个人的德。富强不仅是文明的重要表征，而且当然地能推进其他一切价值的建设与发展。民主既是文明、和谐、自由、平等的重要表征，也是实现公正、法治的重要工具。文明既是一切价值进步的表征，也是推动这种进步的力量。和谐既是其他一切价值高度实现的结果，也是其他一切价值全面实现的原因。

一、什么是富强

"富"字初文为，上面宝盖像个房子。有房子的字，除了"富"字，还有很多，如"安—""定—""官—""家—""宫—""室—"等。以此可知，中国自有文明以来，人们便普遍地认为，拥有房子不仅是富的最基本条件，也是实现有效统治、安宁、稳定、幸福的前提。

房子对于人的重要性，古圣先贤早就有过深刻的论述。老子说："不失其所者久。"(《老子》第三十三章)孟子说："若民则无恒产，因无恒心。苟无恒心，放辟邪侈，无不为已。"(《孟子·梁惠王上》)其中的所与恒产，主要指的就是房子。恒心，是指坚定持久的道德之心。老百姓如果连房子都没有，就不可能有坚定持久的道德之心。没有坚定持久的道德之心，也就什么坏事都可能干得出来。老百姓什么坏事都干得出来，那么社会稳定与发展便不可能。以此可知，对于从政者而言，"安其居"是何等重要。

字房子的里面，像个酒坛子。可见，仅仅有居有所有恒产还不能叫富，还得有吃的，有吃的还不够，还得有酒喝。酒是富余粮食酿造的，所以酒坛所代表的富，不仅是有吃的，而且是吃不完，吃的东西很丰富。按照老子的说法叫"美其食"。而"幸福"的"福—福"的右边也是个酒坛子，可见它也与人所必需的衣食资源紧密相关。

后来，随着生产力、人的思想意识与汉字书写性的不断发展，人们对于富的认识也在不断深入。

《说文解字》说："富，备也。"人们生产、生活所需的一切东西，必须有备份或有准备，人们才可能算得上是富。有了这种"备"，我们不仅能应对一切灾难性事件，而且即或在灾难之中，也能让存在的生命继续存在，拥有足够的信心、尊严和勇气。

"备"字初文为 ，是一个装满弓箭的筐。杜预解释说："备，甲兵之备。"我们实现富的保证，不仅要有文事，而且要有武备。不然，一切努力或财富，连同我们自己都将沦为强盗的美食。

《易传》说："富有之谓大业。"（《易传·系辞传上》）韩康伯说："广大悉备，故曰富有。"庄子说："有万不同，之谓富。"（《庄子·天下》）为我们对于富的理解指引了新的维度：大业——中国梦的筑成，给我们带来的富有，不仅是有备，而且必定是"广大悉备""有万不同"，备份无穷。具体而言，像我们这样的大国，现代化建设绝不能走单一化发展之路，必须做到人无我有、人有我精，人精我则大而多、深而广、丰而厚，即决不能让别国在任何方面卡住脖子。中国改革开放以来四十多年的迅猛发展，用事实充分说明了这一点。

综上可知，"富"主要关注的是物质生活世界，同时也指向人的精神世界与未来。"从自然界获取一定的物质资料，是自由的首要条件。"（马克思）而重视社会对于人的生活世界的决定性作用，既是马克思主义的基本观点，也是中国传统文化、古圣先贤关怀众生疾苦、苍生幸福的天下家国情怀。"财聚则人聚，财散则人散。"圣人治理国家，如果没有足够的财富积聚，要想凝聚人心与力量是不可能的。但是，在新时代，仅仅有最基本的物质条件还远不够，必须有备份，即有充足的能应对一切不时之需或一切灾难性事件的强大再生产能力与物资储备。

下面说说"强"。

今天所用的"强"字是个假借字，其本义只是一种名叫"蚚"的米虫，又叫米象,它本来与"强大"的"强"字一点关系都没有。因为借而不还,所以原来真正的"强—彊"字反而被抛弃。

"彊"字初文为彊。《说文解字》云:"彊,弓有力也。"有力的弓与箭相结合,便能"以近穷远"。所以在古代,弓与戈一样,既是单兵最强大的武器之一,也可是武装、强大力量或军队的象征。以此可知,所谓强,从国家层面来看,则必然以武装力量的强大集中表现出来。

"彊"的右边为"畺",是广大连绵的旷野或田地。它可寓含土地宽广、物产丰饶、人口众多。李斯说"地广者粟多,国大者人众"(《谏逐客书》),便深刻表达了这种思想。它意味着"强—彊"不仅需要强大武力,而且需要宽广的土地、丰饶的物产、众多的人口。所以,强不仅是强,而且代表富。如《史记·廉颇蔺相如列传》说:"秦贪,负其强,以空言求璧,偿城恐不可得。"其中的"强",便不仅是武装力量强大,而且是富的表现。因为秦国自穆公以来至秦始皇二十余君常"为诸侯雄",所以其"强"不仅是军队武装力量强大,更是领土不断扩张、人口不断增加、经济不断发展的结果。换句话说,秦灭六国,如仅靠它的军队战斗力强,而没有强大的经济实力做支撑,则是不可能的。所以孙膑说:"甲坚兵利,不得以为强。"(《孙膑兵法·客主人分》)其一,强,对于国家而言主要表现为甲坚兵利,但又不单是甲坚兵利,而是由诸多因素或力量综合构成;其二,一个国家即或有强大的武装力量,也不能随意侵凌别国、称王称霸,不然则不是"长生久视之道";其三,就当代社会个人而言,所谓强主要不是指身强力壮,而是指向智力、精力、耐力、影响力、实力等;其四,人即或真的十分强大,亦须常怀谦卑、谨慎、恐惧之心。换句话说,真正的强大就像大山,只是静静地屹立在那儿,也能显示出令人敬畏、不可战胜的力量。

此外,"彊"又通"疆",意味着强与疆土、疆界关系密切。换句话讲,没有"土"字参与创制的"强—彊"字与没有外框的"国—或"字一样,意味着如国家强大则无须边界而只有边陲。边陲近似边界又不同于边界,它可随国家实力——主要是武装力量的消长而变化。历史上的中国,如汉、唐、元、明,以及清代前期便是这种没有边界只有边陲的强国。

当下世界,仅就国家综合实力而言,美国表面上看似最强。它至今仍在全世界各地拥有数百个军事基地,航母舰队在全世界各海洋中不间断地游弋。它如挑起战争,从决策到具体实施,不需一个小时,便能打到这个世界任何地方。它表面上看似有疆之国,实际上没有。不过,如其长期奉行甲坚兵利的炮舰政策,到处挑起战争,逐渐走衰则是必然。

"科学技术是第一生产力。"国家武装力量的强弱,尤其需要科学技术的支撑。发展科技力量的关键在于兴教育、重人才、重科研。20世纪60年代,我国在极端困难情况下制造出了原子弹、氢弹,既是伟大奇迹,也是我国走向强大的重要标志。更为重要的是,它还为我们全方位地赶超美英打下了坚实的工业基础、树立了坚定的信心。现在,随着第四次工业革命浪潮袭来——网络化、信息化、智能化、航空航天、生物技术等的全面展开,中国俨然已成弄潮儿。

中国之所以能够赶超以美国为首的西方世界,有诸多原因。其中以自强不息的传统文化基因,"和而不同""海纳百川"的独特思维方式,数千年领先世界的大国、强国情怀,近代以来西方列强强加于中国人民头上的苦难与屈辱,一个能代表中华民族整体利益的伟大政党,资源丰富的辽阔国土,规模超大的人口数量,意志坚强、号令严明的强大人民军队,独立强大的超全工业、农业、国防、教育、科技体系,独立务实的外交政策,开放务实的多种所有制混存互补的市场经济体制,强有力的能不断改革创新的贤明政治体制,既源于传统又汲取了西方经验以协商为主要特色的民主制度,等等,最为突出。

下面讲讲"富强"。

"富强"二字,作为词组,始于《资治通鉴》,如"积珍宝,益富强"(《汉纪·建武二年》),"外示富强,以相欺诞也"(《汉纪·建武二十八年》)等等。先秦经典以及《史记》《汉书》均没有,凡富强之意多以"强"代之。

富与强虽然关系紧密,且有相同旨趣,但并不是完全正相关。近代中国的历史与现实便是明显例证。我们曾经贫穷,但却并不弱小;我们曾经相对富裕,却是任宰羔羊;即或我们现在真的富了,也并不等于真的强了。现在,虽然我们已经走在强起来的路上,但总体实力还是落后于西方。我们的边疆还不够稳定,我们的国家还未完全统一,等等。所以,千万不要为已经取得的成就冲昏了头脑,还要在"强"字上下大功夫、做实文章。因此,我们既要有足够的自信,也要有足够的谦卑。

现在,有不少人把"富强"二字随意解释为国富民强,这显然是经不起追问的。从汉字学以及历史与现实等多个维度来观察,它过去主要指向富国强兵,今天则主要指向国强民富。以当前世界各国力量对比来看,国强主要指向国家武装力量的强大,如俄罗斯,它虽然国内生产总值不是很高,但它因国土广大、资源丰富而实际上相当强大。民富主要指向人民群众各种物质生活资料都有充足备份,既能应对各种自然的灾难性事件,也能应对战争的残酷无情。

今天,把"富强"二字作为社会主义核心价值观的首要价值,既强调了它在国家发展中的重要作用,又反映了党以及全体中国人民对于实现中华民族伟大复兴的中国梦的迫切愿望与要求。

富强的实现,是实现中华民族伟大复兴的第一标志。有了它,其他一切价值的推进将会更加自信满满、步履轻盈。

二、什么是民主

"民"字初文为 ,象意或会意字,像一根锥子从下往上插入人的一只左眼的形象。此字源于商周时的金文。一般认为,商周之时,如果战俘中有温顺驯服的且愿意用锥子刺瞎左眼的即可留下做奴隶,反之则杀死。以此可知,最初的民地位极端低下,只是被刺瞎了左眼的奴隶。

作为单个的眼睛,在最初的汉字书写中,一般写作 ,即一个躺着的"目"字。它既是"民—"的主干部分,也是"直—"或"德—"的核心。"民—"不仅是民,同时也是"直"——一个倒过来的"直"。其"目"所插入的锥子也不仅是锥子,还与"德—"中的"直—"或单独的"直—"字上面部分的竖线或有个结的竖线一样,皆是"十"字(也有学者认为 下面的锥子部分不是十而是七),其形象由模拟结绳而来。"直"即十目。

民,无处不在,即眼睛无处不在,直无处不在,公平、正义无处不在。公平、正义的无处不在,即意味着德无处不在、道无处不在。因为道的核心也是"目",所以天下有道,就是天下有公平、正义。正因如此,人之行便"无隐而不形"(《荀子·劝学》),"莫见乎隐,莫显乎微"(《中庸》),必定无处隐藏。即人的所作所为,不管如何巧言伪饰、藏陷形迹,总可以通过一系列的现象表征出来。所以,子思说"君子慎其独也"。

《尚书》说:"天视自我民视,天听自我民听。"(《周书·泰誓》)"天聪明,自我民聪明。天明威,自我民明威。"(《虞书·皋陶谟》)即认为民就是天,"惟天聪明",民意就是天意,民威就是天威。三万余字的《尚书》如果除去标点,"民"字的总数超过百分之一,其重民爱民可见一斑。它具体要求统治者"敬授民时"(《虞书·皋陶谟》),"民之所欲,天必从之"(《周书·泰誓上》),并坚定地认为"民可近,不可下,民惟邦本,本固邦宁"(《夏书·五子之歌》)。《尚书》如此重民爱民说明周人鉴于夏商灭亡的教训,已深刻认识到了民众的伟大力量。虽然作为单个的民或被轻忽,但作为整体的民则完全相反。因为他们是水。水,在中国传统文化中,既是道、德、仁、义、礼、智、信、公平、正义的象征,也是强大力量的标志,所以既能载舟亦能覆舟。故民主如不以重民、敬民、爱民为前提,便只是一句空话。

秦统一文字,小篆之"民"写作 民,其构形由于书写性、规范性,与意识形态相互交织的原因,发生了相应的变化——刺入眼睛的不再是锥子而是戈。戈代表国家暴力,即意味着民是国家暴力的产物,没有国家便没有民。至于以锥刺入民的眼睛,在秦时已不存在,所以秦始皇统一文字之后,民字之戈,便只是国家暴力对于眼睛的遮蔽。换句话讲,就是国家依靠暴力,并通过各种政策实行愚民。愚民思想源于老子。老子说:"是以圣人之治,虚其心,实其腹;弱其志,强其骨。常使民无知无欲,使夫智者不敢为也。"(《老子》第三章)"古之善为道者,非以明民,将以愚之。"(《老子》第六十五章)孔子继承并发扬了这种思想。(《论语·泰伯》:"民可使由之,不可使知之。"《论语·阳货》:"唯上知与下愚不移。")他们要求统治者对待百姓,首先要保证他们有吃、有穿、有住,其次要让他们的行为遵循一定的规范,知道自己应该怎么做就可以了,而不必知道为什么要这样做。到秦始皇统一六国时,"废先王之道,焚百家之言,以愚黔首"(《过秦论》)便是这种政策的具体实施(《史记·秦始皇本纪》:"分天下以为三十六郡,郡置守、尉、监,更名'民'曰'黔首'。"秦时把民叫作黔首,是因为国家规定老百姓头上都要缠戴黑色的头巾)。

秦时隶变的民——**民**,已有没有以锥刺入眼睛的写法。这种形变,既是"民"字之意的渐变在汉字发展中的具体表现,也是人们对于"民"字的俗写在汉字发展中的客观描绘。民不仅无处不在,是公正的象征,而且在古文字向今文字过渡过程中,他们也直接参与了汉字的创制与书写。

《说文解字》云:"民,众萌也。"即认为民就是没有受到过启蒙教育或思想智慧没有得到正常开发的大众、百姓。这种认识与《尚书》之中对于民的认识大为不同,正是秦汉以来的统治者皆奉行愚民政策的结果。但以"众萌"释民又确证了最初的 **中** 字中的锥确有"十"之意。客观地说,"众萌"直到今天仍在我国大量存在。所以,启蒙不仅是民主得以实现的前提,也是民主需要为之奋斗的目标。不过,目下的启蒙,既不靠圣人、先知,也不靠社会精英,而是要靠"众萌"自己。

《尚书》又说"德惟善政,政在养民"(《虞书·大禹谟》),"下民其咨"(《虞书·尧典》),"盘庚学于民,由乃在位,以常旧服,正法度"(《商书·盘庚上》)等,民不仅是官所服务的对象,而且是其最基本的思想源泉与行动指南。放在今天,让官向民学习、请教正是民主得以实现的重要途径。具体来说,它首先需要官能时不时做回到民的状态,即不仅要"学于民""咨于民",更重要的是要不断地去亲身感受做民时的困苦艰难;然后是能把自己做回民时所产生的感受,或所遇到的问题与国家法律、制度建设政策实施等充分结合起来。

下面说说"主"。

"主"字初文为 **丶**,其实就是一个能自主发出光热的灯芯的形象。(《说文解字》:"主,灯中火主也。")后来,它的下面加了一个像"王"字形状的灯座而变成了与今天的"主"字相差无几的模样:**主**。再后来,由于意识形态的发展,与汉字书写性的影响,这个座架又演变成了王。"王"初文 **王**,它与"立——**立**"字只有高低之别。立,即一个正面挺身而立于地平线上的人。可见,王也是人,只是比一般人形象要高大些。换句话说,人只要通过各种努力,能让自己立起来、高大起来,便是王者。后来,为了与"立"相区别,先贤

在书写过程中又在 的上面加了一横,"王"便成了这个样子—— 。这上面的一横,不仅可与"立"相区别而且又能代表天。到汉代,董仲舒为了表达自己"天人观"思想的需要,刻意把"王"的三横诡称为天、地、人"三才",于是,王者便成了能贯通天、地、人三才的神人或有了半神、半人的性质。如按董仲舒的意思,只有王者才可为"主"。

观察上述两个"主"字构形即可明白:凡既能燃烧、温暖、照亮自己,亦能温暖、照亮别人的人,皆可为主。事实上,一切有机生命体由于新陈代谢或必须与外界进行物质、能量交换,皆会以辐射的形式或多或少向外散发出光和热。所以,人人皆可为主便是十分正常的事。但话又说回来,能像灯一样直接散发出为别人可视或可感之光的人却甚少。我们把极少数伟大人物、著名人物喻为太阳或明灯等,既是人们想象力的作用,也是其自身影响力大小的现实反映。比如释迦牟尼、基督、孔子等形象,便皆被人们想象性地赋予了光环。于是,一些崇拜者自然而然地便把他们视为主宰。这种现象俗称偶像崇拜。

下面说说民主。

"民主"一词,古已有之。如《尚书》中的"成汤……代夏作民主"(《尚书·周书·多方》),《左传》中的"赵孟……不似民主"(《左传·襄公三十一年》)等。这个民主与今天的民主大相径庭,它是民众的主人或君主之意。不过,主可为君主意味着,民主的背后即每个人都应拥有像君主一样不可侵犯的权利。

今天的"民主"一词源于英文的"democracy",即李大钊、陈独秀们所极力推崇和宣传的"德先生"。它是 17、18 世纪西方启蒙思想家针对封建专制制度所鼓吹的一种先进的资产阶级的政治思潮或制度。它与自由、平等、权利等紧密联系,或就是自由、平等、权利的别称。换句话说,没有民主也就没有自由、平等或权利。其内容主要是:按照平等原则与少数服从多数原则来共同管理国家事务。它与科学(science,即"赛先生")一样,曾是中国启蒙思想家瓦解封建制度的利器。

把"民主"二字的构形本义引入当下,对今天民主制度的建设有所启发。试想,如果每一个人既能自主地发出自己的光和热,也能充分发挥自己眼睛的作用;既能温暖、照亮自己也能温暖、照亮别人,既能反省、鼓励自己也能帮助、激励别人,等等,这不正是马克思所期许的"每一个人自由而全面的发展,是所有人自由而全面发展的条件"吗?

相对于西方而言,当代中国全过程社会主义民主,既汲取了西方某些先进的民主经验(如多数票制度等),也继承了中国古代政治文化传统(如集中统一等)与近代红色基因(如党领导一切等),所以它是人类历史上一种从未有过的全新的民主模式。习近平总书记在党的十九大报告中明确指出:"我国社会主义民主是维护人民根本利益的最广泛、最真实、最管用的民主。"西方民主只是徒于形式或假民主之名,其实并不是真正的民主。其"多数人意见"不仅不能代表全体人民的利益,有时还有可能成为多数人对于少数人的权利践踏。2019 年习近平总书记在中央政协工作会议上也指出:"有事好商量、众人的事情由众人商量,找到全社会意愿和要求的最大公约数,是人民民主的真谛。"这个真谛,就是社会主义协商民主,不仅能集中大多数人的智慧,同时也能充分顾及少数人的"独闻之听""独见之明"。

民主在社会主义核心价值观中位列第二,既反映了中国人民对于自己当家作主,以及自由、平等、公正等价值实现的强烈渴望,也反映了我们党高远的政治抱负与政治性质的人民性。

当代中国民主建设,汲古融今、循道求实,已经开创出一条独具特色的中国民主之路。

三、什么是文明

"文"字初文有多种,但大多不出此四种"文、文、文、文"意象范围。这里重点讲讲:文。它既像一个胸部有文身、正面而立的人,也像鸟兽之文。鸟兽之文,既像鸟兽在泥地或雪地上留下的纵横交错的痕迹,又像占卜过程中所用的蓍草之类的东西所任意留下的相互交错的形状。《说文解字》云:"文,错画也。象交文。""错画",是指"文—文"像"爻—爻"字一样都有两个"叉—乂";"交文"是指文像鸟兽留下的纵横交错的痕迹。《殷周文字释丛》说:"文,即文身之文,象人正立形。"这些观察、认识都是不错的。事实上,"文—文"确实既有文身的意思,也有"错画"即"爻"的意思。

在中国,文身历史悠久。它既是文明的表征之一,也是传统文化的一个组成部分。但到近现代,由于文化的进步与多元发展,其所表征出的意义已变得十分复杂:有时代表浪漫优雅,有时代表暴力野蛮,有时代表落后腐朽,有时代表性感开放,有时代表低级趣味,有时代表愤世嫉俗,有时则可能是多种意义的混杂。但多少有些令人诧异的是,它完全没有文明、礼貌、进步的意思。究其原因,它应与纹只注重于表面上的饰有关。既然是饰便免不了伪、装、假,所以也就会因为不如文明的思想、智慧那样深刻动人而更受人爱戴与推崇。

文明,代表进步与力量。但同时,它也决不放弃文饰所带来的好处、作用或意义。所以选择文明,既是选择了最好的文身或文饰,也是选择了文明、礼貌、进步甚或力量。由于进步的道德、先进的科学技术与思想智慧、优美的文采与言谈举止等是文明的集中体现,因此文身在当今中国主流意识形态中便越来越受到冷遇。自 2021 年始,国务院已明文规定:文身店铺如给不满十八岁青少年文身,不管是否自愿,皆属侵权。

"文—"既然像"爻"一样由"错画"构成,那么就涵括了"爻"所能寓含的全部意义。故就"爻"字本身而言,它既可代表极简单,也可代表极复杂。

说极简单,它就是两个。《广雅》说:"爻,效也。"意思就是老师画一个学生跟着画一个。

说极复杂,是因为一个("五"的初文)就是一个五,两个就是两个五。据《说文解字》:"五,五行也。""五行"即金、木、水、火、土,可代表自然世界、自然科学、形而下;据子思《五行》,"五行"即仁、义、理、智、圣(信),可代表社会人生、道德哲学、形而上。两"五"相加,表明文化、文明无所不包。《说文解字》又说:"爻,交也。"交,本义是指占卜过程中的卦爻所呈现的纵横交错的状况,但其引申义则可代表事物之间的普遍联系;《易经》说:"爻者,言乎变者也。"(《易经·系辞上》)既指向卦象、自然、社会、人生、人事的变化无穷而难测,亦可指向对于"卦爻"辞的解读可随历史的推演而不断地变化发展。以此,的丰富性与时空性或历史性的特点也被完全揭示。

文明当然也是如此。具体而言,仅此一个"文—"字,即可展现人或人类社会穷究水、火、木、金、土与仁、义、礼、智、圣（信）等的一切成果。故《易经》"八卦"不仅可用来占卜、垂示上天的旨意，而且是中国一切文化、哲学之源。汉字中凡有 ▬ 与 ✕ 的字，或皆与八卦有关。《说文解字》说："仓颉之初作书，盖依类象形，故谓之文；其后形声相益，即谓之字。文者，物象之本。"可知，文不是"依类象形"的"文"，或"鸟兽之文"或象形字那么简单，而是把八卦、神农结绳等一切文化成就都融入其中了。进言之，汉字构形中的某些部件所"象"的对象，不仅是具体事物也可能是抽象与具象高度统一的符号。比如"仁—⻊"字，其中的单人旁——⻊像人的侧面的剪影，但"二"则是一个符号。这个符号很抽象，因为它既为两个"一"又为"一"所生，既是一个"二"又是阴与阳，既能"生三"又可生万物；说它很具体，是因为它仅是个数字符号"二"而已。

下面说说"明"。

"明"字初文有多种，如🌑、🌑、🌑、🌑、🌑、🌑、明、🌑等，皆会意字。其实际只有三种组合形式。一种为"日—☉""月—🌙"相合，一种为"囧—🌑""月—🌙"相合，一种为"目—👁""月—🌙"相合。不管是哪种，皆有光明、明亮之意。

"囧—🌑"是窗户的形状，其与"月—🌙"相合，表示"明"是月亮从窗户透过来。"目—👁"是一只眼睛，与"月—🌙"相合，表示"明"是眼睛能看到月亮或月光。

我们主要讲讲☉、🌙之"明"。☉、🌙，皆象形字，前者像大阳，后者像月亮。由于所有"明"字皆有"月"，故可知古人所谓"明"应都是人的眼睛可以直视的。但当"明"字为"日月"同构时，此景则应出现于晨昏之际。

《说文解字》云："日，实也，太阳之精不亏。"太阳属阳，永远充实浑圆、光芒四射，几不可直视，不像月亮一样有盈亏的变化。这背后的意思是：文明，既能代表光彩绚烂、充满活力，亦能代表进步与力量。

《说文解字》又说："月，阙也，太阴之精。"月亮属阴，常有圆缺变化，虽然皎洁明亮，但仍可直视，大多不圆。这背后的意思是：文明，亦有它的局限性,有时会以阴、损甚或野蛮的方式推动社会前行。这种认识似与上述文明总是代表进步有矛盾,其实不然。因为文明本身就是这样一种矛盾的统一。中国历史上"神农伐补遂,黄帝伐涿鹿而禽蚩尤,尧伐骥兜,舜伐三苗,禹伐共工,汤伐有夏,文王伐崇,武王伐纣,齐桓任战而伯天下"(《战国策·苏秦始将连横》),没有不以战争来实现的。而战争,总是与野蛮同行。亦如本雅明:"没有一座文明的丰碑,不同时也是一份野蛮的实录。"中国近代,列强以坚船利炮强行打开中国大门,更是披着文明的外衣,却以野蛮为工具,迫使中国社会在艰难困苦、耻辱曲折中前行。

不仅如此,日常生活中,不同的文化对于文明的认知,也有不同的向度。如公厕用蹲坑,美国人认为不文明,中国人却认为这正是文明的表征;食物掉到地上立即捡起来吃掉,美国人认为是文明,中国人则认为不文明。更有甚者,以美国为代表的西方世界大多认为,唯有它们的所谓"现代民主制度"才是当今世界最先进的政治文明。而快速崛起的中国,在总结了古今中外正反多方面经验后得出:文化没有优劣,文明可以互鉴;任何政治制度都没有绝对的好与坏。根据我国国情与历史文化背景,我们的全过程人民民主就是最广泛、最真实、最管用的民主,彰显先进的民主理念,实现人民民主理论的新飞跃。

"文明"一词,中国早已有之。《尚书》说:"古帝舜……浚哲文明,温恭允塞,玄德升闻……"(《尚书·虞书·舜典》)其中的"浚哲文明",意思是深沉而有谋略,绚烂而有光彩。其文明,虽与今意不尽相同,但仍能贯通古今。"绚烂而有光彩"无论从形上还是形下,今天仍可称之为文明的最重要表征。换句话说,如果你的所作所为,不能为自身或国家民族增光添彩,而是相反,那么你与文明就已背道而驰。

《尚书》之外,《易传》之中有"文明"一词 6 见:"其德刚健而文明,应乎天而时行,是以元亨。"(《彖传上·大有》)"文明以止,人文也。"(《彖传上·贲》)"内文明而外柔顺"(《彖传下·明夷》)"文明以说,大亨以正。"(《彖传下·革》)"见龙在田,天下文明。"(《文言传·乾文言》)"文明以健,中正而应,君子正也。"(《彖传上·同人》)有学者认为,上述"文明"一词与今天的文明毫无关系,这明显是对今天文明一词意义的理解过于狭隘了。不管何时,文明总是与强大力量、光彩绚烂并行。

于是,人类为了自身的强大与光彩绚烂,不仅总是在努力奋发,而且常以多种形式"文饰"之。文身是最朴素、最古老的一种,但于今已不合时宜。其后,是以衣服或其他装饰品。最后则以语言、文字、礼乐、艺术、思想、美德,乃至强力。强力即强大力量,其核心乃生产力。大多研究者认为,文明乃人类物质与精神活动的一切积极成果或进步行为,无论何时它总是进步与力量的代表,其本质或核心即生产力。换言之,凡能让个人于共同体中让国家于世界民族之林中巍然挺立或增光添彩的一切行为皆可谓之文明。

有人简单地认为,文明就是礼貌,令人啼笑皆非。文明代表进步与力量,但许多时候却与野蛮同行。礼貌的核心是敬,虽是文化的一部分,但却不一定就是进步或文明。如今天某些明星、"大咖"收徒,仍要行跪拜之礼,虽然可算礼貌或文化,但却已然不是文明,与新时代自由、平等、公平、正义等价值观格格不入。

今天,社会主义核心价值观中的文明,应指中华民族的一切物质与精神活动中,既要继承发扬传统优秀文化,又要敢于吸收一切外来优秀文化;既要拒斥一切落后、野蛮、闭塞,又要坚持改革、进步、开放,并创造出面向未来的具有本民族独特气质的伟大的新时代文化。具体来说,就是我们的科学技术、文化教育、文学艺术、生产生活方式、审美观念、道德情操,等等,皆要力争走在世界前列。就个人而言,除要以优美的语言、得体的打扮文饰自己外,更重要的是要不断学习、勤奋实践以提升自身能力。

文明,位列社会主义核心价值观之三,既反映了我们党和国家对于先进文化和先进社会生产力的强烈向往与追求,也客观地反映出文明建设任重而道远。因此,为了文明的进一步实现,我们还须继续学习、不懈追求。

四、什么是和谐

"和"字初文为 禾,象形字,像成熟禾苗之形,亦可会意。《说文解字》说:"禾,嘉谷也。从二月始生,八月而熟,得时之中,和故谓之也。"这里的"嘉谷",在北方主要指粟,在南方主要指水稻,同时它又可是一切粮食作物的总称。在我国,由于大部分地区属于大陆性季风气候,水热同期,故春夏两季即农历二至八月,极有利于各种农作物生长。"得时之中"即"得时之和"。也就是指嘉谷的生长期,恰好与季风气候区一年之中最适宜于农作物生长的水热条件相吻合。对于中国古人而言,农作物的丰收,首先是各种气候条件"风云际会"皆相和合的结果。其次才是劳动者辛勤劳动的配合。事实上,我国季风气候的水热同期,并非总是和合,各种水旱灾害的发生是常有的事。以此可知,以天时、地利、人和而得粮食并不容易。粮食的难得,既意味着人赖以生存的物质资源不易得到保障,也意味着人世间的和谐不易实现。据有关研究,中国历史上曾发生过的有据可查的较大规模的农民起义至少 43 次,其中 80% 以上与自然灾害所造成的农作物大面积歉收而引起的灾荒有关。

《说文解字》又说:"和,然后利。"可见,和总是与利紧密联系(这从"和"与"利"的构形关系皆有"禾"字亦可得出)。因天、地、人之和而得禾得利,不仅使我们的生存有了最基本的物质基础,也为其他一切和或利的实现创造了条件。而世界和平、政通人和、家和万事兴则告诉我们,和不仅是利,而且是一切利之实现的最大社会基础或最高形上根源。所以,捍卫和,就是捍卫利;捍卫世界和平,就是捍卫全世界人民的根本利益。

中国自改革开放以来已创造了许多财富,这些财富就是我们所得之利。为什么会取得如此之多的利呢?除了社会主义制度优越性,以及坚持以经济建设为中心,坚持改革开放、努力奋斗之外,更在于一个"和"字,即拥有一个难得的连续数十年的国际国内和平环境。

和的局面来之不易。就国际来说,我们拥有一支强大的国防力量,所以不惧怕任何外部势力的压迫。就国内来说,我们实行了一个新的具有巨大激励意义的分配原则:各尽所能,按劳分配。这大大提高了劳动者的生产积极性,进而大大提高了社会生产效率。这个原则体现了我们的社会比过去有了更多的公正。

但是随着数十年的发展,社会发展不均衡的问题愈加突出。于是,当下最迫切需要解决的核心问题之一,便是新时代最基本的社会公正问题。

不仅是成熟禾苗之形,还是"人—"与"五—"的紧密结合。它表明:和,首先与人的存在意识紧密相关。"人—"是的核心。没有人,便没有和。换句话说,没有人的自然便没有价值或意义。其次,以人为中心的和既是指人与自然相谐相和,也是指人与社会的相融相洽。因为"五"既是金、木、水、火、土,也是仁、义、礼、智、信。故和既无处不在,也是中国的传统大德之一。如《周礼》:"以乐德教国子:中、和、祇、庸、孝、友。"(《周礼·春官·大司乐》)《中庸》说"喜怒哀乐之未发,谓之中;发而皆中节,谓之和。中也者,天下之大本也;和也者,天下之达道也。致中和,天地位焉,万物育焉",没有和,则天地不位、万物不育。

后来,由于语言文字的发展,"禾"专门担起禾苗之"禾"的责任,先贤另造了有"口"之和。《说文解字》又说:"和,相应也,从口,禾声。"着重强调了人在和合过程中的地位与作用。

当下,中国正在崛起。用西方的一个比喻是:几乎一夜之间,一只小老鼠变成了一头大象。大象虽然性情温和,但这种巨大的存在给别人的压力却是无形的。于是,我们如何消除别人不必要的疑虑与恐惧便成了个大问题,在不放弃底线的前提下,努力释放善意,以实际行动求取理解支持、争取和平,便显得意义重大。

"和"还有多种异体:卌、卌、卌、卌。这些字既皆有"禾",亦皆有"龢—卌"。"禾"主要强调是最基本的物质资源在人类生存发展中的基础性地位,"龢"则主要强调的是乐在实现社会和谐中的非凡意义或作用。但其形无论是从龢还是从口,因为皆有"禾—禾",所以亦说明禾并非简单的只是形声之声,同时应也具形之特征。

"龢—卌",一般认为是一种竹制的像笛一样的管状乐器。在众乐器中,其主要作用就是用来协和众声的。《说文解字》说:"龢,乐之竹管,三孔,以和众声也。"其实,从该字初文构形卌分析,它应为一种竹制的编管乐器,既不一定三孔,或五孔或七孔,更不一定是一管,或五管七管,全看制作者或演奏者的喜好或需要。如果说竹管所做之"龢—卌"是用来协和众声的,那么音乐之乐则是用来协和万民的。荀子说:"《礼》之敬文也,《乐》之中和也,《诗》《书》之博也,《春秋》之微也,在天地之间者毕矣。"乐是用来协和天下万民的最好最现实的工具。不过,在今天这个多元化已得到很好发展的社会里,此作用则受到质疑。

孔子说"君子和而不同",言简意丰,道出了和的伟大愿景。

"谐"字初文为卌,其实就是"皆"。上部是个"从—从",下部是个"曰"或"口"。林光义《文源》说:"二人合一口,众口相同之象。从口之字,古多变从曰。"后来，"谐"小篆写作 ，再加言字旁 ，是对于口或语言、思想的重要性的强调。换句话说，所谓"谐"所表达的协调或统一，不仅是行动，更重要的是语言和思想。《说文解字》又说："谐，詥也。"《六统书》说："詥，合众意也。"（《六统书·言部》）《玉篇》说："谐，和也。"（《玉篇·言部》）

因为"和、谐"二字本义相通，和又本具和谐之意，所以连缀成词，其意就是和谐的成功实现。但和，一定是不同事物之间的和。就如一部大曲，其声律虽有高低宽窄之别，但却能共同构成一部完整的和谐乐章。

和谐一词，应为近代所出，或与"谐振"的物理学现象有关。此词在先秦诸典皆无所见，但这并不意味先哲没有用到此意。古文简洁，往往以和代之。如《诗经》有"鼓瑟鼓琴，和乐且湛"，其中的和就是和谐。《史记》有"及其调和谐和，鸟兽尽感"，其中对于和谐音乐的生动描述，第一次把此两字捏合在一起，虽明显不是一词，但"调和、谐和"两词的合意，则确实与和谐相同。换言之，"和谐"一词或就是由"调和、谐合"两词和合而来。"和谐"二字，或口或言，说明和谐的实现，最初总是与语言相关。语言通过声音协和众人行动，通过智慧统一众人思想。对共同体来说，和谐的最高境界是思想与行动的高度统一，即心往一处想，劲往一处使。

和谐的内容十分丰富：人与人、人与社会、人与共同体、人与自然、身体与灵魂、共同体与共同体、国家与国家、民族与民族、民族与国家、当代人与后代人、发展与环境等等，无不需要和谐的实现。但真正和谐的实现并不容易。我们能做的不是要消除各种的不同，而是既要学会包容、避让、换位思考，更要学会自强、自立。

一般关于和谐的解读是："是中国传统文化的基本理念，集中体现了学有所教、劳有所得、病有所医、老有所养、住有所居的生动局面。是经济社会和谐稳定、持续健康发展的重要保证。"其虽然对于语言、思想、行动之和以及实现和的原因没有涉及而显得有些单薄，但字里行间确实充满了圣人关怀众生之意。

就社会主义核心价值观而言，和谐既是其他价值得以实现的前提或基础，也是其他价值已经得到实现的表征。就公民个人而言，它既需要我们秉持公正、敬业、诚信、友善之心，也需要我们有坚定的自立、自尊、自强之意。其最深刻处与自由、平等、民主等价值一样，皆指向个体自由而全面的发展。

中华民族的持续崛起，特别是其精神意识的重新觉醒，必将使中国变得更加自信、更加富强、更加兼容、更具责任意识。而这种意识也必能引领世界变得更加公正、更加和谐、更加幸福。中国人民所信奉的和为贵,和平、和谐的思想也必将成为未来世界的普遍价值观。

第二节 实现有尊严的幸福之道
——自由、平等、公正、法治

自由、平等、公正、法治既是国家公民实现有尊严的幸福之道,也是近现代国家形象的最重要表征。自由是独立、自主、活力、创造力的重要保证,故当然地与富强、民主、文明、和谐形成正相关。平等寓含公正。公正既是平等的基础,也是一切道德的核心。法治既是富强、民主、文明、和谐的重要表征,更是自由、平等、公正等价值的守护者或最有力的实现工具。

一、什么是自由

"自"字初文为🀰,象形字,像人的鼻子。《说文解字》说:"自,鼻也。象鼻形。"因为人在面对他人时,总是指着自己的鼻子以借指"自己、我",又因借而不还后来只得另造"鼻"字。

🀰能代表"自己、我",是由其居于人的面部中心位置,且远远凸出于面部其他部分所决定的。可见,自由的第一特征即在于突出自我并以自我为中心。这既带有强烈主体性色彩,也明显有局限性。因为鼻子总是与脸或脸面紧密相关,所以从形而下即看得见摸得着的具体形象来看,如果鼻子的大小、高低、轮廓、位置等与眼睛、嘴巴、耳朵、脸皮等的相互关系适当或略高大些,就会让"自己、我"显得更加帅气、漂亮;反之则会不协调、难看。

面,由五官以及周边的面皮共同构成,既是人的重要组成部分,也是识别人的最重要依据。身份证上的照片就是一张正面的人脸。正因为其无可比拟、难以替代的重要性,所以它又可从形而下的脸、脸面引申到形而上即看不见摸不着的面子。在中国传统文化中,面子关乎人的存在与价值,与人的自由、权利、尊严、社会地位,义或里子等紧密联系。义是什么?《说文解字》说:"义者,己之威仪也。"即它主要关乎的是"自己、我"在共同体中,或在社会、历史长河中最光辉、尊严的形象。进言之,如果"我"总是以仁义为己任,追求的是公正,践行的是道义,那么"我"就一定能让自己获得尊严或光辉形象。

"自己、我"或人的自我意识与面子犹如鼻子与脸。"我"既是面子的核心,亦受面子制约。"我"不可能离开面子而存在,犹如鼻子不能离开脸而独立存在一样。"我"越有面子或面子越大就越自由,但其自由度不管如何,永远不能逾越面子的范围。所以,自由永远都是相对的。一旦逾越,就既可能是僭越,更可能是犯罪。"我"与面子的这种关系,也可以说是"我"与面子的相互肯定与和解。构成面子的器官,除了鼻子之外,主要还有眼睛、嘴巴、耳朵等。眼睛要学会看或观察:"目不能两视而明"(荀子),是说看或观察要专注;"非礼勿视"(孔子),"目非是无欲见也"(荀子),是说该看的必须好好地看,不该看的坚决不看。耳朵要学会听或倾听,"耳不能两听而聪"(荀子),是说听要有所选择;"非礼勿听"(孔子),"耳非是无欲闻也"(荀子),是说该听的必须好好地听,不该听的坚决不听。嘴巴要学会说,"口非是无欲言也"(荀子),该说的要"知无不言,言无不尽"(毛泽东),不该说的则要"不言""稀言"(老子),"钳口而不言"(贾谊)。眼睛、耳朵、嘴巴所发挥的作用越大、功用越高,"我"就越能得到社会的肯定与和解,"我"的面子也就越大。"我"的面子越大,"我"就越自由。

"真正的自由,本质上就是相互肯定、相互和解。"而面子的获得,不仅有"天命之谓性"的因素,更重要的是"修道之谓教"的结果。所谓"天命之谓性"是指上天赐予的每一个人都十分相近的天性、动物性或第一性;所谓"修道之谓教"是指后天通过教育、学习而得来的人的社会性或第二性。换句话说,人只有通过"为学日益,为道日损"或修道、好学以及各种社会实践才可能真正获得别人从内心深处所尊崇的面子。

人爱面子就是爱自由。

因为"自己、我"与面子、自由紧密联系,所以"自"又可引申为始、开头、根本。

韩非子说:"故法者,王之本也;刑者,爱之自也。"(《韩非子·心度》)所谓国家的法律,是国家最高统治者实行统治的根本所在;所谓刑罚,既是一切仁爱的开始,也是一切仁爱的根本。认为仁爱以刑法、法律为根本,即是认为,一个人爱别人,最基本的前提是不伤害别人;而不伤害别人的最根本原因之一,不仅是因为仁爱,而且是因为别人与我一样也是受法律保护的。所以,我无辜伤害别人,无论是从仁爱还是法律的角度来考察都等于是伤害自己。所以"爱之自",归根结底还是因为爱自己。

人爱自己就是爱自由。

"由"字初文为 **由**,与今文无别,会意字。下部为田,上部是一根草或其他植物幼苗初出的形象。《说文解字》说:"田,陈也,树谷曰田。"又说:"陈,宛丘。"田既是用来种植庄稼的地方,也是用来田猎的连绵不断的山野、田野、旷野。所以,由既是田野或野外一切草木或农作物初萌的枝芽,也是人赖以存在与活动的土地或根本。田野、野外的草木,既能自由自在地生长,亦受气候、土壤、水等环境因素甚或人的制约或影响。枝芽是成就草木的原因、缘由,但长于何处或是否成器、成材却需要一定的因缘、机缘。故"由"既是原因、缘由亦是因缘、机缘。其引申义众多,主要有途径、办法、法式、凭据、经历、行、践履、遵从、用、为、从事、欲求、想要、归属等。可见,自由,无论从形上还是形下来说,由于其既受制于自然亦受制于社会,因此永远只能是相对的。对于人或人类社会而言,它既与主体的欲求关系密切,也与主体对于规律性的认知紧密联系。所以恩格斯说:"自由不在于幻想中摆脱自然规律而独立,而在于认识这些规律,从而能够有计划地使自然规律为一定目的服务。"[①]老子说:"天道无亲,常与善人。"天道自然规律性从来就是没有偏私的,它帮助的只是那些善于认识并能顺应、利用天道自然规律的人。孔子说:"圣人,吾不得而见之矣! 得见君子者,斯可矣。""善人,吾不得而见之矣! 得见有恒者,斯可矣。"(《论语·述而》)可见,能够对天道自然规律有深入认知的人从来就是极少数。

自古及今,人类所有的奋斗都在尝试着获得更多、更大的自由。

孔子"十有五而志于学,三十而立,四十而不惑,五十而知天命,六十而耳顺,七十而从心所欲不逾矩",不仅说明其一生都在不断地追求自由,而且说明:自由的实现与个人理想、意志力、努力程度紧密相关。孔子十五能"志于学",说明他自十五岁时起,便已能用意志控制行动。而其之前不能,则说明之前的孔子仍没有"意志自由"。于是,孔子晚年便深以为耻。孔子

---

① 马克思、恩格斯:《马克思恩格斯全集》第三卷,北京:人民出版社,2002年,第455页。

"三十而立",说明他在此时期,已经在经济上、精神或人格上获得了相对的独立。据有关史料,三十岁左右的孔子不仅已有了专属于自己的私学以及坚定的"以天下为己任"的政治理想与学术旨趣,而且有了礼仪专家或名师之名而"闻达于诸侯"。孔子"四十而不惑",说明他四十岁前后的学问才识已通达无碍:对于现实世界与人之精神世界的关系、知与不知、自身的欲求与社会的需要等都有了相对深刻的认知,所以对于所遇人或事,不仅能做出相对正确的事实判断,更重要的是能做出相对合适的价值判断。"五十而知天命",说明他已明确知道自己的人生能做什么不能做什么,但却仍能坚持"明知不可为而为之",并深刻地知道这种为相对于不为的意义所在。"六十而耳顺"是对"知天命"的进一步坚持:别人的意见,无论正确与否都对我有意义,但却不会改变自己一直以来"以天下为己任"的初心——"久要不忘平生之言"。"七十而从心所欲不逾矩",不仅是一种知与行高度统一的意志自由,更重要的是:这个矩是自己为自己所立。它高于现世的法律与智慧对于道德的最高认知的关系——"瞻之在前,忽焉在后",而自由的最高境界便是自己为自己立法,进而为社会为后世立法——"动而世为天下道,行而世为天下法,言而世为天下则;远之则有望,近之则不厌"(《中庸》)。

上述自由的实现或获得的最佳途径,在老子看来便是"为学日益,为道日损"。以不断为学来提高对于道的认识,以不断为道来减少自己的缺点、错误或欲望,从而赢得形而下的面子、权利或权力,形而上的境界、德性或超越。

"自由"一词,最早出自东汉刘玄所作《礼记注》,如"去止不敢自由",其意即自己作主。这说明,在名教盛行的社会,只要有尊者、长者在,人的"去止"是没有自由可言的。后来的佛教经典中,"自由"一词已被广泛使用,但其意义却仅指精神上的通达无碍。《资治通鉴》中的"自由",意为自己作主、由着自己,任性放肆、无法无天,所以多呈贬义。其后贯穿整个中国小农社会直到清末民初,"自由"一词皆成统治者为政之大敌。

在西方,一般认为自由主要指向市场经济、财产私有制下人的人格、言论、思想、行动等的无可争辩、天然不可侵犯的独立性。但卢梭却说"人生而自由,但无往不在枷锁之中",即自由从来就是相对的,从一开始它就要受到来自道德、法律等枷锁的桎梏。

在中国,作为一政治概念的自由,始于近代启蒙思想家严复所译穆勒的《群己权界论》(又名《论自由》),以"群己权界"来规范自由,即表明自由既是对权利的伸张,也是对权利的限制。亦如梁启超所说:"自由者,权利之表征也。"

当下,对于自由的解读五花八门。一般认为,以法国启蒙思想家孟德斯鸠《论法的精神》的解释最为经典:"一个公民的政治自由,是一种心境的平安状态。这种心境的平安状态,是从人人都认为他本身是安全的这个角度出发的。要想获得这种自由,就必须建立这样一种政府,在它的统治之下一个公民不惧怕另外一个公民。"显然,这种自由就是权利,且与平等、公正、法治等价值紧密联系。

真正的自由的实现是个系统工程,最基本的是国家或共同体在政治上要让个体之人免于恐惧——不让一个公民惧怕另外一个公民;其次是个体经济上完全独立,意识形态上有独立之思想,精神上有独立之人格;更高境界则是个体身心、意志能够实现"自胜"或"心使气"或"欲不欲",理性能控制自己的各种正常或非正常的欲望——"从心所欲不逾矩",既身心上有充分自由,同时又不会逾越一定的规矩。这个矩既指向礼法制度,也指向道德。但仁人志士为了自由与公正,有时又会对不符合最基本社会公正原则的法律甚或道德发起挑战,以致重新为天下立矩。

就当下社会的现实而言,广大人民群众所追求的自由仍然大多指向物质,即把追求财务自由当作自己的最高选择。至于"免于恐惧"似乎早已实现。至于独立思想、独立人格,正在逐渐实现。至于意志自由,因为它既不依赖于物质,也不依赖于政治,而仅依赖于个体修行或德性或精神,所以它只是少数士君子所追求的理想。

自由位列社会主义核心价值观之五,社会层面之首,昭示了其实在性与虚无性的高度统一:既极时髦、极重要、极有价值、极不易实现,又可在一定条件下被完全抛弃。这就像有人为了保命可以抛弃自己的鼻子与脸一样。换句话说,自由的虚无性主要表现为其精神性或意志性,其实在性表现为物质性或工具性。二者紧密联系,不可分割。进言之,这个世界,既没有绝对的超越于物质之上的自由,也没有绝对的超越于精神之上的自由。

二、什么是平等

"平"字初文为 ᱬ，象形或会意字，像天平之形。《淮南子》："衡之于左右，无私轻重，故可以为平。"（《淮南子·主术》）其中的"平"就是指天平。由于天平难称重物，人们在天平的基础上又发明了秤。秤与天平类似，既是以平衡的方式来实现衡重，也与"平"一样具有相似的公平性，所以古人也把它称为"平"。《法言》："一阓之市，必立之平。"（《法言·学行》）其中的"平"即公平秤。一个集市之中，必须由公立机构设置一个取信于民的公平秤。公平秤是国家统一度量衡、取信于民，实现买卖公平、人人平等的重要工具之一。

秤虽然也以公平为本，且与天平有相似的公平性，但二者有极大的差异。天平用来衡重的杠杆，从支点到两头距离是均等的，大小、形状、质地等亦皆同一。用来衡重的砝码，与需要衡重的物体重量也是相等的，所以准确性高、误差很小或没有，故能"无私轻重"。秤虽然也有"平"之名，但其实却很难实现实质的平。原因是这种衡重原理必须在杠杆上用权。权俗称秤砣或秤锤，由于杠杆的作用，它在实际运用过程中很容易实现"四两拨千斤"。换句话说，秤与天平相较是一定有所偏私的。偏私何处？偏私于权。这种认识，不仅从秤字与私、利等字构形的关系中可以推导出，也可从现实生活实践中得到证实。从汉字构形来看，秤中有"禾"，私、利也有"禾"。从实际情形来看，权的使用，不仅与需要称重物件的实际重量不均等，而且会因为离支点距离的远近不同，而形成不同的误差。这种误差又可叫权量阈值。换句话说，即或掌权者以追求客观准确、公平公正为目标，也会因为权量阈值的存在而难以实现。不过，如果掌权者对上述问题有深入认识，要实现相对的公平或和，则完全是可能的——只要不弄权或不要太过偏私于权就能做到。一般情况下，秤之所有问题不在于权量阈值问题，而在于权重问题。在政治实践中，掌权者之权本来也不大，但却因借助军队、警察、法庭、监狱等暴力或政策、制度、传统，或约定俗成的力量做杠杆，便可使权重或权力得到扩张。掌权者如掌权者心怀公正且努力学习，那么公平或平等则相对可期，如心中既没有公正又不努力学习，且"怀贪鄙之心，行自奋之智"（贾谊《过秦论》），或只是一味地以弄权为快，故不仅公正、平等无期，且一定会弄得天下大乱或自取其辱。故要想让社会接近于实质的公正或平等,当权者不仅要深刻地认识到权量阈值的存在,而且要确实控制好。在具体的政治实践中,既需要把权力关进制度的笼子,又要让用权的过程处于公众的监督之下,从而实现真正的公正或平等。鉴于上述认识,法院、法庭常以天平而不以秤来象征或标榜公正、平等的无上信仰,也就很容易理解了。而其背后所宣示的,正是法官在审案、断案过程中理应遵循的只是法而不是权的金科玉律。

平,作为一种衡量的标准,引申义有均等、齐一、公正、端正、共同、和、太平、治、成、平坦、宁静、安舒、平息、媾和、和睦、平常的、普通的、免除、宽恕等。平等不仅与上述诸意紧密联系,而且许多时候正是上述多种意思的共同表达。公正列于其中,不仅凸显了公正的重要性,而且让平等有了核心或灵魂。换句话说,一切平等的实现必得以公正为前提或核心,如果平等以追求绝对均等、齐一为目标而违背了公正原则,那么就说明它已深陷平均主义而不能自拔,与现实生活所真正需要的平等背道而驰了。

"等"字初文为 𥾝 。上为"竹",下为"寺"。

"从竹",说明"等"的意义首先源于竹。"竹"字初文为 𥫗 ,像两株并生之草,或像竹林之形。《说文解字》:"竹,冬生草也。"冬生,是指竹胎生于冬,且枝叶不凋。草,是说竹乃禾本科多年生常绿植物,亦可说是世界上最高大的草。竹中的优良品种大兰竹的成年茎秆直径往往可达三四十厘米,中空而有节,坚韧而有力,不仅可做各种家具,而且可用作建筑材料。在众多植物中,其同类性特征十分明显,故很容易从其他植物中被分别出来。它映射了传统文化中的平等似并不是佛家所谓众生平等,而是仅指同类间的格调平等。就人而言,则仅指人与人之间的人格平等。换句话说,如果没有同类做前提,所谓众生平等便一定与中国传统文化中最基本的道德人伦相悖。

竹又是"八音"之一。"八音",即匏、土、革、木、石、金、丝、竹。竹,作为中国传统乐器的一大类,在与其他各种乐器的合奏中,其主要功能是和。但其音质又很容易让人与其他乐器区分开来。故这种和又可称之为"清和",即和而不同。孔子说:"君子和而不同,小人同而不和。"(《论语·子路》)和而不同不仅比较准确地反映了中国传统精神,对于平等的理想要求,也与当代中国对于平等的认识高度吻合。

"从寺",说明等的意思亦源于"寺—⸝"。"寺—⸝"是"持"的初文,后因寺庙之"寺"借用,所以又别造了"持"。"寺—⸝"由上下两部分:"止—⸝"与"寸—⸝"共同构成。"止—⸝"既是人类、时间的足迹或鸟兽之文,亦能表达止、到达、至。"寸—⸝"是一只握有物或权的手。联系起来看,持既是一个艰辛的过程,也是一个智慧的过程。既需要手足并用、用尽心力,也需要时间以及借助外物、外力或权力以约束。佛寺方丈在接纳新弟子时常会向新弟子发问:"尽形寿,不杀生,汝今能持否? 尽形寿,不淫欲,汝今能持否?"新弟子必得回答:"能持。"这说明,佛教弟子中如有不能全面接受佛教清规戒律的,便不能居于寺庙之中。进言之,人如不能持守相应的原则或规范,也就不能享有相应的平等。

此外,《说文解字》又说:"寺,廷也。有法度者也。"其廷即朝中官曹处理事务之处,它既是法度的制定者,也是执行法度的模范。《广雅》又说:"寺,官也。"自秦汉以来,寺既是九卿所居之所的称谓,也是官舍的通称。以此可知,所谓平等,官也不能例外。

《说文解字》又说:"等,齐简也。""齐简"可有两种解读:一种是以齐做动词,意即整理竹简并使之齐整。即或竹简本来已经做得长短、厚薄、宽窄如一,但如果没有人的主观努力使之齐,它仍会从原来的齐的状态反复回到不齐。不齐的极端状态可能是某些简从书册中滑落从而使书册变得混乱而不可阅读。它进一步寓示着,平等就是"生而自由,但却无往不在枷锁之中"的人需要不断做出主观努力才能接近的伟大目标。另一种是以齐做形容词,"齐简"即整齐的竹简,只要是竹简做成的书册就已经具备了齐或平等的特征。亦如人类,只要是人便生而平等。

"等"又通戥子(一种极小的秤)的"戥",故与秤一样,也有平或衡量的意思。

"平等"作为一词,最早出现于唐朝佛教经典《六祖坛经》,如"见性是功,平等是德""佛教慈悲,冤亲平等"等,至于《史记》《汉书》与先秦经典则皆无所见。

综合上述分析,平等,简单来说就是要以公正为原则,把人分成不同的等级。公正,就是要经得起众人眼睛与智慧的审视。在经过这种审视之后,如果大家都觉得自己的心灵能够达成一种平衡状态,那么平等便得以实现。具体而言,这种心灵平衡状态的达成,一方面是主体认为自己应享的尊严与利益没有受到侵害,另一方面也指社会共同体或他人同样有这样的认识。比如体育比赛、职称评定等,首先要做的是制定一套大家都认可的程序或原则,这便是公正;当大家都遵照这套程序与原则去做,并服从之后所得到的结果,这就是平等。最后的结果,无论如何都会把人分成不同的等级。社会也正因为有了这样的等级,才实现了相对的有序与和谐。

今天,一般对于平等的解读是,"人与人之间的平等,不是指物质上的'相等'或'平均',而是指在精神上的互相理解、互相尊重,在法律上、人格上,把对方当成和自己一样的人来看待",既强调了物质上的分别或不平等,也强调了政治上、法律上、精神上的和同。换句话说,"人生而平等"主要指向政治上、法律上、精神上,人人皆拥有的平等的权利。"人生而不平等"则主要指向物质上、环境上、基因上、经济上等,人所拥有的数量上、质量上的各不相同。进言之,平等与不平等对于个体或社会而言,总是同时存在的。

现实中,我们追求的平等,只能是一定时空条件下相对的人格平等、政治平等、经济平等、法律平等、制度平等、规则平等、机遇平等、男女平等,等等。就个体而言,平等与自由、公正一样,其实现从来就需要主体的努力探索、不懈追求。换句话说,如果你努力追寻了,平等于你或有可能,如果不努力追寻则绝无可能。荀子说:"施薪若一,火就燥也;平地若一,水就湿也。"(《荀子·劝学》)你要燃烧,就需要自己先"燥"一点;你要得到润泽,就不妨自己先"湿"一点。这既反映出人的自由本质,也表征出用于平等的一切资源,从来就是极为有限的。不过,随着生产力的不断进步,人与人之间物质上的不平等正在逐渐缩小。

平等位列社会主义核心价值观之六,既意味着其与公正一样同居核心之核心,亦寓含其难以把握。之所以能居核心是因其与公正互涵;之所以难以把握是因其总是与权相互纠缠。

三、什么是公正

"公"字初文为 ⿱八厶,会意字,上面是个"八—⺍"字,下面是个"私—厶"字。

"⺍"原初不是"八",而是分别之"分",由一个方向朝向两个相反方向以表示分扑、分别、相背或相反。高鸿缙在《中国字例》中说："八之本意为分……后世借为数目字八九之八，久而不返，乃入刀为意符作分。"《说文解字》也说："八，别也。象分别相背之形。"韩非子说："自环者谓之私，背私谓之公。"（《韩非子·五蠹》）其背私之"背"，即源于"公"中的"八"。这两句话，既形象地描绘出了公、私的最初形状，也深刻地概括了其初形的本义。以此可知，公就是背私或分私。人的行为或有悖于自己的私利或把个人的私利分享与他人，皆可为公。所以，为公往往是需要损失个人私利的。不过老子却不这样认为，他说："既以为人己愈有，既以与人己愈多"（《老子》第八十一章）为公不仅不会让主体的私利受到损失，而且会让主体所付出的一切实现价值最大化。这种认识可称远见卓识，当然更加深刻。

除上述之外，"八—◦◦"字之形还有不断扩展、壮大之意。这与广东方言以"八"为"发"有些相似性，但又有所不同。当一己之私不断扩展壮大，同时也能让亿万人之私不断扩展壮大，不仅是公，而且是最高的公，或天下为公的另说。所谓"天下为公"，即天下是天下人的天下，天下财富为天下人所共享，所以公与私便完全混而为一了。

"公"字下面部分◦是"私"的初文。它既是◦的一部分，也是一个相对独立的存在。韩非子说："自环者谓之私，背私谓之公。"前句告诉我们，"私—◦"乃由"人—◦"字"自环"而成，后句乃寓含了公必得以私为前提。以此可知，公或◦字的出现应晚于私。私是人之存在的第一需要，以私为先乃最基本的人性。

人之私至少可分为三个部分：

一为隐私。人之所以要自环，首先就是为了保护自己的隐私。老子曾告诫孔子："博辩广大危其身者，发人之恶者也。"（《史记·孔子世家》）这里的"发人之恶"主要就是指公开揭发别人的隐私。老子坚决反对"发人之恶"，即极力主张要保护人的隐私。《菜根谭》"不责人小过，不发人阴私，不念人旧恶。三者可以养德，亦可以远害"也表达了同样的意思。

二为人之存在所需要的最基本的物质利益。据老子、马克思或马斯洛的观点，人的存在首先必须是物质的存在，其次才可能是精神的存在。所以人维护正当私利的同时，也是维护心中所向往的善、义与美。这种认识不仅可从善通于利得出，也可从善的初文为"羊—Ϋ"，而"义—義""美—

"之初文上部也为"羊"得出。

三为人只顾及自己身边、眼前利益,局限于自己的小圈子。这种认识既有合理性,亦有局限性。个体的人无论是作为社会性的存在还是动物性的存在,其生命过程中所表现出来的爱或仁义、道德、孝悌、公正等,都是从自己身边的小圈子开始向周边辐散的。故背私之"公—🔾"至少有一半与"私—🔾"是重合的,可见人既要有往远处、大处看的理想或境界,又要有顾及自己所在小圈子的私心或情怀。

再回到"公—🔾"字的原初构形,公不仅以私为前提,而且一定囊括了私在内。而其既可以通过背私、分私来实现,也可以通过扩展壮大天下人之私来实现,而无私从绝对意义上说并不存在。亦如老子所说:"圣人后其身而身先,外其身而身存。非以其无私耶? 故能成其私。"换句话说,圣人"以百姓心为心","为天下浑其心","全心全意为人民服务"而奋不顾身,也并不意味着他就全然无私,而只是说他的私与众不同。那么圣人之私究竟是什么呢? 按老子的说法是"死而不亡",按孔子、屈原的说法则是人死了,却永远还有人记得他的美名。

《说文解字》又说:"公,平分也。"把公释为平分,一般会倾向于朴素的平均主义,但其实平分乃是公正地分。所以公的引申义主要有公正、平允、无私、共同、公然、公开地、公家、公众的、公事等。其中公正是核心。老子说:"容乃公,公乃王,王乃天,天乃道,道乃久,没身不殆。"(《老子》第十六章)即对上述各种意思进行了全面的概括。用今天的话来说,便是公或公正乃是合规律性与合目的性的统一。人只要一心为公、心存公正,大多数时候就能远害全身。

下面讲讲"正"。

"正"字初文主要有四个异体:𤽄、𤽄、正、正。其上部虽不相同,但其意却皆相似,即人类一切行为将要或正在到达的目标。秦统一文字后以正为准。其形与今文已完全无别。

其上部之"一",既是人类社会所不断追求的那个伟大目标,也是中国传统文化的道。

其下部为"止"或"之",既是人、道、自然、时间或其他生命留下的足迹或脚印,同时也是至或到达,是实在性与虚无性的高度统一。当脚印与目标相触及,既能表示我们已经达到目标,也能表示我们因为方向正确,正要或能够达到目标。不过"正"由于"止"的上述特征,故其"正"或"不正","达"或"不达",皆具有强烈的历史性或意识形态特征。在哲学、社会科学或国家政治、社会意识形态等领域中,几乎所有的事情皆可能因时间、条件、个体不同而"是非无正",但最后又必得服从于道,即事物发展的规律性。

《说文解字》又说:"正,是也。""是,直也。从日、正。""正"就是"是","是"就是"直"。什么是直? 一是众人眼睛之所见。二就是太阳位于人的头顶,太阳光线与直立之人之间不会形成歪斜的影子,但人的双脚却能清晰地呈现于太阳光下(即 的构形描述)。阳光直射地面的情况很少,从两极到回归线之间永远不会有,回归线之间一年之中最多也只能出现两次,而且时间极短,转瞬即逝。这种现象寓示,人类社会所追求的公正永远是个不断变化的历史性目标,如果具有主体性的个人不能充分发挥主观能动性,即不能积极主动把公正作为自己所追求的目标,那么公正就一定与我们无缘。

"公正"作为一词,在春秋战国时期的经典中就已多次出现,远早于自由、平等。而且其意历经数千年却变化甚少,即至少要经得起社会共同体绝大多数眼睛的审察却始终如一。所以,公正又可称为最为古老的核心价值。韩非子说"所谓直者,义必公正,公心不偏党也"(《韩非子·解老》)即是指此。此外,《孔子家语》《荀子》等亦有多处使用。这背后的深刻原因是:公正之中早已寓含平等、法治之意,公正在我国古代社会中从来就是道德、伦理、法律的核心,即与其他价值相较从来就具更高的现实意义与道德伦理价值。"一般说来,社会公正源于人们对自由、平等、互助社会的向往,其动力就是通过建立新的社会组织为所有的人争取平等机会,使他们都能摆脱愚昧、压迫和贫困,在其共同生活的一切领域中自由发挥自己的个性和能力。"[①]这既是对于公正的追求,也是对于自由、平等、法治或道德的追求。

---

① 张彦:《论社会公正重建的内在逻辑与实践进路》,《哲学研究》2014年第1期,第91页。

今天，一般关于公正的解读是："即社会公平和正义，它以人的解放、人的自由平等权利的获得为前提，是国家和社会应然的根本价值理念。它要求政治、法律上的公平正义，任何阶级或集团都不能享有特权。"虽然没有直接道明公正就是社会主义核心价值观的核心，但"根本价值理念"已然表达了同样的意旨。这是由中国道路的三个最基本规定性——社会主义、和平主义、开放创新所决定的。在这三重规定下，社会主义核心价值观的核心首先只能是公正。

公正乃平等之基础、道德之核心，既要求主体行为经得起众人眼睛的审视，也经得起自己良心的拷问以及他者思想的追问。其实践结果必然是个人与共同体之愿景皆能得到尊重或实现。其过程又类似于罗尔斯的"反思平衡"。但在具体生活实践中，又必得具体问题具体分析。如在政治实践中，公开透明的行政过程，控制权重、慎用权，创建一系列民主、自由、平等、法律、制度是必需的。其目标的达成必得公私兼顾、眼前与长远兼顾、小大兼顾、当代人与后代人兼顾。而其最后目标则与马克思所谓"每个人的全面自由发展与一切人全面自由发展的全面实现"不谋而合。

公正位列社会主义核心价值观之七，即核心之核心。与其他价值相较，无论是对于共同体还是个人，都是最为重要的。没有公正的道德，即如没有眼睛的人类。没有眼睛的人类，就只能永远徘徊于黑暗之中，一旦曝于阳光之下就会很快失去生命力。故对于人类社会而言，它是合规律性与合目的性的统一。

四、什么是法治

"法"字初文为![字形]，左为"水—![字形]"，中间为"去"，右为"廌—![字形]"。

"水—![字形]"，象形字，像水流动的样子。《说文解字》说："水，准也。……象众水并流，中有微阳之气也。"水能成为准，源于中国古代哲人对于水的形态特征，以及它对于人的重要性的高度认知。

水的第一大特征是平，或知平、能平。这一点与古人称之为平的天平或秤相似。在相对狭小的范围内，只要处于一种相对静止的状态，水的平便很容易实现。但如范围广大，则不管是海洋还是江河，总会为了平而奔腾不息。人类社会与它相类似，如果在一个较小范围或共同体中，如一个小村庄中,要实现大家都认可的公平、正义则相对容易。这有如用天平称物,很公平而无须用权一样。如范围极其广大,就像用秤,就算最基本的公平、正义的实现也一定是有误差的,因为用秤必得用权。所以,在一个开放、广大的社会里,不管有道还是无道,永远都会有仁人志士为了公平、正义而奔走呼号、奋斗不息。老子说"曲则全,枉则直",即认为人间绝对的公平、正义显然是没有的,但相对的却是可以争取得到的,尽管许多时候需要采取曲或枉的策略。

水的第二大特征是有德。上述水的知平、能平,且能为平奋斗不息的精神,同时也可视为有德。老子说:"上善若水。水善利万物而不争,处众人之所恶,故几于道。"(《老子》第八章)这种特性就是德的直接表现。其中"上善"是德,"几于道"同样是德。具体而言,水是一切生命形式存在的摇篮。没有水,生命就不能存在与生长,所以水首先有生生之大德。这种大德又可称为仁。水在生生的同时,既能洁净人与物,又能不惧污秽"处众人之所恶",所以又可谓之义。水总是谦虚卑下,主动地把自己放得很低,又可谓之礼。水总是柔中带刚,能以弱胜强,能变化于有形无形之间,又可谓之智。水于时令随风而来,于大海随潮而来,来去有时,又可谓之信。水永远奔腾向前,无惧艰难险阻,并能作功,又可谓之勇,如此等等。所以水具有一切德。而法律可以治理国家、造福社会、维护自由、保障人权、追求平等、落实民主、实现正义、维持秩序、调节利益,等等,所以与水一样,也具一切德。进言之,法律既是人和社会的一种基本需要,也是人和社会的一种基本能力与社会文明进步的重要标志。所以,无论先贤、今哲,不仅确信"法和各种美德本身是值得追求的"(西塞罗),而且认为"法律必须被信仰"(伯尔曼)。

水的第三大特征是既能载舟亦能覆舟。所以,有德与无德总是如影随形。法以水为准,自然也具水的上述特征。当法处于无德状态时,即失去了最基本的社会公正。如果法律失去了最基本的社会公正,那么被主持公正的力量所改写便成为必然。

"众水并流"可有两解。一指水的流动总是以"众"的形式出现,很少的水根本就无法流动,会很快蒸发。以此观之,如此之"水—⺌"至少是一条带着波纹向前流动的溪水。二指多条江河或溪流并行向前。这在中国江南一带水乡是很普遍的。最有气势的,则是我国西部地区的怒江、金沙江、澜沧江共同呈现的著名的三江并流了。

"中有微阳之气"是说水无论是奔流着还是静止着,都蕴含着能量。这个能量的存在意味着它是活的,是有生命的。

"廌"字初文为 ,象形字,像独角犀牛之形。又名獬豸,一种传说中能分辨是非的神兽,它用独角一触某人某事某物就能去不平或去不直。《说文解字》说:"廌,解廌,兽也,似山牛,一角。古者决讼,令触不直。"触不直就是用它的独角触不平而实现平。平即公平、正义。这正是法所理应具有的最基本特征。所以"廌"也可通于法。《广雅》说:"廌,法也。"王念孙进一步解释说:"法,刑也。平之如水,从水。"刑即意味着,法的施行往往要伴随暴力。平之如水,即是说法在施行暴力时要像水或天平一样合乎公平、正义。

很显然,现实中廌或并不存在。古人以廌为法所要宣示的,主要是要赋予法以不容侵犯的神圣性。

法的引申义众多,主要有刑法、法律、法令、规章制度、准则、规律、方法、仿效、守法等。在先秦,商鞅、韩非子等法家,对于法皆有全面而深刻的论述。商鞅说:"法者,所以爱民也。"(《商君书·更法第一》)老百姓处于社会最底层,如果没有法的保护则更容易受到侵犯或伤害。国家法律的制定,主要目的就是要保护百姓的生命财产安全不受侵犯。韩非子说:"明主之道,一法而不求智,固术而不慕信。故法不败,而群官无奸诈矣。"(《韩非子·五蠹》)"故以法治国,举措而已矣。法不阿贵,绳不挠曲。法之所加,智者弗能辞,勇者弗敢争。刑过不辟大臣,赏善不遗匹夫。"(《韩非子·有度第六》)其核心点皆宣示了法所必须具有的无与伦比的公正性。不管富贵贤智,不管奸诈愚昧,什么事情只要"一于法"就可以了。所以,法既是国家实现爱民、利民、便民的最可靠、最可行的强大保障体系,也是统治阶级的最有力工具。

其中"一法而不求智,固术而不慕信"的思想或理念,因为建立在对于人性与社会最深刻认知的基础之上,所以在今天仍有重大启示意义。

综上,法与公正或道德紧密联系并具神圣性。如果法的内容或实施过程已然与社会所普遍认可的公平、正义或道德出现强烈抵牾,则必将为社会公正所匡正或颠覆。

"治"字初文为 ，会意字。左边为"水—"，说明治与法一样，同样要以水为准，即以公正或仁义道德为准。右边上面是"私—"，下面是"口—"则简要地指明了治所针对的对象以及所要采取的方法或策略。

"私—"，简单来说，它的存在既是人的本质规定性，也是公存在的前提或基础。治把私纳入其中，意在表明人之私不仅是社会治理的主要内容也是法治的主要对象。但法之所治之私，既不指向个人隐私，也不指向最基本的个人私利，而是主要指向人性中的贪婪欲望。

为人之口。由于它在人体中所处的独特位置与作用，它既能代表人、人口，也能代表语言、思想、智慧。人，既是动物性的存在，也是社会性的存在。治把口纳入其中，除了要适度控制人的私欲使之只能存在于一定范围，使其动物性的欲望不能过度膨胀而逾越社会性之外，还得以人为本发展社会经济以保障人的全面发展、人口的适当增长、社会秩序的相对稳定以及必需的进步繁荣。换句话说，人如果逾越了其社会性的界限，抛弃了仁义道德或以人为本的基本原则，就会变成怪物或魔鬼。无论是历史的经验还是活生生的现实均告诉我们，在一定的环境条件下，对于绝大多数人而言，其动物性的一面就会得到暴露或彰显。个人如此，国家也不例外。美国伊拉克监狱的虐囚丑闻，二战期间德国奥斯威辛集中营焚尸炉的青烟，它们所昭示的"平庸的恶"都能说明这一点。解决的办法，即或重新启蒙、深刻反思也永远无法达到一劳永逸。但有一个目标却十分明确，就是要让制度规范控制好权或权力，让法充分保障好人的自由、平等、公正。这也正是治所欲求或需要达到的目标。

治的引申义众多，主要有治理、修饰、有秩序、社会安定、建造、惩处、诊疗、对抗、征服、研究，又通"辞"与"笞"等，但它们又皆是对于上述所论的有力说明。

综合上述，可知治的实现必须以遵循公正为前提；以人为本；以治理人之私实现社会安定、天下太平为主要目标；以语言、知、善、和、名、信等为主要工具，不仅需要预以防患于未然，而且需要使用暴力等。其中关于治以针对人之私或私欲为主要目标的观点，不仅与先秦法家对于普遍人性的认识高度一致，也与休谟以及自由主义对于人性的认识相通：政治必须把每个人都设想为无赖之徒。人性是幽暗的，政治活动的目的不是将人变得大公无私,而是要调整人们对于利益的算计使他们的眼前利益与长远利益相协调。

法治作为一词使用是近代的事。但如作为"以法治国"的简称,则韩非子早已用到。(《韩非子·有度第六》:"故以法治国,举措而已矣。")汉字学视域下的法治,其内容以及产生、实施过程应皆以人为本,循德而行。而德又总是以公正为核心,所以既符合道又可以利万物而去争。孔子说:"听讼,吾犹人也。必也使无讼乎!"所以,法治的最终目标不是要把人都关进监狱,而是要解除或平息人世间的一切纷争。

当前,一般关于法治的解读是:"法治是治国理政的基本方式,依法治国是社会主义民主政治的基本要求。它通过法治建设,来维护和保障公民的根本利益,是实现自由平等、公平正义的制度保障。"

显然,它与汉字学关于法治的认知高度一致,只是增加了对于自由平等、公平正义等新概念的关注。自由即权利,平等寓含公正。而法治不仅需要依据公平、正义而创立,而且是自由、平等、权利、公平、正义得以实现的工具或制度保障。

习近平总书记在党的二十大报告中,明确提出要严格公正司法。公正司法是维护社会公平正义的最后一道防线。深化司法体制综合配套改革,全面准确落实司法责任制,加快建设公正高效权威的社会主义司法制度,努力让人民群众在每一个司法案件中感受到公平正义。规范司法权力运行,健全公安机关、检察机关、审判机关、司法行政机关各司其职、相互配合、相互制约的体制机制。强化对司法活动的制约监督,促进司法公正,等等。这些都为我国未来法治建设与法治实践指明了前进方向。明确提出要深化依法治国实践,全面推进依法治国。

法治位列社会主义核心价值观之八,社会层面之末、公正之后,既意味着它与公正联系紧密,也意味着它既从属于公正,又是公正的守护神,或公正得以实现的最有力、最现实的工具。

第三节　个人修身养性之道
——爱国、敬业、诚信、友善

爱国、敬业、诚信、友善不仅是个人修身养性之道，而且是富强、民主、文明、和谐、自由、平等、公正、法治等价值得以实现的精神基础或制度保障。爱国既是国家对于公民的政治要求，也受国家法律保护。敬业既是个人必须具备的修养，也是社会文明的重要表征之一。诚信与自由、平等、文明、和谐、公正、友善等价值正相关。没有诚信，你将寸步难行。友善既是文明的重要表征之一，也是和谐得以实现的润滑剂。公正乃社会之最深刻之友善。

一、什么是爱国

"爱"字初文为 ，会意字。上为及，中为心，下亦为及。它直观而具体地表明，爱既需要深入人的内心，又需要付诸主要以两手积极参与的行动。

"及"字初文为 ，上为人，下为手，会意字，像一只手把一个人抓住了的形象。与"爱—"字中的两个及相比较，"爱"字中的及略有省略，这是由汉字的书写性所造成的。

"及"字初文有多种：，但不管其构形如何不同，皆有以手抓住或触及人的形象。其中有双人旁的 ，因为双人旁是"行"的简化，能代表公共场合、规律性、道，所以又意味着这种及或抓住不仅要在公共场合，而且要符合道。以此异体 ，它就是逮。以此异体 ，它则是秉。逮即抓住、逮捕，秉即持、拿、执等，所以及又可引申为依据、准则。于是，爱既意味着逮捕，也意味着需要有所持或有所依据。郭沫若:“及,同逮,即逮捕之意。此为本意,后假为‘暨’与‘及’,而本意遂失。……用及为连词乃后起事。”(郭沫若《文史论集》)即说出了“及”的前世今生。但郭老说它用作连词时则“本意遂失”是欠妥当的。即或用作连词,它也保存了原字构形的本义:既然连接在一起,那么就是相触相及了。

“及”之引申义主要有追上、至、到达、连累、关联、如、比得上、兼顾、接续等。

“爱—”有两个及,说明真正爱的实现,必得在两人之间。“如、相像、比得上”,同样是爱所不可或缺的。其中亦暗含了容貌相似、郎才女貌、门当户对的意思。有爱自然就有关联、连累,有兼顾。司马迁说“夫人情莫不贪生恶死,念亲戚,顾妻子”,即表达了这样的意思(《报任安书》)。爱当然需要接续不断。孟子的“不孝有三,无后为大”(《孟子·离娄上》),《诗经》首篇的“关关雎鸠,在河之洲。窈窕淑女,君子好逑”皆表达了这样的思想。因为唯有爱,才可能有夫妻、有家庭、有父子兄弟,才有一切伦理道德。

“心”字初文为,象形字,像人心脏之形。秦统一文字时则写得像花心——。一般学者认为,中国古人所认识的心与当代医学、心理学等所认识的人脑基本一致。但实际情形可能比我们想象得要复杂,孟子所谓“心之官则思”或告诉我们:“思”是由心的管理者“囟”来主导完成的,即在古人的认识中心似乎也参与了思的过程。

心能引申为内心、思想、心思、思虑、品行、性情、心性、人的主观意识等,以及树木的尖刺、花蕊、胸等。这亦意味着爱具有同样的特征。

爱,只有发自内心,才可能有穿透人心的力量。“爱人者,人必从而爱之。利人者,人必从而利之。恶人者,人必从而恶之。害人者,人必从而害之。”(《墨子·兼爱》)

爱,必定要通达思想智慧,不然就可能走向反面。所以孔子说:“好仁不好学,其蔽也愚。”“东郭先生与狼”“农夫与蛇”故事中的东郭先生与农夫之所以不得善终,不是因为没有仁爱,而是缺乏思想、智慧。

“国”字初文为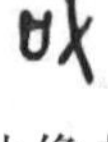,会意字,由“戈”与“口”两部分构成。

戈,是古代一种像戟或戉一类的冷兵器。《尔雅》说:“戈,钩孑戟也。”戈是戟的一种,是因其从外向内钩拽以杀敌的用法与戟相同。戈,长柄横刃,盛行于商周时期,但到明清仍有使用。徐锴进一步解释说:"小支上向则为戟,平之则为戈。"

如图:

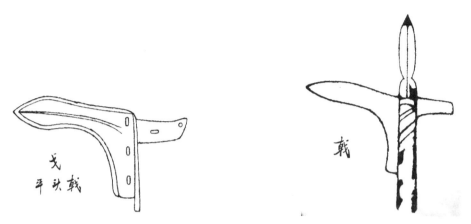

但以实物图相比较,戈之锋为一大一小两平枝,戟则有两平一直、大小不等三枝,是矛与戈的结合体。侧枝用于钩拽,直枝用于戳。实战中,戟的性能应当强于戈。据《史记·项羽本纪》载:"项王大怒,乃自被甲持戟挑战。"可知项羽所惯用的武器就是戟。另据《三国志》载,吕布所用兵器本为矛,但在《三国演义》中却被演绎为方天画戟,不仅可刺可钩亦可侧砍。虽然这是文学虚构,其意只是渲染吕布的神武,但附带着也渲染了戟的战斗力优于矛的现实。

"戈"字初文有多种: 它与弓一样,既能代表武力、强力、暴力,又可代表军队、武装、战争等。如"化干戈为玉帛"即是化战争为和平。"偃武息戈"(《后汉书·公孙述传》)即是指放弃武力、停止战争。

中之"口",可有多层意义:一指国家首都或邦国中心城市;二可指代一个国家的人、人口、人才;三可代表一个国家的核心利益或价值;四也可是上述多层意思的综合。

基于上述认识, 可推出如下启示:国家是人与暴力相结合的产物;暴力既由人所创造、掌控,是人实现目标的工具,也能反过来制约人或人的思想与行为;"国— "字本来是没有固定边界或疆界的,只有不规整的边陲,其形状、大小往往随着戈的长短大小而变化。换言之,就是国家疆域总是随武装力量的强弱消长而不断变化的。当今中国之所以还能保有这么宽广的国土,最重要的原因就是我们拥有一支强大的戈。

爱国作为一个词,查遍先秦诸典及《史记》《资治通鉴》,除《战国策》有一处:"周君岂能无爱国哉?"(《战国策·秦令樗里疾以车百乘入周》)其他踪迹全无。联系当时历史背景,周君所爱之国或仅为其属地,或就是政治中心周都,或可引申为当时的周天下。当时的大夫或士君子等,除去固执的屈原之外,则全无今天的爱国观念。如孔子离开鲁国周游列国寻求政治出路,目标就是欲实现天下有道、一匡天下、天下归仁的梦想。其他诸子如墨子、孟子、荀子、韩非子等,情形也相类似。这种情况既与当时诸侯国乃为周之封建属国有关,也与当时周天下语言文字相通、意识形态相近,诸侯、士大夫中没有如今天之国家一样的概念有关。上述爱国观或天下观可给我们以重大启发:在全球化背景下,世界各民族国家政治、经济、文化、科技等已与当年周天下有些共性,我们的爱国观也一定会随之逐渐发生变化。亨廷顿提出的文明冲突的问题,根本就不是问题。换句话说,求同存异、融合、弥合分歧、和谐等,必定会成为世界未来的潮流。

今天的中国与爱国概念的形成,既与近现代中国的屈辱历史有关,也与近现代中国的思想启蒙有关。屈辱的近现代史表明,过去的周天下已变成实实在在的有疆之国——近代中国;此有疆之国不再是一家一姓之国而是属于全体中国人民,所以"天下兴亡,匹夫有责"。中国一百多年的屈辱史,中国人民不断的学习与反抗,民族精神不死,爱国英雄辈出。在抗日战争中,以付出巨大牺牲为代价而形成的可歌可泣的抗战精神便是爱国精神的最集中体现。

𢒉的如此构形还表明:爱国必须行必及心、心必通行、人人相及。即凡中华儿女必得团结一心从心灵深处爱自己的祖国,发展它、强大它、呵护它,即或身体远离有疆之故土,心也不变。

具体来说,可以归纳为下述几点:

1.作为一般普通公民,只要勤奋工作,诚实做人,不做违法犯罪的事,不做有损人格国格的事,不做有损民族团结与破坏祖国统一的事,有基本正确的是非观、价值观、正义感就是爱国。

2.作为社会人才,则应在上述基础上有以天下为己任的情怀,目标高远,终生学习,能把自己的工作、研究与国家、民族的兴衰荣辱紧密结合起来,或能给当权者以思想理论上的借鉴参考、给普通公民以精神上的榜样示范,或能在科技文化教育中做出一番自己所独有的贡献,为国争光。

3.作为国家中高级干部,不仅需要有上述两类人群的基本素质与要求,而且要有更加崇高的使命感与大无畏精神。"苟利国家生死以,岂因祸福避趋之"(林则徐)便是这种爱国精神的真实写照。

爱国一词,位列社会主义核心价值观之九、个人层面之首,昭示出新时代最为鲜明的红色中国特色。既是国家对于公民个人道德的最基本要求,亦是对于历史特别是近现代中国历史的深刻认知与反省、铭记与警醒的必然。

二、什么是敬业

"敬"字初文为 𝄞,会意字,像一个人肩上扛着礼物,双手扶膝躬身行礼或负荆请罪的样子。以此可知,敬首先是属人的,并与礼、礼物紧密联系。

"人"字初文一般写作 ,相类似的异体还有 、 、 。其俯首而立或五体投地的形象,即或肩上没有扛有礼物也能表达出人之为人所应有的敬畏、有礼或谦卑。

当"敬"字初文在人的肩上加上一个礼物,一方面是文字创制本身的需要,因为唯有如此人字与敬字才可能明显区分开来;另一方面则是充分强调了礼物对于敬的重要性。

此外,"敬— "还有个异体写作 ,即在原来的敬字的左边加了一个口。加个口,在此与和、善等其他许多汉字一样,既是汉字职能分工、规范化发展的结果,也是为了强调人的存在及其思想、智慧、语言等在处理人与人关系上的重要性。事实上,人的身上加个礼物,不仅遮蔽了人,让人退隐到了背影之中,而且在有形无形之间消弭了人之为人的伟大作用。如郭沫若就认为,敬的原初形象是一条狗。这便有很大的偏颇。

原初的不带"口"的"敬— "形象地说明了敬的方法与态度,带口的"敬— "则明确强调了敬的对象和原因。敬的方法需要送礼、曲体、卑拜,态度需要恭敬、谨慎、严肃。敬的对象是人,同时也包括人的思想、智慧、语言;原因是恐惧、敬畏,是需要保护人,不仅要保护自身,而且要保护家人、亲人、朋友。

后来秦统一文字,敬的异体皆统一于小篆——,其意亦随构形的变化而有所变化:右部所加反文旁——,不是一般文化之"文",而是一只拿着戈、戟之类武器的手。既可代表暴力,也可代表不可抗拒之强力。它意味着人之所以要敬并非完全出于自觉自愿,同时也是国家、社会或一定情势逼迫下的产物。进言之,人如果极端无礼或全无敬畏之心就一定会受到来自家庭、社会或国家机器等的惩罚。所以,敬既是社会给予人的规范,也是人之为人的基本守则。

《释名》说:"敬,警也。恒自肃警也。"(《释名·释言语》)为人、成事、创业,不仅要有危机感而且要能预,以防患于未然。

《周礼》之中,有"敬故"二字,郑玄解释为:"不慢旧也。"即对于故旧好友,一定要尊敬、尊重,即或他们对你无用也必须如此,不然就是不义。陈胜当了王,便看不起旧时的耕友,所以成不了气候。孔子晚年曾对人说:"吾有耻也,吾有鄙也,吾有殆也。幼不能强学,老无以教之,吾耻之。去其故乡,事君而达,卒遇故人,曾无旧言,吾鄙之。与小人处者,吾殆之也。"(《荀子·宥坐》)其中"卒遇故人,曾无旧言",便是孔子晚年深以为耻的鄙行。总之,我们不仅对于故旧好友要尊敬、尊重,就是对于先辈所开创的事业、建立的功业、打下的基业等,也要加以尊重、尊敬。换言之,善加保护祖先留存下的各种物质、非物质文化遗产也是敬或敬业的重要表现之一。

《潜夫论》说:"君敬法则法行,君慢法则法弛。"(《潜夫论·述赦》)无论敬法还是敬业,都需要领导者以身作则、身体力行。

敬的引申义众多,稍加联系可知,敬乃是生命成熟的具体表现:它不仅需要主体恭敬、严肃、谨慎,能预,具有思想性、策略性,而且需要主体坚持不懈地付诸行动实践。

下面说说"业"。

"业"字初文为,象意字。实际上它就是一块带有花纹的大木板。

根据《说文解字》的解释："业，大版也。所以饰悬钟鼓，捷业如锯齿……从巾。"它则是一个用来悬挂钟、鼓、磬之类乐器的木架子，一般来说这种东西只有王侯将相家才可能拥有。但《说文解字》说它从巾仍待商榷。《诗经》有"巨业维枞"句——巨大的"业"只能是用枞树板做的，所以"业—業"从木可能性似更大些。不过从巾也有道理，它体现了"业"一定是能父子相传、世代相继的。《易传》又说："富有之谓大业。"（《易传·系辞传上》）以此可知，"业"无论是挂钟鼓的木架还是巨大的木板，它们皆是富有的象征。换言之，没有业，富也便无从谈起。事实上，在古代木之用遍及社会生活各个方面，它不仅是五行、八音之一，而且是五德之一。所以，有"业—業"不仅可谓富有，而且颇具神圣性。

"业"除了上述写法之外，还有古文之"业—羕"。它源于东汉"鲁恭王坏孔子宅"而得的"壁中书"（《说文解字·序》："壁中书者，鲁恭王坏孔子宅而得《礼记》《尚书》《春秋》《论语》《孝经》。"），虽与前者构形大异，但意义却可相融相通。此字上为两子，意为子孙众多；下为两大与八，皆有不断发展壮大之意。所以，"业"必定是能让子孙后代依此便可绵延不绝，并能不断发展壮大的事业。如司马迁《报任安书》说"仆赖先人绪业"，即是指自己的史官位置是承继父业或祖业而来。所以原初的敬业，既有继承、尊重、礼敬祖宗基业之意，也有子孙绵延不绝、奉祀祖先之意。老子说："善建者不拔，善抱者不脱，子孙以祭祀不辍。"（《老子》第五十四章）这便把形下之事业、功业与子孙香火绵延、祭祀不辍等紧密联系在一起了。

郭璞说："业，筑墙版也。"筑墙板是古代建筑用的重要工具，由两块等宽等厚的大木板制成，一般长五六米，宽一二市尺，厚三三寸，小的可用来建筑一般居屋，大的则用来快速修筑城墙、建造宫室。以此可知，当"业"作实物解时往往又与建筑紧密相关。

"业"之引申义众多，可以是学业、事业、功业、职业、基业，也可以是罪孽。前者不仅是人物质性存在的基础也是人之精神性、社会性存在的基础。而作为罪孽，不仅为人类自己所造就，而且自古及今总是与功业、事业并行。

《广韵》说："业，大也。"《集韵》说："业，壮也。"人因为有业而高大，国家因为有业才有凝聚力与蓬勃向上的气势或精神。所以,人必须无业不敬。不仅要敬自己、祖宗的业,而且要敬国家的业、敬他人的业。

今天,一般对于社会主义核心价值观中敬业的解读是,敬业就是要求公民忠于职守,克己奉公,服务人民,服务社会。学界所认可的敬业精神则是"人们在对职业的价值、意义与使命有高度认知基础上,形成的一种对职业的崇敬、虔诚、敬畏、热爱、专心、积极主动、开拓创新、忠于职守、勤奋努力、锲而不舍、精益求精的心理和精神状态"。显然,上述敬业皆仅要求公民敬重自己所从事的职业,而与汉字学哲学对于敬业的解读颇不相同。以此,我们理应吸收传统文化中的合理部分,不仅要求工人、农民等职业人敬职业,同时也要求学生敬学业,后人敬前人的基业,教师、公务员、科技人员、军人、艺人等应把敬职业与敬事业、功业有机结合起来。不仅要敬,而且必须无条件地敬。换言之,人有选择职业的自由,但却没有不敬的自由。

历史上,孔子是敬业的典范。

年轻时的孔子地位卑微,曾当过管理仓库与畜牧业的小官委吏与乘田,但不管干什么"鄙事"他都能干一行、敬一行,且都能干好。当委吏能做到"会计当",当乘田能做到"牛羊茁壮长"。没有相当的敬业精神是不可能做得到的。他进一步的认识是:位卑而喜发高论、议论上司是为罪过;职位崇高位列国家权力中心却不能实现国家安定、百姓富足,是为可耻。(《孟子·万章下》:"位卑而言高,罪也;立乎人之本朝而道不行,耻也。")不在其位,不谋其政;如在其位,则必须兢兢业业以谋其政。

敬业位居社会主义核心价值观之十、个人层面之二,既反映出它是中国传统道德文化中广大人民群众遵从得最好的部分,也反映出其真正做好之不易。它不仅是公民最基本的道德修养,而且与富强的联系亦最为直接、紧密。

三、什么是诚信

"诚"字初文为 ,左为言,右为成。

"言"字初文为 。与"诚"字之言字旁 相较,构形略异。

"言"字下为"口—"。口乃人之口,故言一定是属人的;上部为中往外伸出的部分,三角形  代表舌头与口共同发出的声音,中间的竖线既是舌头本身也是语言发出的通道。之所以用三角形代表语言,可能是古人认为语言既坚固有力又锋芒锐利。"人言可畏","众口铄金","一言丧邦,一言兴邦"等,皆说明语言具有强大的力量。按照韩非子"智者,微妙之言也"(《韩非子·五蠹》)的说法,智者与一般人最大的区别就是能辨析那些微妙的语言,知其"微言大义",并能从中吸取正能量。比如老子说"为学日益,为道日损",有学者解释说"学得越多,离道就越远了",这显然是无稽之谈。如果按照这样的理解,那么为学且好学的老子、孔子、荀子们就皆是无道之辈了。老子的本意应是:为学须用加法,为道须用减法。两法又不可分割,即为道必得以为学为前提,没有这个前提,人就不可能知道,不知道就不能为道。

孟子认为自己与别人最大的不同,除了"善养浩然之气"之外就是知言。知言就是"诐辞知其所蔽,淫辞知其所陷,邪辞知其所离,遁辞知其所穷"维特根斯坦则认为,哲学的本质就是语言;哲学上的所谓问题,都是错误使用或理解语言的结果;哲学就是语言分析;有意义的世界都是语言所构造的;哲学的任务就在于澄清语言的意义。可见,语言确实能量巨大、力量伟大,不可谓不重要。

"诚"字右边为成,初文为 。《说文解字》说:"成,就也。从戊,从丁"即是说,成就是功成名就、事业有成。"从戊,从丁"是说成由戊、丁两个部分构成。"戊"的初文为 ,从戈。它是冷兵器时代与戈、戟相类的一种武器。从形制上看,在战场上的功用既能砍杀亦能勾、刺。如中国国家博物馆的后母戊大方鼎,上面的"戊"字即写作 。

戈,在中国古代曾是战争、武力、暴力的象征。"丁",象形字,像钉子的

形状。"成—",由戊、丁共同构成,意思是把武器挂在钉子上,意为干戈已息、事功已成、大业已就。以此可知,在古代圣人的眼中,成就似皆与暴力或军事斗争的胜利有关。《玉篇》说"成,毕也"也表达了与"就"相类的意思。成从戊,戊又从戈,从最深刻意义上说,诚信的建立,其背后必得以暴力做支撑。换句话讲,如果没有军队、警察、监狱、法庭等暴力机构为诚信张目,那么良好的诚信社会的建立就一定是一句空话。

把"言"与"成"合于一体的诚,既是形声字,也可会意。它明确告诉我们,主体的语言表达如能实现预期目标即可谓之诚。《说文解字》说"诚,信也",则更进一步说明了这一点。换句话说,一个人是否诚信是要有诺言在先,成就与践诺在后,不然则无诚信。进言之,一个人从无许诺或承诺,既不能成就别人,亦不能成就自己,便没有诚信。韩信以千金报答漂母,既是许诺的践履,更是成就的结果。

相 关 链 接

信钓于城下。诸母漂,有一母见信饥,饭信,竟漂数十日。信喜,谓漂母曰:"吾必有以重报母。"母怒曰:"大丈夫不能自食,吾哀王孙而进食,岂望报乎!"……信至国,召所从食漂母,赐千金。(《史记·淮阴侯列传》)

下面再说说信。

"信"字初文及异体主要有五种:、、、、。前四种的创制皆是以人为本的。

以人与口相合。此形既说明言与口可以相通,也说明言虽与口、语言、思想智慧等紧密联系,但并非绝对有声音从口中发出。

,人旁以加一短横,大有深意。它表达了人们对于人言为信的极端怀疑。短横代表的是脚镣、质或抵押。春秋战国时期人与人,特别是国与国之间为了实现信的目标,以人为质是常有的事。今天,人们为了能实现信,多以财产做抵押,也以人做担保。

，人置于右。"吉事尚左,凶事尚右。"（《老子》第三十一章）此字不仅给右边的人下边加了脚镣,上边还加了手铐。它反映的更是人与人之间的极端不信。

由两颗心紧密相连。它寄托的是先贤对于信的另一种殷切期望。

秦统一文字时抛弃了上述所有异体,只留下了信。它既是李斯们对于人性、语言以及信有了更加深刻、全面认识的表现,也是秦统治者对于自身政治、法律、制度的高度自信。

信,即诚实不欺。但诚信不欺并不意味着对人要绝对说真话,或一定要践信而行。因为信虽然是固守道德的长城、要塞,但却从来不是道德的最高目标,在它的背后还有更为重要的东西——仁义。

基于此,老子说:"言善信。"孔子说:"言必信,行必果,硁硁然小人哉!"（《论语·子路》）孟子说:"大人者,言不必信,行不必果,惟义所在。"（《孟子·离娄下》）墨子说:"信,言合于意也。"（《墨子》）不仅允许我们对坏人对至爱亲朋撒谎,也允许我们为了实现高远目的把撒谎当作一种智慧或策略,只要其背后所要表达是善意或仁义就可以了。

"言善信"出自《老子》第八章,关键字是"善",在此它是恰当或适当的意思。主体的语言表达,相对于主体与他人或共同体的关系而言一定要适当。但这种适当,却不一定句句为真。换言之,适当的信可能是谎言,但却既不是背信更不是弃义。因为它既不会伤害别人,也不会伤害自己,更不会伤害正义或真理。最后,它还应当能让主体在别人心中,在众人心中,在共同体中,在历史长河中,形象越来越高大。

诚信一词,古已有之。《孔子家语》《荀子》《孟子》均有提及。其中荀子的"诚信如神,夸诞逐魂"（《荀子·致士》）,孔子的"言必诚信,行必忠正"（《孔子家语·儒行解》）,言简意赅,具有代表性。

现代社会中,诚信乃共同体或社会存在的根基。它与真诚、承诺、践约等密切联系,要求每一个公民在面对他人时都要诚实不欺。如果你的所作所为最后的结果经过实践的检验,既能让你的形象越来越高大,又能成事、成功、成人,即说明你的诚信已经实现。

诚信位列社会主义核心价值观之十一、个人层面之三,既是个人道德的根基,亦为国家社会存在之根本。"民,无信不立。"没有它,国家不能行稳致远,个人则寸步难行。

四、什么是友善

"友"字初文为 ,象意字,像两只朝着一个方向用力的手。依《说文解字》"同志为友",两只手应一只是自己的,另一只是朋友的。它会意两人因为有共同理想或志趣而成为友。

先贤以手为友至少意有三层。一是强调了友的重要性地位:人之有友如人之有手,人之无友犹人之无手,有手有友成事易,无手无友成事难。二是彰显了友的重要性与从属性地位:手是人身体的重要部分,但也只是重要部分,它必须从属于人。换句话说,即不管友何等重要,任何时候它都不可能取代人的主体性地位,毕竟人靠自己是最靠得住的。三是说明凡友之间,皆应如人之两手,即能精诚团结、配合于无形、劲往一处使。换句话说,友不管善还是不善,一般不可弃,就算弃之是为了保命或为了大义,也会有损主体义。即无论如何,断手足或弃朋友都会有损自己的光辉形象。

一般情况下,人皆有手有友,即或无手也可有友。一个没有手的人,虽然外形有缺憾,但如果有正常智力、意志、思想,就能得到友的帮助,亦可成事、成功、成人。

友的最大特征是能形成合力。"同志为友",既可是两个人志同道合、同心并力,也可是多人或无数人的力量集合。故无数的同志凝聚在一起,便既可破坏一个旧世界,也可创造一个新世界。中国共产党人内部皆称同志,即表明他们皆是志同道合的友。

孟子说:"乡田同井,出入相友,守望相助,疾病相扶持,则百姓亲睦。"(《孟子·滕文公上》)赵岐注:"'出入相友',相友耦也。"郑玄说:"友,同井相合耦锄作者。"贾公彦解释说:"两人耕为耦。"说明友即互助合作。这种互助合作耕作方式的出现并长期存在,是我国农业社会生产力发展状况与意识形态形成的一个缩影。它的最大作用是在提高耕作效率的同时增进邻里感情,形成守望相助、疾病相扶持的睦邻友好关系。进一步考察,它有一个前提性条件"乡田同井",即这种相友关系的形成,既有共同地域性存在所形成的互知根底,也有共同的利益、情感甚或性情。以此可知,"出入相友"还不像赵岐所说的那么简单,仅是"相友耦"之事,意味着这种友还会常在一起生活、玩乐。真正的相友关系的形成,必得有相当长时间的朝夕相处与交流。其中以青少年时代的长时间相处、交流,最可能让这种相友关系得以实现。

孔子:"益者三友,损者三友。友直,友谅,友多闻,益矣。友便辟,友善柔,友便佞,损矣。"(《论语·季氏》)由于友对人的成长、成人、成才有巨大影响力,我们不仅要择友而行,还得择邻而居。荀子说:"蓬生麻中,不扶而直。兰槐之根是为芷,其渐之滫,君子不近,庶人不服,其质非不美也,所渐者然也。故君子居必择乡,游必就士,所以防邪僻而近中正也。"(《荀子·劝学》)这便是对孔子的上述思想所做的具体而深刻的回应。

据《孔丛子·论书》《论语》等,孔子的友最多的应指向他的学生,其中以颜渊、子贡、子张、子路四个最为著名,被称为"孔门四友"。据《史记》及其他相关记载,孔子的友亦可能指向他的老师老子、师襄、苌弘等,或亦师亦友的子产、左丘明等。而纯粹的友则可能只有卫国的蘧伯玉了。

至于"善"字,在"什么是善人"一节中已有论述。

下面说说友善。

友与善相连,早在《荀子》当中就有"取友善人,不可不慎,是德之基也"(《荀子·大略》),但却并非一词。真正作为一词且与今天友善之意相近的,最早始于宋代。如:"备少与河东关羽、涿郡张飞相友善。"(《资治通鉴·汉纪五十二》)不过,刘备、关羽、张飞之间的相友善不仅有同志之意,而且可能是兄弟的别称。

社会主义核心价值观中的友善,一般解读为强调公民之间应互相尊重、互相关心、互相帮助、和睦友好,主要表现为礼貌与仁爱。这种礼貌、仁爱,常与文明、和谐紧密联系。换句话说,如果不能做到友善,便既可能破坏和谐,亦可能沾污文明。具体而言,则是要求主体在处理与他人关系时要做到谦虚、平和、尊重、尊敬、仁慈、有爱心,不仅对君子、大人、长辈、上级如此,即或对下级、小人、鬼神也应如此。不过,当有敬而亲之、敬而远之、敬而重之之别。更为重要的是,凡我同胞,如有共同实现中国梦之志者便皆可为友,所以友善又可套用"四海之内皆兄弟也"的旧话以说明。

事实上,你可能不会喜欢每一个人,但却可以学会尊重每一个人。不过,友善还必须把握一个度。你的友善既不能误导他人,也不能让自己的尊严、幸福受到伤害。

友善位列社会主义核心价值观之末,意味着其价值既从属于公正、诚信等,亦不易为人深刻认知。而实际上,人与人之间最深刻的友善既不是简单的彬彬有礼或嘘寒问暖,而是最基本的社会公正与诚信。没有公正、诚信的友善是虚无或虚伪的。

综合上述,可见社会主义核心价值观既是强国之道,也是对于伟大中国梦的具体描绘。只要每个人都能从我做起、从现在做起,抓紧分分秒秒努力践行它,就一定能在不远的将来完成人类命运共同体的架构,并实现对于自身乃至世界的全面超越。

第四节　公正乃道德最高境界

社会主义核心价值观共三组十二个词,其核心之核心就是公正。

公正(《尚书》中叫“允执厥中”),不仅是我国自有文明社会以来最为古老且贯穿始终的核心价值,而且是当代社会最具普遍意义的价值。公正不仅寓含公平、正义,是自由、平等、法治的基石,是道德的核心,而且唯有它才可能是合规律性与合目的性的统一。所以,只有它能成为社会主义核心价值观之核心。

这不仅可从汉字学哲学对于道、德与公、正等字构形及其关系的基本认知中得出结论,也可从先秦以及当代思想家对于它们的认识或论述中得出结论。

一、“道、德”与“公、正”之构形关系的汉字学哲学解读

关于汉字学哲学对于道、德、公、正等字初形的认知,前面已做了较为详尽的论说,这里主要说说其构形之间的相互关系。

(一)“道—𧗟”与“公—㕣”

最常见的“道”之初文𧗟由“行、首、之(或止)”三部分组成,它与秦小篆𧗠形实同而略异。如果以其异体𧗟、𪞂则可分成“行、首”或“行、人”

两部分。当然，[行]中间之"首"与"止"或"之"亦可视为一整体，即人。行本义即路，进一步的引申既是形下之公众场合、人所存在的物质世界，也是形上之道、规律性、思想、行动、实践等。"人—[人]"既是仁、义、礼、智、信的象征，也是人人、人道、人才、别人、自己、人的身体、人的品性、人为、人情事理等。"公"与"道"之构形关系既可因[行]之[彳]、[公]之[八]而发生，也可因[公]之[口]、[彳]之[人]而发生。

就[彳]、[八]而言，[八]既可视为[彳]的上一半，亦可视为省去了[彳]之右一半的[彳]。一方面，道路既可由一个地方出发朝向两个或三个方向，有如[八]或[彳]；也可由一个地方出发朝向四个方向，有如[彳]。所以说："路有他歧，可以南可以北。"（《声律启蒙》）另一方面，无论形下之路还是形上之道，皆具形下之路的特征："大道之行也，天下为公。"大路之所以能够通行天下，是因为大路是天下人的路，即公路；天下是天下人的天下，即公天下。道之所以能够流行，是因为道是为天下人的道，即公道，也即"忠于民而信于神"（《左传·桓公六年》）的道。

就[口]与[人]而言，皆强调或凸显了公、道与人的密切关系。一方面，人是公或道的一部分，或曰从属于公、道；另一方面，公、道又是属人的，即没有了人，公、道便不能成为公、道。无论是"道—[行]、[彳]"还是"公—[公]"，它们的中间部分皆是"人—[人]"。[人]是躬身曲背之人，[口]即自环之人。不自环之[人]因为能通达仁、义、礼、智、信，使"道—[行]、[彳]"有了思想、智慧，所以境界更加高妙；自环之[口]，因为使[公]必须兼顾到众人之私，所以境界总不如道之超然。换言之，为公与为道虽然其最高境界相同或相近，但却因为公在世俗的认识中总是直接面对背私或分私，所以显得比为道更加沉重。公不仅涵括私，且总是与利或形下物质世界联系更加紧密；而道不仅形上与形下兼具，且总是与仁义、信仰或形上精神世界联系更加紧密。

综上,公既可以人之行通于道,亦可为道之部分。进一步可以说,人类之公是小无限,这个小无限总是比道的大无限要小得多。

(二)"道—![字]"与"正—![字]"

"道—![字]"与"正—![字]"的构形关系最为明显的是共有"止—![字]"或"之"。如果此金文之![字]体现得不清楚,那么小篆之"道—![字]"当很清楚了。"止—![字]"既可是人或其他动物留下的脚印,也可是时间或其他事物留下的痕迹;既能代表行动、实践,也能代表到达或可以到达或正欲到达。它参与道与正的建构,主要强调的是人的实践活动皆是实在性与虚无性或形上与形下的统一。事实上,任何事物是否正或是否符合道,既与主体对于它们的认识紧密相关,也需要时间的陶冶或积淀。"何昔日之芳草兮,今直为此萧艾也"(《离骚》),时间不仅可以造就沧海桑田,同时也可能让正道变成歪道,达到变成没有达到。在不同的时空里,孔子可由凡人变成圣人,亦可由圣人变成凡人。屈原曾经感天动地的爱国情怀不仅与孔子的天下观相违背,而且与今天的爱国观也会格格不入。

其构形关系有点隐讳曲折的是"正"上之"一"。"一"即道或为道所生。"一"加上![字]即正,与![字]加上下面没有![字]的![字]即与此![字]同。所以,可肯定![字]就是![字]。正之所以就是道,不仅在于构形相同,更在于正不仅是以道作为自己的目标,而且就是已经达到或正欲达到的道的境界。换言之,只要人有自己"正"的高远目标,又有正确的方向与行动,就一定能够达到道的境界。相较"道"与"正"的构形,前者凸显了思想、智慧或形上性特征,后者则主要凸显了其目标性(或方向性)与实践性。

(三)"德—![字]"与"公—![字]"

无论是原初没有"心"的![字]还是没有"行"的![字],或者是由"行、直、心"三部分构成的小篆之![字],它们皆与道关系密切:或通于道;或为道之一部分;或为道在人间。所以,公与道的所有形上、形下关系,在其与德之间同样具有。其区别在于,公与道形显而意显,与德则形隐而意显。

"公"与"德"形隐而意显。首先,无论是"直—〔图〕"还是"心—〔图〕",皆属人。由于〔图〕之〔图〕即人——自环之人,因此德从属于公,即德的内容主要指向人与人或公共关系的处理。其次,公即直。因为"直—〔图〕、〔图〕"既是大众的眼睛,也是无处不在的"民—〔图〕"或民的眼睛。凡事物能经得起民即众人眼睛的直视、审视便是直,也是公或德。公与一样,不仅通于直、德,而且皆涵括公平、公正、正义。而"德"字三种初形中,"直"总是核心。其中,或"行"缺,或"心"缺,唯有"直"从来不缺。故直既可涵括行,亦可涵括心(即众人的眼睛只能看到人之行,并通过人之行来窥探到其思想智慧或内心世界),是合规律性与合目的性的统一。换言之,人或社会没有公平、正义便是无道或无德;对于公平、正义的追求,既符合人的主观愿望,也符合自然、社会发展之规律性。

(四)"德—〔图〕"与"正—〔图〕"

从表面上看,〔图〕与〔图〕之构形似没有任何关系。但众人眼睛的直视就是正(以形下言之,眼睛要对准目标只能正视)。〔图〕因为是脚或足迹,所以亦是行或行动、实践。德即循道而行,正同样如此;德须通过实践以达到或检验,正同样如此。所不同的是德更加凸显了心与眼睛的作用。"皇天无私阿兮,览民德焉错辅。"(《离骚》)民总是与无处不在的眼睛、德、公正、皇天紧密联系在一起的,所以更多的时候我们总是提到德而不是正。德离大众或民最近,离心最近,或常在大众、民的心上。所以,个人的循道而行须对道有足够认知,否则可能会时常上演"正复为奇,善复为妖"(《老子》第五十八章)或"仁义即罪恶"的悲剧。

(五)道德与公正

透过上述看似曲折复杂的分析,结论简单明了:公正既是道德,亦是道德之核心。

二、道、德与公、正关系的经典解读

先秦思想家关于道、德与公、正关系的论述或认知,即是对于上述汉字学哲学关于道、德与公、正构形关系认知的进一步说明。

(一)公即道

此处说公即道,不是说公完全等同于道,而是说公与仁、义、礼、智、信一样,与道相通(《庄子·齐物论》说:"道通为一。"《玉篇·八部》:"公,通也。")或是道的一部分,更重要的是指向一种"公"的语境。

1."天下为公"

此语出自《礼记·礼运》:"大道之行也,天下为公。选贤与能,讲信修睦,故人不独亲其亲,不独子其子,使老有所终,壮有所用,幼有所长,矜寡孤独废疾者,皆有所养。男有分,女有归。货恶其弃于地也,不必藏于己;力恶其不出于身也,不必为己。是故谋闭而不兴,盗窃乱贼而不作,故外户而不闭,是谓大同。"其所描述的内容,似不仅比一般的天下有道更加有道,而且是大道流行。其大道之所以流行,是因为此天下是天下人的天下。正因为天下是天下人的天下,所以人人都有权利有义务发出自己的光和热以努力实现此大同社会。无疑,这样的社会是公正、有德的社会。它与马克思所描绘的生产力高度发达的共产主义社会高度一致。

老子所设想的生产力极不发达的小国寡民社会,虽然不像是天下为公,但其"甘其食,美其服,安其居,乐其俗"的人文环境设置却也与之类似。

相 关 链 接

小国寡民。使有什伯之器而不用;使民重死而不远徙。虽有舟舆,无所乘之。虽有甲兵,无所陈之。使人复结绳而用之。甘其食,美其服,安其居,乐其俗。邻国相望,鸡犬之声相闻,民至老死,不相往来。

上述小国寡民社会的设置有巨大的空想性,但其所描绘的富足、和平、宁静、祥和、安宁、朴素、清心寡欲等情境,不正是有尊严的幸福生活的写照吗?

2."利而勿利也"

此语意为治世之道,对于社会各阶层要有不同的倾向性,要让那些最不易得到利益的社会弱势群体也能获得适当的利益。其中虽没有"公"字,却是充满仁爱的至公之治道。它出自《吕氏春秋·贵公》:

天下,非一人之天下也,天下之天下也。阴阳之和,不长一类;甘露时雨,不私一物;万民之主,不阿一人。伯禽将行,请所以治鲁。周公曰:"利而勿利也。"荆人有遗弓者,而不肯索,曰:"荆人遗之,荆人得之,又何索焉?"孔子闻之曰:"去其'荆'而可矣。"老聃闻之曰:"去其'人'而可矣。"故老聃则至公矣。天地大矣,生而弗子,成而弗有,万物皆被其泽,得其利,而莫知其所由始。此三皇五帝之德也。

这是我国古代社会最为朴素的天下有道、天下为公或至公的理想。它根源于"阴阳之和,不长一类;甘露时雨,不私一物"的自然之道,与老子的"天地不仁,以万物为刍狗;圣人不仁,以百姓为刍狗"(《老子》第五章)、"善者吾善之,不善者吾亦善之"(《老子》第四十九章)高度一致。但是,这种思想又不等于公正的自然之道。因为它认识到了人的主观能动性的作用,特别是圣人能认识、顺应、利用天道,所以它又是对于自然之道的伟大升华。其最深刻处不仅浸透了圣人关怀众生,尤其是关怀弱者的悲悯情怀,更重要的是参透了人类社会对于公正的寻求,必得以"无知之幕"为前提。这有如罗尔斯《正义论》中的公正理想,亦如老子所言:"道者,万物之奥。善人之宝,不善人之所保。"即对于这个世界或道没有认识或没有深刻认识的不善人,在过去,其利只能依赖圣人的帮助或给予,其不利只能依赖圣人以消除。在今天,不善人主要指社会弱势群体,他们在社会竞争中总是处于不利的地位,只能依赖国家的相关政策予以扶持。

其中"荆人"遗弓不索,老子以失为得,正是一种天下为公,即以天下为天下之天下的伟大理想。这不仅是公,而且既是三皇五帝之德或大德、至德、孔德、上德,也是大道。这也说明,有时的"背私以为公"或"分私以为公"或"扩私以为公",即放弃个人利益似乎有点不公正,但却正是成就大德实现天下有道所必需的前提。换言之,一个公正有道或天下为公的社会的建立,从来就需要有"仁以为己任"或"以天下为己任"的仁人志士。

3."尧有子十人,不与其子而授舜"

此语亦无"公"字,却是另一种至公之治道。它出自《吕氏春秋》:"尧有子十人,不与其子而授舜;舜有子九人,不与其子而授禹:至公也。"(《吕氏春秋·去私》)其实,"尧授舜""舜授禹",既是历史语境使然,也是一种理智、智慧或民主意识的选择。换言之,如果"尧授舜"舜不贤,"舜授禹"禹不贤,或其所得到的结果皆不是天下有道,那么至公之名则无实,即是经不起追问、推敲,或是没有意义或价值的。

由于德与道的亲密关系,德即道德,故凡符合道的一切亦是符合德的。如老子坚定信奉的颠扑不破的"上德不德",其实就是道。

相 关 链 接

据《史记·五帝本纪》:"帝尧者,放勋。其仁如天,其知如神。就之如日,望之如云。富而不骄,贵而不舒。"如把帝尧的"其仁如天"与老子的"天地不仁,以万物为刍狗;圣人不仁,以百姓为刍狗"联系起来,可知帝尧的"如天"之仁就是不仁;其不仁之仁同于天地,所以就是道。道用之于人间,便是上德、大德、孔德。由于上德、大德、孔德的最大特征是不德(《老子》第三十八章:"上德不德。"),因此与庄子的"大仁不仁"(《齐物论》)相通。

具体到生活实践,"上德不德"就是报怨以德。报怨以德再具体点就是孔子所解释的"以直报怨,以德报德"。其直即公正,故任何大德的实现必得以公正为前提。

(二)公即德

与上述公、道的关系一样,通德之公同样可以没有"公"字的出现,而只是一种语境。

1."有天爵者,有人爵者"

此语出自《孟子·告子上》,大意是:有相应的仁义道德才识,就应享有相应的官位或社会地位。这当然也是一种公或公德、公正、公道、有道。

在先秦各种典籍中,"公"字最多用于各国国君及最高爵位或官位的称谓。如商周时的各诸侯,穆公、孝公、昭公等;商周时的"天子三公(太师、太傅、太保)",鄂公、周公、姜太公等。(《公羊传·隐公五年》:"王者之后称公。"《字汇·八部》:"公,爵名,五等之首曰公。"《礼记·王记》:"王者之制禄爵,公、侯、伯、子、男,凡五等。"《尔雅·释诂上》:"公,君也。"顾炎武《日知录》卷二十:"平王以后,诸侯通称为公。"在楚国,县令亦称公,如沛公。秦汉时,丞相、太尉、御史大夫等亦称"三公"。后演变为最高官位通称,家庭中的尊长、男性年长者的尊称。反过来,如果这些高官、尊长为人处事不公,也就枉有公之名。)如《左传》之中有"公"3378见,其数量之多几乎占全书总字数2%,而其中用于国君或天子三公称谓的则在99%之上。其他诸典也大多如此。国君称公寄托了我国古代史官、学者、思想家对于社会公正的巨大期望。

最高官爵称公,最初的意思即是称其有德,即高官厚爵唯有德者居之。根据孟子的说法,在远古的时候,"天爵(有德)"与"人爵(有位)"是完全匹配的。"孟子曰:'有天爵者,有人爵者。仁、义、忠、信,乐善不倦,此天爵也;公卿大夫,此人爵也。古之人修其天爵,而人爵从之。今之人修其天爵,以要人爵;既得人爵,而弃其天爵,则惑之甚者也,终亦必亡而已矣。'"其实,孟子说的"今之人修其天爵,以要人爵;既得人爵,而弃其天爵"(即但今天的人努力修行仁义道德,目的在于得到高官厚禄;而一旦目的达到,得到了高官厚禄,也就把仁义道德全丢弃了)的情况放在今天不仅仍然不虚,而且缘由与孟子所言如出一辙。

荀子的"上贤使之为三公,次贤使之为诸侯,下贤使之为士大夫,是所以显设之也"(《荀子·君道》),"志安公,行安修,知通统类,如是则可谓大儒矣。大儒者,天子三公也"(《荀子·儒效》)也表达了与孟子同样的理想。其中的"上贤""次贤""大儒"者,即"以仁义为己任"或"以天下为己任"的既有才又有德、有志、有行者,所以可以为三公为诸侯,皆可称公。

2."外举不避仇,内举不避子"

此语出自《吕氏春秋·去私》:

> 晋平公问于祁黄羊曰:"南阳无令,其谁可而为之?"祁黄羊对曰:"解狐可。"平公曰:"解狐非子之仇邪?"对曰:"君问可,非问臣之仇也。"平公曰:"善。"遂用之。国人称善焉。居有间,平公又问祁黄羊曰:"国无尉,其谁可而为之?"对曰:"午可。"平公曰:"午非子之子邪?"对曰:"君问可,非问臣之子也。"平公曰:"善。"又遂用之。国人称善焉。孔子闻之曰:"善哉!祁黄羊之论也,外举不避仇,内举不避子。祁黄羊可谓公矣。"

孔子称道的祁黄羊之公,既是公正亦为有德。其评价标准即"国人称善焉"。国人即民。民即无处不在的眼睛,乃直,乃公平、正义的象征。

3."忍所私以行大义"

此语出自《吕氏春秋·去私》:

> 墨者有钜子腹䩺,居秦,其子杀人,秦惠王曰:"先生之年长矣,非有他子也,寡人已令吏弗诛矣,先生之以此听寡人也。"腹䩺对曰:"墨者之法曰:'杀人者死,伤人者刑。'此所以禁杀伤人也。夫禁杀伤人

者,天下之大义也。王虽为之赐,而令吏弗诛,腹䵍不可不行墨子之法。"不许惠王,而遂杀之。子,人之所私也。忍所私以行大义,钜子可谓公矣。

墨者钜子腹䵍"忍所私以行大义",既是公正有德,亦是"大义不义"。而就其杀子以成大义或公义而言,又可称"上德不德"。这与上述提到的尧舜至公,其事虽殊,其理一也。

(三)正即道

说"正"即道,原因是"正"既通直、中、雅、善、公、平、定、治、是等(《考工记》注:"正,直也。"《文选》注:"正,中也。"《玉篇》:"雅,正也。"《仪礼》郑玄注:"正,犹善也。"《玉篇·八部》:"公,平也,正也。"《玉篇》:"正,定也。"《说文解字》:"正,是也。"如《周礼·地官·大司徒》:"以五礼防民之伪,而教之中。"贾公彦疏:"使得中正也。"其"中"既是正亦是礼。《晏子春秋·内篇问上十六》:"衣冠不中,不敢以入朝。"张纯一注:"中,正也。"《荀子·天论》:"故道之所善,中则可从。"《荀子·儒效》:"事行失中谓之奸事,知说失中谓之奸道。"其"中"皆公正。《荀子·不苟》:"君子不贵者,非礼义之中也。"其"中"亦正),又合于仁、义、礼、智、信等。

1."举贤而授能兮,循绳墨而不颇"

此语出自《离骚》。虽没有"正"字,却因为"循绳墨"而与"惟木从绳则正,后从谏则圣"(《尚书·商书·说命上》),"木受绳则直,金就砺则利"(《荀子·劝学》)一样,皆说的是一个通于直的正。正、直皆通于公平、正义,且与"举贤授能""利""圣"紧密联系。唯圣人之"王天下"也,方能举贤授能以利泽天下百姓(《左传·成公二年》"利以平民"),如此即天下有道。

2."中则正,满则覆"

此语出自《荀子·宥坐》:

> 孔子观于鲁桓公之庙,有欹器焉。孔子问于守庙者曰:"此为何器?"守庙者曰:"此盖为宥坐之器。"孔子曰:"吾闻宥坐之器者,虚则欹,中则正,满则覆。"孔子顾谓弟子曰:"注水焉!"弟子挹水而注之。中而正,满而覆,虚而欹。孔子喟然而叹曰:"吁!恶有满而不覆者哉!"子路曰:"敢问持满有道乎?"孔子曰:"聪明圣知,守之以愚;功被天下,守之以让;勇力抚世,守之以怯;富有四海,守之以谦。此所谓挹而损之之道也。"

其"中而正"即"挹而损之之道",也即中正之道、中庸之道,又可称"损之又损之之道"(《孔子家语·三恕》),或为学之道、修身之道。

修身须好学、好修。不仅"修身者,智之府也"(《报任安书》)、"好学近乎智"(《礼记》)、"苟中情其好修兮,又何必用夫行媒"(《离骚》)、"自天子以至于庶人,壹是皆以修身为本"(《大学》),而且唯有好学才可知何谓"中则正",何谓"静以修身,俭以养德",何谓"守之以愚""守之以让""守之以怯""守之以谦"等。其愚是"其知可及也,其愚不可及也"之愚;其让是"当仁不让"之让;其怯是"临危而惧,好谋而成"之惧;其谦不在于"疾趋卑拜"而在于有受益、有进步。

3."王道正直"

此语出自《尚书·周书·洪范》:"无偏无党,王道荡荡;无党无偏,王道平平;无反无侧,王道正直。"不仅其正直是王道,而且因其"无党、荡荡、无偏、平平、无侧"皆通达于正、中、中正、公正、不偏私,故皆为王道。

4."人心惟危,道心惟微,惟精惟一,允执厥中"

此语出自《尚书·虞书·大禹谟》,其"中"既是公平、正义、正、中正,亦是恰当、适当。"允执厥中"即执中,亦中庸、用中、守中、节中。(《离骚》:"依前圣以节中兮,喟凭心而历兹。")它们皆王道,既王者治天下之道,亦实现天下有道之第一要道。换言之,无论危的人心还是微的道心,对于智慧的当权者而言,最好的应对法则只能是执中,即无论何地何时皆须施以恰当的公平、正义、正、中正。唯如此,才可能既合于道亦合于德,既合于目的亦合于规律。至于是否"合",其过程须十目所视,其结果亦须"国人称善焉"。

5."平出于公,公出于道"

此语出自《吕氏春秋·大乐》,它把道德、公平、公正全部贯通起来了,是对汉字学哲学关于道德与公正构形关系阐释的最好说明。

"平"本指天平。其最大特征即公平、公正,与水有相似特征。水之趋平,"利万物而不争",当然出于道。此语既可把公、平倒过来:公出于平,平出于道;亦可以正充平或公:正出于平,平出于道;平出于正,正出于道。

(四)正即德

正即德,可以说是不证自明、不言而喻。除了"德"之构形中的"直"通于"正","正"又通于公正、公正、正义之外,先秦思想家对此亦有诸多论述。

1."义者,正也"

此语出自《墨子·天志》:

> 义者,正也。何以知义之为正也? 天下有义则治,无义则乱,我以此知义之为正也。然而正者,无自下正上者,必自上正下。是故庶人不得次己而为正,有士正之。士不得次己而为正,有大夫正之。大夫不得次己而为正,有诸侯正之。诸侯不得次己而为正,有三公正之。三公不得次己而为正,有天子正之。天子不得次己而为政,有天正之。今天下之士君子,皆明于天子之正天下也,而不明于天正也。是故古者圣人明以此说人,曰:"天子有善,天能赏之。天子有过,天能罚之。"天子赏罚不当,听狱不中,天下疾病祸福,霜露不时。天子必且刍豢其牛羊犬彘,洁为粢盛酒醴,以祷祠祈福于天,我未尝闻天之祷祈福于天子也。吾以此知天之重且贵于天子也。是故义者不自愚且贱者出,必自贵且知者出。曰:谁为知? 天为知。然则义果自天出也。

居上位者或强者必以义即自身的光辉形象以垂范下属或弱者。其中以天最为"贵且知",天子次之,三公又次之,诸侯又次之,大夫又次之,士又次之,庶人最下。上可正下,下则不可正上,似既合逻辑又有可行性,但事实远非如此简单。不仅称天子、三公、诸侯、大夫者不一定有德,就关于义与正的关系论述,"正者,无自下正上者,必自上正下","是故义者不自愚且贱者出,必自贵且知者出",一旦置于现实世界考察,便不仅与过去的历史不合,放在今天则更是经不起追问。据《尚书·周书·泰誓》"天视自我民视,天听自我民听",知民即天,天即"贵且知者"。另据"民"之构形源于被锥刺瞎左眼的奴隶等,又知民或确实亦"愚且贱者"。以此可知,民就像宽广深厚的大地,从来就是集"愚且贱"与"贵且知"于一身的,亦与毛泽东"卑贱者最聪明,高贵者最愚蠢"的批语相类。而墨子的论述似乎割裂了这种既对立又统一的辩证关系。实际上,"智愚""贵贱"不仅无明显界限,而且有时皆可指向其反面;正者,不仅可以自上正下,亦可自下正上;义或德总是与民同在;无论是"贵且知"者还是"愚且贱"者,其义或不义、有德或无德皆是随时空变化而变化的,而最后的结果是要经得起民的检验;义必定是正的义,才可能符合德,即能经得起思想的追问,不然就可能导向"示人以义,其患犹私";等等。以此亦可知,墨子此思想局限性极明显,实不如老子、孔子、孟子、荀子、韩非等思想家高明。

2."权,正也"

此语出自《墨子·大取》,与《墨子·经说》的"绳直权重相若,则正矣"可以互为说明:一个国家或社会是否有德,主要可通过政权的建立或权力的使用是否正或是否符合公平、正义表现出来;如果不正即为无德。即如以秤称物,权不正则权重不相若,则秤不能公平一样。秤能公平、公正即谓"权正"或掌权者有德。它传递出的信息可能是多向度的,至少有两个重大启示:一方面,凡政权或权力机构的建立与存在、掌权者的选拔或权力的获取必须以正(或公平、正义)为前提;另一方面,为了保证"正"在权力机构或掌权者用权过程中的实现,必须建立一整套让"绳直权重相若"的制度。什么是"正"?"绳直权重相若"就是正。绳如何能与"直相若"? 一须绷紧,二不能太长,三须保持一定的弹性。即如制度的设计既须严密、简明,没有漏洞,又须遵从基本人性且能达成直即公平、正义的目标,又不至于绷断。权如何能与"重相若"? 一须支点得当,二须刻度与权本身重量合适,三须有公正的掌权人。支点即有相当稳定的群众基础;刻度是指职位与权限或权力大小明确;公正的掌权人则必须以公平、正义作为人生目标且须好学不倦。以此可知,正既合道亦合德,既如公平秤之权亦如仁义礼智之水,既能经得起思想智慧的追问也符合自然、社会之发展规律。更重要的是,它在达到众人所共同追求的目标的同时,也能经得起"十目所视"的审视。

3."君子居必择乡,游必就士,所以防邪僻而近中正也"

此语出自《荀子·劝学》。其正或中正与孔子说的"里仁为美,择不处仁,焉得知"(《论语·里仁》)中的仁、知一样,皆是德。"择仁而居""就士而游",既是"防邪僻而近中正"的手段,也是实现仁、智成为君子、士的策略。一个国家或社会要想实现天下有道,其士、君子们必须成为社会的良心、道德的楷模。可是,悲哀的是:"余以兰为可恃兮,羌无实而容长。委厥美以从俗兮,苟得列乎众芳?"(《离骚》)与屈原所处那个时代一样,有如芬芳之兰的士、君子们或多因"时缤纷"而变易了。新时代需要有新的士、君子们,"以仁以为己任","以天下为己任",重拾信心,砥柱中流,不断好学上进,让自己成为不会因"时缤纷"而变易的兰、芷——"学为人师,行为世范",成为别人、天下人"择、就、近"之目标。

(五)公正即道德

"公正"作为一词,最早出现于战国时期的《韩非子》《荀子》等经典,与其他社会主义核心价值观相较,虽然比出于春秋或更早些时候的《尚书》中的民主、文明略晚,但核心意义贯通古今的,它却是唯一。

虽然更古老的经典中没有"公正"一词,但其意却早已有之。公正从来就是道德的核心,无处不在,其最初并不用公正而是以"公、正、直、平、中、中正、正直"等其他字词表达的。故于先秦诸多经典之中,于其词出现之前便早有论及。如《尚书》名句"人心惟危,道心惟微,惟精惟一,允执厥中"(《尚书·虞书·大禹谟》)、"咸庶中正"(《尚书·周书·吕刑》)等,其中的中与中正,其核心意义就是公正。另如:"帝曰:'夔!命汝典乐,教胄子,直而温,宽而栗,刚而无虐,简而无傲。诗言志,歌永言,声依永,律和声。八音克谐,无相夺伦,神人以和。'"(《尚书·虞书·尧典》)直亦如此。其他如《左传·庄公三十二年》"国将兴,听于民;将亡,听于神。神,聪明正直而一者也,依人而行"中的正直,老子的守中,孔子的中庸,荀子的中正,屈原的节中等,核心意义亦皆如是。至于《易经》,因其垂示的乃是来自上天的消息,能"与大地准,故能弥纶天地之道",所以核心思想或意义当然也是公正。

下面主要看看先秦主要思想家对于公正的部分认识。

1.老子的公正思想

从思想史或哲学史角度言,《老子》思想或就是《易经》的哲学化解读,所以公正思想十分丰富。

"功成而弗居",意谓有功劳、有成就,绝不可能全是自己的,要分些与人。"夫唯无以生为者,是贤于贵生",意谓弱者的生命权、生存权要远比当权者或强者的养生或追求长生更重要。"高者抑之,下者举之。有余者损之,不足者补之"寓含朴素的平等观念。上述思想均要求当权者、强者注意关注弱者的生存权、发展权、幸福权,故均寓含公正思想。也只有这样主体才可能实现"远害全身"或"死而不亡",社会才可能实现天下有道或稳定繁荣。

"天地不仁,以万物为刍狗;圣人不仁,以百姓为刍狗。""善者,吾善之;不善者,吾亦善之。"要求当权者、执法者公正、不偏私,要像天地养育万物、阳光普照大地一样,把生机与温暖送到愿意得到的每一个人身上。即既希望实现制度公正、法律公正、分配公正,也希望实现机会平等、程序平等、结果平等。

"天道无亲,常与善人",意谓客观公正的自然、社会规律性,只会帮助那些善于认识它、顺应它、利用它的人们。公正不仅有来自上天或圣人的垂爱与关怀,更重要的是来自主体自身的不懈探索、追求或斗争。换言之,即或天道公正、制度公正、法律公正、分配公正、机会平等、程序平等,等等,但如果没有主体自身的不懈追求,真正的社会公正、平等便永远不可能实现。这既像阳光普照大地时,你须主动站到阳光下才能得到温暖。

2.孔子的公正思想

除了前文已经述及的"以直报怨"之直外,孔子的公正思想主要以中庸、仁、忠、恕等观念表现出来。

"中庸之为德也,其至矣乎! 民鲜久矣。"(《论语·雍也》)在孔子心目中,中庸既为至德亦为至道,核心意义就是直即公正,且在他所生活的那个时代里,民没有享受到这种待遇已经很久了。具体表现就是天下无道、公侯无德,社会动荡不安。这种思想既源于《尚书》十六字箴言中的"允执厥中",也与老子的守中或天地不仁、圣人不仁等思想一脉相承。

"夫仁者,己欲立而立人,己欲达而达人"(《论语·雍也》)即孔子的忠,"己所不欲,勿施于人"(《论语·颜渊》)即孔子的恕。孔子的忠恕思想,不仅源于公正或以公正为核心,而且是所有人生成功的策略。忠从属于义,"义必公正"。义既源于仁亦为道德之根本。特别是作为消极道德之"己所不欲,勿施于人"之恕,其公正、平等思想观念尤其明显。

"季康子问政于孔子。孔子对曰:'政者,正也。子帅以正,孰敢不正?'"公正还是一种强者道德,它与"君君,臣臣,父父,子子""君子之德风,小人之德草",以及今天的"上梁不正下梁歪"等一样,都是需要强者、当权者、君子、长者率先垂范,着力推行。

3.荀子的公正思想

荀子的公正思想贯穿其著作始终。如著名的性恶论认为"人之性恶,其善者伪",即人的一切美德都是后天学习而来。它不仅把孔子的"性相近也,习相远也"思想做了完美的发挥,而且与现代自然科学、哲学关于人性的认知多相吻合。不仅如此,荀子还可能首先发明使用了"公正"一词。

荀子说:"公正之士,众人之痤也。循乎道之人,污邪之贼也。"(《荀子·君道》)"公正无私,反见纵横。"(《荀子·赋》)在荀子生存的那个时代里,公正的实现可能从未有过,做"公正之士"则绝非易事:不仅会遭人非议,而且可能成为众人的眼中钉、肉中刺。这与孔子认为的至德之中庸早已为社会所抛弃高度一致。

荀子还说:"上端诚则下愿悫矣,上公正则下易直矣。"(《荀子·正论》)不仅与韩非子一起佐证了孔子的直就是公正,而且证明了孔子的强者道德论的正确性,如社会强者、当权者无德无道,就不要期望天下有道、民能尊道而行。("楚王好细腰,宫中多饿死","齐王宫嫔爱男装,天下男女不易分","三寸金莲宫中赏,天下女子尽缠脚","为搏一张明星脸,刮骨弃肉甚不惜",则从另一个侧面表达了这种思想与现实。)

4.韩非子的公正思想

韩非子一生致力于法治理想与规律的追求与探索,其认为治道依于"势"、"一于法"的法治思想,既是以公正治国理政的另说,于今天也有重大启示意义。古今中外,没有什么法不是依势(政权、暴力)而行,没有什么法不是依公正(最基本的社会公正,颇具历史性)而立。

在《韩非子·外储说》中,他引述了一个故事及孔子的评述:

孔子相卫,弟子子皋为狱吏,刖人足,所刖者守门。人有恶孔子于卫君者,曰:"尼欲作乱。"卫君欲执孔子。孔子走,弟子皆逃。子皋从出门,刖危引之而逃之门下室中,吏追不得。夜半,子皋问刖危曰:"吾不能亏主之法令而亲刖子之足,是子报仇之时,而子何故乃肯逃我?我何以得此于子?"刖危曰:"吾断足也,固吾罪当之,不可奈何。然方公之狱治臣也,公倾侧法令,先后臣以言,欲臣之免也甚,而臣知之。及狱决罪定,公憱然不悦,形于颜色,臣见又知之。非私臣而然也,夫天性仁心固然也。此臣之所以悦而德公也。"……孔子曰:"善为吏者树德,不能为吏者树怨。概者,平量者也;吏者,平法者也。治国者,不可失平也。"

不仅说明了公正的重要性,也证明公正对于社会治理及个人际遇的意义。换言之,无论是社会还是个人,只有循公正而行或常怀公正之心,才可能走得稳走得长远。上述的"德公""平",就是公平、公正之意。

另《韩非子·解老》中有"所谓直者,义必公正,公心不偏党也"句,不仅与老子、孔子的公正思想做了呼应,而且进一步说明了:公正,就是义,就是直,就是公心、不偏私。

上述之外,墨子的兼爱(如"天下之人皆相爱,强不执弱,众不劫寡,富不侮贫""爱人者,人必从而爱之;利人者,人必从而利之;恶人者,人必从而恶之;害人者,人必从而害之"),孙子反对非正义的战争,等等,其中皆寓含深刻的公正思想。

三、关于"公正"的其他论说

古今中外,凡伟大思想家的思想所及,几无都有公正。外国的,从苏格拉底、柏拉图、亚里士多德,到康德、边沁、黑格尔、马克思,再到罗尔斯、诺齐克、桑德尔等;中国的,老子、孔子、荀子、韩非子等,无有例外。原因是,即使公正原则(特别是分配公正)的创建与实践并非以道德为基础,但公正是为道德与法律之基础或核心,却无可置疑。换言之,许多时候,公正就是道德本身,哲学上之道德的困境,究其实质往往就是公正的困境。

西方的公正理论,古代的多始于德性,现代的多始于自由。其涉及公正的德性至上主义、契约至上主义、自由至上主义或功利至上主义等,皆有巨大的局限性。因为人不仅有认知上的巨大差异,且就其本质而言,人不仅是一切社会关系的总和,亦是历史的、传统的、文化的、民族的、遗传的、动物性与社会性高度统一。换言之,片面地认为个体能绝对地拥有自身,不仅罔顾了科学、事实与逻辑而荒唐可笑,而且本身也是不公正的。

亚里士多德教导我们,公正意味着给予人们所应得的。可是,什么是人们所应得的却很难经得起追问。比如因一个偶然的机会,某人成了银行高管,其与具有同样才华与学历的同学,一夜之间,收入便相差悬殊。这便很难用应得或不应得解释。

康德、罗尔斯皆认为,公正原则的建立应当不依赖于任何德性观念或最佳生活方式。即一个公正社会应当尊重每一个人选择他自己的关于良善生活观念的自由。康德基于实践理性的意志自由无疑是深刻的,但他似乎高估了人的理性能力。许多时候,人的动物性一面要比社会性一面强大得多。于是,康德晚年在其《道德形而上学》中宣称:"要是没有以有效法律表现的正义,就根本不会有道德,而人类生活就会失去意义。"对其原来的观点进行修正。但是,这仍然是有问题的:因为它不仅颠倒了法律与道德的先后次序,而且与老子的"大道废,有仁义"的深刻认知相去甚远。事实上,就算没有法律,而以公正为核心的道德也会永存。因为没有最基本的公正,共同体就无从建立,至于法律或自由、平等就更无从谈起。罗尔斯在其名著《正义论》中对正义的价值做了无以复加的肯定,就是对于公正价值的肯定。而其以"无知之幕"为背景来确立公正原则的思想,由于与老子的"圣人不仁,以万物为刍狗""善者,吾善之;不善者,吾亦善之"等关于公正的认知如出一辙,它当然可以为当代社会公正所借鉴。但是,我们还必须认识到,当"无知之幕"被揭开,人的主观能动性便可能很快改变一切。

马克思则认为,"只要资本逻辑继续保持为支配社会运转的基本力量和基本原则,就不可能有真实意义上的社会公正。只有根本消除资本逻辑对社会行为和个人人为的统治,才可能真正实现普遍的社会公正"①。

以此,似乎真实意义上的社会公正,在过往的历史中,似乎从来就没有实现过。不过也不必灰心,一个为寻求最基本的公正原则的原则,我们还是可以确立起来的。以汉字学哲学对于德与公正的解读,早已给了我们明确的启示:

首先,公正的目标应当是:个体与共同体的理想不仅高度统一,而且一定都能实现。即个体与共同体均把自身与对方既作为工具,亦作为目的。这与马克思关于理想的未来世界的描绘高度一致:个体的自由与全面发展是全社会自由与全面地发展的前提或条件。

其次,公正原则的建立必得基于对自然、社会之最基本规律性的认知之上。这种认知,能使社会的发展建立在可持续的基础之上。无论是对于当代人还是后代人,无论是对于本国还是他国,都是如此。故此原则,既有现实性,亦有彼岸性,既有先进性,亦有局限性,且是不断发展变化的,往往闪耀着理性的光芒。

再次,上述之外,还得基于人类自身的良心与情感。人类不仅是理性的动物,同时亦是感情的动物。有时情感的作用远比理性要强烈得多。我们对此绝不可视而不见。

最后,不断地实践检验。检验付之的对象为行与众。其过程不仅是人之认知不断提高的过程,亦是原则不断得到修正的过程。

在此思想原则之下,不管什么样的道德困境均可得到解释。

---

① 卜祥记、张玮玮:《马克思"社会公正"理论的当代意义》,《哲学研究》2014 年第 4 期,第 20 页。

四、公正与其他社会主义核心价值观的简要比较

公正是社会主义核心价值观之核心，不仅可从汉字学哲学对于"道、德、公、正"等字的构形及其关系的认知以及先秦经典作家对于"道、德、公、正"及其关系的论述或认知中得出结论，也可从公正与富强、民主、文明、和谐、自由、平等、法治、爱国、敬业、诚信、友善等价值的简要比较中得出同样的结论。

（一）公正与富强

富强，简言之就是民富国强。富强，无论是对国家还是对个人，其重要性不言而喻。没有富强，我们就不能雄立于世界民族之林；没有富强，我们有尊严的幸福生活就会因没有丰厚的物质保障而大打折扣；没有富强，我们甚至会失去必须以物质作为前提的自由；等等。不仅如此，富强的实现或推进过程，也是当然地促进民主、文明、和谐、自由、平等、公正、法治甚或诚信、爱国、友善等价值的进步与发展的过程。

但是现实中，可以设想没有富强，却不可以设想没有公正。没有富强，我们可能重回贫穷落后。但只要有公正，我们就不会受人欺凌，就有奋斗下去的理由与信心。

如果社会没有了最基本的公正，就会没有合作、没有效率，没有自由、民主、法治、文明、和谐、敬业、诚信、友善，更不可能有道德与尊严，就会人人为敌、你争我夺。即不仅不可能实现富强，就是人们活着或活下去的希望都会破灭。

今天中国富强的不断推进与实现，既是改革开放、励精图治的结果，也是以公正为核心的价值观得到不断推进的结果。而存在的诸多问题，更是与公正没有得到更进一步推进紧密相关。其中根深蒂固的特权思想，是一切公正得以推进与实现的最大敌人。而其他传统文化中的非公正毒素，虽对公正也有影响，但并不会起到决定作用。

老子曾经设想并向往过"老死不相往来"的情境，即没有丰厚的物质生活的原始氏族社会，并认为唯有这样的社会才会让人活得幸福，其根本原因正在于他认为，这样的社会虽然没有富强，但却不会没有最基本的社会公正或道德。

（二）公正与民主

民主就是让人民自己当家作主，即让每个个体都能自主地发出自己的光和热。

作为一种政治理念或制度，民主最早出现于古希腊城邦。但为多数国家所接受并运用于政治实践，则是近代之事。这反映的本质问题是：民主并不是一个理所当然或必需的政治制度或理念；在专制盛行的国家里，虽然可能没有民主，但却因为有最基本的社会公正，所以也能实现发展与繁荣，也能让人获得幸福。

在当代中国，民主体现在差额选举、集中多数人意见或智慧上，是党和政府追求或实现公正的主要途径或工具。换言之，没有民主，公正的实现将会十分困难。

此外，就目前人类智力所及，所有的民主制度总是寓含着局限性：一方面它可能会忽略少数人的权利；另一方面则可能遮蔽"真理往往掌握在少数人手中""集体无意识""多数人的暴政"这样一些铁的事实。

于是，当代中国的民主制度还在少数服从多数的基础上加上集中的内容。集中的根本目标就是要使公正得到更好的体现。一个公正的领导或领导集团所统率的政府，往往要比一个混乱且难以实现公正的政府要好。

进言之，对于公正的不断追求，必然会把成熟的民主制度带到我们身边，并融进政治与生产生活当中。

（三）公正与文明

文明既指文化、传统，又指文化中之先进部分。由于几乎无所不包，因此公正只能是文明或文明进程中的一个部分。

但也正因如此，当文明披着文明的外衣，抛弃了公正的时候，便总是与野蛮同行：近代西方列强强加给中国人民的一系列战争、不平等条约，莫不如此。于是，我们除了抗争，没有选择。事实上，公正的实现，无论是个体还是共同体，从来就既需要弱者的抗争亦需要强权的保障。没有抗争，犹如阳光永远照射不到躲在黑暗中的个体；没有强权，则如无边的天空没有太阳。强权，是无数弱者的联合，是国家或共同体为追求公正并以公正的名义建立的。没有公正的强权，文明必将坍塌或异化为野蛮。

我们追求文明，不一定会实现公正，但追求公正却一定是对文明的最深刻的实践与阐释。换言之，追求公正的野蛮，有时看似不德，但却因为符合道——事物发展的基本规律性,所以又可称上德。

（四）公正与和谐

和谐即谐和协调。它主要指向人与人、人与社会、人与自然三个自由度"和"的实现。

公正与和谐关系密切：一方面,和谐是公正所追求的重要目标之一；另一方面,公正又是和谐实现的最大前提或基础。即没有最基本的社会公正,就不可能有和谐。换言之,公正的实现往往就是和谐的实现。国家与国家、个人与个人、共同体与共同体,以及个人与共同体、国家、社会,抑或人与自然、当代人与后代人等等,莫不如此。自古至今,几乎所有的社会冲突都与最基本的社会公正遭到践踏有关。

由于公正是道德的核心,是合规律性与合目的性的统一,因此它无处不在。但是,就当代世界而言,公正的最大问题说到底就是社会财富的分配与再分配的问题。老子说"道者,善人之宝,不善人之所保","夫无以生为者,是贤于贵生"给了我们明确的指引：善于认知、利用这个世界规律性的领导者,不仅要把不善于认知这个世界的弱者的生命看得比自己的养生更重要,而且要成为他们存在、发展与幸福生活的保证。非如此,公正的实现不可能,和谐的实现将更不可能。

现实中,为片面追求所谓的"和谐"而抛弃公正者甚众,但其最后结果必将引发更大更深刻的不和谐。反之,如以公正为前提而追求的和谐则必定持久而深入人心。

（五）公正与自由

自由的概念从来就是多向度的。一般所言之自由以权利为边界,或就是权利的伸张或别称。

作为现代意义上的价值原则或行为取向的自由,既是现代文明的重要标志,也是社会公正的重要支撑理念。在中国历史上,自由因为与人的动物性欲望紧密联系,所以多呈贬义。而公正则是对自由概念的一种确认,并与真正的自由抑或权利的本质意蕴相符。

公正与自由,相辅相成,既对立又统一。一方面,公正是自由得以实现的保证,即自由是公正所追求的重大目标之一；另一方面,公正又可能限制人的自由。如一个人有个性发展的自由,但你的发展却不能以损害别人的正常生活秩序或发展为前提。一个商品,有价格波动自由,但却不能因暂时垄断而暴利,或漫天要价或价格欺诈。如此,你则必将受到来自以道德或法律为形式所表现出来的公正的审判。所以,自由无论是从形上还是形下考量,它从来就是个相对的概念。"人生来自由,但无往不在枷锁之中"便一针见血地指出了这种本质。

只有有所约束的自由才是真正的自由。而这个约束自由的东西,最重要的部分就是公正。事实上,没有自由的人类,不仅能活,而且活了很久。监狱没有自由,但却不能没有公正。没有最基本的社会公正,人类将与其他动物无异。

(六)公正与平等

平等,简言之,就是以公正为前提而创建或形成的一种政治制度或思想理念。

有人认为公正可以涵括平等,有人认为平等可以涵括公正。其实,这两种说法皆有理据。只要有公正,就会有相应的平等;只要有平等,就会有相应的公正。因为"公""正""平"三字不仅皆可通于公正,且"等"之歧义更会给人造成这种类似于错觉的认知。

在中国传统文化中,"平等"一词最早出自佛教经典,从来就带有一定虚无性。在其出现之前,其意则或寓于公正之中,或与公正一样往往以"平、正、公、中、中正"等出之,或出自某种语境。如"天下不仁,以万物为刍狗;圣人不仁,以百姓为刍狗""善者吾善之,不善者吾亦善之"就同时寓含公正、平等之意。

对"等"之意的认知错觉源于《说文解字》对于"等"的解读:齐简——整齐的书简或把错乱的书简弄整齐。可见,平等是可以通过人为的努力以绝对实现的。历史上曾有人想在现实世界中实践绝对平均主义的"等贵贱,均贫富",或"有饭同吃,有衣同穿,无处不均匀,无人不饱暖"的理想社会,就是基于这样一种对于平等的理解。可是,很快便失败了,原因就是其不公正或对平等没有深刻认知。殊不知,把"齐简"的模式套用于人则是完全不可以的。因为简可齐,人不仅天生不齐,而且后天也无法使之齐。故欲齐人则必得以公正齐之。而以公正为前提来实践的平等,一方面会很快把人分成三六九等(或级);另一方面,也是最重要的方面,它也会让社会实现民主、文明、自由、和谐、法治,等等。

事实上,政治实践中的平等只能是在公正所不懈追求下的自由、民主、法律、制度、机会、分配、程序、结果等面前的平等。所以,有了公正就会有平等;相反,基于平等的错觉,我们则可能因平等而没有或逐渐失去公正,最终又从根本上不能实现平等。

现实中,平等的缺位,既与当权者或执法者对于公正的认知水平有关,也与其因偏私而失去公正意识有关。但更重要的则可能是因主体缺乏对于公正、平等的认识或主动性追求。如当代信息技术迅猛发展,让某些社会群体失去了平等竞争的基础而使不平等成为必然,公正意识在此时则必须发挥应有的作用。以此,公正也就显得更为人性化了。

(七)公正与法治

法治就是以法治国。但法,在中国古时一般指刑法,有时亦包括那些用于维护社会公正秩序或优良道德习俗而创建的礼法制度。在当代,主要指一个国家的所有成文法典。

公正与法治的关系犹如理想、目标与工具的关系。即一方面,法治总是以公正作为自己不懈追求的理想或目标;另一方面,法治又是公正得以实现的最现实、最有力的工具。

从人类发展史来看,无论古今中外,先贤对于国家治道的探索从来就离不开法律。其与军队、警察、监狱、法庭等国家暴力紧密联系,共同构成维护国家统治的暴力机器。国家暴力机器依法律而建立、依法律而运转,最重要职能就是维护最基本的社会公正。换言之,不管一个国家暴力机器如何强大,法律条文如何健全,文辞如何优美,如果不能维护最基本的社会公正,那么就迟早一定会被颠覆。其法就是恶法。不仅如此,即或有公正的法律条文,如果没有一支秉持公正的执法队伍,法治也仍有可能成为当权者用来奴役百姓的工具;由此观之,公正永远比法治更重要。因为如果社会有公正,就会有良好道德秩序。而如果社会有良好道德秩序,也就无须法律。(如在近乎空想的“老死不相往来”的社会里,就无须法律。)易言之,只要社会有对公正的不懈追求,就一定会创建一整套良好的法律以作为保障公正得以实现的工具;反之则不然。由于主体对于公正的认知不明或本来的“是非无正”,人类历史上,既有把黑人当“五分之一公民”的法律条文,也有把奴隶当“会说话的工具”,规定“犹太民族是劣等民族”的法律条文,等等。至于有法不依、执法不严的社会怪象则更是时有所闻。在某些时空中,正是不公正的法律或不公正的执法造成了对于社会公正或社会道德秩序的极大伤害,从而使法治成为社会不和谐、不稳定的重要因素。不仅如此,由于法律的工具性质,或因为程序、证据、滞后性及认知上的原因,即或公正的法律也总是潜藏着局限性。所以,为"羞辱"法律的不足,不少影视作品通过对于匡扶正义的英雄人物的塑造,都会毫不掩饰地宣示:公正不仅有能力干"违法的事",而且必须干"违法的事"。

(八)公正与爱国

爱国,是公民对于祖国的一种崇高而类似于儿女敬爱母亲的天然情感。

一般而言,伟大母亲对于儿女的爱应皆是公正的,但由于各种主客观原因而造成的不公正现象或结果却不可避免。比如《左传·郑伯克段于鄢》中的姜氏,就曾因生老大庄公时难产而恨之,以至偏爱老二"共叔段",之后甚至与老二合谋反叛已经当权掌国的庄公。事虽不成,但母子间所造成的伤害与隔阂却难以避免。

上述故事可给予我们一些启示:国家对于本国领土上的每一个公民犹如母亲之于儿女,都应有爱与保护之责;国家给予每一个公民的爱与保护都应尽可能地保持公正,但不公正却仍难以避免;得到公正的爱与保护的公民理应而且必须热爱自己的祖国;人民法院及相关部门有责任、义务为冤假错案翻案及为冤假错案的当事人正名、恢复名誉;凡叛国者一律要受到国家公正法律的严惩。

现实中,公民为爱国而捐躯,国家一定要尽到替捐躯者、受伤害者尽他们已不能尽的义务(如孝、养等)或责任;不然,就不符合公正原则。进言之,公正不仅可激发公民不竭的爱国热情与正能量,也需要国家承担起公民因爱国而产生的不良后果或保障其应有的权利。新时代的中国退役军人事务部的成立,为军人的爱国奉献牺牲提供了相对现实可行的公正保障。

以此,选择公正,就是选择爱国。

(九)公正与敬业

敬业,即公民谨慎、认真、恭敬地对待自己所从事的正当的或符合公正法律的职业、事业、学业、功业,甚或祖业。其核心是职业。

首先,凡公正者必敬业。教师公正,一定会好学上进,"学为人师,行为世范",教好自己的学生,不然就是对社会不公正,对学生不公正,对国家民族不公正。而这种公正就是敬业,不公正就是不敬业。律师公正,就一定会兢兢业业为当事人或社会伸张正义;官员公正,就一定会全心全意为人民服务……

其次,一切从业者皆须受到来自公正的法律、政策、制度等的监督或保障。个人在从业过程中,如果遇到不公正,那么就理应拿起公正的法律武器以捍卫自己的权益。但不论在何种境遇之中,只要我们以符合公正法律的方式与原则选择了自己的职业,就没有权力不敬。一般来说,我们有选择业的自由,却没有不敬的自由。不敬,则必将受到源自公正的法律或道德伦理的严惩。

事实上,只要选择了公正即是选择了敬业。没有公正,无业可敬。

（十）公正与诚信

诚信,即信守承诺、诚实不欺。它是共同体得以建立的重要前提或基础。没有诚信,自由、公正、法治等皆将寸步难行。去诚信就是去生活。

因为诚信的重要性与世俗性对于普通人影响深刻,所以有不少人认为:诚信远比公正更为重要。

确实,公正与诚信关系至为密切。一方面,公正是诚信的领导者、主宰者、核心或灵魂。如国际上不平等条约的废除,社会上不平等契约的抛弃,不是没有或不要诚信,而是为了更好地维护公正。失小信,人多不予追究,原因不在其是否失信,而在于其未背离公正或离公正未远。君子、大人们可以"言不必信,行不必果",只要有义就可以了。失大信,人与社会必加追究,原因不在其是否失信,而在于其背离了公正太远。所以,所谓诚信只能是公正的诚信。另一方面,诚信又是公正的最后最坚固的防线。孔子"去食、去兵",吴起、商鞅城门立木,表面上为重信、立信,根本则是为了维护社会最基本的公正。无论是"去食、去兵"还是"立木",其目标皆是要让广大民众相信政府或当权者,其行为是皆经得起众人检验的。没有了诚信,公正就无法坚守。所以,公正又必定是诚信的公正。

二者相较,社会只要有对于公正的不懈追求,就一定会有诚信。但有诚信并不等于一定有公正,不过一旦诚信防线完全失守,则公正之城必破。

（十一）公正与友善

友善,即以礼待人、善意待人,乐于关爱、帮助他人。和谐社会的建立,不能没有友善。人与人之间的友善是一切文明、和谐社会的重要标志。

与公正相较,一方面,公正即是最深刻的友善。换言之,只要对人心怀公正且具体至行,即或礼仪不周,甚或粗鲁无礼也必无伤大雅。另一方面,一切友善的行为实践必得以公正为前提或准绳。换言之,如果我们的友善伤害了公正,或以伤害公正为目的,那么就不是友善,而是不德。

老子说"善者,吾善之;不善者,吾亦善之",便既是最深刻的公正,也是最深刻的友善。不过,如果有人认为,对于那些不怀好意,或正在伤害或欲伤害我们的坏人,我们也要对他好,或要我们放纵罪恶,就是大错特错了。此处"善之"之善,核心意义正是孔子所推崇的直。直即公正。对于善者或不善者,我们都须友善,而最深刻的友善就是公正。唯公正,既能发散洋洋暖意,又能惩治滔滔罪恶。有人以物质利益引诱别人做坏事,其形式皆似友善,其结果却皆成罪恶。究其原因,就是上述主体之行为皆抛弃了公正这个道德的核心和最深刻最根本的善。

五、当下需要什么样的公正

就当代社会而言,一个国家或共同体是否实现了公正,主要看它如何分配我们所看重的东西——收入与财富、义务与权利、权力与机会、公共职务与荣誉等。[①] 其则与自由、平等、民主、法治等价值紧密联系。一个公正的社会以正当的方式分配这些东西,它给予每个人以应得的东西。什么是正当的方式与应得?就是这种分配不仅能最大限度地扩大共同体所有人的幸福、让社会不断走向文明进步,而且不会破坏或贬低自由、平等、民主、法治等价值。换言之,公正的实现,既是天下有道的实现,也是有尊严的幸福生活的实现。其关键在于创建一整套法律制度,让一切关于收入与财富、义务与权利、权力与机会、公共职务与荣誉等的分配,都能公开透明,受到来自广大群众、社会舆论的有力监督。

当代中国社会正在朝此目标不懈努力。

---

① 迈克尔·桑德尔:《公正》,第 2 版,北京:中信出版社,2012 年,第 19 页。

参考文献

一、古籍

《尚书》《易经》《易传》《老子》《左传》《论语》《墨子》《列子》《孙子兵法》《孟子》《荀子》《庄子》《吕氏春秋》《孔子家语》《韩非子》《淮南子》《法言》《礼记》《说文》《尔雅》《广雅》《字汇》《公羊传》《论衡》《史记》《汉书》《资治通鉴》《六祖坛经》《书谱》《书议》《天工开物》《梦溪笔谈》《朱子语类》等。

二、著作

阿伦特编,张旭东、王斑译:《启迪:本雅明文选》,北京:生活·读书·新知三联书店,2008 年。

柏拉图著,郭斌和、张竹明译:《理想国》,北京:商务印书馆,1986 年。

伯尔曼著,梁治平译:《法律与宗教》,北京:生活·读书·新知三联出版社,1991 年。

博格:《康德、罗尔斯与全球正义》,上海:上海译文出版社,2010 年。

陈来:《竹简〈五行〉篇讲稿》,北京:生活·读书·新知三联书店,2012 年。

胡适:《每天学点中国哲学》,北京:新世界出版社,2013 年。

康德著,谢地坤、王彤译:《道德形而上学原理》,北京:人民出版社,2007 年。

李零:《丧家狗——我读〈论语〉》,太原:山西人民出版社,2007 年。

梁启超:《梁启超全集》,北京:北京出版社,1999 年。

刘彦灯、范又琪:《道德经　百喻经俗译》,武汉:华中理工大学出版社,1990 年。

罗素著,戴玉庆译:《罗素自选集》,北京:商务印书馆,2006 年。

马克思、恩格斯:《马克思恩格斯全集》第一卷,北京:人民出版社,2002 年。

迈克尔·桑德尔:《公正》,第 2 版,北京:中信出版社,2012 年。

孟德斯鸠:《论法的精神》,北京:商务印书馆,1961 年。

萨根:《魔鬼出没的世界》,海口:海口出版社,2010 年。

斯密著,蒋自强等译:《道德情操论》,北京:商务印书馆,1997 年。

卫广来:《老子》,太原:山西古籍出版社,2003 年。

西塞罗著,王焕生译:《论共和国·论法律》,北京:中国政法大学出版社,1997年。

亚里士多德著,吴寿彭译:《政治学》,北京:商务印书馆,1983年。

三、文章

卜祥记、张玮玮:《马克思"社会公正"理论的当代意义》,《哲学研究》2014年第4期。

陈炳:《公民性与公民教育:古典政治哲学之维》,《哲学研究》2012年第4期。

程光泉:《道德困惑与道德冲突——一个值得重视的时代课题》,《哲学研究》1995年第10期。

戴圣鹏:《试论马克思恩格斯的文明概念》,《哲学研究》2012年第4期。

邓晓芒:《什么是自由?》,《哲学研究》2012年第7期。

甘绍平:《新人文主义及其启示》,《哲学研究》2011年第6期。

宫哲兵:《唯道论的创立》,《哲学研究》2004年第7期。

郭慧云、丛杭青、朱葆伟:《信任论纲》,《哲学研究》2012年第6期。

何铁山、卫兵:《"道可道,非常道"别解》,《北京师范大学学报》2013年第6期。

贺来:《现代社会价值规范基础的反省与重建——马克思哲学现代性批判的核心课题》,《哲学研究》2014年第3期。

贺来:《有尊严的幸福生活何以可能?》,《哲学研究》2011年第7期。

兰久富:《倡导社会主义核心价值观的理论前提》,《哲学研究》2014年第8期。

李德顺:《如何认识法律的价值——有关价值思维方式的一个经典命题》,《哲学研究》2014年第4期。

李志强:《论马克思自由观的生态意蕴》,《哲学研究》2014年第6期。

刘红玉、彭福扬:《马克思的创新价值向度论》,《哲学研究》2012年第5期。

刘社欣:《论社会主义核心价值观的生成逻辑》,《哲学研究》2015年第1期。

刘永春、肖群忠:《论儒家思想中的敬业精神》,《道德与文明》2016年第1期。

庞立生:《历史唯物主义与精神生活的现代性处境》,《哲学研究》2012年第2期。

田刚:《毛泽东与鲁迅:"文艺与政治的歧途"》,《文史哲》2012年第2期。

王葎:《幸福与德性:启蒙传统的现代价值意涵》,《哲学研究》2014年第2期。

王淑芹:《诚信道德正当性的理论辩护——从德性论、义务论、功利论的诚信伦理思想谈起》,《哲学研究》2015年第12期。

吴炫:《试论儒学的创造性改造》,《哲学研究》2011年第2期。

吴玉军:《自由主义国家认同观及其困境》,《哲学研究》2012年第7期。

杨深:《社会达尔文主义还是民族达尔文主义?——严译〈天演论〉与赫胥黎及斯宾塞进化论的关系》,《哲学研究》2014年第1期。

易小明、曹晓鲜:《正义的效率之维及其限度》,《哲学研究》2011 年第 12 期。

余在海:《中国道路与社会主义核心价值观的凝练》,《哲学研究》2014 年第 8 期。

翟振明、陈纯:《自由概念与道德相对主义》,《哲学研究》2014 年第 1 期。

张彦:《论社会公正重建的内在逻辑与实践进路》,《哲学研究》2014 年第 1 期。

赵汀阳:《一种对存在不惑的形而上学》,《哲学研究》2012 年第 1 期。

附　录

汉字——中国智慧的形状

【摘要】汉字的创制，以象形为基础，既融进了伏羲八卦、神农结绳等符号与思想，也吸收了部分民间造字成果，同时也受到社会意识形态的深刻影响；不仅具有象形性（具象性）、符号性、想象性、抽象性、多义性、哲理性、艺术性、历史性（时空性）诸特点，而且经数千年的发展变化，此特点今天仍然基本保有。古人经典关于智的精彩论述："知人""知言""知道""知有所合"等，皆是对于"智"字初文构形的高度抽象。其意义不仅能穿越时空与当代哲学、自然科学的最前沿认知相融相贯，而且能对当代现实生活给予合乎逻辑的引导与警示。所谓"一字一太极"，汉字乃"中国智慧的形状"，"书法是中国文化的核心，核心的核心"等论断，不是盲目自信，而是皆有充分事实或理论依据的。汉字之所以拥有独立而独特的书法艺术，其最深刻根源亦在于此。

【关键词】汉字；书法；智慧；知人；知言；知道；知有所合

智慧有形状吗？当然没有。可是，我们可以想象它有。就像思想与语言，我们可以想象它有重量有力量有色彩一样。汉字——"一字一太极"，不仅是中国智慧的形状[①]，而且是中国书法能够成为一门独立、独特艺术的根本原因。

---

① 尚杰：《智慧的形状》，《哲学研究》2003 年第 2 期，第 33 页。

旅法哲学家熊秉明先生曾说："书法是中国文化的核心，核心的核心。"虽然"醉"倒了不少书法人，但腹诽者不在少数，包括一些书坛名家。即或称许者，对熊先生此语的真正意蕴也并不深晓。作为哲学家的熊先生，语出惊人，却绝非哗众取宠或故弄玄虚，而是有充分事实和理论依据的，这就是：书法——这座"象征艺术的顶峰"①及其"囊括万殊，裁成一相"（唐张怀瓘《书议》）的深刻内涵与生动轨迹，不仅其本身能诠释中国自古以来几乎全部的哲学思想（中庸、和谐、礼等），更重要的是它的创作材料源于汉字。汉字构形绝大多数兼具象形性（具象性）、符号性、想象性、抽象性、多义性、哲理性、艺术性、历史性（时空性）诸特点，且经数千年的变化发展而不离不弃，所以它也就无可替代地成了中国智慧、中国形象、中国风格、中国气派的最集中最突出的表征。宋人所谓"一字一太极"，既是上述汉字诸特点既富诗意又略带神秘色彩的描绘，也是"汉字——中国智慧的形状"或"追虚捕微，鬼神不容其潜匿；通徵应变，言象不测其存亡"的高度凝练或概括。

一、汉字为什么能称中国智慧的形状

简单来说，是因为最初的汉字乃圣贤所造，既形象地描绘出了自然之理与人类社会存在发展的最基本规律性，也凝结了众多圣贤的思想智慧。

据《吕氏春秋》《韩非子》《荀子》等先秦文献记载，最重要的造字圣贤应为仓颉（亦作"苍颉"）。《吕氏春秋》云："奚仲作车，苍颉作书，后稷作稼，皋陶作刑，昆吾作陶，夏鲧作城。"（《吕氏春秋·君守》）其中"作书"就是创制了汉字。"作书"即"作字"也附带告诉我们，在古代，"书"诞生的时间一定比字早，后来书与字也曾是一个可以互换的概念，"作字"就是"作书"，字体就是书体。（东汉赵壹在《非草书》中云："征聘不问此意，考绩不课此字。"

---

① 张知之：《试论书法艺术的本体——生命力图式》，《书法》1991年第2期。黑格尔曾经把东方艺术概括为象征艺术。可以说，在视觉领域，中国书法是象征艺术的顶峰，是专事追求象征意味的艺术。它不像绘画、雕塑等具有确定的再现形象，完全脱离了对客观事物、社会生活的模仿和再现，在极大的抽象意境中，表现客观世界和主观世界中富有、诗意、哲理的深层本质。象征性、抽象性，亦即书法形象及其意境的模糊性、随意性、不确定性，导致了书法创作欣赏和评论中只可意会不可言传的特点。人们从书法中感受到千姿百态的生命运动形式，用龙、蛇、凤、虎等形象描绘比喻。其实，书法从来没有为这些动物造像。可见，高度抽象化、符号化成为中国书法作为视觉艺术的突出特点。从抽象意义说，它包含着一切艺术的形式与内容，什么都有，什么都是；从具体角度说，它什么也没有，什么也不是。

清宋曹《书法约言》:"初作字,不必多费楮墨。"梁巘《评书帖》:"《裴将军》字,看去极怪。"其"字"皆为"书",即今之书法。孔子教学生"六艺":"礼、乐、射、御、书、数",其中之"书",既是书法,亦是小学或称"汉字之学"。《说文解字·序》:"周礼,八岁入小学,保氏教国子,以六书。"此"六书"也是此意。西周"保氏"是专司教育的大臣,是后世儒学的先师。)《韩非子》:"古者苍颉之作书也,自环者谓之私,背私谓之公,公私之相背也,乃苍颉固以知之矣。"(《韩非子·五蠹》)韩非子通过"公"与"私"两个汉字初文构形的关系,不仅揭示了公私之间的秘密,而且从一个侧面折射出了整个汉字系统中汉字初文构形中所寓含的丰富智慧。《荀子》:"好书者众矣,而仓颉独传者,壹也。"(《荀子·解蔽》)可见,参与创制汉字的并非仅仓颉一人,但是仓颉因为"壹"——最为专精,不仅其构形意义丰赡,而且书法最好,所以他的字或书便得到了独传。

另据《淮南子》:"昔者苍颉作书,而天雨粟,鬼夜哭。"(《淮南子·本经训》)"苍颉作书"获得了巨大成功,以至于天直接给人类降下了粮食("雨粟")以做奖赏;而鬼之所以"夜哭",是因为苍颉之书已达到"追虚捕微,鬼神不容其潜匿;通微应变,言象不测其存亡"的境界,即穷尽了宇宙至理,能让鬼神无法遁形、潜藏,所以即或在夜间也不得不悲凄地哭。这是先贤对于汉字的伟大与神奇所做的一种略带夸饰或神秘色彩的描绘。

许慎《说文解字·序》所作的描述则更为详尽:

> 古者庖牺氏之王天下也,仰则观象于天,俯则观法于地,视鸟兽之文,与地之宜,近取诸身,远取诸物,于是始作《易》八卦,以垂宪象。及神农氏,结绳为治而统其事。庶业其繁,饰伪萌生。黄帝之史仓颉,见鸟兽蹄迒之迹,知分理之可相别异也,初造书契。"百工以乂,万品以察,盖取诸夬。""夬,扬于王庭",言文者,宣教明化于王者朝廷,君子所以施禄及下,居德则忌也。仓颉之初作书,盖依类象形,故谓之文;其后形声相益,即谓之字。文者,物象之本;字者,言孳乳而浸多也。

这更加全面地反映了文字创制的过程。他或明或暗表明了这样一些观点:参与汉字创制的圣贤并非仓颉一人;远古的伏羲氏、神农氏造出了一些符号字,为后世的仓颉造字奠定了一定基础;黄帝史官仓颉在汉字创制过程中起到了关键性、总结性、承前启后、继往开来的作用;仓颉"作书",其创造性的贡献主要在于创制了文与字。

"文者，物象之本"，主要指象形字；"字者，言孳乳而浸多也"，主要指会意字、形声字。会意字、形声字由象形字与符号字或象形字与象形字不断组合生成。一个"仁—　"，便由一个象形字"人—　"与一个符号字"二"组合生成；比如一个"字—　"字，便由两个象形字"宀—　"与"子—　"相叠加而成。这种造字法以象形为本，且吸收了伏羲八卦、神农结绳等符号系统，所以其内涵便变得十分丰赡而富有智慧或哲理。于是，"一字一太极"也便名副其实了。

为了说明问题，我们拿一个最简单的符号字"一"和一个既有伏羲八卦、神农结绳等符号系统参与创制，又有仓颉象形、会意、形声参与创制的较复杂的甲骨文"教—　"字为例。

"一"，简单来说就是太极或道。说它是太极，是因它既可是一个阳爻——"—"，亦可是一个阴爻"——"与一个阳爻"—"相重叠（亦可称"阴阳合一""天地合一""天人合一""天人本一"等）。据宋人解释，"太极无极"，既是宇宙万物生成、存在、发展的根本，也是万物存在、发展的奥秘。说它是道，《韩非子·扬权》："道无双，故曰一。"《列子·天瑞》："一者，形变之始也。清轻者上为天，浊重者下为地，冲和气者为人。"《淮南子·诠言》："一也者，万物之本也，无敌之道也。"《说文解字》："惟初太始，道立于一；造分天地，化成万物。"这些皆做了这样的论述。（如果再往上追溯，则源于《老子》。又再，则是《易》八卦了。）这种认知，与当代自然科学前沿的最深刻认知也是高度一致的：物质、能量、时间、空间、信息、声音等各种不同事物，皆不可"致诘"，只要"致诘"到底便皆"混而为一"了——宇宙，最初只不过就是一个奇点而已。

试想，如果"一"就是太极或道，那么由它参与而创制的字能不意涵深厚、神奇非凡吗？更令人惊奇的是，"一"还不仅是道或太极。

"教—　"，左边是个"学—　"字（亦读教），右边是个"攵—　"。由于构形的独特性，它既可算是形声字，亦可算是会意字。而其整体意义则宣示了教的目标是：教会学生如何学。此学又可分为两部分：上部为"爻—　"（亦像"网"），下部为"子—　"。两个　组成的"爻—　"，既能代表极简单，也能代表极复杂。极简单,意味着它就是两个"乂",也即老师画一个✕,学生跟着画一个✕。《说文解字》云:"教,效也。""上所施下所效也。"(比如《老子》第四十二章:"人之所教,我亦教之。"其教即"效"。)《广雅》云:"爻,效也。"于是,"爻"既是效亦是教,意味着学习、教育必得从模仿、仿效开始。故教,既是在老师的指导下学、教学生如何学,也是学生直接对老师的模仿。它既告诉了我们教的方法,也告诉了我们学的方法。极复杂,是因一个✕即是最古老的"五",两个✕既是两个"五",同时也是一个"爻—"。《说文解字》云:"五,五行也。"五行既可代表自然、物质世界、自然科学、形而下的金、木、水、火、土,也可代表社会科学、道德哲学、形而上或思想意识形态的仁、义、礼、智、信(圣)。之外,《说文解字》又云:"爻,交也。"交,本指卦爻纵横交错之状,引申为事物之间的普遍联系;《广雅》又云:"爻,效也,效天下之动者也。"天下之所动可代表变化——无穷无尽的变化。综上,

"—学",既指出了教的内容,也提出了教的目标与方法。教的内容,既涉及自然科学、物质世界、形而下,也涉及社会科学、道德哲学、形而上。教的方法,以仿效老师始,以学会自学终。教的目标主要在深刻懂得联系与变化,懂得了联系与变化就是懂得了道。所以,《中庸》说:"修道之谓教。"教育就是要教会或引导学生修道。修道与好学、好修、修身、自明诚高度统一。孔子说"好学近乎智"(《礼记》),屈子说"民生皆有所乐兮,吾独好修以为常"(《离骚》),司马迁说"修身者,智之府也"(《报任安书》)等,皆表达了这样的旨趣。修道的目的,主要就是通过教与学,让学生深刻懂得中庸之道。中庸之道即《尚书》所云允执厥中,老子所云守中,孔子所云中庸,荀子所云中正,屈子所云节中,韩非子所云直或公正等。其中公正既是中庸的核心,亦为道德的核心,或就是道。而这种认识又皆可从"德"的构形以及

与道的构形关系析中出。("德"初文为,其中间部分即"直—"——一只直视目标的眼睛,引申义即正、公正。眼睛即"首"的一部分,亦为"道—"的一部分。)就当代社会而言,中庸之道就是要求人在为人处事过程中,能以公正即公平、正义为前提用好权。孔子云:"可与共学,未可与适道;可与适道,未可与立;可与立,未可与权。"说明"可与权"是知道的最高境界,就是既知道以公正或道指引自己的为人处事,也知道如何联系与

变化或如何权衡与融会贯通。

"✕✕✕ —学"的下部为"子—✕"。✕是襁褓中的婴儿形象,引申义主要有后代、后嗣,或对有学问、有思想、有地位、有名气者的尊称,如老子、孔子等,也有用来称有名气的女子的,如西子、南子等。"子"之本义告诉我们:教育的对象主要是孩子,不分男女。以此可知,孔子的"有教无类",如果不收女弟子,那么就是不符合教之构形之古意的。"子"的引申义告诉我们,教育的目标不仅要让后代成为合格的事业继承人,而且要尽可能地让他们成为智者。

"教—✕✕✕"的右边为"攵—✕",其实不是文而是武。虽不是真"武"字,但却可代表暴力、强力或权威。它是一只拿着像戟一样的武器或其他惩戒用工具的手。它说明教育强制必得强制加以实施。今天,课堂的暴力惩戒教育虽然已经被抛弃,但完全放弃惩戒手段却似不可取。当前中国教育某些严重问题的存在,或多或少与我们的教育制度缺乏惩戒手段有关。

秦汉之际,由于汉字书写性(隶变)与意识形态相互交织,"教"字之"学—✕✕"变成了"孝"。这说明,教的主要内容与目标都发生了变化。"孝弟也者,其为仁之本也"(《论语》),"立身有义矣,而孝为本"(《中庸》),"孝,德之本也"(《孝经》)等,说明孝受到特别的重视与提倡。究其原因,既是统治者以孝治国之方略在意识形态中的具体体现,也是"俗儒鄙夫,玩其所习,蔽所希闻,不见通学,未尝睹字例之条"(《说文解字·序》)对于教的认知十分片面从而遮蔽了教之最深刻意义的结果。换言之,秦汉之后的教或教育思想因为重孝而不重学,所以不仅有违基本人性,而且彻底背离了汉字构形本义、先秦哲学对于教的深刻认知,从而抑制了教育的发展,特别是阻碍了开拓性人才的培养与自然科学的发展。

综上,汉字之所以拥有中国智慧的形状,简言之,就是因为汉字的创制不仅以象形为基础,而且既融进了伏羲《易》八卦、神农结绳等符号与思想,也吸收了部分民间的造字成果,同时也受到了社会意识形态的深刻影响。

二、"智"的形状——"知人""知言""知道""知有所合"

"一字一太极",意谓所有的汉字都各具智慧的形状,且相互紧密联系。换言之,整个汉字系统,仅就构形及相互关系而言,其实就是一个完整的哲学体系或道德哲学系统——中华民族对于自然、社会、人生等方方面面的认识、思考与感悟皆深寓其中。在此，由于汉字数量众多，无法一一列举，仅以"智"为例。"智"的构形究竟蕴含了什么呢？不仅所有经典之中关于智的描述如"知人""知言""知道""知有所合"等，都是对于"智"的构形特征的生动描绘或重现，而且我们如果能充分发挥好自己的知识储存与想象力，也可能从其构形中得到新的关于智的启示或体验。

"智"字初文为 ![字形]，也是"知"的初文。"智也者，知也。"（《孟子·尽心下》）其实，春秋战国时期，下部加了"曰"或"口"的"智—![字形]"也早已出现。虽如此，两字的混用现象仍很普遍。这种情况既有认知上、汉字规范化发展、语言发展需要的原因，也可能有习惯或地域上的原因。郭店楚简《老子》甲本中，凡"知""智"皆为 ![字形]。今本《老子》"知""智"分用的情况应早于战国末年，因为《荀子》已是明确地把它分而论之了："知之在人者谓之知。知有所合谓之智。"（《荀子·正名》）。于是，"知—![字形]"主要凸显的是"知人""自知""知言""知道"；而"智—![字形]"凸显的是"知有所合"——上部之"![字形]"与下部之"口"或"曰"的合——人的认知或道德实践与各种规律性的统一，或事物发展的预期与结果的统一。荀子的认知很深刻，并以此论断拉开了知与智之间的距离。进言之，智的实现，既有必然性，也有偶然性。而不能实现预期目标的所谓"知"则不能算是智，只有实现了预期目标的才可谓之智。如《三国演义》中的诸葛亮既是智慧的化身，也是士大夫的楷模，但实际上，他的"治蜀"既没有做到了"知人""自知""知言"，更没能做到"知道"，且"知不能合"，所以结果只能宽严皆误，从而加速了蜀国的灭亡。（清人赵藩为成都武侯祠撰联："能攻心则反侧自消，从古知兵非好战；不审势即宽严皆误，后来治蜀要深思。"对于诸葛亮的评价可谓贴切中肯：既不善攻心，又太过好战，更可悲的是对于天下情势和自身能力皆没有深刻认识，所以便只能是"知不能合"。以此可知，诸葛之智实只达致智的初级阶段——"知"，而离真正的智似还有不少距离。）这进一步说明，智、愚之间并无决然界线，且能随时空变化而不断变化。亦如老子所言："孰知其极，其无正。正复为奇，善复为妖。"（《老子》第五十八章）诸葛亮治蜀虽然并不成功，但其人生却应是比较成功的。原因是，他的一生也确实做到了儒家学者一贯推崇的立德、立功、立言。

"智"字初文 由三部分构成,左为 ,中为 ,右 为"行"省去一半。下面以汉字学哲学方法分述之。

(一)知人

老子云:"知人者智,自知者明。"(《老子》第三十三章)容易给人以错觉,即认为只要知人就是智了。其实,知人乃智的前提或基础。因为除了知人之外,还得"知言""知道""知有所合"。再者,也可能有人把知人仅理解为"知别人",这更是错误的认知。如果别的人离我千里万里,我又如何能知?所以知人只能是从自知开始(《吕氏春秋·察今》"察己则可以知人")。人亦人,自亦人,故自知便是知人的最佳途径。就 的构形而言,知人即是从知 开始。 既是"大",亦是"矢—"。无论是 还是 ,皆不是箭矢之"矢",而是一个疾步而走或伸臂展腿而立的人的形象。这表明,行、行走、行动或不断地实践是人之存在的宿命或必然状态;人对这个世界既充满好奇、恐惧、怀疑,又总想逃避什么;人的发展既让人变得越来越自信、自立、自强、自尊、自爱,也能让人变得越来越自见、自是、自矜、自伐(夸耀)、自恋、自贵、自大或狂妄,就是因缺乏自知。而缺乏自知,就是因为绝大多数人皆不好学。

汉字之中,以人的侧面或正面剪影、抽象轮廓呈现的像人之字有多个,如:"人—",人的侧面剪影;"天—"与"大—",人的正面剪影;"身—",人的侧面怀丹或怀孕时的剪影,"子—",襁褓中婴孩的正面剪影。充分了解它们的构形本身,以及它们与某些符号字相叠加的意义,便能让我们从不同侧面认识到人的本质与属性、理想与追求,既能为我们全面而深刻地知人、自知提供参考或帮助,也能为我们的社会人生实践给予理论上的启发与指引。就一般情况而言,知人并不是要去了解所有人的个体之别,而只须了解人的一些共同的本质属性就可以了。如此,就能实现由此知彼、推己及人、以今知古、以所见知所不见。

首先,看看像人侧身俯首而立的"人—"字。这种构形向我们表达的意涵主要是:畏、礼或敬。

人之所以有畏,主要源于人在从类人猿向人的进化过程中,由于对自然界的伟大力量的不可抗拒与长时间的无知而充满的恐惧。彗星、流星撞击大地引起森林大火如此,地震、火山爆发、水灾、泥石流等各种自然灾害的不定期暴发更是如此。当然,更不要说需要时常直面的死亡了。这种恐惧心理或思想意识的发展,由对自然而迁延至对人类社会本身,到春秋战国时期,孔子便清醒地认识到,如要做好人便必须有所畏。因为只有有所畏,才可能有所不为;只有有所不为,才可能有所为。换言之,人只有"临事而惧",才可能"好谋而成",故君子必须"以恐惧修省"。

人之所以要讲礼,在古圣先贤看来,是因为礼既是敬、理、信、义、利,又是"政之大节""道德之极"。(《墨子·经上第四十》:"礼,敬也。"《礼记·仲尼燕居》:"礼也者,理也;乐也者,节也。君子无理不动,无节不作。"《左传·成公二年》:"名以出信,信以守器,器以藏礼,礼以行义,义以生利,利以平民,政之大节也。"《荀子·劝学》:"礼,信是也。""礼者,法之大分,群类之纲纪也,故学至于礼而止也。夫是之谓道德之极。")礼之所以如此重要,是因为它不仅能别尊卑或序尊卑,而且能"正身""定人""经天纬地""断长续短,损有余,益不足"。(《左传·僖公二十八年》:"定人之谓礼。"《荀子·修身》:"礼者,所以正身也。"《荀子·礼论》:"礼者,断长续短,损有余,益不足,达爱敬之文,而滋成行义之美者也。"《左传·昭公二十五年》:"礼,上下之纪,天地之经纬也,民之所以生也。")但需要说明的是,上述各家所云之礼的内容并不尽同,特别是荀子所云之礼因为是"法之大分,群类之纲纪",既涵括国家政治法律制度又包括社会伦理道德,是谓"道德之极",所以与一般所云"疾趋卑拜"的礼仪或老子所云"忠信之薄而乱之首"之礼差别很大。如果把它们全部加起来,则是仁、义、礼、智、信、忠、孝、廉、勇等一切德目无所不包。进言之,古人之所以要把"人"写作 ![字形], 就是认为这种构形既能表达出人之畏,也能表达出人之仁、义、礼、智、信、忠、孝、廉、勇。子产说:"人之所以贵于禽兽者,智虑。智虑之所将者,礼义。"(《列子·杨朱》)人之所作所为凡是符合礼义者皆可称之智。

其次,看看"大—![字形]"与"天—![字形]"。它们皆是人形,即"天人合一"或"天人本一"。"天人合一""天人本一"亦可谓之仁。它泯灭了主客二分的对立,亦如庄子所言:"其好之也一,其弗好之也一。其一也一,其不一也一。"进言之,认识天就能更好地认识人,认识人也就能更好地认识了天。

亦如"情动形言，取会风骚之意；阳舒阴惨，本乎天地之心"（孙过庭《书谱》）。"风骚之意"源于天地，"天地之心"本乎人情。所谓天的意志，其实就是人的意志。《尚书·周书·泰誓》："天视自我民视，天听自我民听。"就今天而言，个体不管如何聪明天纵、伟大神奇、大权在握，皆不得于任何时候把个人的贪欲凌驾于群体利益上，而是必须"去甚、去奢、去泰"（《老子》第二十九章），"以百姓心为心"，"为天下浑其心"（《老子》第四十九章）。

再次，看看"身—"。它像人之怀孕之形。因以"点"表示身孕，故怀孕又可称"怀丹"。再细看，此人只是挺着个大肚子，并未有男女之别，故亦可视为人之"怀才"或怀玉。（《老子》第七十章："圣人披褐怀玉。"）怀才、怀玉有如怀孕。"声无小而不闻，行无隐而不形。"（《荀子·劝学》）"莫见乎隐，莫显乎微。"（《中庸》）时间长了，则必能为人所知。不过，老子又说："贵以身为天下，若可寄天下。爱以身为天下，若可托天下。"（《老子》第十三章）怀才、怀玉之身是以为天下而生、为天下而成的，所以，如果我们的身不能在为天下的过程中实现"寄天下""托天下""死而不亡"，那么也就没有了价值或意义。

当然，如此之"身—"亦可理解为：凡人之身的存续与发展，必得以"实其腹"为前提。综合老子的"圣人为腹不为目"（《老子》第十二章）和"夫唯无以生为者，是贤于贵生"（《老子》第七十五章）与对此构形的理解，可知老子关心众生疾苦，把维持百姓最基本的生存需要放在自己贵生或养生前面的为政思想，与马克思的唯物主义观点是高度一致的。这既是老子、汉字构形哲学、马克思所追求的最基本的社会公正，也是罗尔斯所追求的第一道德。

关于"子—"，上面已论及。

如果把有人之形的字加上某些符号或其他象形字，就会让人的意义得到无限的拓展。如：

加"二"便是"仁"。孟子说："仁也者，人也。"（《孟子·尽心下》）仁是人的一种必然属性。在孟子看来，没有仁，人也就不再是人，而是禽兽。马克思说人是一切社会关系的总和。这个关系最初是发生在两人之间，所以只能是爱人。如果不是爱人，那么就是"人二"——人因分裂而走向癫狂或愚蠢。所以孔子又说："好仁不好学,其蔽也愚。"(《论语·阳货》)即仁、义、礼、智、信、勇诸德目皆是有局限性的,而解决的办法只有一条,那就是好学。东郭先生被狼吃了,农夫被蛇咬死,不是他们没有仁,而是此人对于"二"即对于道——事物发展的最基本规律性没有深刻认知,所以便成了"二"或"愚"。

"✦"下面加"一"即是"王—𝍖"或"立—𝍖"。孔子说"三十而立",说明三十岁的孔子已经拥有一定的物质基础,亦有一定的独立思想了。𝍖,即大人稳稳地立于地平线之上,便表征了这种情态。老子说:"王侯得一以为天下贞。"(《老子》第三十九章)最初的"王—𝍖"即大人高高地挺立于地平线上。它意味着人只要脚踏实地,不断地让自己大起来、高起来,就一定能成为大人能立能王。如何能让自己大起来高起来? 就是要学"大学之道"——"大人之学"。

𝍖加上✗便既是"学—𝍖",亦是教与效。

子贡认为:"智莫难于知人。"(《孔子家语·弟子行第十二》)把知人推到了智的最高位置,虽有一定的合理性,但却并不客观。因为人对于这个浩渺的宇宙而言,仅是沧海一粟。

从新人文主义的视角来观察,人虽贵为万物之灵,但只是一种动物性(第一性、物质性)与社会性("类""群"或第二性、精神性)相结合的存在而已。虽然有知有智,但欲望或贪婪却可能更盛。为了修成第二性,老子希望我们"为学日益,为道日损"(《老子》第四十八章),即或不能让每一个人皆成为君子、大人、善人或圣人,总可以不断地减少人所天然具有的局限性,以修成最基本的社会性人格——既有最基本的公正之心,也有最基本的仁爱礼义与畏惧。

综上,知人,对于一般人而言,其目标在于成人。按照荀子的说法便是:"权利不能倾也,群众不能移也,天下不能荡也。生乎由是,死乎由是,夫是之谓德操。"(《荀子·劝学》)按照孟子的说法便是:"居天下之广居,立天下之正位,行天下之大道。得志与民由之,不得志独行其道。"(《孟子·滕文公下》)换言之,只有那些有修成坚定信仰与道德情操的人才可能算得上是真正的知人。而对于当权者而言,则主要在于选人、用人——能"举直错诸枉,能使枉者直"。

（二）知言

"言—⊥"出于人之"口—⊌"。口既是"知—⿰矢口"的核心,也是"智—⿱知日"的核心。（这说明人的思想智慧以及有意义的世界确是通过语言来构建的。）人之口,如果联想起来,很复杂:口中有舌,既能品五味,是生命的进路,同时又是语言的出路。所以,口不仅能代表人、口才、口味、人口、进出的通道、系统,亦能代表言、语言、言说。（如"信"的初文之一便是⿰亻口。另如《诗经·小雅·十月之交》:"黾勉从事,不敢告劳。无罪无辜,谗口嚣嚣。"梁启超《近世文明初祖二大家之学说》:"则虽日日手西书,口西语,其奴性自若也。"《国语·召公谏厉王弭谤》:"防民之口,甚于防川;川壅而溃,伤人必多。"其中之"口"皆通言、言说或言论。）

从⊌中往外伸出的丫是舌与语言的形状。其下部的直线是舌,或语言发出的路径;上部的三角形则是舌或口发出的语言或声音。直线如枪矛,三角形如快刀利斧。⊥之如此形状:一为书写方便;二则意旨宏深,即深刻地强调了舌所具有的特殊而重要的作用或语言的伟大与神奇力量。一方面是舌尖口利,言可杀人,"一言丧邦,一言兴邦";另一方面则是强调"人言不可信"。（因为"人言不可信",所以古人也曾造信、䚕、⿰爻爻等信字意欲实现信:或给信中之人加上脚镣,或给䚕之人加上脚镣、手铜,或让⿰爻爻之心与心相连。脚镣或手铜在过去也曾叫"质",今天则叫抵押。心与心相连可谓推己及人。）所以老子说"言善信"（《老子》第八章,即语言表达要有恰当的信度）,墨子说:"信,言合于意也。"（《墨子·卷十》,即真正的信要符合双方乃至众人之意,也即符合义）孟子说:"言不必信,行不必果,惟义所在。"（《孟子·离娄下》）孔子说:"君子以行言,小人以舌言。"（《孔子家语·颜回》）即认为对于人的认识,仅"听其言而信其行"是不行的,还须"听其言而观其行"。

由于言为人之口与舌共同完成的游戏,故其信与不信、善与不善（《老子》第八十一章:"信言不美,美言不信。善者不辨,辩者不善。"）皆寓其中。

韩非子说:"所谓智者,微妙之言。"（《韩非子·五蠹》）故智者之知言便集中在知“微妙之言”。亦如孟子:“诐辞知其所蔽,淫辞知其所陷,邪辞知其所离,遁辞知其所穷。”(《孟子·公孙丑上》)可是,要真正做到如此,却并不容易。其中有道、有名、有信等,它们不仅与言紧密联系,而且相互之间也联系紧密,因此虽不容易认知,但却一定是可以认知的。比如荀子的“行无隐而不形”(即不管什么人,其行为不管如何隐秘,或迟或早必然要显现于外,所以一定能被别人看到或观察到),与子思的“莫见乎隐,莫显乎微”(即没有什么隐秘的事情不会被人看见,没有什么微小的事物不会最后自行显现)便是这样的“微妙之言”。表面上看它们与“诐辞”无异,似乎皆经不起追问,但其实却含有深刻的哲理:人的一切行为与选择,即或没有任何人看见,天长日久,总会通过自己的道德文章、功业事业等显现出来,并被别人或后人认识或了解。所以子思接着又强调“故君子慎其独也”。慎独即警示我们:君子,即或在没有任何监督的情况下,不仅仍然要以仁义道德规范自己,而且要坚持不懈地修身、好学、好修或为学、为道。换言之,人如果一无建树,那么一定没有慎独。鉴此,老子则要求我们“希言”“贵言”“不言”“言有宗”“行不言之教”“为学日益,为道日损”。

另外,“口”或“言”还通过参与“善—”“名—”“信—”等字的构形而给言赋予了更为丰富的意涵,限于篇幅,此不一一列举。

(三)知道

“知道”一词最早出自《孟子·公孙丑上》:“为此诗者,其知道乎!”这是孟子引述孔子的话。对“知道”进行最早解释的是《吕氏春秋》“知其所以知之谓知道”(《吕氏春秋·侈乐》)。

“智—”中之“道”源于。为“行”之半,亦可视为“行”之简写。(今天的“道、德”二字,其“辶”与“彳”皆源于“行”的简写。不过“辶”的下面还加了“止”的简写。)“行—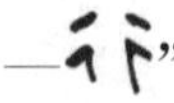”,是个象形字(亦可称会意),像四通八达的十字路口,表征路或道路。路,看得见、摸得着,属于实实在在的形下之物。《尔雅·释宫》云:“行,道也。”这里的道便是路。行、道、路能形下相通,形上也能通。庄子说“道通为一”(《庄子·齐物论》),其最深刻意义即在于此。故行不仅可以引申为通达、公众场所、行走、行动、实践等,而且可通于道或规律。(如《易经·复》:“反复其道,七日来复,天行也。”孔颖达疏:“阳气绝灭之后,不过七日,阳气复生,此乃天之自然之理,故曰天行也。”《礼

记·缁衣》:"《诗》云:人之好我,示我周行。"郑玄注:"行,道也。言示我以忠信之道。")

"道"的初形为 ⿱行, 大篆写作 ⿱衡。 于 皆是左边部分。但因为行可通于道,又可简写为"彳",所以 于 在 ⿱智 中即能代表道。之外,⿱衡 还有一个异体 ⿱辶,小篆写作 ⿱道。不管构形如何,它们中皆有"行"。(源于大篆的 ⿱道 之"行"位于左边"止"的上方,因为省改了右边的一半,所以只剩下了"彳"。)今天所见"道"字,既源于秦小篆 ⿱道 又源于周大篆 ⿱衡,由三个象形的意符"行"、"首"、"之"(或"止")共同组合构成,虽经数千年的沧桑,但上述各道字的主要信息仍全部保留,直到今天。(值得注意的是,最初的"道—⿱行"与"德—⿱直"构形差别极小。道中为"首","德"中为"直"。)

下面通过对"行""首""之"三意符及其关系的分析,我们不仅会产生对于道的新认识,而且会得到诸多启发,以此也就能知道古人为什么认为智一定要"知道"了。

1."行"的启示

"行",从原初的 ⿱行、⿱衡、⿱辶 三字来看,它位于首或人的四周,但如果与老子"迎之不见其首,随之不见其后"关于道的描述联系起来,它则是位于我们四方上下的整个物质世界。行能代表整个物质世界,意味着道首先是物质的存在。老子说:"道生一,一生二,二生三,三生万物。"(《老子》第四十二章)万物既然皆为道所生,那么道首先必定是物质的。道的物质性又反过来说明:一切行动或社会所要解决的最基本问题或所要奔赴的最根本目标,首先一定是物质的。比如为政,最基本目标就是要解决百姓的衣、食、住、行问题;比如要到达遥远深空,首先需要解决的则是运载工具问题;等等。这与老子的"圣人为腹不为目"(《老子》第十二章)、"甘其食,美其服,安其居,乐其俗"(《老子》第八十章)以及马克思的唯物主义都是高度统一的。

行即路、通达、行走、行动、实践,即道或规律性,表明人之存在或根本意义即在行或实践。路不行不通,道不行同样不可能通。释迦牟尼证得"缘起性空"之道,我们今天就算真正懂得,但如果不能行之或"行而证之",

则永远不可能实现真正的通或如释氏之通。“不涉太行险，谁知行路难？”“上士闻道，勤而行之。”（《老子》第四十一章）“行不言之教。”（《老子》第二章）“事不躬行终是幻，书能活用可通神。”“先行，其言而后从之。”（《论语·为政》）“古人学问无遗力，少壮工夫老始成。纸上来得终觉浅，绝知此事要躬行。”“成败极知无定势，是非元自要徐观。”“行一棋不足以见智，弹一弦不足以见悲。”这些皆能对此予以说明。王夫之云：“知所不豫，行且通焉。”更是见识卓越，与老子“上士闻道，勤而行之”异曲同工。人之知，不管到何时都可能有“所不豫”。究其原因，既有客观的，也有主观的。解决的办法只有一条：行。在此，行不仅是道、规律，而且是辩证法、方法论、认识论。既是行动、实践，也是反复实践。以此，最后的通便顺理成章。子思、孟子则把仁、义、礼、智、圣或仁、义、礼、智、信诸德目称为五行，即是强调道德若不能行，则不可谓之道德也。

行的启示还有很多。另如“路有他歧，可以南可以北”（《声律启蒙》），智慧皆有岔路，既能通向相同的方向，亦能通向完全相反的方向。另如“行衢道者不致”（《荀子·劝学》），无论大道、小道、歧途，皆有可能不致。道亦如之。故“尊道而行”（《孔子家语·王言解》：“德者，所以尊道也。”）之德，不仅在于行，关键还在于能识得道。

2.“首”与“人”的启示

“首—”或“人—”居于“行—”或“道—、”的中心位置，主要强调的是首长（当权者）或人或思想、智慧在道或行中的核心地位。首长位居核心，意味着其必须“知道、通道”或“同于道”。只有知道才能行道，如果不知道就不能引领众人行道。思想、智慧位居核心，意味着理论或形上之思既是道的核心，亦为行动或社会的核心。这既是“形而上者谓之道”的说明，也是“道不离器”的形象诠释。人既是人，人也是民，把人放在道或行的核心，就是以人为本，亦如老子“以百姓心为心”“为天下浑其心”，如按今天的说法，便是全心全意为人民服务。

3.“之”或“止”的启示

“之—”或“止”，原初是个人的脚印，但实际上亦是其他动物或时间留下的爪印或痕迹。其引申义主要是到达。如《诗经·鄘风·载驰》：“百尔所思，不如我所之。”其“之”即是此意。这种到达永远只能是一种虚无性

与实在性的统一。换句话说,你认为到达了,却并不意味别人也这样认为;你认为没有到达,却也可能已到达而不自觉。如苏轼的一首禅诗:"人生到处知何似,应似飞鸿踏雪泥。泥上偶然留指爪,鸿飞那复计东西?"人生到处有留下痕迹吗?有。没有吗?没有。这亦如"孔子是圣人吗"的问题,如果认真地追寻:是,亦不是。孔子曾自云:"若圣与仁,则吾岂敢?抑为之不厌,诲人不倦,则可谓云尔已矣。"(《论语·述而》)说孔子不是圣人,连孔子自己也做了肯定回答;若要说孔子是圣人,或只要有"为之不厌,诲人不倦"一句话就足够了。

"之"如此,道亦如之。

4."道"的启示

把"行"与"首"或"行"与"首、止"组合在一起便是道。但它们的构形各自引申义皆有多重,所以道的意义变得十分复杂而丰厚。

其一,它与行一样,就是路,是人类足迹能够到达的地方。

其二,它是人类的思想能够到达的地方。这比足迹能够到达的地方要深广得多。它遍及形上形下,或既寓于形下又超越于形下。

其三,它是人类思想与实践均能到达的地方,是理论与实践、意识与物质、主观与客观等的高度统一。这种认识,虽然比思想能够到达的地方要狭窄些,但却是中国人所认为的道的最高境界。

其四,它是人类思想与实践均能到达与均不能到达的所有地方。这是由道的独立性、广大性、开放性、先在性、运动性等决定的。它意味着人永远不能离开宇宙看宇宙。

其五,"道通为一"。道之通,关键在行。而行却不仅是行动、实践,修或学同样是行。行,不仅可以清除前进途中的物质障碍,亦是穿越思想迷雾的最佳方法。没有行就没有通。

其六,道之不通,既有可能是通的阻碍,亦有可能是推动其通或大通的动力。其阻碍通的原因主要源于首或思想、智慧、理论,其推动通的原因或动力亦如是。

其七,思想、理论与行动、实践可以实现高度统一,但却永远不能实现完全同一。这就像合规律性与合目的性可能实现高度统一,但却永远不能实现完全同一一样。

其八,思想理论的建构既依赖于物质进步,亦依赖于精神发展;既"近取诸身",亦"远取诸物";同时还要受传统文化观念制约。

其九,所谓"由技进乎道",就是人之思、行、工具(形下之器)的有机融合、高度协调统一的全面实现。

其十,通道之路绝非一条。有些平坦通畅,有些坎坷曲折,但其过程既都要思虑谋划,亦需要行动实践,且二者之间的碰撞或矛盾总是不可避免。

其十一,道在中国哲人、士人或知识分子心目中,从来就占据着绝对重要或中心的地位。所以老子说:"人法地,地法天,天法道。""孔德之容,惟道是从。"孔子说:"朝闻道,夕死可矣。""志于道,据于德,依于仁,游于艺。"孟子主张:"天下有道,以道殉身;天下无道,以身殉道。"

其十二,道即哲学。道所涉及的内容与胡适关于哲学的"六点认识"[一、天地万物是怎么来的(宇宙论)。二、知识、思想的范围、作用及方法(名学及知识论)。三、人生在世应该如何行为(人生哲学,旧称伦理学)。四、怎样才可使人有知识,能思想,行善去恶(教育哲学)。五、社会国家应该如何组织,如何管理(政治哲学)。六、人生究竟有何归宿(宗教哲学)]①是高度一致的。

其十三,道对于德具有规约性。对于人类社会而言,道的作用关键在能明白告诉或指引我们什么是德。德必须尊道而行。

道的构形给我们的启示,还有很多。

(四)知有所合

此语是荀子关于智的最高认知。它把"知道"或《释名·释言语》"智,知也,无所不知也"对于智的认知又向前推进了一大步。它只能由 智 的构形来进行分析: 智 下部之"曰(或口)"虽然与其上部之"大(或人)""口"皆能以人为中介相通相合,但却无法完全与"彳"相通相合。它意味着:人之"知"或"知道"都是相对的,"无所不知"实永远不可能。换言之,人永远都会有"知所不豫"的东西,也即不可能实现完全地合。人类之智总是要受到来自客观世界、主观认知等多方面的影响,只要通过行以检验,我们便会发现有所不合总是不可避免。至于全知全能,更是永远没有可能。所以孔子说"知之为知之,不知为不知,是知也",即是警示我们:承认有永远不可能

---

① 胡适:《每天学点中国哲学》,北京:新世界出版社,2013年,第2页。

知道的东西,才是真正的知或智。

综上,可以得出这样一个结论:古人关于智的经典描述,皆是智之初文构形形象的模拟描绘,其意义不仅能穿越时空,与当代哲学、自然科学的最前沿认知相融相贯,而且能对当代现实生活给予合乎逻辑的引导与警示。故"一字一太极",汉字乃"中国智慧的形状","书法是中国文化的核心,核心的核心"等论断,不是盲目自信或空穴来风,而是有充分事实与理论依据的。正因如此,此文也就从最深刻意义上回答了中国书法为什么能成为一门独特、独立的艺术。

老子的"人本"思想

当代中国的以人为本思想,是马克思主义中国化的一个重要成果。它实际上就是以马克思主义学说"个人自由而全面地发展"的论断为基础,既继承了中国古典儒、道哲学民本思想的合理内核,也吸收了西方启蒙思想家的天赋人权思想精髓,即"既有着中华文明的深厚根基,又体现了时代发展的进步精神"。① 其根本含义,就是坚持全心全意为人民服务,立党为公,执政为民,始终把最广大人民群众的根本利益放在党和国家工作的根本出发点和落脚点,坚持尊重社会发展规律与尊重人民历史主体地位的一致性,坚持为崇高理想奋斗与为最广大人民谋利益的一致性,坚持完成党的各项工作与实现人民利益的一致性,坚持发展为了人民、发展依靠人民、发展成果由人民共享。认真分析胡锦涛总书记的讲话,可以发现它主要凸显了当代中国两大人本理念:一是肯定人在社会发展中的主体、主导地位;二是强调人的发展必须以尊重社会发展规律为前提。本研究发现,中华文明的深厚根基在《老子》五千言中有着全面、深刻的表述,从而反证了鲁迅先生的"老子思想是中国一切文化的根柢"论断的正确性。

一、肯定人在社会发展中的主体、主导地位

马克思主义从来就认为"人的生命是最宝贵的",即承认人作为地球上最伟大的智慧生命,在改造物质世界、推进社会发展过程中占有主体、主导地位,有其他任何物质或生命形式所不能替代的伟大作用或价值。在《老子》中带有普遍意义的人,除少数以人表述外,一般均以"民"(34 见)或"百姓"(4 见)表述。老子的"故道大,天大,地大,人亦大"(《老子》第二十五章),即把人放到了与道、天、地同等重要的地位,也就是肯定了人相对于其他物质与生命形式而言的特殊性与伟大性。它具体表现在如下几个方面:

(一)尊重、珍惜与热爱人的生命

肯定人在社会发展中占主体、主导地位,承认生命的伟大与可贵,落实

---

① 胡锦涛:《在美国耶鲁大学的演讲》(2006 年 4 月 21 日),《十六大以来重要文献选编》下册,北京:中央文献出版社,2008 年,第 428 页。

到具体的社会实践中,首先要尊重、珍惜与热爱人的生命(所有人的)。随着中国经济的迅速崛起,国际地位的提高,国家越来越多地表现出了这种伟大的人本情怀。在近年来我国发生的几次大的自然灾害中,这种情怀表现得更为充分。实际上,这种情怀早在三千多年前的《老子》五千言中就有一再的表述。

1.关爱生命:"无死地"(第五十章),"居善地"(第八章),即不要把人的生命放到极端危险的境地。"出生入死。生之徒十有三,死之徒十有三。人之生,动之死地亦十有三。夫何故?以其生生之厚。盖闻善摄生者,陆行不遇兕虎,入军不被甲兵。兕无所投其角,虎无所措其爪,兵无所容其刃。夫何故?以其无死地。"(第五十章)人,从出生到死亡,有三分之一能较自然健康地活到老年,有三分之一会在婴幼儿时期死去,也有三分之一会在青壮年时期在不断的灾难、疾病、危险中挣扎并死去。这是因为养育、维持人的生命存在的条件太多了。为此,老子告诫我们要珍惜生命,不要把生命置于极端危险的境地,更不要说去"遇兕虎""被甲兵"了。"居善地"也表达了这种思想。"居善地"就是居所要选择妥当的地方。在今天,"居善地",首先考虑的应是安全问题。所谓安全,主要就是老子所说的"无死地"。此外,还要求远离那些有可能发生强烈地震、火山、泥石流、海啸等自然灾害,或那些有极度环境污染的地方。如 2008 年汶川地震后群众居所的重建,就充分注意到了这个问题。另外,我们党和国家在广大农村推行的新农村建设,把一些村民从恶劣环境迁至相对优良的环境之中,也是这种思想的实践。

2.重视民生:"圣人为腹不为目"(第十二章),"无狎其所居,无厌其所生"(第七十二章)。当权者治理国家,统治人民,首先要解决的最重要问题就是民生问题,其中最重要的又是人民的基本生存需要,即温饱问题,也即"为腹"。在人民的温饱问题未能完全解决之前,其他的"五色""五音""畋猎""难得之货"等,都是不重要的,应都在"去彼"之列。这种观点也是与马克思主义者关于人的一切文化艺术活动,都得在解决衣、食、住、行等基本生存条件的前提下才能进行的观点是高度一致的。中国几千年来,无论是当权者还是劳动大众都为解决这个问题付出了艰苦的努力,如今在中国共产党的领导下,通过改革开放,以经济建设为中心,以科学发展观为指导,基本解决了这个"老大难"问题。"无狎其所居,无厌其所生"是要当权者重视改善百姓的居住条件,更不要侵夺他们赖以生存的各种生存资源。这与老子的"不失其所者久"(第三十三章),"甘其食,美其服,安其居,乐其俗"(第八十章)的思想也是高度一致的。它是告诫当权者要关心人民疾苦,对人民的衣食住行,特别是安居工程,要认真关注、重视。

3.反对战争,珍爱生命:"夫唯兵者,不祥之器。"(第三十一章)战争是不祥的利器。无论是正义的,还是非正义的,对于战争双方而言,都会有无数无辜的生命受到伤害。出于对生命的极度尊重、珍惜与热爱,老子不仅反对非正义战争,就是对于不得已的正义战争取得胜利而进行庆祝,也是持反对态度的。"胜而不美,而美之者,是乐杀人。"(第二十五章)战争绝非美事。美化战争,就是美化杀人、美化灾难,也就是以杀人为乐。"言以丧礼处之。杀人之众,以哀悲泣之。战胜以丧礼处之。"(第三十一章)对于战争双方,无论是胜利还是失败,都要为牺牲的战士与同胞举行丧礼,既告慰死者,亦安慰生者。从反对非正义战争,到反对主动挑起战争,再到反对美化战争胜利,到最后以丧礼反思战争,老子对于战争的态度,自始至终都体现了一种对生命尊重、珍惜与热爱的伟大人文情怀。今天,我们国家承诺,永不称霸、永不首先使用核武器,永不发动侵略战争,就是这种思想的进一步发展。

(二)以民为本

"'以人为本'是领导层首先对自己所提出的要求,因此对领导者来说,'以人为本'也就是'以民为本'。在'官'与'民'这对关系中,必须把'民'放在首位"①,也就是以人民群众的根本利益为本,全心全意为人民服务。

1.想人民之所想,急人民之所急:"以百姓心为心","为天下浑其心"(第四十九章)。"以百姓心为心",就是以天下百姓的共同利益或需求作为自己一切行动的准则。百姓的共同利益或需求是什么呢? 在过去很简单:"我们的民族性,素来以仁义为怀,老百姓始终顺天之则,非常良善,只要你能使他做到如孟子所说'乐岁终身饱,凶年免于死亡',也就安居乐业,日子虽然苦一点,还是不埋怨的。"②当代社会,百姓的共同利益或需求,当然与

---

① 陈学明、金瑶梅:《以人为本:以"什么样的人"和"人的什么"为本》,《哲学研究》2009 年第 8 期,第 16 页。

② 南怀瑾著,练性乾编:《南怀瑾谈历史与人生》,上海:复旦大学出版社,1995年。

过去不能相提并论了:"人的需求不只是生存需求,还有发展和享受的需求。当人的生存需求得到基本满足以后,人就会产生从事政治、科学、艺术、宗教等等活动的需求。"①我们政府的目标也就不再仅是满足人民基本生存需求那么简单,而是要满足人民日益增长的美好生活需要。"为天下浑其心",就是要把全部身心都用到天下百姓身上。对此,《老子》有多方面的表述:"圣人不积。既以为人己愈有,既以与人己愈多。"(第八十一章)执政者无须为自己积累财富,只要把全部身心都贡献给天下百姓,天下百姓的所有财富就都可以与己共享。"是以圣人处上而民不重,处前而民不害。"(第六十六章)好的执政者在处于统治地位时,既不会让人民觉得有沉重负担,更不会让人民感到害怕或危险。"能有余以奉天下。"(第七十七章)能把自己维持生存之外的所有财富都奉献给天下人,如此就更不用说会有贪婪、奢侈与腐败了。"为天下浑其心"与我们党的宗旨"全心全意为人民服务"最为相近。它一方面是"以百姓心为心""为天下浑其心"的通俗化、具体化,另一方面也是此思想在新形势下的发展。"百姓皆注其耳目,圣人皆孩之。"(第四十九章)在过去就是要求当权者把百姓都当作自己的孩子一样看待,即"爱民若子"。在今天,则是要求对待人民,要有真正的公仆意识、公仆精神和公仆行动,真正做到权为民所用、情为民所系、利为民所谋。

2.给人民以全面发展的充分自由:"生而不有,为而不恃,长而不宰。"(第十章)"衣养万物而不为主。"(第三十四章)养育了百姓,不占有、奴役他们;为百姓做了很多,却从不居功;帮助他们发展成长,也不做其主宰。这是老子希望执政者对待百姓就如道对待万物一样,给予他们阳光雨露,促进他们生长繁荣,却从不占有、奴役、主宰他们,而是给他们充分的自由,让他们得到全面的、个性的发展。"如果人的意志和行动不受外来暴力的支配,那么人就是自由的。换言之,如果人的主观抉择因素独立于外部环境,那么人就是自由的。"②所以严复在其《老子〈道德经〉评点》中明确指出了老子思想与其他学派的重要不同之处:"夫黄老之道,民主之国所用也,故能

---

① 陈学明、金瑶梅:《以人为本:以"什么样的人"和"人的什么"为本》,《哲学研究》2009 年第 8 期,第 18 页。

② 金寿铁:《天赋人权与马克思主义——论恩斯特·布洛赫的法哲学概念》,《哲学研究》2008 年第 9 期,第 40 页。

'长而不宰''无为而无不为'。君主之国未有能用黄老者也。"①而"人的全面发展与人的自由发展是紧紧地联系在一起的。……在人的所有需要发展的特性中,最重要的是其自由个性的发展。在某种意义上,只有人的自由个性发展得到保障,其他的特性、素质、潜能的发展才有了可能。因此,自由发展构成了全面发展的基础"②。按照马克思的观点,个人的发展就是一种以个人为主体的自觉、自愿和自主的发展。社会发展的最终目的就是个人的自由发展。自由发展不仅是人类发展的必然趋势,也是其从必然王国跃升到自然王国的标志。

3.尊重百姓劳动与人格尊严:"去甚、去奢、去泰。"(第二十九章)"圣人执左契,而不责于人。"(第七十九章)前句是要求当权者完全摒弃荒淫、奢侈与傲慢。在老子看来,"甚""奢""泰",这三种大多只有当权者才可能拥有的恶行,不仅有害百姓利益与人格尊严,激化社会矛盾,而且会把当权者本身推进万劫不复的罪恶深渊。后句是希望当权者即使掌握了控制别人的把柄与权力,也不要要挟于人、苛责于人。它进一步表达了老子对于人的尊严的重视与推崇。布洛赫认为"尊严是人权的核心","'天赋人权'的最高目标是确保人的尊严","'天赋人权'……重建人与人、人与自然、人与社会的和谐一致。'天赋人权'理所当然地包含在马克思'现实的人道主义'思想中。因此,天赋人权、人道主义和马克思主义是固结在一起的"。③这两句话对于今天的启发意义在于:要树立正确的权力观,保持对党负责与对人民负责的一致性,坚持走群众路线,尊重人民群众劳动成果,保护人民群众人格尊严不受侵犯,主动接受群众监督,树立公仆意识。

(三)承认人的特殊性,以那些人数最多同时又处于最底层的群体的利益为重

人,首先是平等的人,有共性的人,其化学性、生物性、法律性等都是一样的。但是,又由于环境、教育、历史、文化、民族、智力等因素的影响,又是事实上不平等的。这种不平等造成了个体差异与群体差异性。辩证唯物

---

① 胡孚琛、吕锡琛:《道学通论》,北京:社会科学文献出版社,2004 年,第 723 页。
② 陈学明、金瑶梅:《以人为本:以"什么样的人"和"人的什么"为本》,《哲学研究》2009 年第 8 期,第 37~38 页。
③ 金寿铁:《天赋人权与马克思主义——论恩斯特·布洛赫的法哲学概念》,《哲学研究》2008 年第 9 期,第 37~38 页。

主义与历史唯物主义从来就承认这种差异的存在。自古至今,由于这种不同阶层、群体的利益不相一致的存在,当权者在制定政策、措施时,就不能把他们全部平均或对等看待。正确的做法就是要有所偏倚、有所侧重,即要照顾那些在社会中比较弱势的群体与阶层。这有如一块蛋糕,要先分、多分给那些最饿、最需要的人,才是最符合人性、最合理的,而不是完全平均分配到每一个人。

1.保护社会弱势群体:"道者,万物之奥。善人之宝,不善人之所保。"(第六十二章)道,存在于万物之中,也是宇宙万物得以存在、发展、变化的奥秘,是善于认识与利用它的人所持有的法宝,也是不善于认识与利用它的人所能存在、发展的保证。这句话的侧重点在于"不善人之所保"。它表现了老子一种极为可贵的人本情怀:一个没有足够认识世界以获取生存资源能力的个人或群体,即社会弱势群体,他们也有基本的生存、发展等权利。这种权利是道所赋予的,所以老子主张"有余者损之,不足者补之。……损有余而补不足"(第七十七章),以保证弱势群体基本的生存需求。道是怎样实现这种保证的呢?就是要少数善于认识与利用道或自然规律性的"圣人(执政者)"通过教育或制定相应的法律制度以帮助他们来实现的。"故善人者,不善人之师。"(第二十七章)善于认识世界、改造世界的圣人,要做好不善于认识世界、改造世界的人的老师。"善者吾善之,不善者吾亦善之。"(第四十九章)对于善者、不善者,当权者都要客观地对待他们。这些思想与欧洲17、18世纪启蒙思想家提出的天赋人权思想有相近之处,但却比西方早了两千多年。

2.保护百姓生命重于养生:"夫唯无以生为者,是贤于贵生。"(第七十五章)解决那些没有能力获取生活资源的百姓的基本生存问题,比追求自己厚养生命或奢侈生活更为重要。"无以生为者"即无以为生者。一个社会,如果连人民的基本生存权利都不能得到保障,那么当权者的养生也就失去了存在的社会基础、伦理基础或思想基础。所以老子是一贯反对奢侈浪费的:"金玉满堂,莫之能守;富贵而骄,自遗其咎"(第九章),"多藏必厚亡。知足不辱,知止不殆,可以长久"(第四十四章),"祸莫大于不知足,咎莫大于欲得"(第四十六章),"圣人欲不欲,不贵难得之货"(第二十五章),"俭故能广"(第六十七章)。为了避免极度悲剧性的后果,老子坚定不移地认为,作为统治者,必须具有"去甚、去奢、去泰"的意志与决心。这对今天的启发意义是：贪婪不仅有害社会公德，给当事人留下祸殃，同时也有害个人私德，阻碍当事人的上进之路。

二、人的发展必须遵循社会发展规律

西方文化对于人类文明贡献了诸如人权、民主、自由、平等、市场经济等思想，但是否这些东西已经解决了人类发展过程中的所有问题呢？答案自然是否定的。因为市场经济总想实现利益最大化，总是把人引入各种矛盾与争斗之中。国与国如此，人与人如此，人与自然、与社会、与集体也莫不如此。那么，人类的最高价值应该是什么呢？答案是：和谐。谁贡献了这个伟大的智慧？回答是：中国。① 中国传统文化中可以从哪里找到和谐理念的源头呢？笔者的回答是：《老子》。和谐究竟是什么呢？简言之，就是人的发展必须以尊重自然规律与社会规律为前提。所以和谐的内容十分丰富，并随着历史的发展而愈加多姿多彩。就人与自然而言，需要"人法地，地法天，天法道，道法自然"（第二十五章）；就国与国而言，需要"大者宜为下"（第六十一章）、"不争"（第八章）；就人与人而言，需要"守中"（第五章）、"善下之"（第六十六章）；就当权者与人民而言，需要"无为而无不为"（第四十八章）、"重积德"（第五十九章）、"治大国若烹小鲜"（第六十章）、"容乃公，公乃王，王乃天，天乃道"（第十六章）等等。

（一）尊重社会发展规律以尊重自然规律为前提

人的发展，只能是在与自然环境的和谐相处中发展。人类所营造的人工环境总是极为有限的，永远也无法与宇宙、自然之无穷相提并论。所以人的发展只能是顺道而行，遵循自然规律性。"人之所以为人，在于其社会性。但是，如果把社会凌驾于自然之上，把社会性与自然性完全对立起来，则是道家哲学所反对的。"②

1.承认万物同构（即一般所说的天人合一）："道生一，一生二，二生三，三生万物。"（第四十二章）道生出一体混沌之气（即宇宙的初始状态），一体混沌之气生出天地（空间与物质或阴、阳），天地交合生出人类（天、地、人被儒家合称为"三才"），天、地、人共同创造了世界万物。这大致上是符合老

---

① 姜广辉：《儒家经学中的十二大价值观念——中国经典文化价值观念的现代解读》，《哲学研究》2009年第7期，第53页。

② 李振纲：《庄子之"道"与现代生态反思》，《哲学研究》2008年第12期，第39页。

子本意的。^① 实际上,这种思想不仅与儒家的天人合一、佛教的梵我如一相通,而且与现代自然科学并行不悖。现代自然科学认为,人与自然界的一切,其物质构成本质上并无区别,即都是由一些可以在一定条件下互相转换的基本粒子构成的。转换的过程,能量参与其中。这就为"天地人同构""万物同构""天人合一"提供了科学的理论基础。故作为天地之灵、天地之心、万物之贵的人,也只是自然现象中的一部分。人类的发展,也只是自然发展中的一个小插曲而已。人及人的历史,相对于宇宙、地球的漫长与广大而言,渺小而短暂。没有人类的过去,道一直存在;没有人类的未来,道也照样存在。所以,人的发展绝不能逆道而行。因为逆道,实际上就是自己"反"自己。

2.以客观的、互相联系的观点看待世界:"以万物为刍狗"(第五章),即把万物都当作草或狗(或草扎的狗)一样地看待。万物当然也包括人类自己。这句话实际上是上句的进一步深化。既然万物同构,就有万物同理,人又是自然的一部分,那么就要客观地善待世间的一切,不管是有生命的还是无生命的。所以我们要爱惜自然资源,就像珍爱自己的身体发肤一样。当今世界,人类自己的贪婪已造成诸多环境问题,并危及人类自身的生存,这是不争之事实。但我们中的大多数并没有觉醒,不少人甚或有当年法国路易十五的心态:"在我死后,管他洪水滔天!"这种思想如任其发展,毫无疑问会把人类引向毁灭之途。

3.充分认识与利用自然规律性:"天道无亲,常与善人。"(第七十九章)即天道没有偏爱或偏私,总是帮助那些善于认识、顺应或利用天道的人。天道就是自然规律。人要与自然和谐相处,得到天道的帮助,就得认识天道。如果没有对规律的认识,要想实现与自然和谐相处,就可能南辕北辙,事与愿违。当代社会存在的许多环境问题,虽然大多源于人性的自私、狭隘与贪婪,但也有不少是源于人类的无知。

4.向自然学习:"人法地,地法天,天法道,道法自然"(第二十五章),即人必须向地学习、向天学习、向道学习、向自然学习。人的认识从哪里来?从实践中来。实践又是什么?实践就是学习,且从模仿开始。"学"的初文

---

① 胡孚琛:《道学文化的新科学观》,《哲学研究》2006 年第 12 期。胡先生认为:一为先天一炁,即宇宙创生之始的一片混沌状态;二为阴阳二性,或易学的二仪、黑格尔的矛盾、马克思的对立统一等;三指有象、有气、有质的信息、能量与物质。

为 ，上部为一只手教另一只手画"乂"，下为学校之形，本义为模仿；"习"的初文为 ，似晴日小鸟向大鸟学飞，同样是模仿。"人法地"，是指人的认识与能力，首先是从对地的模仿获得的，是效法地的结果。地是人存在的基础，与人朝夕相处，自然是教导人、制约人的最亲密的工具。地，在这里主要指有形的物质世界。"人法地"的例子举不胜举。今天人类所取得的所有成就，都是"人法地"或"法天""法道""法自然"的结果。人为自己盖房子，以遮风挡雨，这是因为大自然中本来就有像房子一样的事物。人发明了电视，是因为发现了电、电波及其传导规律。人发明了各种新材料，是因为发现了物质的不同分子、原子结构在一定条件下可以重新组合的规律，等等。而这些规律性早就存在于这个物质世界中了。

（二）尊重社会发展规律的具体化就是构建和谐社会

"建构和谐社会是一个宏大战略和社会工程，这意味着处于社会结构中的各种要素之间要形成某种良性互动的关联。"[1]它不仅需要动员全社会的力量，也要应对复杂的国际关系格局。

1.以不违客观规律性为前提，以实现全面发展为目标："无为而无不为。"（第四十八章）"为"的初文为 ，会意字，上为手，下为象，本义是驯化大象作为劳动工具，即"作"。能够役使大象劳动就是"有作为"。这种"有作为"具有一定的风险性。象，可能是老子见过的陆地上最大动物，不仅大，也是有力的象征，所以《老子》中的象有时又用来代称道。如"执大象，天下往"（第三十五章），故无为不是什么也不做，而是指一种正确的做事方法，所要做的不能违背事物发展的客观规律性，并且充分认识与利用客观规律为人类服务。对于领导者而言，无为还有更深层次的含义：一是要保持方针政策的长期性、稳定性与连续性，不能随意变动；二是要善于发现人才、培养人才、重用人才，并充分调动他们的积极性。"功遂身退，天之道"（第九章），就是对这种规律性的深刻认识的结果。无为是手段，"无不为"才是目标。以无为实现"无不为"，在今天就是科学的发展观。科学发展观"主要包括两个方面，强调以人为本，强调全面、协调、可持续发展。只有把

---

[1] 金泽：《和谐社会建构与宗教研究》，《哲学研究》2006年第12期，第31页。

二者有机统一起来,并把以人为本作为核心,才能全面把握科学发展观"[①]。

2.稳定压倒一切:"治大国若烹小鲜。"(第六十章)治理大国有如烹制小鱼的过程。此语至少传达了三层含义:一是稳定是发展繁荣的前提。只有稳定了才能发展,这既是自然规律性,也是中国几千年特别是近现代一百多年来宝贵的历史经验教训。没有稳定,不仅难以发展,不能发展,还可能出现倒退。二是国家是否稳定,其主动权主要掌握在当权者手中,即"握勺以烹"的人手中。就今天而言,只有领导层努力提高广大人民群众的积极性、创造性,始终坚持尊重人、理解人、关心人,充分尊重群众的主体地位和主动精神;尊重差异、包容多样,平等对话、民主协商,引导群众自我教育、自我提高;通过深化改革、创新体制,大力营造尊重劳动、尊重知识、尊重人才、尊重创造的社会氛围,最广泛、最充分地调动一切积极因素,激发全社会的创造活力,才可能实现国家的长治久安。三是"其安易持,其未兆易谋。"(第六十四章)当事物处于相对稳定、平静状态时,如要保持它的继续稳定是要相对容易些;当事物还没有出现新的矛盾时,要消除这种矛盾也就相对更好谋划。这是老子在告诫当权者,凡事都要未雨绸缪,防患于未然,对事物发展的规律性要有清醒认识,最好把矛盾消除在未萌发状态,如到了"已然"之时,就可能是"持之已无""谋之无益""防之已晚"了。

3.以法律与道德共建和谐社会、优良风俗:"报怨以德"(第六十三章),"重积德"(第五十九章),"常有司杀者杀"(第七十四章)。"德"字初文为

、，前字是甲骨文之"德"。两边的笔画代表道路,也即公开、公共场所;中间是一只直视的眼睛,也就是后来的"直"字。它形象地告诉我们,德即指人或社会在对待他人或公共事务时,要公平、正义。后字为春秋战国时侯马盟书与郭店楚简之"德",是"直""心"二字的重叠。它更直观地告诉我们:德,不仅要面对公众直视的眼睛,还要有一颗正直的心。因为很多时候,公正是眼睛看不到的。秦汉后官方通用之"德—德",构形与今天的"德"基本相同。"德"字的演化过程,还间接反映了我国哲学、伦理道德的发展。德,本义为直,引申义有道德、品行、有德贤明之人、节操、恩惠、德

---

① 袁贵仁:《以人为本是科学发展观的核心》,《哲学研究》2005年第11期,第6页。

政、客观规律、法则等多意。老子的"报怨以德"即用本义,也即要用公平、正义来对待一切大大小小的冤仇与怨恨。真正的公平、正义的实现,许多时候只有依赖法律与道德的共同作用。这种思想与孔子的"以直报怨"也是相一致的。由于德在社会和谐、优良风俗建立过程中的重大作用,因此《老子》之德内涵十分丰厚。首先它必得以尊道为前提(或曰老子之德就是道的"人间化")。"孔德之容,惟道是从"(第二十一章),"上德不德"(第三十八章),以道为前提的德,很多时候即或是大德、美德,看起来却并不像有德。罗斯福下令制造原子弹,杜鲁门下令把它们丢到日本的广岛、长崎,这表面看似是无德,但实际上加快了战争结束的进程,挽救了更多的生命,故这种表面上的不德却是真正的大德。其次要重积德,即把德的建设作为一项长期的战略目标或基本国策。老子所谓"治人事天莫若啬。夫唯啬,是谓早服。早服谓之重积德"(第五十九章),就是把积德作为一项长期的战略目标来进行规划与建设的。今天以德治国的提出,即是一项基本国策、治国方略,同时也是老子的"啬""早服""重积德"的继承与发展。而"常有司杀者杀",即是建立常设的专门机构以管理司法与刑罚。这更是老子主张法治与德治并举以实现社会真正的公平、正义的具体表现。

4.以谦卑的姿态进行国际交往:"大国者下流","大者宜为下"(第六十一章)。大国应选择谦虚、谦卑的姿态对待他国,与他国和平相处,是老子的一种带有强烈理想主义色彩的外交思想。老子所处东周之末,社会动荡,人民困苦,战争即罪魁祸首。而挑起战争的则往往是想要兼并土地、人口的大国。老子反对战争,反对兼并,希望国家之间能和平相处,所以希望大国能以谦虚的姿态实行和平的外交政策。这点对于当今世界和平的实现仍有重要启示意义。在冷兵器时代,大国就是力量的象征。这与近现代的大国含义已有很大的不同。旧时中国积贫积弱,屡遭小国欺凌,实在算不上真正的大国。今天的中国,随着经济、政治、军事的崛起,已逐渐成为真正的大国,但我们所奉行的和平外交政策却并不改变,就是受到了老子这种传统外交思想的影响。如果"大"本身就是力量,那就无须夸耀。而谦卑不仅能赢得尊重与支持,还会让自己变得更为强大,那么又何乐而不为呢?所以我们应主动地选择"大国者下流""大者宜为下"的姿态,而这种选择也就是对世界和平、和谐的选择。

老子哲学的基本精神是融知性、德性、悟性于一体的生命精神。它不仅是思辨之学,更是关乎人的生命存在与安身立命之学。这种思想的显性源头是《周易》,隐性源头则是中国远古神话的生命意志与原始宗教的生命崇拜。① 而关乎人的生命存在与安身立命,就是以人为本。《老子》以"万物同构"(或天人合一)思想为根基,把人本思想渗透到了人与自然、社会、个人,当权者与人民,国家与国家等方方面面,为今天建构以人为本的和谐社会、和谐世界提供了不可或缺的借鉴。

---

① 李霞:《生死智慧:道家生命观研究》,北京:人民出版社,2004 年,导言。

老子"以德报怨"别解

【摘要】自古及今,无论是学界还是世俗社会,对于孔子"以德报怨"的解读,似均有偏误。原因或是对于孔子回答中之直(《论语》:"或曰:'以德报怨如何?'子曰:'何以报德? 以直报怨,以德报德。'")缺乏全面系统的了解,或是对《老子》"大小多少,报怨以德"及其道、德关系缺乏深入分析,或是对"德""直""道"等汉字的多义性、直观性、想象性、具象性以及相互关系缺乏深入认知。

本文通过对"德""直""道"等汉字初形的汉字学哲学分析,联系《老子》关于道、德的哲学规定及其关系阐释,得出"以德报怨"乃是以尊道为前提,以公平、正义为核心,以主体实力为后盾的理性的关系应对策略。

【关键词】报怨以德;汉字学;道;德;孔德之容,惟道是从;上德不德

一、问题的提出

"以德报怨"一词出自《论语·宪问》:"或曰:'以德报怨何如?'子曰:'何以报德? 以直报怨,以德报德。'"这源于《老子》第六十三章:"大小多少,报怨以德。"(也有人认为"报怨以德"为飞来之物,即"错简")学者与世俗社会对它的理解都差不多,或:"用德来报答怨恨。"或:"用恩德仁慈回报所怨恨的人和事。"或:"不记别人的仇,反而给他恩惠。"表面上看似乎都不错。但是,释德为恩德仁慈,即以之与今天一般所言道德等同,则可能完全遮蔽了老子思想的真实性;释德为恩惠,则不仅失于片面、肤浅,且与当代哲学、日常事理不能相通相融。

对于此语,早在春秋时,就有人向孔子提出过质疑。本来,孔子已经有了个较为准确的回答,但一般人却并不知晓,或又对孔子的回答做了曲解或误读。于是以讹传讹,流毒天下。如一位相声演员曾说:别人打了你的左脸,你就伸给他右脸,这是圣人。这便是一种误读。这样的圣人,绝不是中国的。又有学者认为,孔子的回答是在批评老子。窃以为,这或是把老子、孔子思想简单化了,或是根本就没有认真研读过《老子》或孔子此语。

首先,孔子三十三岁左右时在鲁昭公的支持下曾专门从鲁国到过东周洛邑,并不止一次地"问礼于老子",而老子不仅给他讲了礼,重点讲了道与德。孔子归鲁之后,其思想即明显全方位受到老子影响(这从《老子》与《论语》的比较中亦可看出)。以此,可知孔子即或没有读过《道德经》,也不可能对老子"报怨以德"的深刻内涵一无所知。其次,也是最直接有力的证据,就是孔子回答的本身。孔子对于"以德报怨何如"的回答,不是对老子"报怨以德"的批评,而是对它的一种注解。在孔子看来,老子的"报怨以德",或报怨以什么德,主要包括两方面:一是"以直报怨";二是"以德报德"。一般人不理解,原因在于:一是对《老子》惯用、善用汉字的多义性、直观性、想象性、具象性的特征没有深入的认知;二是对于此语的语境没有认真揣摩。实际上,孔子在此所说的直,不仅是德,而且是德的最重要部分。换言之,没有直的德,便不是德或"无德"。而"以德报德"的德在此既是恩惠,亦是一般性的德。

那么,老子的"报怨以德"的深刻内涵究竟又是什么呢?它与孔子所解释的基本一致,但还要更深刻、全面。这不仅可以从"德"字的本义、引申义以及德与道的汉字学哲学关系中找到依据,也可以从《老子》五千言中找到直接证据。

二、汉字学视域下的"德""直""道"及其相互关系

为了说明问题,我们从解读"德、直、道"的构形开始,然后再看看它们在汉字学哲学意义上的包容性与从属性关系。

(一)关于"德"的汉字学哲学分析

"德"的初文主要有三种:𢔔、䔍、德（泰山刻石）。

第一个是甲骨文之"德"。两边的四个笔画是个"行—彳亍"字;中间部分是个"直—㦷"字。

"行—彳亍",象形字,像四通八达的十字路口,即路。路,看得见、摸得着,属于实实在在的形下之物。因为是路,故又可会意为通、流行、公众场所。因为路是人走出来的,所以它又可以是行走、行动、实践、用,甚或就是道或规律。行之有如此众多的意义,原因在于:它既是形下之路,又是"道—衜""德—𢔔"(𢔔、衜二字的两边就是彳亍)的一部分。而形下之路(物质世界)也正是形上之道、德(意识形态)之所以能够存在、发展、变化的

物质基础。

中间的 ⿰ 为"直",象意或会意字。它的初文亦写作⿰(所以在古文字或书法古体中,"德"的右半部的"心"上,可以有一横,也可以没有)。其上部为一根直线或一个代表直的目标,下为一只眼睛。它们组合在一起,会意为一只直视的眼睛。其本义即正见、直视,引申义有不弯曲、正、合乎正义、端正、挺直等十余种。作为"德"字的中间部分,它的主要意义便为德所蕴含。事实上,德又通直。换言之,没有公平、正义之德,便不称为德。

通过上述分析,可以得出 ⿰ 的原初意义大致是:不管你是什么人,在面对公众或者对待公共事务时,因为总有许多眼睛在直视着你,所以你的行为表现至少要让众人看得到公平、公正、正直或正义。这种情况大概与此字最早出现于氏族公社时期有关。当时生产力极不发达,劳动产品大多数时候没有剩余,所以大家认为平均分配便是最为公平的。可是,怎样的平均才算是公平呢?这又很难有个明确的标准。因为重的并不等于好的,小的也不等于差的。于是,主持分配的人拿别人挑剩下的,便被认为是最公平的。而这又都是在众目睽睽之下,或说是在众人眼睛的直视之下完成的。这样,被众人认为最公平的分配者便往往称有德。如此理解 ⿰ 的内涵,既能反映当时生产力的落后性,也能反映出先民对于 ⿰ 的认知的局限性。在此,行既被理解为公众场合,也被理解为被众人理解或支持;直既被理解为被众人正视,也被理解为公平、正直。但实际上还远非如此简单,因为 ⿰ 不仅与"道—⿰"共"行—⿰",且"直—⿰"亦为"道—⿰"(道中上为"首—⿰","直—⿰"为眼睛,眼睛为首的一部分。故不仅"德"通"直","道"亦有"直"意)的一部分。以此,仅从汉字学意义推之,⿰ 便已为⿰涵括。

第二个"德—⿰",是郭店楚简及侯马盟书之"德"。上为直,下为心。它更加直观地告诉我们:有德,不仅要面对众人直视的眼睛,还要有一颗公平、正直之心。这颗心还有坚韧、智慧、天良之意。这说明,随着生产力的进步,产品有了剩余,人们的心智也得到了空前的发展。换言之,当时的人们已逐渐认识到仅靠眼睛所看到的,还不能肯定自己所看到的就是公平、正义。有没有德,还得看人是否有一颗正直的心。而心("心之官则思")就是脑或脑的功能。脑的功能则主要就是思想或智慧(故 不仅是"道—"的一部分,且可直接通"道")。此字的构形与前字有所不同,它弃去了行(路、公众、实践)。也就是说,人们认为有了"十目",就能代表民众心意;代表了民众的心意,也就是尊道而行了。

第三个"德—",是秦统一文字之后泰山石刻之"德"。它的构形与今天的"德"字,除笔画曲直有所不同,右部"心"上少了一横之外,其他已完全无别。两边的道路"行—",因为简化,只留下了左边的双人旁。这种简化与"道"字的简化也是一致的。只不过"道"的下面多了个"走之"之"之"而已。右边部分,既留下了原来的"直",也留下了下边的"心"。秦统一文字,抛弃其他,只留 ,极为精当。不仅意义宏深,亦可发人幽思。可见,德或真正的德的实现:一须尊道(此主要指自然、社会之规律性);二须通众(政治共同体的大多数或人民大众);三须尊公平、正义(既具有普适性,亦具有超时空性);四须通良心(主体天生的善良本性)与智慧(包括知识与价值判断力);五须通行(实践)。

当然,还不止这些。因为 与道又是大部分相通或重合的,故"德"亦通道,或是道的一些部分,或谓德就是道之在人间。

上述三个"德"字的并存、混用、演化、发展的过程,不仅客观地反映了各个时期国家繁荣稳定或四分五裂(或大小国家林立)、生产力急剧发展、生产关系不断变革、文化不断进步、学术争鸣以及文字本身的发展,也客观反映了哲学、伦理道德的曲折发展、极端困惑与冲突的过程。在社会变革时期,新的道德出现,而旧的又没有被摧毁,互相矛盾、互不统一、互不服从的状况使得人们,特别是学者对于它们的考察只能是历史性的、动态的。以此,亦可证出"在我国哲学界,人们习惯于将道德作静态的分析而多少忽视了对道德的历史性动态的考察"的观点并不客观。而上述三个"德"字的并存、混用、演化、发展的过程,还启示我们:不管社会如何激烈动荡变化,学者在追求公平、正义,追求真、善、美等道德目标的征途中,其心永远都是热的。又,因为在"德"字演化过程中,"行—"与"直—"总是存在着,而"心—"却不一定,故亦可说明古代的学者似乎认为德以尊道为前提,以公平、正义为核心,以尊众为旨归,比以尊重主体的带有强烈主观情感倾向的良心、智慧更为重要。

（二）关于"直"的汉字学哲学分析

在汉字学中，"直"不仅是德的一部分，亦可通德。这在 ⿱ 字的解读中已经述及。

（三）关于"道"的汉字学哲学分析

毫无疑问，道是老子哲学思想的总纲，也是中国一切传统哲学所论述的主要内容之一。老子用它而不用其他（如后世的理、玄、心、禅等，但似都不可与道同日而语），从汉字学视角来看，也是非它莫属。

此字初形为 ⿻。其两边与甲骨文之"德—⿱"一样为"行"，中间上部为"首"，下部为"之"字。相对楷书之"道"，其"首"完好无损，只是"行"的左边与"之"结合起来成了"走之"。而"行"的右半边则被舍弃。在汉字数千年的演化过程中，其象形、象意特点，即其多意性、直观性、具象性、想象性得到了很好的保留与传承。

"行—⿰"，在上文关于德的解读中已经述及。

"首—⿰"，象形字，像人头的形状。人头，同样是看得见、摸得着的形下之物。不过它的物质构成形式，已与路有所不同。当它与下面的"之（足）"叠加在一起又可表征为人。道本来还有个异体 ⿰，但可能由于内涵不如 ⿻ 丰富多彩，后来便不再流行。

"之—⿰"，象形字，像人或动物的足迹或痕迹。人或动物的一切活动都会留下足迹或痕迹，但又很容易消失。苏轼有禅诗云"人生到处知何似，应似飞鸿踏雪泥。泥上偶然留指爪，鸿飞那复计东西"，便深刻地提示了这种痕迹的实在性与虚无性的统一。也正是这种统一，对道的形上意义的变化与发展产生了极为深刻的影响。

后来，随着生产力的进步，以及人的其他各种实践活动，特别是人类文化艺术实践活动的发展，人的思维实现了不断的进步与飞跃。于是，"道"字的原初意义也就有了更多的引申与拓展。而道的这种引申与拓展，又是与"行""首""之"的不断引申与拓展联系在一起的。

"首"，不仅是人头，还是头脑。头脑，可储存知识、积累经验、建构思想、探究未知、发现规律、形成理论、指导实践。故"首"亦通道。于是知道者能为首,为首者必知道。"有人知道,别人才得以闻道,人们才得以行于道。"①人皆有首,故仅从汉字学意义上来说,有首就理所当然地能知道、行道。但现实生活中,因为个体之人的先天结构有别,以及后天环境、教育各不相同,所以人与人之间便一定是"上士闻道,勤而行之;中士闻道,或存可亡;下士闻道,大笑之"(《老子》第四十一章)或"可与共学,未可与适道;可与适道,未可与立;可与立,未可与权"(《论语·子罕》),即人群之中对于道的认知总是有层次之别的。柏拉图的洞穴隐喻似乎也体现了与老子相近的意思:能知道者,特别是知大道者只能是少数人。不过,柏拉图与老子思想又似皆有较大局限性,远没有孔子那样深刻且更加贴近于现实与人生。事实上,也只有孔子关于"道"的认知与汉字学哲学视域下关于"道"的认知颇相一致。识得形下之路者毕竟是绝大多数,但能识得形上之大道者却只能是少数。故孔子晚年便有"知我者其天乎"(《论语·宪问》)的慨叹。

"之",不仅是足迹、痕迹,还是至或到达。荀子说:"百发失一,不足谓善射;千里跬步不至,不足谓善御;伦类不通,仁义不一,不足谓善学。"(《荀子·劝学》)没有到达,便不可谓之通,没有通,便不可谓之善。但是痕迹的虚无性又说明:你自认为到达了,并不意味着别人认可你已到达。个别人认可你到达了,也并不意味着众人都认可你已到达。你从理论上到达了,也并不意味着你从实践上就一定能到达。你自认为没有到达,也并不意味你真没到达。比如孔子,不仅不承认自己是圣人,就是仁者、善人都算不上,最多只能算是个有恒者,但他的学生及后世诸多学者、当权者却并不一定这么认为。

综合上述,可以总结出道之意主要有三重:

其一,人类足迹能够到达的地方。当"行""首""之"三个象形字,被天才地组合为🈀时,它给人的直观形象便是:一个人顶着自己的头,行走于道路之中,并留下了自己清晰的足迹。这便是形下之道,即路。它既是人类实践活动的成果,也是自然或客观物质世界本身。老子的"大道甚夷,而民好径"(《老子》第五十三章)之道,就是此形下之路。

其二,人类思想能够到达的地方。首居正中,代表思想;行居两边,代表客观物质世界或自然(包括人类自身);之居下,代表到达。首先,它明确

---

① 赵汀阳:《一种对存在不惑的形而上学》,《哲学研究》2012年第1期,第33页。

强调了形上之思的主导地位;其次,它客观描述了思想与客观物质世界或自然的非同寻常的关系。思想无处不达,故此道既是形上也是形下,既内在又超越于形上、形下,或界于形上、形下之间。有看得见摸得着的,也有看得见却摸不着的,更多的是既看不见也摸不着的。故许多时候,它的存在只能依靠人的思想与语言进行描绘与重构。如,一般所言物体运行的轨道,它客观存在,但不仅既看不见也摸不着,而且总在不断的运动变化之中,于是也就只能通过思想与语言来加以描绘。如此之道,既反映出人类实践向着更加深广的物质世界迈进的成果,也表征出人类思维的深刻、玄妙、幽微的形上特征。具体来说,人类思想能够到达的地方,既是物质、能量、时空、信息,也是矛盾、规律、伦理、道德、法则、事理、政治局面等,也是价值观与方法论。而一般所说的形而上学——关于超验世界的学说,自然也包括其中。它既与老子的"迎之不见其首,随之不见其后"(《老子》第十四章)并行不悖,也与庄子的"道在瓦砾,道在矢溺"(《庄子·知北游》)高度一致。

其三,人类思想与实践均能到达的地方。首仍然代表思想;之仍然代表到达;而行,不仅代表客观物质世界、人类的一切实践活动,而且代表公众、通、通达或流行。它亦纠结于形下、形上之间,又是人类认知、探索未知世界的一切实践活动的过程本身。它不仅表征出人与自然、思想与实践、思维与存在缠绕纠结、不可分割的关系,也意味着发现、创造、实现与预测等。具体来说,它既是成功的生产活动、科学实践、技术实践,也是未来能够成功的生产活动、科学实践、技术实践。它全面反映了人类认知、探索未知世界活动的全部过程与成就。所以,它是道的最高形式。其要在通,不仅通于理论,而且通于社会;不仅通于"己",而且通于"众"。

再综合三者,简练加以揣摩:道,无物不是,无处不在。"是"即"在","在"却非"是"。这与老子之道高度吻合。只不过,老子之道特别突出了其既是宇宙之根,又是人类之根的始源性宇宙论与人生论价值。而汉字学视域下的"无物不是,无处不在"之道,则可反证其正确性。

(四)"德"与"直""道"的汉字学哲学关系

其一,德必得以尊道为前提。即无论 ᵁ、ᵁ、德 构形如何不同,它们都是"道—ᵁ"的一部分,所以其尊道而不逾道的特性都是高度一致的。同时,它与老子的"孔德之容,惟道是从""尊道贵德"亦高度契合。

其二,德总是把⚡即正义放在核心位置。这也正是孔子把"以直报怨"放在"以德报德"前面的真实意图。

其三,德的最高或最后标准还要看其是否能通。一通于道(事物发展之规律性);二通于众(主体所处之人群、政治共同体);三通于心(此心除良心而外,还包括慧心、恒心);四通于行(即能通于实践)。老子的"上德不德,是以有德"便是上述意义高度的形上概括。

三、"报怨以德"与历史现实社会人生

(一)《老子》关于"德"的哲学规定与阐释

有了上述分析,再来看看《老子》关于德的哲学规定与阐释,或它与道的非同寻常的关系论述,可知它们之间就是在互为诠释或证明。

1."孔德之容,惟道是从"(《老子》第二十一章)

"孔"字初文为 ⟨symbol⟩,象意或会意字。下部为子,像褓褓中婴孩之形;上部弯弧代表婴孩头上未合之囟门。它是婴儿头部未发育成熟的标志。从生理学或医学来讲,这是为保证孩子出生安全而留下的一道头盖骨裂隙,所以又可称之为生命之门。从汉字学意义来讲,这条裂隙亦可会意为通达、聪明透顶之意。此字引申义众多,但在此一般均取其大或美好之意。原因在于:"不孝有三,无后为大。"有子即有后,有后即大、美好。但另据《左传》"大上立德"及《老子》"上德不德","孔德"又可称"大上之德"或"上德"。实际上,无论以上述何种表达方式都无法完全代替老子之"孔德"。因为"孔"不仅寓含大、美,亦寓含通达、聪明,故它与道、德天然贯通。

"容"的初文为 ⟨symbol⟩,是个象形字,既似一张鬼脸,也像一扇窗户。鬼脸可憎,给人尴尬或难堪;窗户寓含光明、明亮。"冏"则与鬼脸同。"孔德"因以尊道为前提,故现实中并非总能令人称心如意。全句今释为:"孔德(或美好品德)的形状(或边界、底线),总是以尊道为前提的。"质言之,你的美德是否真美,有个最低标准,即是否做到了尊道而行。这里的道,主要指事物发展的客观规律性。换言之,你所尊行之美德,如若与自然、社会发展的客观规律性相悖,那么它就一定是无德。但现实中实现尊道并不容易,它的前提是我们必须对事物发展变化的规律性有充分的认知:不尊道可能的灾难性后果往往都是一致的。以此,要想实现真正的"孔德",仅有一颗善良的心是远远不够的,还需要好学与智慧;不然,好心办坏事在所难免。这亦

能说明现实中的"仲永现象""揠苗助长现象"以及持续的环境破坏等,在老子看来,因其违反了事物发展的规律性,其本质也就是无德。可见,真豪杰、大英雄、伟丈夫也必是"达德""悟道"之人。

2."上德不德,是以有德。下德不失德,是以无德"(《老子》第三十八章)

此语相对上句而言,不仅有点绕,而且有点费解。既是"上德",为何"不德"?但是,其哲理性、客观性或科学性也正表现在此。这种思想首先源于老子的道法自然。如阳光照耀大地,雨露养育万物,有生生之大德,可同时它们也是各种灾难的制造者。所以从另一个角度来看"上德"就是"不德",或"上德"总与"不德"互相联系、不可分割。以此推及社会人生,某些事件的存在、发生、发展,虽然表面上看起来或有违道德,但因其过程遵循了事物发展的一般规律性,所以反而是符合道德法则的。老子的"圣人不仁,以百姓为刍狗","善者,吾善之;不善者,吾亦善之","天道无亲,常与善人"(此处善人应为善于认知并利用天道的人)[①]等便都表达了这种思想。

历史上"上德不德"的例子数不胜数,"神农伐补遂,黄帝伐涿鹿而禽蚩尤,尧伐驩兜,舜伐三苗,禹伐共工,汤伐有夏,文王伐崇,武王伐纣"(《战国策·苏秦始将连横》)等等,无一不是这种体现。而二战末,美国把两颗原子弹扔进日本广岛、长崎,更是这种极端的"上德不德"的体现。

3.关于"报怨以德"的今释与再反思

综合上述,可见"报怨以德"确不好解。如非解不可,全句似应为:对于仇视或怨恨,我们必得在尊重客观规律的前提下,以公平、正义的态度来应对。

人们对于"报怨以德"的理解为,或"你对我坏,我却对你好",或"不记别人的仇,反而给他恩惠"等,这一定会造成价值观混乱、公平缺失、社会无序。当然,它本来也是与老子、孔子思想不相符合的。如湖南乡下有民谚云:碗米养恩人,担米养仇人。

(二)"报怨以德"的当代实践

仅从理论上说说或历史或别人的故事,轻松而愉快。但一旦事加己身,也就事到临头不自由。但是,无论是道、德、直,还是道德、公平、正义,如果只是理论上通,而不能通于现实的社会人生(既通于众亦通于行),便

---

①　何铁山:《汉字学视域下的〈老子〉》,杭州:浙江大学出版社,2012年,第13页。

不可能是真正的德或最高境界的德。故在现实的社会人生中,当自身直面实实在在的怨恨或仇怨时,又当如何践行老子的"报怨以德"呢?换言之,作为个体的存在与发展,要想在现实中实现真正的公平、正义,又当如何具体操作?事实上,现实远比我们想象得要复杂很多。对于一个普通人而言,真正的"报怨以德"的实现,就算你拥有知识、智慧,以及相应的实力与勇气,且愿意为之付出辛劳、痛苦,甚或牺牲,如果没有一个好的社会环境,似乎仍然是远远不能。

综合全文,可以得出如下结论:

其一,真正的"报怨以德"的实现,必得以尊道为前提。即必得遵循事物存在发展变化的客观规律性。反之,不管主观愿望如何崇高圣洁,结果则只能是"下德不失德,是为无德"。

其二,必得以坚持公平、正义为核心。对于这一点,老子有深刻的认知:"和大怨,必有余怨,安可以为善?"(《老子》第七十九章)

其三,必得以相应的实力做后盾。这种实力对于国家、民族而言,是经济、政治、军事、外交的驱动力或影响力等。而对于个体的"报怨以德"的实现,除了必要的智力、知识、财力、意志力、道德水平之外,则还必得有一个良好的社会环境(主要包括健全的法律制度、有良好公信力的公权力、良好的社会道德风俗等)。

其四,真正的"报怨以德"的实现,比一般的"报德以怨""以怨报怨"更为困苦艰难。但是,也正因为其难,才显得更为可贵而值得人们不懈追求。

"道可道,非常道"别解

【摘要】关于《老子》"道可道,非常道"的传统解读,似有偏误。以汉字学哲学入手而详加推究,可知老子之道主要意义有三重:人类足迹能够到达的地方;人类思想能够到达的地方;人类思想与实践均能到达的地方。"道可道,非常道"应释为:道,可以言说明白的,便不是一般的道。"不是一般的道",既有具体时空范围、环境条件,又有一定主客对象。道之可以言说明白,既源于事物的存在、运动、发展、变化之有规律可循,也源于主体的天资、学识与求知欲望。道之"不可言说者"实指暂时没有认知,或没有深入认知,或难能或不能得出统一认知之道,而非真不可言说。

【关键词】道可道,非常道;道;汉字学;非常道;常道

自古及今,言"道不可道"者甚众。不仅老子之后道家如此(如《庄子·知北游》:"道不可言,言而非也。"),就是部分儒家亦有如此者(如王阳明:"道不可言也,强为之言而益晦。"[①])。或以老子"道可道,非常道"[②]为据,或以孔子不言"性与天道"为凭。窃以为,不管各家之道意何所指,其中必有"大谬不然"者。因其既与老子"吾言甚易知甚易行"(第176页),"上士闻道,勤而行之"(第111页),"天道无亲,常与善人"(第189页),孔子"中人以上,可以语上也"(《论语·雍也》)等思想不符,也与"礼恭而后可与言道之方,辞顺而后可与言道之理,色从而后可与言道之致"(《荀子·劝学》)的古训相悖。当然,更不要说与日常事理、近代自然科学"世界是理性地构成的而且是人类心智可知的"[③]以及汉字学视域下的道意背道而驰了。

本研究从汉字学哲学入手,结合语言分析、当代哲学、自然科学,对"道

---

① 王阳明:《王阳明全集》,上海,上海古籍出版社,2011年,第262页。
② 王弼注,楼宇烈校释:《老子道德经注校释》,北京:中华书局,2016年,第1页。后文中凡引《老子》只注明页码。
③ 刘晓力:《一个理性主义者的精神历程——哥德尔的哲学观》,《哲学研究》1998年第3期,第55页。

可道,非常道"详加推究,结论是:道多为可以言说者——"非常道"也;亦有难以言说或不能言说者——"常道"也。这对于《老子》文本及其思想的解读,以及中国传统哲学之道的认知,或有祛魅之效。

一、问题的提出

"道可道,非常道"出自《老子》五千言第一章,是一句几乎人所共知的名言。一般解读为:"道,可以说得出的,就不是永恒存在的道。"[①]窃以为如此解读首先在语言逻辑上是不通的。永恒存在的道,就真的说不出吗?换言之,说得出的道就不是永恒存在的吗?可是,《老子》之道,不正是永恒存在的吗?老子不仅说得出,而且一说就是五千言,且说得"头头是道"。

老子说:"善言,无瑕谪。"(第71页)意思是说:恰当的语言表达,是不会给人留下瑕疵或破绽的。可是不恰当的释读不仅会给"善言"留下瑕疵,还可能遮蔽了思想的真实性。事实上,两千多年来的《老子》就如一堵无形高墙后面的布道,似乎从来就没有人听到其思想的真实性。

维特根斯坦认为:哲学的本质就是语言。哲学上的所谓问题都是错误使用或理解语言的结果。哲学就是语言分析。有意义的世界都是语言所构造的。哲学的任务就在于澄清语言的意义。而对于以汉语铸就的《老子》五千言,如果我们对其中所使用的单个汉字都不甚了了,而要实现"澄清语言的意义"又从何谈起?当然,你也可以说哲学是别的什么,但不管是什么,最后都不能逃离"语言对于思想的再次辨析与书写"。

其实,《老子》语言并不难知,关键在于是否找到了一块恰当的敲门砖。

《老子》思想具有神话思维的特点,神话思维就是指思维所具有的直观性、具象性、想象性。[②]而"汉字的象形性特征,则恰恰最有利于这种思维方式的保留与传承"[③],这或可给我们有益的启示。

再者,老子自己也曾说:"吾言甚易知甚易行,天下莫能知莫能行。"(第176页)更是直截了当地告诉了我们,他的"五千言"既不像司马谈所说"其辞难知"(《论六家要旨》),也不像司马迁所认为的"微妙难识"(《史记·老子韩非列传》)。可是,后世学者却多认为《老子》思想玄之又玄、难以捉摸,老子之道难以言说。那么,问题究竟出在哪里?细究之,就在于人们对于

① 卫广来:《老子》,太原:山西古籍出版社,2003年,第2页。
② 李霞:《生死智慧》,北京:人民出版社2004年版,第6~7页。
③ 何铁山:《汉字学视域下的〈老子〉》,杭州:浙江大学出版社,2012年,第17页。

《老子》五千言的用字特点,以及汉字的象形性、多义性、想象性,缺乏深入的了解或认知。而这既有可能使老子思想走向神秘化、不可知论;也有可能使其走向庸俗化,或妄测臆说。例如,有人把《老子》第七十一章中的"夫唯病病,是以不病"解读为"因为承认这个病是病,所以不患此病",并以英文"Who recognizes sick-minded as sick-minded"作注,便遮蔽了老子思想。已故的北京大学教授季羡林先生,曾把这种情况归纳为:"愈不明白,他们就愈钻;愈钻也就愈不明白。"①真谓振聋发聩、一针见血。之所以造成如此状况,除了没有找到恰当的"敲门砖",又可能是把老子的"玄之又玄"一语解读偏了的缘故。

其实,《老子》思想虽然涉及形上、形下,有诸多玄思妙想或哲学之思,但仍然十分朴素,只要我们能真诚直面其文本中的每一个汉字,以联系的方法详加推究,要想得到一个合乎逻辑、自圆其说的解读,则是完全可能的。不过,需要特别注意的是:《老子》之中,对于"道可道,非常道"的释读至关重要,它不仅关乎此句本身的哲学意义,更重要的是还关涉整个《老子》五千言及其他思想的哲学规定性。

二、"道"与"常(或恒)"的汉字学哲学意义

"道可道,非常道"六字,看似简洁,其实有点绕,常让人有坠云山雾海之感。问题或出在第一个"道"字,或出在第二个"道"字。窃以为最有可能是出在后面的"常"(或"恒")字。但只要借助汉字学对于"道"与"常"构形的哲学辨析,便不仅能直觉"道"的多重意义,也能感悟"常"的背后所隐藏的道之"可道"的玄机。

(一)"道"的构形分析及汉字学哲学意义

毫无疑问,道是老子哲学思想的总纲,也是中国一切传统哲学思想所论述的主要内容之一。老子当时用它,自认为有些勉强,"吾不知其名,字之曰道",但于今回望省视却觉极其准确精当。换言之,以其他汉字绝不能取而代之,只有此字比较准确而全面地反映了老子思想。这是由其特殊的构形所决定的。因为此字极尽玄妙,可以启发我们做无穷无尽的引申或联想。

---

① 季羡林:《季羡林全集》,北京:华艺出版社,2010年,第223页。

1."道"的构形分析

其最初构形为,出自西周青铜名器散氏盘,与今天简化后的楷书之"道",并无太大不同。在汉字数千年的演化过程中,它的象形、象意特性得到了很好的保留与传承。其变化只是笔画由曲屈而变得方折并略有简省而已。

它的两边是个"行"字,中间的上部是个"首"字,下部是个"之"字。相对于今天的楷书之"道"而言,其"首"完好无损,只是"行"与"之"结合起来成了"走之"。"行"则舍去了其右半边。

"行—",象形字,像四通八达的十字路口,即路。路,看得见、摸得着,属于实实在在的形下之物。《尔雅·释宫》云:"行,道也。"这里的道便是路。《诗经·豳风·七月》:"女执懿筐,遵彼微行。""微行,墙下径也。"墙下径就是墙下的小路。

"首—",象形字,像人头的形状。上面是头发,下面是脸,高度简略、抽象。人头,同样是看得见、摸得着的形下之物。不过它的物质构成形式已与路有所不同。《诗经·邶风·静女》:"爱而不见,搔首踟蹰。"此首即头,此处之用法与今天并无区别。"首"与下面的"之(足)"叠在一起又可表征为人。道本来还有个异体,但可能由于其内涵不如之丰富多彩,后来也就不再流行。

"之—",象形字,像人或动物的足迹或痕迹、爪印。罗振玉《增订殷虚书契考释》:"卜辞从止,从一,人之所至也。"此一为地,止即人的脚印。虽然简略,但却神似。人或动物的一切活动都会留下足迹或痕迹,但又很容易消失。苏轼有禅诗云"人生到处知何似,应似飞鸿踏雪泥。泥上偶然留指爪,鸿飞那复计东西",便深刻地揭示了这种痕迹的实在性与虚无性的统一。

"行""首""之"三个象形字,被天才地组合在一起,给人的直观形象是:一个人顶着自己的头,行走于道路之中,并留下了自己清晰的足迹。这便是形下之道,即路。这个形下之路,既是人类实践活动的成果,也是自然或客观物质世界本身。

后来,随着生产力的进步,以及人的其他各种实践活动,特别是人类文化艺术实践活动的发展,人的思维实现了不断的进步与飞跃。于是,"道"字的原初意义也就有了更多的引申与拓展。而道的这种引申与拓展,又是与"行""首""之"的不断引申与拓展联系在一起的。它们之间或互相重叠或兼容,或互相衔接,但尊道而行始终是它们的最高准则。

行,不仅是路,还可会意为通、流行,或公众场所。因为是路,所以总能通。《吕氏春秋·适音》:"先王之制礼乐也,非特以欢耳目、极口腹之欲也,将以教民平好恶,行理义也。"高诱注:"行,犹通也。"此行之通已把形下之路引入形上之社会人生。《左传·襄公二十五年》载孔子语:"《志》有之:'言以足志,文以足言。'不言,谁知其志?言之无文,行而不远。"此行则指思想的流行。只要有路的地方,它就不可能只是你一人能够行走或到达。你能到达的地方,或迟或早总还有别人可以到达。众人都能到达的地方,不仅能成为四通八达的通衢,也可成为公众场所。李白诗云"行路难,行路难,多歧路"(《行路难》),荀子说"行衢者道不至"(《荀子·劝学》),又道出即或是通达之路,却因为歧路("衢道"在此亦为歧路)的普遍存在,你想到达理想的目的地也不一定容易。而通、流行,则说明道在一定时空、条件、主客之间必然可以言说、践行。不然,通与流行便不可能。

首,不仅是人头,还是头脑。头脑,可储存知识、积累经验、建构思想、探究未知、发现规律、形成理论、指导实践。故首不仅是道的一部分,而且通道。于是知道者能为首,为首者必知道。"有人知道,别人才得以闻道,人们才得以行于道。"[①]人皆有首,故仅从汉字学哲学来说,有首就理所当然能思想,能悟道、行道。但现实生活中,因为个体之首的先天结构有别,以及后天环境、教育各不相同,所以人与人之间便是:"上士闻道,勤而行之;中士闻道,若存若亡;下士闻道,大笑之。"(第111页)"可与共学,未可与适道;可与适道,未可与立;可与立,未可与权"(《论语·子罕》),即人群之中对于道的认知总是有层次之别的。虽然人人都能识得路,但能识大道者只能是少数。故孔子晚年便有"知我者其天乎"(《论语·宪问》)的慨叹。

"之",不仅是足迹、痕迹,还是至或到达。《孟子·滕文公上》:"滕文公为世子,将之楚,过宋而见孟子。"其"之"便是此意。荀子说:"百发失一,不足谓善射;千里跬步不至,不足谓善御;伦类不通,仁义不一,不足谓善学。"

---

① 赵汀阳:《一种对存在不惑的形而上学》,《哲学研究》2012年第1期,第33页。

（《荀子·劝学》）没有到达便不可谓之通，没有通便不可谓之善。但是痕迹的虚无性又启示我们：你自认为到达了，并不意味着别人认可你已到达。个别人认可你到达了，也并不意味着众人都认可你已到达。你从理论上到达了，也并不意味着你从实践上就一定能到达。你自认为没有到达，也并不意味你真没到达。孔子从来就不认为自己是圣人："若圣与仁，则吾岂敢？抑为之不厌，诲人不倦，则可谓云尔已矣。""圣人，吾不得而见之矣！"（《论语·述而》）即他的努力既没有获得巨大的权力与财富，也没有改变那个时代，而且许多时候还"累累如丧家之狗"（《史记·孔子世家》），但是他的学生以及后世历代统治者、学者多认为他是圣人，那么他就是。上述事例亦道出到达或圣人之难以言说的一面：对于同一事物，不同时空、不同主体会得出大相径庭或决然相反的认知。

行，除了是路、通达、公众场所，还可以是行走、行动、实践、用，甚或就是道或规律。《易经·复》："反复其道，七日来复，天行也。"孔颖达疏："阳气绝灭之后，不过七日，阳气复生，此乃天之自然之理，故曰天行也。"《礼记·缁衣》："《诗》云：人之好我，示我周行。"郑玄注："行，道也。言示我以忠信之道。"行有如此众多的意义，根源在于它既是形下之路，又是道的一部分。而形下之路也正是形上之道之所以能够存在、发展、变化的物质基础。道的形下性，也就是它的物质性、客观性、规律性，不仅当代自然科学认为可以认知，就是老子也认为可以认知与言说。（"天道无亲，常与善人"，即天道或自然规律性没有偏私，总是愿意帮助那些善于认知、顺应、利用天道或自然规律性的人。关于善人，一般学者的认识或有偏误。联系《老子》《论语》多处对于善人的规定与描述，只能做上述解才能通。此处不便展开。）

当"行""首""之"三者合为 道 时，则让道的意义变得更加复杂丰盈、玄妙幽微：其一，明确强调了"头脑""思想""理论"的重要性与主导地位。其二，表达出人的形上之思与形下之物，或人与自然，或思想与实践，或思维与存在的互相缠绕、不可分割的紧密联系。其三，表征出思想得到实践不断地碰撞与洗礼并能构建出新的思想的过程。其四，表征出不管思想如何活跃、实践如何发展，都不可能跳出道外，即思想与实践必得尊道而行。其五，不同的致思方式（或方向）或都能通，且让我们无法评定其是非或价值。（如象形的"伞"字与形声的"繖"字，其意今已无别，只是异体而已。但其造字理据不同,致思路径有别,我们既无法定论其价值,更不能判定其是非。)其六,"之"的参与,使道无处不"达",即或有人类足迹不能到达的地方,人类的思想或思想的所造之物亦可到达。"君子生非异也,善假于物也。"(《荀子·劝学》)其七,"道通为一"(《庄子·齐物论》)。是道即通,通即流行,也只有通才能流行。上述所道之道,皆尊"道"字构形而悟出,既有极大的主观性,亦有极大的普遍性与客观性。这既与主体的多元性或知识经验、观点立场、视角等密切相关,也与老子之道的既是形上又是形下,既内在又超越形上形下的多义性特征有关。于是,它既表征了道之可道的一面,也表征了道之难道或不可道的一面。

2."道"的汉字学哲学意义

综合上述,可以推出道之意主要有三重:

其一,人类足迹能够到达的地方,即路或道路。它是道的最直观形象。它既是个体通向远方的通途,也是国家迈向繁荣富强的物质基础。在此,行代表道路,"首"与"之"叠加代表人或人类,"之"既代表足迹也代表到达。它既反映出我们祖先思维活动的直观性、具象性、想象性,也表征出其思维的伟大创造性与实践活动的局限性。老子"大道甚夷,而民好径"(第 141页)之道,从字面上看,亦可理解为形下之路。

其二,人类思想能够到达的地方。在此,首代表思想,行代表客观物质世界或自然(包括人类自身),之代表到达。它遍及一切物质世界与社会人生。既是形上,也是形下;既内在又超越于形上、形下;或曰界于形上、形下之间,即"无物不是,无处不在"。有看得见摸得着的,也有看得见却摸不着的,更多的是既看不见也摸不着的。许多时候,它的存在只能依靠人的思想与语言进行描绘与重构。如,一般所言物体运行的轨道,不仅既看不见也摸不着,而且总在不断的运动变化之中,于是也就只能通过思想与语言来加以描绘。如此之道,既反映出人类实践向着更加深广的物质世界迈进的成果,也表征出人类思维的深刻、幽微、玄妙的形上特征。具体来说,人类思想能够到达的地方,既是物质、能量、时空、信息,也是矛盾、规律、伦理、道德、法则、事理、局面,当然也是价值观与方法论。它既与《老子》"迎之不见其首,随之不见其后"的道的整个体系并行不悖,也与庄子"道在瓦砾,道在矢溺"(《庄子·知北游》)高度一致。

其三,人类思想与实践均能到达的地方。在此,首仍然代表思想或理论;之仍然代表到达;而行,不仅代表客观物质世界、人类的一切实践活动,而且代表公众、通、通达或流行。它亦纠结于形下、形上之间,又是人类认知、探索未知世界的一切实践活动的过程本身。它不仅表征出人与自然、思想与实践、思维与存在缠绕纠结、不可分割的关系,也意味着发现、创造、实现与预测等。具体来说,它既是成功的生产活动、科学实践、技术实践,也是未来能够成功的生产活动、科学实践、技术实践。它全面反映了人类认知、探索未知世界活动的全部过程与成就。它是道的最高形式。其要在通,不仅通于理论,而且通于社会;不仅通于己,而且通于众。

综合上述三者,道,无物不是,无处不在。"是"即"在","在"又非"是"。这同样与《老子》之道高度契合。《老子》第四十二章的"道生一,一生二,二生三,三生万物",便集中反映了道的这种超时空性、先验性,以及既为形上亦为形下的高度统一。只不过,老子之道特别突出了其既是宇宙之根("天地根",第 16 页),又是人类之根("象帝之先",第 10 页;"二生三,三生万物",第 117 页)的始源性宇宙论与人生论价值。而汉字学哲学视域下的"无物不是,无处不在"之道,则可反证其天才伟大性。

3."道"的汉字学哲学意义的启示

其一,一切皆道,能让我们明万物同源、同构之理。故天人无须合一,而是"本一"。不仅世间众生平等,而且宇宙万物平等(**万物平等是从绝对意义上说的,如从相对意义上说,所谓平等只能是类平等**)。这不仅可从构成一切物质的基本粒子相同,且在一定条件下互相置换的规律性中推知;也可从物质不灭,并在不断地进行能量转换的过程中预知。人类的逆天悖道而行,其本质不是悖道违天,而是人类自己反叛自己。

其二,事物存在、运动、发展、变化总有规律性可循。于是,知识、规律、思想、理论,不仅可以发现、可以建构,而且可以言说、可以传授、可以实践。

其三,事物因为简单而复杂,故离开一定时空、环境、条件及主客对象便难以言说。庄子说:"自其异者视之,肝胆楚越也;自其同者视之,万物皆一也。"(《庄子·德充符》)这道出了宇宙万物既简单亦复杂的德性。比如男人女人,直而观之,大异;细而究之,尽同。

其四,道之要,在通;通之要,在用(**实践、践行**)。我们说"道,无物不是,无处不在",或并无意义。因为人人生于道中,死于道中,亦是道之一部分,故没有惊讶,亦无新意。有人说:道,就是关系,似也不错。但其要仍在于通与用。比如，要开辟一条通往火星的道路，首先便要从思想理论上通。这或并不难，但亦不会太容易。这种通，又首先是你自己（理论创建者）能自圆其说，而后再为别人乃至众人所理解。但这种通仍不一定能用。当最后真能付诸实践、筑成其道，并能付诸实用之时，此道也便成为主观见之于客观的通衢大道了。这更不容易。其实诸道之通，其理亦莫不类此。汉人戴圣《礼记·礼运》说："大道之行也，天下为公。"把道与行、行与公（公众、大众）充分地联系了起来。此处大道，无疑是儒道两家用以治国平天下的一整套价值理想或道德伦理法则。按《左传》的说法便是："所谓道，忠于民而信于神也。"（《左传·桓公六年》，这里的神指自然）因为，只有"忠于民而信于神"才能行。行，即流行，流行即通。要实现通，就必须得到公众的支持与拥护。"天下为公"，就是把天下看作是天下人的天下。按老子的说法，便是"以百姓心为心""为天下浑其心"（第129页），按今天的说法，便是全心全意为人民服务。这样，你所掌握的大道就自然可以流行了。但最后的通达还得付之于行，即实践。只有在现实世界里的行，让你的道亦实现了通达，才是真正的"大道之行"。正如马克思主义是中国革命、建设、发展之大道，就是因为它能与中国革命、建设、发展的具体实践结合起来，能通。

其五，《老子》之中，常理之下难以理解的词句、思想或理论，均可在此道意的指引下，得到合乎逻辑的解读。如"上德不德"（第93页）：大上之美德往往是以"不德"的形式表现出来的。因为它就是道，或叫尊道而行的德，或是道在人间的实践。既如阳光普照大地有"生生之大德"，也与无穷灾害紧密相连。亦是老子"天地不仁，以万物为刍狗；圣人不仁，以百姓为刍狗"思想的具体体现。这不仅从老子"道法自然"思想中可以得出，也可从"德"与"道"的初文以及它们之间的汉字学哲学关系中可以看出：无论是

"德—〔篆〕、〔篆〕"的构形如何不同，但它们都是〔篆〕的一部分。

上述是关于老子"道可道，非常道"第一个"道"字的阐释及启示。

下面再讲讲第二个"道"字。此道，一般学者多释为言说或说得出，似是而非。窃以为，只能解为"言说明白"。说得出与"言说明白"，不仅有程度之别，更是能否实现通的关键所在。换言之，说不明白就是不能自圆其说，也就无法传授而得不到他人、众人或社会的认可，也就无法实践而实现其通。道之不能通于实践者便不是道，或暂时还不是道。

（二）"常"（或恒）的汉字学哲学意义

下面再解读一下"常"与"恒"字，这对于全面而深入地理解与阐释"道可道，非常道"最为关键。之所以既要解读"常"，又要顾及"恒"，是因汉文帝刘恒之前《老子》文本之"常"曾用"恒"。

"常"的初文为 ，形声字，上尚为声，下巾为形。既是裙子，也是衣裳，亦通长、尚、祥、尝等。从构形上看，便知此字诞生时间相对于"恒"要晚很多。引申义主要有纲常、常规、常法、规律、本质、长久的、永久的、固定不变的、一般的、日常的、经常的等。主要义项与"恒"相通。

"恒"的初文为 ，其形象有如一弯明月悬于天地之间，大多时候日没而出，日出而没。既可会意为长久的、固定不变的，亦可会意为平常的、普通的。《诗经》云："如月之恒，如日之升。"张若虚："古人不见今时月，今月曾经照古人。"（《春江花月夜》）给人的感觉既亘古绵延，又普普通通、长长久久。《说文解字》《玉篇·心部》云："恒，常也。"《马王堆汉墓帛书·老子乙本·道德经》："名，可名也，非恒名也。"《三国志·吴志·吴主传》："形貌奇伟，骨体不恒。"《聊斋志异·耿十八》："守固佳，嫁亦恒情。"上述所言之"恒"皆平常、普通之意，亦与"常"同。

在"道可道，非常道"中，一般学者皆释"常"为永恒的，亦依据于此。但窃以为，在此只能释为一般的或平常的、普通的；不然，就不能通。既不能通于语言逻辑、老子思想体系，也不能通于日常事理，更不能通于当代哲学、自然科学。对于《老子》而言，如不能通此，便不能通彼，其解读与认知便可能全面坍塌而不能自圆其说。如元代吴澄，因不明"道可道，非常道"之深意，便在《送何太虚北游序》中不仅对老子"不出户，知天下"大加嘲讽，并断言："老氏之学，治身心而外天下国家者也。"[1]即有信口开河之嫌。当然，世俗之于《老子》之不解，又何仅于此？如不能给"道可道，非常道"一个合乎逻辑的解读，《老子》中的"死而不亡""不道早已""绝圣弃智""六亲不和，有孝慈"等，也就皆无从自圆其说了。

---

[1] 吴澄：《送何太虚北游序》，《中国历代文学作品选》下编第一册，上海：上海古籍出版社，1980年，第14页。

三、"道可道,非常道"的哲学阐释

(一)汉字学哲学视域下的"道可道,非常道"

有了上述对于"道"与"常"的解读,"道可道,非常道"的大意便豁然大白:道,可以言说明白的,便不是一般的道。

"非常道"即不是一般的道。不是一般的道,即既有具体时空范围、环境条件,又有一定主客对象的道。换言之,道只有在一定的条件下才可能言说明白。这不仅完全符合真理总是具有相对性的特点,与具体问题必须具体分析的唯物辩证法原则高度统一,也与老子"上士闻道,勤而行之""天道无亲,常与善人",孔子"中人以上,可以语上也"完全吻合。老子认为只有上士才能"闻道",天道也只帮助那些善人,孔子认为只有"中人以上"才可"语上",这说明道,特别是大道的传播与实践总是有范围、有条件的。故"不出户,知天下"与"绝圣弃智""死而不亡""绝仁弃义"等一样,便因皆属"非常道"之列,即在一定的时空环境与主客条件下便皆可言说明白。

这种解读自然而然地把道分成了两个部分:一部分在字面上叫"非常道";另一部分则退隐于背景之中,叫"常道"。但是,两个部分并不是截然二分。实际上,它们常相纠缠,浑然一体,说分只是相对。

"常道",即一般的道。一般的道,因为难以或不能界定其时空范围、环境条件或主客对象,便难以言说或难以言说明白,或不能得出统一认知。

或曰:水是什么? 如果离开一个具体时空、环境条件、主客对象,我们便无法言说明白。它可能是两个氢原子与一个氧原子结合成的分子而形成的液体,但又不仅于此。因为一般所言之水,不仅其中有许多杂质,有不同颜色,且就地球环境而言,它还以多种形态存在于大气圈、生物圈、岩石圈、地表等。再者,如把它放到形上或社会人生,那么它不仅是生命本源,引申义就更是多种多样。老子说:"上善若水。水利万物而不争,处众人之所恶,故几于道。"(第 20 页)同样,在孔子那里,水不仅是智慧的象征("智者乐水"),而且是力量的象征:"君者,舟也。庶人者,水也。水能载舟,水则覆舟。君以此思危,则危将焉而不至矣?"(《荀子·哀公》)当然,对于某些群体而言,它或许还有其更加特殊的意义(如水族)。但是,把水置于自然科学之化学中时,它便只能是 H_2O,既简单明了,也能准确言说与传授。前者,"常道"也;后者,"非常道"也。

（二）可道之"道"——"非常道"

"非常道"，既然可以言说明白，就既能口传心授，也能运用于实践。这首先符合老子本意："吾言甚易知甚易行。""上士闻道，勤而行之。""天道无亲，常与善人。""为学日益，为道日损。"其次也符合儒家思想以及现代自然科学、哲学社会科学的认知。《史记·孔子世家》载颜回语："夫子之道至大，故天下莫能容。虽然，夫子推而行之，不容何病，不容然后见君子！夫道之不修也，是吾丑也。夫道之既已大修而不用，是有国者之丑也。"道不仅是可知、可修、可言，而且可传、可用。反过来说，如果道皆不能言说明白，颜回又岂能知"夫子之道至大"？圣人又岂能"以心传心"？韩愈又岂能"传道授业解惑"？牛顿又何能"站到巨人的肩膀上"？

后世儒家多认为通过正心、诚意、格物，便可以致知，即知道。

道之可知、可悟、可言说明白，及可传、可用、可行，首先是源于事物的存在、运动、发展、变化之有规律可循；其次是源于主体的天资、学识与求知欲望。但如真要言说明白，并能实现可传、可用、可行，又必得在一定时空范围、环境条件或主客之间。这便是"非常道"的显著特点。受维特根斯坦的理论启发，就今天而言，可以言说明白的所谓"非常道"，主要应为自然科学（对于老子所处时代而言，自然科学并不发达，且总是与哲学纠缠在一起，其表述形式则为天道。老子的"天道无亲，常与善人""不窥牖，见天道"等，其中的天道便主要指自然规律。而自然规律的认知，在今天主要靠的就是自然科学）。当然也包括能在一定时空范围、环境条件下可以产生共同认知的一切哲学、社会科学（当然也包括性与天道，本体与心体等）及日常事理。换言之，人类思想能够深入到达的一切领域，只要纳入"非常道"中，便皆可言说明白。

道之可道是人类共同体得以建立与存在的文化基础或精神基础。

就今天来说，之所以说可道之道主要是自然科学（包括技术），是因其研究对象是客观物质世界，其成果皆是"此岸世界的真理"，本身既是在一定的时空范围、环境条件下创立的，又可在一定的时空范围、环境条件下实践与重现。如牛顿三定律，它在太阳系之内，在一定的主客之间，就一定可以说得明白，并能传之、用之、行之。而哲学、社会科学中，能在一定时空范围、环境条件下得出相同或相似认知的概念、价值，也不胜枚举。比如公正、环境保护、消除贫困、和谐、发展、和平、忠恕等，便能深刻全面地说明道之可道性。至于《老子》之中，老子之已有言说的全部，便是其自认为已经言说明白的。我们之所以没有明白，或是认知上的原因，或是观点立场的不同。一定的主客之间就是告诉我们，要想得出比较一致的认知，就必得有一定的共同的认知基础；否则，所谓言说明白，就只能是一句空话。老子"上士闻道，勤而行之；中士闻道，若存若亡；下士闻道，大笑之"（第111页），孔子"中人以上，可以语上也；中人以下，不可以语上也"（《论语·雍也》），荀子所言"未可与言而言谓之傲，可与言而不言谓之隐，不观气色而言谓之瞽"（《荀子·劝学》）便深刻地揭示出了其中的真相。在老子看来，只有"上士"才有可能闻道而悟。因为只有悟了，才可能"勤而行之"。而"勤而行之"既是主体已悟，即思想、理论已通并付诸实践以进一步检验正确性的过程，也是该道得以进一步发展、提高的必然途径。其实质便是不断地解决问题。"理论只有解决问题才能得到验证和发展，并随着问题的演进、时代的发展而与时俱进。"①而"道者，善人之宝，不善人之所保"则又明确告诉我们，并不是每一个人都必须明白或"知道"，只要有小部分善人知道，并引领众人尊道而行就可以了。柏拉图的洞穴隐喻似乎也体现了与老子相近的意思：能知道者，特别是知大道者只能是少数人。不过，细究之，柏拉图与老子思想又似皆有较大局限性，即相对于孔子的"可与共学，未可与适道；可与适道，未可与立；可与立，未可与权"（《论语·子罕》）而言，则远没有孔子那样更加深刻而贴近现实与人生。事实上，也只有孔子关于"道"的认知与汉字学哲学视域下的关于"道"的认知最相一致。

道之"可道"，给我们的启发是：万千世界，不管如何复杂、变动不居，它总让人有可以认知的一面。只要不断认真探究，就一定能对其有所认知，并可实现能道、能传、能行，能用，并不断地攀上新的境界。即如荀子所言"真积力久则入，学至乎没而后止"（《荀子·劝学》），便一定会有所成就。

（三）不可道之"道"——"常道"

离开了具体的时空范围、环境条件与主客对象，道便"不可道"。"不可道"之道，便是"常道"。"不可道"并不是不能说、说不出，而是暂时无法言说明白，或无法达成统一认知。如苏东坡《日喻说》："生而眇者不识日，问之有目者。或告之曰：'日之状如铜盘。'扣盘而得其声。他日闻钟，以为日

---

① 尹汉宁：《问题导向：马克思主义中国化的原动力》，《哲学研究》2012年第10期，第4页。

也。或告之曰:'日之光如烛。'扪烛而得其形。他日揣籥,以为日也。日之与钟、籥亦远矣,而眇者不知其异,以其未尝见而求之人也。"①这生动而形象地道出了道之不可道的尴尬。

事物之说不清、道不明,首先源于事物的广大无边、错综复杂、变动不居。"吾生也有涯,而知也无涯"(《庄子·养生主》)便道出了其中大部分尴尬。其次是源于主体的多元性,或个性特点、观点立场、不同视角等。"横看成岭侧成峰,远近高低各不同"则是其生动写照。"我们所能看到的事物,与我们站在何处、想要看到什么是相关的,并且反过来影响我们的信仰、认识和决定。观察的位置、信仰和选择,对于人的认识及实践理性而言都十分重要。"②这一思想的价值"不仅在于以自己的方式揭示了认识的局限性,更重要的是揭示了观察对象具有非客观性的特质"③。而这种非客观性也正是"常道"所不能或难以得出一个统一认知的深刻根源。另受维特根斯坦思想启发,难以言说的多为哲学、社会科学,当然也包括其他部分边缘学科、自然科学及日常事理。具体来说,比如哲学本身、政治、爱情、伦理、道德、宇宙本源、人生、欲望、生死等。因为哲学、社会科学多为"彼岸世界的真理",或因为其先验性,具体情境难以界定,所以不仅难以言说,而且难能或不能达成统一认知,即"公说公有理,婆说理也长"极为普遍。

比如,对于成功的认知,可谓五花八门,世俗多以势位、权钱称之。可是,多少富且贵者同时又是立德、立人的失败者。春秋时鲁大夫叔孙豹称"不朽";老子信"死而不亡";孔子云"君子疾没世而名不称焉",屈子云"恐修名之不立",辛弃疾谓"赢得生前身后名"。可是,圣人、名贤,他们的人生又多是充满或穷困潦倒,或痛苦艰辛,或失意失败。孰是孰非?不是简单的是非判断或价值选择。

再看看孟子的一句名言:"人之患,在好为人师。"(《孟子·离娄上》)对于它的释读有助于更加全面地认知"常道"的主观性与时空性。此语一般学者多释为:"一个人最大的祸患,就在于喜欢在别人面前称老师(或喜欢

---

① 苏东坡:《日喻说》,《中国历代文学作品选》,上海古籍出版社,1980年,第321页。

② 阿马蒂亚·森著,王磊、李航译:《正义的理念》,北京:中国人民大学出版社,2013年,第145~146页。

③ 高兆明:《人道主义:谋划与生活》,《哲学研究》2013年第2期,第102页。

当别人的老师)。"①台湾师范大学曾仕强教授以《易经》之"蒙"卦做引子,对好为人师的祸患性进行了别解。他认为:好为人师是因教育者在教育教学过程中太过主动,从而让学生不能正常发挥其应当发挥的主观能动作用,以至于破坏了教育的一般规律性。这种老师的好为人师的主动性便变成了对学生的一大祸害。这种说法很有道理,但也有极大局限性。因为此思想是要以老师放弃许多虽有学习愿望,但却或缺乏胆量或主动性,或天性害羞的学生为前提的。这在孔、孟那个崇尚精英教育的时代或可,而在现代则不可。宋代大儒朱熹在《四书集注》中,针对孟子此语则认为:"若好为人师,则自足而不复有进矣,此人之大患也。"即认为好为人师就会让主体不思进取,从而祸害自身。古今中外,古圣今贤,无不皆是好为人师者。伏羲教人捕鱼、神农教人耕作、燧人氏教人钻燧取火自不用说,就是孔、孟、苏格拉底、柏拉图,则更是如此。也正因为他们好为人师才成为真正的大师,并成为民众思想的启蒙者、时代的引路人、历史的开拓者。现代心理学研究表明,好为人师,从来就是人锐意进取的强大动力。换言之,不思进取者则不可能是真正的好为人师者。因为能为人师,特别是能"得天下英才而教育之",不仅是一种极大的荣誉,更是一种伟大、健康而持久的快乐,而荣誉和快乐正是激励人继续向前的强大动力。孔子"有朋自远方来,不亦乐乎""学而不厌,诲人不倦",桃李满天下,不是好为人师又是什么?曾仕强教授认为好为人师害学生,朱子认为好为人师害自己,窃以为:好为人师是人所具有的优秀品质,不但不会带来什么祸害,反而可以极大地促进文化传播,实现教学相长,增加幸福快乐。那么问题究竟出在哪里呢?难道仅仅是价值上的认知与判断有别吗?细思之,原来还在于对于"患"字的理解。结合孟子"当今之世,舍我其谁""以天下为己任"的豪情,不难得出此句之"患"既不是祸患、祸害,亦不是毛病、缺点,而就是忧虑或担心。忧虑、担心也正是主体的一种崇高的价值选择。那么,好为人师者又为什么要忧虑、担心呢?原因在于忧虑、担心自己当不好别人的老师。"学高为师,德高为范",如学不高、德不厚,又岂能为人之师?故担心、忧虑便在所难免。

综合上述关于"常道"的言说,可知万千世界,不管如何简单、稳定,但总有或难以认知或难以得出统一认知的一面。如此,我们面对问题时,常

---

① 陈蒲清:《孟子注译》,广州:花城出版社,2008年,第130页。

要以忠、恕之心处之。对人对事，既不可无所用心，更不能求全责备。

综合全文，老子之"道可道，非常道"并非言道之不可言说，而是言道多可言说。以汉字学哲学入手言道，其本身就是言道之可以言说之明证。在"非常道"中，道不仅可以言说明白，而且可传、可用、可行。道之可以言说明白，既是源于事物的存在、运动、发展、变化之有规律可循，也是源于主体的天资、学识与求知欲望。道之不可言说者，实指暂时没有认知或没有深入认知，或难能或不能得出统一认知之道而已，而非真不可言说。原因或出于认知上的局限，或出于价值上的选择，或出于主客之间的认知基础，或出于主体认知的非客观性。孔子之所以不言"怪力乱神"，不言"死""鬼"，不言"性与天道"，便既有认知上的局限，亦有价值上的选择（其实孔子晚年学《易》之后，在帛书《要》中亦有关于天道的论述①）。但是，老子曾说："天道无亲，常与善人。"孔子亦说："性相近也，习相远也。"其实在某种程度上已经把天道与性言说得很是清楚明白了。

---

① 赵法生：《孔子"晚而喜易"与其晚年思想的变化》，《哲学研究》2012 年第 2 期，第 41 页。

先秦名论的多个向度

——以《老子》为中心 *

【摘要】名是一切知识的起源。从汉字学哲学切入,它与言、信、善、知(智)等紧密联系。《老子》之名主要有命名、名分、名声、名誉、名言、言说、名字等意。命名是前提或基础,名分是核心或灵魂。一定的名言背后总联系着一定的名分或名声、名誉。名言规定着名分,名分规定着名声、名誉,名声、名誉对名分有着巨大的反作用。老子主张由圣人制定名分制度,并以之实行政治统治。孔子主张正名,反对名分僭越,与老子既高度一致,又有重大区别。法家看透了名分在"势道"之下所蕴含的基本人性:"民者,固服于势,寡能怀于义。"主张根据人的实际才能给予名、名分、职责以最大限度发挥人的主观能动性。各家思想均具深刻的现实意义。

【关键词】《老子》;汉字学;命名;名分;名言;名誉

《老子》之中,有"道"75 见,有"名"23 见。作为老子全部哲学思想总纲的道,其重要性不言而喻。但作为一切知识(当然包括哲学与语言)起源的名,似乎更加重要。因为"无名,天地之始;有名,万物之母"(《老子》第一章),"无名"即无人。有人"有名"才有了世界,世界也才有了意义。即或老子之道,首先也是个名。

有意义的世界是语言所描绘的共同体的世界,而共同体的存在与和谐发展便不能没有政治。"政者,正也。"(《论语·颜渊》)具体做起来,老子认为是"始制有名"(《老子》第三十二章),孔子则认为要从"正名"开始(《论语·子路》)。

正因为对于名的重要性的高度认知,胡适意识到中国哲学史的中心问题就是要抓住每一位哲人或学派的"名学方法(逻辑方法或知识论方法)"。

* 本文为 2015 年国家哲学社会科学一般课题"汉字学视域下的'道''德'研究"(课题批准号:15BZX053)阶段性成果之一。

从某种程度上说,正是这样的一种了不起的洞见,开启了中国哲学史的新纪元。[①]

老子的"道可道,非常道"告诉我们:道,总是能够言说明白的,但却不是随随便便可以,而必须在一定的时空环境与主客对象之间。[②] 有了对"道可道,非常道"的深入认知,对"名可名,非常名"的认知,自然迎刃而解:名,当然也是可以言说明白的,但也不是随随便便可以。换言之,《老子》之名与《老子》之道一样,亦有多重内涵,如要言说明白,就必须把它放到一定的情境之中。如果无法言说,便只能是或出于认知上的局限,或出于不同的视角、立场。

为了叙述方便,先从汉字学哲学入手,对"名"的初文构形进行分析,然后再说名的主要哲学意涵,最后再说其主要意涵之间的内在联系。

一、汉字学视域下的"名"

"名"字初文为𝌆,左为"口",右为"夕"(或上为"夕",下为"口",虽然形略有别,但意并无不同。因为月亮虽然悬于人之头顶,但其光亮总能布乎人之四周)。"夕",既是月亮也是夕阳,出现于日落月出前后、暮色苍茫之时。"口",自然是人之口。

夕,颇富诗意,不仅会让人联想到夕阳西下、暮色苍茫、人面难识,也会让人联想到明月皎洁、月光如水、有似白昼。故它所表征的,既是一种混沌模糊,亦是一种清晰明了。清晰明了时,"名"可通明;混沌模糊时,它是倾斜、西向或夜,从而让名之意:"心之所达,不易尽于名言;言之所通,尚难行于纸墨。"(孙过庭《书谱》)。这说明,名与道一样,也是虚无性与实在性的统一。所以,对于它的释解只能是具体问题具体分析。

"口者,心之门户也。"(《鬼谷子·捭阖》)口中有舌,既能品五味,是生命的进路,又与"言—𧮫""知—𤔂""信—𡰥""善—𦎍"等一脉相连("名"与它们一样都有口,所以表达的意思总是能与它们或相通或相关)。言出于口,故口亦通言(如《诗经·小雅·十月之交》:"谗口嚣嚣。"谗口即谗言)。言是口的伟大功能之一。但有口并一定能言、有言,而能言、有言则

---

① 苟东锋:《儒家之"名"的三重内涵》,《哲学研究》2013 年第 8 期,第 42 页。
② 何铁山、卫兵:《"道可道,非常道"别解》,《北京师范大学学报》2013 年第 6 期,第 71 页。

一定与人的意志、思想、智慧紧密联系。(《鬼谷子·揣阖》:"心者,神之主也。志意、喜欲、思虑、智谋,此皆由门户出入。")所以,维特根斯坦认为:哲学的本质是语言。哲学即语言分析。哲学上的所谓问题都是错误使用或理解语言的结果。有意义的世界都是语言所构造的。哲学的任务就在于澄清语言的意义。以此可知,笛卡儿所谓"我思故我在",如果不是因为有言则皆成虚诞。老子则主张"贵言""善言""不言""言善信"。荀子认为"言有招祸也",故主张"端而言""观气色而言""口非是,无欲言也"。毛泽东则认为要"知无不言,言无不尽"。以此,言的重要性可想而知。知,不仅是知识、知道、认知、直觉、觉悟,也通智。它不仅是仁、义、礼、智、信五德目之一,且可通于仁。孔子主张:"知之为知之,不知为不知。"司马迁认为:"修身者,智之府也。"(《报任安书》)荀子认为:"知之在人者谓之知。知有所合谓之智。"(《荀子·正名》)老子之善,内容十分丰富,总括起来,不仅能通于德,通于道,通于义(荀子说"积善成德"。老子说:"上善若水。水善利万物而不争,处众人之所恶,故几于道。"),亦能通于《中庸》或康德所言之"至善"。"信,德之厚也。"(《孔子家语·弟子行第十二》)它既是人类共同体得以建立的现实基础,也是其能够长久维持的形上根源。它与自由、公正紧密联系。一个人如果越诚信,就意味着越自由。统而言之,口既是肉体生命得以维持的关键,也是传统、文化、智慧的象征。"夕"与"口"相和合而成"名",既是月亮、夕阳与口,即物质与物质的统一;也是自然与思想、智慧、语言,即形而下与形而上的统一。

《说文解字》云:"名,自命也。从口,从夕。夕者,冥也。冥不相见,故以口自名。"许慎把名领会为自命,自然说出了名的现实功能与形上意义,确是真知灼见,但却并没有说出它的全部哲学意蕴。因为自命虽然与仁、义、礼、智、信等德目紧密联系,但许多时候仍需要具体情况具体分析。如果月色如昼、主客互相熟悉,自命便会失去大多不凡的意义。故名便顺理成章地引申出了众多超乎自命之外的义项:它,既是人名、地名,亦为取名、命名;既是名分、名言、名誉、名号、名声,亦是事名、物名、出名、成名、有名;既是名家、文字,亦是言说、大、功、成。自命只是其中之一。如果自命或伪或僭越了其本来的名分、名言,那么损害主体的名誉、名声,进而有违仁、义、礼、智、信等德目便不可避免。故而,名对于中国哲学与政治而言,不可谓不重要。

二、《老子》之"名"的多重内涵

《老子》之"名",涉及形上形下,主要有命名、名分、名声、名誉、名言、言说、名字等意。有时它可能表达的是一种意思,有时也可能表征多种。基于此,必须依据具体情境进行深入分析。

首先,说说"命名"。

命名,就是赋予事物或人以名字,或给人或事物取名,同时亦是给予了它相应的名言或意义。《老子》之中,"视之不见名曰夷,听之不闻名曰希,搏之不得名曰微"(《老子》第十四章),"衣养万物而不为主,常无欲可名于小。万物归焉而不为主,可名为大"(《老子》第三十四章)等,其中的名便都是命名或取名之意。此外,《老子》"吾不知其名,字之曰道。强为之名曰大"(《老子》第二十五章),其中的"字"与后一个"名",也都是命名的意思。老子自认为这个似乎有点勉强而命的道,其意甚宏至伟,其本身所蕴含的象形性、直观性、多义性、哲理性、想象性诸特点,正是其他汉字所无可取代的。①

在名的众多义项中,无论是从语言还是哲学的视角来看,命名都是理所当然最为重要的。因为它集中反映了作为类存在的人,对于这个世界的全面而深刻的认知。无论名实是否相符,事实皆是如此。比如黄河、黄山之名,前者可能名近于实,而后者则可能并非如此。但是,虽然黄山并非黄色的山,此名可能仍具有深刻意义:它或是黄帝曾经驻跸过的地方。所以,德里达认为,哲学的主要功能便是给事物命名。② 不仅哲学如此,其他一切自然科学、社会科学也莫不如此。化学发展数百年,主要就是创建和丰富了元素周期表内外的各种名。物理学发展数百年,创建或增加了像牛顿三大定律、相对论、量子力学、统一场、信息空间等物理学名字。其他东西,或皆可谓是对这些名字的进一步阐释。

在中国,给人或事物命名都很讲究,古代尤其如此。据《左传·桓公六年》载:"公问名于申繻,对曰:'名有五,有信、有义、有象、有假、有类。以名生为信,以德命为义,以类命为象,取于物为假,取于父为类。不以国,不以

---

① 何铁山、卫兵:《"道可道,非常道"别解》,《北京师范大学学报》2013年第6期,第73页。

② 尚杰:《"死"或关于人的本质问题——读德里达最后的讲座》,《哲学研究》2012年第11期,第62页。

官,不以山川,不以隐疾,不以畜牲,不以器币。'"申繻的议论,明确告诉我们,给人命名主要有五种方法:以人出生时的某种生理特征命名为信(如鲁公子友,生时有文在手如"友"字,就取名为"友"。另如老子,生时便耳扇宽大厚重,故名耳、字聃);以先辈之品行、德操命名为德(如周太王自以为有德,后必兴盛,故命其子文王为"昌");以其长相像某物而命名为"象"(如孔子"生而首上圩顶",其头部四周略隆起,有如尼丘山,故名丘,字仲尼);以借某物之名为名为"假"(如孔子的儿子名鲤,字伯鱼,便是借鲁昭公送其生子之贺礼的鲤鱼之名而命名);以其出生与其父有相同或类似的特点命名为"类"(如鲁庄公生,与父同日,故取名为"同")。五法之外,另有诸多忌讳:不能以国名、官名、名山大川名、各种恶疾名、各种牲畜名、各种钱币名作为人的名字。不过,世道流转,这些忌讳到今天已多不为人所遵循,但其命名的方法却大多被继承下来。人名之外,我们在给其他各种事物取名时,也大致遵循了这样的原则。比如,上述《老子》所命之"道""夷""希""微"等,即可类之为信;而当今以某名人命名小行星、定律公理或月球上小环形山等,就是"假"。

为什么要给人或事物命名?简言之,这是作为类存在的人,进行语言、思想、文化等交流、保存与传播的必需。它不仅是工具或媒介,更是人之为人所追求的形上目标或进入所谓"自由王国"的前提。非如此,不仅孔子所谓"正名""定名分""寓褒贬"无从谈起,就是各种共同体的建立亦属不可能。孔子说:"名以出信,信以守器,器以藏礼,礼以行义,义以生利,利以平民,政之大节也。"(《左传·成公二年》)师服说:"名以制义,义以出礼,礼以体政,政以正民。"(《左传·桓公二年》)这些既说出了名的现实意义,也说出了名与信、器、礼、义、利、政的形上关系。其实,即或单个的人,甚或仅为自身生存或赋予生命意义,也不得不如此:"(鲁滨孙)在绝望岛上的行为,时刻是在为自己而给事物'取名字'。这些名字不是语言,因为只要他自己明白其意思就可以了,他不必要用这些名字与人交流,因为永远不会有这样的交流对象。"[1]

其次,说说"名分"。

"名分"一词的出现,至少可以追溯到战国、秦汉,如《商君书·定分》

---

[1] 尚杰:《"死"或关于人的本质问题——读德里达最后的讲座》,《哲学研究》2012年第11期,第63页。

"名分不定,势乱之道"、《吕氏春秋·审分》"人主不可以不审名分也"等。其意因涉及人与人之关系而凸显,大致与今天所言本分、职分或角色相类,且可追溯到传说中的尧舜时代,如《左传》引太史克之言:"舜臣尧……举八元,使布五教于四方,父义、母慈、兄友、弟共、子孝、内平外成……故《虞书》数舜之功。"其中"五教"所表达的就是父、母、兄、弟、子等五种名分。庄子在其名篇《逍遥游》中,曾借许由之口说:"名者,实之宾也。"即在庄子看来,有其名者,不一定真有其实;但有其实者,则必有其名。但就名分而言,其旨趣却要求有其名必有其分,名实相符。于是,正名、定名分,对于政治管理来说,无论是道家还是儒家、法家,都至关重要。

老子说:"天地相合,以降甘露,民莫之令而自均。始制有名,名亦既有,夫亦将知止,知止可以不殆。譬道之在天下,犹川谷之于江海。"其中之名便是名分之名。天降甘露,"民莫之令而自均"是告诉我们:人类对于来自自然赐予的各种利益,因基于生命的需要、人性的自私(**第一性或动物性**),是不可能实现平均或公平分配的。即或能实现公平或平均的分配,因人类的贪婪,争夺也不可避免。为了制止这种争夺,"始制有名",即由圣人来制定一套完整的身份制度,给予每个人以适当的名分便是最佳选择。它规定:无论是王侯将相,还是平头百姓,名分之内的占有或收获,则是合乎道义的,反之则不可。在名分之下,每个人都应且能"知止",即知道有所节制、有所羞耻、有所畏惧,从而能够避免不必要的争夺或战争——"知止可以不殆"。这样,尘归尘,土归土,夜还虚空,明还日月,川谷奔江海,各有其名,各有其分,也就自然是"道之在天下"了。不过,在老子的理想社会里,圣人太过伟大与重要:他不仅是名分等各种社会制度(**包括法律制度、伦理道德规范、礼仪制度等**)的制定者、实践者,还必须是智者、学者、当权者或人类思想的启蒙者、导师或教育家。(**老子心中的圣人大致相当于柏拉图的哲学王。**)这样的圣人似乎可以治理好天下,但却是现实世界里寻找不到的。故老子的圣人治国理想启发我们,要想实现真正的政治清明、经济繁荣、人民安居乐业,我们的领导者不仅要有履行圣人职责的智慧与勇气,而且要具备"以百姓心为心""为天下浑其心"(**《老子》第四十九章**)的雄心壮志与道德情怀。

孔子说:"名以出信,信以守器,器以藏礼,礼以行义,利以平民,政之大节也。"其中的名,则同时具有多重意涵。它不仅是名字,也包括名声、名誉、名分在内。因为"出信"之名,总是与主体的名字、政治经济地位、职位、声望等紧密联系在一起的,也即"名各不同,信各有别"。比如"姬昌",只要提起这个名字,就会把它与周文王、天子、有德、掌有天子重器九鼎、享有天子重礼、拥有崇高形象、可以利泽天下百姓、实行王道政治、实现天下和谐大一统等名声、名誉、名言紧密联系在一起。即或一般百姓,只要有自己的名或名字,也就能享有关于此名之下之信、器、礼、义、利、政所能带来的一切。按孔子的意思,只要各名之下,各守其器,各尊其礼,各行其义,各得其利,天下也就自然和谐太平,没有争夺与战争了。基于上述思想,孔子不仅在游卫时就提出了"正名"以为政治先的思想(参见《论语·子路》),而且在其晚年所著《春秋》之中,其所完成的事业的主要内容就是"正名字""定名分""寓褒贬、别善恶"。在这三层意思中,"定名分"应是思想核心。《春秋》一书出,"乱臣贼子惧"。因其所行之礼乐征伐之事僭越了本来的名分从而可能为"春秋笔法(亦称春秋书法)"所"书(记或纪)"而惧。其实,春秋书法并不限于《春秋》,而是遍于整个春秋时代。如《左传·哀公十年》记孔子逝世后,鲁哀公致辞说:"俾屏余一人以在位,茕茕余在疚。"子贡则批评说:"夫子之言曰:'礼失则昏,名失则愆。'失志为昏,失所为愆。生不能用,死而诔之,非礼也。称一人,非名也。君两失之。"可以说,《左传》利用子贡之口,骂了既昏且愆的鲁哀公。其中哀公自称"一人"便是犯了失名之罪,即僭越了天子的名分。《左传》这样的记载,对后世统治者所起到的警示作用是可想而知的。事实上,后世皇帝怕史官的例子不胜枚举。而当今之世之巨贪大腐,因丧弃了临事而惧的基本人性,从而利令智昏,不仅僭越了名分,而且更是侮辱了其所在共同体的名声、名誉。于是正名不仅是一个学术问题,更是一个现实政治问题。

老、孔之外,法家代表人物商鞅认为"圣人必为法令置官也,置吏也,为天下师,所以定名分也。名分定,则大诈贞信,巨盗愿悫,而各自治也。故夫名分定,势治之道也;名分不定,势乱之道也"(《商君书·定分》),不仅继承了上述名分思想,而且有了更加具体的阐释与发扬,从而把名分对于政治的重要性提到了势与道的至高地位。为什么法家要把名分与势、道紧密联系起来呢?因为法家早已看透了名分在势、道之下所蕴含的基本人性:"民者,固服于势,寡能怀于义。"(《韩非子·五蠹》)对此,韩非子接着举了个很有说服力的例子:"今有不才之子,父母怒之弗为改,乡人谯之弗为动,师长教之弗为变。夫以父母之爱、乡人之行、师长之智，三美加焉，而终不动，其胫毛不改。州部之吏，操官兵，推公法而求索奸人，然后恐惧，变其节，易其行矣。故父母之爱不足以教子，必待州部之严刑者，民固骄于爱、听于威矣。"各种名分之间，由于职责、威势之别，"服于势"便成为自然而然。

《吕氏春秋》之关于"名"的论述，应属法家。它在前述道、儒、法诸家思想的基础上，对名分进行了更加全面而深入的探讨。它把"正名"修改为"审名""审分""正名审分"，并把分从名中剥离了出来，重新审视了名与分的关系内涵，进而为人主的政治提供了更为切实可行的借鉴："人与骥俱走，则人不胜骥矣；居于车上而任骥，则骥不胜人矣。人主好治人官之事，则是与骥俱走也，必多所不及矣。夫人主亦有车居，无去车，则众善皆尽力竭能矣。……使马者，约审之以控其辔，而四马莫敢不尽力。有道之主，其所以使群臣者亦有辔。其辔何如？正名审分，是治之辔已。故按其实而审其名，以求其情；听其言而察其类，无使放悖。夫名多不当其实，而事多不当其用者，故人主不可以不审名分也。"（《吕氏春秋·审分》）当权者与众下属的关系，犹如车夫与众马的关系：如果人与马俱走，人就是累死也是肯定走不赢马的；不仅走不赢马，还可能永远到达不了自己想要到达的目标。御者如要达到目标，办法只有一个，就是让众马套了马辔、拉上马车，各司其职，而自己稳坐于御者之位，仔细地分别各马之职分，再适当地扬鞭就可以了。当权者的"治之辔"，即对于自己与众下属的关系处理，就是"正名审分"——各有其名，各司其职，各得其分。即将兵者以其将兵，决不允其将帅；而将帅者一心将帅，而决不能越限将兵。不过，《吕氏春秋》对于名与实有特别的重视，"按其实而审其名，以求其情"，即根据人的实际才能给予其名、名分、职责，以求更加符合事物存在发展的具体实际，似乎对于现实世界有更加伟大且能发人深省的启示意义。唯有如此，"人能尽其才，地能尽其利，物能尽其用，货能尽其流"（孙中山语）的理想社会才可能实现。

再次，说说"名声""名誉"。

现实世界里，正常的有意志的人都是为名而活（世之淡泊名利者，即有高远理想，不为现世之小名小利所动之谓也）。这个名，主要便是名声、名誉，有时也包括名分。它主要涉及社会、历史或共同体内部对于主体的评价，即由此而产生的主体的社会声望、美誉度等。老子说："自古及今，其名不去。"（《老子》第二十一章。此处用其引申义）古往今来,自从有了人类社会,人们对于名或名声、名誉的追求就从来没有停止过。不过,其中之名也应包括名字,因为一定的名声、名誉总是与主体之名字紧密联系。范仲淹说:"人不爱名,则圣人之权去矣。"（《上晏元献书》）也就是说,如果每一个人都不重视、不珍惜自己的名声、名誉、名分,那么圣人制定的一整套礼仪、名分、法律制度,也就毫无价值可言了。但是,人又为什么要爱名或为名而活呢?因为名的背后深刻地隐藏着信、器、礼、义、利、政等一系列的或形下或形上的经济利益与意识形态,它们或直接或间接地左右着人们对于名的认可与追逐。换言之,人之爱名,不是完全由主体之主观意志所能决定的,它具有深刻的社会根源,以至于主体放弃自己的生命,也不是单个人的事,而多与名息息相关。所以,孔子的论述便深刻地道出了名在信、器、礼、义、利、政之中的实践意义以及与它们的形上关系。人一生下来,就要取一个名字。取名的最高目的,就是为了信,即以名表达主体对于社会或他者的一种客观存在。有信才能当然地拥有器。器,是看得见摸得着的形下之物,既可以是象征权力的宝鼎、玉玺、私印（印,又叫印信）,也可以是象征财富的土地、房屋、黄金、白银等。但不管是什么,它们的被拥有都得归于某主体的名下。"器以藏礼"——相应的器的拥有,决定其所处的社会地位及社会评价。不同的社会地位及评价,又决定了主体在共同体内部或相应的社会关系或历史场域中应得到的何种礼遇。"礼以行义"。"义,己之威仪也。"（《说文解字》）即不同的礼遇,不仅能彰显主体在共同体或历史中的最为光辉的一面,而且就是利。义既能给主体带来经济利益,也能给主体带来政治地位及名声、名分、名誉等。《易经·乾》云:"利者,义之和也。"《墨子·经说下》云:"义,利也。"《左传·僖公二十七年》云:"德义,利之本也。"《吕氏春秋·慎行》云:"义者,百事之始也,万利之本也,中智之所不及也。"这些皆深刻地道出了义与利的形上关系及实践意义。"利以平民,政之大节也。"利不仅能直接给广大百姓带来现实利益,而且是治国平天下的物质基础。

"立名者,行之极也。"（司马迁《报任安书》）人之行为的终极目标就是名。这在中国则与士之生动迷人的生死观紧密联系:"名之所彰士死之。"（《韩非子·外储说左上》）老子的"死而不亡者寿"（《老子》第三十三章）为此做了注解:真正的长寿,不是肉体生命的长度,而是其名之存续的超时空性。谁能侥幸"不死"或"死而不亡"? 只有那些立德、立功、立言而青史留名的"倜傥非常之人称焉"(司马迁《报任安书》)。孔子说:"君子疾没世而名不称焉。"(《论语·卫灵公》)此名之中,不仅包括了名字,也是包括了名声、名誉、名分。可见,孔子的"君子不忧"(《论语·颜渊》)并非全是真话,他唯一担心或忧虑的事就是死了却没有人能记住自己的名字。屈原说"老冉冉其将至兮,恐修名之不立"(《离骚》),则表达了与孔子同样的意思。文天祥说"留取丹心照汗青",可是汗青有限,能照在汗青上的,说到底只能是少数人的名字。

可是,《老子》又另有"道隐无名"(《老子》第四十一章)的谆谆告诫,以及"名与身孰亲"(《老子》第四十四章)的诘问,又在宣示着什么呢? 即我们不管做什么,都得以认知与遵循自然、社会发展规律为前提,绝不可倒行逆施、胡作非为。用老子的另一句话来说就是:"君子得其时则驾,不得其时则蓬累而行。"(《史记·老子韩非列传》)一方面对规律性即命运要有深刻认知,服从命运,或如孟子所言"顺受其正";另一方面又永远不要放弃主观努力或完全听从于命运的摆布:就像风中翻飞前行的飞蓬一样——"蓬累而行",但决不随波逐流。一旦遇有时机,便及时抓住,生根发芽、开花结果、灿烂辉煌("得其时则驾")。事实上,老子最伟大的学生孔子以"明知不可为而为之"的乐观好学精神,对这句话做了最为深刻而生动的实践与诠释。

最后,说说"名言"。

此"名言",与今之一般所言之名言大异。它主要有两意:一指所有记录、表达各种事物之名字、名称、名词的言辞或语言。主要是从文字层面来理解名,如郑玄:"正名,谓正书字也。古者曰名,今世曰字。……孔子见时教不行,故欲正文字之误。"即指此。二相当于今之言说、描摹、描绘、名状等,即与《老子》的"绳绳不可名"(《老子》第二十一章)的名及孙过庭的"心之所达,不易尽于名言"中的名言同。从前者来看,它与名字、名分、名誉等紧密联系;从后者来看,它主要是个动词。

三、《老子》之"名"主要意涵之间的相互关系及其超越

限于篇幅,我们不可能把《老子》之中所有关于"名"的论述一一展开,只能大致说说其主要意涵之间的相互关系。

其一,"命名"是名分、名言、名声、名誉、名字等所有有关名的名言或形

上之思的前提或基础。《老子》的"无名，天地之始；有名，万物之母"便充分表达了这种思想。即没有命名便没有语言、哲学或形而上学、人类共同体等，即没有世界。而"命名"二字，从其初文构形上看，便既带有强烈的主观性意味（名，出自人口），能展示人类对于自身及自然的几乎全部的认知成果，也具有强烈客观性意味（命即"令—"，上部为客观自然之强力，下部为跪跽驯服之人），表现为人对于自然力的服从与恐惧。故名言的背后，总有相应名分、名声、名誉相随，并能为人所共同认可或释解。命名一定早于文字的出现（与鲁滨孙在绝望岛上的行为相类），但首先必定与人类对于自然以及自身的具体描摹及认知紧密相关。一旦与文字相结合，就可不证自明。无论是古巴比伦、埃及、印度、两河流域，还是黄河流域文明，莫不如此。就如最为简单的汉字初文——"人—"字，它既是语言的记录，也是对人的形象与思想道德等意识形态等的具体描摹与高度抽象（其侧身俯首之形，既可表达人之畏、礼、敬等，亦可引申出仁、义、礼、智、信等德目）。后来的语言、哲学、伦理道德、政治、经济的发展，虽然逐渐赋予了人无穷的形上内涵，但它却永远无法摆脱与生俱来的多重特征（**物质性与精神性或动物性与社会性的高度统一**）。

其二，名分是命名、名言、名声、名誉、名字的核心与灵魂。《老子》的"始制有名，名亦既有，夫亦将知止，知止可以不殆"便充分表达了这种思想。第一，有其名必有其分。相应的名言背后，必然有相应的名分、名声、名誉从之，也即"名亦既有"。说你是老师，你就理应能履行老师之名分所赋予的全部或部分职责，承担该职责之下所带来的一切后果，并享有此名分之下所应得到的全部待遇、名誉等。另如《论语·季氏》所言"邦君之妻"又称"夫人、小童、君夫人、寡小君"，《论语·雍也》所记孔子对于"觚"这样一种酒器所发出的感叹："觚不觚，觚哉！觚哉！"试想，如果这些名言、名字的背后没有隐藏着名分、名誉、名声的秘密，那么这些记载究竟有什么意义？人自一出生，便天然地拥有诸多名分，且随着其不断地成长而逐渐增多。我们首先得是儿子、孙子、侄子等，然后又成了学生、班长、老师、妻子、丈夫、父亲、爷爷等，但不管名分如何变化，关节点则都需要我们在不同的时空中扮演好自己理应扮演好的角色——尽其职责、担其责任、享其名誉与礼遇等。第二，在于"将知止"。在一定的名分之下，无论是谁，对于名声、名誉、名分的追求，最好不要僭越本来名分之应然之界线（《老子》第二十九章"去甚、去奢、去泰")。如果我们僭越了这种界线,轻者,会乱了道德伦理,失去名声、名誉;重者,当会祸国殃民、万劫不复。

其三,名声、名誉等对名分有巨大的反作用。这个反作用是指一定的名声或名誉的积累,可能带来的对于主体名分的改变。在社会处于大变革时期尤其如此。在和平稳定的社会里,人们对于道德的认知与评价比较一致,个体如要获得好的名声或名誉,途径主要只有两条:一条是"为道日损"以修道德,即以损的方法不断地减少自己的错误或不足以达到一种被当时社会普遍认可的高境界(即孟子的"修其天爵"),从而实现主体名分的改变(即孟子的"人爵从之")。如中国古代初期的举孝廉以及九品中正制等都起过这种作用。另一条是"为学日益"以进学问,即以益的方法不断地增加其知识、智慧与才能,从而实现主体名分的改变(亦如诸葛亮所言之"宁静致远"),如隋唐开始的科举制度以及现行的高考或其他文官考试、选拔、评定制度等。事实上,上述二者,大多时候又是纠缠在一起的,即如今天所言之德才兼备。当社会处于大变革时期,则可能是:"正复为奇,善复为妖。"(《老子》第五十八章)即好名声、好名誉可能变成坏的,坏的也可能变为好的。如孙中山由"乱臣贼子"而变"英雄",即一旦他们的斗争取得胜利,随之而来的名分、名声、名誉等就会发生天翻地覆的变化。上述的这种变化,往往还不是单个的人,而是针对一群人或共同体。

当下,随着公民身份、公民社会逐渐得到普遍认同,名分之意义虽正在漫漫消褪,但却远未消失。于是,老子的"名亦既有,夫亦将知止,知止可以不殆"(即珍惜自己名分之下所拥有的一切,不要随意僭越),"为人子者,毋以有己;为人臣者,毋以有己"(《史记·孔子世家》,即任何时候都不必过于坚持自己、固执己见),孔子的"君君,臣臣,父父,子子"(即做好自己,以成为别人的表率)等,对关于名分的认识与实践则仍具有启示意义。

其三,名的超越。所谓"超越"只是相对,必须具体情况具体分析。它主要可分两个层次:一个是对于名分的超越,一个是对于名声、名誉、名分的全面超越。名分尚实,名声、名誉尚虚,不同的主体对它们的态度千差万别。

说只是相对,是因为有些名分是难以或不能超越的。人人都拥有个人的名分即如此。孟子说:"仁也者,人也。"(《孟子·尽心下》)"无恻隐之心,非人也;无羞恶之心,非人也;无辞让之心,非人也;无是非之心,非人也。"

（《孟子·公孙丑上》）即对人的名分进行了大致的界定。从中可以明确看到，对于它的超越便有极大困难：若要变成神圣，不仅要有极好的天资、付出巨大的艰辛努力，而且须有"天时地利人和"；而放弃做人的职责，即背弃基本的人道，变成禽兽则相对容易得多。从过往的历史来看，变成神圣还需要有历史的积淀，且必然仍不失去人性；而变成禽兽的超越则似乎完全失去题中应有之意了。相类的难以超越的名分还有诸如父子、母女、兄弟、姊妹等亲情伦理。

具体的超越又分两个层次：

第一，是对于名分的坚守与放弃。坚守的是其中的职责、责任，放弃的是分内的待遇享受，得到的只是名声、名誉或"死而不亡"。老子的"功成而不名有"（《老子》第三十二章）、"功遂身退"（《老子》第九章）、"功成而弗居"（《老子》第二章）便都充分表达了这种思想。上述数语，意思大致有两层：一为功成，建功立业，为社会做些事情，是人所共有的职责，即人之名分的一部分。一个人如果没有功成而侈谈"不名有"或身退，就只能是笑话或自欺欺人。以此，为了功成，我们必须有一个积极的人生态度，不断地努力进取，直到功成而身退或生命的最后一刻。可是，老子的这一积极的辩证思想的前提却往往被人忽略或误解了，即一味地只谈老子思想的"身退""弗居""不名有"等消极的一面，而忘记了功成、功遂的前提是积极的一面。这不仅背离了老子思想的本意，而且可能是一种极大的歪曲。二为"不名有"或"身退""弗居"，个人有了大功才一定要放弃对于名位的贪恋。因为只有大功才可能让人觉得放弃名位而身退显得有意义。什么样的功劳才算得上是大功？大到建国开业，小到一家一公司之兴荣，主体在其中起到了领导、主导或砥柱中流的作用，便是大功。再就是对于主体来说，其智力水平、身体状况、行为能力已是到了人生的顶峰状态，不退就可能影响到事业的进一步发展或后来者的进取之路。所以，退又是成、遂的结果，是"天之道"，既是自然之规律，也是人生、社会、有机体发展之必然。从历史与现实、人生与社会等多个维度来看，似只有"功成事遂身退""不名有""以其终不自为大，故能成其大"（《老子》第三十四章），才能实现"死而不亡"的最高人生目标。对于儒家而言，则是"修其天爵"（《孟子·告子上》）以得人爵，或宁弃人爵以修天爵。其最高目标也是"死而不亡"。

第二，是对于名分、名声、名誉的全部舍弃。即如老子自言"道隐无名"

（《老子》第四十一章），也如司马迁对于《老子》思想所阐释的"老子修道德，其学以自隐无名为务"（《史记·老子韩非列传》）。这种对于名的舍弃，于老子而言，从根本上说，是要以主观上或今生的舍而实现客观上或后世的得，即"死而不亡"。因为《老子》思想体系中，道虽隐，仍无处不在；人虽死，思想、道德却永存。后来，这种思想被庄子片面地继承与发挥，认为以此可以实现"物我齐一""游于无穷"，所谓身心"绝对自由"的高远境界。但是，庄子的这种境界虽有一定形而上学或宗教意义，却因失却了老子"以百姓心为心""为天下浑其心"（《老子》第四十九章）的圣人关怀众生之意而丧失了思想的重量。唐朝著名书法家孙过庭在《书谱序》中说"夫潜神对弈，犹标坐隐之名；乐志垂纶，尚体行藏之趣"，则不无揶揄地说出了所谓"隐者"对于名的更为深切的追求。

综合全文，可以得出如下结论：《老子》之名主要有命名、名分、名言、名声、名誉等多重含义，如果要把它们说清楚，就必须具体情况具体分析。它们之间的关系是：命名是所有名分、名声、名誉、名言之前提或基础，名分是核心或灵魂，而一定的名的背后总是与名分或名声、名誉紧密联系。名言规定着名分，名分规定着名声、名誉，但名声、名誉又对名分有着巨大的反作用。《老子》致力于名分制度的论说与规定，主要目标是服务社会政治。这与儒、法其他各家思想高度一致。而作为以个体为主体的人生意义或最后、最高目标，老子与孔子则全然一样，即皆为名声、名誉，"死而不亡"。他们思想的主要区别在于名分制度的规定与论说上，旨趣似乎各有不同：老子认为在于"知止"，即让每一个在一定的名分制度之下的个体能尽分守分，从而避免互相之间不必要的纷争、争夺或战争。孔子则认为在于正名，即在弄清楚不同名言背后的规定意义之后，就能实现"寓褒贬、别善恶"，让"乱臣贼子惧"，即能实现天下大治。法家则认为名分与"势治之道"紧密联系，即只要"名分定"，就能实现国家大治。他们坚持认为势道高于治道。《吕氏春秋》提出的"正名审分"，表面上与儒家的正名相似，其实却有极大不同，因其着眼点在于"按其实而审其名，以求其情"，不仅表现出了当时生产力、生产关系发展变化的迫切要求，而且体现出了非同寻常的实事求是、与时俱进的现代人文精神。当下的时代，仍然在呼唤能建立一种"按其实而审其名，以求其情"的公开透明的正义制度，以能真正实现孙中山先生早就提出的"人能尽其才，地能尽其利，物能尽其用，货能尽其流"的社会理想。